청야담수
동패
양은천미

青野談藪·東稗·揚隱闡微

정환국 책임교열

교감표점
정본
한국야담전집

10

보고사

# 해제

　이 책은 조선 후기 야담집 총 20종의 원전을 교감하여 새로 정본을 구축한 전집이다. 원래 2016년도 한국학 분야 토대연구지원사업으로 선정된 〈조선 후기 야담집(野談集)의 교감 및 정본화〉의 결과물로 2021년에 1차로 간행한 바가 있었다. 이후 약 3년간 수정 보완을 거친 끝에 이번에 명실공히 조선 후기 야담집의 정본을 내놓게 되었다.
　잘 알려져 있듯이 조선 후기 야담집은 거개가 필사본으로 존재하고 있으며, 다종의 이본을 양산하면서 축적되어 왔다. 그러다 보니 그 자체가 하나의 활물(活物)처럼 유동적이고 적층적인 형태를 취하고 있다. 이는 동아시아 고전 자료 중에서도 유별난 사례이자, 조선 후기 이야기문학의 역사를 웅변한다. 한자를 공유했던 동아시아 어느 지역에서도 찾아볼 수 없는 이 필사본의 족출과 적층은 조선조 문예사에서 특별히 주목할 사안이지만, 한편으로는 이 때문에 해당 분야의 접근이 난망했던 것도 사실이다. 다양한 필사본과 이본들의 존재는 원본과 선본, 이본의 출현 시기 등 복잡한 문제를 던져주었을 뿐만 아니라 애초 원전 비평을 어렵게 하였다.
　하지만 야담에 대한 이해와 접근은 무엇보다 원전 비평이 선결되어야 했었다. 물론 이런 문제의식과 고민, 그리고 일부 성과가 없었던 것은 아니다. 그렇지만 특정 야담집에 한정한 데다 그 방법 또한 유익한 방향이 아니었다. 그리하여 조선 후기 야담은 동아시아에서 우리만의 서사 양식으로, 또 조선 후기 사회를 밀도 있게 반영한 대상으로 주목받았으면서도 원전에 대한 정리는 상대적으로 미진하기 짝이 없었다. 그러니 우리의 야담 연구는 어쩌면 첫 단추를 아예 끼우지 않았거나 잘못 낀 채 진행해 왔다고 해도 과언이 아니다.

그런데 조선 후기 야담의 전체 양이나 이본 수로 볼 때 이 분야 연구는 일개인의 노력으로는 거의 불가능한 영역이라 하겠다. 더구나 우리의 학문생태계에서 교감학이 활성화된 적도 거의 전무했다. 자료의 상태와 양은 물론 정립할 학문적 토대가 취약한 터라 해당 연구의 출발 자체가 난망했던 터다. 그럼에도 우리는 이젠 더 이상 미룰 수 없다는 책임감으로 연구팀을 꾸려 지난한 과제를 수행하게 된 것이다. 본 연구팀은 한국 야담 원전의 전체상은 물론 조선 후기 이야기문학의 적층성과 그 계보를 일목요연하게 드러내고자 이본 간의 교감을 통한 정본 확정의 도정을 시작한 것이다. 일단 이 자체로 개별 야담의 온전한 자기모습을 복원할 수 있게 되었다고 자부한다. 앞으로 이 자료가 고전문학뿐만 아니라 전통시대 역사와 예술 등 한국학과 인문학 전 영역의 연구에서 보다 적극적으로 활용되리라 믿는다. 나아가 이 책은 동아시아 단편서사물의 집성 가운데 중요한 결과물의 하나가 될 것이며, 자연스레 한국 야담문학에 대한 관심도 제고될 것으로 기대된다.

다만 본 연구가 기획되던 시점부터 스스로 던지는 의문이 있었다. 다른 고전 텍스트의 존재 양태와는 달리 야담의 경우 이본마다 나름의 성격과 시대성을 담보하고 있다. 그런데 이를 싸잡아 정본이라며 특정해 버리면 개별 이본들의 성격과 특징이 소거되는 것은 아닌가, 그러면 이 정본은 결국 또 다른 이본이 되고 마는 것은 아닌가. 이런 점을 고민하지 않을 수 없었다. 고민 끝에 우리는 '동태적 정본화'를 추구하기로 하였다. 정본을 만들기는 하지만 개별 이본의 특징들이

사상되지 않도록 유의미한 용어나 문장, 그리고 표현 등을 살리는 방향이었다. 대개는 주석을 다양하게 활용하여 이를 해결하고자 하였다. 말하자면 닫힌 정본이 아닌 열린 정본의 형태를 추구한 것이다. 이런 방식은 지금까지 시도된 예가 없거니와, 야담의 존재적 특성을 잘 반영하면서 새로운 교감학의 실례가 됐으면 하는 바람도 있어서다. 그러다 보니 일반 교감이나 정본화보다는 품이 훨씬 더 많이 들어갔다. 이 과정을 소개하면 이렇다.

먼저 해당 야담집의 주요 이본을 모은 다음, 저본과 대조본을 선정하였다. 저본은 선본이자 완정본이면서 학계에서 이미 인정되고 있는 점 등을 감안하여 잡았다. 대조용 이본은 야담집에 따라 그 수가 일정하지 않은바 최대한 동원 가능한 이본을 활용하되, 이본 수가 많은 경우 중요도에 따라 선별하였다. 다음으로, 저본과 대조이본을 교감하되 저본의 오탈자와 오류는 이본을 통해 바로잡았다. 문제는 양자 사이에 용어나 표현 등에서 차이가 있지만 모두 가능한 경우였다. 이때는 주로 저본을 기준으로 하되 개별 이본의 정보를 주석을 통해 반영하였다.(이에 대한 구체적인 사례와 처리 방식은 〈일러두기〉 5번 항목 참조) 그러나 저본과 대조본 사이의 차이를 모두 반영한 것은 아니다. 분명한 오류이거나 불필요한 첨가 부분은 자체 판단으로 반영하지 않았다. 이는 본 연구팀의 교감 기준에 의거했다.

그러나 실로 난감한 지점도 없지 않았다. 이본 중에는 리라이팅에 가까울 만큼 다른 내용이 첨입되어 있거나 일부 이야기를 다소 엉뚱한 방향으로 끌고 가는 사례도 있었기 때문이다. 이런 경우 꼭 필요한 부분만 반영하여 주석에 밝혔다. 이런 교감 과정에서 예상치 못한 상황에 직면하기도 하였다. 일반적이라면 으레 오자나 오류로 보이는 한자나 단어가 의외로 빈번하게 등장하였다. 이를 무시하려고 했으나 노파심에 자의와 출처를 다시 확인해 보니 뜻밖에도 해당 문장에 합당한 사례가 적지 않았다. 독자로서 교감 부분을 따라가다 보면 왜 이런 것들을 반영했을까 싶은 부분이 있을 텐데, 대개 이런 이유이니 유의해 주었으면 한다.

위와 같은 사례나 문제들 때문에 최선의 정본을 확정하는 과정은 참으로 쉽지 않았다. 그렇지만 이를 최대한 반영하고자 노력하였다. 그 결과 해당 야담집의 개별 이본들의 성격이 정본으로 흡수되면서도 어느 정도 자기 색깔을 유지할 수 있게 되었다. 이 20종의 편제는 다음과 같다.

| 1책 | 어우야담(522) | 6책 | 기문총화(638) |
|---|---|---|---|
| 2책 | 천예록(62) 매옹한록(262) 이순록(249) | 7책 | 청구야담(290) |
| 3책 | 학산한언(100) 동패락송(78) 잡기고담(25) | 8책 | 동야휘집(260) |
| 4책 | 삽교만록[초](38) 파수록(63) 기리총화(146) | 9책 | 몽유야담(532) 금계필담(140) |
| 5책 | 계서잡록(235) 계서야담(312) | 10책 | 청야담수(201) 동패(45) 양은천미(36) |

*( )는 화소 수

위 가운데 지금까지 원문 교감이 이루어진 사례로는 『어우야담』(신익철 외, 『어우야담』, 2006), 『천예록』(정환국, 『교감역주 천예록』, 2005), 『청구야담』(이강옥, 『청구야담 상·하』, 2019)과 『한국한문소설 교합구해』(박희병, 2005)의 일부 작품이 있었다. 당연히 이 결과물들의 원문은 본 연구의 참조가 되었다. 그러나 애초 교감의 방식이 다를뿐더러, 본서처럼 동태적 정본화를 구현한 것도 아니었다. 따라서 해당 야담집의 원전 교열은 더 종합화되고 정교해졌다. 이 외의 야담집은 그동안 몇몇 표점본과 번역본들이 나왔지만, 한 번도 이본 교감을 통한 정본화가 이루어진 사례는 없었다.

한편, 본서 10책의 구성은 대체로 성립 시기 순을 따랐다. 다만 『파수록』 등 일부 야담집은 성립 시기를 확정하기 어렵거나 불확실한 데다, 분량 등을 고려하다 보니 편제 순에 다소 차이가 있을 수 있다. 이 점 참작하여 봐주기를 바란다. 또한 「검녀(劍女)」로 유명한 『삽교만록(霅橋漫錄)』의 경우 개별 화소가 대개 필기류라서 전체를 실을 수 없었다. 그래서 불가피하게 야담에 해당하는 화소만 뽑아 초편(抄篇)하였다.

이렇게 해서 최종 수록된 야담집은 20종 10책이며, 총 화수는 4천 2백 여 항목이다. 화소 숫자로만 봐도 엄청나다. 그런데 이 숫자는 다소간 현실을 감추고 있다. 이 항목이 순전한 개별 이야기 숫자로 보기는 어렵기 때문이다. 이미 기존 연구에서 지적되었고 그 양상이 어느 정도 밝혀졌듯이 하나의 이야기가 여러 야담집에 전재(轉載)되는 경우가 많다. 실제 20종 안에 같은 이야기가 반복되는 화소의 빈도는 예상보다 높다. 그럼에도 독자성이 확인된 이야기는 대략 1,000편을 헤아리며, 그중에서도 좀 더 서사적 이야기, 즉 한문단편은 300편 안팎으로 잡힌다. 또 이 300편 안에서도 다종의 야담집에 빠짐없이 전재됨으로써 자기 계보를 획득한 작품은 150편 내외로 잡힌다. 다시 말해 이 150편을 잘 조각하면 조선 후기 사회현실과 인정세태의 퍼즐은 다 맞춰진다고 보면 될 듯하다.

물론 한 유형이 여러 야담집에 전재된다고 해서 이것을 '하나'로만 볼 수 없다는 점이 조선 후기 야담 역사의 중요한 특징이기도 하다. 한 유형의 다양한 전재는 고정된 것이 아니라 리트머스 종이마냥 번져 나갔기 때문이다. 단순한 용어나 표현의 차이뿐만 아니라 배경과 서사의 차이로 나가는가 하면, 복수(複數)의 화소가 뒤섞여 또 다른 형태를 구축하기도 하였다. 이런 변화상은 실로 버라이어티하다. 같은 화소가 반복된다고 해서 단순 수치화할 수 없는 이유이거니와 야담의 적층성과 관련해선 오히려 더 주목할 사안이다.

아무튼 이것으로 조선 후기 야담과 야담집의 전체상은 충분히 드러났다고 판단된다. 다만 조선 후기의 야담이라고 할 때 모두 이 야담집 20종 안에 들어있는 것은 아니다. 야담 중 완성도 높은 한문단편이 집약된 『이조한문단편집』에도 일부 수록되었듯이, 이외의 문집이나 선집류 서사자료, 기타 잔편류에도 흥미로운 야담 작품이 잔존하고 있기 때문이다. 하지만 해당 자료는 야담집이 아니어서 이 책에 반영할 수 없었다. 조만간 이들 잔존 자료들만 따로 수집, 정리하여 이 책의 부록편으로 간행할 예정이다.

사실 이 연구는 앞에서 언급했듯이 토대지원연구사업의 결과물이기는 하지만 그 준비는 그보다 훨씬 전이었다. 계기는 2007년으로 올라간다. 그해 동국대학교 대학원 고전문학 수업에서 처음 『청구야담』의 이본을 대조할 기회가 있었다. 그때 교토대 정선모 박사(현 남경대 교수)를 통해 그동안 학계에 알려지지 않은 교토대 소장 8책본 『청구야담』을 입수하였다. 이 책은 그동안 학계에 보고되지 않았던 『청구야담』 이본 가운데 하나였다. 검토해 보니 선본이었다. 실제로 어떤 차이가 있는지 궁금하여 기존에 알려진 주요 이본과의 교감을 시작한 것이다. 약 8편 정도를 진행했는데, 이 수업을 통해 『청구야담』 전체에 대한 교감이 절실함을 깨달았다. 그 후 이때 교감을 함께한 대학원생들을 중심으로 2013년 1월부터 『청구야담』의 이본 교감과 정본 확정, 그리고 이 정본에 의거하여 번역을 시작하였다. 우리는 약 3년을 매주 토요일을 반납한 채 이 교감과 번역에 매달렸다. 이 작업을 통해 야담 원전에 대한 장악력을 갖게 되었고, 『청구야담』에만 한정하지 말고 조선 후기 야담집 전체로 확대해야 한다는 점을 명확히 인식할 수 있었다.

　그러니까 이 책은 대략 15년 이상의 시간과 대학원생부터 전문연구원, 관련 분야 전문가까지의 노고가 쌓인 결과물이다. 나름 엄정한 기준과 잣대로 정본의 원칙을 세우고 저본과 이본 설정, 이본 대조와 원문 교감 등을 진행하여 정본을 구축하려 했고, 이 과정에서의 오류를 최대한 줄이려고 했다. 그러나 한문 원전을 교감하는 데는 오류의 문제가 엄존한 법이다. 최선의 이본들이 선정된 것인가, 정본화의 방향에선 문제가 없는가, 향후 개별 야담집의 이본이 더 발굴될 여지도 있지 않은가? 활자화 과정 중에 발생하는 오탈자 여지와 표점의 완정성 문제도 여전히 불안을 부추긴다. 그렇긴 하지만 질정을 달리 받겠다는 다짐으로 상재한다. 독자 제현의 사정없는 도끼질을 바란다.

　이 결과물이 나오기까지 많은 분들의 협업과 도움이 있었다. 은사이신 임형택 선생님과 고 정명기 교수는 좋은 이본 자료를 제공해주셨다. 감사한 마음을 이본의 명칭에 부여한 것으로 대신하였다. 본 연구팀의 공동연구원으로 이강옥 교수님과 오수창 교수님이 함께하였다. 각각 야담 문학 전문가와 역사학 전문가로 진행 과정에서 고견을 제시해 주셨다. 이채경, 심혜경, 하성란, 김일환 선생은 전임연구원으로 3년 동안 전체 연구를 도맡아 진행해 주었다. 이들의 노고는 이루 다 말할 수 없을 지경이다. 마지막으로 대학원 과정부터 함께한 동학들을 잊을 수 없다. 남궁윤, 홍진영, 곽미라, 정난영, 최진영, 한길로, 최진경, 정성인, 양승목, 이주영, 김미진, 오경양은 2013년 이후『청구야담』교감과 번역에 참여하였고, 일부는 본 연구팀의 연구보조원으로 참여하여 원문 입력과 이본 고찰에 기여하였다. 그리고 이들 모두 최종 교정 작업에 끝까지 함께 하였다. 특히 과정생인 이주현, 유양, 정민진은 교정 사항을 반영하는 일을 도맡아 주어 큰 힘이 되었다.

이들이 없었다면 이 책은 나올 수 없었다. 다행히 이 10여 년의 과정은 우리 모두에게 소중한 경험이자 학문적 자산으로 남게 되었다. 이들은 지금도 속집 작업을 함께 하는 중이다. 이래저래 이 책은 나와 나의 동학들이 동행하는 텍스트의 유토피아이다.

끝으로 3년여 전에도 그리고 이번에도 이 거질의 전집 출판을 흔쾌히 맡아 준 보고사 김흥국 사장님과 시종여일 책의 완성도를 높이기 위해 애써 준 이경민 대리를 비롯한 편집부 관계자 분들께 미안하고 감사하다는 마음을 전한다.

2025년 2월
연구팀을 대표하여 정환국 씀

# 차례

해제 … 3
일러두기 … 20

## 청야담수 青野談藪 ——————————————— 23

1. 世祖丙子六月 ……………………………………… 25
2. 三士ㅣ成仁明大義 ………………………………… 28
3. 逃世情에 淸風節義 ………………………………… 33
4. 感恩遇에 竟夕哭泣 ………………………………… 36
5. 轉忠思孝投金橘 …………………………………… 38
6. 決死報恩揮刀柄 …………………………………… 40
7. 孝子還甦說冥府 …………………………………… 42
8. 幼童爲親伸寃獄 …………………………………… 44
9. 節婦延命立後嗣 …………………………………… 45
10. 義娥赴難扶禍家 ………………………………… 47
11. 揮刀罵倅退勒婚 ………………………………… 49
12. 換衣尋郎諧宿約 ………………………………… 52
13. 賑碎銀圖占仕路 ………………………………… 55
14. 扼猛獸救甦夫命 ………………………………… 57
15. 靑衣挾錚訴寃懷 ………………………………… 59
16. 蒼頭鳴錚雪誣寃 ………………………………… 61
17. 陳奏大筆振華譽 ………………………………… 64
18. 擢第奇文解鈍嘲 ………………………………… 66
19. 荷葉留詩贈寶墨 ………………………………… 68
20. 紗㡡督課登金榜 ………………………………… 71
21. 弇州席上玩文辭 ………………………………… 73
22. 朱使館中和詩韻 ………………………………… 76
23. 逢異才弄筆玩技 ………………………………… 78

차례  11

| | | |
|---|---|---|
| 24. | 贊大業因畵托契 | 83 |
| 25. | 貽彤管老翁授訣 | 87 |
| 26. | 投錦裳高僧爭價 | 90 |
| 27. | 琴娥詰影證宿緣 | 92 |
| 28. | 奕手逞術致橫財 | 96 |
| 29. | | 100 |
| 30. | | 104 |
| 31. | | 108 |
| 32. | | 111 |
| 33. | | 113 |
| 34. | | 116 |
| 35. | | 119 |
| 36. | | 121 |
| 37. | | 122 |
| 38. | | 125 |
| 39. | | 128 |
| 40. | 大將申汝哲蹴殺訓局軍 | 129 |
| 41. | 臺臣金鉉이 疏論箕伯宋淳明改差 | 130 |
| 42. | 縣監李遇芳이 復父讐殺逆賊 | 130 |
| 43. | 巡撫使吳命恒이 縱馬才殺麟佐 | 131 |
| 44. | 崔相奎瑞ㅣ 於廢舍에 得銀瓮ᄒᆞ야 移葬于郞角干父子 | 131 |
| 45. | 英廟幸毓祥宮ᄒᆞ야 安置疏論臺臣이라 而旋解 | 132 |
| 46. | 統制柳鎭恒이 曾受命捉酒ᄒᆞ고 活人得後報 | 133 |
| 47. | 太祖ㅣ遇佟豆蘭ᄒᆞ야 共射殺倭將阿只發都 | 134 |
| 48. | 靑海伯李芝蘭의 字號ᄂᆞᆫ 永川金百鍊이 知之 | 135 |
| 49. | 太祖ㅣ得異夢ᄒᆞ고 訪無學僧ᄒᆞ야 建大刹享神祇 | 136 |
| 50. | 太祖兄이 爲怪獸所咬 | 137 |
| 51. | 長湍縣人이 善推數ᄒᆞ야 托太祖活二子 | 137 |
| 52. | 耘谷元天錫이 笞其婢ᄒᆞ고 又裂其子守令教旨노 著野史藏之라 | 138 |
| 53. | 文宗이 抱端宗ᄒᆞ고 托六臣 | 139 |

54. 成廟ㅣ 微行이라가 聞冶匠父子ㅣ 論天象ᄒᆞ고 訪之不得 ················ 139
55. 成廟ㅣ 愛鹿童ᄒᆞ고 燕山이 烹食之ᄒᆞ니 松堂朴英時ㅣ 退歸 ·········· 140
56. 退溪李滉과 河西金麟厚ㅣ 仁廟忌日에 入山慟哭 ···················· 140
57. 南冥曺植이 媒大虎ᄒᆞ야 嫁妻弟 ···································· 141
58. 南冥이 因求名姬라가 殺淫女後에 放馬折劒ᄒᆞ고 讀書成大儒 ······ 142
59. 靜菴趙光祖ㅣ 撻處子ᄒᆞ고 得免己卯禍 ····························· 143
60. 退溪ㅣ 嫁送孀婦 ······················································ 143
61. 土亭李之菡이 好行怪詭ᄒᆞ야 取老人譏 ····························· 144
62. 土亭이 却不狎花潭之婢 ············································ 144
63. 土亭이 行怪着陶笠索帶ᄒᆞ야 袪痼疾 ································ 145
64. 土亭이 作鹽商할새 於馬上에 揮鞭成樂音ᄒᆞ니 有人知어ᄂᆞᆯ 
    追不得이요 遇蔣都令爲僵尸ᄒᆞ야 噬其足指ᄒᆞ니 忽不見 ········ 145
65. 進士田禹治得狐書ᄒᆞ야 行妖術이라가 受制於花潭 ················ 146
66. 花潭이 從神僧ᄒᆞ니 神僧이 爲殺九尾狐ᄒᆞ야 以免厄 ············· 147
67. 花潭이 殺太白山老狐母子 ·········································· 148
68. 北窓이 不能救其親ᄒᆞ고 退去果川 ·································· 149
69. 東皐李浚慶이 與岳翁으로 議明廟建儲 ···························· 150
70. 徐孤靑이 巖穴讀書ᄒᆞ야 逢其父 ···································· 151
71. 孤靑이 與成東洲·李土亭으로 望見南極老人星ᄒᆞ며
    宋雲長亡命時에 往會報恩 ········································ 152
72. 宋祀連이 上變ᄒᆞ야 安氏被禍 ······································ 153
73. 龜峰이 遭誣告亡命于唐津 ·········································· 153
74. 金德齡이 遇老人ᄒᆞ야 受不得自放之戒而終不免禍 ··············· 154
75. ··········································································· 156
76. 李相公時白之聘家奴彦立 ·········································· 157
77. 許積之傔人廉時道 ···················································· 160
78. 宣廟時에 李鰲城傔從이 犯律이라가 遂貫其罪 ····················· 165
79. 鄭子堂이 赤身偸果 ·················································· 165
80. 長城府에 有妓蘆花 ·················································· 166
81. 忠州妓金蘭 ··························································· 167

82. 以烈投江ᄒ고 以詩辭主 ································································· 167
83. 宰相後娶ㅣ醮夕相別 ································································· 167
84. 李知白이 善押險韻 ····································································· 168
85. 枕石鹽商이 善押千字韻 ····························································· 168
86. 重修沁營門樓ᄒ고 開宴落成 ····················································· 168
87. 永興人金旻이 有才女ᄒ니 一覽輒誦 ········································· 169
88. 偸折蓮花라가 賦詩贖罪 ····························································· 169
89. 感結在心ᄒ야 以緞報恩 ····························································· 170
90. 女神이 教人能詩ᄒ고 去後에 人還不識字 ······························· 170
91. 星州妓銀坮仙 ··············································································· 171
92. 夢得神人之聯對ᄒ야 遂成長律 ················································· 171
93. 諸儒生이 會話朴淵共賦 ····························································· 172
94. 天才女人이 能詩贈人 ································································· 172
95. 金右丞이 善詩感人 ····································································· 172
96. 成川府伯이 設席會妓ᄒ고 洪公萬宗이 賦詩挑興 ··················· 173
97. 池亭美人이 贈詩贈墨 ································································· 173
98. 西湖圖 ··························································································· 174
99. 人有吟蟬未成에 同舟僧이 先成口號 ······································· 175
100. 詠牡蠣肉ᄒ고 吟子規 ······························································· 175
101. 曉起將發할ᄉㅣ 忽聞馱豆人吟詩 ··········································· 175
102. 一㹒坐ᄒ고 一僧睡ᄒ야 貶詩吟景 ········································· 176
103. 仁廟ㅣ擇嬪 ················································································· 176
104. 必踐前約ᄒ야 以活報恩 ··························································· 177
105. 埋葬寃屍ᄒ고 椎殺讎賊 ··························································· 177
106. 禍家餘生이 歸托金姓人 ··························································· 179
107. 交必有孕이요 孕必生男 ··························································· 181
108. 拾遺還給ᄒ니 大賊이 遷善 ····················································· 183
109. 初知來後御史ᄒ고 後生反疑라가 必受其禍 ························· 185
110. 以鴻毛로 報泰山 ······································································· 188
111. 扶安妓桂生이 工詩善謳彈 ······················································· 191

112. 華法雖妙라도 不知油商之注瓶 ·············································· 193
113. 兩詩皆爲大貴像 ·········································································· 193
114. 金始振之先鑑 ·············································································· 193
115. 面交ㅣ不及心交 ·········································································· 193
116. 薛生異趣 ······················································································ 194
117. 古者에 衣食이 有約 ·································································· 196
118. 白馬江賦로 下第而復得嵬捷 ···················································· 197
119. 衣輕裘乘駿馬ㅎ고 一見金剛 ···················································· 198
120. 會酒席ㅎ야 出酒命 ···································································· 198
121. 松岳精이 分爲男女 ···································································· 199
122. 弓師ㅣ獨食河豚羹 ······································································ 200
123. 弓院科路에 逢神人吟詩 ···························································· 201
124. 殺一淫女ㅎ고 活一不辜 ···························································· 201
125. 命鋪開址라가 忽得大缸金 ························································ 203
126. 人之善惡에 天神이 莫不鑑臨 ·················································· 203
127. 兩人이 捕一席ㅎ니 一孝一義 ·················································· 205
128. 許魂이 夜哭 ················································································ 208
129. 槐山文章이 投降于京中才子 ···················································· 208
130. 物之始也에 皆有定數 ································································ 208
131. 交鬼得財요 梁黃却鬼 ································································ 209
132. 活命은 不可無酬恩 ···································································· 210
133. 微物도 亦知其恩 ········································································ 210
134. 妓中豫讓也 ·················································································· 211
135. 自謂其貞ㅎ고 損人冤命 ···························································· 213
136. 一卓盛饌으로 以代一 ································································ 213
137. 梧雨聲滴에 鵲橋ㅣ忽斷 ···························································· 214
138. 以春秋·風雨·楚漢·乾坤으로 題主 ·········································· 215
139. 春木이 作鬼交女 ········································································ 216
140. 妓有未忘二人 ·············································································· 217
141. 自灸兩股ㅎ고 託瘡守節ㅎ다가 遇大男兒ㅎ야 更許 ············· 219

142. 南天門開에 以示平生休咎 ·········································· 220
143. 往採頭流山蔘ᄒ고 召見歷代名將 ······························ 222
144. 給香ᄒ야 以結一生緣ᄒ고 進饌ᄒ야 以成兩子顯 ········· 223
145. 徽陵犯樵로 以成妹婚 ··············································· 226
146. 天使ㅣ無例討銀이라가 聞砲卽行 ······························ 229
147. 中國閣老子ㅣ亡歸朝鮮ᄒ야 占一明穴於五鳳山下 ······· 231
148. 醉臥他人門前이라가 更結一世佳緣 ··························· 233
149. 李氏貞烈 ································································· 234
150. 雲娘妓家에 銷盡萬金ᄒ고 得烏金爐 ························· 236
151. 推奴錢數千으로 以償錦吏逋欠 ·································· 238
152. 官至秋議ᄒ야 爲鬼女雪寃 ········································ 240
153. 新婦ㅣ救出打殺之婢ᄒ고 山僧이 奔哭占新山 ··········· 241
154. 移盡兩家財ᄒ야 負携入桃源 ····································· 244
155. 樵夫ㅣ開壁待酒肉ᄒ고 將軍이 入山學劍術 ··············· 247
156. 救活都統ᄒ고 願見一色 ··········································· 249
157. 押伏大虫ᄒ야 分付渡海 ··········································· 251
158. 有恩申童이러니 其祖ㅣ變通于冥府ᄒ야 以添其壽 ····· 252
159. 徹婦ㅣ知機ᄒ야 入山避禍 ········································ 253
160. 數千金으로 使免官逋ᄒ야 以圖寢郞一窠於其父 ········ 255
161. 載寶贖父라가 以寶害命 ··········································· 257
162. 女稱富平金生이오 男貪花田芳香 ······························ 258
163. 大失體禮와 不通下情으로 司啓遞伯 ························· 259
164. 遇賊不屈 ································································· 260
165. 下軺下牛ᄒ야 執手相問 ··········································· 260
166. 飮盡十牛血ᄒ고 椎殺五臺僧 ····································· 261
167. 不堪繼母之惡ᄒ야 娚妹分袂向京 ······························ 262
168. 占時貿麥ᄒ고 公堂投印 ··········································· 263
169. 擲鏡大哭이라가 更逢良人 ········································ 264
170. 辛未西亂 ································································· 265
171. 行不義에 必有惡報 ················································· 266

172. 臨時處變ᄒᆞ야 以報其父讐 ·········· 268
173. 怨積閣內에 竟致惡漢之伏法 ·········· 269
174. 橫書左書로 竟參會試 ·········· 270
175. 具壽永轉禍爲福 三大將達宵露坐 ·········· 271
176. 洪忍齋語侵安老 許大憲獨啓省獄 ·········· 272
177. 惶恐待罪承政院 上敎允當備邊司 ·········· 273
178. 大虎咆哮欲噬人 川上巨巖忽地崩 ·········· 273
179. 中宮藏伏魚水堂 大將厚饋前王妃 ·········· 274
180. 張翰林每宴必目 金天使一遊索眞 ·········· 274
181. 老兵使驛亭別妓 少娼妓大泣送使 ·········· 275
182. 馬解路誤入娼家 女作辭曲傳東都 ·········· 275
183. 風流男子爲人所縛 豪俠宗室置酒相賀 ·········· 276
184. 東隣女乘醉行凶 金海倅迎屍親按 ·········· 276
185. 李白沙五歲詠劍琴ᄒᆞ고 鄭陽坡嘗時贊妻腹ᄒᆞ다 ·········· 277
186. 臨津江에 燒廬覓舟ᄒᆞ고 白川邑에 進帒奉供ᄒᆞ다 ·········· 277
187. 旅軒子上京赴役ᄒᆞ고 道伯子下庭請罪ᄒᆞ다 ·········· 278
188. 號泣禱天亂斫衆指ᄒᆞ고 誠感冥府ᄒᆞ야 許續父命ᄒᆞ다 ·········· 278
189. 四娶得配ᄒᆞ야 祀奉三聖ᄒᆞ고 五子登科ᄒᆞ니 位加一資로다 ·········· 279
190. 蕩客이 箕營에 近名妓ᄒᆞ고 妬婦가 長林에 歎國色 ·········· 282
191. 朴道令이 結婚座首女ᄒᆞ고 列邑倅가 立證分産書ᄒᆞ다 ·········· 284
192. 探花窺牕ᄒᆞ다가 射和尙頭ᄒᆞ고 托尸雪冤에 做恩人科ᄒᆞ다 ·········· 286
193. 弔友出城타가 誤入賊窟ᄒᆞ고 縱徒燒宇ᄒᆞ야 歸臥故山 ·········· 289
194. 閔氣端李動蕩 爾有眼果無珠 ·········· 292
195. 山寺曉鍾에 訪妓到浿ᄒᆞ고 御塔新恩이 陪親還家ᄒᆞ다 ·········· 293
196. 掃墳歸路에 逢一奇男子 因山禮畢에 告訣都元帥 ·········· 297
197. 貪財縛倅亂石搗背ᄒᆞ고 破棺行檢伸雪積冤ᄒᆞ다 ·········· 299
198. 安東倅三載名得神異ᄒᆞ고 都書員一窠足過平生이라 ·········· 301
199. 求山喪人이 强逼成婚ᄒᆞ고 奔哭新婦가 忍恥受標ᄒᆞ다 ·········· 303
200. 春塘臺前에 出大言ᄒᆞ고 梔子餠으로 換正牛黃ᄒᆞ다 ·········· 305
201. 得良配ᄒᆞ야 藏踪柳匠家ᄒᆞ고 革亂政ᄒᆞ니 出仕太平朝ᄒᆞ다 ·········· 306

동패東稗 ──────────────────────── 309

　附　東稗追錄 ──────────────── 348

양은천미揚隱闡微 ────────────── 363

　第一回 ───────────────────── 365
　第二回　金英娘用智嫁貴門 ────── 367
　第三回　高希世因婦獲報 ──────── 371
　第四回　李府使計全皇甫孤 ────── 373
　第五回　俞總管殺賊救寃女 ────── 375
　第六回　一枝紅激夫立功名 ────── 377
　第七回　鳳凰臺會金剛春月 ────── 379
　第八回　孫兵使殺虎得高官 ────── 383
　第九回　柳監司厚義救儒生 ────── 384
　第十回　金少年大膽果獲報 ────── 385
　第十一回　崔晩玉知恩報德 ────── 386
　第十二回　張夫人義救李相國 ──── 388
　第十三回　讀書生抱兒獻叔母 ──── 389
　第十四回　丁香巧計侍大君 ────── 391
　第十五回　秋香愛死沈密陽 ────── 398
　第十六回　元相國智計葬親 ────── 399
　第十七回　趙夫人感義解奇寃 ──── 401
　第十八回　李長業據証一門慶會 ── 403
　第十九回　申忠壯棄德被陰報 ──── 405
　第二十回　喪歌僧舞老人哭 ────── 408
　第二十一回　金福孫智減群盜 ──── 409
　第二十二回　申靖夏三生觀名山 ── 412
　第二十三回　李土亭拒色免厄 ──── 414
　第二十四回　金秀天吟詩占妓 ──── 415
　第二十五回　金判書市井覓親屬 ── 416

| | |
|---|---|
| 第二十六回 金淸城觀相成少婢 | 417 |
| 第二十七回 全關不投水保班脈 | 420 |
| 第二十八回 尹稷山糊塗愛吟詩 | 421 |
| 第二十九回 李源祚應夢登科 | 422 |
| 第三十回 李應虛夢甘黃粱 | 423 |
| 第三十一回 雲英遺恨寄柳生 | 424 |
| 第三十二回 李輔國題棺解女寃 | 438 |
| 第三十三回 李上舍薄倖致坎坷 | 439 |
| 第三十四回 朴靈城假粧天神 | 441 |
| 第三十五回 鄭御史詐賭懲欺騙 | 446 |
| 第三十六回 金演光洞房再會其妻 | 448 |

# 일러두기

1. 이 자료집은 조선후기 야담집 총 20종을 활자화하여 표점하고, 이본을 교감하여 정본화한 것이다.
   • 해당 20종은 다음과 같다.『於于野談』,『天倪錄』,『梅翁閑錄』,『二旬錄』,『鶴山閑言』,『東稗洛誦』,『雜記古談』,『雪橋漫錄(抄)』,『破睡錄』,『綺里叢話』,『溪西雜錄』,『溪西野談』,『紀聞叢話』,『靑邱野談』,『東野彙輯』,『夢遊野談』,『錦溪筆談』,『靑野談藪』,『東稗』,『揚隱闡微』.

2. 저본과 이본(대조본) 설정 과정은 다음과 같다.
   • 개별 야담집마다 저본을 확정하고 주요 이본을 대조본으로 삼았다.
   • 저본의 기준은 야담집마다 상이한데, 기존의 이본 논의를 참조하여 본 연구팀에서 최종 확정하였다.
   • 이본의 경우, 야담집마다 존재하는 이본들을 최대한 수렴하되 모든 이본을 대조본으로 활용하지는 않고 교감에 도움이 되는 주요본을 각 야담집마다 2~6개 정도로 선정하였다. 이본이 없는 유일본의 경우 다른 자료를 대조로 활용하였다.

3. 활자화 과정은 다음과 같다.
   • 개별 야담집의 저본을 기준으로 활자화하였다.
   • 원자와 이체자가 혼용되었을 경우 일반적으로 활용되는 이체자는 그대로 반영하되, 잘 쓰지 않는 이체자는 원자로 대체하였다.
   • 필사상 혼용하는 한자의 경우 원자로 조정하거나 문맥에 맞게 적절하게 취사선택하였다. 대표적으로 혼용되는 글자들은 다음과 같다. 藉/籍, 屢/累, 炙/灸, 沓/畓, 咤/吒, 斂/歛, 押/狎, 係/繫, 褟/裯, 辨/卞, 別/另, 縛/縳 등

4. 활자화와 표점은 다음과 같은 기준에 의거하였다.
   • 개별 야담집의 권수에 따라 이야기를 나누고 이어지는 작품들은 임의로 넘버링을 통해 구분하였다. 권수가 없는 야담집의 경우 번호만 붙여 구분하였다.
   • 원문의 한자를 최대한 반영하였으나 최종적으로 판독이 불가능한 글자는 ■로, 공백으로 되어 있는 경우는 □로 표시해 두었다.

- 원문의 구두와 표점은 일반적인 기준에 의거하였다. 문장 구두는 인용문(" " ' '), 쉼표( , ), 마침표( . ?! ), 대구( ; ) 등을 활용하였다.
- 원문의 책명이나 작품명의 경우 『 』, 「 」 등으로 표기하였다.
- 원주로 되어 있는 부분은 【 】로 표기하여 구분하였다.

5. 정본화 과정은 다음과 같다.
   - 개별 야담집마다 저본과 대조 이본을 엄선하여 교감하되 모든 작품들의 정본을 구축하는 것으로 목표로 하였다. 각 야담집의 저본과 대조본은 해당 야담집의 서두에 밝혀두었다.
   - 저본과 이본은 입력과 이해의 편의를 위해 각 본의 개별 명칭을 쓰지 않고 저본으로 삼은 본은 '저본'으로, 이본으로 삼은 본은 중요도에 따라 '가본', '나본', '다본' 등으로 통일하여 대체하였다. 대조본 이외의 이본을 활용한 경우 '다른 이본'으로 구분하여 반영하였다.
   - 저본을 중심으로 교감하되 이본을 적극적으로 활용하여 가장 이상적인 형태를 구축하고자 했다. 이 과정은 오류를 바로잡은 것에서부터 상대적으로 나은 부분을 선택하는 방향으로 이루어졌다. 그 기준은 다음과 같다.
     ① 저본의 오류가 확실할 때: '~본에 의거하여 바로잡음'
     ② 저본이 완전한 오류는 아니나 이본이 더 적절할 때: '~본 등에 의거함'
     ③ 저본에 빠져있는데 이본을 통해 보완할 경우: '~본 등에 의거하여 보충함'
     ④ 저본도 문제는 없으나 이본 쪽이 더 나을 때: '~본 등을 따름'
     ⑤ 서로 통용되거나 참조할 만한 경우: '~본 등에는 ~로 되어 있음'
     ⑥ 저본을 그대로 반영하면서도 이본의 내용도 의미가 있을 때도 주석을 통해 밝혔음.
     ⑦ 익숙하지 않은 통용된 한자나 한자어가 이본에 있는 경우도 주석을 통해 반영하였음.
     ⑧ 저본과 이본으로도 해결되지 않는 오류는 다른 자료를 활용하여 조정하였음. 이 경우 상황에 따라 바로잡기도 하고, 그대로 두되 주석에서 오류 문제를 적시하기도 하였음.
     ⑨ 기타 조정 사항은 각주를 통해 밝혔음.

# 청야담수
## 青野談藪

**저본 및 이본 현황**

저본: 가람문고본

## 1. 世祖丙子六月

　世祖丙子六月에 天使ㅣ 來호야 將接宴于昌德宮時에 朴·成兩公이 謀復上王位호니 成勝·兪應孚ㅣ 爲雲劍호야 方當宴時호야 欲擧大事호고 使刑郞尹鈴孫과 司藝金礩로 殺申叔舟等호야 謂礩曰: "事成이면 汝妻父鄭昌孫은 當爲首相호리라." 謀已定이러니 韓明澮 啓호디 "昌德宮이 窄且炎蒸호니 請世子는 勿入侍호고 雲劍도 亦令勿入호쇼셔." 世祖ㅣ 從之호니 勝이 欲擊殺明澮等호디 成公曰: "世子ㅣ 不來호니 雖殺明澮나 無益也ㅣ니라." 兪公이 猶欲入擊호디 朴·成兩公이 固止之, 曰: "今世子在本宮호고 又不入雲劍호니 天也ㅣ라 若擧事於此, 而世子ㅣ 從景福宮起兵, 則成敗를 未可知니 不如伺他日擧之事成矣ㅣ니라." 兪公曰: "事貴神速이오 若遲他日, 則事 泄이니 千載一時는 不可失也ㅣ니라." 朴公曰: "此非萬全計也ㅣ라." 호고 止兪公不發호며 鈴孫은 不知停謀라. 方叔舟沐髮에 鈴孫이 按 劍而前호니 成公이 目止之호디 鈴孫이 退라. 礩이 見事不諧호고 馳去호야 與昌孫으로 謀曰: "今日에 特除雲劍호고 世子ㅣ 又不隨 駕호니 此는 天也ㅣ라 不如先發告, 則富貴有餘矣라." 昌孫이 從之 호야 卽與礩로 詣闕上變호니 世祖ㅣ 出御便殿호니 成公은 以承旨 로 入侍어늘 令武士로 捽下호고 以礩所告로 詰之호니 公이 仰天良 久, 曰: "願與礩로 面質." 호니 世祖ㅣ 命礩語其狀호디 成公이 笑而 對曰: "皆是也로라! 上王春秋ㅣ 方富而遜位호시니 欲其復立은 乃 人臣之所當爲어늘 更何問乎아?" 顧謂礩曰: "汝之所告는 猶回互不 直이오 我等之意는 直欲如是耳니라." 命鞠之호니 公이 乃引朴·李· 河·柳·兪諸公호디 世祖曰: "若等이 何爲叛我오?" 成公이 抗聲曰: "欲復舊主耳라 天下에 誰有不愛其君者乎아? 我爲人臣호야 不忍 見君父之廢, 故然耳라. 進賜ㅣ 平日에 動引周公호니 周公도 亦有

此事乎아? 三問之爲此者는 天無二日이요 民無二主故也ㅣ니라." 世祖ㅣ 頓足, 曰: "受禪之時에 何不沮之, 而反依予라가 今背予乎아?" 公曰: "勢不能也라 吾ㅣ 固知進不能禁이요 退有一死나 然이나 徒死無益故로 忍而至此者는 欲圖後效耳라." 敎曰: "汝不稱臣ᄒᆞ고 以予로 爲進賜, 則汝ㅣ 不食我祿乎아? 食祿而背之ᄒᆞ니 反復也ㅣ라 名爲復上王, 而實欲自爲也로다." 公曰: "上王이 在ᄒᆞ시니 進賜ㅣ 何以臣我리오? 且我ㅣ 不食進賜之祿[1]이니 如不信인된 籍我家而計之ᄒᆞ라." 世祖ㅣ 怒甚ᄒᆞ야 令武士로 灼鐵穿其脚ᄒᆞ고 斷其肱, 而顏色을 不變ᄒᆞ며 待冷曰: "更使灼熱來ᄒᆞ라!" 進賜之刑이 慘矣로다. 時에 叔舟ㅣ 在上前ᄒᆞ니 公이 叱曰: "昔에 與汝로 同直集賢殿할시 英陵이 抱元孫ᄒᆞ시고 步庭中, 曰: '寡人萬歲後에 爾等은 須念此兒ᄒᆞ라.' 言猶在耳어날 汝豈忘之耶아? 不意汝之惡이 至於此極矣로다." 世祖ㅣ 令叔舟로 避殿後ᄒᆞ다. 世祖ㅣ 愛朴公之才ᄒᆞ야 陰使人告曰: "汝降我, 而諱其謀ᄒᆞ면 得生ᄒᆞ리라." 公이 笑而不答ᄒᆞ고 稱上에 必曰進賜라 ᄒᆞ니 世祖ㅣ 使武士로 擊其口. 曰: "汝ㅣ 旣稱臣ᄒᆞ며 食祿於予ᄒᆞ니 今雖不稱臣이라도 無益也ㅣ니라." 公曰: "曩拜忠淸監司ᄒᆞ야 啓目於進賜에 未嘗一稱臣이오 亦不食祿이로라." 於是에 校其啓目ᄒᆞ니 果無一臣字요 書以巨字云耳라 受祿不食은 封閉一庫러라. 問兪公曰: "汝欲何爲오?" 曰: "當宴之日ᄒᆞ야 欲廢足下ᄒᆞ고 復故主耳러니 不幸爲姦人所發ᄒᆞ니 復何爲哉오!" 世祖ㅣ 怒曰: "汝ㅣ 托名上王, 而欲圖社稷이로다." 令武士로 剝膚而問之ᄒᆞ니 公이 顧謂成公曰: "人言書生은 不可與謀事라 ᄒᆞ더니 果然이로다. 曩在請宴之日에 吾欲擧事ᄒᆞ니 汝輩ㅣ 固止之, 曰: '非萬全計라' ᄒᆞ

---

[1] 祿: 저본에는 빠져 있으나 내용상 보충함.

야 以致今日之禍ᄒ니 如欲問情인딘 問彼堅儒ᄒ라." 卽閉口不答ᄒ니 世祖ㅣ 命灼鐵ᄒ야 置腹下ᄒ디 公이 顔色不變ᄒ고 終不服이라. 李公이 臨灼刑에 徐問曰: "此何刑也오?" 次及河公ᄒ니 公曰: "以反逆爲名이면 厥罰은 當誅ㅣ니 復何問이리오?" 世祖ㅣ 怒弛ᄒ야 不施灼刑ᄒ고 問其黨與於成公ᄒ디 公曰: "彭年等及吾父耳로라." 更問之ᄒ디, 答曰: "吾父도 尙不諱어든 況他人乎아!" 時에 提學姜希顔이 辭連栲訊ᄒ야 不服ᄒ니 世祖ㅣ 以問成公曰: "希顔이 知其謀乎아?" 成公曰: "實不知也ㅣ니이다. 進賜ㅣ 盡殺先朝名士, 而獨有此人ᄒ야 不預謀ᄒ니 姑留用之ᄒ소셔. 此實賢人也ㅣ니이다." 希顔이 遂得免ᄒ다. 成公이 將出門할시 謂左右舊僚曰: "若輩ᄂᆫ 佐賢主致治오, 吾ᄂᆫ 歸見故主於地下ᄒ노라." 臨載車有詩, 曰: '擊鼓催人命ᄒ니 回頭日欲斜라. 黃泉에 無一店ᄒ니 今夜에 宿誰家오.' 李公이 亦臨車有詩, 曰: '禹鼎重時生亦大요 鴻毛輕處에 死猶榮을 明發不寐出門去ᄒ니 顯陵松栢이 夢中靑을.' 柳公以司藝로 在成均館ᄒ야 諸生이 以成公事로 告之ᄒ니 卽命駕還家ᄒ야 與其妻로 酌酒飮訣ᄒ고 上祠堂ᄒ니 其妻ㅣ 怪久不下ᄒ야 往視之, 則仰臥自刎ᄒ야 已無及矣라. 特赦鄭昌孫・金礩罪ᄒ야 以爲功臣ᄒ고 命罷集賢殿ᄒ며 以其書冊으로 移于藝文館ᄒ고 下敎旨曰: "成三問이 言上王이 預知其謀ᄒ니 宗親百官이 合辭ᄒ야 以爲上王이 不宜安居京師로 請之不已어날 予固不允ᄒ야 欲保初心이러니 到今人心이 未定ᄒ야 煽亂之徒繼踵不息ᄒ니 予ㅣ 豈得以私恩으로 曲大法이리오? 特從群議ᄒ야 降封爲魯山君ᄒ고 俾出居寧越ᄒ야 厚奉衣食ᄒ야 以保終始ᄒ라." 端宗이 遜于寧越ᄒ야 居客舍東廳ᄒ고 每登梅竹樓ᄒ야 夜坐使人吹笛ᄒ고 詠短句云: '月白夜蜀魄啾ᄒ니 含愁情倚樓頭라. 爾啼悲我聞苦ᄒ니 無爾聲이면 無我愁라. 寄語世上苦勞人ᄒ노니

愼莫登春三月子規樓ᄒᆞ라.' 國人이 聞之ᄒᆞ고 無不涕泣者러라. 又有 詩曰: '一自冤禽이 出帝宮ᄒᆞ야 孤身隻影碧山中을. 假眠夜夜眠無 暇요 窮恨年年恨不窮을. 聲斷曉岑殘月白이오 血流春谷落花紅을. 天聾은尙未聞哀訴어날 胡乃愁人이 耳獨聰고?' 每淸晨에 御龍袍ᄒᆞ 고 出大廳ᄒᆞ야 據椅而坐ᄒᆞ니 見者ㅣ 無不起敬이라. 境內旱이면 焚 香親禱ᄒᆞ니 天雨ㅣ 輒注러라. 及上昇之日에 村氓이 入官이라가 路 瞻端宗이 乘白馬ᄒᆞ고 騰躍上東谷而過去어날 氓이 伏謁道傍ᄒᆞ고 問: "殿下ᄂᆞᆫ 將向何處ᄂᆞ잇고?" 顧答曰: "吾將遊太白矣로라." 氓이 拜送入官, 則已昇遐矣라. 肅宗戊寅에 追上廟號端宗ᄒᆞ고 封莊陵 ᄒᆞ고 命復六臣官ᄒᆞ고 贈諡賜額愍節ᄒᆞ다.

外史氏曰: "六臣忠節이 貫乎白日ᄒᆞ며 義氣凜乎秋霜ᄒᆞ야 千金을 一毛ᄒᆞ며 成仁取義ᄒᆞ야 使百世之爲人臣者로 知所以一心事君之 義ᄒᆞ니 伯夷採薇於西山, 而周王之德이 不墜ᄒᆞ고 嚴光이 釣魚於桐 江, 而漢帝之功이 無損ᄒᆞ니 嗚呼라! 使六臣으로 寄丹心於金石ᄒᆞ 야 保白首於江湖, 則上王之壽ㅣ 可延, 光廟之治益隆이어날 不幸中 心所激에 遂陷焦原ᄒᆞ니 哀哉로다!"

## 2. 三士ㅣ成仁明大義

洪忠正公翼漢의 字ᄂᆞᆫ 伯升이니 南陽人이오 吳忠烈公達濟의 字 ᄂᆞᆫ 季輝니 海州人이오 尹忠貞公集의 字ᄂᆞᆫ 成伯이니 南原人이니 丙 子斥和三學士也ㅣ라. 三月에 胡差龍骨大·馬夫大ㅣ 率從胡百餘名 과 蒙古數十騎ᄒᆞ고 到義州ᄒᆞ야 致書請ᄒᆞ되 共尊金汗爲帝ᄒᆞ니 探 我國之意ᄒᆞ야 欲爲加兵也ㅣ라. 洪公이 以掌令으로 疏言ᄒᆞ되, "臣 이 自聞僭帝之說ᄒᆞ고 膽欲裂而氣欲短이라 寧爲魯連之死, 而不忍 使其言으로 汚耳也ㅣ 請斬虜使ᄒᆞ고 函其首幷其書ᄒᆞ야 奏聞天朝ᄒᆞ

고 以伸大義云云이라." 夏四月에 金汗이 僭稱寬溫仁聖皇帝ᄒᆞ고 改元崇德ᄒᆞ다. 時에 崔公鳴吉이 請送和使陳箚, 曰: "旣不決戰守之計ᄒᆞ고 又不爲緩禍之謀라가 一朝에 胡騎長驅ᄒᆞ면 生靈이 魚肉이오 宗社ㅣ播越, 則到此地ᄒᆞ야 咎將誰任고? 江水村舍에 禍迫目前이오 所謂待汝議論定時엔 我已渡江者라 不幸近之矣니이다." 修撰에 吳公과 校理에 尹公이 皆陳疏斥和ᄒᆞ며 請斬鳴吉ᄒᆞ니 疏入不報ᄒᆞ다. 十月에 金汗이 遣馬保大ᄒᆞ야 至義州ᄒᆞ니 府尹林慶業이 接見ᄒᆞ니 馬胡ㅣ 曰: "我以十一月에 當擧兵東來ᄒᆞ리니 爾國이 若遣使講和好, 則雖兵發在途라도 當罷歸요, 且我國稱帝ᄂᆞᆫ 南朝之所不能禁, 而爾國이 欲禁之ᄂᆞᆫ 何耶오?" 蓋淸主稱帝後에 使人으로 通于我國이어날 我國이 不能善遇, 而猶遣答使故로 以氷後出去之言으로 恐之라. 卽治兵馬ᄒᆞ고 卜十一月二十七日로 爲西犯之計, 曰: "朝鮮이 必使人來乞이면 當報還而發이러니 過其日에 我使ㅣ 不到ᄒᆞ니 又卜二十九日, 曰: '姑待數日이 可也ㅣ라.'" 及過其日에 乃曰: "鮮罪ᄂᆞᆫ 不可不先正이라."ᄒᆞ고 遂議東搶事ᄒᆞ다. 貴永介以爲不可, 曰: "朝鮮은 衰弱之國이니 今姑置之ᄒᆞ고 專意西事ᄒᆞ야 得以成功, 則不勞發一矢, 而彼自然臣服이오, 且我ㅣ 空國而西라도 彼無氣力ᄒᆞ야 必不敢躡我後也ㅣ니 以我兵力으로 蹂躪不難, 而但本國이 山多野少ᄒᆞ고 道路ㅣ 甚險ᄒᆞ며 且有砲技ᄒᆞ니 恐或損我兵馬면 不如不伐이니이다." 汗이 然其計, 而九王及龍馬二胡ㅣ 力勸東搶云이러라. 十二月初九日에 淸主ㅣ 將十萬兵ᄒᆞ야 渡鴨綠江ᄒᆞ다. 十四日에 到畿甸ᄒᆞ니 崔鳴[2]吉이 到沙峴ᄒᆞ야 遇淸兵ᄒᆞ야 遂駐馬ᄒᆞ야 詰其渝盟動兵之端ᄒᆞ고 故爲拖引說話ᄒᆞ야 以至昃이라. 於是에 上이 率世

---

2) 鳴: 저본에는 '命'으로 나와 있으나 의미상 바로잡음.

子百官ᄒ사 入南漢山城하다. 丁丑正月에 將貽書胡陣乞和ᄒ니 金淸陰尙憲과 鄭桐溪蘊曰: "軍士ㅣ 盡死오 士夫ㅣ 盡死後에 乞之未晚也ㅣ라."ᄒ다. 及其再書에 淸陰이 見而裂破之ᄒ고 失聲痛哭ᄒ니 崔遲川이 微笑曰: "台監은 裂ᄒ고 吾輩ᄂᆞᆫ 當拾之라."ᄒ고 乃收拾補綴ᄒ니 東陽尉申翊聖이 撫劍曰: "主和議者ᄂᆞᆫ 吾欲以此斬之ᄒ오리라." 淸主ㅣ 召諸將, 令曰: "城久不下ᄒ리니 可於明日에 屠ᄒ리라." 又呼我使ᄒ야 謂曰: "皇帝ㅣ 以爾國이 不受命으로 怒欲殲滅, 而急於還歸ᄒ야 委此役於十王子及龍馬二將ᄒ고 明欲發行이오 發行之後에ᄂᆞᆫ 雖欲和나 不可得矣리라." 是時에 壯士等이 請縛送斥和人, 曰: "大砲所中城堞이 盡壞ᄒ야 事勢ㅣ 已到十分地頭, 而文士輩ㅣ 只爲高論ᄒ니 請令文士로 守禦ᄒ소셔." 金瑬ㅣ 慰諭曰: "爾等이 勞苦ᄒ니 方議重賞ᄒ리라." 曰: "非欲望賞이오 特憤論事之人耳니이다." 洪瑞鳳等이 往虜營ᄒ야 陳世子ㅣ 率斥和人ᄒ야 欲出城之意ᄒᆫ디 答曰: "必國王이 出城然後, 可也ㅣ니라." 夜에 大臣이 入對, 上曰: "宗社ㅣ 已陷ᄒ니 吾無可爲라." 金瑬·崔鳴吉等이 進曰: "皮幣珠玉은 湯文도 所不得免이오 漢高ㅣ 屈體於鴻門ᄒ고 唐代宗이 親拜回紇於馬首ᄒ니 是知爲人君者ㅣ 爲國家萬世慮요 非若匹夫之計一身外에 無復有之라." 世子ㅣ 亦泣而請曰: "苟可以紓君父之禍면 死且不避어날 出質을 何足言乎리오?" 乃決出城之議하다. 金淸陰이 引繩自裁ᄒ야 幾至命絶이어날 羅萬甲이 馳求之하다. 吏參에 鄭蘊이 有詩曰: '生世에 何巇嶮고 三旬이 月暈中을. 一身은 無足惜이라 千乘도 亦云窮을. 外絶勤王士요 朝多賣國凶을. 老臣이 何所事요 腰下에 佩霜鋒을.' 乃以佩刀로 自刺其腹ᄒ니 尙不死矣라. 金瑬ㅣ 請以斥和人金尙憲·鄭蘊·尹煌父子·吳達濟·尹集·金壽翼·金益煕·鄭雷卿·李行遇·洪瑑等十一人ᄒ야 出送虜陣ᄒ니 大諫에 朴潢曰:

"出送數人이면 可以塞責이오 不須十餘人이라. 吳・尹兩人이 當初에 力主斥和ᄒ니 今送兩人도 亦甚不忍, 而與其終不得免인딘 其若止送此兩人乎ᆫ뎌!" 遂從其言ᄒ다. 吳・尹二公이 將赴淸陣할시 氣色이 略無異[3]於平日이라. 上이 引見痛泣賜酒, 曰: "汝等父母妻子ᄂᆫ 予當終身顧恤ᄒ리니 此則勿念ᄒ라." 二公이 亦涕泣拜辭而出ᄒ다. 令宣傳官으로 往平壤ᄒ야 拿給洪翼漢時에 公이 在平壤庶尹任所也ㅣ라. 又令甑山縣監邊大中으로 執送虜營ᄒ니 大中이 束縛困辱ᄒ야 使不得飮食이어날 公이 乞解縛而食ᄒ되 大中이 不許라. 到瀋陽ᄒ야 路遇華人ᄒ니 問: "何以繫累오?" 輒嗟惜曰: "眞忠臣也로다! 若使大明天子로 知之면 寧不聳動耶아? 男兒ㅣ 至此ᄒ면 死亦有光이로다." 迭相慰勉之ᄒ다. 龍胡ㅣ問: "汝何入來오?" 公笑曰: "吾以斥和로 被執而來로라." 龍胡曰: "汝國朝官에 多斥和者어날 豈獨汝一人고?" 公曰: "吾雖至此나 豈畏死而引他人哉아?" 龍胡ㅣ 再三詰問ᄒ되 公曰: "上年春에 汝往我國時에 陳疏請斬汝首ᄂᆫ 獨吾一人이로라." 龍胡ㅣ 亦笑而去ᄒ다. 淸主ㅣ 使囚別館ᄒ고 設朝夕供宴ᄒ야 示以無相害之意ᄒ되 皆不受ᄒ니 淸主ㅣ 盛陳兵威ᄒ고 引見問之어날 公이 屹然特立, 抗言不屈ᄒ며 仍索筆ᄒ야 書, "大明朝鮮國累臣洪翼漢, 斥和事意를 歷歷可陳ᄒ리라. 朝鮮이 本以禮義로 相尙ᄒ고 諫臣은 惟以直截爲風故로 上年春에 適受言責之任ᄒ야 聞爾國이 將渝盟稱帝ᄒ고 心以爲若果渝盟, 則是ᄂᆫ 悖兄弟也ㅣ라 若果稱帝, 則是ᄂᆫ 二天子也ㅣ라. 況爾國之於朝鮮에 新有交隣之約, 而先背之ᄒ고 大明之於朝鮮에 舊有字少之恩, 而深結之, 則忘深結之大恩ᄒ야 守先背之空約이 於理에 甚不近이오 於事에 甚不

---

[3] 異: 저본에는 빠져 있으나 『동야휘집』에 의거하여 보충함.

當故로 首建此議ᄒᆞ야 欲守禮義者는 是臣職耳라 豈有他哉리오?" 淸主曰: "吾ㅣ 豈不可爲帝耶아?" 公曰: "汝는 乃天朝反賊이니 何可爲帝리오?" 淸主ㅣ 大怒ᄒᆞ야 別囚其隨行奴僕ᄒᆞ야 使不得相通ᄒᆞ다. 或云: "幽於深處ᄒᆞ야 漠然無聞이라."ᄒᆞ며, 或云: "與吳·尹二公으로 同時被害라." 公이 在囚時에 有詩曰: '陽坡細草ㅣ 坼新胎로다 孤鳥ㅣ 樊籠意轉哀라. 荊俗踏靑은 心外事오 錦城浮白은 夢中來라. 風翻夜石陰山動이오 雪入春澌月窟開라. 飢渴은 僅能聊縷命ᄒᆞ니 百年今日에 淚沾腮를.' 吳·尹二公이 北去時에 胡使一將으로 領之在陣後ᄒᆞ니 領者ㅣ 服其節義ᄒᆞ야 常加尊敬이러라. 中路에 尹公이 謂吳公曰: "備嘗困辱而死於虜地ᄂᆡ딘 曷若死於我境가?" 吳公曰: "人生斯世에 固有一死라 死得其所ᄒᆞ야 明我節義ㅣ 豈非樂事리오? 何必效匹夫之諒乎아?" 吳公이 以詩寄家, 曰: '風塵南北에 各浮萍이나 誰謂相分이 有此行가? 別日兩兒ㅣ 同拜母요 來時一子ㅣ 獨趨庭을. 絶裾에 已負三遷敎요 泣綫에 空悲寸草情을. 關塞에 路脩西景暮ᄒᆞ니 此生何處에 更歸寧가?' 又曰: '孤臣이 義重心無怍이요 聖主ㅣ 恩深死亦輕을. 最是此生無限痛은 北堂에 虛負倚閭情을.' 其思兄詩曰: '南漢에 當時就死身이 楚囚을 猶作未歸臣을. 西來에 幾灑思兄淚오 東望에 遙憐憶弟人을. 魂逐旅鴻悲隻影이오 夢驚池草惜殘春을. 想當彩服趨庭日ᄒᆞ니 忍對何辭로 慰老親가.' 二公이 到瀋陽ᄒᆞ니 囚於一小屋ᄒᆞ고 鎖直이 甚嚴ᄒᆞ며 龍胡ㅣ 傳淸主語, 曰: "汝等이 雖曰斥和나 似非首唱이라 不須殺之니 汝等이 率妻子ᄒᆞ고 來居此地也ᄒᆞ라." 答曰: "此는 決不可從이니 須速殺我ᄒᆞ라!" 龍胡ㅣ 反復開諭ᄒᆞ며 且劫脅之호ᄃᆡ 終不屈이라 龍胡ㅣ 致二公于前ᄒᆞ고 謂宰臣南以雄等曰: "此人이 倡絶和ᄒᆞ야 使二國으로 成釁ᄒᆞ니 其罪極重, 而皇帝貸渠之死ᄒᆞ시고 許令率妻子ᄒᆞ야 入居于此ᄒᆞ라."

尹則曰: "妻子ㅣ 散於兵亂ᄒᆞ야 不知死生이로라." 吳則曰: "吾之忍死到此者ᄂᆞᆫ 萬一生還이면 復見吾君與老母오 若不得復歸故國인ᄃᆡᆫ 不若速死之爲愈云云."ᄒᆞ니 此則皇帝欲生之, 而渠乃促死라. 宰臣等曰: "此人等이 俱以年少로 只切戀君親之念ᄒᆞ야 妄發이 如此ᄒᆞ니 若終始曲全, 則豈非千載之美事아?" 龍胡曰: "此則宰臣이 不識事體也ㅣ라 懇乞不已, 而終不得免禍云이라." 鄭弼善雷卿이 使舌人으로 懇乞收屍ᄒᆞ니 胡竟不許라.

外史氏曰: "三學士之危忠大節과 如文信國之柴市就禍ᄂᆞᆫ 孔曰成仁이오 孟曰取義ᄒᆞ야 惟其義盡이오 所以仁至라. 人生이 自古로 誰無死리오? 留取丹心照汗靑이라ᄒᆞ니 此皆文山之語, 而三學士ㅣ 並有之라. 況以屬國之臣으로 爲天朝立節, 則視文山尤難矣라. 我東之尊周大義ㅣ 自斥和諸公, 而明張之ᄒᆞ야 永有辭於天下萬世ᄒᆞ니 其忠精烈氣ㅣ 可與日月로 爭光矣라."

### 3. 逃世情에 淸風節義

金時習의 字ᄂᆞᆫ 悅卿이니 江陵人이라. 累變其號, 曰東峰·淸寒子·贅世翁·梅月堂이오 法名은 雪岑이라. 公이 離胞八月에 自能知書ᄒᆞ며 三歲에 能綴詩ᄒᆞ니 詩曰: '桃紅柳綠三月暮ᄒᆞ고 珠貫靑針松葉露라.'等句라. 乳母ㅣ 碾麥할시 朗然吟曰: '無雨雷聲이 何處動고 黃雲片片四方分을.' 人皆神之러라. 五歲에 通『大學』, 能屬文ᄒᆞ니 號曰神童이라. 許相稠ㅣ 訪之, 曰: "余ㅣ老矣라 其以老字로 作句ᄒᆞ라." 應聲曰: "老木에 開花ᄒᆞ니 心不老라." 許ㅣ 擊節曰: "此所謂神童也ㅣ로다!" 世宗이 聞之ᄒᆞ고 命招入承政院ᄒᆞ니 知申事朴以昌이 試之曰: "童子之學은 白鶴이 舞靑空之末이로다." 對曰: "聖主之德은 黃龍이 翻碧海之中이로다." 以昌이 抱于膝上ᄒᆞ야 作詩甚多러

라. 世宗이 命以三角山為題ᄒ고 作詩ᄒ니 卽對曰: '三角高峰이 貫太淸ᄒ니 登臨에 可摘斗牛星을. 非徒嶽峀에 興雲雨라 能使王都로 萬世寧를.' 上이 敎以 '宜韜晦敎養ᄒ야 待年長業成ᄒ야 將大用이라.'ᄒ시며 卽賜帛五十疋ᄒ고 使自運ᄒ니 公이 遂各綴其端ᄒ야 曳之而出ᄒ니 由是로 聲震一國ᄒ야 稱五歲而不名이러라. 端宗乙亥에 公의 年이 二十一이라 讀書于三角山할시 人有傳京耗어날 卽閉門大哭ᄒ고 盡焚書發狂而逃之ᄒ다. 公의 爲人이 豪邁勁直ᄒ며 傷時憤俗에 氣鬱不平ᄒ야 不能隨時低昻이라. 遂放形骸之外ᄒ 域中山川에 足跡이 殆遍이라. 遇勝則棲焉ᄒ고 聰悟絶倫ᄒ야 不俟傳授, 而古今文籍이 通慣無漏ᄒ며 性이 磊磈慷慨ᄒ야 狂吟放浪ᄒ며 玩弄一世라. 雖逃世於禪이나 不奉其道ᄒ고 每月夜에 喜誦「離騷經」ᄒ야 輒泣下沾襟ᄒ며 嗜酒ᄒ야 醉則曰: "不見我英陵이라."ᄒ고 流涕甚悲러라. 諸比丘ㅣ 推以爲神師ᄒ야 咸請曰: "弟子等이 奉大師久矣로되 尙靳一敎諸生迷方ᄒ니 願受金篦之刮이라."ᄒ고 請益堅ᄒ니 公曰: "諾다." 大開法筵ᄒ고 公이 具袈裟法衣ᄒ야 趺坐ᄒ니 緇流ㅣ 坌擁ᄒ야 合掌羅跪ᄒ고 方聳聽할시 公曰: "可牽一牛來ᄒ라." 衆이 莫測所以ᄒ고 牽牛繫庭下ᄒ니 公曰: "又將蒭束來ᄒ라." 令置牛後ᄒ고 大笑曰: "爾等이 欲聞法ᄒ니 類是矣라." 蓋人之迷冥無識者를 俗謂之牛後置蒭라ᄒ나니라. 緇衆이 枆然而退ᄒ다. 居中興寺ᄒ야 每値雨後에 山水ㅣ 添流ᄒ면 折紙百餘片ᄒ고 具筆硯沿流, 而必擇湍急處ᄒ야 作詩寫于紙放流ᄒ고 見遠去면 輒哭ᄒ고 且書且放ᄒ야 紙盡而乃還ᄒ다. 四十七歲에 娶安氏女爲妻ᄒ다. 人多勸之仕호되 終不屈이러라. 未幾에 妻ㅣ 沒ᄒ니 復還山ᄒ야 作頭陀形ᄒ고 嘗削髮不去鬚, 曰: "剃髮은 避當世오 留鬚ᄂ 表丈夫라." 其臧獲田宅을 任人取奪ᄒ고 曾不屑意라가 復從其人請還ᄒ니 其人

이 不肯ᄒᆞ디 公이 卽雀鼠之庭ᄒᆞ야 面爭供對ᄒᆞ니 譊譊如市井이라. 竟獲辨理官券ᄒᆞ야 旣成納懷中ᄒᆞ고 出門ᄒᆞ야 視天大笑ᄒᆞ며 遽出券ᄒᆞ야 裂而投之溝中ᄒᆞ니 其戲人侮俗이 如此러라. 世祖ㅣ作法會於內殿ᄒᆞ니 雪岑이 亦被揀而來ᄒᆞ야 忽凌晨逃出에 不知所之라 遣人踵之, 則陷街里溷溝中ᄒᆞ야 露半面而已라. 金守溫·徐居正等, 賞以國士러라.[4] 居正이 方赴朝할시 公이 衣繿縷帶藁索ᄒᆞ며 帶弊陽子ᄒᆞ고 過諸市ᄒᆞ야 犯前導ᄒᆞ며 仰首呼曰: "剛中{居正字}은 安穩가?" 居正이 笑應之ᄒᆞ고 駐軒語ᄒᆞ니 一市皆駭視러라. 公이 入城이면 每寓校洞人家라 徐居正이 往訪, 則公이 不禮之ᄒᆞ고 偃臥ᄒᆞ야 以雙足으로 倚壁ᄒᆞ고 爲足戱而談話竟日ᄒᆞ니 隣人이 皆謂金某ㅣ不禮徐相公ᄒᆞ야 狎侮如此ᄒᆞ니 後必不來라ᄒᆞ더니 後數日에 徐輒更來러라. 癸丑에 終于鴻山無量寺ᄒᆞ고 遺戒에 無燒葬ᄒᆞ라. 權厝寺側이라가 三年啓殯에 面如生ᄒᆞ니 以爲佛이라ᄒᆞ야 竟茶毗之ᄒᆞ고 爲之立浮屠ᄒᆞ다. 肅廟朝, 崔明谷錫鼎이 啓言, "光陵受禪之後에 士人金時習이 削跡逃世나 其文章節行이 卓卓故로 其後名賢稱之, 以今之伯夷ᄒᆞ니 如此之人은 贈職賜諡가 似爲激勵之道ㅣ니이다." 特從之ᄒᆞ야 贈吏判ᄒᆞ고 諡를 淸簡이라ᄒᆞ다.

  外史氏曰: "『栗谷集』에 曰: '人有生知學知之別ᄒᆞ' 此ᄂᆞᆫ 以義理言也ㅣ라. 若如金時習者ᄂᆞᆫ 於文에 天得則文字를 亦有生知矣라. 佯狂避世ᄒᆞ니 微意可尙, 而必抛棄名敎ᄒᆞ고 蕩然自恣者ㅣ 何歟아? 雖藏光匿影이라도 何以使後世로 不知有時習乎ㅣ리오? 第其標節義扶倫紀ᄂᆞᆫ 可與日月로 爭光ᄒᆞ야 聞其風이면 懦夫ㅣ立, 則雖謂之百世師라도 近之矣ㅣ니 先賢之論이 如此ᄒᆞ니 不其韙歟ㅣ져!"

---

[4] 라: 저본에는 '러'로 나와 있으나 문맥상 바로잡음.

## 4. 感恩遇에 竟夕哭泣

金河西麟厚의 字는 厚之요 蔚山人이니 居長城이라. 生而風神이 秀朗ᄒ야 逈異常兒라. 五歲에 其大人이 授以周興嗣『千字文』ᄒ니 公이 瞠視不答ᄒᆫ디 大人이 恚曰: "生子如此ᄒ니 必是啞也오 門戶ㅣ不振矣로다." 俄見公이 以唾津으로 指畫窓壁ᄒ니 皆千字文中字也라 始奇之ᄒ다. 自是로 於所受書에 手不釋目不離러라. 六歲에 有客ᄒ야 呼公賦詩ᄒ고 以天爲題ᄒᆫ디 公이 請韻ᄒ야 應聲對曰: '形圓至大又窮玄ᄒ야 浩浩空空繞地邊을. 覆幬中間容萬物ᄒ니 杞人何事恐頹連고.' 趙元紀之觀察湖南也에 公甫八歲라 見而異之ᄒ고 提携撫愛ᄒ야 常置膝上ᄒ며 元紀占聯曰: '信宿完山ᄒ야 飽梨園之風景이라.' 公이 應聲曰: '滯留豊沛ᄒ야 饜梅亭之月光이라.' 又曰: '兒郞詩筆은 杜白右軍輩로다.' 公이 應聲曰: '先生處事는 召吉延壽群이라.' 又曰: '五百年之期已過ᄒ니 天必待聖人之興이오.' 公이 應聲曰: '數千載之河ㅣ方淸ᄒ니 地應生命世之傑이라.' 又令製詩ᄒ야 賦長篇ᄒ니 句句驚人이라. 元紀欲試其器量ᄒ야 令官妓로 抱往敎坊ᄒ니 管弦이 轟奏ᄒ며 服飾이 眩煌이어날 公이 視之淡然ᄒ야 略不動容이러라. 又列書錢穀筆墨ᄒ야 以示之曰: "從所欲이라." ᄒ니 公이 卽援筆書曰: "庸童이 欲陳玄管城子라."ᄒ니 人皆嗟賞ᄒ야 自此로 聲名이 譪菀ᄒ니 稱以神童ᄒ다. 時에 奇服齋遵이 下南鄕ᄒ야 聞公名ᄒ고 致而見之ᄒ야 大加稱賞曰: "眞奇童也로다 當爲我世子臣이라!"ᄒ니 蓋是時에 仁廟誕降ᄒ사 纔數歲라. 聖質이 生知ᄒ고 睿德이 夙著ᄒ니 臣民咸仰ᄒ야 異日堯舜之治云이라. 因贈以內賜筆一枝ᄒ니 公이 知其意ᄒ고 常葆藏ᄒ야 以爲篋笥之珍焉이러라. 金慕齋安國이 觀察湖南也에 聞公名ᄒ고 躬枉見之ᄒ며 亟加稱嘆曰: "此는 吾小友也요 眞是三代上人物이라."ᄒ며 公이 就受『小

學』ᄒᆞ니 甚加敬重ᄒᆞ다. 公이 登第에 賜暇ᄒᆞ고 湖堂兼世子侍講院 說書ᄒᆞ다. 時에 仁廟ㅣ 毓德春宮ᄒᆞ니 中廟ㅣ 專委輔導之를 任於公 ᄒᆞ니 仁廟ㅣ 深知公의 學問道德之懿ᄒᆞ야 誠心禮待ᄒᆞ며 召接頻仍이 라. 公이 亦以爲潛龍之德이 卓越千古ᄒᆞ야 異日唐虞之治를 庶幾可 期라 至誠導迪ᄒᆞ니 契遇日隆이라. 其在直廬에 春宮이 或賜躬臨ᄒᆞ 야 從容問難, 良久而罷ᄒᆞ며 春宮이 素多藝나 未嘗表見於人ᄒᆞ고 獨 於公에 賜手寫墨竹一本ᄒᆞ야 以示意ᄒᆞ며 仍命公ᄒᆞ야 題詩於畫軸 ᄒᆞ니 公이 題云: '根枝節葉이 盡精微ᄒᆞ야 石友精神이 在範圍를. 始 覺聖神侔造化ᄒᆞ니 一團天地不能違라.' 其後에 又賜『朱子大全』一 帙ᄒᆞ다. 時에 東宮에 有失火之變ᄒᆞ니 公이 慨然上箚ᄒᆞ야 陳修省之 道ᄒᆞ고 因極論己卯諸臣之寃ᄒᆞ니 中廟ㅣ 雖未卽賜允兪나 蓋自此로 深知諸臣之寃ᄒᆞ고 頗示悔悟ᄒᆞ다. 厥後에 申請者ㅣ 益衆이나 公有 力焉이러라. 乞養爲玉果縣監ᄒᆞ야 爲政이 務順民情ᄒᆞ니 一境이 便 之러라. 仁廟新卽位에 中外想望太平ᄒᆞ며 咸欲留公ᄒᆞ야 補拾袞闕 ᄒᆞ니 公이 已有神於知幾者라. 間値仁廟不安節ᄒᆞ야 公이 請同參議 藥ᄒᆞ니 藥院이 以非其職으로 拒之ᄒᆞ더 乃以親病으로 固請還任ᄒᆞ 다. 聞仁廟昇遐之報ᄒᆞ고 失聲呼擗ᄒᆞ야 隕絶乃甦ᄒᆞ고 殆發心疾이 라. 或者ㅣ 具告以變故曲折ᄒᆞ니 於是에 驚號如不欲生ᄒᆞ야 謝病歸 家ᄒᆞ고 屛棄人事ᄒᆞ야 不復爲仕進之計ᄒᆞ며 每値夏秋交節에 廢書 止客ᄒᆞ고 悒悒不樂이라. 至孝陵諱辰ᄒᆞ야ᄂᆞᆫ 入冢南山谷ᄒᆞ야 痛哭 竟夕而返호ᄃᆡ 終身如是ᄒᆞ고 未嘗或廢ᄒᆞ니 蓋以至痛在心也ㅣ라. 嘗有詩曰: '君年은 方向立이오 我年은 欲三紀라. 新歡이 未渠央ᄒᆞ 야 一別如弦矢라. 我心은 不可轉이오 世事ᄂᆞᆫ 東流水라. 盛年에 失 偕老ᄒᆞ니 目昏衰髮齒라. 泯泯幾春秋오 至今猶未死라. 柏舟ㅣ 在中 河ᄒᆞ고 南山에 薇作止라. 却羨周王妃ᄒᆞ니 生離歌卷耳라.' 詩意悽

愴이라. 公歿後數年에 公之隣人名世億者ㅣ 病死復甦ᄒᆞ야 語其子曰: "氣絶之時에 有若爲人所押ᄒᆞ야 詣一衙門ᄒᆞ니 吏卒이 騈闐ᄒᆞ며 堂上에 坐一宰相이라. 見世億ᄒᆞ고 詢其來由, 曰: '今年은 非爾限也ㅣ니 爾誤來耳라로다. 我는 卽爾隣에 金麟厚也로라.' 書一紙以授, 曰: '世億其名字大連이 排雲遙謁紫微仙을. 七旬七後重來見ᄒᆞ고 歸去人間莫浪傳을.'" 世億이 果七十七而死ᄒᆞ다. 正廟朝에 贈公領相ᄒᆞ고 諡을 文正이며 配文廟ᄒᆞ다.

外史氏曰: "河西ㅣ 具道學文章節義, 而士生斯世ᄒᆞ야 躬逢堯舜ᄒᆞ니 曠千載而一値오 托密勿之深契ᄒᆞ니 可謂有是君有是臣, 而天不祚宋ᄒᆞ사 隱痛이 在心ᄒᆞ고 山中竟夕之哭과 篇上寄意之詞ᄂᆞᆫ 可見卓乎節義ㅣ 海東에 無比者니 此ᄂᆞᆫ 玄石之論也ㅣ라."

### 5. 轉忠思孝投金橘

李佐郞慶流ᄂᆞᆫ 韓山人也ㅣ니 其仲兄某投筆ᄒᆞ야 供武職ᄒᆞ다. 當壬辰之亂ᄒᆞ야 助防將邊岦出戰時에 以從事官으로 啓下而名字를 誤以公書之ᄒᆞ니 仲氏曰: "以吾啓下, 而誤書汝名ᄒᆞ니 吾可往矣라." 公曰: "旣以吾名啓下, 則吾當往이라."ᄒᆞ고 因束裝而辭于慈闈ᄒᆞ고 蒼黃赴陣ᄒᆞ니 邊岦ㅣ 出陣嶺右라가 大敗而走라. 公이 聞巡使李鎰이 在尙州ᄒᆞ고 單騎로 馳赴之ᄒᆞ야 與尹公暹과 朴公箎로 同處幕下라가 又戰不利ᄒᆞ야 尹·朴兩公이 皆過害라. 公出陣外, 則奴ㅣ 牽馬而待ᄒᆞ야 泣告曰: "事已到此ᄒᆞ니 願速還洛이 可也니이다." 公이 笑曰: "國事ㅣ 如此ᄒᆞ니 吾何忍偸生이리오?" 因索筆舌ᄒᆞ야 訣于老親及伯氏ᄒᆞ야 使奴傳之ᄒᆞ고 欲還向敵陣ᄒᆞ니 奴ㅣ 泣而不捨라. 公曰: "汝誠이 亦可嘉라 吾當從汝言, 而吾ㅣ 饑甚ᄒᆞ니 汝可覓飯而來ᄒᆞ라." 奴ㅣ 尋人家ᄒᆞ야 乞飯而來, 則公已不在矣라. 奴ㅣ 望敵陣ᄒᆞ고

痛哭而歸ᄒᆞ다. 公이 卽回身更赴敵陣ᄒᆞ야 手格殺數人, 而仍被害ᄒᆞ니 時年이 二十四, 而尙州北門外坪也ㅣ라. 其奴驅馬而來ᄒᆞ니 家人이 擧哀ᄒᆞ고 以發書日노 爲忌日ᄒᆞ다. 奴卽病死ᄒᆞ고 馬亦不食而斃라. 以所遺衣冠으로 葬于廣州先塋之左麓ᄒᆞ고 其下에 又葬奴與馬ᄒᆞ야 尙州에 設壇ᄒᆞ고 正廟ㅣ命祀之ᄒᆞ며 賜號忠義壇ᄒᆞ고 三壇에 從事를 竝享ᄒᆞ며 贈公職都承旨ᄒᆞ다. 公이 卒後에 每夜來家ᄒᆞ야 聲音笑貌ㅣ宛如生時ᄒᆞ고 對夫人趙氏ᄒᆞ야 酬酢이 無異平日ᄒᆞ고 每具饌以進이면 飮啖이 如常而物則無減이라. 昏後輒來ᄒᆞ야 鷄鳴則去라. 夫人이 問: "公之遺骸ᄂᆞᆫ 在於何處오?" 公이 愀然曰: "許多白骨堆中에 何由辨知乎아? 不如置之爲好오 且所埋處ㅣ 亦自無害矣라." 其他家事區處ᄂᆞᆫ 一如平時ᄒᆞ고 小祥後에 間日而來라가 及大祥時ᄒᆞ야 乃辭曰: "從今以後로ᄂᆞᆫ 吾將不來矣라." 時에 公之子府使公이 年才四歲라 公이 撫而嗟嘆曰: "此兒ㅣ 必登第而不幸, 當不幸時나 然而伊時에 吾當更來라."ᄒᆞ고 仍出門ᄒᆞ야 更無形影이라. 其後 二十餘年에 當光海朝ᄒᆞ야 公之子ㅣ登第ᄒᆞ야 謁廟之時에 自空中으로 呼新恩進退ᄒᆞ니 人皆異之러라. 母夫人이 嘗有病ᄒᆞ야 喉渴思橘, 而時則六月也ㅣ라. 一日은 空中에 有呼兄聲ᄒᆞ니 伯氏下庭仰視, 則雲霧中에 公이 三橘로 投之曰: "老親이 思橘故로 吾於洞庭에 得來로라." 仍忽不見이어날 以橘進之, 病患이 卽差라. 李陶菴所撰神道碑銘曰: '空裏投橘, 神怳惚兮云.'者ㅣ卽實際語也ㅣ라. 每當忌辰行祀時에 闔門後, 則必有匙箸聲ᄒᆞ니 其族人某語人曰: "吾ㅣ少時에 參祀할ᄉᆡ 每聞此聲이러니 近年以來로 未嘗聞之云이라." 其時 行祭日, 罷祀後聞之, 則外舍에 有呼奴之聲ᄒᆞ니 家人이 怪而聽之, 則出自舍廊이라. 奴子ㅣ承命而入, 則使捉致蒸餠婢子, 而分付曰: "神道ㅣ忌人毛髮이라 汝何不察고? 汝罪ᄂᆞᆫ 可撻이라."ᄒᆞ고 仍命撻

楚ᄒ니 家人探視其餠에 果有一條髮이라. 自是, 每當忌祭ᄒ면 家人이 咸盡誠精備ᄒ고 不敢小忽焉이러라.

　外史氏曰: "傳에 云호ᄃᆡ '求忠臣을 必于孝子之門'이나 然이나 以一人而兼有忠孝之蹟은 亦罕矣라. 李公之替兄赴難ᄒ야 慷慨挺身ᄒ고 冒入敵陣ᄒ며 視死如歸ᄒ고 爲國殉節이 已是難事, 而且其靈魂不泯ᄒ야 能救療親病ᄒ니 陸績之懷橘遺母도 猶稱孝矣언든 況且顯靈投橘이 何其神異也ㅣ리오?"

### 6. 決死報恩揮刀柄

　姜翌은 名家子也ㅣ라. 諸父ㅣ俱事李蓮峰先生ᄒ야 用文行顯名當世로ᄃᆡ 獨翌은 麤豪不羈ᄒ며 善騎射ᄒ야 事光海主爲宣傳官ᄒ다. 兩腋에 肉翅寸餘오 嘗着鐵屐ᄒ고 涉險을 如平地ᄒ며 提巨石砧ᄒ야 投過屋ᄒ고 石未落에 已跳過重門ᄒ야 手接之ᄒ며 嘗道經大嶺ᄒᆯᄉᆡ 有巨牛狂發ᄒ야 當道觝突ᄒ니 行旅ㅣ不敢進이어날 翌이 直往當之ᄒ니 牛ㅣ見人ᄒ고 怒益盛ᄒ야 吼聲에 山崖ㅣ盡裂이오 目如火ᄒ고 兩角이 挺挺然ᄒ야 直前撞翌ᄒ니 翌이 直前ᄒ야 捉其兩角ᄒ고 向空揮數遭라가 擲之ᄒ니 牛ㅣ立死라. 時에 都尉家蒼頭ㅣ橫悖辱人호ᄃᆡ 人莫敢誰何라. 遇翌於途ᄒ야 醉罵多悖言ᄒ니 翌ㅣ毆殺之ᄒ고 直走謝都尉ᄒ니 都尉ㅣ壯其言ᄒ야 敬延之坐, 曰: "殺之固當이나 然이나 奴ㅣ獰而健이어날 定死否아?" 令曳至前ᄒ라 視之佯驚, 曰: "吾固知此奴ㅣ不死라." 促鞭數百, 曰: "吾殺吾奴어니 無關君事라." 置酒極歡而去ᄒ다. 戊午之役에 姜弘立幕行이 至昌洲⁵⁾江上ᄒ야 師不卽渡ᄒ니 翌이 厲聲問曰: "北警이 方急ᄒ니 我當捲

---
5) 洲: 의미상 '州'가 되어야 함.

甲倍道趨之어날 今屯師不進은 何也오?" 弘立이 喧之曰: "密旨在 호니 無多言호라." 翌이 抗言不已호니 弘立이 怒叱之호딕 翌이 聲盆 厲曰: "將在外에 君命도 有所不受라 吾恐軍心이 一變이면 事將不 測호리니 獨不見卿子冠軍乎아?" 弘立이 怒且懼호다. 及渡江에 不 與翌偕호며 翌亦拂衣而歸호다. 光海愛翌武勇호야 厚遇之호니 翌 이 見主昏이 日甚호고 朝暮且危, 而業已受厚恩호야 思以一死報之 라. 常磨刀韉馬호고 夜不解裝호야 以備倉卒이러라. 一日은 過其姊 호니 姊ㅣ諭호딕 無令徒死호라 翌이 泣曰: "徒死ㅣ固無益이나 然이 나 吾ㅣ但知不事二君耳라." 姊ㅣ知其意不可回호고 鎖之外房이러 니 翌이 排戶而出호다. 癸亥三月十三日也ㅣ라 先是에 勳臣之與翌 으로 爲中表者ㅣ 數以微言으로 試翌호딕 翌이 卒不應이라 乃說翌 所蓄娼호야 用詭計沮撓之러라. 翌性이 嗜酒라 是夜에 方沈醉호야 聞譁聲出호고 驚起視호니 火光이 燭天이라. 急引所騎馬호니 鞍勒 이 俱絶호니 卒急호야 莫知所爲라. 徒步至巷口호니 已有守兵攔之 어날 急掣刀호니 刀條結이어날 力抽之호니 刃亡矣라. 扼柄奮呼호 니 人皆披靡라 行至闕門外호야 力盡被擒死호다. 或言, "仁祖大王 이 惜其義勇호야 諭使降호딕 出語不遜호니 遂誅之云이라." 至丙子 호야 翌世父渭聘이 以翊衛로 入江都호야 守東門호니 胡從南門入 이라. 渭聘이 朝服北向哭호야 三日不去호니 胡將이 出城見渭聘이 獨在樓上호고 露刃脅之호딕 渭聘이 不屈이라. 胡ㅣ怒호야 截其舌 호딕 罵猶不絶聲而死호다. 翌弟翯은 由騎曹郎으로 出守寧遠이라 가 邊報ㅣ急호니 就孟山守林承業호야 議兵事할시 聞胡已入郡호고 將還호니 承業이 止之호딕 翯曰: "吾는 守土臣이라 行尋寧遠界上 死耳라."호고 遂歸라가 中途遇胡格鬪死호다.

　外史氏曰: "光海君이 雖昏廢나 然이나 亦嘗南面稱尊者ㅣ 十五

年矣라. 彼委質爲臣者ㅣ 固有致死之義焉ᄒᆞ며 中興諸佐ㅣ 勳著撥亂之時ᄒᆞ야 如朴承宗·柳夢寅之義ᄂᆞᆫ 又曷可少之哉아? 姜氏三節에 渭聘·鬻은 固死得其所오 獨翌之死ᄂᆞᆫ 如彼烈烈, 而尙義之士ㅣ 猶不免目之以吠堯ᄒᆞ니 惜哉!"

### 7. 孝子還甦說冥府

吳浚者ᄂᆞᆫ 興德縣士人也ㅣ니 事親至孝라. 親沒에 葬於靈鷲山ᄒᆞ고 結廬墓側ᄒᆞ야 哭泣之哀ᄒᆞ니 聽者ㅣ 隕淚러라. 祭奠에 常設玄酒, 而有泉在山谷五里許ᄒᆞ야 極淸洌이라 必挈壺躬往汲之호ᄃᆡ 不以風雨寒暑로 少懈러라. 一夕은 山中에 有聲如雷ᄒᆞ고 林麓이 盡撼이어날 朝起視之ᄒᆞ니 有泉湧出於廬側ᄒᆞ야 甘洌이 異常이라. 往視曾汲之, 谷泉則已涸矣어날 遂取用廬側泉ᄒᆞ야 得免遠汲之勞ᄒᆞ니 邑人이 名之曰'孝感泉'이라ᄒᆞ다. 廬在深山之中ᄒᆞ야 豺虎ㅣ 縱橫ᄒᆞ니 家人이 甚憂之러라. 旣過小祥에 一日은 忽見大虎ㅣ 蹲坐廬外ᄒᆞ니 吳ㅣ 戒之曰: "汝欲害我耶아? 旣不可避호리니 任汝所爲ᄒᆞ라." 虎ㅣ 便低頭掉尾ᄒᆞ야 俯伏而若致敬者然이라. 吳ㅣ 曰: "旣不相害ᄂᆞᆫ댄 又何不去오?" 虎ㅣ 卽出門外ᄒᆞ야 伏而不去ᄅᆞᆯ 日以爲常ᄒᆞ야 至於撫弄을 若家畜犬豕ᄒᆞ고 每當朔望이면 虎必致獐鹿, 或山猪於廬前ᄒᆞ야 以供祭需ᄒᆞ야 及吳闋服還家, 而虎始去ᄒᆞ다. 其他孝感異蹟이 甚多, 而泉虎事ᄂᆞᆫ 特其最著者也라. 吳年四十而病死ᄒᆞ니 家人이 擧哀而以其胸臆間에 有一線溫氣어날 姑不斂絞ᄒᆞ고 過一日이러니 忽回甦而言曰: "世所謂冥府之說이 果不虛로다. 吾於病中에 精神이 昏昏이러니 忽聞鬼卒이 高聲而呼我姓名故로 驚訝出門ᄒᆞ야 隨其卒而行ᄒᆞ야 不分東西오 但見大路ㅣ 濶長이라. 行幾里에 到一處, 則有一大家ᄒᆞ니 如官府樣이라. 吾ㅣ 立於門外ᄒᆞ니 鬼卒이 先入而告

曰:'吳某을 捉來矣로소이다.' 使之拿入ᄒ라 吾ㅣ 俯伏於庭下ᄒ야 乍覘堂上ᄒ니 有王者服色之人ᄒ야 問鬼卒曰:'捉來於何處오?' 對曰:'興德地捉來矣로소이다.' 堂上人이 厲聲曰:'吾ㅣ 使汝로 捉來盈德縣不孝子吳姓人矣러니 何爲而誤捉孝子乎아? 此人壽限은 已定於八十ᄒ니 尙有四十年이니 卽速還送이 可也ㅣ니라.' 鬼卒이 聽命惶蹙ᄒ야 推我出門, 故吾以旣入冥府ᄒ고 不得一拜父母而歸면 心甚痛缺이라. 勉强而出ᄒ야 道見兩介童子ㅣ 遊戲道旁이라가 見吾而欣然牽衣欲隨어늘 熟視之ᄒ니 乃前日夭折之兩兒라. 心甚慘愕이오 更入門, 而懇乞於堂上人, 曰:'陽界之人이 入冥府而還歸者ㅣ 此是不易得之機會也ㅣ라. 旣入而不得見父母而歸, 則此豈人子情理也哉아? 萬望使之一面하쇼셔.' 堂上人이 掉頭, 曰:'此則不可ᄒ니 須速出去ᄒ라!' 吾乃再三涕泣而懇乞ᄒ되 終不許러라. 吾ㅣ 又懇請兩兒之率去, 則又不許, 曰:'汝之命數ㅣ 自來無子ᄒ니 今不可許施나 然이나 汝欲率去, 則一兒는 當使托生於光州某村金姓人家ᄒ리니 汝ㅣ 可於後日陽界上率去也ᄒ라.' 乃促令出送ᄒ니 吾ㅣ 無奈何出門, 則兩兒ㅣ 號哭欲隨라가 爲鬼卒所揮逐ᄒ니 心甚慘痛이라. 且以一見父母之意로 懇請於鬼卒曰:'雖不得一拜나 可指示所住處ᄒ라.' 鬼卒이 指一亭曰:'此雖相望之地나 程道ㅣ 甚遠ᄒ야 不可以往이라.'ᄒ며 因促行ᄒ니 吾ㅣ 以父母之不得逢과 兩兒之不得挈而歸ᄒ니 心竊痛限之際에 鬼卒이 自後推而仆于地ᄒ니 精神이 怳惚ᄒ야 遂至驚覺云云."ᄒ니 人皆駭異之러라. 其後에 年果八十而終ᄒ고 以孝로 贈職旌閭ᄒ다. 嘗對人言曰:"光州金姓人家兒를 欲率來見之, 而不知名字之爲誰오 且事近誕妄故로 未果云矣라."

外史氏曰:"孝는 爲百行之源이라 自古로 至孝之人이 多天保神助ᄒ니 奇異之事라. 許孜ㅣ 宅墓次, 而猛獸ㅣ 馴其庭ᄒ고 曺曾이 思

療母渴, 而甘泉이 自湧ᄒ고 吳孝子之廬側에 得泉ᄒ며 虎致奠需ᄒ니 亦通天은 孝感之所致ᄒ니 誠奇哉ᄂ뎌! 至若冥府之說은 荒唐難信, 而蓋因孝延壽, 則似非理外之事也로다."

### 8. 幼童爲親伸寃獄

洪次奇ᄂ 忠州士人洪寅輔之子也ㅣ라. 方在腹ᄒ야 其父寅輔ㅣ 坐殺人繫獄이라. 及乳數月에 母崔氏訟寃詣京ᄒ고 次奇ᄂ 養於仲父ᄒ야 父呼仲父, 而不知爲寅輔子也러라. 甫數歲에 與群兒로 戲ᄒᆯ시 每驚啼不食ᄒ니 姆問其故而不應이라. 良久乃止ᄒ야 如是者ㅣ月三ᄒ니 家人이 怪之라가 後에 從邑中人ᄒ야 證其日은 乃州官이 訊囚日也ㅣ니 聞者ㅣ莫不異之러라. 家人이 恐傷其心ᄒ야 愈諱其父事ᄒ다. 至十歲에 父念年老에 無出獄期오 恐一朝溘然이면 不得見子面이라 乃使家人으로 告以實ᄒ야 携至獄門ᄒ니 次奇抱父大哭ᄒ며 遂居邑中不去ᄒ야 負薪易米에 以供父ᄒ다. 居數年에 崔氏屢上言호ᄃᆡ 不報而客歿於京ᄒ야 旣返葬ᄒ고 次奇哭辭父曰: "母訟父寃ᄒ야 未遂飮恨而歿ᄒ고 又無長成子ᄒ니 兒雖幼나 非兒면 誰復脫父死者ㅣ리오?" 仲父ㅣ憐其弱, 不許ᄒᄃᆡ 次奇脫身潛行ᄒ야 徒步入京ᄒ야 撞申聞鼓ᄒ니 事下按使ᄒ야 又不報ᄒ니 次奇卽留京不歸ᄒ다. 翌年夏에 會大旱ᄒ니 上이 諭中外에 理重囚ᄒᆯ시 次奇伏闕下ᄒ야 遇公卿赴朝者면 輒泣訴父寃ᄒ야 凡十餘日에 觀者ㅣ無不感動이라. 往往持飯饋之ᄒ며 或梳其頭ᄒ야 以去虱ᄒ다. 刑判이 因議囚入侍ᄒ야 白其狀ᄒ니 上이 爲之惻然ᄒ사 飭按使ᄒ야 詳閱以聞ᄒ니 按使以獄老事眩으로 奏置可否間ᄒ니 上이 特命貸死竄嶺南ᄒ다. 始命按使行査也에 次奇冒盛熱ᄒ고 走三百里ᄒ야 詣使司號泣ᄒ며 丐父命ᄒ고 及奏上에 次奇又疾行先驛이라가 未抵京百里

에 疾作ᄒᆞ니 從者ㅣ 勸少留ᄒᆞ되 次奇不可ᄒᆞ고 擔到邸力疾復伏閽ᄒᆞ니 痘瘡이 大發ᄒᆞ야 四日에 已不省ᄒᆞ고 時爲夢語曰: "吾父ㅣ活耶아?" 及赦下에 傍人이 呼告之ᄒᆞ니 次奇驚覺曰: "信耶아? 豈寬我耶아?" 乃讀示判辭ᄒᆞ니 次奇開眼視ᄒᆞ며 擧手祝天者三이러니 蹶然起而舞, 曰: "父ㅣ活矣라 父ㅣ活矣로다!"ᄒᆞ며 遂仆不能言이라. 是夜에 忽聞室中에 有呼云: "次奇아! 汝ㅣ誠感上天ᄒᆞ야 冥府에 已許汝父之生ᄒᆞ고 且延汝壽命ᄒᆞ니 汝其放心勿悲也ᄒᆞ라." 翌日에 次奇病漸差完ᄒᆞ야 從其父之配所ᄒᆞ다. 數年復宥還ᄒᆞ야 以孝行으로 著稱ᄒᆞ니 邑人이 報營狀聞ᄒᆞ니 命給復旌閭ᄒᆞ다.

　外史氏曰: "天倫至情은 自然感通故로 自幼穉로 孝誠之著見者ㅣ比比有之ᄒᆞ다. 申屠蟠은 九歲居喪哀毁ᄒᆞ고 每値忌日이면 輒三日不食ᄒᆞ고 裵子野는 十二歲에 每哭墓所ᄒᆞ니 草爲之枯ᄒᆞ고 洪次奇는 乃以童年으로 奔走京鄕ᄒᆞ야 竟伸父寃ᄒᆞ니 如緹縈之上書, 而贖父罪는 可謂通天之至孝ㅣ니 奇哉ㄴ져!"


### 9. 節婦延命立後嗣

　李節婦는 忠武公後裔也ㅣ라 家在溫陽ᄒᆞ고 嫁爲淸州閔兵使某의 孫婦라. 纔過聘醮ᄒᆞ고 新郞이 還家不淑ᄒᆞ니 節婦ㅣ未及新行에 遽聞凶音ᄒᆞ고 水漿을 不入口ᄒᆞ니 父母ㅣ憐而慰之ᄒᆞ며 左右防守甚嚴ᄒᆞ니 節婦ㅣ請于父母曰: "吾ㅣ年纔勝笄, 而遭此崩城之痛ᄒᆞ니 生不如死故로 以死自誓러니 更思之ᄒᆞ니 夫家에 有舅姑而奉養無人ᄒᆞ며 且家夫之送終祭奠을 有誰管檢이리오? 吾ㅣ徒死, 則非爲人婦之道也ㅣ요 奔哭治喪後에 乞螟蛉於族親ᄒᆞ야 使夫家로 無絶嗣之歎이 吾之責이 顧不在此乎아? 願速治行ᄒᆞ소셔." 父母ㅣ聞其言ᄒᆞ니 年雖少나 辭正理順이라 將從之로되 或慮其自裁ᄒᆞ야 猶豫未決

호니 節婦曰: "幸母疑也하소셔! 吾ㅣ已有一定心호니 萬無自斃之 理라."호며 且泣且辭호니 父母ㅣ嘉其誠意호야 遂治裝以送之호니 菀然孀婦ㅣ 自于歸之日로 事舅姑以孝호고 奉祭奠以誠호야 治産 業御婢僕이 綽有條理호니 隣里親戚이 咸稱賢婦호다. 過三霜後에 乞嗣於族人家홀시 躬往席藁哀懇호야 始得來호고 延置塾師호야 勤 訓課호고 年旣長成에 孀婦入門호다. 後十年에 舅姑ㅣ皆以天年으 로 終호니 哀毁踰制호며 備禮殯葬호고 治墳山於家後園麓호야 具 石物호고 三年內祭奠을 皆躬自備奉에 克盡誠敬호다. 旣闋制一日 은 制新衣服之호고 與其子及婦로 同上塋域호야 省掃호고 歸至家 中호야 謁舅姑廟호고 灑掃堂宇호며 回至室中호야 招其子內外호고 區處家間事務호야 謂之曰: "汝夫婦ㅣ今已張大호며 亦旣抱子호니 足可幹蠱라. 至於奉祭奠接賓客之節은 無待吾之親檢, 而皆已嫺 熟호니 從此家事는 專委於汝之內外호리니 必須節浮費尙儉約호고 夙夜不懈호야 毋墜家緖호며 勉之勉之호라." 子與婦, 忽聞此言호 니 莫省其故러라. 夜深에 各歸私次호다. 節婦ㅣ乃出奔哭, 時持來 一小甁毒藥호야 潛置枕邊호고 待夜深無人호야 傾壺而飮之호니 須 臾에 氣絶이라. 侍婢急報于子及婦호디 蒼黃入見, 則傍有一甁호고 藥汁이 淋漓호며 舖衾褥整衣裳而臥호야 已無及矣라. 其子內外, 驚遑號擗之際에 見一紙輒이 在於床前이어날 展視之호니 乃遺言 也ㅣ라. 一札十行에 細書成文호니 先敍其早罹凶毒之痛호고 次敍 士夫制行之家法호며 次敍御家治産之規호며 次錄臧獲田畓文券之 數호야 纖悉無漏호고 末乃言, "吾之不死於聞訃之日은 不忍閔氏之 絶嗣호며 且念舅姑之無依러니 今則托付를 得人호니 吾責이 盡矣 라 豈可苟延縷命耶아? 將歸見家君於地下耳라."하다. 其子ㅣ治喪 호야 祔葬於先君之墓호고 壹遵遺敎호야 克修家道호니 鄕黨이 咸

稱ㅎ야 遠近士林이 發文相告節婦烈行ㅎ고 至於上徹ㅎ야 施以旌閭ㅎ다.

外史氏曰: "節婦烈行이 從古何限, 而其盡婦道孝奉舅姑ㅎ며 爲夫家繼絶存亡은 未有若此之烈烈卓異也ㅣ라. 且區處事는 不遺巨細ㅎ고 從容就盡ㅎ야 竟副失死之初心ㅎ니 凡世之孀婦多自裁於晝哭之始ㅎ야 徒伸下從之志, 而此則尤有高一等之識見ㅎ니 眞節婦而具衆嫩之行者哉 ㄴ져!"

### 10. 義娥赴難扶禍家

金娥는 黃州良家女ㅣ라. 年十九에 爲節度尹重淵小室ㅎ야 未幾에 重淵이 病ㅎ니 娥ㅣ 扶護, 不離側者ㅣ 六年이라 重淵이 竟死ㅎ다. 將死에 顧家人曰: "彼年少且無子ㅎ니 必毋令守其志ㅎ라." 娥ㅣ 聞之ㅎ고 欲先決死ㅎ야 以明其靡他ㅎ디 家人이 守之嚴ㅎ야 卒不得死ㅎ고 後에 乃歸省其父母于黃州러니 旣而重淵之兄泰淵이 陷大辟ㅎ고 重淵子ㅣ 爲其後者야 與其妻ㅣ 皆分竄絶海할시 始無子러니 時에 適有娠ㅎ야 生於道則男이라 因名道生云ㅎ다. 娥ㅣ 聞之變ㅎ고 將赴與之同死生호디 父母ㅣ 泣曰: "兒去何爲오? 祗自悲苦耳라. 彼爲國家罪人ㅎ야 或死或竄에 靡一有遺ㅎ야 嘗時衣食骨肉於其家者도 皆避를 如烈焰ㅎ야 無敢向邇ㅎ며 僅奴四散ㅎ야 迸竄山谷ㅎ야 流道路者ㅣ 相續也어날 兒雖去나 將誰依焉고? 命已畸矣며 恩義且絶矣라. 若幼女時戀婉膝下ㅎ야 縫紉我衣裳, 而服其餘ㅎ고 調飪我饔饍, 而哺其餘ㅎ야 以終兒餘生長短이어날 奈何로 不念父母之心ㅎ고 只要去爲誓ㅎ야 忍捨我懷抱ㅎ고 投之於水火虎豹之中가?" 娥ㅣ 見其父母ㅣ 意其堅ㅎ니 不可以言語로 奪이라 便納草屨ㅎ고 號泣出門ㅎ야 其意ㅣ 將矢一死에 必去乃已라. 父母ㅣ 亦無可奈

何ㅎ야 遂裝送ㅎ다. 娥ㅣ至, 則惟節度婦ㅣ廓然獨處一室이라가 見娥至ㅎ고 卒愕莫省其爲誰也라가 旣復相歡愛ㅎ야 忘其等威ㅎ고 如兄弟然이러니 節度婦尋卒ㅎ고 其子婦宥還이라가 尋卒ㅎ니 於是에 兩家外內에 無主者而惟道生이 才六七歲라. 先時에 泰淵이 以名家子로 當英廟晚年에 爲禁御大將ㅎ야 數十年富貴ㅣ 甲京師ㅎ며 田廬ㅣ遍郊ㅎ며 蒼頭ㅣ皆鮮韡ㅎ며 領豪俊語難者러니 一朝에 禍作ㅎ니 隕撐紛紊에 不可統緖오 姦人細夫ㅣ 又從以乘時射利ㅎ야 爲蠹爲鼠라. 娥ㅣ始主家事에 懦者를 柳之ㅎ며 潰者를 隄之ㅎ며 棼者를 治之ㅎ며 泮渙者를 萃之ㅎ며 强梁者를 紀綱之러니 居數年에 家道ㅣ蔚然有成이어날 祭祀孔潔ㅎ며 爲餽以時ㅎ 書籍器皿을 一無脫遺ㅎ며 僕隷ㅣ莫不順軌ㅎ니 鄕里以之敬畏ㅎ야 以至四方庄稅水陸輸者ㅣ 升篙不滯ㅎ야 無敢後者ㅎ니 其規模之井秩과 財産之豊潤이 一如其全盛時라. 時에 道生이 尙駿ㅎ니 里中無賴子欲蠱其志ㅎ며 騙攛其貨ㅎ야 日以賭技로 獵道生ㅎ니 道生이 稍稍迷溺이어날 娥ㅣ覺之ㅎ고 歎曰: "是는 不可以居兒라."ㅎ고 遂自楊州로 遷居于原城之伽倻ㅎ야 聞鄕里에 有讀書士ㅎ고 輒使女奴로 挈壺酒以餉ㅎ며 且告之曰: "家小郞이 蒙未有聞ㅎ니 時以嘉言으로 道導之를 敢請이라."하니 聞者ㅣ莫不感娥意ㅎ야 樂爲之敎導ㅎ니 由是로 道生이 無他惑ㅎ고 略解文字라. 道生이 始娶ㅎ니 婦不甚宜어날 娥ㅣ至誠勸曉ㅎ야 卒底諧合ㅎ다. 娥年이 五十六에 以病으로 終ㅎ니 勤勞于尹氏家者ㅣ三十年이라. 死之日에 家人檢其室ㅎ니 竟無一布縷私藏者ㅎ니 原之人이 無不道其事러라. 且有以道生이 祭娥文으로 示之者ㅎ니 誠然이로다.

外史氏曰: "婦女之於夫家는 猶人臣之於王室ㅎ야 惟忠所事오 乃心靡他라. 板蕩之會에 貞信이 始著ㅎ나니 金娥ㅣ以側媵之身과

羈旅之蹤으로 號泣赴難ᄒᆞ니 非有埋肉之遺ᄒᆞ고 胼胝終身에 遂無 寸縷之藏ᄒᆞ니 詩人이 興感於下體君子여 盡傷於盡瘁, 則存亡之義 를 娥實審焉이오 矧是心也을 伊誰不服이리오? 嗚呼欷矣로다!"

### 11. 揮刀罵倅退勒婚

吉貞婦는 寧邊鄕官吉某之庶女也ㅣ라 幼失怙恃ᄒᆞ야 依其從父ᄒᆞ 다. 年二十에 未結褵ᄒᆞ야 以織紝針線으로 自資焉이러라. 先是, 仁 川居申生命熙者ㅣ 年少時에 夢老翁이 携一女ᄒᆞ니 年可八九歲오 面上에 有十一口ᄒᆞ니 可駭怪라. 翁이 謂申曰: "此는 他日君之配也 ㅣ니 當與偕老ᄒᆞ라." 乃竊甚異之러니 年踰四十에 喪耦ᄒᆞ고 家計凄 凉이라. 適有舊知ᄒᆞ야 出宰寧邊이어날 生이 往從之ᄒᆞ다. 一日은 又 夢老翁이 携其女十一口者來, 而年可及笄矣라. 曰: "此女ㅣ 已長ᄒᆞ 可卽委禽也ㅣ니라." 生이 愈怪之러라. 衙內命吏ᄒᆞ야 貿細布ᄒᆞ니 其 細盈鉢이오 織潔異常ᄒᆞ니 見者莫不稱奇러라. 吏曰: "此是吉鄕官 處女手織, 而才藝絶等云이라." 申이 詳探其爲人ᄒᆞ고 便有卜納之 意ᄒᆞ야 遣媒通婚ᄒᆞ니 女之從父ㅣ 欣然許之ᄒᆞ다. 生이 卽備禮幣ᄒᆞ 야 造其家成婚ᄒᆞ니 女ㅣ 姿容이 甚美ᄒᆞ고 擧止閑雅ᄒᆞ야 菀有京洛 冠冕家儀度라. 生이 大喜過望ᄒᆞ야 始悟十一口ㅣ 爲吉字也ㅣ라 深 感天緣素定이러라. 留數月에 還鄕할시 約以非久迎歸러니 旣還에 事故ㅣ 連綿ᄒᆞ야 荏苒三載에 未得踐言이오 關河ㅣ 迢遞에 音信亦斷 ᄒᆞ니 女之群從族黨이 皆罵申生之無信, 而潛謀改嫁他人ᄒᆞ니 女ㅣ 微察其辭色ᄒᆞ고 操行彌篤이라. 女之從叔이 在於雲山ᄒᆞ야 爲鄕任 이오 雲倅以年少武官으로 揀側室之材ᄒᆞ야 每詢於鄕任輩라. 女之 從叔이 欲以此女로 應之ᄒᆞ야 獻議綢繆ᄒᆞ며 已涓吉期ᄒᆞ고, 又請於 守ᄒᆞ야 畀以錦綺紬綿으로 作婚時衣服ᄒᆞ며 從叔이 遂來訪ᄒᆞ야 謂

女曰: "吾子娶婦期日이 不遠ᄒᆞ야 當裁新婦之衣, 而家無裁縫者ᄒᆞ니 願爾는 暫來相助ᄒᆞ라." 女ㅣ 答曰: "我有君子ᄒᆞ야 方留觀察營中ᄒᆞ니 我之去來는 須待其言이오 叔家ㅣ 雖近이나 旣是他邑, 則決不可率意往來니이다." 叔曰: "若然則汝可作書於申生而問之면 吾當傳致受答, 而若有諾語, 則便可卽來ᄒᆞ라." 女ㅣ 曰: "當如호리이다." 遂裁書以給ᄒᆞ니 叔이 持書還家ᄒᆞ야 僞作申生之答書ᄒᆞ며 勉以敦族ᄒᆞ야 促其往助ᄒᆞ니 蓋是時에 趙尙書觀彬이 按關西요 申은 在其幕中이라. 叔이 以其久無信息으로 謂已棄女, 而設計如此라. 女ㅣ 得書, 而不知其贗ᄒᆞ고 乃往焉ᄒᆞ야 但執刀尺針線之工, 而未嘗與其家男子로 對面接語라. 從叔이 邀雲守ᄒᆞ야 將使偸窺ᄒᆞ야 以質其言이라 女ㅣ 雖聞守來, 而不知其包奸計러라. 及暮張燈에 叔之長子ㅣ 謂女曰: "妹常面壁而就燈ᄒᆞ니 此何意也오? 縫紉之役이 亦旣勞矣니 可暫休對話ᄒᆞ소셔." 女ㅣ 曰: "我不知疲ᄒᆞ니 但坐言이면 我ㅣ 有耳自聽이라." 其子嬉笑而前ᄒᆞ야 將女幹之ᄒᆞ고 使回坐ᄒᆞ니 女ㅣ 作色曰: "雖至親間이라도 男女ㅣ 有別이어날 何無禮至此오?" 是時에 倅ㅣ 屬目窓隙이라가 得一覩面ᄒᆞ고 大驚喜나 女則怒不已ᄒᆞ야 推窓而出ᄒᆞ고 坐後廳ᄒᆞ야 忿恨殊甚이러니 忽聞窓外에 有男子聲曰: "此는 吾所刱見이오 雖京中佳麗로도 未易敵也ㅣ로다." 女ㅣ 始知爲守ᄒᆞ고 膽掉氣結ᄒᆞ야 昏倒良久而起에 卽欲歸家ᄒᆞ니 叔이 乃以實告ᄒᆞ며 且曰: "申生者는 貧窮年老ᄒᆞ야 非久泉下之人이오 家又絶遠ᄒᆞ야 一去不來ᄒᆞ니 其見棄明矣라. 以汝妙齡麗質로 豈可虛老空閨ㅣ리오? 今邑守ㅣ 少年名武로 前途ㅣ 萬里라 汝之一生富貴는 於玆可卜이라."ᄒᆞ며 遂以甘言詭辭로 且誘且脅ᄒᆞ니 女ㅣ 不勝忿憤ᄒᆞ야 轉加怒罵ᄒᆞ니 叔이 計無所出이오 且恐得罪守ᄒᆞ야 與諸子로 齊進ᄒᆞ야 捉女而前挽後推에 囚之於夾室ᄒᆞ고 嚴其扃鐍ᄒᆞ야 僅通飮

食ᄒ며 以待期日ᄒ야 將令守로 劫奸ᄒ니 鎖於室中ᄒ야 號泣叫罵ᄒ며 不食者ㅣ 屢日ᄒ니 澌瘁不能作氣라. 始來時에 携一刀ᄒ야 藏在腰間ᄒ니 擬以此로 防身而自裁라가 更思之曰: "與其徒死於賊手ㄴ단 曷若殺賊而俱死ᄒ야 以償吾寃이 可라."ᄒ고 可復强食ᄒ야 先養吾氣ᄒ고 乃謂叔曰: "今力已屈矣라 惟命是從ᄒ리니 幸厚饋我ᄒ야 以療久飢ᄒ소셔." 叔이 甚喜ᄒ야 連以大飯美饌으로 進之ᄒ야 誠盡慰誘러라. 値婚日ᄒ야 守ㅣ 來坐外室이라 叔이 方啓戶引出홀시 女ㅣ 見戶開ᄒ고 持刀躍出ᄒ야 迎擊其長子ᄒ니 一聲跌仆어날 女ㅣ 乃呼號跳踢ᄒ야 不計男女長幼ᄒ고 遇則斫之ᄒ며 東西奔突ᄒ니 夫誰能禦리오? 頭破面壞에 流血이 滿地오 無一人敢近이라. 守ㅣ 見之에 魂飛膽墜ᄒ야 未及出戶에 但於室中에 牢縛窓環ᄒ니 莫知所爲라. 女ㅣ 蹴踏戶闌ᄒ야 奮力擊窓ᄒ니 窓戶ㅣ 盡破라. 極口大罵曰: "汝受國恩ᄒ야 竭力民事에 圖酬萬一, 而今乃虐民漁色ᄒ야 締結凶漢ᄒ고 威劫士夫之小室ᄒ니 是ᄂᆫ 禽獸之所不如라. 我ㅣ 將死에 必殺汝ᄒ야 與之俱死ᄒ리라." 談鋒이 如霜雪ᄒ고 罵聲이 震四隣ᄒ니 觀者ㅣ 如堵ᄒ야 咸嘖嘖稱歎이며 或有掖腕而泣下者러라. 是時에 叔之父子ㅣ 匿不敢出이오 守ᄂᆫ 但於室中에 屈伏頓首ᄒ며 哀乞, "實不知婦人之貞烈如此, 而爲奸民所詿ᄒ야 至於此境이라 當殺賊以謝ᄒ리니 婦人은 萬望有恕ᄒ소셔." 卽喝其吏卒ᄒ야 搜捉其叔ᄒᆫ대 旣至에 忿罵重杖ᄒ야 至於血肉이 淋漓라. 守ㅣ 始僅出戶ᄒ야 疾驅歸官ᄒ다. 時에 隣人이 走通于女家ᄒ야 卽來迎去ᄒ고 遂具其顚末ᄒ야 告于申生ᄒᆫ대 觀察이 聞之大驚ᄒ고 時에 寧邊守ᄂᆫ 武人也, 囑以雲倅之漁色으로 女以拔刀斫人事ᄅᆞᆯ 報營請重治ᄒ니 觀察이 行關嚴責ᄒ고 卽啓罷雲山守ᄒ며 捉致其從叔父子ᄒ야 嚴刑遠配ᄒ고 乃盛具人馬ᄒ야 迎女至浿營ᄒ고 深加嘆賞ᄒ며 厚有贈遺

러라. 申生이 卽挈女上京ᄒᆞ야 買舍居於阿峴ᄒᆞ니 女ㅣ善治産ᄒᆞ야 遂致富饒ᄒᆞ고 晩歸仁川ᄒᆞ야 終老焉ᄒᆞ다.

外史氏曰: "宋伯姬遭火不下堂ᄒᆞ니 『春秋』에 書之ᄒᆞ야 以爲高라. 吉氏女ㅣ生長於遐鄕蓬蓽ᄒᆞ야 能知閨門典則ᄒᆞ고 難愼於從叔之邀ᄒᆞ야 被其僞答誘引, 而乃往ᄒᆞ야 竟遭劫逼호ᄃᆡ 不渝志操ᄒᆞ고 揮刀禦攣에 烈氣凜如秋霜ᄒᆞ야 卓然有立節死義之風ᄒᆞ니 誠奇且壯哉,ᄂᆞ져!"

### 12. 換衣尋郞諧宿約

崔氏女ᄂᆞᆫ 橫城風憲之女也ㅣ니 美而慧ᄒᆞ고 風憲家ㅣ饒富ᄒᆞ야 養女深閨에 愛如掌珠라. 近里에 有趙生者ᄒᆞ니 窮老能文ᄒᆞ야 爲村學究以資生ᄒᆞ니 邑中士族에 送子侄受業者ㅣ甚衆이라. 趙生이 旣沒에 其子ㅣ無所於歸어ᄂᆞᆯ 受業於趙生者ㅣ念亡師誼ᄒᆞ야 傳食於其家ᄒᆞ고 處之於學舍中ᄒᆞ니 年且二十餘에 未有室家라. 諸童이 相與議曰: "吾輩隨家力ᄒᆞ야 以助趙童之婚, 則在所不辭라. 某里에 有某風憲者ᄒᆞ니 家産이 頗饒ᄒᆞ고 有女如玉이라. 若與之婚이면 足以爲依歸之所라 有能出謀通媒者乎아?" 一人曰: "是宜用權道요 不可以守經이니라." 群童曰: "用權如何오?" 曰: "某風憲은 鄕谷富民也ㅣ라 庸詎知兩班之爲貴, 而有取於趙家孤兒哉아? 吾聞風憲之女ㅣ美有婦德ᄒᆞ니 若得其女一諾, 則事ㅣ諧矣리니 趙童이 能辦此乎아?" 顧謂趙童曰: "此是汝死中求生之地니 可於今夕에 踰墻而入ᄒᆞ야 與女成說이면 吾輩當助成其婚이오 如不得則寧死라도 不回ᄒᆞ야 無與吾輩로 相見也ᄒᆞ라." 趙童曰: "死生에 惟君言是從ᄒᆞ리라." 是夜三更에 月色이 微明이라 諸童이 携趙至風憲家墻後高阜ᄒᆞ야 指小窓透明處, 謂之曰: "此ᄂᆞᆫ 便閨秀所處之室이니 爾須大着心膽

ᄒᆞ고 善爲說辭ᄒᆞ고 得一信物而歸, 則吾輩當在此待之ᄒᆞ리라." 群童이 相與推至上墻ᄒᆞ니 遂跳入垣內ᄒᆞ야 至燈明處ᄒᆞ야 穴窓視之ᄒᆞ니 女方獨坐라. 乃開窓而入ᄒᆞ야 不敢近前ᄒᆞ고 跪于室之隅ᄒᆞ니 女ㅣ低聲問曰: "人耶아 鬼耶아?" 曰: "我ᄂᆞᆫ 乃學舍趙生員之子老秀才也로라." 女ㅣ正色責之曰: "旣是士夫家子弟, 則深夜踰垣에 遽入女子室ᄒᆞ니 是何道理오?" 趙ㅣ始焉惶怖라 繼以羞愧ᄒᆞ야 復整襟而對曰: "我是士夫之子로 豈昧此擧之爲非義哉리오? 同學諸少年이 憫我孤窮ᄒᆞ야 敎我作死中求生之計ᄒᆞ니 我亦不萌相逼之意ᄒᆞ고 只欲得娘子一言ᄒᆞ야 以定月下佳緣耳니 惟娘은 哀憐之하라." 曰: "約婚은 非女子之事오 且家有大人ᄒᆞ니 君其歸語學舍少年ᄒᆞ야 邀致吾大人ᄒᆞ야 第以眞情告之ᄒᆞ면 吾家ᄂᆞᆫ 賤也ㅣ라 豈辭與兩班으로 結婚哉아? 若事不如意, 則吾當以死從之ᄒᆞ리라." 趙曰: "願得娘子身上一物ᄒᆞ야 以爲他日之信ᄒᆞ노라." 女ㅣ遂脫銀指環ᄒᆞ야 以與之ᄒᆞ니 趙ㅣ得之甚喜ᄒᆞ고 因踰墻而出ᄒᆞ니 諸童이 尙在墻外而待之라. 趙ㅣ指環以示之ᄒᆞ고 細告問答之語ᄒᆞ니 諸童이 亦大喜러라. 明日에 齊會學舍ᄒᆞ고 送人召風憲ᄒᆞ야 指趙童而語之曰: "此家班閥은 君所詳知라, 今者에 窮困無依ᄒᆞ야 欲與君家로 結婚ᄒᆞ니 其情이 亦慽矣라. 吾輩ㅣ以義氣相勸ᄒᆞ니 君亦以義氣肯諾, 則豈非鄕村中一奇事哉아?" 風憲이 沉思良久, 曰: "秀才輩義氣ㅣ誠高矣라! 吾ㅣ何愛一女子ᄒᆞ야 不以成秀才輩高義리오?" 遂與之定婚ᄒᆞ고 卽於座에 涓吉日ᄒᆞ야 以堅其約ᄒᆞ니 期在不遠이라. 諸童이 歸告父母ᄒᆞ고 各出緡錢ᄒᆞ야 以助婚需ᄒᆞ니 可至三四十緡이라. 與趙童語曰: "爾之舅氏旣在近地ᄒᆞ니 吾輩義不當終始主婚이오 以此錢으로 足辦窮人婚需요 庶不貽憂於爾舅氏家ᄒᆞ리니 爾其持此以往ᄒᆞ야 急急辦需ᄒᆞ야 順成婚禮以來, 則吾輩當酌酒以賀ᄒᆞ리라." 趙曰: "敢不如敎리

오?" 遂携錢ᄒ고 往拜其舅ᄒ며 且語之故호ᄃᆡ 舅曰: "汝以天下窮民
으로 得娶富家女ᄒ니 誠爲萬幸이라 何論門閥高下리오? 吾當爲汝
ᄒ야 趁期辦需ᄒ리니 汝勿憂焉ᄒ고 留之ᄒ야 與群從으로 同處ᄒ
라." 婚期在明日에 舅ㅣ 忽以繩으로 縛其手足ᄒ며 以綿으로 塞其口
ᄒ야 投之土室中ᄒ고 以大鑰으로 鎖之ᄒ며 至夜에 依例送幣ᄒ고
明日에 衣其子以新郞服色ᄒ야 偕往風憲之家ᄒ야 奠雁訖에 入交
拜之席ᄒ니 風憲은 不之疑也로ᄃᆡ 其女瞥眼視之ᄒ니 知其非趙童
也ㅣ라. 遂撲地作昏窒樣ᄒ니 一家ㅣ 惶惶ᄒ야 昇置之新房ᄒ고 灌
之以水호ᄃᆡ 水不入이라. 其家引新郎ᄒ야 權處客室以待之할ᄉᆡ 女
ㅣ 潛伺臥房에 無人ᄒ야 換着新郞衣服ᄒ고 從後門踰垣而走ᄒ야 直
到學舍中ᄒ야 揖諸童而問曰: "趙秀才安在오?" 諸童曰: "今日은 卽
趙秀才婚日也ㅣ니 此去數馬場이면 庭設遮日ᄒ고 人家熱鬧者ㅣ 卽
其妻家也ㅣ니라." 又問曰: "吾聞趙氏無家ᄒ야 恒留學舍라ᄒ더니
今亦自此治送耶아?" 曰: "此去十里某村某家ᄂᆞᆫ 卽其舅氏家也ㅣ니
趙果自其家로 治來矣니라." 遂一揖而出ᄒ야 走向其家ᄒ니 其家ㅣ
寂無人이라. 彷徨籬下ᄒ고 見一老婆ㅣ 獨坐蝸殼之室이어ᄂᆞᆯ 入語
之曰: "過客이 飢甚ᄒ니 願得一盂飯ᄒ노라." 老婆曰: "飯實無有오
但有數合米ᄒ니 請少坐ᄒ야 以俟煮粥也ᄒ라." 曰: "多謝厚意로라."
婆ㅣ 入廚作粥ᄒ며 時作歔欷聲이어ᄂᆞᆯ 問曰: "何歎也오?" 婆曰: "不
須問也오 此非客所知也ㅣ니라." 固問之호ᄃᆡ 乃曰: "老物은 是主家
姊氏轎前婢也ㅣ라. 上典이 旣沒에 還住此家ᄒ고 吾上典이 有一子
生存ᄒ야 定婚於某風憲家러니 此家主人이 性甚凶獰ᄒ야 縛置其
甥ᄒ고 以其子로 代爲之婚ᄒ니 今日은 已夕矣라 婚禮를 定已成之
오 小郞은 方死在土室矣라."ᄒ며 且語且泣ᄒ야 不能成聲이어ᄂᆞᆯ 女
ㅣ 問其土室所在ᄒ고 直入其家ᄒ니 無人阻搪者라. 徑至土室ᄒ야

手破其鎖ᄒᆞ고 背負趙童而出ᄒᆞ야 解其縛而視之ᄒᆞ니 喉下에 微有 溫意라. 以粥으로 灌其口ᄒᆞ니 良久에 始下咽이라. 遂負之而走ᄒᆞ야 直到學舍ᄒᆞ니 諸童이 皆大驚이라. 女ㅣ語諸童曰: "君輩ᄂᆞᆫ 善爲調 護ᄒᆞ야 以垂終始之惠ᄒᆞ소서. 吾ᄂᆞᆫ 是風憲女子ㅣ니 郞若回甦어든 可聞其說ᄒᆞ라." 語罷에 徑歸其家ᄒᆞ니 其家ㅣ方失其女ᄒᆞ고 四處搜 覓이라가 見其男服而至ᄒᆞ고 驚問其由ᄒᆞ디 女ㅣ細說前後事一遍ᄒᆞ 고 遂聚會隣里奴僕ᄒᆞ야 命縛新郞父子ᄒᆞ며 一邊으로 告官ᄒᆞ고 收 拾婚具ᄒᆞ야 置之于庭ᄒᆞ고 以火燒之, 曰: "此皆汚穢니 不可用이 라."ᄒᆞ며 送人學舍ᄒᆞ야 探趙童安否, 則已無恙矣라. 於是에 改設筵 席ᄒᆞ고 酌水成禮ᄒᆞ다. 官家覈其事ᄒᆞ야 趙生之舅ᄂᆞᆫ 以處死로 論云 이러라.

外史氏曰: "學舍群童이 以鄕谷迷兒로 皆出義氣ᄒᆞ야 以成其婚ᄒᆞ 니 已奇矣오, 女子處事ㅣ 卓卓有古節婦風ᄒᆞ니 何其韙哉아? 져趙生 之舅ㅣ 貪財而賊甥ᄒᆞ며 換面而奪婚ᄒᆞ니 其不免死, 固宜矣로다. 大 抵月姥赤繩이 自有天定ᄒᆞ니 天理之不可誣者ㅣ 有如此矣로다."

### 13. 贐碎銀圖占仕路

朱烈女ᄂᆞᆫ 具兵使某之妾也ㅣ니 具本洪州人이라. 初登武科ᄒᆞ야 赴防于江界ᄒᆞ니 容地孤了ᄒᆞ야 畜一村女, 曰朱氏니 畀以烹飪縫刺 之役ᄒᆞ니 女有才質ᄒᆞ야 甚嬖之러라. 具本家貧ᄒᆞ야 千里旅宦에 囊 篋이 俱空이라. 女ㅣ勤於女紅ᄒᆞ야 衣服飮食에 供奉無闕이라. 及赴 防限滿에 具謂女曰: "吾ㅣ家計赤立ᄒᆞ야 未可挈汝而歸오 待一麾ᄒᆞ 야 當率置ᄒᆞ리니 須少俟也ᄒᆞ라." 女曰: "公之作宰ᄂᆞᆫ 固知早晚間 事, 而丈夫手中에 無物이면 何事可辦이리오? 妾有積年鳩聚之碎 銀二百兩ᄒᆞ야 聊此奉贐ᄒᆞ니 幸方便求仕ᄒᆞ고 毋使妾으로 奉虛望誠

也ᄒᆞ소셔." 具ㅣ嘉其誠ᄒᆞ야 留約灑淚而別ᄒᆞ고 仍阻聲息ᄒᆞ니 女之 家人이 欲奪其志而嫁之에 雖失死靡他, 而揣其難以口舌爭爭ᄒᆞ고 遂乘夜逃至某邑老校家ᄒᆞ야 願托爲義女ᄒᆞ니 校家ㅣ貲頗饒ᄒᆞ고 方 鰥居無子라 喜其女之悟慧ᄒᆞ야 委以家秉ᄒᆞᆫᄃᆡ 女曰: "凡事ᄅᆞᆯ 不可 不明白이니 錢穀布帛・器皿雜物之數ᄅᆞᆯ 幷列書而畀我也ᄒᆞ소셔." 校曰: "旣結父女之義ᄒᆞ니 有何嫌疑而作此擧乎아?" 女ㅣ懇請不已 ᄒᆞᆫᄃᆡ 乃書給之ᄒᆞ니 女ㅣ受而藏之篋中ᄒᆞ고 勤於治産ᄒᆞ니 家業이 日 增이라. 請於校曰: "吾劣解文字ᄒᆞ야 癖覽洛中之朝報政眼ᄒᆞ니 可 爲我借邑中以來乎아?" 校ㅣ如其言, 借而示之ᄒᆞ니 五六年間에 具 ㅣ由宣傳官, 陞至副正ᄒᆞ고 遂至熙川郡守라. 一日은 女ㅣ謂校曰: "吾之來此ᄂᆞᆫ 非久計也ㅣ니 從此告歸ᄒᆞ나이다." 校ㅣ愕然, 問其故 ᄒᆞᆫᄃᆡ 對曰: "吾有不得不去處라."ᄒᆞ고 乃出物財數錄과 幷與向日列 書之數而示之, 曰: "吾ㅣ到此家治生이 今爲七年矣라 以今較前컨 ᄃᆡ 幸而無減ᄒᆞ고 或有三四倍之者ᄒᆞ니 吾可以浩然而歸라."ᄒᆞ고 因 與作別後, 率一僕出門ᄒᆞ야 扮作男子衣冠ᄒᆞ고 步至熙川ᄒᆞ니 具之 下車ㅣ纔三日矣라. 托以訟民而入庭, 曰: "有密白事ᄒᆞ니 願上階ᄒᆞ 나이다." 守ㅣ許之ᄒᆞ다. 又請陞廳ᄒᆞᆫᄃᆡ 守ㅣ怪而許之ᄒᆞ다. 又請入室 ᄒᆞᆫᄃᆡ 守ㅣ益訝而問之ᄒᆞ니 乃曰: "官家ㅣ倘識小人乎아?" 曰: "吾新 莅之初에 土民을 何由識之리오?" 曰: "獨不記某年某地赴防時同處 之人乎아?" 守ㅣ熟視而驚喜ᄒᆞ야 急起把手, 曰: "汝ㅣ何作此樣而 來也아? 吾纔到官而汝卽來ᄒᆞ니 亦一奇事也로다." 女曰: "別時相 約은 已料今日ᄒᆞ니 曷云奇哉리오?" 具適喪耦ᄒᆞ고 因以女로 處于 衙內ᄒᆞ야 總家政ᄒᆞ니 女撫嫡子御奴婢에 履履이 得當ᄒᆞ야 閨門에 溢譽라. 女ㅣ勸具守ᄒᆞ야 給錢籌司吏ᄒᆞ고 求見朝紙ᄒᆞ고 又聞京奇 ᄒᆞ야 能揣世道에 預知可爲銓官者ᄒᆞ야 厚饋之ᄒᆞ니 及秉銓에 極意

吹噓ᄒᆞ야 歷典州梱ᄒᆞ니 得俸이 漸腴ᄒᆞ고 問遺ㅣ益豊ᄒᆞ며 進途ㅣ日闢ᄒᆞ야 節次陞遷至亞將이요, 年過八十餘에 考終于家ᄒᆞ니 女ㅣ治喪備禮ᄒᆞ고 過成服에 謂其嫡子曰: "令公이 以鄕谷冷武로 致高位享遐壽ᄒᆞ니 有何餘憾이리오? 吾ㅣ亦以遐方賤人으로 備小室於武宰ᄒᆞ야 享厚祿於列邑ᄒᆞ니 吾之榮이 亦極矣라 有何悲哉리오? 令公在世時에 使我로 管家事ᄒᆞ니 不得不然, 而今則喪人內外ㅣ當主家政ᄒᆞ라." 乃以庫藏籠貯之財로 成件記並鎖鑰으로 付之嫡子ᄒᆞ니 婦ㅣ泣而辭曰: "吾家之得至于今이 皆庶母之功也ㅣ라 吾輩ㅣ只可依賴而仰成이어ᄂᆞᆯ 今何爲遽出此言也오?" 女ㅣ曰: "不如是면 家道亂耳라." 因退處後面一室, 曰: "吾ㅣ一入이면 不復出矣라." 遂鎖門絶粒而死ᄒᆞ니 嫡子ㅣ哀之曰: "庶母ㅣ非尋常人이라 何可待庶母之禮리오?" 將三月而葬ᄒᆞ고 別廟以祀ᄒᆞ다. 兵使之葬期已迫ᄒᆞ야 發靷之日에 柩重不得前進ᄒᆞ니 或曰: "無或靈魂이 繋於小室而然歟아?" 乃速治小室之靷, 而同時發行ᄒᆞ라 兵使之柩ㅣ輕而就路ᄒᆞ야 葬于洪州某里ᄒᆞ고 其右十餘步地ᄂᆞᆫ 卽其妾塚이라. 湖中人이 每指點而談具事如此ᄒᆞ다.

　外史氏曰: "女以遐方村婦로 能知歸身之所ᄒᆞ야 捐金求仕에 期作宰而重會ᄒᆞ야 善事納交에 占進途之大闢ᄒᆞ고 生則管家, 而如健婦之持ᄒᆞ며 死以下從, 而遂同穴之願ᄒᆞ야 至使靈魂으로 繋戀相隨ᄒᆞ니 其才智烈節이 事事卓異에 宜乎傳後而稱道也ㅣ라!"

### 14. 扼猛獸救甦夫命

　柳氏ᄂᆞᆫ 奉化士族女ㅣ라 嫁於隣邑宋姓人ᄒᆞ다. 當婚之日에 宋之父ᄂᆞᆫ 卽一措大也ㅣ라 率子親往ᄒᆞ야 俾成禮ᄒᆞ고 性本嗜酒라 且被勸飮ᄒᆞ야 因大醉ᄒᆞ고 潦倒夜深後에 欲放尿ᄒᆞ야 赤身出戶라가 餘

醉未醒ᄒ야 眼花朦朧ᄒ고 夜又昏黑이라. 不辨東西ᄒ고 誤入內房ᄒ야 手探婦女臥處ᄒ니 幸有一片隙地라 雜擁衾而宿ᄒ다. 其新郞이 方與新婦로 對坐ᄒ야 慮其大人之沉醉ᄒ고 暫起往省, 則其大人이 不在라. 乃驚惶ᄒ야 渾室이 搜覓호되 不知去處라. 時에 峽中虎患이 方甚ᄒ니 新郞이 尤不勝罔措, 而擧家ㅣ 遑遑之際에 獨內房一人이 擁衾牢睡에 終不起來라. 衆婦人이 譁然責之曰: "彼睡者ㅣ 不知何許婦人, 而如此愁亂之中에 堅臥不起ᄒ니 眞人事不省이로다." 其中輕儇一婦人이 直入披衾, 則赤條條一大漢이 露出本色ᄒ고 撲地齁睡라 衆婦人이 擧皆喫驚ᄒ야 包頭而走ᄒ다. 蓋狹窄鄕舍에 醉人做錯이 無怪或然, 而當場光景이 莫不腰折이 新郞이 爲覓其父ᄒ야 到後庭이라가 忽有大虎ㅣ 突入籬內ᄒ야 囕新郞而去라. 新婦ㅣ 臨窓獨坐라가 見此狀ᄒ고 蒼黃急起趕及ᄒ야 扼虎後脚ᄒ고 堅持不捨ᄒ니 虎ㅣ 直上後山ᄒ야 其行이 如飛, 而新婦ㅣ 限死隨去ᄒ야 不計巖壑之高低와 荊棘之叢樾ᄒ니 衣裳이 破裂ᄒ고 頭髮이 散亂ᄒ고 遍身流血, 而猶不知止ᄒ야 行幾里에 虎亦氣盡, 而仍抛棄新郞於草岸之上而去ᄒ니 新婦ㅣ 始乃收拾精神ᄒ야 以手로 按摩身體, 則命門下에 微有溫氣라. 四顧察視ᄒ니 岸下에 有一人家요 後窓에 微透火光이라. 度其虎行之旣遠ᄒ고 乃尋逕而下ᄒ야 開後戶而入ᄒ니 適有五六人會飮ᄒ야 肴核狼藉라. 忽見一女入來ᄒ니 滿面脂粉에 和血淋漓ᄒ고 散髮裂衣ᄒ야 便一鬼形이라. 諸人이 皆驚仆於地ᄒ되 新婦ㅣ 曰: "我是人也ㅣ니 列位ᄂᆫ 幸勿驚動ᄒ고 後岸에 有人而方在死生未分中ᄒ니 幸乞急往救之ᄒ소셔." 諸人이 收拾驚魂ᄒ야 一齊擧火而上岸ᄒ니 果有一少年이 僵臥岸邊ᄒ야 氣息이 垂盡이라. 共審視之ᄒ니 乃主人之子也ㅣ라 咸大駭ᄒ야 擧而臥之室中ᄒ고 灌以藥水러니 過數食頃에 乃甦라. 擧家ㅣ 始也驚惶이라가 終

焉慶幸이러라. 蓋新郎之家ㅣ 治送婚行, 而其兄弟ㅣ 適會隣友ᄒᆞ야 飮酒之際에 忽見此狀이오 草岸臥處ᄂᆞᆫ 卽其家後也ㅣ라. 始知其女子ᄂᆞᆫ 爲新婦ᄒᆞ고 延置于室ᄒᆞ야 饋以粥食ᄒᆞ며 卽送急足ᄒᆞ야 通于婦家ᄒᆞ니 兩家父母, 莫不大驚大喜ᄒᆞ야 感歎其婦之至誠烈節ᄒᆞ며 鄕里多士ㅣ 以其事로 呈官ᄒᆞ야 至承旌褒之典ᄒᆞ다.

外史氏曰: "措大泥醉ᄒᆞ야 不分內外에 做此駭擧ᄒᆞ야 傳爲笑囮ᄒᆞ니 默想當場光景ᄒᆞ면 無怪其然, 而酒之誤人이 一至於此리오? 『書』에 曰: '德將無醉라'ᄒᆞ며 『詩』云: '不醉反恥라'ᄒᆞ니 旨哉라 斯訓이여! 弱質女子ㅣ 能扼猛虎ᄒᆞ고 抵死不捨ᄒᆞ야 竟救夫命ᄒᆞ니 苦心烈行이 卽千古一人이라. 可謂正倫綱於隻手ᄒᆞ고 樹風聲於百世ᄒᆞ니 奇哉壯哉로다!"

### 15. 靑衣挾鋩訴寃懷

柳贊成仁淑은 中廟朝名宰也ㅣ라 罹乙巳士禍ᄒᆞ야 赴謫ᄒᆞ다. 柳本家饒ᄒᆞ야 多婢僕이라 至是ᄒᆞ야ᄂᆞᆫ 稍稍亡去ᄒᆞ고 有一靑衣獨奮, 曰: "主家禍ᄂᆞᆫ 吾忍同路人耶아?" 卽留不去러니 及柳公이 陷黨에 籍被極典ᄒᆞ야 其奴婢ᄅᆞᆯ 賜功臣家할시 時에 李芑爲首勳이라. 柳家奴婢多以賜牌로 歸焉ᄒᆞ니 其始自柳家來也ㅣ라, 諸婢莫不掩涕悽咽ᄒᆞ야 有如明妃之辭漢出塞ᄒᆞ며 或擬綠珠之墜樓守節이로되 靑衣女ᄂᆞᆫ 獨顔色이 揚揚ᄒᆞ야 略無戚容ᄒᆞ며 顧叱諸婢曰: "孰非爾主리오? 宜所事而安이며 新舊를 何擇焉고? 其奉新主에 獨盡其誠이라."ᄒᆞ니 芑信之러라. 女ㅣ 姿容이 姣麗ᄒᆞ며 且多才藝ᄒᆞ야 執箕帚具烹飪을 務適主意ᄒᆞ니 芑ㅣ 大嬖之ᄒᆞ야 以至懸衾斂簞에 供茶奉帨之役을 並畀之ᄒᆞ야 不令離左右ᄒᆞ며 雖或有劉寬嫂之飜羹汚衣라도 未嘗至鄭玄婢之曳泥言詩라. 時에 芑權勢隆赫ᄒᆞ야 門人吏隷之趨

謁者ㅣ 日夜如織에 咸顧女願廝贅, 而女性이 冷落ᄒᆞ니 殊不屑意러라. 苞嘗問호ᄃᆡ "汝無夫獨居ᄒᆞ니 便如冷鸞之孤樓畵樑이라 吾甚悶憐ᄒᆞ노니 可爲汝求耦歸良ᄒᆞ야 俾於雙鳶之共戱綠水乎아?" 對曰: "顧以潤花陋質노 移入庭槐芳陰ᄒᆞ야 沾雨露而敷榮萃ᄒᆞ니 相公之恩德이 如山如海라. 竊願白頭奉侍ᄒᆞ야 少效菲誠이요 不欲隨他良人에 做些生理로소이다." 又問: "汝ㅣ 豈無戀舊主之思乎아?" 對曰: "彼黨於逆籍ᄒᆞ야 自速邦憲ᄒᆞ니 賤人之來此ㅣ 便是出墨池而登雪嶺이오 且此間에 樂不思蜀矣로소이다." 苞ㅣ 不疑之ᄒᆞ다. 苞之陪隷中에 有一愚蠢而頗健實者ᄒᆞ니 女ㅣ 厚遇之ᄒᆞ야 每饋以廚房餘饌ᄒᆞ니 隷ㅣ 深感之러라. 女ㅣ 一日은 從容謂隷曰: "吾之無夫ᄂᆞᆫ 爾所知也ㅣ라 相彼鳥獸之微라도 皆有耦匹이거든 可以人而不如鳥獸乎아? 吾ㅣ 來此以後로 伶仃一身이 有若失侶之孤鴻ᄒᆞ며 伴鏡之幽鸞ᄒᆞ야 每於花朝月夕과 風凄雨冷之辰에 對孤燈而無眠ᄒᆞ며 抱寒衾而長歎이라. 心猿意馬ㅣ 千轉萬迴에 自念人生이 譬如朝露어ᄂᆞᆯ 何乃自若如此오? 且女子ㅣ 仰望而終身者ᄂᆞᆫ 惟一良人이라. 吾ㅣ 得終身依托之所, 而夙揣ᄒᆞ니 汝是有心人이면 吾ㅣ 願從之ᄒᆞ노니 豈無他人이리오마는 不如叔也의 洵美且武라 失心歸身이어니 汝意云何오?" 隷ㅣ 驚曰: "巫峽夢雲이 曾非敢望이나 仙源引棹를 今豈固辭리오? 但汝ㅣ 方昵侍相公이라가 以一朝私奔穢譴이면 吾ㅣ 懼崑炎之俱焚ᄒᆞ니 此將奈何오?" 女曰: "孫壽ᄂᆞᆫ 以大將軍妻로 私秦宮ᄒᆞ며 文君은 以王孫家女로 奔馬鄕卿이어ᄂᆞᆯ 如吾丫鬟賤質이야 於渠에 何誅리오? 縱被相公의 覰破라도 庶不逢彼之怒오 第暗地相從을 有誰知覺이리오? 姑結一宵之佳緣ᄒᆞ야 徐圖百年之偕樂이 亦自不妨이로라." 隷ㅣ 欣然曰: "諾다." 遂與潛通ᄒᆞ니 所言을 無不從이라. 如是歲餘에 苞忽夢有壓其頭面者어ᄂᆞᆯ 呼號而覺ᄒᆞ야 如此者ㅣ 數矣

라. 卒患頭痛ᄒ야 多方醫治而蔑效ᄒ며 竟以是疾로 不起라. 婦人이 問之神巫ᄒ디 言妖在枕中이라 發其枕ᄒ야 果得一頭骨ᄒ니 於是에 疑柳家婢ᄒ야 將訊之할시 女ㅣ不受一刑에 先自首實曰: "吾舊主ㅣ有何罪ᄒ야 爾家老漢이 搆殺之오? 吾ㅣ雖外若歸心이나 內實腐腸ᄒ야 臥薪嘗膽者ㅣ 已有年이라. 因是로 謀通陪隷ᄒ디 陪隷ㅣ始怕ᄒ야 不肯이어날 吾强媚之ᄒ야 得與諧奸ᄒ고 情投意合애 密令覓死人頸骨, 而內之枕中ᄒ니 今也에 已報吾主之仇라 死無餘恨이오, 但彼雖吾讎나 吾ㅣ旣服事有年ᄒ니 以吾手로 戕은 殊愧豫讓不懷二心之義라 當自刎ᄒ야 以暴此心이라."ᄒ고 乃抽袖藏利刀ᄒ야 自刎于殯側ᄒ니 其家ㅣ匿其事ᄒ야 終不泄ᄒ니 當世에 無有知者라. 芑之少子ㅣ年過七十ᄒ야 臨終에 乃言于人曰: "吾家에 所深諱ᄒ야 不宜向人道而平生에 異其義烈이라."ᄒ며 臨死에 始言之云이라.

　外史氏曰: "小人之戕害士類, 未有甚於乙巳之禍ᄒ니 此ᄂ 千古志士之所扼腕, 而柳家婢ㅣ獨能爲主報仇ᄒ니 何其義也오? 女之歸李ᄂ 卽天借其便, 而至誠服事ㅣ豈樂爲也哉아? 蓋欲昵近而乘機也ㅣ라. 謂以乖豫讓之處義, 而終亦剚刃自裁ᄂ 何其烈야[6]오?"

### 16. 蒼頭鳴錚雪誣冤

　閔鳳朝ᄂ 榮川士人也ㅣ니 有一子ᄒ야 過婚未幾에 遭西河之慟ᄒ고 孀婦朴氏ᄂ 班閥淑女也ㅣ라. 執喪以禮ᄒ며 孝奉舅姑ᄒ니 隣里稱之러라. 于歸時에 率一蒼頭ᄒ니 名萬石者라 爲人이 忠慤ᄒ야 閔家內外咸信任之ᄒ고 號以忠僕이라ᄒ다. 閔素貧窮ᄒ니 朴氏躬執紡績ᄒ야 胼胝勞苦ᄒ며 使萬石으로 樵汲ᄒ야 朝夕滫瀡之供을

---

6) 야: 문맥상 '也', 또는 '耶'가 되어야 함.

未嘗闕焉이러라. 隣居에 有金祖述者ᄒᆞ니 有班名이오 積貲屢萬金ᄒᆞ야 富甲一鄕, 而卽漁色蕩子也ㅣ라. 偶從籬隙ᄒᆞ야 瞥見朴氏之貌妍ᄒᆞ고 遽生慾火, 而稔聞其貞操ᄒᆞ야 難以非禮로 挑其心이 方欲乘間劫奸에 算計已熟이라. 一日은 閔生이 適出他할식 借着祖述之毛巾而去ᄒᆞ니 祖述이 乃瞰其無也ᄒᆞ고 探知朴氏之寢房所在ᄒᆞ고 乘着月光ᄒᆞ야 戴鬣冠潛入其內舍ᄒᆞ야 向朴氏房, 覘其動靜ᄒᆞ니 時에 朴氏獨在其寢室ᄒᆞ야 微聞窓外에 有履聲이오, 又月光이 映窓에 人影이 往來ᄒᆞ니 心竊驚惑ᄒᆞ야 卽起開壁戶, 而入姑之寢室ᄒᆞ며 密語其由ᄒᆞ고 姑婦ㅣ 相對而坐라. 萬石者는 爲祖述之婢夫ㅣ니 每宿於彼家라가 其夜閔家에 寂無一人ᄒᆞ고 忽於戶外에 有人厲聲曰: "朴寡婦ㅣ 與吾有私已久矣니 可速出送ᄒᆞ라!" 其姑ㅣ 大駭ᄒᆞ야 疾聲呼曰: "有賊이라."ᄒᆞ며 因大呼隣人來救ᄒᆞ니 隣人이 擧火而來ᄒᆞ되 祖述이 遂逃去ᄒᆞ다. 朴氏姑婦ㅣ 知其爲祖述也러라. 閔生이 歸聞其言ᄒᆞ고 不勝忿恨ᄒᆞ야 欲訴于官, 而姑忍之ᄒᆞ다. 其後에 祖述이 又揚言于洞中曰: "朴氏與吾潛通ᄒᆞ야 孕已三四朔이라." 傳說이 狼藉ᄒᆞ니 朴氏聞之, 曰: "以女子而遭此罔極之污誣ᄒᆞ니 何可不亟圖伸雪乎ㅣ리오?" 乃以裳遮面ᄒᆞ고 直入官庭ᄒᆞ야 痛言祖述의 興訛悖惡之狀ᄒᆞ고 遂欲制刀以自明ᄒᆞ니 時에 祖述이 行賂於衙門ᄒᆞ며 且一邑吏卒이 多是祖述之奴屬이라, 曁于吏校輩ㅣ 已以錢財로 箝其口ᄒᆞ야 咸言, "朴氏自來로 有中蠱之行ᄒᆞ야 所聞이 頗多矣로소이다." 郡守ㅣ 信聽左右之言ᄒᆞ고 乃曰: "汝若貞節自守, 則豈至於得此梁楚리오? 設或冤枉이라도 久則昭雪ᄒᆞ나니 退而靜俟ㅣ 可也ㅣ니라." 朴氏曰: "自官으로 若不辨白, 而嚴治金也誣人之罪, 則妾當自裁於官庭ᄒᆞ야 以暴此心이라." 因抽佩刀ᄒᆞ니 辭氣激烈이라. 守ㅣ 怒叱曰: "汝欲以此로 恐動乎아? 斯速退去也하라!" 卽命官婢ᄒᆞ야 推背

而逐出ᄒᆞ니 朴氏出門ᄒᆞ야 放聲大哭ᄒᆞ며 乃以刀自刎而死ᄒᆞ니 見者ㅣ無不錯愕이라. 本倅亦驚動ᄒᆞ야 俾卽運屍而去ᄒᆞ다. 閔生이 忿怒弸轊ᄒᆞ야 入庭訴寃ᄒᆞ니 語多侵逼이라. 守以土民之肆惡官庭과 侵辱地主로 構報于營ᄒᆞ니 閔生을 移囚于安東府ᄒᆞ디 其奴萬石이 抱狀鳴錚于蹕路ᄒᆞ니 有下該道査啓之命이라. 祖述이 以累千金으로 行賂於洞里及營邑吏隷ᄒᆞ야 謂以朴氏之死ㅣ 非自刎, 而羞愧於孕胎ᄒᆞ야 服毒致死云, 而至於賣藥之商과 貿藥之嫗ㅣ 皆捧賂立證ᄒᆞ니 獄久不決에 拖至四年이라. 閔家以朴氏屍體로 不爲入棺ᄒᆞ고 留置一房, 曰: "復此讐後에 可葬矣라." 身膚ㅣ 少無傷敗ᄒᆞ며 蠅蚋ㅣ亦不敢近ᄒᆞ니 人皆異之러라. 奉化守朴時源이 以再從娚妹로 往哭其靈筵ᄒᆞ고 啓殯而審視之ᄒᆞ니 完如生時矣라. 萬石이 爲金家婢夫ᄒᆞ야 生男女러니 至是ᄒᆞ야는 逐其妻而訣曰: "汝主ㅣ 殺吾主ᄒᆞ니 卽讐家也ㅣ라. 奴主ᄂᆞᆫ 義重ᄒᆞ고 夫婦ᄂᆞᆫ 恩輕ᄒᆞ니 汝可歸事汝主요 吾當爲吾主死也라." 遂奔走京鄕ᄒᆞ야 必欲報仇乃已라. 又上京鳴金ᄒᆞ니 啓下本道ᄒᆞ야 定査官窮覈之ᄒᆞ다. 査官이 到閔家ᄒᆞ야 方檢驗屍體할시 殯所에 忽有裂帛之聲이라. 使官婢察視, 則面色如生ᄒᆞ며 頸下에 有劍痕ᄒᆞ야 尙帶血色之模糊ᄒᆞ고 肌膚ㅣ 堅如石ᄒᆞ야 小不腐傷ᄒᆞ니 莫不嗟異之러라. 可知其抱寃未伸也, 而先執藥物賣買之商嫗ᄒᆞ야 嚴刑究問之ᄒᆞ니 始吐實曰: "祖述이 各給二百兩錢故로 如是爲言云." ᄒᆞ니 道伯이 以此로 啓聞ᄒᆞ디 祖述은 伏法ᄒᆞ고 朴氏ᄂᆞᆫ 旌閭ᄒᆞ고 萬石은 給復ᄒᆞ다. 嶺之士ㅣ 竪碑ᄒᆞ야 記萬石之忠焉이러라.

外史氏曰: "不可諱者ᄂᆞᆫ 命이오 不可誣者理라. 以朴氏之貞烈로 橫被汚衊ᄒᆞ야 至於自戕ᄒᆞ니 其情이 甚悲오 其死ㅣ甚慽ᄒᆞ니 此其不可諱者오! 萬石之能知大義ᄒᆞ야 逐妻而報仇ᄒᆞ니 爲主盡忠ᄒᆞ야 竟遂志願이 此其不可誣者耶아?"

### 17. 陳奏大筆振華譽

李月沙文忠公廷龜字는 聖徵이니 延安人也ㅣ라. 母金氏娠公當娩에 有虎來伏戶外라가 旣娩에 乃去ᄒᆞ니 人이 謂文章炳蔚之徵이라ᄒᆞ다. 有文學而兼福祿ᄒᆞ고 功名之盛을 世比之前朝李益齋러라. 自學語로 便識字ᄒᆞ야 六歲에 能綴句라. 見醉人이 過前橋ᄒᆞ니 時에 楊花飛ᄒᆞ며 笛聲이 起ᄒᆞ니 公이 作詩曰: '扶醉小橋外ᄒᆞ니 楊花爭亂飛를. 何處數聲笛이 吹來醒醉耳오.' 又見公子ㅣ醉過ᄒᆞ고 綴詞曰: '金輪이 踏香草ᄒᆞ니 白馬ㅣ卽醉去라.' 每一篇出에 傳誦驚人ᄒᆞ니 稱爲神童이라. 關王廟初成에 天將楊鎬ㅣ欲往奠酌ᄒᆞ야 臨行에 請上同往ᄒᆞ니 乘輿已駕ᄒᆞ야 命公製進祭文ᄒᆞ니 操筆立成ᄒᆞ야 有 '蚪髥鳳眼, 森然若見. 赤兎靑龍, 新回酣戰'之句ᄒᆞ니 宣廟ㅣ大稱ᄒᆞ사 賞賜錦緞ᄒᆞ다. 時에 天將이 滿城ᄒᆞ니 槐院文字를 多委於公ᄒᆞ디 公이 奔走接遇ᄒᆞ며, 又酬答文書에 其製作이 多在急遽라 紛擾之際에 或立書口號ᄒᆞ야 夜以達曙ᄒᆞ되 皆節節中窾이라. 時에 兵部主事丁應泰劾奏經理ᄒᆞ며 楊鎬ㅣ又陳我國事ᄒᆞ야 搆誣罔測ᄒᆞ니 宣廟ㅣ避殿輟朝ᄒᆞ고 藉藁俟命ᄒᆞ야 國內大震이라. 當遣使辨誣, 而極選一代文士數三人ᄒᆞ야 各製奏文ᄒᆞ고 擇以取舍할ᄉᆡ 遂用公所製進ᄒᆞ고 上이 敎曰: "辨誣之外에 必有許多陳辨이라. 今之善於詞命은 莫如李廷龜오 觀其文ᄒᆞ니 蘊藉典重ᄒᆞ야 曲盡誠意ᄒᆞ니 眞能文之士라." 遂陞秩ᄒᆞ야 充副价赴燕ᄒᆞ다. 閣老等이 見奏文ᄒᆞ고 皆點頭稱讚曰: "好文章이로다!" 明白凱切ᄒᆞ야 寫出忠肝義膽에 令人으로 涕洚洚欲下ᄒᆞ고 衆官이 塡咽ᄒᆞ야 闕庭에 競相取見, 而莫不大讚이오 遠近聞者ㅣ 亦爭來謄寫而去ᄒᆞ다. 皇上이 覽奏에 卽降明旨ᄒᆞ야 洞辨快雪ᄒᆞ니 戊戌奏文之名滿天下云者ㅣ 卽此也ㅣ라. 時에 中朝人이 操切東使甚急ᄒᆞ야 晝以糾察ᄒᆞ고 夜不給燈ᄒᆞ며 每有各衙門呈文에 臨

急繕寫之役은 無所措其手足□□ 一寫官이 夜入館舍ᄒᆞ야 白公曰: "公若呼之면 第當承書호리라." 公曰: "夜深無燭ᄒᆞ니 汝何以書오?" 其人曰: "第呼之ᄒᆞ라." 公이 試呼之ᄒᆞ니 寫一通에 能不停筆이어날 公曰: "汝之眼力이 誠奇矣나 奈我不得見에 何오?" 其人이 遂俛首着眼於紙上, 曰: "公은 試從顱後看之ᄒᆞ라." 公이 俯其人背ᄒᆞ야 自顱後視之ᄒᆞ니 字皆瞭然可辨이라. 蓋其人眼光이 能照物生明云이러라. 公於館中에 嘗閑坐러니 忽聞廚間에 有誦書聲이어날 問: "爲誰오?" 從者ㅣ 曰: "執燃突之役者ㅣ니이다." 公이 召問之ᄒᆞ니 卽遠方擧人으로 赴京會試라가 見屈無資斧未歸ᄒᆞ고 執是役受其傭ᄒᆞ야 以自給이라. 公曰: "汝若擧人, 則可製程文否아?" 因手草策題以給ᄒᆞ니 其人이 卽草數千言以進이어날 公이 覽之, 曰: "汝文이 誠閎中肆外나 但科場文字ᄂᆞᆫ 必緊切이라야 可售於主司之眼이니 吾ㅣ 當敎之라." 遂一依東國科文規矩ᄒᆞ야 卽草一通以示之, 曰: "此文이 以文章典則으로 論之면 雖不足貴나 抉摘科第ᄂᆞᆫ 實爲妙方이니 第依此爲之也ᄒᆞ라." 其人이 後果登第ᄒᆞ야 卽入翰苑ᄒᆞ고 來謝曰: "囊奉嘉誨ᄒᆞ야 學得科文에 致此唱甲ᄒᆞ니 受賜ㅣ 實多로라." 蓋中朝策士入格은 卽給第宅인 蒼頭ㅣ 例也以厮役으로 致靑雲ᄒᆞ야 俄頃窮通之懸이 如此러라. 使事善竣이 多賴其人之效力云이라. 公이 與王弇州로 結爲文章之交ᄒᆞ야 一日에 往訪弇州할ᄉᆡ 具公服而起, 曰: "適有公事ᄒᆞ야 少間에 當還ᄒᆞ리니 君須於書樓上에 披閱書籍而暫俟之ᄒᆞ라." 因囑其家丁ᄒᆞ야 備朝饌而進之ᄒᆞ라. 少焉에 酒肴魚果餠麵[7]이 相續而進이어날 公이 且啖且看書러니 日晚에 弇州ㅣ 出來ᄒᆞ야 問: "朝饍을 善進否아?" 公曰: "飯姑未吃이로라." 弇州ㅣ 驚訝ᄒᆞ

---

[7] 麵: 저본에는 '麫'으로 나와 있으나 의미상 바로잡음.

야 責家丁ᄒᆞᆫ디 對曰: "俄已進矣로소이다." 乃大笑曰: "東國人은 以 一椀飯一器羹으로 爲朝夕飱ᄒᆞ야 不如吾儕所啗이니 斯速備飯而來 ᄒᆞ라. 俄에 吾ㅣ 忘之云이라." 是時에 適有蜀郡太守ㅣ 貽書於弇州ᄒᆞ 야 請其父碑文, 而禮幣ᄂᆞᆫ 以蜀帛一車와 雙陸一隊를 分美人靑紅裳 各十五ᄒᆞ야 以黃金으로 爲飾而送之ᄒᆞ니 弇州ㅣ 卽草碑文ᄒᆞ니 筆翰 이 如飛ᄒᆞ야 頃刻而就ᄒᆞ고 擧以示公, 曰: "願聞月評ᄒᆞ노라." 公이 視其文章이 神速雄贍ᄒᆞ고 不敢贊辭ᄒᆞ며 茫然有望洋之歎云이러라.

外史氏曰: "凡爲國辭命이 詳審精密이라야 鮮有敗事故로 鄭之爲 命에 有草創討論ᄒᆞ며 修飾潤色을 必更四賢之手而成ᄒᆞ니 可見其 至重至難之事, 而月沙之戊戌奏文이 一呼而就ᄒᆞ야 名滿天下ᄒᆞ니 其文章才識이 果何如也ㅣ며 寫官之眼力이 能照物生明ᄒᆞ니 亦是 異事라. 蓋宣廟朝에 人才極盛之會也ㅣ니 此可謂應時而出耶아!"

### 18. 擢第奇文解鈍嘲

申象村文貞公欽의 字ᄂᆞᆫ 敬叔이니 平山人也ㅣ라. 母夫人은 宋氏 니 參贊麒壽女也ㅣ라 夢大星이 入懷ᄒᆞ야 翌日生公ᄒᆞ다. 自幼로 丰 彩動人ᄒᆞ며 精華ㅣ 英發ᄒᆞ야 如良金美玉이라. 年十餘歲에 淹貫經 史ᄒᆞ다. 宋參贊이 多蓄古書ᄒᆞ야 藏之一房이러니 公이 每入其所면 日昃不出ᄒᆞ니 一家呼爲冊房兒라ᄒᆞ다. 李淸江濟臣이 聞公名來訪 ᄒᆞ고 遂以女로 歸焉이러라. 公之大人某ㅣ 不以慈愛而弛敎訓ᄒᆞ고 嘗使肄學業而以未嫺功으로 令欲延置塾師ᄒᆞ야 選擇良可로ᄃᆡ 遷延 未決이라. 一夕에 夢有人告之曰: "君欲延塾師ᄒᆞ니 非壽春縣牛頭 坪某學究면 不可ㅣ니라." 醒而異之ᄒᆞ야 束裝往春川ᄒᆞ야 問牛頭坪 ᄒᆞ니 在郡西幾里許라, 至則野曠人稀에 無可問訊이러니 忽一老翁 이 曳杖而來라. 某ㅣ 趨叩之ᄒᆞ니 翁이 笑曰: "某學究ᄂᆞᆫ 卽是老朽로

라."遂具達誠意ᄒᆞ고 幷欲隨至翁家호ᄃᆡ 翁曰:"蝸舍에 不足以容貴客이오 旣蒙寵召ᄒᆞ니 卽此同行호리라." 某ㅣ大喜ᄒᆞ야 載與俱歸ᄒᆞ고 因命公受業座下ᄒᆞ다. 翁이 督課勤嚴ᄒᆞ야 夜以繼日ᄒᆞ고 無問寒暑ᄒᆞ며 每綴科文에 各體命題ᄒᆞ니 皆翁의 平日課藝ㅣ 精鍊贍麗ᄒᆞ야 近世場屋之所未有라. 輒令公誦호ᄃᆡ 法若公所製未洽이면 便自作一篇ᄒᆞ야 以補之ᄒᆞ니 公이 自是로 游於鱟庠ᄒᆞ야 爲文이 輒規倣其製ᄒᆞ야 或用宿搆에 屢登嵬選ᄒᆞ고 及發解會圍에 連戰皆捷ᄒᆞ니 未幾年에 折蓮攀桂ᄅᆞᆯ 如拾草芥라. 某ㅣ大喜ᄒᆞ야 置酒爲先生壽ᄒᆞ고 且曰:"先生이 出其緖에 但令竪子成名ᄒᆞ고 何乃甘作蠖屈ᄒᆞ고 未展驥步ᄒᆞ야 以靑衿으로 終老草野乎아?" 翁이 獻欷久之어ᄂᆞᆯ 某ㅣ詰其故호ᄃᆡ 翁曰:"言之勿怪ᄒᆞ라. 僕은 非人是鬼也라 少時에 不謹細行ᄒᆞ야 有慭名敎로 以至困躓場屋五十餘年에 未得一掇科第, 而室人이 慊薄ᄒᆞ야 謂僕이 文不足時宜로 致遭斥黜ᄒᆞ고 日以鈍秀才로 相誚ᄒᆞ니 鬱鬱賫恨而終이라. 今者에 稔知高門積福ᄒᆞ야 故借德澤而爲文章ᄒᆞ야 吐氣에 使知一生潦倒非戰之罪라. 且令世之人으로 知拾嵬科登高第者ㅣ 在此요 不在彼也ᄒᆞ노라." 言訖에 撫膺一慟ᄒᆞ고 倒地而歿ᄒᆞ야 仍無形跡이라. 某ㅣ駭歎良久에 感翁訓子之德ᄒᆞ야 重至其地ᄒᆞ니 見茅屋數椽에 一老婦ㅣ 執炊廚下어ᄂᆞᆯ 詢之ᄒᆞ니 卽翁家也ㅣ라. 問:"翁安在오?" 曰:"此ᄂᆞᆫ 先夫也오 亡已三年이로ᄃᆡ 貧不能葬ᄒᆞ고 殯在家後矣라. 生時에 勤科業未售ᄒᆞ니 以鈍秀才로 呼之라 臨終에 謂我曰: '余ㅣ 德薄ᄒᆞ야 不能致靑雲ᄒᆞ고 以博封誥ᄒᆞ니 後에 當以文章으로 貽汝福也ㅣ라.' 謹記此言ᄒᆞ야 勉延殘喘이라."ᄒᆞ니 某ㅣ聞之ᄒᆞ고 倍增慘悼ᄒᆞ야 優恤其家ᄒᆞ야 極力營葬而歸ᄒᆞ다. 公之文章이 多藉老翁之神助故로 凡有製作에 操筆立成ᄒᆞ야 敏贍浩汗이러라. 嘗爲都體察鄭公澈之從事ᄒᆞ야 案牘이 堆積이라,

召吏十餘輩ᄒᆞ야 左右迭奏할ᄉᆡ 公이 目覽耳受口呼受判을 莫不中竅ᄒᆞ니 人皆驚服이라. 公의 別業이 在金浦象頭山下ᄒᆞ야 自號象村居士라ᄒᆞ다. 光海時에 放歸田里ᄒᆞ야 一間茅茨에 處之怡然ᄒᆞ며 扁曰'何陋菴'이라ᄒᆞ다. 丙辰에 竄春川ᄒᆞ야 作芨舍ᄒᆞ고 扁曰'旅菴'이라ᄒᆞ고 又號玄翁이라. 在謫ᄒᆞ야 聞白沙李相公之逝ᄒᆞ고 悼之爲文ᄒᆞ고 命之曰: "玄翁自敍라ᄒᆞ니 玄翁者ᄂᆞᆫ 何許人也오? 以文으로 名於世, 而翁不以文爲事ᄒᆞ고 以官으로 顯於朝, 而翁不以官爲心ᄒᆞ고 以罪로 竄於外, 而翁不以罪爲撓ᄒᆞ야 無所嗜好ᄒᆞ며 無所經營ᄒᆞ야 視貧을 如富ᄒᆞ며 處豊을 如約ᄒᆞ며 與人交에 人不得以親疎ᄒᆞ며 接乎物에 物不得以拘絆ᄒᆞ고 少志于學에 旁通九流ᄒᆞ야 粗涉其源ᄒᆞ며 晩好羲易에 有會於天地萬物之數, 而亦通其崖略而已라. 書無所不觀ᄒᆞ며 書籍之外에 翛然終日에 俗物이 不敢干也ᄒᆞ야 交遊에 盡一時勝流ᄒᆞ니 知翁者ㅣ 多或知其文ᄒᆞ며 或知其行事ㅣ 有白沙翁者ᄒᆞ야 與翁으로 比隣ᄒᆞ야 能知趣造ᄒᆞ고 翁亦知白沙라. 白沙ㅣ 以直言으로 得罪貶ᄒᆞ야 卒於北荒ᄒᆞ니 翁有絶絃之歎ᄒᆞ야 無意於人世云矣라. 癸亥改玉後에 卽典文衡ᄒᆞ고 官至領相ᄒᆞ다."

外史氏曰: "世之鈍秀才, 豈老翁而已乎아? 操觚鼓篋ᄒᆞ야 兀兀窮年而終老於靑衿者ㅣ 何限이리오? 不憂文齊ᄒᆞ고 只憂福不齊耳라. 至若號稱秀才ᄒᆞ고 定有一篇假議論ᄒᆞ야 釣名弋譽에 馳騁詞壇者, 疇ㅣ非老翁之罪人乎아? 象村文章이 淵源六經ᄒᆞ야 得力於佐馬莊騷ᄒᆞ니 豈學究輩鉛槧尋摘之工의 所可切磋, 而鈍秀才一事ㅣ 頗涉弔詭ᄒᆞ니 其非好事者ㅣ粧撰ᄒᆞ야 以警世者耶아?"

### 19. 荷葉留詩贈寶墨

李澤堂文靖公植의 字ᄂᆞᆫ 汝固니 德水人야[8]ㅣ라. 以文章으로 名世

ᄒᆞ야 四典文衡ᄒᆞ다. 少時에 家在砥平白鴉谷ᄒᆞ야 專意學業, 而負笈龍門山寺ᄒᆞ야 讀 『周易』할시 沈潛硏究ᄒᆞ야 輒至夜分이라. 有一僧이 負木取食ᄒᆞ니 弊衲單鉢이요 僧所不齒라, 每夜에 傍公篝燈ᄒᆞ야 借餘光而織屨라가 見公究易理甚苦ᄒᆞ야 至於侵曉ᄒᆞ고 僧口獨語曰: "年少書生이 以不逮之精神으로 强欲求索玄微ᄒᆞ니 徒費心力이라 何不移之科工고?" 公이 微聞之ᄒᆞ다. 明日에 引僧到僻處ᄒᆞ야 以夜所聞者로 詰之ᄒᆞ며 且曰: "禪師ㅣ 必深知易者니 請學焉ᄒᆞ노라." 僧曰: "貧道ᄂᆞᆫ 傭丐라 豈有知識이리오? 但見公이 着工刻深ᄒᆞ야 慮有傷損故로 云이오 至於文字ᄒᆞ야ᄂᆞᆫ 素所矇昧ᄒᆞ니 況易乎아?" 公曰: "吾ㅣ 已有所覰ᄒᆞ니 師ᄂᆞᆫ 終不可以隱我오 幸卒敎之ᄒᆞ라." 懇叩不已ᄒᆞ니 僧曰: "公可於 『易經』에 有疑義어든 付籤ᄒᆞ고 俟我僻處ᄒᆞ라." 公이 大喜ᄒᆞ야 逐一付標ᄒᆞ고 携僧至樹林邃處ᄒᆞ야 從容質問ᄒᆞ니 僧이 剖析微奧ᄒᆞ야 出人意表ᄒᆞ니 公이 胸中爽濶ᄒᆞ야 如抉雲覩天이라. 及公出山ᄒᆞ야 僧이 遠于將之ᄒᆞ고 約以明年에 訪公于京師ᄒᆞ다. 及期果至ᄒᆞ니 公이 延之後堂ᄒᆞ고 款留幾日ᄒᆞᆫ디 僧이 爲公推命ᄒᆞ고 且曰: "丙子에 當有兵禍ᄒᆞ리니 可預避於永春地ᄒᆞ고 某年에 更與公으로 遇於西關ᄒᆞ리니 幸識之ᄒᆞ라." 遂別去ᄒᆞ다. 及公位宰列ᄒᆞ야 奉使浿西ᄒᆞ고 遊妙香山ᄒᆞ니 僧徒ㅣ 昇藍輿라 中有此僧ᄒᆞ야[8] 形貌ㅣ 如前ᄒᆞ고 不少衰어날 公이 甚喜ᄒᆞ야 別掃一室ᄒᆞ고 延入握手ᄒᆞ며 極意款討ᄒᆞ야 上自國事로 下及家私ᄒᆞ야 細悉無遺ᄒᆞ고 旣別에 更不相遇러라. 公未第時에 才藝出群ᄒᆞ며 風彩映人이라. 嘗客遊光州할시 夜宿竹裏芧屋ᄒᆞ니 傍有小池라 靑荷ㅣ 被水ᄒᆞ며 月色이 微明ᄒᆞ고 萬籟ㅣ 俱寂이라. 獨坐無聊ᄒᆞ야 展卷朗讀ᄒᆞ니 聲出金

---

8) 야: 문맥상 '也'가 되어야 함.

石이요 響振林樾이라. 夜旣分에 乃引觴自酌ᄒᆞ고 頹枕欲眠이러니 忽有異香이 撲臭ᄒᆞ며 履聲이 漸近이러니 一女子ㅣ荷衣月佩로 排戶而入ᄒᆞ야 坐于書榻之傍ᄒᆞ며 睨而視之ᄒᆞ니 顏如削玉이오 眸凝秋水ᄒᆞ야 殆非人間所有라. 公이 驚怪靡定ᄒᆞ야 斂衽而問之曰: "鬼耶아 人耶아? 深野見訪ᄒᆞ니 有甚垂敎오?" 女曰: "我ᄂᆞᆫ 非人非鬼요 本以瑤宮侍娥로 因微眚降謫ᄒᆞ야 爲無等山神이라가 限滿當還, 而 今夜에 乘月徘徊於篁林之下라가 聞君讀聲이 淸越ᄒᆞ고 逶迤到此나 然이나 君有夙世仙緣ᄒᆞ야 得此霎時邂逅ᄒᆞ니 幸勿驚怪ᄒᆞ소셔." 公意懷慌ᄒᆞ야 疑其誕妄ᄒᆞ고 佯若沉醉ᄒᆞ야 闔眼而齁러니 少焉에 女ㅣ出戶而去ᄒᆞ야 見乎夢日: "嗟乎라 無情郎이여! 吾ㅣ心慕郎風 流才調ᄒᆞ고 冒近淸光이러니 醉而不省ᄒᆞ니 吾ㅣ悵然回步할시 題詩 荷葉ᄒᆞ며 留一硯一墨ᄒᆞ야 聊表微誠ᄒᆞ노니 君이 用此硯墨, 則必文 思驟進ᄒᆞ며 擢高第ᄒᆞ고 且顯官ᄒᆞ리니 須堅藏勿失ᄒᆞ며 亦毋泄於家 人也ᄒᆞ라!" 公이 覺而異之ᄒᆞ야 早起見窓前ᄒᆞ니 有折萼荷葉ᄒᆞ고 上 有詩曰: '遠客이 沉酣喚不聞ᄒᆞ니 睡荷搖月舞波紋이라. 今宵佳會 를 天應借ᄒᆞ야 留與光山一片雲을.' 其側에 有一硯一墨ᄒᆞ니 光彩奪 眼이오 硯小如荷葉樣ᄒᆞ고 墨에 印字曰 '光山片雲'이라. 且荷葉이 不 受墨, 而此則字畫이 分明ᄒᆞ니 公이 尤奇之ᄒᆞ야 十襲藏懷而用於科 場ᄒᆞ니 取大小科를 如探囊ᄒᆞ야 歷敭淸華ᄒᆞ고 主盟詞垣호ᄃᆡ 墨이 尙餘少許라. 其胤畏齋端夏ㅣ 屢赴擧不利ᄒᆞ니 至其入場日ᄒᆞ야 乃 以餘墨으로 畀之曰: "汝須深藏ᄒᆞ야 勿以示人ᄒᆞ고 但用於科試也ᄒᆞ 라." 畏齋受而用此書券ᄒᆞ니 果登是科라. 其夜에 澤堂이 夢仙女ㅣ 勃然而怒, 曰: "曩者所戒를 不啻丁寧, 而擧以畀子ᄂᆞᆫ 何也오? 我今 還索而去라."ᄒᆞ고 遂翩然而逝어날 公이 蹴起ᄒᆞ야 呼畏齋索其墨ᄒᆞ ᄃᆡ 探懷中, 而已不在矣라. 畏齋愕然ᄒᆞ야 告以果不慢藏而忽失之

ᄒᆞ니 莫知其故云이러라. 只有蓮花硯ᄒᆞ야 留傳爲寶藏ᄒᆞ다. 畏齋ㅣ 繼典文衡ᄒᆞ야 至於大官ᄒᆞ고 澤堂則官不更進이러라.

外史氏曰: "劉夢得「呂溫文集序」에 云: '五行秀氣ᄒᆞ야 發爲文章ᄒᆞ니 天之所與ㅣ 有物來相.'ᄒᆞ니 是故로 王子安이 夢人遺墨, 而才藻日駸ᄒᆞ고 唐伯虎ㅣ 遇仙贈墨, 而文思大進ᄒᆞ고 澤堂이 逢神僧而悟易義ᄒᆞ며 因仙女而獲硯墨ᄒᆞ야 遂以文章으로 名世ᄒᆞ니 豈非天與而物相耶아? 至於索還餘墨은 完如江淹之夢退五色筆ᄒᆞ니 亦奇哉ᆫ뎌!"

### 20. 紗幮督課登金榜

張谿谷文忠公維의 字ᄂᆞᆫ 持國이니 德水人也ㅣ니 生而秀異ᄒᆞ고 幼從伯兄ᄒᆞ야 傍聽其所學ᄒᆞ야 輒記之러라. 學史于尹月汀ᄒᆞ고 學禮于沙溪ᄒᆞ야 十餘歲에 悉誦二經ᄒᆞ며 讀盡『通鑑』ᄒᆞ고 天姿高邁ᄒᆞ며 稟氣淸瑩ᄒᆞ야 遊李白沙之門할시 被其獎詡ᄒᆞ며 弱冠에 著『陰符經解』ᄒᆞ니 多有獨得之見이오 但苦多病ᄒᆞ야 不耐刻苦讀書라. 聘夫人某氏ᄒᆞ니 賢而才ᄒᆞ니 公이 多在閨房燕娛ᄒᆞ야 遂廢讀이라. 一日은 見鏡傍에 置紗幮一具ᄒᆞ고 中有垂髻女娘ᄒᆞ야 明眸ㅣ 秀麗ᄒᆞ며 婉麗無偶ᄒᆞ니 乃盡幀也ㅣ라. 公이 問所自來ᄒᆞ되 夫人이 笑曰: "是ᄂᆞᆫ 吾以十斛明珠로 爲公聘得者ㅣ니이다." 公이 亦戲曰: "蒙卿雅意로다. 當遣向案頭ᄒᆞ야 捧硯이어날 何便禁錮香奩ᄒᆞ야 日看卿의 安黃貼翠耶아?" 夫人이 笑命侍兒ᄒᆞ야 移入書室ᄒᆞ고 一夕에 督令夜讀ᄒᆞ니 公이 勉入書幌ᄒᆞ야 挑燈執卷ᄒᆞ고 卽以紗幮女娘으로 置案頭, 曰: "夜漏ㅣ 苦長ᄒᆞ야 勞君伴讀ᄒᆞ노니 倘阿嬌下降이면 當私以金屋貯之ᄒᆞ리라." 轉瞬間에 女娘이 自屛後로 出笑曰: "書生이 太嬌惰ᄒᆞ야 甫執卷에 便作風流想矣로다." 公이 適視之ᄒᆞ니 與紗幮中女娘으로 無二어날 因笑曰: "崔徽ㅣ 果辱降耶아?" 急前狎抱ᄒᆞ니 女娘

이 面發頳ᄒ야 撑拒之, 曰: "公勿驟作此態ᄒ소서. 妾은 秘府侍書요 公前身은 亦修文郎이라. 上帝恐公溺情閨閤에 抛擲功名故로 令妾으로 乘夜而來ᄒ야 督公淸課로소이다." 公曰: "功名은 我所自有요 但得一親香澤이라야 卽當努力靑雲ᄒ야 以酬盛德이로라." 女娘曰: "急色兒ㅣ將使溫柔鄕으로 記臕賬耶아? 妾이 與郎君으로 約ᄒ되 自今伊始ᄒ야 但得一步進竿이면 卽圖一宵同裯요 否則煩言이 總無益也ㅣ라." 公이 猶欲强合할시 忽窓下에 有嗽聲이러니 女娘이 從屛後遁去라. 公이 自此로 下帷苦讀ᄒ야 是年에 魁漢城試發解ᄒ니 夜見女娘이 來笑曰: "攀花妙手를 今少試矣로다." 公이 喜ᄒ야 遂與歡狎ᄒ고 並問後期ᄒ되 女娘曰: "俟春風報捷ᄒ야 再當與公으로 親裁綠紵衣也ㅣ니 有志者ㅣ勉爲之어다." 公益發憤이러니 明春에 竟中進士라. 女娘이 復來歡笑, 曰: "自與公으로 春風一度로 癸水ㅣ不復來ᄒ니 倘早晚臨蓐이면 安得復歸仙籍이리오? 君如杏林得意면 妾當日夜侍巾櫛矣리이다." 公이 大喜ᄒ야 愈益硏讀ᄒ야 未幾年에 復捷龍門ᄒ야 唱第歸家할시 甫入門에 夫人이 迎於堂上ᄒ며 花紅繡袱懷中에 繃一嬰孩어날 公이 問: "爲誰오?" 夫人이 笑曰: "是ᄂᆞᆫ 卽修文郎賢令嗣也ㅣ라."ᄒ며 復喚一女娘, 出曰: "公이 識得秘府侍書否아?" 公이 愕然問故ᄒ되 夫人이 笑而不言이어날 女娘이 以實告ᄒ니 蓋夫人이 恐公廢學ᄒ야 購一佳麗姬ᄒ고 設詭計以勉之ᄒ니 其風流詞令이 皆閨中口授也ㅣ라. 公이 感夫人玉成之德ᄒ야 仍移紗幮女娘ᄒ야 置鏡傍, 曰: "以志吾過ᄒ야 且旌善人이라."ᄒ다. 壬子之禍에 公이 坐婚家之累ᄒ야 罷官屛處安山할시 遂肆力於文章ᄒ야 爲文이 頗得韓歐之法ᄒ고 不作陳冗語ᄒ며 所與遊者及門之士를 公이 預言其後日臧否吉凶爵位崇卑ᄒ야 旣久에 無不如其言ᄒ니 人服其鑑識이러라. 癸亥改玉時, 訐謨ㅣ多所密贊이러라. 鄭愚

伏經世白上호디 以公學識으로 爲當第一호니 宜倣宣廟朝盧守愼故事호야 待以不次之位호니 命加資호다. 丙子에 入南漢호야 與白軒·石門諸公同舍호야 約同死호고 公이 賦一詩曰: '平生忠孝志를 此日恐全虧라. 年年春夜月에 血灑杜鵑枝라.' 遂相對流涕러라. 丁丑에 起復拜相호다. 卒逝之日에 長虹이 橫亘寢房屋上호니 見者ㅣ咸異之러라.

外史氏曰: "谿谷이 自少時로 勤下帷之工호고 又有賢夫人之設計以勸勉호야 及其成就에 豈多讓於織錦裳盥薔露之手裁리오? 嘗觀公『漫錄』에 有曰: '余ㅣ三十時에 文體ㅣ粗成호야 詞賦ㅣ六七篇이 當爲麗朝李文順鴈行古文數十篇호리니 進之中國則不敢이어니와 厠諸東選에 亦不屑이라. 未知後人題品이 處我於國朝何等諸公으로 間也ㅣ리오?' 公之自許如此호니 東國文章之推公爲大方이 不其然乎ㅣ져!"

## 21. 弇州席上玩文辭

崔岦의 字는 立之오 號는 簡易이니 文名藉世호디 於詩에 酷好라. 后山이 常言詩에 須以用意爲工이나 我國人詩엔 無意味호니 所以未善也로라. 嘗過高城地할시 遭雨호야 入路傍一家호니 有儒士五六人호야 會飮賦詩어날 簡易은 以弊袍破笠으로 進拜席末호니 座中이 問曰: "君是何人고?" 曰: "生은 無文無武요 雲遊四方호야 將往江陵일시 避雨而入이라가 適値盛會호니 倘添餘호야 少潤飢腸이로라." 諸人이 把盃苦吟호며 謂簡易曰: "君能知此味乎?" 簡易이 佯爲遜辭, 曰: "若余鯫生이 安能知之리오? 未審諸公吟哦ㅣ有甚意味乎아?" 諸生曰: "此乃觸物起興이오 模寫風景이니 蓋詩中之活畫也ㅣ라." 一人이 誇其所作, 曰: "我之此句는 雖李靑蓮이라도 必讓一

頭ᄒᆞ리라."又一人曰: "我之此聯句ᄂᆞᆫ 實杜草堂이라도 所未發也ㅣ리라."又一人이 蹙眉曰: "吾詩ᄂᆞᆫ 恐折也ㅣ로다." 左右曰: "何謂오?" 曰: "觀夫木乎아? 至高則爲風所折ᄒᆞᄂᆞ니 吾詩甚高ᄒᆞ니 恐亦折也ㅣ니 是以憂之ᄒᆞ노라." 相與抵掌較其優劣ᄒᆞ며 因與簡易酒, 曰: "君雖不文이나 須以俚語作句ᄒᆞ야 以博一粲이 可乎ᄂᆞ져!" 簡易이 飮訖에 卽題曰: '書劍元來兩不成ᄒᆞ니 非文非武一狂生을. 他時에 若到京城問이면 酒肆兒童이 盡誦名을.' 諸生이 覽畢曰: "怪哉라! 君能作此詩ᄒᆞ니 不偶然이로다." 一人曰: "君到此地ᄒᆞ니 觀三日浦乎아?" 曰: "歷路에 暫見이로라." 曰: "旣涉名區면 必有題詠ᄒᆞ리니 願一聞之ᄒᆞ노라." 簡易曰: "雖無宿搆나 第當露拙ᄒᆞ리라." 因題曰: '晴峰六六歛螺蛾오 白鳥雙雙弄鏡波를. 三日仙遊ㅣ猶不再오 十洲佳處ㅣ始知多을.' 諸人이 大驚曰: "君非隱君子乎아?" 叩問姓名ᄒᆞᆫ대 乃告之ᄒᆞ니 諸人이 相顧下席羅拜ᄒᆞ다. 以能文으로 差奏請質正官ᄒᆞ야 再赴京師ᄒᆞ니 以宗系辨誣事也러라. 黃芝川廷彧이 贈詩曰: '萬里之行이 一可已오 五年于此再何堪가. 官仍質正亦推重이오 事是疑誣須熟諳을. 落筆文章은 妙天下오 當關虎豹은 許朝參을. 歸來寶曲昭星日에 看取聲名北斗南을.' 旣赴燕ᄒᆞ야 聞王弇州ㅣ文章이 獨步當世ᄒᆞ고 欲往結交ᄒᆞ야 屢進輒違ᄒᆞ고 第幾日에 始得謁ᄒᆞ니 弇州ㅣ時帶南司寇之職이라. 貌不踰中人이오 眼光이 如星ᄒᆞ며 築堂花園ᄒᆞ고 聚門徒ᄒᆞ야 以詩酒로 自娛라. 日飮五六斗不醉ᄒᆞ며 有求詩文者면 令侍婢로 吹彈而磨墨ᄒᆞ며 伸紙ᄒᆞ야 手自揮毫호ᄃᆡ 颯颯有聲ᄒᆞ야 如疾風驟雨ᄒᆞ고 又有十數吏ᄒᆞ야 抱公牒而至ᄒᆞ니 堆積如山ᄒᆞ야 左右迭奏ᄒᆞ면 弇州ᄂᆞᆫ 憑案揮塵ᄒᆞ고 題判이 如流ᄒᆞ야 左酬右應에 衆筆이 齊擧ᄒᆞ니 須臾雲空이오 繼有十餘少年ᄒᆞ야 各呈所課詩文과 或小品書種이면 弇州ㅣ硏朱點ᄒᆞ야 閱手不

停筆ᄒᆞ니, 簡易이 大驚ᄒᆞ야 問伏侍者曰: "老爺ㅣ往常如此否아?" 侍者ㅣ云: "今適少閒耳로라. 老爺ㅣ往日에 已得詩五六萬首ᄒᆞ야 著書千卷矣라." 簡易이 又問: "吾ㅣ嚮者에 連日趨造, 而每違奉은 何也오?" 侍者ㅣ曰: "老爺ㅣ家居ㅣ有五室ᄒᆞ니 中室은 處以夫人ᄒᆞ고 四室에 各置一妾ᄒᆞ고 其一室에 置儒家書籍ᄒᆞ야 有儒客至, 則見于其室ᄒᆞ야 討論儒書ᄒᆞ면 其室之妾이 備儒家之食ᄒᆞ야 待其客ᄒᆞ고 其一室에 置佛家書籍ᄒᆞ야 有釋客至, 則見于其室ᄒᆞ야 討論佛書ᄒᆞ면 其室之妾이 備釋家之食ᄒᆞ야 待其客ᄒᆞ고 其一室에 置詩家書籍ᄒᆞ야 有詩客至, 則見于其室ᄒᆞ야 討論詩家ᄒᆞ면 其室之妾이 備詩家之食ᄒᆞ야 待其客ᄒᆞ고 其一室에 置仙家書籍ᄒᆞ야 有道客至, 則見于其室ᄒᆞ야 討論道家ᄒᆞ면 其室之妾이 備道家之食ᄒᆞ야 待其客ᄒᆞ고, 各於賓主前에 置筆硯ᄒᆞ야 常以書辭로 往復ᄒᆞ며 未嘗以言語로 相接ᄒᆞ야 客去ᄒᆞ면 遂編以成書호ᄃᆡ 日日如此ᄒᆞ고 排日接客에 各隨其室ᄒᆞ며 若非其人非其室, 則不得見也ㅣ니라." 俄而總兵官이 爲其親ᄒᆞ야 求碑文ᄒᆞ니 其行狀이 成一大冊이라. 弇州ㅣ一覽에 掩其卷ᄒᆞ고 倩人秉筆而口呼之호ᄃᆡ 未嘗再閱其卷이라. 旣書訖에 參諸行狀ᄒᆞ니 其人一生履歷年月事蹟이 無一或差ᄒᆞ니 其聰明强記ㅣ又如此라. 其人이 以千里馬三匹과 文錦四十段과 白金三千兩으로 爲潤筆之資ᄒᆞ니 弇州擧, 而畀之於在傍一書生ᄒᆞ니 卽少時友而猶貧寒也ㅣ라. 簡易이 默然心死라가 袖出所著文, 請敎호ᄃᆡ 弇州曰: "有意於作者나 但讀書不多ᄒᆞ야 聞見이 未廣ᄒᆞ니 可歸讀昌黎文中「獲麟解」五百遍이면 當識作文蹊徑耳." 簡易이 大憝恨深ᄒᆞ야 諱見弇州一事, 而爲文이 務爲僻澁奇崛[9]者로 效李于麟ᄒᆞ니 于麟은 爲

---

9) 崛: 저본에는 '屈'로 나와 있으나 의미상 바로잡음.

弇州所畏故로 欲以此雄壓耳라.

 外史氏曰: "簡易文名이 盛鳴左海나 然이나 生於偏邦ㅎ야 聞見이 未廣ㅎ야 猝遇弇州之大門墻ㅎ니 便有望洋之嘆이라. 可謂觀於海者에 難爲水也ㅣ라. 弇州ㅣ常歎曰: '近來無文章ㅎ니 鳳凰南而梧桐이 秋矣라.' 又有詩曰: '心如老驥長千里이오 身似春蠶已再眠을.' 蓋亦歎衰世之意也ㅣ러라."

### 22. 朱使館中和詩韻

 車天輅의 字는 復元이오 號는 五山이니 文辭ㅣ 浩汗ㅎ며 詩尤雄奇ㅎ야 立就萬言에 滔滔不窮이오 其神速이 如古之七步八叉ㅎ야 無敢敵者라. 月沙李公이 以辨誣使로 朝天時從事를 極一代之選할 시 五山이 以文章으로 預焉ㅎ고 韓石峰濩은 以名筆노 從焉이라. 行至瀋陽ㅎ야 館于一家ㅎ니 其主人이 富擬素封이오 癖于書畵ㅎ야 以千金으로 粧彩屛八疊ㅎ고 錦繡爲餙ㅎ니 金彩奪眼이라. 邀天下第一名畵ㅎ야 倣王摩詰花鳥圖格ㅎ고 乃以紅碧兩桃에 鸚鵡一雙을 畵之ㅎ니 眞絶世之寶也ㅣ라. 方求天下文章與名筆ㅎ야 欲寫畵題而未得其人이라가 聞蜀中에 有二士ㅎ니 一文一筆로 俱擅名于世라 方資厚幣車馬往邀, 而姑未來矣라. 屛則深藏于家에 人或求玩이면 輒出示以誇之러라. 車及韓이 聞之ㅎ고 要一玩ㅎ니 主人이 許之라. 覽其屛ㅎ니 錦彩奇絢이오 畵亦神妙ㅎ야 曾所未覿요 花與鳥ㅣ 皆逼眞如活動ㅎ니 共歎賞良久에 不覺詩思ㅣ涌出ㅎ며 筆興이 勃起ㅎ야 技癢所使에 不得遏住라. 五山이 密謂石峯曰: "吾當呼題ㅎ리니 君可揮灑ㅎ라. 所謂蜀中文筆이 未知何如, 而苟非燕許鍾王之手法, 吾輩ㅣ 何遽不若이리오?" 遂瞰無人ㅎ야 磨墨濡毫ㅎ야 鳴吻鼓喉에 題一詩于畵屛, 曰: '一樣桃花色不同ㅎ니 難將此意問東

風을. 其間에 幸有能言鳥ᄒᆞ야 爲報深紅映淺紅을.' 石峯이 一揮而畢ᄒᆞ고 仍卽驅車ᄒᆞ야 向燕京ᄒᆞ다. 無何에 主人이 歸ᄒᆞ야 見其塗抹ᄒᆞ고 乃大駭而怒罵, 曰: "吾ㅣ 不惜千金ᄒᆞ고 粧此一屛ᄒᆞ야 方求天下第一詩與書畫ᄒᆞ야 爲傳家之寶러니 幸已得畵, 而詩筆則方待蜀士之來러니 何物東國人이 渠敢大膽ᄒᆞ야 唐突西施에 乘吾不在ᄒᆞ야 汚此至寶哉아?" 咄咄歎惜이러라. 少焉에 蜀之兩士ㅣ 來見ᄒᆞ니 他人이 已先着矣라. 熟視良久에 卽起賀曰: "此是天下文章與名筆也ㅣ라. 吾輩則風斯下矣ㅣ니 何敢當也ㅣ리오?" 還閣筆而退ᄒᆞ니 主人이 始知其文與筆이 爲第一等ᄒᆞ고 乃大喜ᄒᆞ야 厚備潤筆之資ᄒᆞ야 待車·韓兩人之回路ᄒᆞ야 拜謝不已ᄒᆞ고 贈遺頗多라. 自是로 五山·石峯이 名聞中國矣러라. 宣祖末年에 天使朱之蕃이 以頒詔로 來ᄒᆞ니 朱是江南才子로 雅有風致ᄒᆞ야 所到之處에 詞翰이 如流로 膾炙人口ᄒᆞ니 朝家ㅣ 極選儐使할ᄉᆡ 李月沙로 爲接伴ᄒᆞ고 李東岳으로 爲延慰ᄒᆞ며 其佐幕은 亦皆名家大手라. 沿路唱酬ᄒᆞ야 至平壤ᄒᆞ니 朱使ㅣ 臨夕ᄒᆞ야 下箕都懷古五言律詩百韻於儐館ᄒᆞ며 命趁曉和進ᄒᆞ니 月沙ㅣ 大會諸人議之ᄒᆞ니 咸曰: "時方短夜에 非一人所可畢이니 各就分韻製之ᄒᆞ야 合爲一篇이라야 庶可及乎ㅣ니이다." 月沙曰: "人各命意不同ᄒᆞ니 湊合에 豈成文理ㅣ리오? 不如專委一人이오 惟車復元이라야 可以當之라." 遂委之ᄒᆞᆫᄃᆡ 五山曰: "若有酒一盆 大屛一坐ᄒᆞ고 兼得韓景洪執筆이라야 庶可塞白이라."ᄒᆞ니 月沙ㅣ 命具之ᄒᆞ다. 遂設大屛於廳中ᄒᆞ고 五山이 痛飮數十鍾ᄒᆞ며 入坐屛內ᄒᆞ야 以鐵書鎭ᄒᆞ고 連叩書案ᄒᆞ야 皷動吟諷이러니 已而, 高聲大唱曰: "景洪이 書之ᄒᆞ라!" 秀句逸韻이 水湧山出ᄒᆞ야 絡續連呼ᄒᆞ며 石峯이 隨呼卽書러니, 少頃에 叫號震動ᄒᆞ며 跳盪踴躍ᄒᆞ야 赤膊鬖髮이 出沒於屛風之上ᄒᆞ야 迅鷹驚猿도 不足以喩其豪放, 而口吻之

唱이 如疾風驟雨ᄒᆞ야 雖以石峯之走筆로 猶未暇及ᄒᆞ야 夜未分而 百韻이 俱成ᄒᆞ고 五山이 大呼一聲에 醉倒屛中ᄒᆞ야 頹然一赤條條 身也ㅣ라. 諸公이 聚首一覽ᄒᆞ고 莫不奇快러라. 未曉而進呈ᄒᆞ니 天 使ㅣ卽起ᄒᆞ야 秉燭讀之할ᄉᆡ 讀未半而鼓扇擊節ᄒᆞ니 扇爲盡碎ᄒᆞ고 高朗讀에 聲出於外러라. 明朝에 對儐使ᄒᆞ야 讚嘆嘖嘖이러라. 後에 五山이 適往公州ᄒᆞ니 東岳이 時爲道伯ᄒᆞ야 文酒ㅣ淋漓抵夕ᄒᆞ고 館五山於別堂ᄒᆞ며 令妓松月로 就枕於醉中ᄒᆞ야 翌日에 會妓十餘 ᄒᆞ고 問所狎ᄒᆞᆫ디 五山이 不知其面ᄒᆞ고 索箋一詩, 曰: '燕透疎簾醉 不知ᄒᆞ니 滿庭松月이 影參差라. 朝雲이 不入襄王夢ᄒᆞ니 十二巫山 을 望更疑라.'

　外史氏曰: "五山之詩ㅣ 如長江千里에 衝颷激浪ᄒᆞ야 句多驚人 ᄒᆞ니 可謂當世之善鳴者, 而天若和其聲하야 以鳴國家之盛, 則當 爲郊廟朝廷之用ᄒᆞ야 賁飾笙鏞, 而惟其甘于沉冥에 時或放歌浩吟 ᄒᆞ야 舒其悒鬱不平之氣ᄒᆞ며 倣古人之一斗百篇ᄒᆞ니 其亦詩酒傲世 之流歟ᆫ져!"


### 23. 逢異才弄筆玩技

　安平大君瑢의 字ᄂᆞᆫ 淸之니 號를 匪懈堂이라. 世宗第三子ㅣ니 公 이 好學ᄒᆞ며 尤長於詩文ᄒᆞ고 書法이 奇絶ᄒᆞ야 爲當世第一이오, 又 善圖畵琴棋之技ᄒᆞ고 性又好古探勝ᄒᆞ야 作武夷精舍于北門外ᄒᆞ고 又臨南湖ᄒᆞ야 作淡淡亭ᄒᆞ고 藏書萬卷ᄒᆞ며 招聚文士ᄒᆞ야 或乘月泛 舟ᄒᆞ며 或張燈夜話ᄒᆞ야 酬唱詩句ᄒᆞ며 博奕絲竹으로 崇飮醉謔ᄒᆞ니 一時名儒ㅣ 無不締結이오 無賴閑雜之人이 亦多歸之러라. 常令人 으로 織細綃ᄒᆞ야 揮灑眞草亂行, 而人有求者면 卽擧與之ᄒᆞ다.『圓 嶠筆訣』에 曰: "安平筆法이 秀媚可愛요 才氣最優ᄒᆞ야 專用子昻

法, 而眩耀一世云이라." 公이 嘗閑坐할시 有客剝啄이어날 命延入 ᄒᆞ니 乃布衣寒士ㅣ니 曰: "崔生이라." 問: "緣何來訪고?" 對曰: "聞 公筆名은 如雷灌耳라 竊願識荊이오 要玩弄筆이로소이다." 公이 取 篋間書片, 以示之ᄒᆞᆫ디 生曰: "公之墨跡을 曾已熟覽이오 願見運筆 之手法ᄒᆞ나이다." 公이 磨墨伸紙ᄒᆞ야 揮灑數三幅ᄒᆞ니 生曰: "不意 此世에 復見鍾王이라 獲此一玩ᄒᆞ니 幸遂宿願이로소이다." 公曰: "君이 要見余筆, 則必解書法이니 試爲我寫一紙ᄒᆞ라." 生이 一揮而 就ᄒᆞ니 珠聯瓊綴이며 鸞翔鳳翥라. 公이 驚歎暗揣曰: "此是神筆이 라 世有如許異才, 而寂無聲聞ᄒᆞ니 必隱淪也ㅣ로다." 仍謂生曰: "君之筆法이 透妙奪造, 而尙未聞名ᄒᆞ니 余甚惑焉이로라." 生曰: "生이 早學寫字ᄒᆞ야 粗解調格이라. 每自語曰: '安平大君이 王室貴 公子로 筆名이 動一世ᄒᆞ니 若以余筆노 出世면 恐或驪珠之先獲이 니 顧以鯫生이 何敢唐突西施리오?' 遂自誓ᄒᆞ야 以不復把筆이라가 今奉勤敎ᄒᆞ야 不得已破戒矣로소이다." 公이 窅然自喪曰: "君之所 書를 當爲傳家寶藏ᄒᆞ리니 幸暫留我家ᄒᆞ야 以妙訣노 敎我焉ᄒᆞ라." 生曰: "生有迷執ᄒᆞ야 不可久留朱朱門이요 又不欲手跡으로 示人이 라."ᄒᆞ며 遂裂破其書紙ᄒᆞ고 拂袖而起ᄒᆞ니 公이 愕然曰: "何必乃爾 리오? 君은 從此時時來訪이 甚好로다." 崔生이 辭去ᄒᆞ야 仍無聲息 이러라. 是時에 平壤에 有一妓ᄒᆞ니 姿色技藝ㅣ 冠絶當世ᄒᆞ야 關西 少年이 所籍以代花月者也ㅣ라. 年過二八에 尙未破瓜ᄒᆞ고 常曰: "苟有適吾意者ㅣ면 吾ㅣ當如楊家執拂妓요 不然則守此臂紅ᄒᆞ야 老死女로 校書而已라."ᄒᆞ니 方伯·守宰·使星之過浿者ㅣ 一見此娥 면 輒迷魂傾心ᄒᆞ야 咸欲襯其薌澤, 而誘以勢利ᄒᆞ며 怵以禍福, 而 一辭違拒에 萬牛難回라 由是로 名益藉러라. 安平이 聞而奇之ᄒᆞ야 心獨語曰: "此妓眼眶中에 雖無男子, 而看吾風采才藝면 不多讓於

古之分曹御事, 則何物紫雲이 能不入吾懷中이리오? 且壓頭群英이 獨占名花ㅣ 豈非風流美事耶아?"乃請于朝曰: "關西에 樓臺江山이 自是勝區라 臣이 竊擬一往遊覽ᄒ노니 乞賜數旬休暇ᄒ소셔." 上이 特許之ᄒ고 遂飾道伯ᄒ야 善爲東道主人ᄒ다. 大君이 將倣裝登程할신 崔生이 忽來謁이어날 公曰: "何久疎絶고?" 對曰: "窮生賤蹤이 何敢煩到貴門이리잇가? 今聞公이 將作西遊ᄒ시니 生亦有一見練光之願ᄒ니 請附驥ᄒ나이다." 公이 喜曰: "君之騎率盤纏은 吾當措辦ᄒ리니 君은 來以單身ᄒ야 行則聯轡好矣니라." 生曰: "措大素慣步屨ᄒ니 何必貽弊行李리잇가? 發程日에 當躡後塵ᄒ야 到夕店入謁矣리이다." 生이 旣到浿上ᄒ야 獨處於大同門前店舍ᄒ니 此時에 關西伯이 盛張威儀ᄒ고 迎安平於境上ᄒ야 極意供奉ᄒ며 設大宴于練光亭할신 列倅ㅣ 雲集ᄒ며 衆樂이 喧天ᄒ니 肆設之華美와 珍錯之豊腴와 珠翠之繁麗를 不暇殫記라. 崔生이 以弊袍破笠으로 進坐末席ᄒ니 傍觀이 皆瞠若이라. 大君이 據案支枕ᄒ고 掀髥談笑ᄒ니 儀表ㅣ 動盪ᄒ며 文彩映發ᄒ니 可稱仙風道骨이오 粉白黛綠之爭研, 取憐ㅣ羅左右, 而公이 一無顧眄ᄒ고 特令某妓로 進前ᄒ야 問其年紀ᄒ디 對曰: "虛送十七光陰矣로소이다." 艷冶特異ᄒ며 光彩射人이라. 公이 含笑凝睇ᄒ야 使之鼓琴ᄒ디 妓ㅣ 抽纖蔥按瑤徽ᄒ야 鼓一再行에 但低鬢嚬蛾ㅣ 嬌愁滿面이오 不肯一番回眸ᄒ니 滿座ㅣ 都無興趣라. 崔生이 使侍童으로 取來妓ㅣ 所按綠綺ᄒ야 置膝上ᄒ고 方調絃諧律ᄒ니 妓ㅣ 暫轉秋波ᄒ고 遽移蓮步ᄒ야 來坐崔生之側, 曰: "請公은 彈一曲ᄒ면 賤妾은 當以歌和之호리이다." 生이 乃促軫發弄ᄒ야 由求鳳而轉水仙ᄒ니 鳥舞魚躍은 不足以喩其神妙라. 妓斂袵而前, 曰: "願聞公歌一関이오 妾當以琴和曲호리이다." 生이 又轉喉微ᄒ니 響入淸霄ᄒ야 曉喨遏雲ᄒ니 未必專美於古

라. 蓋琴韻歌聲이 俱是千載絶調어늘 四座ㅣ聳聽動色이라. 妓ㅣ 不計座上之猜疑호고 只將雙眸호야 注在崔生身邊이라. 大君이 頗憮然호고 滿座ㅣ無一言이라. 生이 覸此光景호고 稱病先起호되 座中이 亦不挽留러라. 生이 纔下樓에 妓忽狂叫欲死호야 告于大君曰: "賤人이 侍此盛宴하야 先爲告退, 罪合萬死, 而第素患胸腹痛이러니 猝地發作호야 實難按住호니 敢乞退歸로소이다." 大君이 去益敗興이오 挽亦無味라 乃曰: "諾다." 密令傔從으로 探其去處, 則妓卽向店舍호야 尋崔生所住호야 叩門入去호니 生이 驚曰: "爾何不待罷宴호고 經先退出乎아?" 妓曰: "妾有區區訴懷호야 不嫌行路之多畏호고 猥效冶金之自躍이라. 妾이 敎坊入籍이 已多年所, 而尙未經人者는 願逢才藝絶類之君子호야 托以絲蘿에 終身仰望호며 惟此心이 矢靡他故로 公侯貴价之要妾薦枕이 非止一二, 而抵死牢拒러니 今幸天借好便호야 得逢君子호니 寤寐之志願을 可諧라. 願自今으로 奉巾櫛호야 以度平生호나이다." 生曰: "余亦男子로 邂逅美人호니 豈或無情, 而但大君西遊之意는 不可孤也ㅣ라. 爾若一向泄泄, 則玉珂之無色은 姑捨호고 顧余陋質노 獨接芳姿ㅣ 安知無碧玉綠珠之禍ㅣ不旋踵而及此乎아? 初欲留宿於此店이러니 今則事勢不得不還發矣로다." 說罷에 快然起身호니 妓ㅣ挽袖涕泣, 曰: "公若不從妾願, 則妾當捐軀호야 以明寸心之如丹이오 東海明沙와 西華黍壘에 此恨이 糾纏에 寧有盡耶아?" 生曰: "余亦有所執義諦호니 豈可因一女兒而條變株守乎아? 汝之以死自期는 其情이 可憫而實無奈何矣라." 仍拂袖出去호니 妓乃跣足追呼, 曰: "願脫下一衫호야 遺妾, 則妾當以此로 作替面慰懷之資호야 庶不至於遽捐縷命矣로소이다." 生曰: "吾是貧士라 只此着身單衣니 豈有遺汝之副件乎아?" 直走到浿호야 登船促櫓而去호니 妓ㅣ追到江邊호야 哀哭良

久에 可憐一顆明珠ㅣ 奄歸魚服之葬이라. 大君이 聞此ᄒᆞ고 驚愕嗟歎ᄒᆞ고 遂卽上洛ᄒᆞ다. 其後에 不知崔生之下落이라가 一日은 路上에 遇布衣ᄒᆞ니 若曾相識者라 諦視之ᄒᆞ니 乃生也ㅣ라. 下車執手, 曰: "何玉音之云遐오?" 對曰: "賤人蹤跡이 自然如此로소이다." 公曰: "暫同歸吾家ᄒᆞ야 信宿談話何如오?" 生曰: "賤居距此不遠ᄒᆞ니 猥屈高車ㅣ 極知悚仄, 而請屛騶從ᄒᆞ고 偕往敍悟ᄒᆞ야 使蓬蓽生輝ㅣ 不害爲美事盛意云何잇가?" 公이 欣然從之ᄒᆞ야 卽與崔生으로 徒步ᄒᆞ야 轉入北山下深巷, 則數間茅屋에 秋隱荒陋ᄒᆞ야 不堪舒膝이라. 公이 頗有厭色이어늘 生曰: "貴人坐處ㅣ 此甚不合이오 家後에 有小園ᄒᆞ니 請移步就坐ㅣ니이다." 仍推北窓ᄒᆞ고 乍轉曲徑ᄒᆞ니 果有一大園亭ᄒᆞ야 粉垣繚繞ᄒᆞ고 花木이 蔥蒨ᄒᆞ며 層樓曲檻이오 紋窓繡壁이 透迤輝映ᄒᆞ며 荷塘石山과 松壇翠屛이 參差布列ᄒᆞ니 卽一別界요 非人世所見也ㅣ라. 少頃에 紅粧一隊ㅣ 捧進盃盤ᄒᆞ니 珍羞之勝과 絲管之盛이 無非眩人耳目이라. 竟夜談讌ᄒᆞᆯᄉᆡ 公이 從容問曰: "向來浿上事ᄂᆞᆫ 君何薄情之太甚고?" 生曰: "此非適然之擧라 甞觀天象ᄒᆞ니 關西에 有妖氣라. 是知尤物이 易致禍人國故로 不得已以計除去矣로소이다." 公曰: "君之入神之才와 濟世之志ᄂᆞᆫ 不勝欽歎이오 第因女謁ᄒᆞ야 釀奇禍ㅣ 從古何限이리오? 褒·妲은 尙矣라 如麗太眞之時에 豈無一人炳幾折萌, 而使玉樹霓裳으로 終成廣階乎아? 是未可知也로다." 生曰: "此係時運不齊耳라 縱有人, 而其於天命에 何오?" 公曰: "君抱王佐之才ᄒᆞ야 虛老草澤이 誠可惜이니 吾當薦於朝矣리라." 生이 怫然曰: "公何藐視余오? 余ㅣ 豈緣公ᄒᆞ야 媒終南捷徑者乎아!" 公이 謝曰: "前言이 戱耳라." 相與醉睡라가 至天明에 始覺, 則園林樓臺與崔生이 不知去處오 卽昨初到之蓬廬에 鋪弊茵枕塊木ᄒᆞ야 兀然獨臥而已라. 俄而騶從이 喧鬨尋大君至

此라. 公이 茫然自失ᄒᆞ야 登車歸家ᄒᆞ고 自此로 崔生은 永無影響ᄒᆞ니 此ᄂᆞᆫ 眞所謂隱淪者耶아!

外史氏曰: "古之抱異才者ㅣ 皆韜影晦跡ᄒᆞ며 其出而需世면 必做掀天事業ᄒᆞ니 太公武侯ㅣ 是已라. 崔生之因一女子事, 而遽爾脫穎은 何者오? 抑或以安平之恃才傲世로 挫其氣耶아? 朱子曰: '眞正大英雄人은 却從戰兢臨履處出來라.'ᄒᆞ니 旨哉라 斯言이여! 可作逞才氣者之頂門一針也로다."

### 24. 贊大業因畵托契

金文忠公瑬의 字ᄂᆞᆫ 冠玉이오 號를 北渚니 順天人也라. 以癸亥靖社元勳으로 昇平府院君, 官至領相ᄒᆞ고 配享仁祖廟庭ᄒᆞ다. 公의 天姿ㅣ 豪邁ᄒᆞ고 器局이 峻整ᄒᆞ며 又善文章嗜書畵ᄒᆞ며 尤癖於繪素ᄒᆞ야 雖不手執鉛筆, 而見人有奇畵면 必懇求得之러라. 少時에 遊白沙李相公明下할시 公이 知其爲大器ᄒᆞ고 常厚遇之, 曰: "此子ㅣ 當有擎天捧日之功이라."ᄒᆞ다. 及白沙北謫時ᄒᆞ야 金公이 拜餞于東城外ᄒᆞ니 白沙ㅣ 携公ᄒᆞ고 夜至逆旅ᄒᆞ야 聯枕而宿ᄒᆞ며 謂公曰: "吾則不久於世ᄒᆞ야 未及見更化之日이니 君當遠到ᄒᆞ야 幸努力焉ᄒᆞ라." 密托以匡世之意ᄒᆞ며 乃出一張畵ᄒᆞ야 付公曰: "此畵ㅣ 先王이 賜賤臣者也ㅣ라. 莫審聖意所在, 而畵格을 雖未嫻熟이나 亦奇貴ᄒᆞ니 君可收置ᄒᆞ고 第尋所寫之人이 可也ㅣ니라." 公이 見其畵ᄒᆞ니 乃一畵馬, 而手法이 異於畵師요 亦莫知其所以ᄒᆞ야 歸貼壁上이라. 仁廟在邸時에 適出이라가 遇急雨ᄒᆞ야 入道傍舍門內避雨러니 俄而오 一叉鬟이 出告曰: "未知何客而雨不止ᄒᆞ니 不可久立于門前이니 願暫住外軒ᄒᆞ소셔." 仁廟問: "汝家主人이 爲誰며 方在第未아?" 叉鬟曰: "主人이 出他未還이니이다." 仁廟辭以無主之室에 何可入坐

|리오? 叉鬟이 入去라가 旋復出來ᄒᆞ야 屢以內意로 固請不已어날 仁廟嘉其誠意ᄒᆞ야 不得已入座廳上이러니 少焉에 主人이 來ᄒᆞ니 卽金公也|라. 初未相識ᄒᆞ니 仁廟|具道避雨之故ᄒᆞᄃᆡ 主人이 迎接入室이라. 仁廟|見壁上에 有畵馬어날 諦視之ᄒᆞ니 乃兒時所畵也|라. 蓋宣廟末年에 詔諸孫ᄒᆞ샤 或書或畵ᄒᆞ시니 仁廟|兒時畵馬ᄒᆞ고 宣廟|以其畵로 賜白沙也|라. 仁廟|心怪之ᄒᆞ야 問其畵所由來ᄒᆞ니 主人曰: "何以問之오?" 仁廟|曰: "此ᄂᆞᆫ 吾兒時所畵也|라." 俄而自內로 大供具以進ᄒᆞ니 金公이 心竊訝之라가 仁廟回駕後入內ᄒᆞ야 問夫人ᄒᆞᄃᆡ 夫人曰: "夜夢大駕臨門ᄒᆞ니 覺而異之라가 午間에 兒婢傳言曰: '官人이 避雨入門이라.'ᄒᆞ니 吾|窺之, 則顔貌|如夢中所見故로 極力待之로라." 公이 自此로 密往托契ᄒᆞ야 遂成中興之策ᄒᆞ고 仁廟|亦托以心膂ᄒᆞ야 以圖大事ᄒᆞ다. 始에 公이 以不參廷請으로 大爲奸黨의 所搆라. 與申相景禛으로 出萬死爲宗社計할시 李公이 貴ᄒᆞ니 諸人이 合推公ᄒᆞ야 爲盟主ᄒᆞ다. 仁廟|親至其第ᄒᆞ야 行主客禮ᄒᆞ고 公之稱上은 用關張故事라. 申相이 嘗至公家ᄒᆞ야 適從容이어날 請受書ᄒᆞ니 卽出『史略』이라. 讀至伊尹이 放太甲ᄒᆞ야ᄂᆞᆫ 廢書嘆曰: "以臣放君이 其可乎아?" 公曰: "太甲이 顚覆湯之典刑ᄒᆞ니 不亦宜乎아?" 申相曰: "今時則何如오?" 曰: "古與今이 何殊리오?" 申相이 泣曰: "天下에 安有無母之國이리오? 吾不忍坐視顚隮로라." 公曰: "是ᄂᆞᆫ 吾志也|로라." 因問曰: "屬意何在오?" 申相曰: "綾陽君은 卽宣廟親孫이오 聰明神武ᄒᆞ니 殆天授也|라." 快遂決ᄒᆞ다. 公이 外補平山府使時에 自平山으로 抵松京一路에 惡虎|噉人ᄒᆞ야 撥路|將絶ᄒᆞ니 公이 辭朝之日에 光海有盡力捉虎之語라. 公이 到任後에 廣施機弩ᄒᆞ야 連捉大虎ᄒᆞ야 使軍官으로 轝進闕下ᄒᆞ니 光海見之大悅이라. 公이 又馳啓曰: "獵虎를 必於畿黃之

境이오 虎若逃走他地면 不敢越境追逐ᄒᆞ니 雖聚大軍이라도 每不免 中途而罷ᄒᆞ니 請於逐虎之地에 隨其所向ᄒᆞ야 不限境界ᄒᆞ야지이 다." 光海ㅣ許之ᄒᆞ고 諭松京長湍與平山이 合力逐虎ᄒᆞ니 公이 因此 로 盡發屬邑兵ᄒᆞ야 以獵虎로 聚軍于興義洞ᄒᆞ다. 與長湍府使李曙 로 將合勢擧事할시 因柳天機告變ᄒᆞ야 禍將不測이러니 幸賴左右之 宣力ᄒᆞ야 止於罷職이라. 時에 公이 聞有人上變ᄒᆞ고 欲坐待拿命이 러니 沈器遠이 與元斗杓로 馳到其家ᄒᆞ야 謂曰: "期會時刻이 已迫 이어날 何其堅坐不動乎아?" 公曰: "欲待拿命耳라." 兩人曰: "顧將 束手就拿耶아? 到此地頭ᄒᆞ야 拿命을 何足恤이며 金吾郞을 何足畏 哉아?" 公이 然之ᄒᆞ고 促鞴馬具戎服ᄒᆞ고 行到弘濟院ᄒᆞ니 器遠之 兵이 已齊到矣라. 設大將座ᄒᆞ고 扶公上坐ᄒᆞ니 公이 欲點兵而行ᄒᆞ 디 器遠等이 皆云: "天將曙矣ㅣ니 請分所領將ᄒᆞ야 各率其軍, 而進 薄彰義門ᄒᆞ라." 宣傳官이 以光海命으로 來察門鎖할시 前軍이 擊斬 之ᄒᆞ고 入城鼓噪而進ᄒᆞ야 直到昌德宮門外ᄒᆞ니 訓將李興立이 退 陣把子橋, 而不爲交鋒ᄒᆞ니 以有內應之約也ㅣ라. 諸軍이 斧破敦化 門以入ᄒᆞ야 積柴放火ᄒᆞ니 滿城이 通明이라. 蓋擧義之人이 告其家 人曰: "宮中에 火不起어든 皆可自殺云故로 放火報之也ㅣ라." 光海 大驚駭ᄒᆞ야 謂內侍曰: "易姓則必先火宗廟요 廢立則宗廟ㅣ當安寧 ᄒᆞ리니 汝試登高望之ᄒᆞ라." 時에 軍士ㅣ放火於含春苑이어날 內侍 ㅣ錯認, 而告以宗廟에 有火ᄒᆞ니 光海ㅣ喟然歎曰: "李氏宗廟ㅣ至 我而滅矣라!" 遂與內侍로 踰垣而走ᄒᆞ다. 仁廟ㅣ坐于敦化門內ᄒᆞ니 入直臣僚ㅣ皆顚倒拜賀ᄒᆞ디 獨都承旨에 李德泂이 不肯拜어날 軍 人이 擁呵之ᄒᆞ니 德泂이 據地呼曰: "人臣이 何得不知誰爲主而遽 拜乎아?" 左右曰: "綾陽君이 奉大妃反正이니라." 德泂이 遂涕泣拜 謝曰: "願上은 活舊主ᄒᆞ소셔!" 嗚咽不能成聲이라. 他日에 仁廟ㅣ敎

曰: "李德泂之忠義는 予於擧義日에 知之로라." 校理에 尹知敬이 奔入大內ᄒᆞ야 尋主不見이라. 仍達中宮柳氏之所ᄒᆞ야 伏地請曰: "願付世子ᄒᆞ샤 潛出圖事호리이다." 倉卒에 爲人所捕以至ᄒᆞ야 亦植立不拜어날 喩以擧義之由, 則曰: "然則何以燒宮室고?" 曰: "軍卒이 失火之致요 非故放也ㅣ니라." 又問: "前主ᄂᆞᆫ 何以處之오?" 曰: "待以不死ㅣ니라." 遂行拜禮하다. 是日에 以金公으로 爲兵判ᄒᆞ고 命將兵之人ᄒᆞ야 皆屬焉ᄒᆞ고 不受節制者ᄂᆞᆫ 令先斬後聞ᄒᆞ다. 時에 仁穆大妃를 幽於西宮이라 李時昉이 啓請往西宮問安ᄒᆞ니 上이 命金自點偕往ᄒᆞ고 卽招內官ᄒᆞ야 啓以反正之意ᄒᆞᆫᄃᆡ 大妃敎曰: "十年幽閉에 無人來問이러니 爾是何人이완ᄃᆡ 乃於夜半에 無承史而直啓乎?" 公主ᄂᆞᆫ 已死ᄒᆞ야 埋于墻下矣로라. 蓋大妃疑其又奪出公主ᄒᆞ야 如永昌事而然也러라. 自點等이 招承旨屢啓, 而終無下答이라. 上이 乃命金公往ᄒᆞ니 公이 痛哭於宮門ᄒᆞ고 陳啓事情ᄒᆞ야 請奉往ᄒᆞ니 大妃震怒ᄒᆞ야 敎曰: "孰爲此擧而乃陳請奉往耶아?" 承旨洪鳳瑞ㅣ 以問安來啓ᄒᆞᆫᄃᆡ 大妃敎曰: "承旨ᄂᆞᆫ 以誰命으로 使於予乎아? 然則已爲自立이니 招予何爲오?" 公이 權辭對曰: "稱爲大將ᄒᆞ니 豈有自立之理乎잇가? 所謂承旨ᄂᆞᆫ 乃前承旨也ㅣ니이다." 大妃又敎曰: "罪人父子와 爾瞻父子及諸黨與를 並梟示然後에 當出宮ᄒᆞ리라." 公이 對曰: "罪人父子ᄂᆞᆫ 旣已君臨ᄒᆞ니 不可輕易處之요 爾瞻黨與ᄂᆞᆫ 放發軍捕捉來, 則當稟旨以處矣로소이다." 大妃爲問安延興夫人ᄒᆞ야 命送承旨ᄒᆞ니 公이 以來及策立之前에 不得遣承旨之意로 屢度陳啓, 而不爲解怒ᄒᆞ고 多下未安之敎라. 公이 不得已ᄒᆞ야 稟上請親來面達ᄒᆞ니 上이 備法駕ᄒᆞ고 親幸西宮ᄒᆞ야 伏地請罪ᄒᆞᆫᄃᆡ 大妃ㅣ 猶不解怒ᄒᆞ고 又促入傳國寶ᄒᆞ니 公이 對曰: "此是聖寶를 女主ㅣ 將安用乎아? 臣頭ᄂᆞᆫ 可斷이언뎡 璽寶ᄂᆞᆫ 不可入이로소이다." 大

妃出立內庭호고 使侍女로 傳語曰: "大將이 何以疑予乎아? 予ㅣ有 親子乎아? 促納璽寶는 欲重國體也로다." 公曰: "誠如慈敎, 則出御 正殿호사 策立主上, 而招大臣傳寶ㅣ 可也어날 何必經入璽寶乎잇 가?" 如是相持之際에 上이 命承旨호야 奉入大寶, 則又令幷入啓字 호니 時에 上이 伏庭下良久라. 大妃命大臣·都承旨호야 奉上入來 호고 徐以璽寶授之, 曰: "好爲之호라." 遂行策立之禮호다. 是日에 光海與嬖姬邊氏로 潛逃호야 至其所親宮任安國信家호야 乃着國 信喪中所着之白狗皮耳掩과 生布袍·麻帶·繩鞋로 將轉往何處라가 爲人所告호야 遂擁來호니 大妃敎曰: "見廢主라야 方知汝等事라." 遂以光海로 進謁호야 入伏于庭호니 大妃面責호고 數三十六罪호야 必欲殺之호디 仁廟ㅣ極力諫止라. 廢主坐闕門外호야 低頭無語어 날 有勳臣之弟호야 以慢語로 戱侮之호니 見者ㅣ憤惋, 而畏其勢焰 호야 不敢呵止러니 後에 其人이 以他事로 被極刑호다. 延興夫人이 謫濟州十餘年에 一日은 有鵲飛到簷前호야 語査査不已라, 夫人이 歎曰: "家破人亡에 有何喜事오?" 蓋鵲은 非海島所有호니 人皆異 之러라. 俄傳承旨爲迎夫人호야 來泊朝天館이라. 船發海南時에 有 鵲飛坐檣竿이러니 將近津頭호야 忽南翔而先使者報喜云이라.

　外史氏曰: "天欲榮懷我邦에 不可無撥亂之擧요 此ㅣ何等大事에 不可無異兆之預告라. 白沙之臨別에 付托과 昇平之因畵托契와 夫 人之感夢供具ㅣ皆偶然이오 卽天與而神祐也ㅣ라. 蓋二公之鑑識 才智로 辦出一大事業호야 掀天功名이 垂耀竹帛에 炳烺靑史호니 豈無所以而然哉리오?"

## 25. 貽彤管老翁授訣

　韓濩의 字는 景洪이오 號는 石峯이라. 生於松都호니 日者曰: "玉

兎生東ᄒᆞ니 高洛陽之紙價라."ᄒᆞ다. 自幼習書ᄒᆞ야 未嘗或廢러니 夢에 王右君ㅣ 授以所書者ㅣ再라 自此로 若有神助러라. 中年에 自以爲筆已熟之ᄒᆞ야 一日은 路過鍾閣할ᄉᆡ 有一人到市樓下ᄒᆞ야 呼請買油ᄒᆞ니 樓上人이 應之曰:"汝ㅣ持器, 而立於樓下ᄒᆞ면 吾ㅣ當以從上注之ᄒᆞ리라." 遂俯注於小甁口호ᄃᆡ 無一點之差ᄒᆞ니 石峯이 見之, 嘆曰:"吾筆이 雖熟이나 未至於是境也라." 歸而益習ᄒᆞ야 卒成名筆이러라. 適閑坐러니 一小童이 爲賣筆而來ᄒᆞ니 容止端秀ᄒᆞ며 頭髮이 鬅鬆ᄒᆞ니 頗可愛ᄒᆞ야 問:"汝是何人고?" 對曰:"早孤無依ᄒᆞ야 賣筆資生이로소이다." 石峯曰:"汝旣無依, 則住吾家供奉筆硯이 何[10)]오?" 童曰:"當如命호리이다." 留月餘에 爲人이 詳敏穎悟ᄒᆞ니 石峯이 甚奇라. 無何에 將作楓岳之行할ᄉᆡ 童請隨之어날 遂偕入山中ᄒᆞ야 至九龍淵ᄒᆞ니 同行一人이 失足ᄒᆞ야 誤墜於淵ᄒᆞ니 人이 驚遑罔措어날 童曰:"無憂焉ᄒᆞ소셔!" 乃脫衣入淵中ᄒᆞ야 手援而拯出ᄒᆞ고 還復着衣而坐ᄒᆞ니 擧止雍容ᄒᆞ며 顔色이 泰然ᄒᆞ니 人皆異之러라. 及回程할ᄉᆡ 過一山隈ᄒᆞ야 童曰:"踰此崗이면 更有素親人家ᄒᆞ야 林居ㅣ頗精灑ᄒᆞ니 願公은 暫入歇脚而去ᄒᆞ소셔." 石峯이 從之ᄒᆞ야 乃隨童而往ᄒᆞ니 由峽間轉邃櫢ᄒᆞ야 行過幾里에 猶前進不休라. 石峯이 懆甚始悔之ᄒᆞ야 乃曰:"爾欺我乎아? 踰一崗云者ㅣ何其遠也오?" 童曰:"已至咫尺耳라." 更過幾曲灣이면 有一洞ᄒᆞ니 兩麓坡坨에 傍引中地ᄒᆞ야 平廣數畝오 淸溪白石이 屈折而出ᄒᆞ고 丹崖翠壁이 林立環擁ᄒᆞ며 蒼藤茂樹ㅣ 按衍迤靡ᄒᆞ야 使人心目으로 曠然以舒ᄒᆞ고 窈然以深ᄒᆞ며 沿溪行數百武에 卽見竹籬茅屋과 柳塘花塢ㅣ 參差舖列ᄒᆞ고 有一新搆草堂ᄒᆞ니 翼然飛革에 闃若無人

---

10) 何: 저본에는 '何何'로 나와 있으나 의미상 바로잡음.

이라. 忽聞棋聲丁丁ㅎ야 自堂上來어날 遂入其室ㅎ니 二老翁이 方對紋楸而坐라가 見客笑迎, 曰: "待子久矣로다! 吾亭이 適成에 將揭楣扁, 而山中에 無可弄筆者라. 聞君書藝臻妙ㅎ고 頃囑彼童ㅎ야 奉邀至此ㅎ니, 極知唐突, 而幸爲我ㅎ야 暫揮灑也ㅎ라." 石峯曰: "拙筆이 敢累仙居ㅣ리오? 而旣奉勤敎ㅎ니 第當露醜호리라."ㅎ고 遂操筆立就ㅎ니 老翁이 甚喜曰: "草堂이 自此生顔色이라."ㅎ고 乃具鷄黍淪茗ㅎ고 以供之ㅎ니 茗香이 異常이라. 石峯이 以歸程甚忙으로 請告退ㅎ디 老翁曰: "君之筆法이 優可以顯名當世, 而但不知鍾王畫法習工이 猶未到極處而然矣요 楊蓬萊之字體, 遒健橫逸, 能侔造化者ㅣ 以其專習晉唐也ㅣ니 亦今世難得之人耳라. 吾將彤管二枚ㅎ야 作潤筆之資ㅎ노니 君可益加工力이면 當無敵於東國矣리라." 石峯이 受筆視之ㅎ니 毫黑而細어날 疑是鼠鬚之類也ㅣ라. 遂出山路ㅎ니 有一獐過前이어날 童이 逐獐入麥壟中ㅎ야 久不還ㅎ니 一行이 苦待之로디 竟無影響이오 回顧洞口ㅎ니 但見黃雲이 掩翳ㅎ며 蒼烟이 籠罩ㅎ야 便如桃原之莫辨이라 嗟歎歸家러라. 抽其筆習字ㅣ 若有神助ㅎ야 事半功倍요 筆名이 大噪於世ㅎ야 嘗隨朝天使赴京ㅎ니 一閣老ㅣ 以烏雲錦緞으로 作大簇障ㅎ고 集天下善書者ㅎ야 將賁飾之할시 石峯이 亦往焉이라. 掛其障於中堂ㅎ니 絢彩動輝ㅎ야 令人奪眼이라. 解玉筍赤兎毫ㅎ야 沈於琉黃椀泥金之中ㅎ고 以筆名者數十人으로 環坐相顧ㅎ야 莫之敢進이라. 石峯이 筆興이 勃發ㅎ야 不可按住라 乃急起ㅎ야 執筆ㅎ야 蘸濡泥金之中ㅎ고 忽揚筆濺之ㅎ니 灑落滿障이어날 觀者大駭ㅎ고 主人이 大怒ㅎ야 罵之ㅎ니 石峯曰: "無憂焉ㅎ라! 吾亦劣이나 有筆名이라." 乃握簡起立ㅎ야 奮迅揮灑ㅎ니 眞草ㅣ 相雜ㅎ야 極其意態라. 灑落金泥ㅣ 皆在點畫之中ㅎ야 無一痕汚ㅎ니 神妙奇絶를 不可名狀이라. 滿堂

觀者ㅣ 莫不驚奇嘆賞ㅎ니 主人이 始大喜ㅎ야 設宴款待ㅎ고 厚以贈遺ㅎ니 由是로 石峯之名이 尤振於中州러라.

外史氏曰:"書爲六藝之一, 而『周禮』에 保氏以六書로 敎國子ㅎ니 其所由來ㅣ 遠, 而功用이 博矣라 人可不肆力哉아? 但有才分之高下라. 『圓嶠筆訣』云: '石峯이 功過於才者ㅎ니 若以其篤工으로 假之學而悟入道之門, 則何遽不若晉·唐哉아?' 王弇州ㅣ 稱石峯書ㅎ되 '如怒猊ㅣ 扶石ㅎ며 渴驥奔泉이라'ㅎ고 朱之蕃이 謂ㅎ되 '當與顔·柳로 相優劣'ㅎ니 其見賞於大方이 如此ㅎ니 亦難得之書法也ㅣ라."

### 26. 投錦裳高僧爭價

鄭敾의 字는 元伯이니 號를 謙齋니 善畵而尤妙山水ㅎ야 世稱三百年繪素絶品이라. 求者ㅣ 如麻, 而酬應不倦ㅎ며 嘗曰: "畵山水에 有體鋪舒로 爲宏圖而無餘消縮ㅎ야 爲小景而不少라. 看山水에 亦有體ㅎ니 以林泉之心으로 臨之則價高요, 以驕侈之目으로 臨之則價低라." 又曰: "春山은 艶冶而如笑ㅎ고 夏山은 蒼翠而如滴ㅎ고 秋山은 明淨而如粧ㅎ고 冬山은 慘澹而如睡ㅎ니 皆畵家妙訣, 而多得於宋郭熙林泉高致云이라." 有一人以名畵稱이어날 謙齋見其畵, 曰: "此畵ㅣ 信工이나 但少天趣耳라. 當先求一敗墻張絹素ㅎ야 朝夕觀之ㅎ니 隔素見敗墻之上이 高平曲折ㅎ야 皆成山水之勢ㅎ고 神領意造에 恍然見有人禽草木ㅎ야 飛動往來之象, 則隨意命筆에 自然景皆天就오 不類人爲ㅎ니 是爲活筆이라." 遂作山水歌ㅎ야 以贈之, 曰: "山崢嶸水泓澄ㅎ야 漫漫汗汗이오, 一筆耕에 一草一木이 棲神明ㅎ야 忽如空中有物ㅎ며 物中有聲ㅎ고 復如遠道ㅎ야 望鄕客이 夢繞山川에 身不行이라." 一時傳誦ㅎ며 時有一宰ㅎ야 偏愛其畵ㅎ며 常送騎邀謙齋ㅎ야 娓娓款待ㅎ며 又或挽留同榻에 親昵無間

ᄒᆞ야 每請其畵ᄒᆞ면 謙齋ㅣ 亦盡意逞才ᄒᆞ니 畵皆絶品이라. 前後所得이 爲五十幅ᄒᆞ야 某宰十襲珍藏에 未嘗示人이라. 一日은 謙齋ㅣ 往其家ᄒᆞ니 見方曬書, 而所庋書冊이 充棟溢宇ᄒᆞ야 不下鄴侯之架 揷萬軸ᄒᆞ니 皆中國新印書也ㅣ라. 問: "公之貯書ㅣ 何如是多也오?" 某宰笑曰: "北爲三千卷이니 吾何以自辦이리오? 皆君之送惠也ㅣ니라." 謙齋ㅣ 愕然曰: "迂是何敎也오? 吾ㅣ 曷嘗有一卷書奉呈乎아?" 某宰ㅣ 曰: "此冊이 都緣君之善畵而媒得者, 則豈非君之送來乎아? 曾聞燕京畵師之人ᄒᆞ니 以東國謙齋之畵로 爲直品奇寶ᄒᆞ야 雖一片紙라도 輒以重價買之故로 每因使行ᄒᆞ야 以君畵幾張으로 付去ᄒᆞ고 換買幾秩書ᄒᆞ야 如是積久에 自底多貯耳라." 又有隣比象譯家小娛ㅣ 要典一錦裳ᄒᆞ야 携至謙齋家中ᄒᆞ야 披玩之際에 誤爲肉汁所汚ᄒᆞ니 家人이 憂之어ᄂᆞᆯ 謙齋令持來ᄒᆞ야 見其汚處ᄒᆞ니 頗廣이라. 俾去其襞積, 而澣其所汚ᄒᆞ고 藏之外舍라가 適値風日淸朗ᄒᆞ야 窓明晝靜ᄒᆞ니 畵興이 猝發이라. 乃開彩硯ᄒᆞ고 展錦裳ᄒᆞ야 大繪金剛山於瀟湘六幅之間ᄒᆞ니 纖悉燦爛이오 精彩淋漓ᄒᆞ야 雖十日一水, 五日一石之工妙라도 蔑以加也ㅣ라. 裳幅餘存者ㅣ 爲二片이어ᄂᆞᆯ 又畵以妙香山ᄒᆞ니 細密奇絢에 百態ㅣ 咸湊ᄒᆞ야 洵是入神之功이오 希世之珍이라. 其後, 錦裳之主人이 來過어ᄂᆞᆯ 謙齋曰: "吾適畵思大發ᄒᆞ야 恨無佳本이라가 見有內箱中裳幅ᄒᆞ고 不計室人交讁, 而暗地揮灑ᄒᆞ야 摸來萬二千峰矣라. 聞是貴宅錦裳云ᄒᆞ니 不勝憋惶이로다." 其人이 亦解謙齋畵格ᄒᆞ야 常所慕仰者라 聞其言而甚喜ᄒᆞ고 稱謝以歸ᄒᆞ야 具珍羞一大卓而進之ᄒᆞ고 以其全幅으로 爲後世寶藏ᄒᆞ며 其餘二幅, 則入送燕肆ᄒᆞ야 論價러니 適有蜀僧이 從靑城山來者ㅣ 見之ᄒᆞ고 大加嗟賞ᄒᆞ야 稱以絶寶ᄒᆞ고 乃曰: "方成佛殿에 欲得名畵增輝ᄒᆞ니 願以白金百兩買之."ᄒᆞ니 其人이 許之ᄒᆞᆫ디 又有

南京文士一人이 來見曰: "當添二十兩호리니 請以歸我ᄒᆞ라." 僧이 大怒曰: "吾旣論價에 買賣已決이어날 豈有士子ㅣ 見利忘義如此者乎아? 吾亦添價三十兩ᄒᆞ리라." 遽取其畵ᄒᆞ야 投之火中, 曰: "人心世態ㅣ 一至於此ㅣ리오? 吾若婪此ㅣ면 便是同浴譏裸ㅣ니 何尤於彼哉아?" 乃拂衣而起ᄒᆞ니 畵主ㅣ 亦不取百兩ᄒᆞ고 只取其半價而歸云이라. 一素親舌人이 持佳箋來, 曰: "今將赴燕ᄒᆞ니 願公은 暫揮花毫ᄒᆞ야 以賭行ᄒᆞ소셔." 時則曉旭이 方昇ᄒᆞ고 朝氣蒼涼이라. 乃作海水揚波에 怒沫이 翻雪, 而着一小船於波面一邊ᄒᆞ니 風帆半亞ㅣ 視之渺然이라 舌人이 擎箋致謝而去ᄒᆞ다. 及入燕肆ᄒᆞ니 肆主ㅣ 把玩不已, 曰: "此必晨朝所作이라 精神이 多在風帆上也로다!" 以貢香一樻로 易之ᄒᆞ니 計得五十枚요 長皆數寸이라. 由是로 譯人輩 得謙齋畵者ㅣ 皆視以奇貨矣러라.

　外史氏曰: "畵雖末技니 苟能通靈而透妙, 則亦有無限活法이라. 故曰: '太上은 神遇오 其次ᄂᆞᆫ 目遇'ㅣ니 壁上圖水而有聲ᄒᆞ고 龍點睛而飛去ᄒᆞ야 古多如此奇異者ᄒᆞ니 謙齋山水之畵ㅣ 得三昧而擅六長ᄒᆞ니 非但我東之佳手라. 至於中國人도 皆視以希寶ᄒᆞ니 可謂名下에 無虛士也ㅣ라."


### 27. 琴娥詁影證宿緣

　東陽尉申文忠公翊聖은 象村之子요 宣廟駙馬也ㅣ라. 文章才諝ㅣ 冠於當時ᄒᆞ며 書畵琴棋을 無不通曉라. 嘗以身爲駙馬ᄒᆞ야 不得致位卿相으로 爲至恨이라. 每對翁主ᄒᆞ면 叱責曰: "吾非都尉, 則此世文衡은 捨我其誰오?" 每出入에 必騎驢遮面而行間路ᄒᆞ야 恒自菀菀不得志러라. 至親之家에 有婚事ᄒᆞ야 欲借金轎而用之ᄒᆞᆫ디 公이 使借之ᄒᆞ니 尙宮內人曰: "此轎ᄂᆞᆫ 翁主所乘者ㅣ니 不可借人이니

이다." 公이 怒曰: "有轎而不許人乘이면 將爲用哉아?" 命碎之ᄒᆞ다. 宣廟ㅣ 知其以不得文衡으로 爲恨ᄒᆞ고 文衡圈點後에 被圈人을 出題試之, 而使東陽尉로 考試曰: "考選文衡圈人之試券이 豈不反勝於做文衡者哉아?" 公이 善鼓琴이라 每於花朝月夕에 援琴鼓一再行에 悲壯淸越ᄒᆞ야 餘響이 振林樾이라. 是時에 江陵府妓紅嬌이 亦以琴名으로 屬籍梨園ᄒᆞ니 公이 一眄에 甚嬖之ᄒᆞ니 以其姿色才藝, 俱絶世也ㅣ라. 常密置夾室ᄒᆞ고 對弄瑤徽ᄒᆞ야 浹旬不出ᄒᆞ니 宣廟ㅣ 命逐某妓于本郡ᄒᆞ고 飭道伯ᄒᆞ야 勿許復入京ᄒᆞ니 公이 悵然如失ᄒᆞ야 贈一詩以送之ᄒᆞ니 有曰: '明月에 不須窺繡枕이오 夜風何事捲羅幃오.' 蓋道其隱密之事라. 被人覘知ᄒᆞ야 至於上徹, 而致此別恨야ㅣ라. 公이 不能忘情ᄒᆞ야 嘗書託於本守ᄒᆞ니 謀所以得再遇어ᄂᆞᆯ 本守ㅣ 誣謂已病歿ᄒᆞ야 以斷其思念이라. 公이 適作楓嶽之遊ᄒᆞᆯᄉᆡ 轉至鏡浦臺ᄒᆞ니 本倅ㅣ 盛設供具ᄒᆞ야 以迎之ᄒᆞ다. 公이 念到紅妓ᄒᆞ야 因境凝想이 忽忽不樂이라. 本守ㅣ 謂公曰: "湖是名區오 船遊ㅣ 最佳ᄒᆞ니 今夜月明에 可乘舟一暢乎아?" 公이 欣然從之ᄒᆞ다. 是夜에 月光이 如水ᄒᆞ고 鏡面無風이라. 乃以錦纜牙檣으로 溯洄於蒼葭白露之間이러니 俄而, 有笙簫琴瑟之聲ᄒᆞ야 隱隱烟波之外에 乍近乍遠ᄒᆞ며 如怨如慕어ᄂᆞᆯ 公이 側耳而聽之ᄒᆞ며 問: "此何聲也오?" 邑人이 對曰: "此處에 每於風淸月明之時면 往往有仙樂之音ᄒᆞ며 驂鸞駕鶴之人이 倏忽往來러니 意者今夜에 群仙이 亦來遊也ㅣ니이다." 公이 聞而異之ᄒᆞ다. 邑守曰: "今宵之遊ㅣ 適値仙人之來ᄒᆞ니 公이 必有仙緣而然矣라. 且聞琴簫之聲이 自遐而邇ᄒᆞ야 似向此船而來ᄒᆞ니 誠異哉로다!" 公意欣然ᄒᆞ야 庶幾遇之ᄒᆞ고 爇香整襟而坐待러니 良久에 一葉扁舟ㅣ 隨風而過ᄒᆞ며 有一鶴髮老人이 星冠羽衣로 倚船而坐ᄒᆞ고 前有靑衣雙童이 一鼓琴一吹簫ᄒᆞ며 傍有少娥

ㅣ翠袖紅粧으로 奉帨而立ᄒᆞ야 飄飄有凌雲步虛之態ᄒᆞ니, 公이 如癡如醉ᄒᆞ야 凝睇而視ᄒᆞ니 宛是紅嬌也ㅣ라. 乃令搖櫓ᄒᆞ고 至其船前ᄒᆞ야 聳身而超上舩頭ᄒᆞ야 拜謂老人曰: "下界塵骨이 不知眞仙之降臨ᄒᆞ고 有失迎候ᄒᆞ니 幸赦愚罪ᄒᆞ쇼셔." 老人이 笑曰: "君以仙侶로 謫降人間ᄒᆞ니 今夜之遇ᄂᆞᆫ 亦仙緣也로다." 乃指在傍之美人, 曰: "君知此娥乎아? 此亦玉皇香案前侍兒로 暫謫塵世라가 今已限滿而歸矣라." 公이 更諦視之ᄒᆞ니 果前日之紅嬌也ㅣ라. 靑山이 乍嚬에 秋波ㅣ微動ᄒᆞ야 含嬌凝怨에 殆不能定情이라. 公이 遽執手而泣曰: "汝ㅣ何忍捨我而歸乎아?" 紅嬌ㅣ掩涙而對曰: "塵緣이 已盡ᄒᆞ니 亦復奈何오? 瑤皇이 以相公戀妾之情誠이 格于天으로 畀妾一宵之暇ᄒᆞ사 隨老仙而來ᄒᆞ야 爲與公一會耳라." 公이 謂老仙曰: "旣有上帝之命이면 可許彼娥ᄒᆞ야 過吾船否아?" 老仙이 笑而答曰: "旣聞命矣라 姑與之偕往ᄒᆞ라." 仍戒紅嬌曰: "瑤宮ㅅ旨에 只許一夕ᄒᆞ니 可於未明에 還來ᄒᆞ라 吾當艤船待矣리라." 紅嬌ㅣ斂衽對曰: "謹奉敎矣로소이다!" 公이 遂挈紅嬌ᄒᆞ고 同舟而返ᄒᆞ야 枕席繾綣之情이 無異常時라. 睡到竿日에 始驚覺ᄒᆞ야 意謂仙娥ㅣ已去矣라ᄒᆞ고 擧眼視之ᄒᆞ니 女嬌ㅣ在傍理粧矣라. 怪而問之, 則但微笑而已라. 本守ㅣ入來ᄒᆞ야 問: "陽臺之夢이 其樂何如오?" 下生이 不可無月姥之功矣니라. 公이 始知其見欺ᄒᆞ고 相與大笑러라. 鏡浦之傍에 有巖ᄒᆞ니 名以紅嬌ᄒᆞ다. 此事ㅣ載於邑誌러라. 公이 晚好道術ᄒᆞ야 要得養生訣ᄒᆞ니 有一術士ㅣ以採陰補陽之說로 導之ᄒᆞ니 公이 頗沈惑ᄒᆞ야 欲廣置姬妾ᄒᆞ고 以試其術이라. 一日은 有老客이 來謁ᄒᆞ며 自稱湖南宋學究ᄒᆞ니 公이 問: "何爲見訪고?" 客曰: "僕本湖南散人으로 索耽道術이라가 聞公有旁中秘訣ᄒᆞ니 願叩其說ᄒᆞ나이다." 公이 叱曰: "何來野道ㅣ妄探他人房帷私事오?" 客이 笑曰: "男女大慾은 王者

도 不禁이어늘 何諱言也ㅣ오?" 公이 怒不解ᄒᆞ니 客曰: "僕이 亦有秘術ᄒᆞ니 公如欲觀인딘 請於掌上에 布橫陳之戲호리이다." 公이 諾之ᄒᆞᆫ디 客이 卽開左掌ᄒᆞ니 大如葵扇이라. 排列合歡床七張ᄒᆞ니 床各數寸許라 各圍紅錦帳ᄒᆞ야 低垂未捲ᄒᆞ고 銀鉤戛響ᄒᆞ야 細如碎玉이라. 聞帳中에 嬉嬉笑語聲ᄒᆞ니 約略可辨이라. 俄而, 中央一帳이 半啓ᄒᆞ며 微露女子蓮鉤一捻ᄒᆞ니 雖小如虿臂, 而繡襪弓鞋ㅣ 具備ᄒᆞ고 右邊一帳中에 小語曰: "卿은 勿效彼嬌惰ᄒᆞ고 且擡上玉山ᄒᆞ야 試看兩峯竝峙也ᄒᆞ라." 又一帳中에 格聲微笑曰: "好箇强作解事腰下요 芙蓉枕에 要他作閒客耶아?" 又一帳中曰: "汝等이 看廬山眞面이면 故擧趾欲高ᄂᆞ니 似我橫看成嶺이며 側看成峯이 豈不遊行自在리오?" 又一帳中曰: "偏師橫搗면 畢竟壓股欲斷이니 何如我背水陣法고?" 四帳中이 紛紛聚訟이러니 左首一帳이 悄然無語라가 中央一男子ㅣ 披帷而出趨左首ᄒᆞ야 揭其帳視之ᄒᆞ니 盡白藕句肩이오 丁香寒口라 因拍手笑曰: "病渴兒ㅣ 消受得華池津液ᄒᆞ니 無怪其半舌不展也로다." 右首帳中에 突出一男子ᄒᆞ야 披開各帳而强曳, 曰: "娘子軍風流陣이 便作赤壁鏖戰이라가 今乃各據鴻溝ᄒᆞ니 有何意味오? 且互張旗鼓ᄒᆞ야 以決背城一戰이 不亦宜乎아?" 衆曰: "諾다." 於是에 各曳女子下床ᄒᆞ고 七男子난 赤條條地一絲不掛ᄒᆞ야 翹其具銳於蠆尾ᄒᆞ고 七女子ᄂᆞᆫ 散髮裸裎ᄒᆞ야 紅巾罅裏에 陰溝渥丹이 開如牛椒라. 競撤床褥ᄒᆞ고 鋪百花氈尺許ᄒᆞ야 交錯而臥ᄒᆞ니 似七對虫蟻ㅣ 往來蠢動이오 綢繆繾綣에 各盡其藝ㅣ 俱在客掌中이라. 客이 又或運指搖掌에 推波助瀾ᄒᆞ야 俾各廻巧獻技ᄒᆞ고 備極醜態ᄒᆞ니 不忍正視라. 公이 方凝眸駭愕이라가 客이 瞥開右掌ᄒᆞ니 一惡鬼ㅣ 約五六寸이 騰躍而出, 竟登左掌ᄒᆞ야 連捉男女而啖之ᄒᆞ니 條條粉股에 蜿蜒牙頰間이라. 咀嚼移時에 骨肉이 都盡이러니 繼探

喉一吐ᄒ니 十四髑髏紛紛墮落이어날 出腰間索貫之ᄒ니 如摩尼一串이라. 懸於頂上ᄒ야 投客袖中而沒이어날 廻視隻掌ᄒ니 了無一物이라. 客이 笑曰: "橫陳之戲를 公이 觀止乎잇가?" 公이 問: "若輩는 何人고?" 曰: "皆以採戰求長生者也ㅣ니이다." 問: "惡鬼는 何名고?" 曰: "尺郭淫魔也ㅣ니이다. 仙家ㅣ 以淸心寬慾으로 得臻上壽ᄒ니 若於慾海中求仙이면 豈有沙丘之落日이며 汾水之秋風乎아? 況房中之術은 邪念이 一起ᄒ면 精液이 淫漏ᄒ야 非所求生이나 實以傷生이라." 公이 幾見九轉爐頭에 盡煉音㸑膠ᄒ야 爲續命丹哉아! 公이 大悟ᄒ야 拜求仙術ᄒ디 客曰: "我非仙이라 何能有授리오?" 因書十六字示之ᄒ고 拂衣而去라. 公이 讀之, 曰: "內火不生ᄒ고 外火不煎ᄒ야 以水濟水ㅣ 是以永年이라." 公이 自此로 擯去姬妾ᄒ고 究心玄妙正門ᄒ디 更不遇其客이오 竟未知何如人也ㅣ라.

外史氏曰: "東陽尉ㅣ 以若文章才諝로 未一展試ᄒ니 宜其齋菀, 而誤於好道에 幾乎未溺이라가 因客而大悟ㅣ라. 黃帝ㅣ 御三千六百女而成仙ᄒ니 此說이 見於道書라 後人이 祖爲採戰之術이라. 彭祖ㅣ 年近八百에 猶懼不壽ᄒ 乃行房術이라가 以妖淫으로 殞身이라. 『抱朴子』曰: '凡養生者ㅣ 語玄素之術, 則曰: 惟房中之術이 可以度世.' 然實不知閉精握氣가 爲攝生之眞詮이오 自陷於膏油盡而火自熄ᄒ니 誠哀也로다!"

### 28. 奕手逞術致橫財

西川令某는 宗室人也ㅣ니 有才藝善奕ᄒ야 爲東國第一手요 曠世無敵ᄒ야 至今奕者ㅣ傳妙法을 謂西川令手法ᄒ다. 有上番老卒이 自下道來ᄒ야 牽駿馬上謁曰: "聞公子善奕ᄒ고 小的略解手談ᄒ야 敢請對局ᄒ야 要玩妙訣이로소이다." 西川曰: "諾다." 試與戰不

勝이라 頗忿恚ᄒᆞ야 心自語曰: "吾奕이 可獨步當時러니 乃爲老病所敗ᄒᆞ니 寧有是理리오?" 遂與更着ᄒᆞ야 約, "三戰兩勝이면 吾以百金으로 爲賭ᄒᆞ리니 汝將何物爲注오?" 卒曰: "小的當注此馬호리이다." 連敗二局ᄒᆞ니 竟進其馬, 曰: "公子妙手ㅣ 透得爛柯妙訣ᄒᆞ니 定知名下無虛라. 願公子ᄂᆞᆫ 善喂此馬ᄒᆞ소셔. 他日에 踐更期滿ᄒᆞ야 當與再戰ᄒᆞ고 騎此馬而去로소이다." 西川이 笑曰: "唯唯라." 自以賭取駿驄에 意甚得得ᄒᆞ야 囑奴喂養ᄒᆞᆯ시 每添菽豆ᄒᆞ야 未幾에 極肥腯이라. 他日에 老卒이 期滿果再來ᄒᆞ야 請賭三戰에 依前約ᄒᆞ야 一不勝再不勝이라가 用孫臏이 三駟로 財千金之術ᄒᆞ야 遂取馬而歸, 曰: "小的愛此馬로ᄃᆡ 自知上番京師에 逆旅難於喂飼ᄒᆞ야 姑托公子耳러니 今蒙公子의 善養ᄒᆞ야 變玄黃爲肥澤ᄒᆞ니 不勝感謝ᄒᆞ노이다." 西川이 悯然自失ᄒᆞ야 知其見賣나 然이나 奇其人之有異術, 曰: "後日戾洛에 必訪我ᄒᆞ라." 一去에 仍無聲息이어ᄂᆞᆯ 因人寄聲于所居鄕이러니 鄕人이 亦不知妙於奕云ᄒᆞ니 蓋疑其有絶技而藏名隱身者ᄒᆞ고 常置懷不忘이라. 過年餘에 忽有客이 弊褐破笠而來謁ᄒᆞ니 卽老卒也ㅣ라. 驚謂曰: "汝何扮此狀而至오?" 對曰: "小的ㅣ軍番을 獲免ᄒᆞ고 身無所絆ᄒᆞ야 雲遊四方이러니 嚮自識荊之後로 每切依葭之懷ᄒᆞ야 今始間關來到로이다." 西川이 甚喜ᄒᆞ야 留以客室ᄒᆞ고 日與對局ᄒᆞᆯ시 問其姓名ᄒᆞ니 曰: "申求止也ㅣ라. 生居湖南에 貧窮無依ᄒᆞ야 欲投親黨謀生이러니 過智異山下라가 適遇道人ᄒᆞ야 授以奕法ᄒᆞ니 如王積薪之蜀道溪村에 聞姑婦手談이라, 遂學其術ᄒᆞ야 無敵於世矣니이다." 西川이 每與之論奕에 申曰: "陳圖南이 嘗語宋琪以淸心寡慾ᄒᆞ니 奕之妙訣도 亦以寡慾爲先이라. 是卽奕秋秘鑰, 而攻守闔闢ᄒᆞ고 散合擒縱之際에 毋攪我靈臺一點, 則當局不迷ᄒᆞ야 隨機應變에 三派十訣이 瞭如指掌이니이다." 西川이 益嘆

其言之有理ᄒᆞ야 自此로 盡得其妙解ᄒᆞ야 遂擅局手之名이라. 每對人에 誇稱申之神技ᄒᆞ고 吾與爲敵이라ᄒᆞ니 於是乎申之名이 亦碎人齒齦矣러라. 時有權貴李樑의 勢焰이 傾一代ᄒᆞ며 自稱善奕ᄒᆞ야 此世에 無雙이라. 申이 欲謁樑이나 莫爲之先ᄒᆞ야 一日은 謂西川曰: "小的有小試處ᄒᆞ니 公之所懸赤琥珀纓子를 可暫借否아?" 西川이 亟許之ᄒᆞ니 申이 密交樑家傔從ᄒᆞ야 盃酒結歡數反에 曰: "欲謁相公, 而我ᄂᆞᆫ 賤人也ㅣ라 無階一拜ᄒᆞ니 願因汝納刺ᄒᆞ노라." 傔曰: "相公이 多貴客金貂者ᄒᆞ야 日夜如織이나 但某日은 忌辰이라 却客閑坐ᄒᆞ리니 可於其日에 來至니라." 其日에 傔이 秉間告之ᄒᆞᆫ대 樑이 喜甚ᄒᆞ야 亟招入, 曰: "爾固奕之甲手申求止乎아?" 曰: "然矣니이다." 曰: "今日이 閒ᄒᆞ니 可交一戰이로다." 申이 故不勝ᄒᆞ니 樑이 笑曰: "爾之技止此乎아?" 饋以酒饌, 曰: "他日에 更來可也ㅣ니라." 過數日에 申이 復往, 曰: "小的與人對奕에 未嘗見輸ᄒᆞ야 東方에 稱之러니 今於相公에 輸其局ᄒᆞ고 心怏怏不能忘하야 願因重物爲孤注ᄒᆞ노이다." 樑曰: "諾다. 我輸면 當惟爾所請이오 汝輸면 欲何物爲注오?" 申曰: "小的雖在鄕曲이나 偶有傳家明珀寶纓ᄒᆞ야 今行持來ᄒᆞ야 要曲得錢鈔ᄒᆞ야 爲客裏支調之計러니 尙在袖裏라. 今若見輸면 請以此進ᄒᆞ리이다." 乃對局ᄒᆞ야 終見屈ᄒᆞ고 出諸懷而進ᄒᆞ니 樑이 愈喜ᄒᆞ야 每垂其纓에 誇示賓客, 曰: "孰謂申求止奕家甲手乎아? 鄕人이 非不重其貨로대 吾能注取其纓矣니 常人之技를 固不足論이로다." 異日에 申이 再謁ᄒᆞ니 樑이 益欣然ᄒᆞ야 遂諱客杜門而見之, 曰: "孰謂東方第一奕이 無意退此纓乎아?" 請更挑戰ᄒᆞ니 申이 垂敗而勝ᄒᆞ야 連焉二局이라. 樑이 解纓與之, 曰: "勝敗ᄂᆞᆫ 兵家之常이니 勝固欣然이오 敗亦可喜ㅣ 實準備語也로다. 爾其明日復來ᄒᆞ라! 可蓄銳養精ᄒᆞ야 背城一戰ᄒᆞ야 以決雌雄ᄒᆞ리라." 申이 如

期而往ᄒ야 三戰三勝ᄒ니 樑이 憮然曰:"今我負라 當從汝願이리니 欲何物고?" 申이 遂於袖中에 出一束空折簡五六十紙ᄒ야 進之曰: "小的有賤女ᄒ야 將成婚ᄒ니 求婚需於黃平兩道ᄒ나이다." 樑曰: "甚不難ᄒ니 惟汝求ᄒ리라." 樑이 素敏於書翰이라 一揮而寫五六十簡, 與之ᄒ니 申이 乃具騎僕ᄒ고 遍兩西ᄒ야 一納其簡이면 列邑鎭之官이 無不倒履出迎ᄒ야 空大館以舍之ᄒ고 待之를 如使星ᄒ야 所資貨賫ㅣ 連軺騈騎에 稛載而返ᄒ야 起大第買田土, 而卒成鉅富러라. 幾年後에 西川之族親이 有宰湖南邑이어날 西川이 約與探邊山內藏之勝ᄒ고 行到長城地午炊러니 店舍에 有一人이 過謁ᄒ니 卽申求止也ㅣ라. 萍鄕拭靑에 芙蓉을 可掬이라, 問:"積年貽阻에 何音信之杳邈乎아?" 對曰:"鄕居生涯ㅣ 無暇上京이니이다." 西川曰: "觀爾儀貌ᄒ니 大勝於前이라 近或喫着無苟ᄒ야 以財粹面乎아?" 對曰:"賴公恩德ᄒ야 借纓爲注라가 偶致橫財ᄒ야 幸免衣食之憂라."ᄒ며 因請曰:"弊居距此不遠ᄒ니 暫屈高駕ᄒ야 令蓬蓽生輝何如오?" 西川이 欣然從之ᄒ야 踰嶺越壑에 過十里餘ᄒ니 峽坼野闊ᄒ고 村落이 櫛比ᄒ며 中有一大舍ᄒ야 兩下都是薜墻椵籬에 喬松蔭柳ㅣ 闠繞屋宇ᄒ고 門前에 淸溪一道ㅣ 瀧瀧流下ᄒ야 水碓自鳴ᄒ며 犬吠荳殼堆邊ᄒ고 鷄鳴匏花畦傍ᄒ니 幽境이 漸佳ᄒ야 不下武陵에 甚可樂也ㅣ라. 搴蘿入室ᄒ야 坐語移日이러니 俄而盂盤備進에 珍錯豊潔ᄒ야 皆京洛罕有之物이라. 西川이 不勝疑怪ᄒ야 詢其做何産業ᄒ야 能致此富饒오ᄒ디 對曰:"小的在京時에 圖得請簡ᄒ야 周行列邑에 所得不些라. 仍還故土ᄒ야 聞此處山中에 開野曠土可居ᄒ고 來相之ᄒ니 樹木이 參天ᄒ고 草萊滿地ᄒ야 鳥獸窟宅에 民無敢入者라. 乃環山爲圖ᄒ고 出印券于官ᄒ야 斧松檜燔蓄棘ᄒ고 或作或耕ᄒ야 秋成에 得粟이 甚多라. 隣境之民이 聞風褓屬而

至不幾歲에 成大村이라. 於是에 以牛車로 載妻子來宅ᄒ야 勤於治産ᄒ고 兼以貨殖ᄒ니 三四年間에 其利甚博이어날 天佑神助ᄒ야 獲此饒厚ㅣ라. 古人이 有言曰: '命若窮時에 掘着黃金化作銅ᄒ고 命若通時에 拾着腐草變成市라'ᄒ니 摠來只聽掌命司의 顚之倒之니 小的有何術哉리오?" 西川이 暗嘆不已러라. 日旣曛에 張燭進飯ᄒ니 饌品이 精妙可餐이라. 申曰: "山肴野蔌ㅣ 無堪共匙로되 第酒味不甚惡ᄒ니 幸少嘗爲ᄒ소셔." 西川이 元無酒量ᄒ야 略吸之ᄒ니 淸冽異常이라. 僅倒數杯盃에 申이 引壺自酌에 微醺以往이라. 朗誦嵇中散絶交書ᄒ니 響入雲霄餘요 音繞林樾間이라. 西川이 憑几而聽之ᄒ니 未必不如聽吹竹彈絲와 敲金擊石이라. 已而오 申이 嘆曰: "始也橫財ᄂ 縱因李公之手札, 而觀其爲人ᄒ니 決非君子라. 吾ㅣ 恐善類之炭炭乎殆哉ㄴ져! 竊有戇愚者ㅣ라. 願公은 謝絶榮道ᄒ고 棲身草野ᄒ야 前無爵祿之縻ᄒ고 後無斧鉞之懼ᄒ야 山樵水漁ᄒ고 饑粲渴飮ᄒ야 嘯歌偃仰을 從吾心之所安, 而莫之敢禦ㅣ니 豈可與彼醉生夢死於名利場ᄒ야 迷不知返으로 同日而語哉ㅣ리오?" 相與大笑別去ᄒ니 西川이 始知其有才智之隱淪ᄒ고 恒稱道不已라. 其後에 李樑이 願一復見而莫能致ᄒ고 申亦更不抵洛云이라.

　外史氏曰: "經에 云: '博奕도 猶賢乎已라.'ᄒ니 雖其末技나 苟能通神而窮變, 則必有得力處라. 申求止始也에 跡賤地微ᄒ야 如飯牛之甯과 監門之侯, 而乃逞其技에 能成富厚ᄒ니 豈非才智之出類而所謂隱於市者耶아? 惟彼二人이 自恃其才ᄒ야 謂莫己若而終底見敗ᄒ니 亦不量之甚者也ㅣ로다."

## 29.

星居士ᄂ 嘉山人也ㅣ니 俗姓은 張이요 僧名은 就星이라. 早失怙

恃ᄒᆞ고 十五歲에 剃髮於五臺山月精寺ᄒᆞ야 爲松雲大師之高足ᄒᆞ며 聰明慧悟ᄒᆞ야 卓出衆闍梨ᄒᆞ니 大師ㅣ 奇愛之ᄒᆞ야 常曰: "衣鉢을 當傳就星이라."ᄒᆞ며 經文을 無不敎授호ᄃᆡ 惟有三冊ᄒᆞ야 藏篋不使之看이러라. 一日에 大師ㅣ 將赴楓嶽楡店寺할ᄉᆡ 袈裟會할ᄃᆡ 謂星曰: "余歸不踰年ᄒᆞ리니 汝可着工讀經, 而篋中所藏書ᄂᆞᆫ 愼勿出見也ᄒᆞ라!" 遂飛錫而去어ᄂᆞᆯ 星이 甚訝之曰: "篋書ᄂᆞᆫ 何許奇文而不使一窺乎아?" 乘間搜覽, 則乃地理書也ㅣ니 自河洛圖書로 至星曆五行之數와 九宮八卦之法이 玄妙悉備ᄒᆞ니 儘千古秘訣이라. 星이 看來에 轉加沈惑ᄒᆞ야 專意玩索ᄒᆞ니 不過半載에 精通奧妙라. 時或踏山ᄒᆞ야 尋繹龍脉之起伏과 風水之聚散ᄒᆞ야 瞭如指掌에 森然在眼ᄒᆞ니 自以爲得此神術이면 人間富貴를 唾手可圖라. 遂有退俗之心이라가 忽自悟曰: "釋敎ᄂᆞᆫ 以戒念으로 爲本ᄒᆞᄂᆞ니 今約弁髦蓮花之經敎라가 沈迷堪輿之方術이면 豈不有妨於修行乎아?" 乃自蓺檀香ᄒᆞ고 趺坐蒲團ᄒᆞ며 手轉項珠ᄒᆞ야 口念佛偈러니 未幾에 大師ㅣ 還歸ᄒᆞ야 呼星曰: "汝知汝罪乎아?" 星이 下階跪坐ᄒᆞ야 對曰: "小子ㅣ 服事師父ㅣ 已十閱星霜이라 誠愚昧ᄒᆞ니 未知有何罪過也잇가?" 大師ㅣ 大責曰: "修行之工에 其目이 有三ᄒᆞ니 身也心也意也ㅣ라. 汝輩ㅣ 馳釋敎라가 耽看雜方ᄒᆞ야 厭佛家之寂滅ᄒᆞ고 慕世俗之榮華ᄒᆞ니 十年工夫ㅣ 一朝壞了라. 其罪固不宜暫留淨界니 可卽出山ᄒᆞ라." 遂揮杖逐之ᄒᆞ니 星이 自度不容於沙門ᄒᆞ고 乃歸故鄕할ᄉᆡ 所過山川에 遍尋名穴大地ᄒᆞ야 錄其龍節·坐向ᄒᆞ야 藏之囊中ᄒᆞ고 直入都城ᄒᆞ야 欲賣其所占處할ᄉᆡ 周行閭里ᄒᆞ야 逢人輒說ᄒᆞ니 聞者ㅣ 皆歸之虛荒ᄒᆞ고 無一應者라. 星이 獨自恨歎ᄒᆞ며 乃向嘉山ᄒᆞᆯᄉᆡ 中路에 芒鞋盡弊ᄒᆞ며 足大尺餘ᄒᆞ야 市無巨屨요 足繭躪跚이라. 過一村ᄒᆞ니 有棘人이 悶其徒跣ᄒᆞ야 授以一屨어ᄂᆞᆯ 星이 甚感之ᄒᆞ야 問: "何時

遭艱이며 已完葬否아?" 答曰: "山地를 未定이 荏苒半載로라." 星이 曰: "余ㅣ 略解風水ᄒᆞ니 主人이 如以吾言爲不妄이면 當占一穴ᄒᆞ야 以報賜屨之厚意ᄒᆞ노라." 棘人이 大喜ᄒᆞ야 延入款待ᄒᆞ고 遂與求山 ᄒᆞᆯᄉᆡ 過十餘里ᄒᆞ야 星이 指一處, 曰: "此是名穴이니 不踰年에 積貨屢千이오 闋制ᄒᆞ면 卽登科矣리라." 因相別而去ᄒᆞ다. 棘人은 卽平山李氏祖先, 而葬其地러니 後에 果驗이러라. 星이 到嘉山ᄒᆞ야 搆斗屋而居ᄒᆞ니 屋後山壁에 有一小孔이라 每朝에 念呪ᄒᆞ고 以手로 探空ᄒᆞ면 白米湧出ᄒᆞ야 爲朝夕之炊러라. 白雲山下에 有安姓人兄弟ᄒᆞ니 早孤無親이오 俱未娶ᄒᆞ야 爲人傭役이라. 星이 偶過其村이라가 道逢急雨ᄒᆞ야 忙投一家ᄒᆞ니 乃安姓人傭寓之家也ㅣ라. 山曰이 已暮ᄒᆞ고 雨勢不止어늘 星이 請借一宿, 而主人이 不許어늘 安이 方飯牛而出ᄒᆞ야 見客露立ᄒᆞ고 謂曰: "此籬後蝸屋은 卽吾廬也ㅣ니 如不嫌湫隘ᆫ딘 偕往歇宿이 何如오?" 星曰: "深峽露宿이면 必罹虎患이어늘 幸逢賢秀才ᄒᆞ야 許以住接ᄒᆞ니 可謂活人之佛이로다." 安이 乃引星至其室ᄒᆞ야 呼弟往主人家ᄒᆞ야 持二盂飯來ᄒᆞ야 以一器로 進于星ᄒᆞ고 一器則兄弟共食이라. 連日雨勢不止어늘 安이 接待如一ᄒᆞ야 少無苦色이러라. 過屢日에 始霽ᄒᆞ니 星이 臨行에 問: "秀才先塋이 何處오? 願一見之ᄒᆞ노라." 安曰: "客이 能通堪輿乎아?" 曰: "略知糟粕이로라." 安이 卽偕往ᄒᆞ야 指示之ᄒᆞ니 星이 周覽良久에 曰: "局勢洵美ᄒᆞ나 但失穴如此ᄒᆞ니 烏得免貧賤乎아? 大抵此穴이 土體甚廣ᄒᆞ야 當中則凹矣러니 土空而陷은 理之常也ㅣ라. 凡土者는 用其角ᄒᆞᄂᆞ니 角者는 火也ㅣ라 經에 不云乎 '火生土'乎아?" 乃更占一角ᄒᆞ고 擇日開井ᄒᆞᆯᄉᆡ 仍問: "秀才所願이 云何오?" 安이 曰: "將至廢倫絶嗣ᄒᆞ니 不孝ㅣ莫大라 得配ㅣ最急矣니이다." 星이 遂以相生法으로 裁穴ᄒᆞ고 移葬後에 謂安曰: "某月某日에 當有一美人

ᄒᆞ야 持千金來ᄒᆞ리니 作配ㅣ면 可以發貧이오 又有子矣리라." 安曰: "發陰이 若是速耶아?" 星曰: "龍氣ㅣ 不遠故也ㅣ니라. 吾於十年後에 更來ᄒᆞ리니 其間에 雖有千百術士ㅣ 毁之라도 切勿遷動ᄒᆞ라." 因別去ᄒᆞ다. 一日에 忽有一少年이 背負裸褁ᄒᆞ고 來問호ᄃᆡ "是安秀才某家耶아?" 曰: "然ᄒᆞ다." 曰: "兄弟同居ᄒᆞ야 俱未娶室耶아?" 曰: "何以問之오?" 其人이 遽入室ᄒᆞ야 卸下裸褁, 而謂安曰: "吾ᄂᆞᆫ 本郡座首郭某之女也ㅣ라. 父母ㅣ 定婚於隣洞吳姓人ᄒᆞ야 將涓吉成禮러니 吾ㅣ 自前月로 夢에 老人이 來告曰: '我ᄂᆞᆫ 卽白雲山神也ㅣ라. 汝之天緣이 在於白雲山下安某ᄒᆞ니 其人이 兄弟同居未娶라. 汝ㅣ 與彼作合, 則百年偕老에 福祿이 無量矣리라.' 心竊異之러니 翌夜에 又夢如此ᄒᆞ야 自是로 無日不然ᄒᆞ니 身爲處子ᄒᆞ야 羞道婚事요 夢固虛境에 亦難提說이라. 一味因循ᄒᆞ야 明將結褵러니 默想神人夢告ㅣ 丁寧諄復이 便是月姥紅繩이라, 不可不遵ᄒᆞ야 遂出一計ᄒᆞ야 換着男服ᄒᆞ고 乘曉出門ᄒᆞ야 間關至此, 而三生之緣은 重ᄒᆞ고 一時之嫌은 小故로 包羞忍恥ᄒᆞ고 捨經從權ᄒᆞ야 不待雁雛ᄒᆞ니 殆若鶉奔이라. 祗切媿悚ᄒᆞ니 惟望恕諒ᄒᆞ소셔." 乃脫衣去帽ᄒᆞ니 卽佳麗人也ㅣ라. 安이 聞而異之, 曰: "星居士ᄂᆞᆫ 眞神人也ㅣ로다!" 乃與成婚ᄒᆞ니 其喜를 可知라. 翌朝에 其妻ㅣ 解出裸褁ᄒᆞ니 皆奇貨輕寶요 可值三四千金이라 家計饒足ᄒᆞ니 其弟之婚은 不求而自至러라. 兄弟俱有室ᄒᆞ야 多生子女ᄒᆞ니 隣里ㅣ 莫不艷稱이러라. 十年後에 星이 果來ᄒᆞ니 安之兄弟顚倒出迎ᄒᆞ야 待以神明이러라. 星曰: "旣娶且富ᄒᆞ고 瑜環이 繞膝ᄒᆞ니 發福이 大矣라. 雖家給人足이나 無文則賤이니 當更遷窆ᄒᆞ야 俾出文章ᄒᆞ리라." 因占一穴於前壙之左角ᄒᆞ고 令卽移葬ᄒᆞ다. 星曰: "此山之子孫이 世爲本鄕甲族ᄒᆞ야 雄文巨筆이 代不乏絶이오 科甲이 連出ᄒᆞ고 簪纓이 相繼라."하더니 其言이

皆驗이러라.

　外史氏曰: "星居士는 形家術數를 得自神僧不傳之秘訣ᄒᆞ야 一擧眼而能界人福祿ᄒᆞ니 便是奪造化之工이라. 以此推之컨디 堪輿之術이 亦不可不信者耶아? 至於夢有神告와 女自擇配는 尤是異事며 月姥赤繩이 雖係天定, 而若因地理而致此, 則星之暗算燭照ㅣ 豈非通神而高人一等之才耶아?"


## 30.

　朴尙義는 長城人이니 以風水로 名世者也ㅣ라[11]. 湖西一士人이 爲親營緬할시 卑辭厚幣ᄒᆞ야 以邀朴ᄒᆞ고 供饋를 窮水陸之珍ᄒᆞ며 副求를 盡稀貴之物호디 一言一事에 未嘗少咈ᄒᆞ야 殆同燕丹之奉荊卿과 曹操之待關公이라. 務積誠意ᄒᆞ야 三年를 如一日이러니 時値深冬ᄒᆞ야 朴이 謂主人曰: "可作看山之行이라."ᄒᆞ니 主人이 甚喜ᄒᆞ야 盛備行具ᄒᆞ고 聯鑣而往ᄒᆞ야 至魯城地ᄒᆞ야 捨騎而步러니 入山未半에 朴이 忽稱河魚痛ᄒᆞ고 拄杖路傍, 曰: "痛甚ᄒᆞ야 未可作行이오, 此는 吾本症이니 每以生芹菜白馬肝으로 治療ᄒᆞ며 捨此則無他瞑眩之對投ᄒᆞ니 今可亟辦來ᄒᆞ라." 主人曰: "隆冱生芹은 便同緣木이오 山路馬肝은 奚異出殺ㅣ리오? 當卽回家ᄒᆞ야 另求호리라." 朴曰: "痛不可忍이어날 安得遲待回家ㅣ리오? 今主人所騎ㅣ是白馬ㅣ니 盍椎殺而出肝乎아?" 主人이 聽罷에 萬丈業火ㅣ 湧作雙炷ᄒᆞ야 突出兩眶來라. 遂呼僕從ᄒᆞ야 捉下朴也, 而大叱曰: "吾ㅣ 迎汝于家ᄒᆞ야 多年供奉에 凡汝所言을 不敢少違ᄒᆞ야 雖多不是之處와 嘔心之事, 而屈意忍住者는 事係爲親ᄒᆞ니 不得不積誠祈懇也ㅣ라. 在我

---

11) 라: 저본에는 빠져 있으나 문맥상 보충함.

之道ㅣ盡矣, 而汝今到此에 忽稱腹痛ᄒᆞ니 已極怪惡이요 至若芹榮馬肝은 此日此地에 何處得來며 吾不若責ᄒᆞ고 待回家另求云者는 卽實際語也어날 乃以椎殺吾所騎之馬로 爲言者는 非但行不得之事라 豈人理之所可忍爲者乎아? 汝但恃術業ᄒᆞ고 專事驕悖ᄒᆞ야 待士夫를 若是無禮ᄒᆞ니 此習은 不可長이라 何可無一番痛懲이리오?" 遂剝其衣服ᄒᆞ고 綁縛四肢ᄒᆞ야 赤條條地掛於松間ᄒᆞ고 因下山去러라. 魯城士人尹公昌世ㅣ 偶作山行이라가 遙聞呼號之聲이어날 往視之ᄒᆞ니 有一人이 赤身掛樹ᄒᆞ야 凍餓幾死라. 乃解下其縛ᄒᆞ고 脫己衣以掩身ᄒᆞ야 携至人家ᄒᆞ야 處以溫突ᄒᆞ고 饋以粥飮ᄒᆞ니 始得蘇醒이어날 問知爲朴尙義也ㅣ라. 尹公이 方營緬求山之際에 竊幸其遭逢也오 朴이 感而援手ᄒᆞ야 謂尹公曰: "欲得山地乎아?" 曰: "不敢請이언졍 固所願이로라." 朴曰: "第隨我來ᄒᆞ라!" 偕至一山ᄒᆞ야 指示曰: "此中에 有名穴ᄒᆞ니 初爲某人留意者라 若行緬禮於此면 當大發福ᄒᆞ리라." 仍不占穴ᄒᆞ고 卽爲辭去러라. 尹公이 雖得吉地나 莫知穴處라 率地師諸人ᄒᆞ고 騎牛而往ᄒᆞ야 要尋穴, 而人各異論에 終難質定이오, 所騎之牛ㅣ 忽不知去處어날 四散窮搜ᄒᆞ니 牛臥樹林中ᄒᆞ야 牽之不起오 打之不動ᄒᆞ며 口指足攫에 似有告示之意ᄒᆞ니 尹公이 始悟而謂牛曰: "汝臥處ㅣ 此山之正穴乎아? 若然則吾ㅣ 當於此裁穴ᄒᆞ리니 汝可起動ᄒᆞ라!" 牛似解聽而卽起어날 尹公이 遂排衆議ᄒᆞ고 以牛臥處로 移葬親山ᄒᆞ니 此는 卽魯城酉峯山也ㅣ라. 其後에 尹公이 連擧五子ᄒᆞ니 卽八松兄弟라. 自此로 雲仍蕃衍ᄒᆞ고 名賢이 相承이러라. 尹公이 嘗於夏日에 見牛之在曝陽下ᄒᆞ야 喘喘者, 則必移繫於樹陰故로 終亦食牛之報ㅣ 如此라. 朴家ㅣ 素貧이어날 嘗有一親知士人ᄒᆞ야 賙恤夾助ᄒᆞ니 誼同一室이라. 士人이 臨終에 謂諸子曰: "吾死後에 山地를 求得於朴, 則必不負平日之情矣리

라." 及其歿에 子三人이 相議曰: "先親이 治命如此ᄒ시니 盍往求之
리오?" 伯喪人이 遂俱鞍馬ᄒ야 往見朴ᄒ고 傳其遺言ᄒ며 請求山ᄒ
니 朴曰: "雖無來請이라도 敢不盡誠於先丈葬地乎ㅣ리오? 今適有
故ᄒ니 明當早進ᄒ라!" 棘人이 深信而還ᄒ야 自朝至暮에 待而不來
어ᄂ날 明日에 又使其仲으로 往請ᄒ니 朴曰: "昨今에 俱有緊幹事ᄒ
야 未得抽身ᄒ니 明當掃萬必往ᄒ리라." 仲亦不得已虛還이러니 其
翌에 又不來어ᄂ날 咸切訝惑ᄒ고 又明日에 使其季로 往責其失信ᄒ
고 仍懇乞不已ᄒ대 朴之言이 一如前日而竟不來라. 於是에 兄弟三
人이 憤罵曰: "世豈有如許背恩茂義之人乎아? 今不可復請이니 宜
求他地師ᄒ야 以完大事ㅣ니이다." 家有一僮ᄒ니 年方十六七이오
愚駿庸懶ᄒ야 無所任使ᄒ고 藍縷龍鍾에 不齒人類라. 聞主人이 憤
罵地師之言ᄒ고 自請往邀ᄒ니 主人이 叱曰: "吾輩屢懇而不來者ᄅ
爾安能邀致리오?" 僮曰: "小的往請則當來라."ᄒ고 屢言要往ᄒ니
其季曰: "使此僮으로 往邀於彼ㅣ亦爲辱이나 第送何妨이리오?" 乃
許之ᄒ니 僮이 嘗磨一尖刀ᄒ야 藏置囊中ᄒ고 遂牽馬往朴家ᄒ야
入門大呼曰: "朴公이 在乎아?" 朴이 驚問: "汝自何來오?" 答曰:
"自某宅으로 來로라!" 仍問: "胡爲乎來아?" 曰: "主公이 奉邀리이
다." 朴이 大怒曰: "汝主ㅣ不來, 而送汝請我乎아? 吾不往矣리라."
僮이 升堦請行ᄒ니 朴이 高聲大叱ᄒ며 詬罵喪人不已ᄒ대 僮이 又
陛至廳上而懇請ᄒ니 朴이 轉加叱辱이어ᄂ날 僮이 倏入房中連請호대
朴이 少不動念이라. 僮이 乃突然前進ᄒ야 踢倒朴ᄒ고 據胸而坐ᄒ
야 左扼喉ᄒ며 右手抽刀ᄒ야 大罵曰: "汝ㅣ骨雖汝父母之所生이나
汝膚ᄂ 皆某宅之所傅라. 汝ㅣ何忍忘德至此리오? 如汝漢은 殺之
何惜가?" 朴이 如泰山來壓에 末由動身이라 大懼强笑曰: "汝之情
誠이 如此ᄒ니 吾ㅣ安得不往이리오? 往矣往矣라."ᄒ니 僮이 乃起

ᄒᆞ야 促朴乘馬ᄒᆞ며 牽轡而來러니 路傍에 有方葬者라. 僮이 謂朴曰: "彼葬地何如오?" 曰: "可用이니라." 僮曰: "此是倒葬ᄒᆞ니 凶莫大焉이로다." 朴曰: "汝ㅣ 何以知之오?" 僮曰: "第往觀之ᄒᆞ면 可知矣리이다. 此ᄂᆞᆫ 人家大事ㅣ니 速往救之ㅣ 不亦善事乎잇가?" 因驅馬向山이어날 朴이 旣慴於厥僮이라 從他上山ᄒᆞ니 見其方築天灰어날 未忍發說ᄒᆞ되 僮이 在傍促之ᄒᆞ니 不得已語之ᄒᆞ되 喪人이 大驚ᄒᆞ야 將信將疑어날 朴이 力言之ᄒᆞ야 遂停役ᄒᆞ고 啓壙而視之ᄒᆞ니 果上下倒置어날 卽敎以下一金井ᄒᆞ야 開新壙以葬而去ᄒᆞ니 喪人이 大爲感德ᄒᆞ야 苦挽之ᄒᆞ되 朴曰: "吾行이 忙ᄒᆞ야 不可留라."ᄒᆞ고 遂下山來ᄒᆞ야 未至家十里에 僮이 謂朴曰: "主宅山地를 欲定於何處乎아?" 曰: "汝宅後園이 可用이니라." 曰: "不可不可ㅣ니이다! 家前에 有陂池ᄒᆞ고 池中에 有小島ᄒᆞ니 可以此爲定이니이다." 朴曰: "有水奈何오?" 曰: "雖然이나 必無水患ᄒᆞ리이다." 竟依僮言ᄒᆞ야 定以池中島ᄒᆞ니 喪人輩ㅣ 大駭어날 朴이 心甚慌惑ᄒᆞ야 密謂僮曰: "此處에 曷得安葬乎아?" 曰: "毋慮ᄒᆞ소셔!" 遂擇吉營窆이러니 一夜間에 池忽涸ᄒᆞ야 無一點水ᄒᆞ니 咸驚異之러라. 乃剗却池岸ᄒᆞ야 塡爲平地ᄒᆞ고 仍行窆穸ᄒᆞ니 形局이 儘美라. 僮謂朴曰: "主宅이 雖奉厚幣라도 切勿領受ᄒᆞ고 但請率吾以去也ᄒᆞ소셔." 明日에 主人이 果多贈遺ᄒᆞ되 皆不受, 曰: "願以彼僮으로 遺我ᄒᆞ라." 主人이 許之ᄒᆞ니 遂携僮而歸ᄒᆞ다. 僮曰: "公이 此後로 爲人求山之時에 必共吾往ᄒᆞ야 以吾立馬箠頓脚處로 占定이 可也ㅣ니이다." 朴이 從之ᄒᆞ야 到處에 必依其言ᄒᆞ니 皆吉地發福에 所得이 甚多라 行之十年에 遂致富饒라. 一日은 僮이 忽告辭어날 朴이 驚曰: "汝來吾家ᄒᆞ야 星霜을 屢閱이오 情義ㅣ 甚篤이어날 今無端辭去ᄂᆞᆫ 何也오?" 僮曰: "今有去處ᄒᆞ야 不可侯矣로소이다." 竟去ᄒᆞ야 不知所終이러라.

外史氏曰: "以術名世者ㅣ 多驕傲ᄒᆞ야 於人에 必致顚沛乃已라. 朴之風水ㅣ 未嘗非大方, 而恃才慢蹇ᄒᆞ야 終底無限困辱ᄒᆞ니 豈非滄浪歟아? 牛臥而占穴이며 池涸而成塋은 皆涉奇怪ᄒᆞ야 固難解悟, 而此ᄂᆞᆫ 不可謂無地理者耶아? 僅之異才ㅣ 大勝於朴ᄒᆞ니 亦近於隱淪者矣로다."

## 31.

性智ᄂᆞᆫ 太白山僧也ㅣ니 善於堪輿之術이라. 與奉化士人金某로 交最久ᄒᆞ야 二人이 懽然無所間이오 常從遊을 如蓮社之惠遠과 曼卿之秘演이라. 僧以挾術頗傲ᄒᆞ야 待金을 以方外之反ᄒᆞ니 金之子ㅣ 內懷不平이러라. 金이 托僧以身後之地ᄒᆞ디 僧이 諾之러라. 及金死에 僧이 來唁이어날 喪人이 雖受弔而意甚不屑이러라. 金妻ㅣ 使婢로 謂僧曰: "亡人幽宅을 旣有生時之勤托ᄒᆞ니 禪師ᄂᆞᆫ 可踐約否아?" 僧曰: "歸路에 當指示一處ᄒᆞ리니 幸命一僅ᄒᆞ야 隨我也ᄒᆞ라." 金家僅僕이 適皆出他ᄒᆞ고 只有小媄ᄒᆞ니 頗聰慧라. 金妻ㅣ 乃使之隨往ᄒᆞ야 到一山凹處ᄒᆞ니 僧이 拄杖自語曰: "此穴이 洵美ᄒᆞ야 必當代發福, 而恐非金家所有로다." 媄ㅣ 問其故ᄒᆞ디 僧曰: "唉ㅣ童女ㅣ 何知아?" 媄ㅣ 固問之ᄒᆞ디 乃曰: "郭璞『葬經』에 云: '人有福分이라야 輿地之吉氣로 相合이라.'ᄒᆞ니 其理捷應이라. 此坎龍穴이 天作貴格이오 五星이 歸垣ᄒᆞ며 三台巒頭ᄒᆞ니 政是鬱鬱佳城이라. 當有化魚爲龍之祥ᄒᆞ리니 豈汝主家之寒門薄祚로 所可享受者耶아?" 遂轉向一處ᄒᆞ야 尋穴ᄒᆞ고 揷杖以識之ᄒᆞ며 謂媄曰: "此地ᄂᆞᆫ 實合於彼之分數ᄒᆞ니 汝可歸告ᄒᆞ라!" 媄以再次所占之地로 告于金家ᄒᆞ야 竟葬其處ᄒᆞ고 媄ㅣ 心內에 獨記先占之穴ᄒᆞ야 秘不發說ᄒᆞ고 自是로 收貯飯米ᄒᆞ며 或藏分錢ᄒᆞ야 粒粒葉葉를 至誠鳩聚ᄒᆞ니 過三四年

에 米爲數包이요 錢亦幾緡이라. 乃謀于廊底奚隷와 幷及村里甿夫, 而懇請曰: "吾父葬處를 緣余幼穉ᄒᆞ야 未完窆ᄒᆞ니 恐不免烏鳶螻蟻之患이라. 每獨沚顙而抱恨ᄒᆞ야 猥占一邱向陽之地ᄒᆞ야 欲爲藟梩掩親之計, 而顧此零丁弱質이 無以身操版鍤ᄒᆞ니 若賴匍匐之義ᄒᆞ야 克竣窀穸之事, 則生死肉骨이 恩莫大焉이로소이다." 諸人이 咸嘉其志誠ᄒᆞ야 亟許之ᄒᆞ니 遂以所儲之米錢으로 多備酒食ᄒᆞ야 餉役者ᄒᆞ고 移葬之ᄒᆞ니 卽僧初占之處也ㅣ라. 女ㅣ暗揣, '吉地發福이 縱有山理라도 寒廚爇爨에 曷掩身世리오? 惟有匿跡詒影ᄒᆞ야 托身他處면 庶或可欺以方ᄒᆞ야 從良化貴라.'ᄒᆞ고 遂出門而逃ᄒᆞ니 漠然無所向이라. 卽從太白山路ᄒᆞ야 轉至江陵境ᄒᆞ니 棲屑仳儺에 苦楚ㅣ萬狀이라. 聞有宰相子ㅣ流落此地ᄒᆞ야 家貧鰥居에 身計踽凉이어ᄂᆞᆯ 女到其家ᄒᆞ야 願爲雇傭ᄒᆞ니 主人이 見其容止端正ᄒᆞ며 稍解人事ᄒᆞ고 遂爲家畜ᄒᆞ야 竟令主饋ᄒᆞ며 寵以專房ᄒᆞ야 連擧二子ᄒᆞ니 蘭姿玉骨이 俱是抱送之麒麟이라. 女ㅣ勤於紡績ᄒᆞ며 又雇奴力農ᄒᆞ고 胼胝勞苦ᄒᆞ니 調度ㅣ稍裕라. 因以治生營殖ᄒᆞ야 未及十年에 列置田土ᄒᆞ며 臧獲이 儼成饒富라. 女ㅣ謂其夫曰: "二子ㅣ雖皆俊秀ᄒᆞ나 顧其地處면 未免賤蘖이오 蚌泥有珠며 叢棘生花라 將爲用哉리잇가? 當迨此時ᄒᆞ야 作婚書ᄒᆞ야 深藏之ᄒᆞ고 稱吾爲正室ᄒᆞ야 以開後日方便之道ㅣ何如ᄒᆞ니잇고?" 夫曰: "汝言이 大有理라."ᄒᆞ고 遂假以齊體之禮ᄒᆞ다. 女ㅣ又曰: "士族이 久滯窮鄕이면 何以揚身名而振門戶乎아? 玉出櫝而待沽ᄒᆞ며 花向陽而易春이라. 捲還京師ᄒᆞ야 爲兒輩成就之地가 似好矣ᄂᆞ이다." 夫ㅣ卽上京ᄒᆞ야 買舍于諸族所居之洞ᄒᆞ고 將撤歸之際에 曰: "此處奴僕이 素諳吾家之本末ᄒᆞ니 恐致蹤跡之漏洩이니 竝令留置ᄒᆞ야 俾守田庄ᄒᆞ고 更從京洛ᄒᆞ야 買他僮僕而來요 治裝發行이 可也ㅣ니이다." 夫ㅣ竝從之ᄒᆞ야 挈

歸京第ᄒᆞ고 以女로 處于正堂ᄒᆞ야 如冀缺之相敬ᄒᆞ니 親鄒隣衖이 皆未見ᄒᆞ고 認以續絃之夫人ᄒᆞ야 其爲至親者ㅣ 輒呼以叔母或嫂氏矣러라. 其二子ㅣ 貌美才雋ᄒᆞ며 文藝夙就라 及長成에 廣求婚處호디 揀得地醜德齊에 門當戶對之兩家ㅣ 次第成婚ᄒᆞ니 玉樹交暎이오 雙鸞이 幷翔ᄒᆞ야 祥和福祿이 溢於一門ᄒᆞ니 非復前日之寒索也ㅣ라. 二子ㅣ肄科業游黌庠ᄒᆞ니 聲華ㅣ 藉甚ᄒᆞ야 折蓮捫桂를 幷如探囊이라. 伯長銀臺오 仲職玉署ᄒᆞ야 門闌烜爀ᄒᆞ고 其女ㅣ 以大夫人으로 尊貴無比러라. 一日은 夜深後에 密謂其二子曰: "汝輩ㅣ 顯榮이 至此ᄒᆞ니 能知外家之爲誰耶아?" 對曰: "母親이 常自謂奉化金生員之女故로 以金爲外祖也ㅣ니이다." 其母ㅣ 笑曰: "金生員은 猶是班閥이오 吾ᄂᆞᆫ 卽其家婢也ㅣ라." 仍說前後來歷一通, 曰: "今玆說破ᄒᆞ야 欲使汝輩로 知芝根醴源之在彼而不在此ᄒᆞ노니 汝其謹守本分ᄒᆞ야 毋作侈濫이 可矣니라." 母子ㅣ 酬酢之際에 偶有一穿窬之盜ㅣ 伏在牖外ᄒᆞ야 俟人就睡라가 竊聽其言語ᄒᆞ고 乃雀躍曰: "此誠奇貨로다. 往告本主면 必有厚償이로다!" 遂直往奉化金生家ᄒᆞ야 誘其子而上來ᄒᆞ야 執渠靮以隨ᄒᆞ야 到其門外ᄒᆞ고 使女嫂로 先告以某處某班이 上來라ᄒᆞ니 夫人이 驚喜曰: "吾家兄主ㅣ 來矣라." 顚倒迎入于內堂ᄒᆞ고 敍以同氣間久阻之懷ᄒᆞ니 金亦頗慧에 豈無瞧科리오? 隨問隨答이러라. 遂淨掃一室以處ᄒᆞ고 金生衣食供奉을 靡不用極ᄒᆞ야 以至騎率이라도 善待善喂ᄒᆞ고 過數日에 招健奴數輩ᄒᆞ야 密囑曰: "吾兄陪來之奴에 有大罪惡ᄒᆞ야 未可容貸ㅣ니 汝其飮以醇酎ᄒᆞ고 乘其泥醉ᄒᆞ야 縛而負去ᄒᆞ야 沈于漢江也ᄒᆞ라!" 奴輩ㅣ 承敎卽行ᄒᆞ야 遂滅賊口ᄒᆞ다. 金이 喫好飯着好衣ᄒᆞ니 風神이 日勝이라 主人之名士朋友往來者ㅣ 認爲主人之渭陽ᄒᆞ고 協力周旋ᄒᆞ야 囑于銓曹ᄒᆞ야 獲除初仕ᄒᆞ며 後에 至淸河縣監이러라.

外史氏曰:"堪輿形家ㅣ理本玄微ᄒᆞ야 吉凶禍福之曰有曰無를 俱未的確이라. 自昔으로 惑於山理者ㅣ 遍訪良師ᄒᆞ며 周踏巔麓에 竟未得一藏之地者ㅣ 比比有之라. 女以童媛로 聞僧發福之說ᄒᆞ고 能有警解ᄒᆞ야 移窆獲福이 驗若筮蔡ᄒᆞ니 第其力量才智ㅣ 卓乎丈夫之所難辨ᄒᆞ니 亦異哉ㄴ더!"

## 32.

李尙書鼎運之祖父春挺은 仁人也ㅣ라. 少日에 讀書山寺할시 時値深冬에 丈雪이 埋壑ᄒᆞ고 饕風이 捲地ᄒᆞ야 寒威嚴酷이어날 有一丐僧이 鶉衣鵠形으로 向夕波吒而來ᄒᆞ야 願沾盂瀝ᄒᆞ야 救此凍餒ᄒᆞ니 山僧이 饋之夕飧ᄒᆞ고 處之溫堗이라. 翌日에 苦逗留ᄒᆞ야 欲逐之ᄒᆞ니 李惻然謂山僧曰:"一寒이 如此ᄒᆞᆫ디 無衣且餓之人이 必僵於路ᄒᆞ리니 何忍驅逐이리오? 朝夕饌粮은 吾當辨給이니 使留幾日ᄒᆞ야 待稍暄送之也ᄒᆞ라." 李適換着新衣라가 乃授以所脫衣袴로 令着之ᄒᆞ고 過屢日에 寒弛어날 使之下山ᄒᆞ니 僧이 手攢頂禮ᄒᆞ야 僕僕稱謝而去ᄒᆞ다. 其後幾年에 李ㅣ遭故ᄒᆞ야 纔成服이러니 有一僧이 來請弔어날 主人이 受弔而未之識也ㅣ라. 僧曰:"喪主ㅣ知貧道乎잇가?" 曰:"不知也ㅣ로라." 僧曰:"喪主ㅣ倘記某年某寺에 乞食之僧乎잇가?" 李乃恍然思得, 曰:"禪師ㅣ一去에 仍無影響이러니 今忽來唁ᄒᆞ니 誠亦意外로다." 僧曰:"嚮慕之誠이 豈後於人, 而雲遊蹤跡이 自多齟齬ᄒᆞ야 今始來謁ᄒᆞ니 祇切歎愧로소이다. 曩者에 得蒙推食解衣之惠ᄒᆞ야 獲免翳桑之餓ᄒᆞ니 受恩如天에 欲報無地라. 隱結之恩은 食恩不忘이러니 仄聞喪主ㅣ遭艱ᄒᆞ니 想無山地之素定者라. 貧道ㅣ粗有山眼ᄒᆞ야 欲擇上吉之地ᄒᆞ야 少伸報效之誠ᄒᆞ야 當走一遭初占而來ᄒᆞ리니 喪主ㅣ窮審而取捨如何ㅣ니잇고?"

李ㅣ方以山地로 爲憂라가 聞其言호니 不勝喜幸이라, 意謂, '渠ㅣ旣以感恩으로 必欲圖報, 則似當盡誠求之라.'호야 遂從其言호다. 數日後에 僧이 復來曰: "初占一處을 願與喪主로 偕往觀之니이다." 李ㅣ遂僧往視호니 乃平地田野之中이오 形局拱抱는 雖以凡眼觀之라도 未見其僅可處어날 心竊疑之나 然이나 旣不解堪輿之術이오 又專恃此僧之言, 則未可以俗眼으로 定其可否라. 遂一依僧言호야 裁穴開基호고 擇日營窆할시 於是에 無論族戚호고 隣里에 下及役丁虻隷라도 莫不愕然相顧호야 一辭訾毁호야 以爲龍穴砂水ㅣ無一合格호고 林樾荒莽호며 巖石犖确호야 山勢險惡호고 地形이 汚陷호니 如此山地을 何可完葬云云호니 喪人이 雖恃僧之所指定而衆謗이 叢호니 疑惑이 滋甚이라. 乃引僧至僻處호야 密問曰: "吾ㅣ奉師言을 不趐若神蓍靈蔡호야 雖毁言이 日至라도 決意用之나 乃者衆口을 難防호니 不勝其喧眊이오 市虎ㅣ成於三傳호고 顚木이 由其十斫이라. 吾ㅣ旣昧地理之糟粕호고 又無管窺之明的호야 果難力排以衆議호고 獨立己見이니 將奈何오?" 僧이 深思良久에 曰: "貧道之苦心至誠이 豈或一毫泛忽, 而人言이 旣如彼嘵嘵호니 喪主之如是疑慮ㅣ亦無怪矣라. 雖然이나 如有明知的見에 洵美且吉, 則可用之否아?" 喪人曰: "可勝言哉아!" 其時에 穿壙已訖호고 築灰將始라. 僧이 遂携喪人호고 入其壙內호야 緊閉掩壙窓호야 不使點風透入호고 穿破壙底小許, 則下有石函호야 方正着在地上호며 石色이 瀅澈如鑑이라. 僧이 以手로 微擧其上蓋一隅호고 以燭으로 斜照而窺之, 則澄水滿函호며 金鮒魚數三尾ㅣ游泳其中이라. 喪人이 見之大駭호고 遂急閉之호야 仍復堅築其破土而出來호야 揮却衆論호고 督令築灰호니 諸人이 見如此擧措호고 不敢復言이러라. 乃封墳竣役호고 僧乃告辭而去홀시 臨別에 謂喪人曰: "貧道感公恩德호야

極擇吉地ᄒᆞ야 必欲於喪主在世時發福ᄒᆞ야 見其榮達矣러니 不幸吉氣ㅣ 少洩ᄒᆞ니 當於四十年後에 吉氣復完聚然後에 始可發福ᄒᆞ야 當出三科요 位至隆顯矣리이다." 其後四十年에 李之孫兄弟三人이 皆登科ᄒᆞ야 鼎運·益運은 皆至正卿이러라.

外史氏曰: "世所稱名穴大地ㅣ 往往有奇徵異兆, 故沈惑於山理者ㅣ 皆以此也ㅣ라. 石函游魚ㅣ 係是吉地, 而僧眼이 能透地中ᄒᆞ니 亦異哉ᆫ뎌! 堪輿ㅣ 理本玄微ᄒᆞ야 外雖不美나 內則藏吉者ㅣ 或有之ᄒᆞ니 此尤難曉라. 苟非誠力之到底면 豈得以無疑乎아? 大抵觀其外ᄂᆞᆫ 易ᄒᆞ고 知其內ᄂᆞᆫ 難ᄒᆞ니 非獨山理爲然이라 萬事ㅣ 皆然矣라."

## 33.

許浚은 宣祖朝御醫也ㅣ라. 少時에 貧窮ᄒᆞ야 設鋪於銅峴이러니 一日은 有老學究ㅣ 弊褐草屨로 貌似鄕愿ᄒᆞ야 突然入來러니 坐於室隅ᄒᆞ야 口無一言ᄒᆞ고 移晷不去라. 許ㅣ 怪問之ᄒᆞᆫ대 客曰: "某ㅣ 與人으로 約會于此故로 今方苦企ᄒᆞ야 淹留貴肆ᄒᆞ니 心竊不安이로라." 許曰: "何妨之有리오?" 至食時ᄒᆞ야 主人이 要進飯ᄒᆞ니 客이 不應之ᄒᆞ고 走出門外ᄒᆞ야 以囊錢으로 買飯于市ᄒᆞ고 旋來凝坐ᄒᆞ되 如是數日에 所待之人은 終不見至라. 許ㅣ 心竊疑怪, 忽有一庶人이 來曰: "妻方臨産이라가 猝然昏倒不省ᄒᆞ니 願得良劑ᄒᆞ야 以救此急ᄒᆞ소셔." 許曰: "若輩無識ᄒᆞ야 每謂販藥者ㅣ 能通醫術ᄒᆞ고 有此來問이나 然이나 吾非醫也ㅣ라 焉知對投乎아? 若往問醫人ᄒᆞ야 出藥方以來, 則當製給矣리라." 庶人曰: "本不識醫師門巷ᄒᆞ니 望以一劑로 活人ᄒᆞ소셔." 學究客이 在傍勸說曰: "若服藿香正氣散三貼, 則卽愈矣리라." 許ㅣ 笑曰: "此是消痞解鬱之劑ㅣ니 若投産病, 則便同氷炭이라 君이 徒習於口而發也ㅣ로다." 客이 固執前言ᄒᆞ니

庶人曰: "事已急矣니 雖此劑라도 萬望製給ᄒᆞ소셔." 因問價投錢이어날 許不得已枰量與之ᄒᆞ다. 向夕에 又有一庶人이 來曰: "某ㅣ 與某甲으로 隣居러니 某甲之妻ㅣ 方産이라가 垂絶이라가 幸得良藥于此鋪ᄒᆞ야 得以回甦ᄒᆞ니 此必有良醫라. 某之子ㅣ 方三歲에 患痘危劇ᄒᆞ니 望以珍劑로 救活ᄒᆞ소셔." 客曰: "亦服藿香正氣散三貼ᄒᆞ라." 許曰: "庶人輩ㅣ 未嘗服藥故로 其强壯者ㅣ 或以此劑로 收效, 而至於襁褓之兒ᄒᆞ야는 決不當服此오 況其症形이 不啻千里之差乎아!" 庶人이 固請ᄒᆞ니 許又與之러니 其人이 來告ᄒᆞ되 果得立效러라. 自是로 聞風者ㅣ 踵門而至ᄒᆞ되 莫不以藿香正氣散으로 應之ᄒᆞ야 無不良效에 捷於桴鼓ᄒᆞ니 許ㅣ 乃知學究之有異術ᄒᆞ고 叩其所存ᄒᆞ니 始諱之라가 屢叩ᄒᆞ되 乃應曰: "吾ㅣ 幼有惡疾이러니 偶逢山人ᄒᆞ야 授以神方獲痊이라. 因窺醫家秘訣ᄒᆞ야 略知其意에 不肯竟學故로 粗知糟粕而已로라." 許ㅣ 乃促膝, 而願聞其術ᄒᆞ되 客曰: "『難經』에 云: '醫者는 意也'ㅣ니 思慮ㅣ 精則得之ᄒᆞ나니 其德이 能仁恕博愛ᄒᆞ며 其智ㅣ 能宣暢曲解ᄒᆞ야 能知天地神祇之大ᄒᆞ며 能明性命吉凶之數ᄒᆞ고 處虛之分ᄒᆞ야 定逆順之節ᄒᆞ며 原疾을 疹之輕重, 而量藥劑之多少ᄒᆞ야 貫微達幽에 不失細小라. 如此면 乃謂良醫耳라." 遂以六技四家玉版金樻之術로 口授娓娓ᄒᆞ니 許ㅣ 傾聽暗記ᄒᆞ야 多所悟解라. 自是로 習覽經方ᄒᆞ야 手不輟卷ᄒᆞ야 得盡其妙ᄒᆞ야 竟以術로 名世ᄒᆞ다. 學究ㅣ 嘗獨坐木樻上이러니 有一宰相之子ㅣ 入來어날 許ㅣ 下堂迎拜, 曰: "公何以枉臨乎아?" 曰: "親癠ㅣ 屢朔沈綿ᄒᆞ야 百藥이 無效요 醫言, '陳根腐草는 難以着效요 須親造藥肆ᄒᆞ야 別求新種ᄒᆞ야 依法製進이면 可望收效云.' 故로 有此委造라."ᄒᆞ면 因問: "彼坐樻上者는 誰也오?" 許ㅣ 曰: "此間에 有異事라!"ᄒᆞ고 遂具道前狀ᄒᆞ되 學究ㅣ 無所改容ᄒᆞ고 但曰: "藿香正氣散이 最佳ㅣ니라." 其

人이 暗笑而劑藥以歸ᄒᆞ야 語及學究事ᄒᆞ니 宰相曰:"此藥이 安知非當劑乎아? 欲試服之호리라." 其子及門人輩ㅣ 交謁更諫曰:"積敗凜綴之中에 方用蔘附어늘 何可遽進消散之劑리오? 決不敢奉命이로소이다." 宰相默然이러니 俄而, 而其子ㅣ 煎藥以進이어늘 宰相曰:"所食이 不下ᄒᆞ니 姑置之하라." 迨夜密使一傔으로 潛製藿香正氣散三貼ᄒᆞ야 混入大鐺合煎ᄒᆞ야 分三服之러니 詰朝에 起坐ᄒᆞ니 神淸氣逸ᄒᆞ야 病症이 頓減이라. 其子ㅣ 問候ᄒᆞ디 答曰:"宿疴ㅣ 已快袪矣라." 其子曰:"某醫ᄂᆞᆫ 眞華·扁也로다!" 答曰:"非也라. 藥肆學究ㅣ 乃神醫也ㅣ라." 因言煎服正氣散之事ᄒᆞ고 又曰:"此人이 於汝에 恩莫大焉, 汝可往迎以來ᄒᆞ라." 其子ㅣ 卽往ᄒᆞ야 極致感謝之意ᄒᆞ며 又傳親敎ᄒᆞ고 請共歸家ᄒᆞ니 學究ㅣ 掉袂而起, 曰:"吾ㅣ 誤入城闉ᄒᆞ야 自取羞侮로다. 吾ㅣ 豈作入幕之賓乎아?" 遂飄然而去ᄒᆞ니 其子ㅣ 憮然, 而歸告其由ᄒᆞ니 老宰益嘆其耿介拔俗之士矣러라. 旣而, 上候ㅣ 違豫ᄒᆞ사 太醫迭診이로디 迷其所向ᄒᆞ니 擧朝ㅣ 焦遑이라. 老宰以藥院提擧로 入侍ᄒᆞ야 以學究事로 仰達ᄒᆞ니 上曰:"此劑ㅣ 雖未必有效ㅣ나 亦無所害라."ᄒᆞ시고 仍命煎入進御, 而翌瘳告慶ᄒᆞ니 上이 益嗟異之ᄒᆞ고 令物色而訪之호디 終不可得이라. 其後에 許之術業이 益精ᄒᆞ야 卿宰家ㅣ 爭邀, 而輒辭以脚病이라. 壬辰去邠時에 許以御醫로 扈從ᄒᆞ야 蹌慕華峴할시 其步ㅣ 甚疾ᄒᆞ니 白沙李公이 顧視而笑, 謂僚員曰:"許浚之脚病은 亂離湯이 有神效矣로다!" 聞者ㅣ 捧腹이러라. 許以扈聖勳錄陽平君ᄒᆞ고 所著『東醫寶鑑』이 行于世라.

外史氏曰:"許之醫術이 專由於學究之警撕, 而其人之不用對投ᄒᆞ고 但以一方而輒收效ᄒᆞ니 亦異也ㅣ라. 蓋醫書에 有年運循環之說ᄒᆞ야 一歲之中에 百病이 雖異, 而其本則年運之所使也ㅣ라. 苟

知其年運所屬, 而投入襯合之劑, 則雖不相當之症이라도 無不有效
ᄒ니 此載秘方, 而俗醫ㅣ未能窺之라. 但隨症投藥에 捨其本而治其
末ᄒ니 所以로 有害無益者ㅣ多矣니 不亦謬哉ㄴ뎌!"

### 34.

鄭上舍某는 高士也ㅣ라. 夙抱異才ᄒ야 醫藥·卜筮·琴棋·書畫를
無不通曉ᄒ야 嘗居果川紫霞洞ᄒ야 家貧好奇計ᄒ고 蕭然一室에
圖書自娛라. 一日은 有美少年이 啓戶而入ᄒ야 自言, "金浦居人이
오 姓名은 白華라ᄒ며 飽聞高名ᄒ고 要瞻盛儀而來라."ᄒ거날 鄭이
見其風標ㅣ雋朗ᄒ며 言辭ㅣ該博ᄒ니 疑其非鄕人也ㅣ라. 白生이
袖出一壺ᄒ야 酌酒而進, 曰: "初拜床下에 將此薄味ᄒ야 聊表菲忱
ᄒ니 幸許小嘗ᄒ소셔." 鄭이 受以飮之ᄒ니 酒氣香洌異常이라 連倒
數杯而止ᄒ니 其壺ㅣ甚小, 而以上蓋로 作盞ᄒ고 下層에 有榼ᄒ며
榼中에 珍肴也ㅣ라. 品味俱佳ᄒ야 非人世所有어날 益復疑之라. 遂
辭去ᄒ고 明朝에 又來ᄒ며 來輒挈肴榼ᄒ야 如是連十日不懈ᄒ니
兩人[12]이 交益歡이라. 鄭이 問: "君이 有所欲言者乎아?" 對曰: "生
有至切之情이나 然이나 不敢仰請耳라." 問: "有何情事여든 第言無
妨이라." 對曰: "生有親病ᄒ야 形症이 乖常ᄒ니 若蒙委往診視, 則
感結無比로소이다." 鄭이 旣得十日之飮이오 且欲知其根脈ᄒ야 乃
曰: "吾雖乏華·扁之技ㅣ나 旣效牙期之遇ᄒ니 當爲君走一遭ᄒ리
라." 白生이 大喜曰: "門外에 已備驢矣니이다." 遂聯轡而行ᄒ야 至
楊華渡ᄒ니 有艤小艇而待者ㅣ라. 纔乘船ᄒ니 鏡面風利에 布帆이
無恙이라 瞬息之頃에 已出大洋ᄒ니 四顧茫茫이오 水雲이 接天ᄒ

---

12) 人: 저본에는 '인'으로 나와 있으나 한자로 표기함.

야 莫知所向이리[13]. 鄭이 心語曰: "此必異人也ㅣ로다." 不問所之ᄒᆞ고 飮酒自若이러니 忽見迷霭中一大舶이 錦帆을 高掛ᄒᆞ고 梢工이 相呼러니 倏爾揚波而來ᄒᆞ니 白生이 請鄭ᄒᆞ야 上大舶ᄒᆞ니 船制宏麗ᄒᆞ고 中有軒楹ᄒᆞ며 室屋面面에 雕窓畵欄이 重重이오 錦帳繡幕을 皆飾以沈檀珠貝ᄒᆞ고 內設床榻筆硯·香茶·爐罐之屬이 物物珍異오 件件奇妙ᄒᆞ야 眩轉熒煌에 不可名狀이라. 主客이 坐定에 命進酒饌ᄒᆞ니 皆異味也ㅣ라. 白生이 盡誠奉侍ᄒᆞ야 不敢少懈러라. 行二晝夜에 始泊一岸ᄒᆞ야 請下船ᄒᆞ니 岸邊에 車馬ㅣ雲集ᄒᆞ고 帷幕이 連天ᄒᆞ며 一官人이 率輿儓ᄒᆞ야 以彩轎로 迎客ᄒᆞ야 請鄭乘轎ᄒᆞ고 舁而行幾里ᄒᆞ니 所經閭里市肆에 人物衣冠이 無非異樣이라. 鄭이 懍怳ᄒᆞ야 莫省其故, 而便如籠中之鳥ᄒᆞ야 一聽其所爲而已라. 遂入一城ᄒᆞ니 卽國都云, 而城堞을 皆以白石으로 築之ᄒᆞ야 如鋪琉璃·水晶이라. 轉入宮中ᄒᆞ니 殿閣이 連絡ᄒᆞ고 階阤欄楹을 俱以玉石으로 雕鏤ᄒᆞ니 輝映이 奪眼ᄒᆞ야 怳疑天上白玉京也ㅣ라. 導鄭至一室ᄒᆞ야 歇宿ᄒᆞ여 供具之豊盛과 帷帳之華美ᄂᆞᆫ 不可殫記라. 鄭이 乃問曰: "此是何處오?" 白生曰: "小生의 誑楚之罪ᄂᆞᆫ 無以丐也ㅣ오. 此ᄂᆞᆫ 卽白華國이니 去東國이 海路數萬里오 小生은 卽此邦之太子也ㅣ라. 父王이 有疾ᄒᆞ야 積年沈痼에 遍求天下良醫호ᄃᆡ 未得奏效러니 今幸天借好便ᄒᆞ야 枉屈高駕ᄒᆞ니 明日診視ᄒᆞ고 試投瞑眩에 期臻翌瘳之慶, 則謹當隕結圖酬矣리이다." 鄭이 含默止宿ᄒᆞ고 明日에 太子ㅣ早來ᄒᆞ야 引鄭至一殿ᄒᆞ니 扁以 '太華殿'이라. 壯麗無比오 由其後ᄒᆞ야 到寢殿ᄒᆞ야 暫立楹外俟命이러니 卽有宮女ᄒᆞ야 開簾迎入이라. 瞥見一人이 背負一盤松ᄒᆞ고 高坐於雕龍榻繡鳳褥之上ᄒᆞ

---

[13] 리: 문맥상 '라'가 되어야 함.

니 乃國王也ㅣ라. 鄭이 大駭ᄒᆞ야 遽拜而問候ᄒᆞᆫᄃᆡ 王曰: "遠來良苦ᄒᆞ니 豈勝感謝ㅣ리오?" 使之診脈ᄒᆞ고 因道病情, 曰: "寡人이 自幼時로 偏嗜食松ᄒᆞ야 凡松筍·松葉·松根·松皮을 無不烹煮而噉之러니 燥火ㅣ 漸盛이라가 一日은 背上이 搔癢難耐러니 忽一松이 吐芽而生ᄒᆞ야 皮膚間에 轉爲茁長ᄒᆞ야 如盤松形ᄒᆞ니 非但偃仰屈伸之不得自由라. 其松枝葉이 或觸物或被傷, 則痛不可忍ᄒᆞ니 此何病也오?" 鄭曰: "退而覃精研究라야 始可議藥이로소이다." 遂歸所館ᄒᆞ니 太子ㅣ 日三來侯ᄒᆞ며 供奉이 愈謹이라. 鄭이 晝夜思度호ᄃᆡ 莫曉其症이오 罔知攸措라. 焚香默坐ᄒᆞ야 如是三日에 心生一計ᄒᆞ야 乃謂太子曰: "斧子百柄과 大釜一坐와 柴木百束과 冷水一瓮을 今可備來ᄒᆞ라!" 仍納斧釜中ᄒᆞ고 注水而煎之호ᄃᆡ 以文武火로 至三日ᄒᆞ야 以鐵器로 盛其水ᄒᆞ야 至殿上ᄒᆞ야 以手로 點灑于王之背松이러니 未及半晌에 松葉이 萎黃ᄒᆞ고 俄而松枝枯凋라. 遂以水로 澆漑ᄒᆞ니 竟晷, 而枝葉이 幾盡脫落이오 只餘元株ᄒᆞ야 亦漸縮小라. 一直灌洗ᄒᆞ니 至數日에 連根消融이라. 又使之飮其水一椀ᄒᆞ니 背無餘痕ᄒᆞ고 精神이 頓爽ᄒᆞ니 國王父子ㅣ 歡天喜地ᄒᆞ야 稱慶大赦ᄒᆞ며 向鄭感謝不已ᄒᆞ야 因問其症源ᄒᆞᆫᄃᆡ 鄭曰: "松毒이 聚中ᄒᆞ야 木生火ᄒᆞ니 因毒而生樹라. 今斧者ᄂᆞᆫ 金也ㅣ며 又斫也ㅣ니 金克木로 用斧ᄒᆞ야 除木氣而消其毒耳라." 於是에 三日小宴ᄒᆞ며 五日大宴ᄒᆞ야 奉之如神明이라. 鄭이 告歸ᄒᆞᆫᄃᆡ 國王曰: "人生世間이 如白駒過隙이니 適於意, 則何處에 不可住乎아? 願同樂富貴ᄒᆞ야 以終餘年이 如何오?" 鄭曰: "富貴ᄂᆞᆫ 非吾願이오 吾ㅣ 自愛吾廬ᄒᆞ니 不如早還家오 雖高官大爵과 瑤臺華屋이며 黃金白璧이라도 無可以動其心이라." 父子ㅣ 力挽不能得이어날 太子曰: "先生之恩이 河海莫量, 而圖報無路ᄒᆞ니 幸留一兩日ᄒᆞ야 盛設祖筵以送之ᄒᆞ리이다." 將行에

贈以塊美石, 曰: "此石이 出於海中ᄒᆞ니 至寶也ㅣ라. 向日先生所飲之酒ᄂᆞᆫ 皆此石所出也ㅣ니 置之器, 則美酒ㅣ津津自生不翅ᄒᆞ야 若酒泉之自湧ᄒᆞ야 千年不竭ᄒᆞ니 幸先生은 領此ᄒᆞ소셔." 鄭本好酒라 答曰: "行者ㅣ有贐은 古禮也ㅣ라 安得不受리요?" 遂盛酒石於銀盒ᄒᆞ야 奉之ᄒᆞ고 乃啓行호ᄃᆡ 一如來時光景ᄒᆞ고 還泊楊花渡ᄒᆞ야 下船歸家ᄒᆞ니 家人苦待已浹數朔矣라. 因敍其事而秘之ᄒᆞ고 以酒石으로 娛平生云이러라.

外史氏曰: "世或有奇症怪疾, 而背樹之說은 卽四百四病에 所無之症이오 語不近理라 豈有對投之劑리오? 乃運意用藥ᄒᆞ야 能得療治ᄒᆞ니 亦深解醫理者로다. 蓋醫者ᄂᆞᆫ 意也ㅣ니 專精究思ㅣ면 必有得之, 而俗醫ᄂᆞᆫ 只以本方으로 膠固不通ᄒᆞ야 誤人者ㅣ多라. 自昔으로 華·扁이 皆以意解之ᄒᆞ야 盡其精妙오 豈或有得於方書者耶아? 酒石之餽ᄂᆞᆫ 雖曰'奇寶', 而亦異物이니 可謂有是病有是餽也ㅣ라."

## 35.

洪宇遠이 少時에 作鄕行할시 住一店幕ᄒᆞ니 無男子主人, 而只有女主人ᄒᆞ야 年可卄餘오 容貌ㅣ頗美ᄒᆞ며 其淫穢之態, 溢於面目이라. 見洪之年少貌美ᄒᆞ고 喜笑而迎之ᄒᆞ야 冶容納媚에 殆不忍正視라. 洪이 視若不見ᄒᆞ고 坐於房中ᄒᆞ니 其女ㅣ頻數入來ᄒᆞ야 手撫房堗, 而問曰: "得無寒乎잇가?" 時以秋波送情호ᄃᆡ 洪은 端坐不答ᄒᆞ고 至夜深時ᄒᆞ야 洪이 臥于上房ᄒᆞ고 女則臥于下房ᄒᆞ야 微以言誘之, 曰: "行次所住之房이 漏湫어날 何不來臥于此房乎잇가?" 洪曰: "此房도 可足容膝이오 挨過一夜면 何處不可리오? 不必更移也ㅣ니라." 女ㅣ又曰: "行次ㅣ或以男女之別로 爲難乎잇가? 吾儕ᄂᆞᆫ 常賤이라 有何男女之可別이리오? 斯速下來ㅣ爲好ㅣ니이다." 洪이 不答

ᄒᆞ고 微察其氣色, 則必有鑽穴來劫之慮ㅣ라 以行中麻索으로 縛其隔壁之戶而就寢矣라. 其女ㅣ 獨曰: "來客이 無乃宦官乎아? 吾以好意로 再三誘之ᄒᆞ야 使入於佳人懷中, 而穩度良夜ㅣ 不害爲風流好事, 而聽我漠漠에 甚至於縛房戶ᄒᆞ 可謂'天字怪物'이라 可恨可恨이로다!" 洪이 佯若不聞而就睡矣라. 昏夢中에 忽聞下房에 有怪底聲ᄒᆞ며 已而窓外에 有咳嗽之聲, 曰: "行次ㅣ 就寢乎잇가?" 洪이 驚訝而應曰: "汝是何許人, 而問我何爲오?" 對曰: "小人은 卽此家主人이라 今將欲開戶ᄒᆞ니 擧火視之, 而有可白之事耳니이다." 洪이 乃起坐而開戶, 則主人이 持火而入ᄒᆞ야 明燭而坐ᄒᆞ며 進酒肴一案而勸之ᄒᆞ니 洪曰: "此ㅣ 何爲也며 汝是主人이면 晝往何處而夜深後始來아?" 主人漢曰: "行次ㅣ 今夜에 經無限危矣니이다. 小人之妻ㅣ 貌雖美, 而心甚淫亂ᄒᆞ야 每乘小人之出他ᄒᆞ야 行奸이 無常이라, 小人이 每欲捉贓, 而終未如意라. 今日에 必欲捉奸ᄒᆞ야 稱以出他ᄒᆞ고 懷利刃ᄒᆞ야 匿于後面矣러니 俄者, 行次酬酢을 已悉聞之ᄒᆞ니 行次ㅣ 如或爲其所誘, 則必也殞命於小人劍頭矣라. 行次ㅣ 以士夫之心事ㅣ 鐵石肝腸으로 終始牢拒ᄒᆞ야 至於鎖門之境ᄒᆞ니 小人이 暗暗欽歎之不暇ᄒᆞ고 敢以酒肴로 以表此歎服之心ᄒᆞ나이다. 厥女ㅣ 欲誘行次라가 事不諧意, 則淫心을 難制ᄒᆞ야 與越邊金總角同寢故로 小人이 以一刃으로 斷其男女之命이라. 事已到此ᄒᆞ니 行次는 須卽出門이 可也오 少留, 則恐有禍延之慮니이다. 小人도 亦從此逝矣로소이다." 洪이 大驚起ᄒᆞ야 趣裝而出門, 則主人漢이 仍擧火ᄒᆞ야 燒其家ᄒᆞ고 與洪으로 同行數十里라가 仍分路而作別, 曰: "行次ㅣ 早晩間에 必顯達이오 此別之後會를 難期ᄒᆞ니 萬望保重ᄒᆞ소셔." 慇懃致意而去러라. 洪이 登第ᄒᆞ야 以繡衣로 暗行山谷間ᄒᆞᆯ시 只有一草舍요 日勢ㅣ 已暮어날 仍留宿ᄒᆞ야 見其主人ᄒᆞ니 卽是厥漢이

라. 呼問曰: "汝知我乎아?" 主人曰: "未嘗承顏ᄒ니 何以知之리잇가?" 洪曰: "汝於某年某邑某地에 逢一過客ᄒ야 有所酬酢ᄒ고 夜間에 放火其家, 而與我로 同行數十里之事를 汝能記憶乎아?" 主人이 怳然而覺ᄒ야 起拜曰: "行次ㅣ 其間에 必也做第而就仕矣라." 洪이 不以諱ᄒ고 以實言之ᄒ며 仍問曰: "汝ㅣ 何爲獨處於四無隣里之地乎아?" 對曰: "主人이 自其後로 寓居於隣邑ᄒ야 又娶一女, 而貌亦姸美ᄒ니 若在村閭熱鬧之中이면 恐或更有向日之故ᄒ야 擇居于深山無人之地云라."

## 36.

高裕ᄂᆞᆫ 尙州人也ㅣ라. 爲人이 剛直廉潔ᄒ야 以文科로 屢典州郡, 而官人이 不敢干囑ᄒ며 其發奸摘伏之神이 如漢之趙廣漢ᄒ야 到處에 以得治로 著名이라. 其爲昌寧也에 前後疑獄之決이 事多神異러라. 有僧南朋ᄒ니 薄有文華才藝者라, 交結洛下權貴ᄒ야 以表忠祠院長으로 怙勢行惡ᄒ야 所到之處에 守宰奔趨下風ᄒ고 雖以道伯之體重으로도 亦與之抗禮오 少有違咈, 則守宰ㅣ 每每以罪로 道內黜陟이 皆出於此僧之手ᄒ야 貽弊各邑ᄒ며 行惡寺刹ᄒ야 無僧俗ᄒ니 擧皆側目, 而莫敢誰何러라. 南朋이 適有事ᄒ야 過昌寧할ᄉᆡ 使開正門ᄒ고 入見本倅而不爲禮ᄒ니 高裕ㅣ 預使官隷로 約定ᄒ야 使之捉下, 則其凌辱之說과 恐喝之言이 不一而足이라. 遂卽地打殺이러니 居數日에 京中書札之來ㅣ 不可勝記오 皆以南朋으로 爲托矣러라. 趙尙書曦之爲嶺伯也에 設酒禁ᄒ고 以昌寧之不禁으로 至有首吏鄕推治之境이라. 一日은 至營下ᄒ야 使下隷로 買酒以來ᄒ야 大醉而入見巡使, 曰: "昌寧一境에 雖有酒而薄不堪飮矣러니 今來營下, 則無家不釀ᄒ니 可謂大酒라 下官이 無量而飮云云." ᄒ

니 巡使ㅣ 知其意ᄒᆞ고 微笑而不答云矣러라. 歷州縣에 一毫을 不取ᄒᆞ고 歸則食貧이 如初러라. 尙州吏屬一人이 每以傔從으로 相隨ᄒᆞ야 廩捧錢이 或有餘, 則必擧而給之ᄒᆞ니 其人이 以此로 饒居라. 高裕之沒에 其孫이 貧不能聊生ᄒᆞ니 其時其傔이 年已八十餘라. 一日은 謂其子與孫曰: "吾家之致此富饒者ᄂᆞᆫ 皆其高官司之德也ㅣ라. 官司在世時에 以錢穀으로 納之, 而恐累淸德이며 設或納之라도 必無許受之理故로 忍而至今矣라. 聞其宅形勢가 萬不成說ᄒᆞ니 於吾輩之心에 安乎아? 人而背恩忘德이면 天必殃之라 吾ㅣ 自初로 留意, 而買某處畓ᄒᆞ고 又有樓上所儲錢矣라. 將以此로 納호리니 汝於明日에 須往邀其宅孫子書房主以來ᄒᆞ라." 其子與孫이 拜應曰: "諾다." 及其日에 來言曰: "有故不得來云矣라."ᄒᆞ다. 此時에 高之孫이 適入城內라가 歷路에 暫訪其家, 則其人之子與孫이 自外揮逐ᄒᆞ야 使不得接蹤ᄒᆞ니 高生이 大怒曰欲言責, 而更忍憤ᄒᆞ고 歸去之際에 適逢邑底親知人ᄒᆞ야 言其痛駭之狀ᄒᆞᆫ디 其人이 來問於老者ᄒᆞ니 老者ㅣ 大驚ᄒᆞ야 招其子與孫ᄒᆞ야 以杖毆之ᄒᆞ고 使賁乘轎騎, 而卽往其家ᄒᆞ야 待罪門下ᄒᆞ니 高生이 驚訝而出見ᄒᆞ니 老者ㅣ 强請同行ᄒᆞ야 至其家에 接以酒肴ᄒᆞ고 乃言曰: "小人之衣食이 無非先令監之德也ㅣ라. 小人이 爲貴宅而留意經紀者로 玆以奉獻ᄒᆞ니 幸勿辭焉ᄒᆞ소." 仍出畓券之每年收二百石者及錢千兩手標, 而送之高生之家ᄒᆞ니 仍以致富云이 尙州之人이 來傳此事始末故로 玆錄之라.

37.
陜川守某ㅣ 年이 六十에 只有一子而溺愛ᄒᆞ야 敎訓失方ᄒᆞ니 年至十三歲에 目不識丁이라. 海印寺에 有一大師僧ᄒᆞ니 自前으로 親熟

ᄒᆞ야 往來衙中矣라. 一日은 來言曰:"阿只年幾成童에 尙不入學ᄒᆞ니 將何以爲之ᄂᆞ잇가?" 倅曰: "雖欲敎文字, 而慢不從命ᄒᆞ니 不忍楚撻ᄒᆞ야 以至於此에 深以爲悶이로라." 大師曰: "士夫子弟ㅣ 少而失學, 則將爲世棄人이라. 全事慈愛, 而不事課工이 可乎아? 其人物凡百이 可以有爲, 而如是抛棄ᄒᆞ니 甚可惜也ㅣ라. 小僧이 將訓學矣리니 官家豈可許之乎잇가?" 倅ㅣ 曰: "不敢請이언정 固所願也로라." 曰: "然則有一事可質者ᄒᆞ니 以生死로 惟意爲之ᄒᆞ야 可嚴立課程之意로 作文記踏印ᄒᆞ야 以給小僧ᄒᆞ시고 且一送山門之後로 限等內官隷之屬을 一不相通ᄒᆞ야 割恩斷愛然後에 可矣니 衣食之供은 小僧이 自可辦之요 如有所送者어든 僧徒往來便에 直送于小僧處ㅣ 爲宜니 官家ㅣ 其將行之乎잇가?" 倅曰: "惟命是從矣라." 仍如其言ᄒᆞ야 文記給之ᄒᆞ고 自伊日로 送兒于山門, 而絶不相通이라. 其兒ㅣ 上山之後로 左右跳浪ᄒᆞ야 慢侮老僧ᄒᆞ야 辱之頰之에 無所不爲호ᄃᆡ 大師ㅣ 視若不見ᄒᆞ고 任其所爲라. 過四五日後平明에 大師ㅣ 整其弁袍ᄒᆞ고 對案跪坐ᄒᆞ니 三四十人이 橫經侍坐ᄒᆞ야 禮儀整肅이라. 大師ㅣ 仍命一闍利僧ᄒᆞ야 拿致厥童ᄒᆞ니 童이 號哭詬辱曰: "汝以僧徒로 何敢侮兩班至此乎아? 吾ㅣ 可歸告大人ᄒᆞ야 將打殺汝矣라." 仍罵曰: "千可殺萬可殺賊禿云云."ᄒᆞ고 限死不來어ᄂᆞᆯ 大師ㅣ 大聲叱之ᄒᆞ고 責諸僧ᄒᆞ야 使之縛來ᄒᆞ라. 諸僧이 齊來ᄒᆞ야 縛致之ᄒᆞ고 大師ㅣ 出示手記, 曰: "汝之大人이 書此給我ᄒᆞ며 從今以往으로 汝之生死ㅣ 在於吾手ᄒᆞ니 以兩班家子弟로 目不識丁ᄒᆞ고 專事悖惡之行ᄒᆞ면 生而何爲리오? 此習을 不袪면 將亡汝之門戶矣니 第受吾罰ᄒᆞ라!" 仍以錐末灸火ᄒᆞ야 待赤而刺之于股ᄒᆞ니 厥童이 昏塞半晌而甦라. 大師ㅣ 又欲刺之ᄒᆞᄃᆡ 乃哀乞曰: "自此以後로ᄂᆞᆫ 惟命是從ᄒᆞ리니 更勿刺之ᄒᆞ소셔." 大師ㅣ 執錐, 而責之誘之ᄒᆞ고 食頃

後에 始放ᄒ야 使之近前ᄒ고 以『千字文』으로 先受而排日課程ᄒ야 不許少休ᄒ니 此童이 年旣長成에 志慮ㅣ 亦長ᄒ야 聞一知十이오 聞十知百ᄒ야 四五朔內에 『千字』・『通鑑』을 皆通曉, 而晝夜不撤ᄒ고 孜孜不懈ᄒ니 一年之餘에 文理大就라. 留寺三年에 工夫ㅣ大成ᄒ야 每於讀書之時에 獨語于心曰: "吾以工夫로 受辱於山僧者ᄂ 皆不學之致也ㅣ라. 吾將勤工ᄒ야 登科後에 必打殺此僧ᄒ야 以雪此今日之恨云." 而一念不懈ᄒ고 尤用工力ᄒ니 大師ㅣ 又使習科工이라. 一日은 大師ㅣ 使近前, 曰: "汝之工夫ㅣ 優可作科儒ᄒ니 明日에 可與下山ᄒ리라." 翌日에 率來衙中, 言曰: "今則文辭ㅣ 將就ᄒ야 登科後에 文任은 亦不讓於他也ㅣ니 小僧은 從此辭去라."ᄒ고 仍留置而去ᄒ다. 其童이 始議親成婚, 而上京後에 出入科場數年之後에 決科ᄒ고 數十年間에 得爲嶺伯ᄒ니 始乃大喜ᄒ야 心語曰: "吾ㅣ 今以後로 可殺海印寺僧ᄒ야 以雪向日之憤云矣라." 及按道出巡也에 申飭刑吏ᄒ야 作別杖ᄒ고 擇執杖之善者三四人以從ᄒ라 將到山門ᄒ야 殺此僧計也러라. 行到紅流洞ᄒ니 此老僧이 率諸僧ᄒ고 祗迎于路左어날 巡使ㅣ 仍下轎ᄒ야 執手而致款ᄒ니 老僧이 欣然而笑曰: "老僧이 幸而不死ᄒ야 及見巡使威儀ᄒ니 幸莫大焉이로소이다." 與之入寺, 而請曰: "小僧之居房은 卽使道向年工夫之處也ㅣ라. 今夜에 移下處ᄒ야 與老僧으로 聯枕이 無妨矣니이다." 巡使ㅣ 許之ᄒ고 與之同處就寢할시 更深後에 僧問: "使道兒時受學之時에 有必殺小僧之心乎잇가?" 曰: "然矣로라." 曰: "自登科至建節而有此心乎잇가?" 曰: "然矣라." 曰: "發巡時에 矢于心, 而欲打殺小僧ᄒ야 至于別刑杖擇執杖之擧乎잇가?" 曰: "然矣라." 曰: "然則何不打殺而下轎致款乎잇가?" 巡使曰: "向來之恨을 心乎不忘이러니 及對君顔에 此心이 氷消雲散ᄒ야 油然有欣悅之心故也ㅣ로라."

僧曰: "小僧이 亦已揣知矣ㅣ라. 使道ㅣ位可至大官, 而某年某月日 按節箕城也ㅣ리니 當是時ᄒᆞ야 小僧이 當送上佐矣리니 使道ㅣ必須 加禮, 而如見小僧之樣ᄒᆞ야 與之同寢이 可也ㅣ요 愼勿忘置ᄒᆞ고 必 須如是ᄒᆞ소셔." 巡使ㅣ許諾ᄒᆞᆫᄃᆡ 老僧이 仍出示一紙, 曰: "此是爲使 道ᄒᆞ야 推數平生而編年者也ㅣ니 享年幾許, 位至幾品이 昭然可知 也, 而俄者箕營事ᄂᆞᆫ 愼勿忘却ᄒᆞ소셔." 巡使ㅣ唯唯ᄒᆞ다. 翌日에 多 給米布錢木之屬而去ᄒᆞ고 其後幾年에 果爲箕伯이러니 一日은 閽 者ㅣ告曰: "慶尙道陜川海印寺僧이 欲入謁矣니이다." 巡使ㅣ怳然 覺悟ᄒᆞ고 卽使入來ᄒᆞ야 使之升堂ᄒᆞ며 把袖促膝ᄒᆞ야 問其師之安否 ᄒᆞ고 夕餐을 與之連床ᄒᆞ며 至夜에 又與之同寢ᄒᆞ야 至更後에 房堗 이 過溫이어날 巡使ㅣ乃易寢席而臥矣러니 昏夢之中에 忽有腥穢之 臭라 以手撫僧, 則僧之臥處에 有水漬手라, 仍呼知印ᄒᆞ야 擧火而 見, 則刃刺於僧腹이오 血流遍地라. 巡使ㅣ大驚ᄒᆞ야 急使運置於外 ᄒᆞ고 卽爲窮査, 則巡使所嬖之妓ᄂᆞᆫ 卽官奴之所眄而彼此大惑也ㅣ 라. 以是로 含憾ᄒᆞ야 爲刺巡使而入來ᄒᆞ야 以爲下堗之臥者ㅣ卽巡 使也, 而刺之矣라. 仍拿致嚴覈, 則一一直招어날 遂之法ᄒᆞ고 治僧 之喪ᄒᆞ야 送于本寺ᄒᆞ니 蓋大師ㅣ預知有此厄, 而故使上佐로 代受 故也ㅣ라. 其後에 功名壽限이 皆符大師之推數矣러라.

38.

咸順命者ᄂᆞᆫ 善卜之矇瞽也ㅣ라. 人家에 有牝牛産犢이라 推其日 時ᄒᆞ야 欺以人命ᄒᆞ고 令順命으로 占之ᄒᆞᆫᄃᆡ 順命曰: "是命은 年四 歲에 當具五刑而死ᄒᆞ리니 人雖至虐이라도 豈四歲에 犯五刑者乎 아? 必六畜也로다." 客이 大驚而服ᄒᆞ다. 四年에 家有婚ᄒᆞ야 宰其牛 充盤肴러라. 又有一人이 令家僮으로 種匏子ᄒᆞ니 見雙甲이 苗地어

날 以其年月日時로 使順命卜之ᄒᆞᆫ디 曰: "是匏ㅣ 某月日時에 死오 不及結子矣리라." 其人이 笑而不信ᄒᆞ며 識諸篋中이라. 至夏月匏蔓長이러니 會에 天雨屋漏어날 令家僮으로 升屋易瓦러니 失其手ᄒᆞ야 一瓦ㅣ 落蔓上中絶ᄒᆞ니 其人이 驚悟ᄒᆞ야 視篋中所識ᄒᆞ니 果其日矣라. 順命이 嘗於雨中에 進謁白沙相公ᄒᆞᆫ디 公이 問: "何爲冒雨而至오?" 對曰: "事係緊切ᄒᆞ야 敢來煩告ㅣ니이다." 公曰: "且置汝所懇ᄒᆞ고 先從吾請이 可乎아? 有三少年在座ᄒᆞ니 爾能精算其窮達ᄒᆞ야 無所差誤, 則吾當快從爾言ᄒᆞ리라." 乃以三人四柱로 告之ᄒᆞ니 順命이 良久細推, 而言曰: "相公이 必以古人大貴之命으로 賺病人而譏之也ㅣ로다. 豈有一座上에 四相이 竝坐者ㅣ리오?" 公曰: "吾ㅣ 豈與若으로 爲戲耶아? 第以所見으로 言之ᄒᆞ라." 順命이 曰: "三人이 皆位極人臣이오 名滿一國ᄒᆞ야 平生에 所罕見之命也오 但辛巳生은 無文星照命ᄒᆞ니 科第ᄂᆞᆫ 未可必이오 貴不可言이며 且以五福完備로 言之면 辛巳生이 爲最矣니이다." 公曰: "若이 誠是譽卜이로다. 焉有三人竝坐而皆登台閣也ㅣ리오? 且我國士大夫ㅣ 未有不登第而能大貴者耳라." 順命曰: "直以方術所推로 告之오 其他則小盲이 亦不知也ㅣ로소이다." 三人은 卽崔遲川·張谿谷·李延陽, 而竟皆入相ᄒᆞ야 或中年多病에 不享遐齡ᄒᆞ며 或子姓이 不蕃호ᄃᆡ 獨延陽은 壽至八十이오 子孫이 衆多ᄒᆞ며 又以布衣로 策勳ᄒᆞ야 位至上相ᄒᆞ니 卜者之說이 果驗矣라. 順命이 適因事往嶺南이러니 仁同人趙某ㅣ 業武將赴擧할신 詣順命ᄒᆞ야 筮吉凶ᄒᆞᆫ디 順命이 布卦訖에 咄歎曰: "君行에 當被虎囕이니 然이나 又當捷科ᄒᆞ리니 豈有死而登科者乎아?" 遂題占辭曰: "月明山路에 虎狼이 可畏라."ᄒᆞ니 趙ㅣ 聞之大怖ᄒᆞ야 欲止行ᄒᆞᆫ디 順命曰: "登科無疑ᄒᆞ니 且可發行이오 虎咥은 果難避ᄒᆞ야 雖在家라도 烏可免乎아?" 趙ㅣ 然之ᄒᆞ고 乃登程

ᄒ다. 行數日에 適到山路無人之地ᄒ야 時値黃昏이오 東嶺에 月上이라. 忽有一賊ᄒ야 躡後而來러니 至叢薄陰森處ᄒ야 猝然直前ᄒ야 曳趙下馬ᄒ고 踏其胸搤其吭ᄒ야 抽劍擬之者ㅣ數次라. 趙曰: "汝之所欲은 財也ㅣ라 吾之衣服行篋馬匹을 任汝取去ᄒ고 何必殺我리오? 我非汝父母之讐어날 何至於是리오?" 賊曰: "吾ㅣ 豈欲若財者耶아? 非吾父母之讐면 吾豈有此擧哉아?" 趙曰: "吾ㅣ 一生에 未嘗殺人이어니 寧有與汝로 爲讐之端乎아?" 賊曰: "試思之ᄒ라!" 趙ㅣ 沈思良久, 曰: "吾ㅣ 年少氣銳時에 嘗怒一婢ᄒ야 杖治而忽斃ᄒ니 亦非猛杖故殺이오 此外에는 未嘗有由我死者로라." 賊曰: "吾는 卽婢之子也ㅣ라. 吾ㅣ 自失恃로 爲人收養ᄒ야 至於長成에 志未嘗一日忘汝라. 汝雖未知有吾나 吾之伺間은 久矣라. 今幸得遇於此ᄒ니 吾ㅣ 豈捨汝哉아?" 趙曰: "然則任汝所爲ᄒ라." 賊이 沈吟半晌에 乃擲劍伏地, 曰: "今玆相釋ᄒ니 主可以行ᄒ소셔." 趙曰: "汝旣以我爲讐ᄒ고 何不殺之오?" 賊曰: "吾ㅣ 聞之ᄒ니 主雖殺吾母나 旋卽悔之ᄒ야 每至死日이면 設食而祭ᄒ니 此恩을 亦不可忘也라. 主殺奴婢ᄒ니 爲其奴者ㅣ 何敢報也ㅣ리오? 顧此結在心曲에 思欲一洗오 今旣搤主之項ᄒ며 擬以白刃ᄒ야 雖未戕害나 志則少伸이라. 奴主之間은 義同父母니 以奴凌主에 至於此地ㅣ 亦是死罪라. 小人이 今當死於主前ᄒ리라." 趙曰: "汝眞義士也ㅣ라 何可浪死리오? 可與吾로 同上京이면 吾當善視오 豈或以此事로 置懷아?" 仍問其名ᄒ니 曰: "虎狼也ㅣ라." 且曰: "旣搤主項而忍復爲奴乎아? 罪不容於覆載라 主雖赦之나 神必殛之라."ᄒ고 遽引劍自決ᄒ고 仆于地ᄒ니 趙大驚嗟愕ᄒ고 至近村ᄒ야 言其故ᄒ니 一里皆驚ᄒ야 稱其義ᄒ며 共出力收瘞ᄒ고 趙ㅣ 上洛ᄒ야 果捷魁科ᄒ다.

　外史氏曰: "蓍龜之驗이 通幽索隱ᄒ며 彰往察來, 而惟其能透神

明ᄒ며 決疑洞微者ㅣ尠矣라. 咸卜之術은 可謂受命如響ᄒ야 極數 知來者라. 至於燭理如神에 無徵不驗ᄒ니 是豈獨占之者ᄭ能之리 오? 事事를 前定於未形天也ㅣ라. 人謂事事를 可以力으로 能營營 乎半夜而憂ᄒ니 不亦謬哉ㄴ뎌!"

## 39.

洪啓觀은 盲人이니 精於卜筮者也ㅣ라. 一日은 雨中閑坐ᄒ야 謂 家僮曰: "門外에 有今日暴死人ᄒ니 爾速驅出ᄒ라." 果然一少年이 避雨簷底라가 竊聽其言ᄒ고 卽入ᄒ야 問其故ᄒ며 求活甚懇ᄒ니 洪 이 沈吟良久, 曰: "只有一策ᄒ니 君能行之否아? 今直往東門, 則黃 昏時에 有一人이 着木屐負柴入來ᄒ리니 君須跟隨호ᄃ 造次不離 ᄒ야 捱過今宵면 可以得活ᄒ리라." 少年이 依其言ᄒ야 往東門ᄒ야 立多時러니 果有一人이 負柴而來라. 便隨其後ᄒ야 値日暮에 投宿 訓鍊院이어날 少年이 從之러니 時將半夜에 凄風冷雨ㅣ 咫尺不辨 이라. 有一女人이 哽哽咽咽에 自遠及近ᄒ야 直到廳前ᄒ야 伏地祝 手曰: "願公은 出給我讐人ᄒ소셔." 負柴人이 厲聲叱退ᄒ니 其女子 ㅣ 乍退라가 旋入ᄒ야 如是數矣러니 晨鷄一聲에 因忽不見이라. 少 年이 歸見洪ᄒ고 謝其救命之恩ᄒ고 問負柴人姓名ᄒ니 洪曰: "其 人卽潛谷金堉, 而有膽略ᄒ야 能禦魅者也ㅣ니라." 朴燁이 按關西 時에 有親知一宰, 送其子而托之, 曰: "此兒ㅣ雖冠, 而姑未委禽ᄒ 니 使洪으로 卜推數, 則今年에 有大厄ᄒ니 若置將軍之側이면 可得 無事云故로 玆送之ᄒ니 幸望留置ᄒ야 俾得度厄ᄒ라." 燁이 見其兒 ᄒ니 淸秀俊慧에 年屆志學이라, 甚奇之ᄒ야 遂置房室ᄒ고 一日은 此兒ㅣ晝寢이어날 燁이 攪睡而謂曰: "今日에 汝有大厄ᄒ니 若依吾 言, 則可免矣요 不者면 難保性命ᄒ리라." 其兒曰: "敢不如命이리

잇가?" 燁曰: "第姑俟之ᄒᆞ라!" 値夕時에 牽出櫪上騾ᄒᆞ야 鞴鞍而使 兒騎之ᄒᆞ고 因戒曰: "汝騎此騾ᄒᆞ고 任其所之ᄒᆞ야 行到一處에 騾 若駐足, 則汝可下鞍尋逕而行ᄒᆞ야 過幾里ᄒᆞ면 必有廢刹이오 其禪 房壁上에 掛一虎皮ᄒᆞ리니 汝可蒙皮而臥ᄒᆞ야 雖有老僧來索其皮라 도 切勿出給ᄒᆞ며 若至見奪之境이어든 示以擧刀欲割之狀, 則彼必 不爭奪ᄒᆞ리니 如是相持ᄒᆞ야 捱過鷄鳴이면 後則自可無事요 鷄鳴後 에 雖出給其皮라도 亦【以下缺落】"

### 40. 大將申汝哲蹴殺訓局軍

大將申汝哲이 少時에 習射于訓鍊院하다가 歸路에 訓局軍一人 이 乘醉詬辱ᄒᆞ니 汝哲이 仍蹴殺之ᄒᆞ고 直入李貞翼公浣家通刺ᄒᆞ 니 李公이 問: "何爲而來오?" 曰: "某名은 某이라. 俄於射亭歸路에 如是如是ᄒᆞ니 此將奈何오?" 李公이 笑曰: "殺人者死ᄒᆞ나니 焉逭其 律고?" 曰: "死則一也ㅣ니 殺一軍士而死는 非丈夫之事ㅣ니 寧殺其 大將而死矣ㅣ 如何오?" 李公曰: "汝欲殺我乎아?" 曰: "五步之內에 公不得恃衆矣리이다." 李公이 笑曰: "第姑俟之하라!" 仍分付執事 曰: "聞一軍士ㅣ 醉臥街上ᄒᆞ야 托以佯死云ᄒᆞ니 須擔來拿入ᄒᆞ라." 決棍出送ᄒᆞ니 仍爲無事矣라. 李公이 使留之, 曰: "汝ᄂᆞᆫ 大器也ㅣ 니 可親往來ᄒᆞ라." 愛如子姪하고 一日은 召言曰: "吾親知家ㅣ 以染 疾로 擧家皆死ᄒᆞ니 今夜에 汝往斂襲ᄒᆞ라." 曰: "諾다." 至夜往, 則 一房內에 有五屍라 以木布로 次次斂之할시 至第三屍ᄒᆞ야 欲斂, 則 屍ㅣ 忽起打頰ᄒᆞ며 燭乃滅矣어늘 申帥ㅣ 少不驚動ᄒᆞ고 以手按之, 曰: "焉敢如是리오?" 該屍起坐大笑ᄒᆞ니 乃李公也ㅣ니 蓋欲試其膽 氣而先臥尸側矣니 李ᄂᆞᆫ 卽浣也라.

### 41. 臺臣金鉉이 疏論箕伯宋淳明改差

　金鉉은 英廟臺臣也ㅣ라 鯁直敢言ㅎ야 人이 號曰'鉉公'이라하다. 宋淳明이 除箕伯ㅎ야 諸客이 餞于南門外할시 鉉亦在座라. 宋이 對諸人曰: "吾之姑母ㅣ 家在近處ㅎ니 暫辭而來ㅎ리라." 少頃에 還來將發할시 鉉이 正色曰: "令監이 不可行矣니이다. 以主人으로 不顧座客而出門ㅎ니 大失賓主之禮也ㅣ오 飮食을 出給下隷, 而旋卽發程ㅎ니 下隷ㅣ何可得喫이리오? 此則不通下情也ㅣ니 何可受方面之責而率列邑守宰乎아? 吾將治疏矣라." 宋이 意其戲言而發程이러니 鉉이 果疏駁請改差ㅎ니 批以依施ㅎ야 纔到高陽而遞ㅎ니 古之官箴如是矣라.

### 42. 縣監李遇芳이 復父讐殺逆賊

　英廟戊申에 鄭希亮이 起兵於嶺南ㅎ니 希亮은 相溪之宗孫也ㅣ라. 初名은 遵伋이니 以名祖之孫이며 以學問으로 頗有名於嶺右者也ㅣ라. 敢生射天之計ㅎ야 以熊輔로 爲謀主ㅎ고 先發凶檄에 進兵居昌ㅎ니 居昌倅ㅣ逃走ㅎ며 使佐首李述源으로 發兵ㅎ다. 述源이 據義責之罵, 曰: "吾頭는 可斷이어니와 此膝은 不可屈也ㅣ니라." 賊이 怒ㅎ 以刃脅之호디 不屈而遇害ㅎ니 其子遇芳이 收尸斂之, 曰: "復讐後에 乃可葬也ㅣ라."ㅎ고 仍白衣起軍ㅎ야 戰于牛頭嶺之下할시 大呼曰: "居昌郡民은 聽我言ㅎ라! 希亮은 國賊也ㅣ니 汝輩ㅣ若從이면 死亡無日이오 如縛致吾陣者는 赦罪錄勳이라."ㅎ니 邑校數人이 夜縛希亮而致之어날 遇芳이 刺腹出肝ㅎ야 祭于父柩ㅎ니 朝廷이 旌其廬而贈職ㅎ고 建祠于熊陽面ㅎ야 名을 褒忠祠ㅣ라ㅎ며 春秋祀之ㅎ다. 遇芳은 以承傳으로 筮仕至縣監이러라.

## 43. 巡撫使吳命恒이 縱馬才殺麟佐

時에 賊報ㅣ日至ᄒᆞ니 以吳命恒으로 爲巡撫使ᄒᆞ고 李遂良으로 爲副ᄒᆞ야 出陣安城地ᄒᆞ야 與麟佐軍으로 相對ᄒᆞ야 命恒이 使騎兵으로 先出戰할새 騎士中善馬上才者ㅣ 縱馬而或臥或立ᄒᆞ며 出沒馬腹下ᄒᆞ니 麟佐ㅣ眇一目이라. 見馬才而異之ᄒᆞ야 從幕內穿穴見之러니 騎士ㅣ 臥馬上射之ᄒᆞ야 中其目ᄒᆞ니 兩眼이 俱眇ᄒᆞ고 軍이 大亂이라. 官軍이 追至竹山ᄒᆞ야 斬麟佐ᄒᆞ다.

## 44. 崔相奎瑞ㅣ 於廢舍에 得銀瓮ᄒᆞ야 移葬于郎角干父子

崔相奎瑞ㅣ少時에 約諸友ᄒᆞ야 會做于貞洞空舍ᄒᆞ니 此舍ᄂᆞᆫ 卽因鬼祟ᄒᆞ야 廢棄者也ㅣ라. 每晝會夕散할새 嘗先到, 而終日大雨어날 明燭而坐러니 夜深에 有曳履聲이라. 窺見則一將軍은 金甲冑로 杖劍ᄒᆞ고 一은 金冠朝服執笏而來ᄒᆞ야 前者ㅣ叱曰:"汝以妙少儒로 見長老ᄒᆞ고 偃坐不起ᄂᆞᆫ 何也오?" 乃起揖, 曰:"適耽看文字라가 不知長老之臨ᄒᆞ고 有失迎拜ᄒᆞ니 不勝悚仄이로소이다." 其人이 欣然笑曰:"今而復見丈夫矣로다!" 擧手請坐ᄒᆞ며 甲冑者ㅣ掀髥, 曰:"吾ᄂᆞᆫ 乃將軍也오 在後者ᄂᆞᆫ 郎角于而吾子也ㅣ라. 吾父子ㅣ有訴ᄒᆞ야 每來, 則其殘生이 驚怯而死러니 今見君ᄒᆞ니 大貴人也ㅣ라. 吾墓ㅣ 在於舍廊前簷東石柱下ᄒᆞ고 吾子墓ᄂᆞᆫ 在於西柱下ᄒᆞ야 人不知, 而立柱年久에 柱沒ᄒᆞ야 今幾近於板上ᄒᆞ니 情理切迫이라. 其爲我移葬, 則厚報矣리라." 曰:"是非難而旣非吾家요 且無物可辦이로라." 其人曰:"今坐聽第幾板下를 掘之則有銀瓮ᄒᆞ리라." 曰:"諾다." 仍忽不見이어날 奎瑞ㅣ訪其主ᄒᆞ야 以歇價로 買舍ᄒᆞ고 果得銀得官ᄒᆞ니 一則書以高麗將軍이오 一則高麗角干이라. 爲文葬祭矣러니 後에 二人이 又來謝之曰:"吾爲君數平生編年ᄒᆞ야 以此爲報ᄒᆞ노라."

又托曰: "君須牢記ᄒᆞ라! 君於某年에 爲騎判ᄒᆞ야 承命日에 卽下鄕이니 不者면 大禍將至ᄒᆞ리라." 奎瑞ㅣ 後에 登科ᄒᆞ야 以後로 事無不相符러니 丁未年間에 爲兵判ᄒᆞ야 忘其托而行公ᄒᆞ고 數日出城이라가 歸路에 其神人이 呼其名, 而大責曰: "君何忘之耶? 禍機迫頭ᄒᆞ니 斯速下去ᄒᆞ라!" 卽日呈疏ᄒᆞ고 歸龍仁墓下러니 翌年三月에 賊變이라. 奎瑞先聞而告ᄒᆞ야 參錄勳ᄒᆞ다.

### 45. 英廟幸毓祥宮ᄒᆞ야 安置疏論臺臣이라 而旋解

英廟幸毓祥宮할시 臺臣趙重晦[14]疏曰: "歲時에 未謁太廟ᄒᆞ고 先行私廟ㅣ 禮에 不可矣니이다." 上이 大怒ᄒᆞ사 卽以步輦으로 出興化門ᄒᆞ니 倉卒에 侍衛未備어날 上이 至宮垂淚曰: "以不肖之故로 辱及亡親ᄒᆞ니 余當自處矣라. 令侍衛로 環衛ᄒᆞ고 大臣以下ᄂᆞᆫ 勿許入ᄒᆞ라!" 敎曰: "八十老人이 若坐氷上이면 不久當死라." 以手足으로 沉于池ᄒᆞ니 時에 春氷이 未解ᄒᆞ며 百僚ㅣ 不得入이라. 正廟ㅣ 以世孫으로 叩頭獨諫호ᄃᆡ 不聽而玉體戰慄ᄒᆞ니 世孫이 涕泣復諫ᄒᆞᄃᆡ 上曰: "斬趙重晦頭來ᄒᆞ라!" 世孫이 忙出門ᄒᆞ야 下令金相ᄒᆞ니 相福이 於衛外奏曰: "重晦ㅣ 無可斬事ᄒᆞ니 何可迫於嚴命而殺不辜ㅣ리오? 惟願務積誠意ᄒᆞ야 期回天意ᄒᆞ소서." 世孫이 頓足曰: "宗社之危迫이 在俄頃이어날 何愛一重晦而不奉命乎?" 對曰: "此ᄂᆞᆫ 大朝之過擧라 何可殺言官乎아? 臣雖死나 不敢奉命矣로소이다." 上이 敎曰: "趙重晦를 姑勿參ᄒᆞ고 以臺啓書入ᄒᆞ라!" 書入, 則上이 裂之, 曰: "此是啓辭乎아?" 乃重晦之行狀也ㅣ라. 遂改以極正邦刑으로 入啓ᄒᆞ니 命濟州安置호ᄃᆡ 卽日發送而還宮ᄒᆞ다. 重晦ㅣ 未到濟州

---

14) 晦: 저본에는 '悔'로 나와 있으나 의미상 바로잡음. 이하의 경우도 동일함.

而解配하다.

## 46. 統制柳[15]鎭恒이 曾受命捉酒하고 活人得後報

統制柳鎭恒少時에 以宣傳官入直이라가 夜에 承召命入侍하니 上曰: "閭閻에 尙多釀酒云, 汝ㅣ 持此劍하고 限三日捉納하고 不然則汝頭來納하라." 時에 酒禁이 嚴也ㅣ라. 鎭恒이 歸家하야 以袖로 掩面而臥하니 妾이 問: "何故오?" 曰: "吾之嗜飮은 汝所知也ㅣ라. 斷飮已久하야 喉渴欲死로라." 曰: "暮後에 可圖호리이다." 夜에 佩壺出門이라 鎭恒이 潛躡其後, 則入東村某酒家而來라. 鎭恒이 甘之하고 更使沽來하고 後에 鎭恒이 佩壺而起하니 妾이 怪問之한디 曰: "某友는 卽吾酒伴也ㅣ라 得此貴物하니 欲往與之飮云." 而尋酒家, 則數間斗屋에 一儒生이 挑燭讀書라가 怪而迎曰: "何來客子ㅣ 深夜到此오?" 曰: "吾是奉命也ㅣ라." 出酒壺, 曰: "此是宅中所沽也로 下敎ㅣ 如斯如斯니이다." 儒生이 良久曰: "旣犯禁하니 何可稱頉이나 然이나 一辭老親而行이 何如하니잇고?" 曰: "諾다." 生이 入內하야 低聲呼老親하니 老親이 驚問: "進士何不眠而來오?" 對曰: "前에 豈不仰陳乎잇가? 士夫ㅣ 雖餓死라도 不可犯法云矣호디 慈氏終不聽하시고 今乃見捉하니 小子ㅣ 方就死矣니이다." 老親이 大哭曰: "此何事오? 吾ㅣ 非貪財요 欲爲汝朝夕粥飮之資矣니 此는 吾之罪也로라." 其妻ㅣ 亦搥胸大哭하니 儒生이 徐曰: "事已到此하니 哭之何益이리오? 但吾死後에 子는 可養老親이오 某兄弟에 有子幾人하니 一子를 率養安過하라." 柳ㅣ 聞而惻然하야 問曰: "老親春秋ㅣ 幾何오?" 曰: "七十餘ㅣ니이다." 曰: "有子乎아?" 曰: "無矣니이다."

---

15) 柳: 저본에는 '兪'로 나와 있으나 의미상 바로잡음. 이하의 경우도 동일함.

曰: "吾則有二子요 又非侍下ㅣ니 吾可以代死요 君則放心ᄒᆞ라." 解佩劒與之, 曰: "須賣而供親ᄒᆞ라!" 生이 固辭ᄒᆞ되 不顧而去어날 問姓名, 則答以, "吾乃宣傳官也요 姓名은 何須問乎아?" 卽入闕待罪ᄒᆞ니 上曰: "捉酒耶[16]아?" 曰: "不得捉矣로소이다." 上大怒曰: "然則汝何在오?" 鎭恒이 俯伏無語ᄒᆞ니 仍命三倍道濟州安置ᄒᆞ다. 幾年에 始解ᄒᆞ야 後十餘年에 復職ᄒᆞ고 得除草溪郡ᄒᆞ야 全事肥己ᄒᆞ니 民皆嗷嗷러라. 一日은 繡衣封庫할시 方拿刑首鄕以下ᄒᆞ니 柳倅ㅣ 知其爲東村酒家儒生ᄒᆞ고 請謁, 則御史ㅣ 駭然曰: "可謂沒廉恥矣로다." 鎭恒이 直入酬酢後에 御史ㅣ 驚喜ᄒᆞ야 把手而泣ᄒᆞ고 仍褒啓ᄒᆞ니 上이 嘉其績ᄒᆞ야 特拜朔州府使ᄒᆞ다. 伊後에 御史ㅣ 位至大臣, 而到處言其事ᄒᆞ야 一世譁然義之러라. 鎭恒이 一蹴頭라가 位至統制使ᄒᆞ니 此是少論大臣, 而忘其姓名云이라.

### 47. 太祖ㅣ遇佟豆蘭ᄒᆞ야 共射殺倭將阿只拔都

太祖ㅣ微時에 居北關之永興ᄒᆞ야 出獵山中이라가 遇樵兒ᄒᆞ니 年이 十八이요 乃女眞人也ㅣ니 姓名은 佟豆蘭이오 顔貌魁偉ᄒᆞ며 言辭ㅣ警敏ᄒᆞ고 岳武穆七代孫云이라. 太祖ㅣ怪問曰: "汝爲岳武穆七代孫으로 何爲淪落於此오?" 曰: "吾之七代祖母ᄂᆞᆫ 卽女眞人也ㅣ라. 年十七에 代父從軍ᄒᆞ야 隸於金將瓦木麾下ᄒᆞ야 與宋으로 相戰이라가 敗爲宋人所執ᄒᆞ야 偶於月夜에 擊勺斗而歌ᄒᆞ니 武穆이 聞歌ᄒᆞ고 知其爲女招納ᄒᆞ야 同處라가 數月後에 祖母懷孕ᄒᆞ고 逃還生子ᄒᆞ야 世居女眞이니이다." 太祖奇之ᄒᆞ야 與同歸러니 及長에 英勇韜略이 無異太祖ᄒᆞ니 太祖ㅣ嘗與之較叉러라. 有村女ㅣ戴水過

---

16) 耶: 저본에는 '耶耶'로 나와 있으나 문맥상 바로잡음.

前이어날 太祖ㅣ以丸으로 射盆穿穴ㅎ야 水未及出에 豆蘭이 以丸子로 着蠟射之ㅎ야 塞其盆穴ㅎ니 其才類皆如此러라. 一日은 自東萊로 報倭寇ㅣ猝至ㅎ니 其將은 阿只拔都也ㅣ라. 年이 十四에 爲將ㅎ야 欲犯朝鮮ㅎ니 其妹曰: "汝ㅣ年至十五라야 可以成功이니 姑俟之ㅎ라!" 拔都ㅣ怒其沮軍ㅎ야 斬其妹ㅎ고 率兵渡海ㅎ니 其人이 驍勇威猛ㅎ고 身着重鎧ㅎ며 頭戴鐵鍪ㅎ고 兩眼이 如畫ㅎ야 隨睫開闔ㅎ니 無隙可射라. 我軍이 遇於雲峯八嶺ㅎ야 太祖ㅣ謂豆蘭曰: "吾ㅣ以鐵古道里로 射彼鍪頭, 則鍪將破에 彼必開口ㅎ리니 汝ㅣ射其口中ㅎ라." 豆蘭이 果繼射而殪之ㅎ니 倭將이 驚潰ㅎ야 因以大捷ㅎ고 立勝戰碑於八嶺上而還ㅎ다. 後에 太祖ㅣ屢樹大勳에 豆蘭之力이 甚多, 而有關義理處, 則必避而不與焉ㅎ니 其志可見이라. 太祖ㅣ受麗禪에 賜姓李氏ㅎ고 改名芝蘭ㅎ며 封靑海伯이러니 居無何에 削髮被緇ㅎ고 逃歸北關ㅎ야 不知所終云이라.

### 48. 靑海伯李芝蘭의 字號는 永川金百鍊이 知之

靑海伯事蹟이 甚多, 而文獻無徵이오 聞其子孫家에 有家乘, 而亦不知其字矣라. 有永川金百鍊者ㅣ其學이 頗詭怪ㅎ야 自謂, '出神ㅎ야 逍遙上下에 與千古英魂으로 同遊矣라.'ㅎ며 嘗謂靑海子孫曰: "子ㅣ知靑海伯之字乎아?" 曰: "不知也로라." 曰: "式馨也니라." 曰: "何以知之오?" 曰: "吾ㅣ曩者에 偶到一處ㅎ니 大明太祖與高麗太祖·我太祖로 同遊ㅎ니 從臣은 卽誠意伯劉基와 文肅公尹瓘及靑海伯也ㅣ라. 相與呼字, 而靑海伯은 以式馨呼之, 故知之也ㅣ라." 其人이 猶未信이러니 後에 往咸嶺舊蹟中에 有靑海伯名은 芝蘭이오 字는 式馨也ㅣ니 始信百鍊之言이라.

## 49. 太祖ㅣ得異夢ᄒᆞ고 訪無學僧ᄒᆞ야 建大刹享神祇

太祖ㅣ誕降于永興龍興江上ᄒᆞ야 及長에 承桓祖ᄒᆞ야 爲北道萬戶러니 夢에 千家鷄一時鳴ᄒᆞ고 萬家杵ㅣ一時聲ᄒᆞ며 破屋中에 負三椽ᄒᆞ니 心竊異之ᄒᆞ야 齎糈往問善解夢之老嫗ᄒᆞ니 嫗ㅣ默然良久, 曰: "大夢也ㅣ라 非吾所敢解오 安邊雪峰山下有僧無學者ᄒᆞ니 土窟向壁이 今至九年矣니 君可致誠往問ᄒᆞ소셔." 太祖ㅣ往尋할ᄉᆡ 拱手立於土窟之外러니 至日暮에 無學이 低聲問曰: "客은 何爲而來오?" 太祖ㅣ告이 實ᄒᆞ니 無學이 始回坐開眼, 曰: "果大夢也ㅣ라. 千家鷄一時鳴者ᄂᆞᆫ 居高位之象也요 將軍이 旣有休命ᄒᆞ니 將爲百神之主ㅣ라 當建大刹于此ᄒᆞ야 以享天地神祇ᄒᆞ소셔." 太祖ㅣ乃爲建寺化主ᄒᆞ고 造大刹ᄒᆞ야 屢設水陸大齋ᄒᆞ다. 時有一人이 行道北關할ᄉᆡ 日暮露宿於衆塚之側이러니 夜半에 諸鬼呼之, 曰: "何不同往李某之齋오?" 自塚中으로 應之曰: "適有客來宿故로 在主人之道에 不得捨去ᄒᆞ니 君輩ᄂᆞᆫ 先往ᄒᆞ라!" 至曉에 諸鬼ㅣ還이어날 自塚中問曰: "今番所享이 何如而尊神處分亦何如오?" 曰: "享儀甚盛ᄒᆞ고 百神이 悅懌ᄒᆞ니 尊神이 命李某爲王云이라." 太祖ㅣ以無學으로 爲師ᄒᆞ고 每事에 必浴이러라. 無學者ᄂᆞᆫ 本三嘉縣文哥之奴子也ㅣ니 生自異質ᄒᆞ고 兒時에 多有靈詭之事ᄒᆞ니 文哥ㅣ故任其所之러라. 無學이 發類爲僧ᄒᆞ야 初思數學而有黃衫老人者ᄒᆞ니 乃白頭山道人也ㅣ라. 以孕數之歌로 敎之於虛空之中ᄒᆞ니 無學이 言下領會ᄒᆞ야 終爲太祖師ᄒᆞ야 至占漢陽할ᄉᆡ 初尋山脈ᄒᆞ야 至枉尋里ᄒᆞ야 以占王城開基之際에 道詵所著秘記出ᄒᆞ니 書曰: "無學枉尋到此라." ᄒᆞ야거날 無學이 始悟ᄒᆞ야 再占於南山之下ᄒᆞ고 以額爲案, 曰: "此乃回龍顧祖之形也ㅣ라."ᄒᆞ니 鄭道傳曰: "王者ㅣ正南面也ㅣ오 北向은 非王者可居地, 而白額山이 如佛像ᄒᆞ야 前朝ㅣ以妖僧亡國ᄒᆞ니

今若定鼎于此, 則妖厄이 長不移於宮中ᄒ리니 此則堪輿大忌也ㅣ니라." 無學曰: "公自定都ᄒ소셔." 乃占景福ᄒ니 無學曰: "以主客之勢로 言之면 此地似可, 而淸溪·冠岳二山이 以賊旗火星으로 見於南方ᄒ니 不出二百年에 宮城이 盡入回祿이오, 且水口ㅣ 頗虛ᄒ니 城內市井之民이 貧窮ᄒ야 不能奠居에 奈何오?" 道傳曰: "回祿은 乃一時之禍ㅣ니 不必深憂요 水口之虛ᄂᆞᆫ 誠如師言이나 然이나 東西郊諸山이 皆片片金也ㅣ니 城外三十里內에 不許士大夫入葬ᄒ야 使市井之民으로 葬之, 則可賴山陰ᄒ야 莫不饒足矣니라." 無學이 語塞ᄒ며 於是乎定鼎ᄒ다.

### 50. 太祖兄이 爲怪獸所咬

太祖ㅣ有伯氏ᄒ니 其英勇이 如太祖相似ᄒ야 嘗兄弟射獵ᄒᆞᆯ식 至一處, 則非虎非熊非虺非蛇, 而長不滿一丈이요 腰大亦如之ᄒ며 鱗甲이 如掌호디 黑白이 相錯ᄒ며 光怪可燦라. 伯氏欲射之ᄒ더 太祖止之, 曰: "此山百里에 無一禽獸ᄒ니 彼物이 必盡之也라. 彼乃毒物이니 不可輕射ㅣ니이다." 伯氏不聽ᄒ고 以强弓射之ᄒ니 厥物이 驚起ᄒ야 飛空直向伯氏어ᄂᆞᆯ 兄弟措手不及ᄒ야 伯氏ᄂᆞᆫ 爲其所咬ᄒ고 因忽不見이라.

### 51. 長湍縣人이 善推數ᄒ야 托太祖活二子

麗末에 長湍縣人이 有明數學者ᄒ니 年이 十七에 娶于隣郡ᄒᆞᆯ식 行禮之夜에 推數則連生二子ᄒ야 早登科, 而年未三十ᄒ야 有一日竝命之厄이라. 思所以脫禍之道ᄒ야 達夜不寐ᄒ고 翌日에 日晩不起ᄒ니 婦翁이 疑其有病ᄒ야 問之, 則閉目不答ᄒ고 婢進飯, 則擁衾起坐ᄒ고 食訖에 復臥ᄒ야 如是數朔ᄒ니 家人이 視爲廢疾이러

라. 一日은 忽起坐ᄒᆞ야 呼婢子命進盥手ᄒᆞ고 梳洗後에 謂新婦曰: "吾有友人ᄒᆞ니 今日遠行過此ᄒᆞ니 吾欲出餞ᄒᆞ리니 君須入告ᄒᆞ고 具酒一大壺ᄒᆞ고 具饌一大盤ᄒᆞ야 使婢僕으로 負戴隨我라."ᄒᆞ니 其家ㅣ 喜ᄒᆞ야 以爲病愈러라. 新郞이 出門ᄒᆞ야 向西數里에 止于大樹下候之ᄒᆞ니 有一少年이 下馬樹下ᄒᆞ며 問: "此間에 有泉가?" 答曰: "無有라."ᄒᆞ고 仍謂少年曰: "吾有友人遠行者ᄒᆞ야 聞今日過此故로 持酒來候, 而尙今不至ᄒᆞ니 請與君共飮이 可乎아?" 少年이 喜而痛飮이라 兩少年이 邂逅共飮ᄒᆞ야 醉興이 滔滔ᄒᆞ고 談說이 娓娓어날 新郞이 執少年手, 曰: "於此相遇ᄂᆞᆫ 天也ㅣ라. 吾ㅣ 嘗粗解數學ᄒᆞ야 推數二子竝命之厄云云ᄒᆞ며 其時에 君必當局ᄒᆞ야 操縱殺生ᄒᆞ리니 君能活我二子乎아?" 少年曰: "果如君言이면 何難之有리오?" 請書約誓而別ᄒᆞ니 少年은 卽太祖也ㅣ라. 歸而率婦ᄒᆞ야 果生二子ᄒᆞ야 未及長에 有病이라 謂其妻曰: "後某年月日에 兒輩ㅣ 必遭大禍ᄒᆞ리니 以此封書로 獻于主上이면 庶幾可免ᄒᆞ리라." 二子ㅣ 登科ᄒᆞ야 竝爲諫官이라. 至恭讓王時ᄒᆞ야 太祖德日盛ᄒᆞ니 大臣鄭夢周ㅣ 深忌之ᄒᆞ야 與數十明士로 謀害太祖ᄒᆞ니 使趙英珪로 椎殺夢周러니 其黨二十餘人이 皆就戮ᄒᆞᆯ새 二子ㅣ 與焉이라. 其母ㅣ 獻其封書ᄒᆞ니 太祖ㅣ 見而嗟嘆ᄒᆞ고 特貸其死云이라.

## 52. 耘谷元天錫이 笞其婢ᄒᆞ고 又裂其子守令敎旨노 著野史藏之라

耘谷元天錫은 前朝進士也ㅣ니 隱於原州雉岳山ᄒᆞ야 躬耕讀書ᄒᆞ니 太宗幼時에 往學ᄒᆞ다가 及卽位에 親臨其家ᄒᆞ니 天錫이 踰墻而逃라. 太宗이 坐於舊日讀書之石坮上ᄒᆞ고 招前日樵婢ᄒᆞ야 賜御饌ᄒᆞ며 悵然曰: "先生이 雖不臣我나 先生之子ᄂᆞᆫ 卽我臣也ㅣ라." 以御筆로 書守令官敎ᄒᆞ야 給老婢ᄒᆞ고 憮然回鑾矣라. 天錫이 還ᄒᆞ야 怒

答老婢, 曰: "汝以吾婢子로 豈食不潔之食乎?" 裂其教旨ᄒᆞ니 其高亢이 過於吉冶隱之從容矣라. 嘗著野史ᄒᆞ야 堅封而題其面, 曰: "吾子孫에 有不如我者여든 不敢開ᄒᆞ라." 藏於祠堂이러니 後에 子孫行祭時, 一人이 發論曰: "子孫이 雖賢이나 何敢自謂如先祖而發此封이며 如此則雖千百歲라도 不得見이니 不如同爲開見이라." 及開見에 其所言이 多觸時諱ᄒᆞ니 諸人이 大驚曰: "此ᄂᆞᆫ 滅族之祟也라."ᄒᆞ고 焚之ᄒᆞ니 回飇이 忽起ᄒᆞ야 散爛寸紙ㅣ 落於街上ᄒᆞ니 其一曰: "吾君之子ㅣ 爲辛旽之子라."ᄒᆞ며 又曰: "白日陽村談義理, 世間何處不生賢이라."ᄒᆞ며 又曰: "焦爛莫卜이오." 又曰: "贊莽楊雄草『太玄』云이라."

### 53. 文宗이 抱端宗ᄒᆞ고 托六臣

世宗이 起集賢殿ᄒᆞ고 置請學士ᄒᆞ며 待以賓師之禮ᄒᆞ니 朴彭年·成三問·李塏·河緯地·柳誠[17]源·兪應孚·申叔舟ㅣ 乃極選也ㅣ라. 世宗이 每夜에 微行이라가 至館ᄒᆞ니 講論不怠러라. 一日은 夕至五更, 而上이 不臨ᄒᆞ니 諸公이 解衣而臥ᄒᆞ야 夢魂이 初交할시 忽聞窓外에 有呼謹甫之聲이어날 驚起出視, 則文宗이 抱端宗ᄒᆞ고 徘徊庭中ᄒᆞ며 托曰: "予以此兒로 付卿輩ᄒᆞ노니 他日에 無忘此夜酬酢之言ᄒᆞ라!" 諸公이 頓首受命矣ㅣ라. 後에 六臣禍作ᄒᆞ니 誠亦異矣러라.

### 54. 成廟ㅣ 微行이라가 聞冶匠父子ㅣ 論天象ᄒᆞ고 訪之不得

成廟ㅣ 微行이라가 爲巡邏의 所逐ᄒᆞ야 隱身柳樹下러니 傍有冶匠家라. 冶匠子ㅣ 溲溺於庭이라가 仰觀天象ᄒᆞ고 呼其父曰: "靑丘星

---

17) 誠: 저본에는 '成'으로 나와 있으나 의미상 바로잡음.

이 走入柳星之中ᄒ니 恐國家ㅣ有變일가ᄒ나이다." 其父叱止之, 曰: "兒子何知오? 勿妄言ᄒ라!" 成廟ㅣ聞之ᄒ고 翌日에 使別監으로 訪之ᄒ니 室已空矣러라.

### 55. 成廟ㅣ愛鹿童ᄒ고 燕山이 烹食之ᄒ니 松堂朴英時ㅣ退歸

成廟ㅣ得一鹿兒, 愛之ᄒ야 呼之以鹿童, 則必應聲而至라. 燕山이 自東宮으로 入侍ᄒ니 鹿在欄干上이어날 燕山이 蹴之ᄒ야 落於堦下ᄒ니 成廟怒叱之ᄒ다. 後에 燕山이 每見鹿童이면 睨而視之라가 成宗이 昇遐ᄒ니 射殺之ᄒ고 烹而食ᄒ다 松堂朴英時ㅣ以宣傳官으로 入侍라가 見之而退ᄒ고 謂人曰: "先王所愛를 如此殺害ᄒ니 其於臣子에 何有리오?" 退歸嶺南之善山ᄒ야 讀書爲名儒ᄒ야 至戊午士禍에 霽峰高敬命이 戲曰: "君은 武夫라 何不拳殺子光之輩ᄒ야 以雪士類之忿乎아?" 松堂이 笑曰: "吾若擊殺이면 何異蚊蚋나 但俱後世史冊에 書一盜故로 不能也로라." 相與大笑云이러라.

### 56. 退溪李滉과 河西金麟厚ㅣ仁廟忌日에 入山慟哭

退溪李滉이 與河西金麟厚로 同爲仁宗東宮官矣라. 仁廟ㅣ昇遐ᄒ니 諸賢相이 謂曰: "天之所廢에 吾輩는 不出後世矣라." 仁廟國忌는 七月一日也ㅣ니 河西ㅣ每値此日이면 入山痛哭ᄒ다. 宣廟初年에 退溪ㅣ一應召命에 嘆曰: "吾之出脚은 慚負良友라."ᄒ니 高峰奇大升이 學於河西者也ㅣ라. 河西ㅣ不以經學自處, 而高峰이 與退溪로 浮以四七往復ᄒ고 下論은 皆河西所敎也ㅣ라. 河西ㅣ每見退溪四七書, 則嘆曰: "景浩ㅣ人品이 甚好나 見解는 非其所長云이라."

## 57. 南冥[18]曹植이 媒大虎ᄒᆞ야 嫁妻弟

南冥曹植이 少年에 往妻家할시 路過山谷이러니 聞林中에 有巨人聲曰: "曺某來乎아?" 南冥이 下馬入林中ᄒᆞ니 有大虎ㅣ作人語曰: "汝妻弟與我로 有天緣ᄒᆞ니 汝可通婚也ᄒᆞ라." 曰: "言之不難, 而彼豈信聽乎아?" 曰: "聽不聽은 責在彼ᄒᆞ니 汝ㅣ第言之而已오 不然이면 吾必啖汝오 彼若不聽이면 當滅其九族하리라." 南冥이 不得已曰: "諾다." 因往妻家ᄒᆞ야 欲言則涉謊이오 不言則慮禍及己라. 留月餘에 謂婦翁曰: "外甥之至今留連은 實有事故ᄒᆞ니 願會宗族而言之ᄒᆞ나이다." 婦翁이 自來視南冥을 如神明嚴師라, 聞而驚心ᄒᆞ야 卽會宗族ᄒᆞ니 乃言其來時에 有如此如此變怪云云ᄒᆞ니 滿座失色ᄒᆞ야 莫知所爲라. 其女聞之ᄒᆞ고 略無懼色ᄒᆞ며 告宗中曰: "若不聽이면 合族이 受禍ᄒᆞ리니 一女子之死生과 與九族輕重이 何如오? 敢請無惜其婚也ᄒᆞ소셔." 父母ㅣ臆塞不言ᄒᆞ고 諸宗은 稱其孝烈ᄒᆞ며 因爲許婚ᄒᆞ니 南冥이 還到林中ᄒᆞ되 虎又大聲曰: "曺某來耶아? 果通婚否아?" 曰: "通矣로라." 曰: "彼答이 如何오?" 曰: "其父則無可否, 而處子ㅣ自斷許之矣니라." 虎乃大喜曰: "彼固然矣리라." 因曰: "汝還彼家ᄒᆞ야 傳我言曰: '某日이 極吉ᄒᆞ니 盛備婚具以待ᄒᆞ라!' 若不然, 則禍不細矣리라." 南冥이 諾而回ᄒᆞ야 傳虎言ᄒᆞ니 其父母則悲泣而已라. 女ㅣ曰: "此是變禮니 不可以常道處之라."ᄒᆞ고 分付奴輩ᄒᆞ야 大備婚具ᄒᆞ며 自製衣衾ᄒᆞ다. 及期ᄒᆞ야 大虎ㅣ率虎豹五十餘ㅣ咆哮而入ᄒᆞ니 一洞이 莫不驚仆라. 虎ㅣ入廳, 交拜如禮ᄒᆞ고 入寢房ᄒᆞ니 新婦ㅣ盛服而入이라가 至曉에 新婦ㅣ出來어ᄂᆞᆯ 母曰: "汝ㅣ何以生고?" 女ㅣ微笑不答이라 再三問之ᄒᆞ니 女ㅣ低聲

---

18) 冥: 저본에는 '溟'으로 나와 있으나 의미상 바로잡음. 이하의 경우도 동일함.

曰: "母親은 母恐ᄒ시고 第往窓外, 則可以窺見이니이다." 母ㅣ見, 則如玉佳郎이 端坐看書라. 翁이 聞之入見, 則乃隣家少年也ㅣ라. 蓋此人이 生有異質ᄒ야 深識象數之學ᄒ며 奇道變化之術, 而南冥 妻弟亦異人也ㅣ니 天生佳偶, 而信息이 相通이나 然이나 新郞은 地 閥이 稍卑故로 行此幻術, 而女已默識故也ㅣ러라.

### 58. 南冥이 因求名姬라가 殺淫女後에 放馬折劍ᄒ고 讀書成大儒

南冥이 少時에 豪氣不羈ᄒ야 思得駿馬·名姬·寶劍, 而劍與馬ᄂᆫ 雖得이나 未得名姬ᄒ야 周行遠邇할ᄉᆡ 路過關東峽中ᄒ야 見浣衣女 ᄒ고 良久熟視ᄒ니 女怪問之ᄒᄃᆡ 對以實曰: "今幸遇汝ᄒ니 不忍捨 去로라." 女ㅣ曰: "若欲見國色, 則隨小女而來ᄒ소셔." 因引入其室 ᄒ니 寂無他人이라. 至初更에 厥女ㅣ引入重門ᄒ야 至後園, 謂南冥 曰: "坐此而待ᄒ소셔." 小樓上에 有美人ᄒ니 色態ㅣ天然ᄒ며 自曲 欄으로 徐步而出ᄒ니 如有俟之之意라 南冥이 自言曰: "眞國色也ㅣ 로다!" 忽北墻下에 有人跡이어날 驚訝狙視, 則有一戴僧弁着衲衣, 形貌雄獰者ㅣ 越墻而來ᄒ니 美人이 一笑起立ᄒᄃᆡ 厥僧이 超上樓 ᄒ야 相抱入房이라. 南冥이 見之ᄒ고 杖劍立外ᄒ야 試觀, 則酌酒 醉飽ᄒ며 淫戲狼藉어날 待男女睡熟ᄒ야 突入房中ᄒ며 以劍擊之ᄒ 니 男女之頭ㅣ 一時俱落이라. 婢哭而入ᄒ야 以盤으로 盛兩頭ᄒ야 尊於靈几前ᄒ고 移時哀哭後에 引南冥至渠房ᄒ야 百拜泣謝曰: "今 日書房主ㅣ至此ᄂᆫ 天也ㅣ라. 小婢上典이 本以京華士族也ㅣ요 彼 女ᄂᆫ 乃小女小上典妻也ㅣ러니 小上典屢月工課之際에 僧與女ㅣ偶 然目交ᄒ야 謀害上典父子, 而婢僕中不相謀者ᄂᆫ 皆被殺ᄒ니 小婢 ㅣ常默視報讐矣라가 幸有今日之雪怨이로소이다." 哀哭不已ᄒ니 南冥이 自責曰: "吾爲外物所誘ᄒ야 幾誤平生이로다!" 遂放馬折劍

ᄒᆞ고 成大儒ᄒᆞ니 爲世所尊이나 然이나 性好繁華라. 門人東岡金宇顯曰: "先生道德이 雖高ㅣ나 服飾이 太美ᄒᆞ니 小子ㅣ不無憾焉이니이다." 南冥이 笑曰: "我ㅣ自有富貴象ᄒᆞ니 不似汝輩澹泊矣니라." 土亭李之菡[19]이 與徐孤青으로 行遊智異山할ᄉᆡ 訪南冥不遇ᄒᆞ고 見其諸具之華靡ᄒᆞ고 兩人이 放屎房中ᄒᆞ야 以糞으로 塗諸几案衾枕而去云이라.

### 59. 靜菴趙光祖ㅣ 撻處子ᄒᆞ고 得免己卯禍

靜菴趙先生光祖ㅣ 未冠時에 刻苦讀書할ᄉᆡ 書聲이 如出金石ᄒᆞ니 隣家處女ㅣ 聞而艶慕ᄒᆞ야 踰墻入戶而坐ᄒᆞ니 先生이 讀罷에 謂處女曰: "出外折枝而來ᄒᆞ라!" 處女ㅣ如其言ᄒᆞ니 先生이 數之曰: "吾乃兩班家秀才요 汝亦兩班家處子로 踰墻相從이라가 萬一敗露, 則兩家汚辱이 莫甚이니 若不警ᄒᆞ야 君不回心이면 起受楚撻이 可也ㅣ니라." 處子ㅣ感泣曰: "惟命是從이로라." 先生이 撻而送之ᄒᆞ다. 後己卯禍에 處女之夫ㅣ 爲袞貞之黨ᄒᆞ야 謀陷靜菴ᄒᆞ니 其妻ㅣ 謂其夫曰: "妾有死罪ᄒᆞ니 今不敢諱云云."ᄒᆞ고 因曰: "趙某ᄂᆞᆫ 君子也ㅣ니 害者ᄂᆞᆫ 難免千古小人之名이라, 敢暴腹心ᄒᆞ니 願君子ᄂᆞᆫ 思之ᄒᆞ쇼셔." 其人이 歎其妻之不諱己過, 而感靜菴之高義ᄒᆞ야 卽與袞貞相絕云이라.

### 60. 退溪ㅣ嫁送孀婦

退溪先生의 長子ㅣ早卒無后ᄒᆞ고 孀婦ᄂᆞᆫ 乃九代獨子女也ㅣ라. 非但哭子之痛이라 尤悲孀婦ᄒᆞ야 治送本家, 而誠之曰: "觀汝秉心

---

19) 菡: 저본에는 '函'으로 나와 있으나 의미상 바로잡음.

컨딘 有欠貞固ᄒᆞ고 且以九代獨子之女로 見絶은 於吾에 不忍見也 ㅣ니 汝不可更入吾門이요 惟聽父母之命矣니라." 數十年後에 偶過 丹城地할ᄉᆡ 宿于路傍班家러니 主人이 待之厚ᄒᆞ야 夕飯이 豊潔而 淸醬을 盛於大甫兒ᄒᆞ고 盈器中ᄒᆞ니 心竊疑之ᄒᆞ야 問其主人之姻 親, 則乃某之女云ᄒᆞ니 始覺孀婦之入其家어날 悔甚ᄒᆞ야 至其家ᄒᆞ 니 蓋先生이 善喫淸醬也러라.

### 61. 土亭李之菡이 好行怪詭ᄒᆞ야 取老人譏

土亭李之菡이 好行詭怪之事ᄒᆞ야 以銅爐口로 着於頭ᄒᆞ고 其上에 着敝陽子ᄒᆞ며 晝夜兼行호ᄃᆡ 飢則脫爐口掛溪邊ᄒᆞ야 炊飯食之 ᄒᆞ고 洗乾復着ᄒᆞ며 睡至, 則於路傍에 停杖立睡ᄒᆞ야 爲往來牛馬의 所觸ᄒᆞ며 推轉東西ᄒᆞ야 至於五六日後始覺焉이라. 嘗到一處ᄒᆞ야 化爲石臥路傍ᄒᆞ니 有一老人이 駄鹽牛背而過ᄒᆞ며 叱之曰: "甚矣 라! 李某之作怪也이 爾不做此等詭怪, 則余當許汝以君子, 而惜其 學習之不正也로." 土亭이 聞之ᄒᆞ고 驚追之, 則牛行如飛ᄒᆞ야 過一 山隅而不知去處러라. 嘗爲牙山宰ᄒᆞ야 舊例에 營門貿鹽은 牙山이 當之라 該吏請貿不許ᄒᆞ니 期限이 將迫이어날 土亭이 率官隷ᄒᆞ고 多持畚鍤之屬ᄒᆞ야 放海向南而去할ᄉᆡ 執鴟尾ᄒᆞ며 運船이 有法ᄒᆞ니 船行如飛ᄒᆞ야 至一處, 則白山이 接天이라. 艤[20]船山下ᄒᆞ고 掘破山 底, 則全山이 皆鹽이라 滿載而歸云云이라.

### 62. 土亭이 却不狎花潭之婢

土亭少時에 學於徐花潭할ᄉᆡ 寄食於廊下奴家矣러니 奴子妻ㅣ慕

---

20) 艤: 저본에는 '攮'으로 나와 있으나 문맥상 바로잡음.

土亭顔色ᄒᆞ고 時時交目, 而一日은 奴ㅣ將出遠市할시 其妻ㅣ夜半
而起ᄒᆞ야 促其夫早往ᄒᆞ니 奴甚疑ᄒᆞ야 佯若出去, 而穴籬而窺之ᄒᆞ
니 其妻ㅣ直入土亭寢房ᄒᆞ야 欲相狎ᄒᆞᄃᆡ 土亭이 叱之曰: "吾與爾夫
로 有主客之誼어늘 豈可狎汝乎아? 須出去ᄒᆞ라!" 其妻ㅣ不聽ᄒᆞ니
土亭이 怒ᄒᆞ야 以杖擊之, 則泣而稍遠ᄒᆞ고 舍杖則又近ᄒᆞ야 如是食
頃ᄒᆞ니 其奴欽歎ᄒᆞ고 走告花潭ᄒᆞᄃᆡ 花潭이 喜ᄒᆞ야 親往窺之ᄒᆞ니
果如其言이라. 翌日에 謂土亭曰: "君이 學力이 已成ᄒᆞ니 吾不敢爲
師라. 君은 須歸ᄒᆞ야 任君所爲어다." 終不失爲君子之人ᄒᆞ니라.

### 63. 土亭이 行怪着陶笠索帶ᄒᆞ야 祛痼疾

土亭이 嘗訪栗谷할시 頭着陶笠ᄒᆞ며 腰帶大索ᄒᆞ니 栗谷이 笑曰:
"先生은 何爲着此詭服고?" 曰: "吾欲試世間吉凶善惡, 而百病中痼
疾이 最惡故로 臥於壁隙ᄒᆞ고 必以百會로 當穴受風ᄒᆞ면 至三月後
痼疾이 果作ᄒᆞ나니 以藥治之라도 終無顯效요 病不能隨意卽愈也ㅣ
니 着此陶笠索帶ᄒᆞ야 往某山寺面壁이면 三月後病始祛니라."

### 64. 土亭이 作鹽商할시 於馬上에 揮鞭成樂音ᄒᆞ니 有人知어늘 追
不得이요 遇蔣都令爲僵尸ᄒᆞ야 嚙其足指ᄒᆞ니 忽不見

土亭이 好作鹽商ᄒᆞ야 販鹽暮歸할시 江山風景이 正好ᄒᆞ니 於馬
上에 以鞭으로 揮成樂音ᄒᆞ야 以中律呂러니 有人隨後擊節嘆賞ᄒᆞ니
土亭이 疑其異人ᄒᆞ야 故誤一揮以試之ᄒᆞ니 其人이 嗟嘆曰: "惜乎
라! 其未熟也ㅣ로다." 土亭이 大驚下馬ᄒᆞ야 欲與之言ᄒᆞ니 其人이
不答疾去ᄒᆞ야 不能及矣러라. 後에 土亭이 留京中할시 於街上에 有
蔣都令者ㅣ 素稱狂夫, 而實仙類也ㅣ라. 橫臥鍾路ᄒᆞ야 忽作僵尸ᄒᆞ
고 須臾에 腐爛臭惡ᄒᆞ니 人皆避之러라. 土亭이 獨近視之ᄒᆞ고 手擧

其足指ᄒ야 噬之ᄒ니 痛楚而起ᄒ야 忽不見이라.

## 65. 進士田[21]禹治得狐書ᄒ야 行妖術이라가 受制於花潭

進士田禹治少時에 讀書山寺할시 寺中에 有一空房ᄒ니 人居必死라. 禹治聞之ᄒ고 灑掃而處焉할시 明燭讀書러니 夜半에 一女子ㅣ 開戶而入이라. 禹治不顧見, 則以手掩卷ᄒ며 戱其讀書ᄒ니 禹治預以綿絲繩으로 染朱砂水ᄒ야 置之箱中ᄒ고 以左手로 把女手ᄒ며 右手로 持綿絲ᄒ야 結縛四肢ᄒ고 倒懸樑上ᄒ며 因讀書ᄒ니 其女ㅣ 哀乞ᄒ며 願以寶貨로 贖其罪ᄒ되 禹治不聽이어날 曉鷄ㅣ 將鳴ᄒ니 其女ㅣ 急聲哀告曰: "命在傾刻ᄒ니 願獻天地間至寶호리이다." 曰: "何寶오?" 曰: "此寺後園에 有十丈絶壁ᄒ고 壁間이 方開ᄒ며 其中草堂一間이오 案上에 有冊子ᄒ니 君其取來觀之ᄒ소셔." 禹治果取而觀, 則乃奇文僻書也ㅣ라. 以筆로 濡朱砂水ᄒ야 字字批點, 則其女ㅣ 隨點輒驚ᄒ며 哀乞不已ᄒ니 禹治逐章批點ᄒ고 餘者ㅣ 不過四五張, 而其女ㅣ 若有絶命之狀이라. 始解放之ᄒ니 女ㅣ 卽出戶라. 不移時에 自家奴子ㅣ 持父訃書而來어날 蒼黃歸家, 則乃虛事也ㅣ라. 始覺厥女所賣ᄒ고 還寺, 則冊中批點者ᄂᆞᆫ 盡棄之ᄒ고 但取其餘四五張而去矣라. 禹治ㅣ 自得其書에 善於妖術ᄒ야 多行不法이라. 市中宰相家ㅣ 設宴請賓ᄒ고 內外咸集ᄒ야 鋪陳饌羞를 窮極華美러니 諸客이 醉倒忘歸라가 忽然覺之, 則臥在草莽亂石之間이오 所謂饌物은 皆馬糞猪矢也ㅣ라. 一日은 禹治ㅣ 來拜徐花潭ᄒ고 辭退出門ᄒ니 萬山이 接天ᄒ며 荊棘이 鬱密ᄒ고 猛虎毒蛇ㅣ 磨牙吮血이어날 禹治多施神術호되 終不得出이라. 還入而免冠謝罪ᄒ니

---

21) 田: 저본에는 '全'으로 나와 있으나 의미상 바로잡음. 이하의 경우도 동일함.

花潭이 厲聲曰: "汝ㅣ以么麼妖術로 敢試於長者之前가?" 禹治叩頭謝罪ᄒᆞ니 始開路而送歸云이라.

## 66. 花潭이 從神僧ᄒᆞ니 神僧이 爲殺九尾狐ᄒᆞ야 以免厄

花潭徐敬德이 年十二에 從神僧ᄒᆞ야 學於山寺할ᄉᆡ 僧이 嘗曰: "汝當還家ᄒᆞ라! 明日에 有異僧訪汝ᄒᆞ리니 汝須善遇而送之ᄒᆞ고 因卽還來ᄒᆞ라." 聞命卽還而待之러니 有客이 戴華陽巾, 被鶴氅衣, 騎小驢, 率靑衣童子二人而來어늘 出門迎候而入ᄒᆞ니 客曰: "我本太白山人으로 聞秀才ㅣ有異質ᄒᆞ고 特爲來訪也로라." 花潭이 起而謝ᄒᆞ고 因問六經奧旨와 天文·地理·象緯·醫卜·飛仙之術ᄒᆞ니 客이 應答이 如流라. 花潭이 傾心向服ᄒᆞ야 以爲, "吾師라도 不能過也라." ᄒᆞ니 客이 歎賞花潭之穎悟ᄒᆞ고 經宿而歸ᄒᆞ다. 花潭이 復上寺ᄒᆞ야 一一告之ᄒᆞ니 師僧曰: "吾ㅣ做別般工夫ᄒᆞ리니 汝ᄂᆞᆫ 勿問ᄒᆞ라!" 因面壁而坐ᄒᆞ야 瞑目合掌ᄒᆞ고 不言不食三日, 而始開眼進飯訖에 曰: "汝ᄂᆞᆫ 隨我ᄒᆞ라!" 荷鉢囊携六環ᄒᆞ고 登後山絶頂ᄒᆞ야 顧花潭曰: "汝須付我腋, 不開²²⁾目ᄒᆞ라." 因登空面西而去ᄒᆞ니 但聞耳邊風聲이라. 過幾日, 而止於一處ᄒᆞ야 呼花潭開目ᄒᆞ니 花潭이 視之, 則不知落在何處라. 僧이 以藥末로 和水先飮ᄒᆞ고 次飮花潭ᄒᆞ니 爽然而不知飢寒矣라. 山上에 有老樹ᄒᆞ니 圍數十里요 葉飮²³⁾이 數百里라. 僧이 以刀로 斫取木片五箇ᄒᆞ야 藏之囊中ᄒᆞ고 又出藥末ᄒᆞ야 和水而飮ᄒᆞ고 登空還寺ᄒᆞ니 計其日子ᄒᆞ니 乃六日也ㅣ라. 僧이 淨掃房中ᄒᆞ고 設席屛帳ᄒᆞ고 使花潭로 伏於僧背ᄒᆞ고 置床卓於前ᄒᆞ며 出囊中五箇童子ᄒᆞ야 塗以五色ᄒᆞ며 列置床上ᄒᆞ되 靑者ᄂᆞᆫ 居東ᄒᆞ며

---

22) 開: 저본에는 '閉'로 나와 있으나 문맥상 바로잡음.
23) 飮: 의미상 '陰'이 되어야 함.

其餘는 亦隨其色ᄒᆞ고 僧이 執如意杖設法ᄒᆞ야 以待至初更時에 洞口喊聲이 大振이어날 靑童이 先出與戰ᄒᆞ야 大敗而還ᄒᆞ니 白赤黑이 亦次第而敗라. 最後黃童이 至曉告捷ᄒᆞ니 僧이 携花潭出見ᄒᆞ니 九尾大狐ㅣ 斃於洞口矣라. 僧曰:"向來訪汝客은 此ㅣ 狐也ㅣ니 生於有巢氏之世ᄒᆞ야 偸竊天地造化ᄒᆞ야 縱橫宇宙에 百神이 不能이오 其所食者는 乃天下萬國에 異品男子之精血五臟也ㅣ라. 聞汝異質ᄒᆞ고 欲爲一日粮來探, 而汝之身에 神明保護故로 俟汝運厄之時ᄒᆞ야 必欲殺也ㅣ라. 救汝之策은 必得有巢以前之物이라야 可以制彼故로 向予ㅣ 面壁出神ᄒᆞ야 周覽上下, 則前日所斫木은 乃生於三八生成之初故로 斫來ᄒᆞ야 作五方神將ᄒᆞ야 使之相戰, 而艱辛獲勝ᄒᆞ니 此後는 汝無他災矣리라." 仍使花潭으로 就寢熟睡而覺ᄒᆞ니 僧無去處矣라.

### 67. 花潭이 殺太白山老狐母子

花潭이 講道於松京할ᄉᆡ 驟雨ㅣ 暴至어날 有一童子ㅣ 年可十四五요 衣服이 潔ᄒᆞ며 狀貌異어날 使人召之ᄒᆞ야 問曰:"秀才는 自何過此오?" 曰:"某는 本嶺南人으로 家禍ㅣ 孔酷ᄒᆞ야 一身이 逃禍ᄒᆞ야 流離至此ㅣ니이다." 花翁이 憐之ᄒᆞ야 使留ᄒᆞ니 童子ㅣ 才識이 出倫이라. 講學數月에 無所不通ᄒᆞ니 花翁이 大奇之ᄒᆞ야 問其地閥, 則士族也라. 欲以爲婚ᄒᆞ야 言于夫人ᄒᆞ니 夫人이 以根脚不明이오 禍家餘生으로 難之ᄒᆞ니 花翁이 不聽ᄒᆞ고 遂擇吉ᄒᆞ야 迫在一旬之內, 而嘗早起ᄒᆞ야 與之講論經旨할ᄉᆡ 時에 秋雨初霽ᄒᆞ고 淸旭이 上窓이라. 花翁이 直視童子ᄒᆞ니 有狐媚之氣어날 急呼奴子ᄒᆞ야 縛置庭下ᄒᆞ고 厲聲問曰:"汝敢始終瞞我ᄒᆞ고 不以實告아?" 童子ㅣ 色不變ᄒᆞ고 斂容對曰:"小子受恩罔極이 歲將周矣라 恩兼父子오 義重師

弟호니 有罪則責之撻之호야 若終不悛이면 逐之可也, 而至於扶曳結縛은 實非所望也니ㅣ 敢請其罪호나이다." 花翁이 命斫取祠堂後側柏木一枝호야 使之剖破爲炬호고 明火燭之호니 乃一老狐也ㅣ라. 花翁曰: "汝旣至此호야 猶隱情乎아?" 狐ㅣ 泣曰: "本以太白山老狐之精으로 母年千歲요 吾年九百歲에 天地造化를 無不偸得故로 謂母曰: '吾聞松京에 有徐花潭先生호야 粗解象數云호니 吾可以瞞之矣리이다.' 母曰: '吾ㅣ 屢往松京호니 花潭은 不足畏也ㅣ나 其祠堂側柏木을 畏而不敢入也ㅣ라.'호니 吾ㅣ 不以爲然而來러니 終見顯發호니 死有餘罪니이다." 翁이 送人太白山호야 捉其母竝殺之云이라.

### 68. 北窓이 不能救其親호고 退去果川

鄭順朋이 有三子호니 長은 北窓礦이오 次은 吉玉[24]磶이오 季는 監司礦이니 礦卽後妻所生也ㅣ라. 北窓이 生質이 已美호고 深通數學이라. 順朋之赴燕也에 北窓이 爲子弟軍官호야 到燕京호니 諸國使臣이 一時齊會어날 北窓이 各以其國方語로 酬酢如流호야 諸國名山大川及人物寶貨를 莫不備知호니 諸使ㅣ 驚服云이라. 兄弟ㅣ 皆爲名賢, 而礦은 妖惡호야 導其父己巳凶黨者ㅣ 皆礦也. 北窓이 密告於父曰: "亡家者는 礦也ㅣ라 是狐精也ㅣ니 若不信, 則請驗之니이다." 召礦坐前호고 北窓이 從背數寸許를 以手按之호고 使礦으로 起立호니 礦이 不能起라. 父ㅣ 怪問之혼디 北窓曰: "執其尾端호니 不能起로소이다. 大人은 諒之호소셔." 順朋이 猶未信호고 一從礦言, 而疑北窓兄弟호니 北窓이 不能救其親호고 退去果川云이라.

---

[24] 吉玉: 의미상 '古玉'이 되어야 함.

### 69. 東皐李浚慶이 與岳翁으로 議明廟建儲

東皐李浚慶이 少貧ᄒ고 四十未登科호디 深知數學ᄒ야 不以窮達爲意矣라. 其季同婿ㅣ 年最少者ㅣ登科, 而婦翁이 爲平安監司ᄒ니 東皐往見同婿, 問曰: "那間에 往箕營耶아?" 答, "某日將行이로라." 東皐曰: "吾欲往, 而奴馬ㅣ俱乏ᄒ니 騎君卜馬同行이 何如오?" 其人이 心笑而强諾이라. 東皐ㅣ 果趁期徒步而來, 同行할시 未至數十里에 使人으로 先通于箕營曰: "李書房이 同來라."ᄒ니 箕伯夫人이 咄咄曰: "可謂忘廉沒覺者也ㅣ라. 雖甚困窮이나 隨來於同婿新恩之行乎아?" 及其至也에 箕伯이 先執東皐之手, 曰: "余方苦待로라." 夫人이 大怒曰: "大監이 惑於李書房ᄒ니 大是異事로다." 亟請入來ᄒ니 箕伯이 笑而起入ᄒ디 夫人이 慍曰: "大監이 不爲款接新恩, 而與李郎으로 有何隱密之語乎아?" 箕伯이 笑曰: "夫人은 愛少郞ᄒ고 吾은 愛老郞이 不亦可乎아?" 因呼新來ᄒ야 數次進退ᄒ며 謂夫人曰: "與兒輩로 同樂이 可也요 余則欲與老郞으로 穩話라."ᄒ고 卽出ᄒ다. 至暮ᄒ야 呼諸子與新恩으로 使之達夜遊宴, 而獨與老郞으로 屛人共語할시 其孫이 年十三者ㅣ 不往宴會之所ᄒ고 欲宿乃祖之傍ᄒ니 祖ㅣ厭之, 曰: "何不往別堂고?" 兒ㅣ曰: "適有感氣니이다." 祖ㅣ使之先宿, 而兒ㅣ佯睡潛聽, 則翁婿問答이 甚長, 而有時噓唏ᄒ니 蓋憂國事也ㅣ라. 東皐曰: "當此之時ᄒ야 丈人이 能擔當乎아?" 曰: "否라. 吾는 某年月日死ᄒ리니 君何不思之甚也오?" 東皐ㅣ 默然良久에 曰: "是也ㅣ니이다." 曰: "君必今秋登第ᄒ리니 於此之時, 則當爲大臣이리니 吾無可憂而有難處事ᄒ니 沈通源을 君何以處之오?" 曰: "此亦慮之熟矣ᄒ야 吾當鎖於別堂ᄒ고 使不得行計矣리이다." 箕伯이 擊節嘆曰: "君之計慮ㅣ至此之深ᄒ니 國事는 庶幾無憂矣로다." 厥兒聞之, 而不知爲何事也러라. 十餘日

後에 先送新恩ᄒᆞ고 繼送東皐, 而齎白金千兩, 曰: "日後에 必有用 處ᄒᆞ리니 惟在君所爲耳라." 其年秋에 東皐ㅣ 果發第, 而至明宗末 年ᄒᆞ야 爲領相ᄒᆞ고 沈通源이 以國戚으로 爲左相ᄒᆞ야 明廟患候沈 重ᄒᆞ고 未有繼嗣, 而沈有注意處라. 東皐ㅣ 與沈相으로 同在藥院ᄒᆞ 야 謂沈曰: "某藥이 當效而入診議定ᄒᆞ니 大監은 搜出焉ᄒᆞ소셔." 沈 曰: "諾다." 使吏로 出某藥ᄒᆞ니 東皐ㅣ 正色曰: "當此危疑之時ᄒᆞ야 御供之物을 豈可使襯手乎아? 大監이 當親自覓出ᄒᆞ소셔." 沈이 驚 懼曰: "大監言이 是也ㅣ라." 因起ᄒᆞ야 上藥院樓어ᄂᆞᆯ 東皐ㅣ 卽以鎖 金으로 牢鎖樓門ᄒᆞ고 急入請對ᄒᆞ야 高聲奏曰: "國本을 未定ᄒᆞ니 願下聖敎焉ᄒᆞ소셔." 明廟口中에 但言德興而不成言ᄒᆞ니 又大聲奏 曰: "臣이 耳聾ᄒᆞ야 不能明聽ᄒᆞ니 願殿下ᄂᆞᆫ 高聲敎之ᄒᆞ소셔." 因顧 謂注書黃大受曰: "德興君第三子라."ᄒᆞ니 大受ㅣ 大書六字, 而三字 則以吏例로 具書ᄒᆞ고 背負而出ᄒᆞ다. 後에 東皐每稱大受之穎敏云 이라. 箕營酬酢之言은 卽此事也러라.

### 70. 徐孤靑이 巖穴讀書ᄒᆞ야 逢其父

徐孤靑은 公州人家奴也ㅣ라. 其母ㅣ年十六에 使喚於上典家ᄒᆞ야 嘗摘木綿花於路傍이라가 避驟雨於巖穴이러니 有一男子ㅣ 負行擔 ᄒᆞ고 亦避入이라. 見而强奸ᄒᆞ니 女ㅣ不能拒ᄒᆞ야 生孤靑ᄒᆞ고 因守 節以居러라. 孤靑이 至八歲에 問曰: "人皆有父어ᄂᆞᆯ 我何獨無오?" 母ㅣ以實告ᄒᆞ니 孤靑이 自此로 往巖穴讀書ᄒᆞ고 至暮에 乃還ᄒᆞ야 如是數朔이러니 忽驟雨에 有一人이 避入ᄒᆞ야 周覽巖穴ᄒᆞ고 呵呵 大笑ᄒᆞ니 孤靑이 問故ᄒᆞᆫ대 答曰: "吾ㅣ 曾有可笑事, 而非汝所知也 ㅣ니라." 孤靑이 拜曰: "小子之在此ㅣ 抑有所懷ᄒᆞ니 勿以孩兒而慢 之ᄒᆞ고 詳言發笑之事ᄒᆞ소셔." 其人曰: "予於八年前에 避雨如此如

此러니 今適依然, 而不見其女故로 偶然發笑耳라." 孤靑이 哭而拜 ᄒ고 同往其家, 則母ㅣ熟視良久, 曰: "果吾夫也ㅣ라." 遂同居ᄒ다.

### 71. 孤靑이 與成東洲·李土亭으로 望見南極老人星ᄒ며 宋雲長亡命時에 往會報恩

孤靑이 幼時에 事其主甚勤ᄒ더니 嘗採樵入山이라가 日暮空擔而來ᄒ야 如是三日ᄒ니 其主ㅣ怪問之ᄒᆫ디 答曰: "適見一鳥ㅣ從地飛上數尺許而止ᄒ고 翌日에 三四尺許而止ᄒ고 又翌日에 至於十餘尺ᄒ니 未得其所以然故로 三日窮理라가 不得採薪矣니이다." 主ㅣ驚問曰: "是何鳥오?" 曰: "俗稱從多理鳥云, 而其實은 乃從地理鳥也ㅣ라. 今春陽發揚에 地氣浮上故로 從地氣ᄒ야 逐日漸高也ㅣ니이다." 其主ㅣ大驚ᄒ야 因以放良, 曰: "汝ㅣ終不爲人家奴也ㅣ니 特贖汝身ᄒ라!" 孤靑이 讀書爲名儒ᄒ다. 後에 成東洲·李土亭이 與孤靑으로 入濟州, 登漢拏山ᄒ야 望見南極老人星ᄒ니 蓋南極이 入地三十六度ᄒ고 在地上者ᄂᆫ 不得見, 而唯漢拏ㅣ在東地極盡處故로 每春秋에 極末數星이 暫見而還隱ᄒ니 此說이 見於基三百小註, 而成·李·徐三公이 能見之러라. 成·李兩公이 自濟州而還ᄒ니 孤靑이 航海達中洲ᄒ야 得孔子·朱子畵像ᄒ야 奉安公州地孔巖書院ᄒ고 孤靑이 爲院長ᄒ야 多士ㅣ請學이러니 一日孤靑이 不知去處라가 四五日後에 還來ᄒ니 有尹進士者ㅣ告歸ᄒ디 孤靑曰: "何故오?" 曰: "弟子ㅣ非但學習文字라 竊觀先生之動靜語默而取法焉이러니 今先生이 不告傍人ᄒ고 乘夜出外ᄒ니 跡涉不經이라. 是以로 去矣니이다." 孤靑曰: "君言이 是也ㅣ나 然吾豈無緣而行詭乎아? 日昨에 觀乾象, 則處士星이 忽然南流者ᄂᆫ 宋雲長이 亡命到報恩故로 事甚隱密ᄒ니 不可通知諸生故로 徑往報恩ᄒ야 果與雲長으로 數日穩話

而來矣로라." 雲長은 宋龜峰之字也요 報恩倅는 重峰趙憲也러라. 孤青이 謂諸生曰: "人謂龜峰이 似孔明이라호더 余則孔明이 似龜峰."

## 72. 宋祀[25]連이 上變호야 安氏被禍

龜峰宋翼弼之父는 祀連也ㅣ요 祀連之母는 甘丁也ㅣ요 甘丁은 卽安氏之婢也ㅣ라. 陞而爲妾호야 服事盡矣러니 以咀呪事로 放出 호다. 祀連이 及長에 爲人穎悟호야 解數學호니 安氏復納之矣러라. 及己卯禍作호야 安相瑭이 被謫, 而瑭子登賢良科者ㅣ 爲人이 奇傑호야 切憤袞貞之多害善類호며 欲效趙鞅興晉陽之兵호야 以雪君側之惡호고 與祀連으로 謀之矣러니 相國이 聞之호고 欲執子以聞호더 左右ㅣ 諫之호야 遂寢호다. 及相國之喪호야는 祀連이 自推身命호니 乃乘軺之數也ㅣ라. 於是에 以初喪弔錄으로 爲逆案都目 上變호니 安氏闔族이 被禍矣라. 其後, 辛卯飜案에 諸賢이 皆得伸雪云이라.

## 73. 龜峰이 遭誣告亡命于唐津

宣祖朝에 祀連이 已死호고 有三子호니 長은 富弼이요 次는 翰弼이요 季는 翼弼也ㅣ라. 皆有父學, 而翼弼이 栗谷李珥와 簡易崔岦[26] 과 鵝溪李山海로 幼時同學, 而翼弼이 常爲接長호니 龜峰之天資ㅣ 英俊호고 學問이 高明은 可知矣라. 東西黨起에 龜峰이 右西非東, 而又斥李山海·白惟咸[27]之奸호니 山海ㅣ 與龜峰으로 友善而至是호 야는 嫌怨호며 安氏子孫이 常怨祀連之誣告矣라. 至是호야는 與李·

---

25) 祀: 저본에는 '杞'로 나와 있으나 의미상 바로잡음. 이하의 경우도 동일함.
26) 岦: 저본에는 '룡'으로 나와 있으나 의미상 바로잡음.
27) 咸: 저본에는 '涵'으로 나와 있으나 의미상 바로잡음.

白으로 合謀ᄒᆞ야 以爲, "龜峰祖母ᄂᆞᆫ 乃安氏婢子ㅣ라 雖陞爲妾이나 畢竟出之ᄒᆞ니 絶於屬籍이나 然이나 其子孫은 當推爲奴婢ᄒᆞ야 以 雪其憤이라."ᄒᆞ고 乃破祀連之塚ᄒᆞ고 斷棺鞭尸ᄒᆞ며 捕捉龜峰兄弟 子姪ᄒᆞ니 皆奔竄亡命, 而龜峰이 將逃할ᄉᆡ 詩曰: '平生自服古人禮, 三日頭無君子冠. 燒盡落花巖花宅, 曉天歸夢水雲間.' 行自報恩ᄒᆞ 야 轉過連山沙溪宅ᄒᆞ야 入于唐津趙僉知家, 以終身이러라.

### 74. 金德齡이 遇老人ᄒᆞ야 受不得自放之戒而終不免禍

金德齡은 全羅光州人也ㅣ니 號을 虎翼將軍이라ᄒᆞ며 又謂無骨將 軍이라ᄒᆞ니 蓋平時則骨肉이 皆軟而怒, 則全身에 皆無骨肉也ㅣ라. 壬辰亂에 乘喪爲義兵將ᄒᆞ야 屢建功ᄒᆞ니 官至兵使라. 後에 入逆招 ᄒᆞ야 供曰: "臣有二大罪ᄒᆞ니 乘亂起兵ᄒᆞ야 不終親喪ᄒᆞ니 一也요 猥至閫任ᄒᆞ야 終無顯功ᄒᆞ니 二也요 爲人臣負此二大罪ᄒᆞ니 安敢 逃死리오?" 宣廟ㅣ惻然ᄒᆞ야 問諸臣ᄒᆞᆫᄃᆡ 皆曰: "德齡謀逆이 出於飛 語ᄒᆞ니 誠爲曖昧니이다." 西崖柳成龍이 獨無言ᄒᆞ니 上이 問之ᄒᆞᆫᄃᆡ 對曰: "其有罪無罪ᄂᆞᆫ 臣實不知, 而但未知德齡이 若或謀反, 則諸 臣에 有能制其死命者乎아? 以此로 試問諸臣이 如何오?" 諸臣이 皆默然ᄒᆞ니 遂殺之ᄒᆞ다. 德齡이 少遊獵할ᄉᆡ 路傍大樹下石坫上에 有一老人ᄒᆞ니 德齡이 慕其風儀ᄒᆞ야 恭揖而前坐ᄒᆞ니 老人이 欣然 謂之曰: "吾有所懇ᄒᆞ니 君은 聽之否아?" 曰: "惟命是從ᄒᆞ리이다." "吾居此山에 不幸有悍子, 而勇力이 絶人ᄒᆞ니 吾不能禁이라. 以君 之勇으로 能制爲革面, 則其幸이 何如오?" 德齡이 應諾ᄒᆞ고 遂從老 人ᄒᆞ야 入其室ᄒᆞ니 大椀酌酒以飮後에 指廊下一房, 曰: "兒子方在 彼ᄒᆞ니 君其往矣어다." 德齡이 厲聲叱之曰: "小兒ᄂᆞᆫ 出伏聽命ᄒᆞ 라!" 童子ㅣ冷笑曰: "吾雖未成之人이나 旣非孩兒, 則平生不見之

客이 不知何事而來호야 言辭ㅣ 何其悖慢고?" 德齡이 以鐵鞭으로 直入擊之호니 童子ㅣ 方梳라가 左手로 持梳以遮호니 德齡이 不能擊이라. 怒益甚호야 具鞭法호며 極力擊之호니 童子ㅣ 隨手防遮호야 一場大鬧호니 老人이 依欄坐호야 莞爾而笑호며 呼德齡曰: "戲已劇矣니 罷還이 可也ㅣ니라." 德齡이 上堂, 則老人이 又酌酒以勸이라. 俄而, 童子ㅣ 畢梳而來호야 跪於側호니 老人이 謂童子曰: "汝ㅣ 何敢與尊客으로 角力가?" 童子ㅣ 笑曰: "何敢用力이리잇고? 但尊客이 强與之戲故로 不得不應之耳로소이다." 老人이 笑謂德齡曰: "吾有所懷호니 願聽之호라. 吾ㅣ 自少로 頗有勇力호고 且三子ㅣ 皆驍勇, 而自念吾輩ㅣ 不容於世故로 深入此中호야 伯仲二兒는 射獵爲業호야 以供飯粥호고 此兒는 年幼故로 不使出門而讀書耳라. 觀君이 氣岸호야 必以爲無敵一世, 而自放太過故로 吾欲戒之호야 試與兒作戲, 而君猶未能制小兒호니 君其戒之어다." 德齡이 聞而汗出沾背호야 拜受敎矣러라. 日暮에 有二丈大背負熊虎之屬各十餘頭而來호니 老人曰: "尊客이 遠臨호 可衣冠而出見호라." 二人이 與客으로 相揖而坐호니 老人이 謂二子曰: "此客某也라 常願一見이라가 今幸相逢호니 須烹肉釃酒以來호라!" 老人이 先飮호고 次勸德齡호며 三子ㅣ 以次繼飮호야 至半酣에 論說千古英雄得失호며 講論兵法劍術호다. 至三日에 德齡이 請歸호니 老人이 申戒曰: "君須韜晦호야 終身에 愼勿妄嬰世禍호라." 德齡曰: "謹奉敎矣리이다!" 後에 德齡이 被拿上京홀시 路傍에 有丈夫ㅣ 左執酒壺호고 右執大椀호야 謂金吾郞曰: "吾與罪人으로 有故호니 請以一盃酒送之라."호며 酌酒以灌德齡之口호며 責之曰: "昔日相逢時에 先人之戒ㅣ 實爲此也ㅣ라. 旣自取호니 復何願이리오? 願君은 順受天命호고 無至貽憂於親友호라!" 德齡이 泣謝罪호니 其人이 灑淚而別호다.

75.

　全東屹은 全州人이니 多知識ᄒ고 多智鑑이라. 時에 相國李尙眞이 居在邑隣ᄒ야 獨奉偏母ᄒ고 惸然孤塊ㅣ 處窮貧之極ᄒ야 菽水을 難繼라. 東屹이 年雖少나 常奇李公爲人ᄒ야 傾身結交ᄒ야 共爲知己ᄒ며 常分財穀ᄒ야 以周其急ᄒ니 李公이 深感之러라. 一日은 初冬末에 東屹이 謂李公曰:"子之形貌ㅣ 終當富貴, 而今貧賤이 如此ᄒ야 無以濟拔ᄒ니 吾有一計라 子ㅣ 但依而行之ᄒ라." 歸取五斗米及麴ᄒ야 授李公, 曰:"釀之熟, 則告我ᄒ라!" 李公이 如其言旣熟ᄒ니 東屹이 遍告邑人曰:"李措大雖貧이나 乃賢也ㅣ라. 奉偏母ᄒ고 無以爲生ᄒ야 今欲經紀生理에 所需者ᄂ 柳櫟木錐也ㅣ니 爾輩ㅣ 須飮此酒어든 每人이 但取柳櫟錐長一尺半五十箇ㅣ 足矣니라." 邑人이 莫曉其意나 然이나 素信東屹이요 又重李公ᄒ야 皆許之ᄒ다. 東屹이 乃出其酒ᄒ야 飮二百餘人ᄒ니 數日後에 皆取櫟錐如其數라. 東屹이 出牛馬盡載之ᄒ고 與李公으로 同往乾芝山下ᄒ니 有柴場이라 刈取淨盡ᄒ니 乃東屹土也ㅣ라. 東屹이 與公及僕으로 遍揷木錐할시 入地可尺數寸ᄒ고 屹이 謂李公曰:"此ᄂ 當明春에 可種粟이라." 乃歸ᄒ야 及明春解凍에 取早粟種之할시 東屹이 携公偕往ᄒ야 拔其錐ᄒ고 每穴에 七八粒下種ᄒ며 又拓新土ᄒ야 略下穴中以覆之러니 及至夏ᄒ야 粟苗之出穴中者ㅣ 甚碩茂어날 乃拔去細者ᄒ고 只留三四莖ᄒ고 草則刈淨之러니 及結實ᄒ야난 穗大如錐極穎이라. 及熟에 打之ᄒ니 出五十餘石이어날 李公이 大喜猝富ᄒ니 此皆柳櫟之性이 素沃而入地尺餘, 則粟可茂苗이요 種之에 入地也深, 則常帶潤氣故로 旣不畏風ᄒ고 又不畏旱ᄒ며, 且種入草根之底ᄒ야 去草根遠, 則不能分其土故로 粟結實碩大ㅣ 此ᄂ 當然之理也ㅣ라. 李公이 方喜家計之贍而養親之優也ㅣ러라. 一日은 大風이 起

ᄒ며 燒屋不能救ᄒ야 積貯之粟이 盡爲灰燼ᄒ고 無一留者ᄒ니 李公이 自知窮人은 無食粟之福ᄒ고 母子ㅣ 相持一慟而已러라. 東屹曰: "天道ㅣ 固未可知也로다. 李措大ㅣ 心貌ᄂᆞᆫ 實非窮死者, 而今若此ᄒ니 豈吾眼謬耶아?" 時에 慶科庭試ᄅᆞᆯ 新定ᄒ니 東屹曰: "子試入京觀光이오 僕馬資糧은 吾ㅣ 備之호리라." 公이 乃以其資로 入京ᄒ야 公之親戚叔에 有名宦者ᄒ니 公이 往見之ᄒᆞᆫᄃᆡ 戚叔이 待之甚厚ᄒ며 徵其功令文ᄒ고 喜曰: "體裁緊密ᄒ니 決科ᄂᆞᆫ 可必이로다. 厚助試具러라." 及入場ᄒ야 果一擧捷嵬ᄒ니 戚叔이 爲辦應榜之具ᄒ고 又延譽於朝中郞ᄒ야 入淸選ᄒ니 聲望이 見重이라. 乃輦母入京ᄒ야 遂成家道ᄒ다. 其時東屹이 亦已登科矣라. 公이 招置東屹於外舍ᄒ야 與同處居ᄒ며 且謂東屹曰: "君與我ᄂᆞᆫ 神交也ㅣ라 門地ᄂᆞᆫ 非所論也ㅣ나 文武間體例ᄂᆞᆫ 又可拘ㅣ니 惟在衆人中에 兼爲翼供ᄒ라!" 俄而, 玉署寮友數人이 來會어날 東屹이 欲避ᄒᆞᆫᄃᆡ 公이 挽止之ᄒ니 東屹이 乃拜而預坐ᄒ다. 謂諸寮曰: "此是吾知己之友也ㅣ니 智慮才力이 大非今世之人이라 將來國家ㅣ 必藉其力ᄒ리니 兄輩ᄂᆞᆫ 無以尋常武弁視之ᄒ고 深爲結知ᄒ라." 諸寮ㅣ 視東屹ᄒ니 狀貌ㅣ 堂堂이어날 皆ㅣ 相顧詡奬ᄒ며 深願追隨ᄒ니 東屹이 乃遍往見之ᄒ야 俊辯偉談이 令人驚動ᄒ니 諸人이 競相汲引ᄒ야 班職이 通顯ᄒ고 聲名이 赫翕ᄒ며 治民之才와 禦戎之策이 一世咸推ᄒ야 終至於統制使ᄒ고 子孫이 繼登武科ᄒ야 遂爲顯閥ᄒ다.

### 76. 李相公時白之聘家奴彦立

延陽李相公時白之聘家에 有奴ᄒ니 名彦立者ㅣ 狀貌獰特ᄒ고 膂力이 絶人이라. 一日은 食一斗호ᄃᆡ 常患不足ᄒ며 始自遠鄕來ᄒ야 雖備給使나 每稱飢乏ᄒ고 懶不事事라가 若一善飯, 則出而取柴

호디 拔木全株ᄒᆞ며 擔負ᄒᆞ디 如負山이나 主家ㅣ貧ᄒᆞ야 無以充其腸이오, 且猥其獰狀ᄒᆞ야 乃放之ᄒᆞ며 任其自便ᄒᆞ니 彦立이 不肯去, 曰: "上典之家에 使喚不足ᄒᆞ야 無可任事者ᄒᆞ니 吾何去ㅣ리오?" 其家ㅣ患之ᄒᆞ야 不復責以任事ᄒᆞ다. 居未久에 其主君某ㅣ以疾卒ᄒᆞ고 獨有孤孀與一女ᄒᆞ야 號擗於房中而已오 無他親戚, 臨視之ᄒᆞ야 送終之具를 無以治之ᄒᆞ니 彦立이 哭之慟ᄒᆞ며 進伏庭下, 曰: "廳下ㅣ 雖罔極이나 旣無至親可恃者ᄒᆞ니 初終大事은 片時爲急이어늘 豈有晝夜但哭耶? 凡家間什物에 有可作錢者어든 幸付此奴ᄒᆞ시면 可經紀治喪이 庶及時矣리이다." 主母ㅣ乃盡出衣服器用ᄒᆞ야 付之彦立ᄒᆞ고 只取其可獲錢者ᄒᆞ야 卽走市得錢ᄒᆞ야 盡買襲斂資ᄒᆞ고 又買棺材精好者ᄒᆞ야 擔負ᄒᆞ고 往召棺槨匠ᄒᆞ니 匠人이 見負大四五板ᄒᆞ고 大懼ᄒᆞ야 旣隨而至ᄒᆞ야 盡心治棺ᄒᆞ며 又招諸隣婦ᄒᆞ야 一時裁縫ᄒᆞ니 送終之具ㅣ一一精辦ᄒᆞ야 卽爲入棺成服ᄒᆞ고 彦立이 又訪問地師之有名者ᄒᆞ야 告以喪家悖子可矜ᄒᆞ고 且進以一大白ᄒᆞ며 且請點山於近地ᄒᆞ니 地師ㅣ許之ᄒᆞ다. 彦立이 進一馬自控之ᄒᆞ니 地師ㅣ進一處占穴而稱道ᄒᆞ디 彦立이 指點龍勢案對砂水之疵ᄒᆞ며 謂以不合葬地호디 言甚明切ᄒᆞ니 地師ㅣ大驚憖之ᄒᆞ며 又見其形貌之獰[28]悍ᄒᆞ고 懼其逢辱ᄒᆞ야 乃往一處ᄒᆞ야 告其素所秘占之地라. 彦立曰: "此地ᄂᆞᆫ 僅可用也로다." 歸告主母ᄒᆞ고 擇吉靷行ᄒᆞ며 葬需凡百은 渠自主張ᄒᆞ야 無憾焉ᄒᆞ니 主母ㅣ自此로 家事ᄂᆞᆫ 惟彦立是聽이러라. 葬畢에 彦立이 又告主母曰: "主家ㅣ喪敗貧窮ᄒᆞ야 更難京居ᄒᆞ니 請往鄕庄ᄒᆞ야 治農數年ᄒᆞ고 待其稍積ᄒᆞ야 可以復還이니이다." 主母ㅣ曰: "豈不善哉리오?" 乃搬移下鄕ᄒᆞ다. 彦立이 明於農理

---

28) 獰: 저본에는 '儜'으로 나와 있으나 의미상 바로잡음.

ᄒ며 强幹勤事ᄒ니 土地所出이 視他十倍요, 且鄉隣이 莫不畏而愛之ᄒ야 助役趣事에 如恐不及ᄒ니 五六年에 主家ㅣ遂成大富ᄒ다. 彥立이 又告於主母曰: "阿只氏今已年長ᄒ니 當求婚處, 而此ᄂ 當求之於京中矣 某洞某宅은 是我宅之戚叔也ㅣ요 小人이 曾謁其主君ᄒ니 廳下ㅣ以一札로 求得郎材이 善矣니이다." 主母ㅣ依其言ᄒ야 作書付之ᄒ며, 且厚贈遺ᄒ다 彥立이 即爲上京ᄒ야 謁其家主ᄒ고 告之ᄒ니 其家ᄂ 乃當朝名官이라 許以盡心求之, 而顧無可合者라. 彥立이 乃買得佳梨一擔ᄒ야 負自作梨商ᄒ고 遍入士夫家ᄒ야 以詳察郎材할시 行至西小門外ᄒ니 墻이 頽毁에 貧弊를 可知라. 有一總角秀才ㅣ拔刀削皮ᄒ야 連噉數顆ᄒ며 又取十餘顆ᄒ야 入之袖中, 曰: "梨則好矣나 今無價ᄒ니 後來更覓ᄒ라!" 彥立이 視其狀貌氣槪ᄒ니 大不凡常이라. 問: "秀才ᄂ 是誰宅고?" 答曰: "此ᄂ 李平山宅이오 平山公은 我之嚴父也ㅣ니라." 彥立이 乃回ᄒ야 往詣名官家ᄒ야 告曰: "西小門外李平山宅郎材ㅣ極佳ᄒ니 請紹价定婚ᄒ소셔." 名官曰: "李平山은 吾所親也요 其子ㅣ年已長成, 而放逸不學ᄒ니 人皆憎之ᄒ야 以此로 尙未定婚ᄒ니 焉用此子리오?" 彥立이 固請不許어날 乃歸告其主母ᄒ니 更製一札호디 費辭固請ᄒ니 名官이 乃適李平山家ᄒ야 具言其家富實ᄒ며 閨秀ㅣ甚賢ᄒ디 李平山이 方患婚處之不出이라가 聞而大喜ᄒ야 即涓吉定行ᄒ다. 旣過禮ᄒ니 延陽이 少年에 疎雋ᄒ야 行多跅跎호디 彥立은 獨甚奇之ᄒ야 稱揚不離口ᄒ니 主母ㅣ甚喜ᄒ야 善待之ᄒ며 所需를 無不致誠이러라. 及廢朝癸亥ᄒ야 延平이 與昇平諸人으로 方圖反正할시 聞彥立이 是大奇才ᄒ고 乃使延陽으로 延之深室ᄒ야 要與同事ᄒ며 且問事之可否成敗ᄒ니 彥立曰: "以臣代君은 勸之固難이나 國之將亡에 不勸이 亦難이라. 但未知同事者ㅣ爲人何如耳니잇고?" 延陽이 乃留

彦立ᄒ고 會集同事諸人ᄒ야 使遍看之ᄒ니 彦立이 看畢에 謂公호ᄃᆡ, "皆將相之材니 事可濟矣, 而奴則不願入矣로소이다." 卽辭去러라. 去後月餘에 不知去處라 延陽이 莫之測ᄒ야 深慮之러니 已而오 來謁曰: "小人此去는 猶慮事之危ᄅᆞᆯ가ᄒ야 走入海中ᄒ야 求得一島ᄒ니 可避世라. 事如不諧, 則可陪上典ᄒ고 闔室入處홈으로 今且具一船於江上이오니 君若有危端이어든 願公宅은 皆出臨ᄒ소셔." 公이 許之ᄒ다. 及反正改統에 延平三父子一時疏封ᄒ니 尊榮이 無比라. 益偉彦立之忠智明識ᄒ야 不復以僮僕待之, 而主家ㅣ 乃白文放贖ᄒ야 居在公州ᄒ야 其雲仍頗多, 而其他奇事甚多나 不能盡記云耳라.

### 77. 許積之傔人廉時道

許積之傔人廉時道ㅣ 居在漢師壽進坊ᄒ니 性素信實이오 廉介ᄂᆞᆫ 爲許之傔從ᄒ야 甚見寵信이라. 一日은 許ㅣ 謂時道曰: "明曉에 有使喚處ᄒ니 必早來ᄒ라." 其夜에 時道ㅣ 與其徒로 飮博이라가 就睡甚濃ᄒ야 不覺日已明矣라. 急起往奔할시 路過濟用監鷗峴ᄒ니 見路傍空垈에 有一古木ᄒ고 木下茂草間에 有靑袱露見이어날 就視ᄒ니 封裹甚密이오 擧之甚重[29]이라. 納袖中ᄒ고 走到社洞家ᄒ야 以晚來請罪ᄒ니 許曰: "已先使人ᄒ니 汝ㅣ 何罪也ㅣ리오?" 時道ㅣ 退于廳下ᄒ야 開封, 則有銀二百三十兩이라, 時道ㅣ 自語曰: "此ᄂᆞᆫ 重貨也ㅣ니 其主失之ᄒ고 其心憂遑은 不言可知, 而我ㅣ 可掩而有之幸矣며 且無端橫財, 則在小民에 非吉祥也ㅣ라. 旣不可携歸於家요 不如納之相公이로다." 遂將銀하야 就許告之ᄒ고 故請納ᄒ니 許曰: "汝之所得이 何有我며 且爾之不取를 我何取之리오?" 時道ㅣ

---

29) 重: 저본에는 '衆'으로 나와 있으나 『청구야담』 등에 의거함.

慙而退ᄒᆞ다. 俄而, 許ㅣ 召而謂曰:"數日前에 聞兵曹判書家馬ㅣ 其價二百銀, 而光城家ᄅᆞᆯ 將買之云ᄒᆞ니 豈非此銀耶아? 汝ㅣ 試往問之ᄒᆞ라." 兵曹判書ᄂᆞᆫ 卽淸城金公也ㅣ니 時道ㅣ 如其言ᄒᆞ야 翌日에 往謁焉ᄒᆞ니 淸城이 問來現之意ᄒᆞ디 時道ㅣ 曰:"久未謁ᄒᆞ야 爲問候而來耳니이다." 仍曰:"貴宅에 寧有所失耶아?" 金公曰:"無有로라." 遽呼廳下蒼頭, 曰:"某奴ㅣ 持馬去ᄒᆞ야 已兩日, 而尙無回報ᄂᆞᆫ 何也오?" 蒼頭曰:"某奴ㅣ 稱有罪ᄒᆞ야 不敢進現云ᄒᆞ나이다." 公이 嗔曰:"是何言也오? 直捉入某奴ᄒᆞ라!" 一蒼頭ㅣ 押一奴ᄒᆞ야 跪於庭ᄒᆞ니 且拜且言曰:"小人이 有罪ᄒᆞ야 萬死難釋이니이다." 公이 問其故ᄒᆞ디 對曰:"小人이 往齋洞光城宅ᄒᆞ야 受馬價, 而忽失之矣니이다." 金公이 大怒曰:"詐至如此ᄒᆞ니 乃弄奸沉沒而來誑耶아?" 將呼大杖ᄒᆞ야 欲撲殺之ᄒᆞ디 時道ㅣ 仍請暫停刑, 而俾陳失銀之由ᄒᆞ니 金公이 悟而問之ᄒᆞ디 奴ㅣ 曰:"將持馬到相公宅이러니 光城이 命奴盤馬ᄒᆞ고 馳驟曰: '果奇駿也ㅣ라!' 且嘉其肥澤, 曰: '此馬ㅣ 爾之所喂耶아?' 對曰: '然이로소이다.' 相公曰: '人家奴僕은 有如忠篤, 而誠可嘉也로다.' 仍呼曰: '爾能飮酒乎아?' 對曰: '然이로소이다.' 相公이 命一大椀ᄒᆞ야 酌紅露旨烈者ᄒᆞ디 連賜者三이오 卽計給銀二百兩ᄒᆞ며 且加給三十兩銀, 曰: '此ᄂᆞᆫ 賞爾善喂馬之功也ᄒᆞ노라.' 小人이 辭出ᄒᆞᆯ시 日已夕矣라 醉甚ᄒᆞ야 不能步行ᄒᆞ고 未幾에 倒臥路傍ᄒᆞ야 不知爲何處, 而夜에 微醒ᄒᆞ니 忽聞鍾聲이라, 遂强起而歸ᄒᆞ니 不知銀封所落이요 罪犯如此ᄒᆞ니 自知當死ᄒᆞ고 所以로 趑趄不敢來現이니이다." 時道ㅣ 始陳得銀來謁之由ᄒᆞ며 卽以銀進ᄒᆞ니 封式及數ㅣ 果所失也ㅣ러라. 公大이 嘆異之, 曰:"汝非世人也ㅣ나 然이나 亦已失之物也ㅣ라. 今以半으로 賞汝ᄒᆞ니 汝其勿辭ᄒᆞ라." 對曰:"使小人으로 有貪財之心이면 當自取不言ᄒᆞ리니 誰能知之리오? 旣

非其有ᄒᆞ니 惟恐或浼어늘 何賞之有리요?" 公이 不覺悚然ᄒᆞ고 改容不復言償銀事ᄒᆞ며 咨嗟重複ᄒᆞ고 呼酒勞之ᄒᆞ니 奴罪ㅣ 得以快釋이라. 時道辭出ᄒᆞ니 有一年少女ㅣ 從後疾呼曰: "願丞은 少留ᄒᆞ소셔!" 時道ㅣ 顧問其由ᄒᆞ니 女ㅣ 曰: "俄者卞金은 乃吾兄也ㅣ라. 吾ㅣ 依以爲生이러니 今賴丞得生ᄒᆞ니 此恩을 當何報리오? 吾ㅣ 入言于夫人ᄒᆞ니 極歎之ᄒᆞ시고 命賜酒饌ᄒᆞ니 所以로 請由ᄒᆞ나이다." 卽設席廳下ᄒᆞ고 旋擎出一大盤ᄒᆞ야 羅以珍羞美醞ᄒᆞ니 時道ㅣ 醉飽而歸러라. 及庚申ᄒᆞ야 許以罪賜死할ᄉᆡ 時道ㅣ 突入ᄒᆞ야 持藥欲分飮之ᄒᆞ니 都事ㅣ 曳出之ᄒᆞ다. 許ㅣ 旣死에 時道ㅣ 狂奔悲號ᄒᆞ야 無復世念ᄒᆞ고 仍歸家ᄒᆞ야 遨遊山水하다. 有族兄ᄒᆞ야 在江陵地ᄒᆞ니 訪則已爲僧ᄒᆞ야 不知去處어늘 遂往表訓寺ᄒᆞ야 問居僧曰: "吾欲依歸空門ᄒᆞ야 必得高僧爲師ᄒᆞ노니 誰爲可者요?" 僧曰: "妙吉祥後孤庵守座ᄂᆞᆫ 卽生佛也ㅣ니라." 時道ㅣ 往見ᄒᆞ니 果有趺坐라, 入定時에 時道ㅣ 前道ᄒᆞ야 具陳誠心服事之意ᄒᆞ며 且請剃髮ᄒᆞ니 辭旨懇切호ᄃᆡ 僧若不聞이라. 時道ㅣ 堅伏不起ᄒᆞ니 日已昏黑이어늘 僧이 忽言曰: "架上에 有米ᄒᆞ니 何不炊오?" 起則有米라 炊食을 如命ᄒᆞ고 夜後에 前伏至朝ᄒᆞ니 僧이 又命之食ᄒᆞ라. 如是者ㅣ 五六日이로ᄃᆡ 僧이 終不言, 而時道意ᄂᆞᆫ 稱弛라 出菴逍遙라가 見菴後에 有茅屋數間이어늘 入其中ᄒᆞ니 只見一幼女ㅣ 年可二八이오 甚有姿色이라. 時道ㅣ 不勝婉戀之情ᄒᆞ야 遽前抱之ᄒᆞ고 欲犯之ᄒᆞ니 女於懷袵之間에 拔刀欲自裁어늘 時道ㅣ 驚怕遂止ᄒᆞ고 問其所從來ᄒᆞᄃᆡ 女ㅣ 曰: "吾本洞口外村女也ㅣ라. 男兄이 出家於此山ᄒᆞ야 師此菴僧이러니 母以菴僧神人ᄒᆞ고 問女之命ᄒᆞ니 以女ㅣ 有四五年大厄ᄒᆞ야 若絶棄人間ᄒᆞ고 來寓於此菴之房이면 可以導厄이오 且有佳緣이라ᄒᆞ니 母信其言ᄒᆞ고 縛茅此ᄒᆞ야 獨與女로 留住ㅣ 爲數年許러니 母今暫還洞居, 而遽爲

人所迫ᄒᆞ니 逢此厄境이 是豈所謂大厄耶아? 旣無父母之命ᄒᆞ니 雖死나 何可受汚리오? 雖然이나 此事ㅣ 非偶然ᄒᆞ니 神僧佳緣之言이 亦必爲此ㅣ며 男女ㅣ 旣一相接이면 更何他歸리오? 當矢心相從은 但待母之歸ᄒᆞ야 明白成親이 不亦善乎아?" 時道ㅣ 異其言, 從之ᄒᆞ고 辭歸菴中ᄒᆞ니 僧又無言이라. 其夜에 時道ㅣ 一心憧憧ᄒᆞ야 只在此女오 無復向道之意ᄒᆞ야 專俟翌朝에 母之言辭러라. 及朝에 睡起ᄒᆞ니 僧이 起ᄒᆞ야 忽大詬[30]曰: "何物怪漢이 撓我至此오? 必殺乃已로다!" 取六環杖ᄒᆞ야 將奮擊ᄒᆞ니 時道ㅣ 艮貝而走ᄒᆞ야 佇立菴外라가 久之요 僧이 招之前ᄒᆞ고 溫諭之曰: "觀汝狀貌ᄒᆞ니 非出家之人이요 後菴之女ᄂᆞᆫ 終必爲汝之歸ᄒᆞ리니 從此[31]卽去ᄒᆞ고 勿少踟躕ᄒᆞ라. 雖有小驚이나 福祿이 自此始矣라."ᄒᆞ며 書給八字ᄒᆞ니 以'姓得全鵲橋佳緣'이라. 時道ㅣ 涕泣辭出ᄒᆞ고 至表訓寺ᄒᆞ야 席未暖에 忽有譏捕軍이 突入ᄒᆞ야 緊縛囊頭ᄒᆞ고 馱載驅馳ᄒᆞ야 不數日에 抵京ᄒᆞ니 具三木下獄ᄒᆞ다. 蓋是時에 許獄이 多株連ᄒᆞ야 追捉親近傔從, 而時道ㅣ 入焉이라야 就訊許多라. 淸城이 不省其爲時道也ᄒᆞ고 一次平問後에 復下獄이러니 適淸城의 傳餐婢ᄂᆞᆫ 卽卞金奴妹也ㅣ라. 見時道ㅣ 鬼形着枷ᄒᆞ고 大驚ᄒᆞ야 歸告夫人ᄒᆞᆫ디 夫人이 大矜惻ᄒᆞ야 抵簡於淸城ᄒᆞ야 以警告ᄒᆞ니 淸城이 始覺ᄒᆞ고 卽命押時道ᄒᆞ야 盤問ᄒᆞ니 無驗이라. 乃曰: "此本義士라 其心事ᄂᆞᆫ 吾所甚悉이니 豈與於謀逆耶아?" 卽命解釋ᄒᆞ다. 時道ㅣ 纔出門ᄒᆞ니 卞金妹將新鮮衣服ᄒᆞ야 已俟之矣라. 遂同歸其家ᄒᆞ야 接待를 極其意ᄒᆞ고 給資本及馬ᄒᆞ야 使之行商ᄒᆞ다. 已而오 聞許之甥侄申厚載爲尙州牧使ᄒᆞ고 往謁焉ᄒᆞᆯᄉᆡ 時適七月七夕이니 所謂牽牛織女相逢이오 烏鵲橋成之

---

30) 詬: 저본에는 '諾'으로 나와 있으나 『청구야담』 등에 의거하여 바로잡음.
31) 此: 저본에는 '且'로 나와 있으나 『청구야담』 등에 의거함.

日也ㅣ라. 旣入州境ᄒᆞ니 適日暮라 馬疾馳驅而從僻路ᄒᆞ야 入一村家ᄒᆞ야 時道ㅣ欲解馬緤, 則有嫗自內而出, 曰: "何必解緤고? 馬則知所歸矣로다." 時道ㅣ茫然, 欲曉其意ᄒᆞ야 拜且問曰: "未曾拜謁이요 莫省主母諭ᄒᆞ노니 所謂以馬로 知之所歸者ᄂᆞᆫ 何也오?" 嫗ㅣ邀之坐, 曰: "吾ㅣ將言ᄒᆞ리라." 忽聞窓裡에 有哽咽聲이어날 嫗曰: "何泣也ㅣ리요? 豈喜極而然耶아?" 時道ㅣ益疑之ᄒᆞ야 亟請厥由ᄒᆞ니 嫗曰: "君於某歲客ᄒᆞ야 遇一女於金剛山小菴之後耶아?" 曰: "然ᄒᆞ다." 嫗曰: "此ᄂᆞᆫ 吾女也ㅣ요 今泣者ㅣ是也ㅣ로라 亦知菴僧之所自來耶아? 此則君之江陵族兄也ㅣ니 素以神僧으로 徹視無際ᄒᆞ야 知將來에 毫厘無差也ㅣ라. 嘗指吾女謂曰: '此女ㅣ與吾之族弟廉某로 有因緣ᄒᆞ니 第從今以後로 有數年大厄이라, 若來依於我ᄒᆞ면 可以度厄, 而自致成姻이나 然이나 亦未同室이오 其同室은 在於嶺南尙州等地니라.' 某年某月某日也에 吾ㅣ故將女就僧ᄒᆞ야 欲度厄, 而君果來過호ᄃᆡ 吾ㅣ適出ᄒᆞ야 未及見ᄒᆞ고 厥後에 僧離其菴ᄒᆞ야 不知所向이오. 吾之子ㅣ亦來寓此地ᄒᆞ니 吾ㅣ故隨來在此ᄒᆞ고 及至此日ᄒᆞ야ᄂᆞᆫ 固知君之必來也ㅣ로라." 因呼女出見ᄒᆞ다. 久之요 女出來ᄒᆞ니 果是楓山所睹者也ㅣ요 顔狀이 益豊美ᄒᆞ니 時道ㅣ不覺感愴, 而女悲喜交倂ᄒᆞ야 但揮淚而已라. 俄進夕飯ᄒᆞ니 珍饌盛列은 皆預備者矣러라. 是夕에 遂成親ᄒᆞ니 僧所言八字之符, 皆驗矣러라. 時道ㅣ留數日에 往見尙州ᄒᆞ고 言其事顚末ᄒᆞ니 尙牧이 大異之ᄒᆞ야 厚贈遺之ᄒᆞ다. 時道前妻ᄂᆞᆫ 死已久矣, 而家則托族人守之ᄒᆞ고 時道ㅣ遂與其女로 及其母歸京ᄒᆞ야 復居于舊宅ᄒᆞ니 時道之名이 播於縉紳, 而淸城之所以顧護者ㅣ甚至ᄒᆞ고 家頗饒富ᄒᆞ야 皆稱'廉義士'라 ᄒᆞ며 與其妻로 俱享福祿ᄒᆞ고 時道ㅣ年餘八十에 卒ᄒᆞ며 今其諸孫이 尙在安國洞ᄒᆞ니라.

### 78. 宣廟時에 李鰲城慊從이 犯律이라가 遂貰其罪

宣廟朝에 有放出宮女交奸之律이라. 鰲城이 爲知申事時에 其慊從이 犯律ᄒ야 將陷重辟할ᄉᆡ 鰲城이 憫之나 無計可解라. 適自上으로 牌招ᄒ야 召李公ᄒ니 於移刻後에 入侍ᄒᆞᄃᆡ 上이 問: "爾來何遲오?" 對曰: "臣이 承命入來라가 見鍾樓街上에 市人이 簇立喧笑어날 臣이 怪之ᄒ야 駐馬問之ᄒᆞᆫᄃᆡ 觀者ㅣ答曰: '有蚊與馬圖虫이 相遇ᄒ야 虫이 謂蚊曰: "余腹이 膨脬, 而無下孔可泄ᄒ니 以汝利嘴로 穿我一穴如何오?" 蚊曰: "惡! 是何言也오? 近聞李承旨慊從이 穿其本有之穴, 而將不免重律인ᄃᆡ 吾若强穿不素有之穴, 則其罪ᄂᆞᆫ 將更重이니 余何敢云고." 故로 臣이 聽此言ᄒ고 訝惑良久ᄒ야 以致稽滯ᄒ니 惶恐待罪로소이다." 上이 微笑之ᄒ고 以其爲方朔滑稽ᄒ야 遂貰慊從之罪ᄒ다.


### 79. 鄭子堂이 赤身偸果

鄭公子堂이 性이 豪逸ᄒ고 文才罕儔라. 時에 宰相家園에 有名梨어날 與友生으로 夜遊園外라가 遂赤身佩布囊ᄒ고 踰墻攀樹ᄒ야 摘梨方盛囊ᄒᆞᆯᄉᆡ 時에 月色이 如晝ᄒ고 相이 適有尊客至ᄒ야 命鋪筵樹下玩月ᄒ며 令侍婢로 傳盃할ᄉᆡ 侍婢至客前ᄒ야 不覺失笑ᄒ니 相國이 大怒訊之ᄒᆞᆫᄃᆡ 對曰: "偶見樹上에 有人裸體故로 不敢言而密笑ᄂᆞ이다." 相國이 仰見ᄒ고 大驚呼之使下ᄒ니 公이 下樹長揖ᄒ고 傍若無人이라. 問其姓名ᄒ니 曰: "鄭子堂也ㅣ니이다." 相國이 叱曰: "夜越人墻ᄒ야 偸果ᄒ니 無行이 何如오? 爾乃士人이어든 宜以文字로 自贖ᄒ라." 以新凉入郊墟로 爲題ᄒ고 作八角律賦, 公이 呼不輟ᄒ야 須臾에 一篇成ᄒ니 賓主ㅣ大嘉嘆之ᄒ고 下席迎之上座ᄒ야 終夜歡飮而罷ᄒ다. 其賦에 有曰: '蘇子瞻讀書窓畔에 松風山

雨夜浪浪. 白樂天送客江頭에 楓葉蘆花秋瑟瑟.' 餘不能盡記요 膾炙當時矣러라.

## 80. 長城府에 有妓蘆花

成廟時長城府에 有妓蘆花ᄒ니 色貌才藝ㅣ 冠一世ᄒ야 邑宰沉惑ᄒ며 使客留連ᄒ니 大爲一邑之弊라. 御史盧某南下之日에 以杖殺蘆兒로 爲己任ᄒ니 先聲이 遠播어날 邑宰聞之ᄒ고 廢食流涕ᄒ니 蘆兒ㅣ 笑曰: "我有一計ᄒ니 公無患也ᄒ소셔." 率其娚, 扮作孀居女物色ᄒ고 探御史跡蹤ᄒ야 往待於隣邑店舍ᄒ니 御史ㅣ 果入其舍어날 蘆兒ㅣ 以淡粧素服으로 戴水盆ᄒ고 頻頻來往於前ᄒ니 其綽約之態ㅣ 眞神仙中人이러라. 御史ㅣ 不勝情慾ᄒ야 密問主人之小兒ᄒ디 對曰: "彼ᄂ 小的之妹니 喪夫ㅣ 才過三年矣ᄂ이다." 夜深後에 使其兒로 招之ᄒ야 達夜繾綣ᄒ디 蘆兒曰: "妾以遐鄕賤妾으로 親承貴人之寵愛ᄒ니 今不可改適他人이요 必欲守節ᄒ야 以死自期ᄒ노니 願公은 留名於臂上ᄒ야 以爲他日之信誓ㅣ 何如오?" 盧ㅣ 然之ᄒ야 書名於臂上, 而終不知范雎之張祿也ㅣ라. 御史入長城ᄒ야 大張威³²⁾刑ᄒ고 拿入蘆兒, 叱曰: "尤物은 不可見이라." 使之隔帳而數其罪ᄒ니 蘆兒ㅣ 疾聲大呼曰: "願納供而死ᄒ나이다!" 御史ㅣ 使給紙筆, 則只書一絶曰: '蘆兒臂上에 是誰名고 墨入氷膚字字明을. 寧使川原江水盡이라도【川原在蘆嶺北】此心이 終不負初盟을.' 御史ㅣ 見之에 知其見賣ᄒ고 不敢出一聲ᄒ며 罔夜遁去ᄒ다. 及還에 上이 聞之ᄒ고 爲發大笑ᄒ며 特命以蘆兒로 賜御史ᄒ니 御史ㅣ 得遂同載之願, 而長城에 永絶邑弊也ㅣ러라.

---

32) 威: 저본에는 '成'으로 나와 있으나 문맥상 바로잡음.

### 81. 忠州妓金蘭

金穆이 愛忠州妓金蘭이라가 穆이 將向京城할신 戒蘭曰: "愼勿許他ᄒᆞ라!" 蘭曰: "月嶽은 有崩, 而我心은 不變이라." 後에 蘭이 與斷月驛丞으로 相接ᄒᆞ니 穆이 聞之ᄒᆞ고 作詩送之, 曰: '聞汝ㅣ偏憐斷月丞ᄒᆞ야 夜深에 常向驛奔騰을. 何時에 執手三稜杖ᄒᆞ야 歸問心期月嶽崩을.' 蘭이 和而送之曰: '北有金君南有丞ᄒᆞ니 妾心無定似雲騰을. 若將盟誓山如變이면 月岳于今에 幾度崩고.' 此ᄂᆞᆫ 梁斯文汝恭의 所作也라.

### 82. 以烈投江ᄒᆞ고 以詩辭主

有一士人ᄒᆞ야 下往嶺南할신 奴僕家에 見其女奴ㅣ年少ᄒᆞ며 才色이 俱絕[33], 而已屬村漢이라. 士人이 勒令從行ᄒᆞ니 行到洛東江ᄒᆞ야 其夫ㅣ亦隨到어날 其女ㅣ題詩贈之ᄒᆞ고 仍投江死ᄒᆞ니 詩曰: '威如霜雪恩如山ᄒᆞ니 欲去爲難不去難을. 回看洛東江水碧ᄒᆞ니 此身危處ㅣ彼心安을.' 女也ㅣ不但有才라 其節이 合傳於烈女中이라.

### 83. 宰相後娶ㅣ醮夕相別

有一宰相이 晚來에 後娶於鄉人家ᄒᆞ야 醮夕에 處女ㅣ自決ᄒᆞ니 人或疑其以郎年이 過於婦翁으로 爲嫌, 而亦未知必然也라. 宰相이 不勝悵然ᄒᆞ야 題詩以挽, 曰: '逢何晚也ㅣ며 別何催오 未覺其歡이며 只覺哀을. 奠酒ㅣ尙餘ᄒᆞ니 婚日釀이오 襲衣ᄂᆞᆫ 仍用嫁時裁를. 庭前에 舊植夭桃發이요 簾外에 新巢社鷰來라. 賢否을 却從妻母問ᄒᆞ니 泣云吾女ㅣ德兼才라.'

---

33) 絕: 저본에는 빠져 있으나 『기문총화』에 의거하여 보충함.

### 84. 李知白이 善押險韻

李知白은 梨川庶孫也ㅣ라. 詩才敏給ᄒ야 壺谷少時에 同棲山榻할시 李ㅣ自稱善押險韻ᄒ니 壺谷以網巾爲題ᄒ고 呼蚕·盔·庸三字, 則應聲曰: '巧似蜘蛛織似蚕, 細嫌針孔濶嫌盔을. 朝來斂盡千莖髮ᄒ야 烏紗帽巾作附庸을.' 座中이 皆嘆其工也ㅣ러라.

### 85. 枕石鹽商이 善押千字韻

吳西坡道一이 按關東할시 巡到洛山寺ᄒ야 夜坐賦詩할시 韻有千字어날 自言曰: "頸聯千字를 如何善押乎아?" 聞樓下에 有聲曰: "誰爲方伯之能詩란고? 可笑也ㅣ로다." 西坡ㅣ甚怪之ᄒ야 試爲再言, 則樓下之聲이 又如言이라. 乃令官吏로 搜覓, 則云: "有鹽商이 枕石而睡矣로소이다." 卽使招入座前, 曰: "汝ㅣ何敢笑我乎아?" 鹽商曰: "使家ㅣ以千字爲憂故로 果有所言耳로소이다." 西坡ㅣ曰: "爾能善押, 則當賞之요 否則難免棍責矣리라." 鹽商이 卽呼曰: '浮天大海東南北에 揷地奇峰이 萬二千을.' 西坡ㅣ大驚하야 握手曰: "君果奇才로다! 姓名云何오?" 鹽商曰: "賤人姓名을 不欲傳於世ᄒ니 何必强問이리오?" 終不言ᄒ고 只道姓吳云이러라.

### 86. 重修沁營門樓ᄒ고 開宴落成

金夢窩ㅣ在沁留時에 重修門樓ᄒ고 開宴落成할시 三淵이 亦在座中이라 將賦詩할시 忽聞樓下에 喧嘩어날 問之, 則云: "有一儒生ᄒ야 欲上樓參見矣니이다." 金公이 許令上座ᄒ니 衣冠이 甚弊ᄒ야 形爲乞客이어날 三淵曰: "子旣遊山ᄒ니 必能作詩ᄒ며 可吟佳句否아?" 仍以韻示之ᄒ고 酒盃待之ᄒ니 其人曰: "行且忙矣니 願以拙句로 先呈ᄒ나이다." 卽題一律曰: '一帶長江萬石門이 天敎形勝護東

藩을. 追思丙子年間事ᄒᆞ니 幾斷王孫塞外魂고. 今日諸公은 休進酒, 當時大將이 好傾樽을. 書生袖裡名三尺ᄒᆞ니 欲向陰山灑舊寃을.' 書畢에 辭去ᄒᆞ니 夢窩曰: "此詩ᄂᆞᆫ 所以警我也ㅣ라." 卽命撤宴ᄒᆞ다.

## 87. 永興人金旻이 有才女ᄒᆞ니 一覽輒誦

永興人金旻이 有才女ᄒᆞ야 試敎文字ᄒᆞ니 一覽輒誦이라. 稍長에 或賦詩ᄒᆞ며 亦善占이라. 適德源人朴悌章ᄒᆞ니 嘗在夫家ᄒᆞ야 寄其父, 詩曰: '之子于歸家室宜, 思親一念이 自難持라. 雙城此去春糧地라 車馬僕從을 孰借之.' 又嘗贈其夫, 詩曰: '臘月初三夜에 殘燈挑兩愁라. 文君多病日이요 李白遠行時라. 北路雲千里요 南天海一湄라. 歸期應不遠ᄒᆞ니 何必苦相思오?'

## 88. 偸折蓮花라가 賦詩贖罪

洪益寧이 幼時에 與諸兒로 遊할ᄉᆡ 同里洪相䢘家에 爭折蓮花ᄒᆞ니 洪公이 怒ᄒᆞ야 欲笞之ᄒᆞᆫ디 諸兒ᄂᆞᆫ 盡散走호ᄃᆡ 公獨不動ᄒᆞ니 洪이 奇之ᄒᆞ야 招問曰: "汝若作詩면 吾ㅣ不笞ᄒᆞ리라." 公曰: "惟命이로쇼이다!" 洪相이 呼'秋'字ᄒᆞ니 公이 應聲曰: '相公池[34]閣이 冷如秋.' 又呼'遊'字ᄒᆞ니 又應聲曰: '童子ㅣ携朋月下遊ㅣ라.' 洪公이 大驚ᄒᆞ고 欲試難韻ᄒᆞ야 呼'牛'字ᄒᆞ니 卽應曰: '昇平大業이 知何事오 但問蓮花不問牛라.' 洪相이 延之坐, 曰: "是兒ㅣ必坐吾座矣라." 後果大拜ᄒᆞ다.

---

34) 池: 저본에는 '地'로 나와 있으나 『기문총화』에 의거함.

## 89. 感結在心ᄒᆞ야 以緞報恩

光國功臣唐城君洪純彦[35]이 少時에 以譯官으로 入京到通州ᄒᆞ야 謂主嫗호대 願見中原一色ᄒᆞ니 嫗ㅣ引見一叉鬟ᄒᆞ야 縞衣草草ᄒᆞ고 愁色이 滿面ᄒᆞ니 洪曰: "聞嫗言ᄒᆞ니 是士族女로 何爲托身靑樓오?" 女ㅣ曰: "父母ᄂᆞᆫ 浙江人으로 仕京俱沒ᄒᆞ니 返葬無路ᄒᆞ며 非不知依市之可恥나 要得例贈爲需ᄒᆞᄂᆡ다." 言訖에 淚湧이어날 洪이 憫然曰: "當費幾何오?" 曰: "人言二百이 可運兩柩라ᄒᆞᄂᆡ다." 洪이 贈二百銀, 曰: "持此返葬ᄒᆞ고 好歸簪纓ᄒᆞ라. 吾ᄂᆞᆫ 外國象胥로 豈敢汚中華士族處女ㅣ리오?" 女ㅣ下庭ᄒᆞ야 百拜謝恩ᄒᆞ더라. 後二十年에 洪이 隨芝川廷彧ᄒᆞ야 到皇城外ᄒᆞ니 望見朝陽門前에 彩幕이 連天ᄒᆞ며 一人이 馳來問: "朝鮮洪知事ㅣ爲誰오?" 洪이 怪問之ᄒᆞᆫ대 答曰: "吾ᄂᆞᆫ 石侍郎夫人이 奉邀ㅣ니이다." 洪이 驚惶ᄒᆞ야 進至帳外俯伏ᄒᆞ니 夫人曰: "向蒙君高義ᄒᆞ야 返葬父母ᄒᆞ니 感結在心ᄒᆞ야 仍盛備饋一行이요." 問: "君有甚事오?" 洪이 備述始末호대 夫人曰: "今家夫ㅣ爲禮部尙書ᄒᆞ야 尙極力周旋ᄒᆞ리라." 果準事後, 將發行할ᄉᆡ 夫人이 招洪坐黃金交椅ᄒᆞ고 酒罷에 贈五色緞各二十疋ᄒᆞ니 每疋에 刺繡'報恩緞'三字, 曰: "此ᄂᆞᆫ 吾手織이니 歸以爲衣資ᄒᆞ며 庶報萬一이로다." 洪이 伏地固謝ᄒᆞ고 還到鳳城ᄒᆞ니 見四人이 擡紅昇錦ᄒᆞ며 及夫人之書札來어날 洪이 白使臣領歸ᄒᆞ다. 壬辰石尙書之功이 亦夫人助也ㅣ라. 以此로 名洪所居洞, 曰'報恩緞洞'耳라.

## 90. 女神이 敎人能詩ᄒᆞ고 去後에 人還不識字

思齋亦以知詩로 名이라. 慕齋爲嶺伯ᄒᆞ야 聞一校生宋姓人이 能

---

[35] 純彦: 저본에는 '彦純'로 나와 있으나 의미상 바로잡음.

詩호고 招見於月波亭호고 令作詩호니 詩曰: '金碧樓明壓水天호니 昔年誰搆此峰前고. 一竿漁父雨聲外ㅣ요 十里行人山影邊을. 入檻雲生巫峽曉요 逐波花出武陵烟을. 沙鷗但聽陽關曲호니 那識愁心送別筵을.' 慕齋大加歎賞호고 歸語思齋호니 思齋曰: "此必鬼語요 非烟火食所作語로다." 問之호니 果然이라. 宋이 不解文, 而得女妖호야 女妖ㅣ敎之에 因有詩名이러니 後에 家人이 以術로 怵送호니 其妖ㅣ乃書示於掌, 曰: '花婦今爲洛水神, 世間에 皆是薄情人을.' 遂去호니 宋이 自此로 依舊不識字러라.

### 91. 星州妓銀坮仙

姜晉山渾이 按嶺南時에 鍾情於星州妓銀坮仙호야 一日은 自星州로 巡向列邑할시 午憩于扶桑驛호니 乃州之半日程故로 妓亦隨往호야 至暮에 不思別去호며 仍宿于驛호고 翌朝에 題詩贈之, 曰: '姑射仙人玉雪肌, 曉窓金鏡에 畵蛾眉을. 卯酒半酣紅入面호니 東風이 吹髻綠參差라.' 其二曰: '雲鬟을 梳罷依高樓호야 鐵笛을 橫吹玉指柔라. 萬里關山一片月에 數行淸淚落伊州을.' 其三曰: '扶桑館裡에 一場歡호니 宿客이 無衾燭燼殘을. 十二巫山에 迷曉夢호고 驛樓春夜에 不知寒을.' 蓋寢具을 已送于開寧호고 未及取還故로 云耳라.

### 92. 夢得神人之聯對호야 遂成長律

梁參判이 喜工於詩호야 嘗夜雪深[36]梅에 吟得 '雪墮吟唇詩欲凍'之句호고 久未能對호야 遂忘不記러니 十餘之後에 夢有人來問曰: "子ㅣ何不續[37] '詩欲凍'之句耶아?" 曰: "仍未吟이로라." 曰: '梅飄歌

---

36) 深: 『기문총화』에는 '尋'으로 되어 있음.
37) 續: 저본에는 '讀'으로 나와 있으나 문맥상 바로잡음.

扇曲生香이라.' 覺而異之ᄒᆞ야 遂成長律曰: '幽人이 要結歲寒盟ᄒᆞ야 獨訪江樓興轉狂을. 雪打吟唇ᄒᆞ니 詩欲凍이오 梅飄歌扇ᄒᆞ니 曲生香을. 人從銀漢橋邊過ᄒᆞ고 月掛瓊瑤窟裡凉을. 明日日高風正急ᄒᆞ니 招魂何處覓餘芳고.'

### 93. 諸儒生이 會話朴淵共賦

有諸儒生이 會話朴淵下ᄒᆞ고 共賦詩핤시 有一客이 疎脫ᄒᆞ야 不知何如人이 負節而至ᄒᆞ니 衣冠이 襤褸어날 諸人이 侮其人謂曰: "汝能作詩乎아?" 曰: "諾다." 遂先書'飛流直下三千尺ᄒᆞ니 疑是銀河落九天'之句어날 諸儒ㅣ 相與冷笑曰: "君詩何太功省고?" 蓋嘲其全用古句也ㅣ라. 客이 卽尾之曰: '謫仙此句今方驗ᄒᆞ니 未必廬山이오 勝朴淵을.' 一座ㅣ 大驚曰: "朴淵形勢, 盡於此詩句ᄒᆞ니 吾輩ᄂᆞᆫ 無可更賦로다." 其客은 卽落拓士鄭民季也라.

### 94. 天才女人이 能詩贈人

京城에 有一常女ᄒᆞ니 能詩라 未知學得於何人, 而蓋其天才然也ㅣ라. 其「贈人」詩曰: '落葉은 風前語요 殘花ᄂᆞᆫ 雨後啼라. 相思今夜夢이 明月曉樓西라.' 又「贈郞」詩曰: '長興洞裡初相見이오 乘鶴橋邊更斷魂을. 芳草落花ᄂᆞᆫ 春去後로다 離鄕何處에 不思君가. 誤嫁楊州田夫舍ᄒᆞ니 薄命可憐其國香을.' 淑眞之流歟, ᆝ져!

### 95. 金右丞이 善詩感人

金右丞敦詩ㅣ 少年時에 隨一僧ᄒᆞ야 遊唐商館핤시 有一商이 與妻로 有釁ᄒᆞ야 欲棄去適誰家ᄒᆞ니 時方冬이오 忽雨이날 金이 遽索紙ᄒᆞ야 書一絶云: '東韓地勝斂寒威ᄒᆞ야 瑞雪이 飜爲瑞雨飛라. 應

是巫山神女術이 故關賓館에 不敎歸를.' 商이 見之ᄒ고 感歎至垂淚
ᄒ야 終不去妻ᄒ니 彼ᄂᆞᆫ 中朝人으러 雖庸賈라도 好詩感動이 如此
ᄒ니 況士大乎ᄂᆡ며!

### 96. 成川府伯이 設席會妓ᄒ고 洪公萬宗이 賦詩挑興

玄默子洪公萬宗의 字ᄂᆞᆫ 于海니 少時에 客遊成川할시 府伯이 爲
設酒席ᄒ고 會妓張樂ᄒ야 酒闌에 使公으로 自擇一妓ᄒ며 遂呼韻
命賦ᄒ니 洪이 卽賦曰:'大堤西畔에 草淒淒ᄒ고 春盡江頭日欲低
라. 風吹落花添酒算이오 雲拖過雨促詩題을. 纖腰ㅣ獻舞何多楚오
寶瑟挑心自擇齊라. 豪興이 已闌扶醉返ᄒ니 滿街猶唱白銅鞮라.'
蓋有彈瑟少娥ᄒ야 色藝ㅣ俱絶故로 有'寶瑟挑心'之語요 '楚腰'·'齊
瑟'이 用事精工이라. 嘗與洪元九로 遊上黨菩薩寺할시 主倅ㅣ携妓
樂至ᄒ니 元九의 所眄이 亦在其中이라. 主倅ㅣ賦詩ᄒ니 玄默子曰:
'罇前花雨三千界요 指下峨洋은 一再行을.' 元九의 所眄이 粗解文
字라가 從傍觀之ᄒ고 向元九ᄒ야 附耳語ᄒ니 元九ㅣ大笑曰:"前宵
에 適與此妓로 有歡이러니 此妓ㅣ疑吾泄之於君ᄒ며 入於詩料ᄒ야
頗有慍語라."ᄒ니 一座ㅣ大笑ᄒ다.

### 97. 池亭美人이 贈詩贈墨

金參議穎達이 自少時로 以能文鳴이라. 未釋褐로 客遊完城할시
宿池亭ᄒ니 靑荷은 被水ᄒ고 月色은 未明이라. 亭二間內外有閣이
어날 掩閣ᄒ고 被酒獨眠이러니 有履聲이 自戶外漸邇ᄒ며 排內外閣
而入ᄒ니 容態絶艶이라. 金이 醉裡에 開目一視ᄒ고 復溟然而睡ᄒ
니 美人이 掩閣而出ᄒ야 見于夢曰:"嗟呼라 無心郞이여! 吾ㅣ心慕
郞의 風流才調ᄒ고 冒近淸光이러니 醉而不省ᄒ니 余ㅣ悵然而出ᄒ

야 題詩荷葉上ᄒ고 留一墨以爲贈ᄒ니 爲我堅藏ᄒ며 此墨을 勿失이면 後必高第官且顯이오 失此면 其不吉乎ㄴ뎌!" 金이 早起ᄒ니 見外閣中에 有折蕚荷葉上, 有題曰: '遠客이 沉酩喚不聞, 睡荷搖月舞波紋을. 今宵佳會를 天應借ᄒ야 留與光山一片雲을.' 其側에 有墨ᄒ며 一笏印字, 曰 '光山片雲'이라. 荷葉이 不受墨, 而此則字劃이 甚明ᄒ니 金甚異之ᄒ야 取其墨封署之ᄒ고 藏之錦囊中이러니 後에 登第ᄒ야 官遊州郡할시 有薦枕官妓ㅣ 乘其醉ᄒ야 探囊知其墨ᄒ고 潛偸之ᄒ야 納己之囊이라. 夜未半非夢間에 見池亭美人이 慍而謂曰: "始吾ㅣ 愛君贈墨ᄒ고 戒勿失이러니 今何食言고?" 金이 驚覺ᄒ야 開其囊ᄒ니 無墨이라, 謂妓曰: "吾囊中에 失一物ᄒ니 爾毋戱ᄒ라!" 妓ㅣ 驚而笑曰: "吾何戱리오? 實不見이로라." 金이 固懇之ᄒᆫ디 妓ㅣ 怪而欲還之, 曰: "吾ㅣ 探囊中에 有完墨ᄒ고 方正乏墨ᄒ야 密出納于吾囊이로소이다." 自披其囊ᄒ니 見封識이 如故而無其墨ᄒ니 大怪之러라. 穎達曰: "神女所貽를 慢藏而失之ᄒ니 神其怒矣라." 其後에 官不達ᄒ다.

### 98. 西湖圖

明廟ㅣ 嘗以一圖로 出示ᄒ니 群臣이 皆莫知其爲何圖라. 鄭士龍이 進曰: "此ᄂᆫ 西湖圖也ㅣ라." 仍以手指點, 曰: "此ᄂᆫ 靈隱寺也요 湧金門也요 此ᄂᆫ 東坡所築堤也요 此錢鏐之墟也요 此ᄂᆫ 趙叚之舍也요 此ᄂᆫ 林逋之所居也ㅣ라." 歷歷若目見ᄒ니 明廟ㅣ 以鞍具馬로 立于庭ᄒ고 命諸臣作詩ᄒ야 居魁者ᄂᆫ 當以此賞之ᄒ리라. 鄭이 卽進一律, 曰: '靈隱寺中鳴暮鍾ᄒ고 湧金門外夕陽春을. 至今蟻垤은 封猶合이요 依舊胥濤ᄂᆫ 怒尙洶을. 湖舫客歸ᄒ니 花嶼暝이요 蘇堤鴬擲ᄒ니 柳陰濃을. 錢墟趙舍ㅣ 俱無所ᄒ야 欲聞孤山處士蹤을.' 上

이 稱善ᄒᆞ야 遂賜鞍具馬ᄒᆞ다. 許筠이 謂此一部, '西湖ᄂᆞᆫ 誌在於五十六字中이라.'

## 99. 人有吟蟬未成에 同舟僧이 先成口號

近有一士人이 於舟中에 拈韻ᄒᆞ고 詠蟬未就러니 有僧同舟라가 見其苦吟ᄒᆞ고 問所咏及韻字ᄒᆞ야 即先成口號, 曰: '蛻殼塵埃幻爾形ᄒᆞ야 欲窮天理政冥冥을. 弱翎烏帽ᄂᆞᆫ 霜紗薄이요 淸韻銅壺ᄂᆞᆫ 玉漏零을. 待急雨休高閣靜이오 趁斜陽噪暮山靑을. 蛛紗烏嘴俱奇禍ᄒᆞ야 爾乃飛騰不暫停을.' 士人은 奪氣ᄒᆞ야 僅能卒篇ᄒᆞ니 其一聯曰: '南畝勸耘ᄒᆞ니 秦野綠이요 夕陽歸別楚山靑을.' 僧曰: "措大ㅣ 豈可爲才士리오?" 仍飛錫而去러라.

## 100. 咏牡蠣肉ᄒᆞ고 吟子規

僧處默應人이 呼韻咏牡蠣肉ᄒᆞ니 詩曰: '前身이 自是大夫平으로 魚腹忠魂이 變化成을. 衰俗에 亦知尊敬意ᄒᆞ야 只稱其姓이오 不稱名을.' 東國方言에 以牡蠣肉으로 爲'屈'故로 云이라. 又有校生ᄒᆞ야 落講ᄒᆞ니 請詩贖罪ᄒᆞᆫ디 官이 以子規로 爲題ᄒᆞ고 使賦ᄒᆞ니 即對曰: '前身이 曾是出蚕魚ᄒᆞ야 啼向江南誤屬猪을. 邵子當年에 聞不樂ᄒᆞ고 天津橋上에 駐騫驢을.'

## 101. 曉起將發ᄒᆞᆯᄉᆡ 忽聞駄豆人吟詩

有一儒生이 宿葛山店이라가 曉起將發之際에 商人三四輩, 倂馬駄豆而至ᄒᆞ야 御下耦坐ᄒᆞ며 一人이 自囊中으로 拈出筆墨ᄒᆞ야 題一絶, 示同行ᄒᆞ니 詩曰: '店樹溪雲에 曉色凄로다 行人秣馬第三鷄을. 阿郞이 販豆京師去ᄒᆞ니 少婦ㅣ 獨宿 落月西을.' 四隣이 俱寂,

則得無惡少年可笑之事乎아? 相與戲笑할시 儒ㅣ 從窓隙見ㅎ니 大驚而起ㅎ다.

### 102. 一叟坐ㅎ고 一僧睡ㅎ야 貶詩吟景

三淵이 自己巳後로 遍遊名山ㅎ야 混迹商旅ㅎ며 將入雪岳할시 路遇驟雨ㅎ야 暫憩于石穴下ㅎ니 先有一叟坐, 而一僧睡矣라. 公이 詩思ㅣ 發ㅎ야 微吟不已러니 傍坐之叟ㅣ 曰: "措大有甚佳句ㅎ야 喜動於眉耶아?" 公曰: "叟若解詩[38], 則吾當言之호리라." 叟曰: "第言之ㅎ라." 公曰: "'仙山一面이 知無分이라 秋雨蕭蕭故作魔를.' 豈非佳耶아?" 叟曰: "句頗佳, 而知字ㅣ 不穩矣라." 公曰: "此是一句眼이니 豈有他字之可勝이리오?" 叟曰: "豈無他字ㅣ리오? 措大未知思也로다." 三淵이 潛吟良久, 曰: "可改以何字오?" 叟曰: "試以非字ㅎ라. 蓋知字는 語淺了於當句, 而非字則韻旣悠遠ㅎ고 意亦深厚矣니라." 公이 大驚曰: "君旣知詩ㅎ니 必有佳句라 可能誦傳否아?" 叟ㅣ曰: "雨已晴矣며 行且忙矣니 何以詩爲리오? 彼僧ㅣ 善詩ㅎ니 可與之言ㅎ라." 遂拂衣而去어날 公이 喚起睡僧, 曰: "聞爾能詩ㅎ니 可誦者를 願聞之ㅎ노라." 僧이 徐起漫應曰: "雲遊浪跡이 有何可傳之詩耶아?" 公曰: "然則卽地可就一詩니라." 僧曰: "措大ㅣ 必欲强之ㅎ니 試爲吟之ㅎ리라." 卽賦曰: '老僧이 枕鉢囊ㅎ고 夢踏金剛路를. 蕭蕭落葉聲에 驚起秋天暮라.' 吟已卽去ㅎ니 三淵이 諷誦不已러라.

### 103. 仁廟ㅣ擇嬪

仁廟朝ㅣ爲昭顯世子擇嬪할시 有一處子ㅣ 容貌ㅣ 厚豐ㅎ니 可知

---

38) 詩: 저본에는 '時'로 나와 있으나 『기문총화』에 의거함.

其有德, 而坐立無儀ᄒ고 哂笑無節이어날 賜之飮食, 則無論飯羹ᄒ고 以手取啖ᄒ니 宮人이 指以爲狂이라. 上이 疑其病ᄒ고 不加察焉이러니 其後에 有所歸ᄒ야 甚有婦德이라. 仁廟ㅣ 聞而咄歎曰: "我墮其術中이로다!" 其處子ᄂᆞᆫ 姓權云耳라.

### 104. 必踐前約ᄒ야 以活報恩

李貞翼浣이 未第時에 隨往大人忠武公守一平兵任所ᄒ야 嘗射獵이라가 日暮에 至深山中ᄒ니 有茅屋淨洒ᄒ고 有一少女ㅣ 靚粧獨居어날 公이 問: "何人이 何爲獨居此오?" 女ㅣ曰: "吾夫ㅣ 出獵ᄒ야 獨守空閨耳라." 公이 因與之狎而共宿이러니 夜半에 有人携一鹿來ᄒ야 縛公欲殺이어날 公이 徐曰: "看汝ㅣ 亦非庸人이라 乃以一女로 殺壯士耶아?" 其人이 熟視之러니 解縛ᄒ고 與公並坐ᄒ며 令其女로 煖酒炙肉共飮ᄒ야 大哭之曰: "吾不容於世ᄒ야 落拓山中이라. 後十餘年에 君은 當兵關西ᄒ고 我ᄂᆞᆫ 陷死罪ᄒ리니 須念今日ᄒ야 活我ᄒ소셔." 其後에 公이 爲平兵ᄒ니 有一囚ㅣ 仰首呼, 曰: "公은 不記前約ᄒ고 欲殺我耶아?" 公이 諦視之ᄒ니 果其人이라 遂宥之ᄒ다.【後奏授捕盜從事官, 善擧職去】

### 105. 埋葬寃屍ᄒ고 椎殺讎賊

昔有文士ᄒ야 出接於龍山할시 隣屋에 有女哀哭ᄒ야 自曉至晚不止어날 文士輩ㅣ 問知其爲常漢寡女라. 齊就其家ᄒ니 乃素衣女어날 問其哀痛之由ᄒ니 其女ㅣ 對曰: "妾은 本是城內名娼也ㅣ라. 一日은 赴貴家宴ᄒ고 夕歸할시 餘醺이 在面ᄒ고 新月이 如鏡이라 乘興散步, 則前街에 有少年男子ㅣ 着草笠步遇³⁹⁾ᄒ니 其貌ㅣ 如玉이라. 已不勝悅慕ᄒ야 進前以告曰: '妾是娼, 而家在此街內ᄒ니 可

能暫入ᄒ야 吸烟茶否아?' 少年이 快允이어날 卽携入室中ᄒ야 張燈對坐ᄒ니 其喜可掬이라. 卽沽進美酒ᄒ야 以代夕炊ᄒ고 妾歌一曲ᄒ니 少年이 和之ᄒ야 其聲이 曉曉이요, 又彈琴ᄒ니 琴亦如是ᄒ야 不及問誰家子요 只愛才貌에 情慾이 如山이라. 滅燭ᄒ고 經雲雨ᄒ고 兩相連抱就寢矣러니 夜深에 忽寒襲臂라. 定睛視之ᄒ니 劍割其腹이요 流血이 滿席이라. 妾이 驚惶而起ᄒ니 月色은 暎窓이요 玉面에 猶帶暈死猶ᄒ야 蓋可愛惜이며 痛毒錯愕언 姑不暇論이요 家無男子ᄒ야 斂屍罔措라. 艱辛曳藏於挾房ᄒ고 待翌夜ᄒ야 更爲步出前街ᄒ니 蓋欲邀入處置屍身之計也ㅣ라. 果有一長身武弁ᄒ니 着抗羅天翼ᄒ고 冉冉過去에 身手ㅣ輕快라. 妾이 接語請入호디 一如前夜ᄒ고 行杯纔罷에 妾이 泣告曰: '奉邀進賜ᄂᆫ 非牽情慾이요 竊有目前罔措事ᄒ야 敢欲貽勞於進賜호니 若蒙肯許ᄒ시면 謹當終身爲妾爲婢ᄒ야 以報其恩ᄒ나이다.' 仍細陳之ᄒ니 武弁曰: '慘矣로다! 使買斂布以來ᄒ라.' 武弁이 脫衣㩼臂ᄒ고 從容襲斂ᄒ야 裹以油芚ᄒ며 且覓鑛耳ᄒ고 將踰城往埋할ᄉᆡ 謂妾曰: '汝欲往見埋窆否아?' 妾曰: '固所願, 而何能越城乎잇가?' 武弁이 左挾屍右挾妾ᄒ고 踰城至一處ᄒ야 深掘厚埋ᄒ고 還到妾家ᄒ야 武弁曰: '吾ㅣ今夜에 當宿此ᄒ야 與汝로 同衾, 則便是責報於少年埋葬이니 吾不爲此, 而吾ㅣ欲爲少年報讐ᄒ노니 汝意何如오?' 妾曰: '何等恩德, 而從何覓賊耶아?' 武弁曰: '或曾有慕汝而不從者乎아?' 妾이 猝未得思라ᄒ며 良久에 曰: '妾家後에 有宮馬直一漢ᄒ니 面目可憎이오 留意已久, 而妾이 牢拒之矣니이다.' 武弁이 頷之ᄒ고 及至明日에 武弁이 敞開後門ᄒ고 摟妾臂ᄒ야 臨門狎坐ᄒ며 藝戲多端ᄒ야 後午

---

39) 遇: 문맥상 '過'가 되어야 함.

乃止ᄒ고 及夜에 武弁이 臥前窓內ᄒ야 鼻息齁齁어늘 妾亦以前夜
失睡之故로 昏惱熟眠이라. 夜深後睡中에 忽開橐橐橐聲이어늘 妾
이 大驚ᄒ야 意謂今夜에 又哭武弁이러니 俄聞武弁語聲이라. 使速
爇火ᄒ니 妾이 覓火以燭, 則有人仆窓前이오 頭已碎矣라. 武弁曰:
'此是誘汝之宮馬直否아?' 妾이 諦視之, 曰: '果然이로소이다. 進賜
는 何以致此而殺之오?' 武弁曰: '當晝戲汝는 要致此漢이오 午間에
此漢이 壓後墻ᄒ야 睨視ᄒ니 眼色이 不良이라. 吾知夜來害我故로
當門伴睡러니 果有開門持劍入者어늘 吾ㅣ以袖中鐵椎로 迎擊之ᄒ
야 殺矣라.' 卽束其屍ᄒ고 越墻掩土歸ᄒ야 武弁이 不待天明ᄒ고 拂
衣而去어늘 願隨之ᄒ니 武弁이 麾之甚堅ᄒ며 願聞所居洞名與姓
何官ᄒ디 亦不告, 而妾은 遂賣京屋ᄒ야 出去龍山ᄒ고 爲少年守節
이러니 今日은 卽其罹害日故로 罷祭後에 哀不能止云이러라."

### 106. 禍家餘生이 歸托金姓人

漣川에 有士金姓人ᄒ야 將推奴於遠方할시 要圖請束ᄒ야 入城
이라가 日曛雷雨어늘 忙投路傍屋ᄒ야 立門前呼人ᄒ니 寂無應者
라. 良久에 有總[40]角處女ㅣ倚門遙謂曰: "外舍ㅣ荒廢ᄒ니 不可宿
이오 請入此中ᄒ소셔." 金生이 喜出望外ᄒ야 入坐內房ᄒ니 房中排
置ㅣ殊非貧家라. 處女ㅣ問金生曰: "何方人이 何爲而到此ㅣ니잇
가?" 金生이 具道所以ᄒ니 處子ㅣ卽入廚ᄒ야 精備夕飯ᄒ고 張燈進
喫이라. 後에 金生曰: "主人은 以何樣處子로 獨自守家ᄒ며 見我生
面男子ᄒ고 不爲羞避ᄒ며 殷勤迎入ᄒ야 供饋多情耶아?" 女ㅣ泣對
曰: "吾之邂逅生員은 此實天也ㅣ라. 吾父以富翁處世라가 不幸以

---

[40] 總: 저본에는 '艸'로 나와 있으나 『동패락송』에 의거함.

妖惡巫女로 爲妾이러니 其妖巫ㅣ 或咀呪ᄒᆞ며 或置毒ᄒᆞ야 吾母吾姨吾娣ㅣ 次第死於其手ᄒᆞ고 只餘吾一身이요, 吾父惑甚ᄒᆞ야 不能覺悟ᄒᆞ고 吾父又死ᄒᆞ야 纔經三年ᄒᆞ니 妖巫ㅣ 專握家柄ᄒᆞ야 惟意所欲ᄒᆞ고 察其氣色ᄒᆞ니 又將除吾身이라. 吾之躬命을 不保朝夕ᄒᆞ야 方謀圖生, 而良家處子ㅣ 乘夜踰墻은 義所不敢이요 方此罔措, 而妖巫ㅣ 雖饒나 財産은 猶不棄本習ᄒᆞ야 今日에 赴人家神祀ᄒᆞ고 再明에 當還ᄒᆞ리니 生員此時到北ᄂᆞᆫ 天이 與我托身之便이니 何可羞避ᄒᆞ야 不爲欣迎乎아?" 金生曰: "我是至窮生이라 汝欲隨我면 何以耐飢리오?" 女曰: "吾父財産이 尙餘累千金이라 吾ㅣ 豈留置ᄒᆞ야 分錢尺布로 以付魑巫之理乎아? 盡挈屋中所有以去, 則並生員主全家라도 穩過平生ᄒᆞ리니 有何貽憂於生員主乎잇가?" 生曰: "是則然矣, 而我有正室ᄒᆞ니 以汝人物財産으로 反爲人下ㅣ 豈所甘心이리오?" 女曰: "吾之踪地ㅣ 正似晨虎ᄒᆞ야 不擇僧狗ᄒᆞ리니 正嫡有無ㅣ 亦非可論이요 惟當盡心服事ᄒᆞ야 不敢失好矣니이다." 遂與結雲雨之歡ᄒᆞ고 曉起上壁欌ᄒᆞ야 盡搜篋中寶貨與銀錢ᄒᆞ며 倂庫中積貯與田宅文簿ᄒᆞ야 入裝結束ᄒᆞ고 出刷馬五六匹滿載ᄒᆞ고 男前女後ᄒᆞ야 東抵漣川ᄒᆞ니 當初請束推奴之計ᄂᆞᆫ 已抛九霄外矣라. 金生이 以貧兒로 暴富ᄒᆞ니 內子之愛是妾이 有甚於同氣ᄒᆞ며 事嫡이 亦極卑順ᄒᆞ야 渾室이 和洽이라. 一日은 妾이 謂生曰: "口腹之憂ᄂᆞᆫ 雖已寬矣나 草木同腐ᄂᆞᆫ 所可羞也ㅣ라 何不留念於科宦間事오?" 生曰: "吾已失業ᄒᆞ니 文武을 何以觀光於科場乎아?" 妾曰: "妾家에 有千石忠奴ᄒᆞ야 在水原ᄒᆞ니 持妾書往議ᄒᆞ면 必有善爲周旋之道矣리이다." 乃裁一書ᄒᆞ야 謂以禍亂餘生으로 幸逢仁人ᄒᆞ야 脫身罟擭ᄒᆞ고 得托絲蘿ᄒᆞ야 百年依仰이요 有所祖稱者ㅣ 香火을 不廢라. 言念身命컨딘 幸莫大焉요 生員主ㅣ 有相議事ᄒᆞ야 委進汝家ᄒᆞ니 汝以出人

忠誠으로 不計難易ᄒ고 似必曲副云이라. 金生이 持書赴水原ᄒ야 尋覓奴家, 則一瓦屋이 居大村中央ᄒ고 庭前에 集數十健夫ᄒ야 方打稻라. 村人이 稱奴爲李同知ᄒ니 頂金圈拂白鬚ᄒ야 儀冠이 甚偉라. 邀客上堂對坐ᄒ야 出付其妾之札ᄒ니 厥漢이 見未畢에 蒼皇下階跪坐ᄒ야 泫然流涕曰: "上典家禍變이 相繼, 而爲奴無狀ᄒ야 一自大上典大祥後에 不復往還ᄒ야 上典骨肉이 只有一阿只氏호디 年表에 全然不聞其安否存沒이러니 今承諺牌ᄒ니 始知托身於生員ᄒ야 去危就安에 悲喜交摯, 而生員主ᄂᆞᆫ 於小人에 一大恩人이라 將何以圖報리요?" 召其妻子ᄒ야 拜謁新上典ᄒ니 金生이 勸使上堂ᄒ고 無拘分義ᄒ니 滿堂奔走ᄒ야 接待를 如待新星이라. 主翁曰: "阿只氏牌旨中分付에 以生員主行次ㅣ 有所議於小人ᄒ시니 果指何事ㅣ니잇고?" 金生曰: "吾ㅣ 自來失業無文ᄒ야 每科擧에 輒致坐停ᄒ니 君之上典이 以是爲悶ᄒ야 謂君以忠以富로 必有措盡[41], 勸我此行矣라." 主翁曰: "小人이 以此家産으로 曾不收貢ᄒ고 又不贖良ᄒ니 一生에 不以人奴之故而費財라 每欲用財報恩이나 未得其便이러니 今幸有此效誠之地ᄒ오니 家有兩子善書라 每科에 捐千金, 則可以結來場屋雄手ᄒ리니 無論庭謁增別ᄒ고 限十年盡力, 則生員主ᄂᆞᆫ 可以得捷矣리이다." 自是以後로 有科奇어든 厥漢이 率巨擘與筆ᄒ고 隨金生入場ᄒ야 修人事洽意ᄒ니 不數年에 登科ᄒ야 富貴雙全云이러라.

### 107. 交必有孕이요 孕必生男

京中에 一窮士ㅣ 善生男ᄒ야 一交輒孕이요 孕輒男也라. 如豚劣

---

41) 措盡: 『동패락송』에는 '指揮'로 되어 있음.

子가 滿堂, 而不能食力ᄒ니 飢窮無餘地ᄒ야 爲推奴ᄒ야 向遐方할 시 歷入一富翁常漢家留宿ᄒ니 主翁이 好風身에 頂玉圈ᄒ며 且善 待客이라. 客曰: "旣壽且富ᄒ니 主人은 可謂大福力이로이다." 翁이 歔唏曰: "天之與我ᄂᆞᆫ 只是食也ㅣ요 至於子ᄒ야ᄂᆞᆫ 姓了無分劑ᄒ니 平生에 蓄妻妾이 不啻數十이로디 無一受胎ᄒ니 奈何오?" 客曰: "吾則貧而生子를 無不如意ᄒ야 一夜에 與女子로 同處ᄒ면 豈有不 生男之理乎ㅣ리오? 是以로 家中大夫子ㅣ無數矣니이다." 翁이 聞之 ᄒ고 健羨不已러니 良久에 曰: "吾之生子ᄂᆞᆫ 此世已矣라. 雖他人子 라도 使吾家中으로 有呱呱聲, 則慶幸이 大矣라. 行次ㅣ旣善生男ᄒ 니 爲我ᄒ야 偏私我三妻於今夜ᄒ야 使之取種이면 是吾至願이요 吾妻則貌醜ᄒ야 不可入兩班之抱矣니이다." 客曰: "雖一夜라도 旣 結主客之誼ᄒ고 且被主翁之厚待ᄒ니 其在知感之意에 豈忍作此 擧乎아?" 翁曰: "若謂知感, 則尤當曲從所請矣니이다." 苦懇不止어 날 久而後에 乃許ᄒ니 翁이 使淨掃三妾室ᄒ고 導客을 如新郞之禮 라. 是夜에 自東房으로 至西房至南房ᄒ야 與三妾으로 各成雲雨之 歡ᄒ다. 三女ㅣ 聞將受胎ᄒ고 另歡愛ᄒ야 詳問客姓名居住ᄒ야 以 爲後驗이러라. 向曉에 客出外舍, 則主翁이 塊然獨寢이오 讓人以 好事ᄒ니 誠可矜惻, 而猶以夜來所經歷으로 視以爲感ᄒ야 再三稱 謝曰: "積善積善이라!"ᄒ다. 客이 喫朝飯將發할시 翁曰: "新情이 未洽에 一宿經去ㅣ非所宜也ㅣ라." 强請加留三日ᄒ다. 三女ㅣ與客 으로 尤增纏綿이러라. 及限滿客發할시 主翁이 悵然不已ᄒ고 贐資 甚厚러라. 客이 去未久에 三妾이 有娠ᄒ야 及期分娩ᄒ니 果皆男子 라. 富翁이 奇愛之ᄒ야 甚於己出矣러라. 客이 還京之後에 聲聞이 邈然ᄒ야 與富翁家로 便若楚越이라. 荏苒數十年에 窮生之衰ㅣ凍 餒轉甚ᄒ야 三間破屋에 不蔽風雨ᄒ고 四面庭除에 只掩蓬蒿ᄒ니

生涯愁絶이라. 一日은 門外에 有呼婢聲이어날 生이 着敝冠ᄒ고 擡塵眸出坐敗床退間, 則來者三箇少年이 各着好衣服ᄒ며 各驅載卜馬, 而乃下流裝束也라. 上堂列拜ᄒ니 生이 不辨爲何人호더 三人曰: "生員主ㅣ 能記某年某月推奴之行에 歷入某鄕富翁家ᄒ야 留宿三夜之事乎잇가?" 生曰: "果有之요 雖久나 不忘이로다." 三人曰: "吾兄弟三人이 各母所出, 而俱是生員主同稠時所孕이오며 吾等이 旣長에 只信富翁爲父矣러니 再昨年에 富翁이 身死어날 吾等이 將披髮이러니 三母ㅣ 俱挽止, 曰: '汝非富翁子요 卽某姓兩班子也라.' ᄒ며 具道其年事甚悉ᄒ니 吾等이 始知爲生員遺體ᄒ고 卽當上來省覲, 而富翁養育之恩은 報不忍薄故로 經過喪葬大小祥矣니이다." 嫡母ㅣ 忙邀入來ᄒ야 滿室歡喜ᄒ고 三人이 次第卸入卜物ᄒ야 買柴烘堗ᄒ며 貿米炊飯ᄒ고 裂布裁衣ᄒ야 頃刻之間에 回冷爲煖ᄒ고 留止四五日에 告其父曰: "吾三人이 分執富翁之産이면 平生契活이 綽綽有裕, 而天理攸還에 骨肉相聚ᄂᆞᆫ 何可暫時離側於生員主膝下乎잇가? 且千里運粮ᄒ야 以養老親은 勢所不逮니 竊覸生員主篤老로 更無餘望於功名이요 諸書房主ㅣ 不文不武ᄒ니 雖留京洛이나 科第ᄂᆞᆫ 非所論이니 莫如撤家下鄕ᄒ야 團聚一處ᄒ고 穩受吾輩之養ᄒ소셔." 生이 樂從之ᄒ니 三人이 大喜ᄒ야 貰馬貰轎ᄒ고 駄老父載嫡母ᄒ며 捉群兄弟ᄒ고 飄然下去ᄒ야 坐享饒衣食云이러라.

### 108. 拾遺還給ᄒ니 大賊이 遷善

廣州慶安面에 鄭任實은 逸其名이라 以行義로 官至縣監ᄒ다. 少時에 貧甚窮耕ᄒ야 出野耘粟할시 見豪健一漢이 着白戰笠ᄒ고 騎駿驄ᄒ야 揮鞭馳過田畔이라. 去後에 見一封物이 墮在地上ᄒ야 十襲坐裹ᄒ니 似是輕寶어날 鄭이 拾之ᄒ야 掘土埋葬ᄒ고 以待本主

來推矣러라. 夕陽에 厥漢이 復來ᄒᆞ야 下馬牽轡ᄒᆞ고 垂頭失心ᄒᆞ며 貿貿然恭問於鄭曰: "自朝耘田乎잇가?" 曰: "然ᄒᆞ다." 厥漢曰: "午前此田畔의 或有所遺物乎잇가?" 曰: "何物고?" 對曰: "吾ㅣ以士夫宅奴子로 賣上典京中屋子ᄒᆞ야 價銀百兩을 封置於馬鞍空處ᄒᆞ고 乘醉過行이라가 不知遺失何處ᄒᆞ니 將受大罪라. 若有拾得者어든 還給則當分其半, 而拾得者ㅣ 誰肯直吐乎아? 沒可奈何也니이다." 鄭曰: "隨我來ᄒᆞ라." 行至田隅ᄒᆞ야 以鋤로 掘土ᄒᆞ고 出其封物以給, 曰: "朝果拾得ᄒᆞ야 以待主人矣로라." 厥漢이 出其半ᄒᆞ야 以與鄭ᄒᆞ니 鄭이 掉頭揮手而却之ᄒᆞ디 厥漢이 熟察鄭貌, 曰: "必是兩班生員也ㅣ니잇가?" 鄭曰: "然ᄒᆞ다." 厥漢이 默默望遠山良久에 忽然潸潸下淚어ᄂᆞᆯ 鄭이 怪問之ᄒᆞ디 厥漢이 對曰: "我是大賊也요 此銀與馬及卜中所有物이 無非盜劫者也ㅣ라. 天之生此下民에 無論貴賤ᄒᆞ고 性善則同, 而生員主ᄂᆞᆫ 甚貧이로디 耘田ᄒᆞ야 尙不利落地之物ᄒᆞ고 藏而待主ᄒᆞ며 我則乘夜越墻ᄒᆞ야 殺害人命ᄒᆞ고 劫奪人財ᄒᆞ니 生員主ᄂᆞᆫ 何人也ㅣ며 我何人也요? 獨失天賦之性善ᄒᆞ야 至於此極ᄒᆞ니 寧不痛惜哉아?" 遂以其銀으로 置於巖上ᄒᆞ며 以大石으로 粉碎之ᄒᆞ고 取馬上袱中藍紬數疋ᄒᆞ야 亂裂浮之於慶安大川ᄒᆞ고 以鞭으로 鞭逐其馬, 曰: "任汝所往ᄒᆞ라!" 因告于鄭曰: "吾ㅣ幸遇生員主ᄒᆞ니 廣大直仁之兩班이라 誓不欲遠離ᄒᆞ니 願於尊宅籬下에 以終餘年이로소이다." 鄭曰: "吾旣至貧ᄒᆞ고 君無可資ᄒᆞ니 何以隨吾居乎아?" 厥漢曰: "吾以落草放火之徒로 初無妻子ᄒᆞ고 只是單口라 必不貽累於尊宅矣라."ᄒᆞ고 仍坐待畢耘ᄒᆞ야 隨鄭入來ᄒᆞ고 構屋於鄭籬下ᄒᆞ며 請得一束藁ᄒᆞ야 自其翌日로 專事織履호디 履價ᄂᆞᆫ 如値貴ᄒᆞ고 只加一文ᄒᆞ야 終身不易業ᄒᆞ며 他人纖芥物을 不取, 而死於其土ᄒᆞ니 鄭蔚山廣運이 每以此事로 語人云耳러라.

### 109. 初知來後御史호고 後生反疑라가 必受其禍

有一武弁호니 善於風鑑이라. 新除永興府使호야 將赴任할시 引鏡自觀, 則當在任所호야 死於御史之手라 心甚憂慮라. 辭朝至樓院호야 午炊할시 有一喪人이 步過店門前이어놀 瞥觀其相호니 乃是非久에 當爲御史者也ㅣ라. 厥弁이 問店主人曰: "俄過喪人이 是何許兩班고?" 對曰: "後村兩班李參議宅子弟也ㅣ니 參議令監이 喪出호야 已經小期, 而其宅이 赤貧可矜矣니이다." 厥弁이 歷問李家凡百於店主人호야 知其大略後에 送下吏호야 先報入吊之行호고 仍往祭廳호야 伏哭호되 哀痛數食頃호니 喪人이 以爲其父切友호야 亦興盡哀호다. 弁이 謂主人曰: "先令監이 與我로 交誼에 哀猶未悉矣로라. 吾ㅣ年來에 久滯邊地호야 積年相阻러니 豈料人事ㅣ至此리오? 初期後에 始聞訃호고 今乃致吊호니 慚恧萬萬이로라." 言罷에 嗚咽호고 又曰: "哀家ㅣ素貧호니 想多喪葬之債리라." 喪主曰: "何可盡言이리잇고?" 弁曰: "吾在外任호야 哀遭巨創은 以故舊之情誼로 固當全報喪債, 而新到之初에 似難卽速備送이니 哀於大期之後에 貫馬下來, 則吾當優濟云." 而且慮阻閽호니 成給入門帖紙호고 仍辭別而行호다. 李哀送客入內호니 其母親曰: "何許客이 來吊痛哀耶아?" 對曰: "新除永興府使ㅣ謂, 與先人으로 切親호고 念我喪債호야 要我下來호며 主給門帖矣니이다." 母ㅣ曰: "眞所謂活人佛은 谷谷有也로다 必去必去니라." 李生이 纔過大祥호고 艱辛貫馬借奴호야 踰鐵嶺호야 抵永興호니 觸冒風雪에 顔貌ㅣ憔悴라. 付門帖步立, 則主倅ㅣ望見其容이 大異於前호고 將不能做御史矣라. 乃生拒絶迫逐之意호야 略問寒暄호고 卽曰: "尊與我로 豈有舊識乎아?" 生曰: "主倅令이 歷路吊我호고 至成門帖호며 勸我下來故로 喫苦萬千호고 踰嶺來到러니 今乃遽作素昧樣호니 人之孟浪이 胡

至此極가?" 主倅曰: "歷吊도 非我事요 亦未嘗給門帖이라. 客之初面에 脅我ㅣ 誠甚荒誕이로다." 主客之言이 一去一來에 漸至變色ᄒᆞ니 主倅ㅣ 呼吏ᄒᆞ야 "曳出此兩班ᄒᆞ라! 又發令遍府內各店各村ᄒᆞ야 若今夜에 住接此班者ᄂᆞᆫ 當重棍ᄒᆞ고 且罰定京行使喚矣리라." 李生이 纔出官門ᄒᆞ니 無處可接이요 天方酷寒ᄒᆞ며 且日曛黑이라 東西覓家호ᄃᆡ 處處見逐ᄒᆞ니 立馬村隅杵舍空間ᄒᆞ야 奴主ㅣ 相對嗟嘆而已러니 適有素服村女ㅣ 携十六七歲女子及十餘歲男子ᄒᆞ고 歷過杵間而去러니 俄素服女ㅣ 獨自復來ᄒᆞ야 謂李生曰: "何處客主ㅣ 遭厄境이니잇고?" 生이 略道其由ᄒᆞ니 女ㅣ 曰: "上道進賜【此四字ᄂᆞᆫ 卽北人稱京華兩班之語】必死矣로다. 我ᄂᆞᆫ 是村寡婦라 雖違官令이라도 官必不知오 雖打死라도 我當活人ᄒᆞ리라." 遂引生歸家ᄒᆞ야 以大瓢로 貯溫水ᄒᆞ고 使李向水俯面ᄒᆞ니 良久에 一部凍面이 墜下水中ᄒᆞ고 乃氷片也ㅣ라. 遂處以溫堗ᄒᆞ며 饋以好飯ᄒᆞ다. 女家ㅣ 饒富ᄒᆞ고 且尙義氣ᄒᆞ니 李生이 盛致銘謝ᄒᆞ고 留一兩日이러니 主媼ㅣ 謂李生曰: "上道進賜ㅣ 猝難復路요 人情이 於尋常待人之際에 久則必怠ᄒᆞᄂᆞ니 今若無端留吾家多日, 則勢必不免齟齬라. 請以吾女로 爲妾ᄒᆞ쇼셔. 吾女ㅣ 頗端麗ᄒᆞ니 進賜意下何如ᄒᆞ니잇고?" 生이 從之ᄒᆞ니 乃待以新郞ᄒᆞ고 衣服을 甚豊ᄒᆞ니 生이 以老親으로 爲念ᄒᆞ야 將還京家ᄒᆞᆯ시 主媼母女曰: "當此嚴冬ᄒᆞ야 行阻嶺雪, 則姓名을 難保요 離闈雖難耐라도 待來春이 可也ㅣ니이다." 生이 强從之ᄒᆞ야 留過一冬ᄒᆞ니 主倅之貪虐不法은 慣於耳目이라. 及春發行ᄒᆞᆯ시 主媼ㅣ 備騎卜ᄒᆞ며 齎以六百兩銀子와 數十疋細布어ᄂᆞᆯ 生이 乃丁寧留後約於其妾而還ᄒᆞ야 償喪債ᄒᆞ고 身數ㅣ 旣通ᄒᆞ야 當年登第ᄒᆞ고 以翰林으로 入侍ᄒᆞ야 筵中이 適從容이라. 上이 使諸臣으로 進古談ᄒᆞ니 翰林이 起對曰: "臣이 請以自己經歷으로 替古談以達矣로소이다." 仍

備陳永興事始末ᄒᆞ디 上이 卽入寢殿旋出ᄒᆞ사 以三封紙로 手給翰林, 曰: "三封紙上에 各塡次第ᄒᆞ니 第一則汝出關[42]門外坼見이요 第二則至到處坼見이요 第三則其後從容時坼見ᄒᆞ라." 翰林이 始出闕門ᄒᆞ야 坼封, 則乃永興捉贓暗行御史也ㅣ라. 卽刻治發到永興ᄒᆞ야 着敝衣冠ᄒᆞ고 先往妾家ᄒᆞ니 妾母ㅣ嫌其衣裝之敝陋ᄒᆞ고 無甚喜色, 問曰: "何以達來오?" 答曰: "難忘君女而來로라." 仍向妾房ᄒᆞ니 歡愛을 可知라. 共衾而寢ᄒᆞ고 夜深後에 李乘妾睡ᄒᆞ야 潛出隱身房後ᄒᆞ고 竊聽ᄒᆞ야 欲以探妾心誠否러니 妾이 睡醒ᄒᆞ야 見郞不在ᄒᆞ고 起而呼母ᄒᆞ며 且啼且語曰: "晝間에 母ㅣ示不悅色故로 進賜ㅣ必怒去矣니이다." 母ㅣ曰: "吾之接待에 有何致怒乎아?" 女ㅣ曰: "千里他鄕에 爲我委來어ᄂᆞᆯ 母ㅣ不懽然迎之ᄒᆞ니 安得不怒, 而四顧無親에 去無所託이라 將死飢寒ᄒᆞ리니 我心何如오?" 號哭不已어ᄂᆞᆯ 母ㅣ再三寬慰而止라. 李郞이 仍着來冠服ᄒᆞ고 呼書吏驛卒ᄒᆞ야 出道於客舍ᄒᆞ니 列炬滿庭이라, 一邊은 封各庫ᄒᆞ고 一邊은 捉入三鄕所及公兄ᄒᆞ야 伏之刑板上ᄒᆞ니 一府ㅣ震動이라. 李妾之母ㅣ誘其女ᄒᆞ고 往觀御史ᄒᆞᆯ시 先倚舍墻ᄒᆞ야 望見良久에 母ᄂᆞᆫ 先歸러니 少選에 女ㅣ走還, 告其母曰: "御史ᄂᆞᆫ 非別人이오 乃吾家進賜니이다." 母ㅣ曰: "豈有是理리오?" 復自往諦視ᄒᆞ니 果然이라. 於是에 母女ㅣ喜躍歸家而待之ᄒᆞ다. 御史ㅣ卽修書啓ᄒᆞᆯ시 臚列本倅의 竊公貨掠民財로 大罪數十條를 馳驛以聞ᄒᆞ고 又坼第二封ᄒᆞ니 乃令御史로 仍行本府府使之旨也라. 卽推印信ᄒᆞ고 修送到任狀于監營이러니 不多日에 金吾郞이 馳來ᄒᆞ야 拿去舊倅, 而新倅ㅣ又坼第三封, 則仍以其妾으로 爲次夫人事라. 卽以彩轎로 迎妾ᄒᆞ니 官吏輩前呵後擁

---

[42] 闕: 저본에는 '關'으로 나와 있으나 의미상 바로잡음. 이하의 경우도 동일함.

ᄒᆞ야 入處內衙ᄒᆞ니 邑底常賤之女ㅣ 猝化爲官府室內ᄒᆞ니 榮耀ㅣ聳聞於遠近, 而武弁은 不善於風鑑者也ㅣ로다.

評曰: "武弁之不善風鑑云者ᄂᆞᆫ 恐似不然ᄒᆞ니 瞥見着衰服步過店門之一儒生이 能決來後年에 持繡斧殺我之相, 則其鑑이 不可謂不善也ㅣ라. 人之吉凶善惡이 曰惟心耳니 吉凶은 由於善惡ᄒᆞ고 善惡은 由於義利, 而義利之分이 在於一心上矣라. 武弁之待李生이 先何其厚며 後何其薄고? 先后厚薄이 只因知利, 而不知義故로 風鑑之眼이 亦爲利心所蔽ᄒᆞ야 但能辨色이오 不能察氣宅心原ᄒᆞ니 自不正操術ᄒᆞ야 隨而未精ᄒᆞ니 其及也ㅣ固宜矣로다."

### 110. 以鴻毛로 報泰山

昔에 漢陽人崔生은 其名則忘之라. 此人이 累世公卿家子弟也라 早以文藝로 聞이러니 旣壯에 屢擧不中ᄒᆞ며 家貧親老에 妻子凄涼이요 門生故吏에 多顯者, 而勢去崔門을 莫肯相恤이라. 崔生이 讀 『孟子』라가 至 '惰其四肢ᄒᆞ야 不顧父母之養이 一不孝也라'ᄒᆞ야난 掩卷太息曰: "我實不孝也ㅣ로다." 乃束筆硯檳而藏之ᄒᆞ며 集其藁而焚之ᄒᆞ고 其書滿架ᄂᆞᆫ 以托其朋友ᄒᆞ며 賣其家ᄒᆞ야 受直五百金ᄒᆞ고 奉其父[43]母挈其妻子ᄒᆞ며 率家僮二人婢三人ᄒᆞ고 往湖西之淸州庄ᄒᆞ니 庄餘田十餘結이오 茅屋七間이요 牛三隻이라. 崔生이 乃招奴婢, 誓曰: "吾ㅣ若等約十年이면 吾田百結이오 奴婢百口요 牛百頭요 馬百匹이요 凡屋五十間이오 日用萬錢이오 月費布三百尺ᄒᆞ리니 聽吾命者ᄂᆞᆫ 人各受百金之賞ᄒᆞ고 不用命者ᄂᆞᆫ 吾其殺ᄒᆞ리라." 奴婢等이 對曰: "人亦孰不欲富貴이리오만은 是乃分福이니 何

---

43) 父: 저본에는 공백으로 되어 있으나 『계서잡록』에 의거하여 보충함.

可必乎잇가?" 崔生曰: "禍福이 無不自己求之者ㅣ니 得之何難之有리오? 若等은 但聽命ᄒᆞ고 勿愁其不可必也ᄒᆞ라." 奴婢等이 心不以爲然, 而口應曰: "諾다." 崔生이 乃與五百金ᄒᆞ야 使之貿五穀而儲之ᄒᆞ니 時에 湖西大熟ᄒᆞ야 五錢에 收租二十五斗라 他穀도 稱是ᄒᆞ며 明年春에 崔生이 身操錣鋤ᄒᆞ고 爲農夫倡ᄒᆞ야 坐於溝澮之間ᄒᆞ니 秋收百石者ㅣ二之라. 是歲에 又大有年ᄒᆞ야 穀直이 比去年加歇ᄒᆞ니 崔生이 乃盡賣祭田十結ᄒᆞ야 受錢三千兩ᄒᆞ고 悉而貿穀ᄒᆞ니 爲四千餘石이라. 越明年에 夏旱秋潦ᄒᆞ야 野無立苗ᄒᆞ니 歲爲大饑어늘 經冬至春에 老弱은 塡壑ᄒᆞ고 壯者ᄂᆞᆫ 流散ᄒᆞ야 十室九空, 而皮穀一石에 直價十兩이오 米ᄂᆞᆫ 倍數라. 老奴等이 請賣所貿之穀ᄒᆞ디 崔生이 不許曰: "汝ㅣ往召鄕里父老ᄒᆞ라." 來則立之階下, 而告之曰: "吾家四隣之窮餓殆死者ㅣ 幾人矣오?" 父老等이 對曰: "何人不死리오? 非但無田土者라 有田地具牛耙多男子ᄒᆞ야 服田力農에 足支一年者라도 亦皆面黃欲盡矣니 此輩ㅣ 今年之粮이 皆春枯秋浸ᄒᆞ야 往往立於田中이라도 不用刈穫之故耳니이다." 崔生曰: "噫라 盡劉矣로다! 我ㅣ有穀若干石ᄒᆞ니 雖不能博施濟衆이나 吾不忍吾鄕里之盡劉矣니 從某至某을 錄其人口多少와 戶之大小을 以示之可乎ㅣ뎌!" 父老ㅣ應聲羅拜, 曰: "此ᄂᆞᆫ 眞活人佛也ㅣ로쇼이다." 歸告其四隣, 而錄其戶口以呈ᄒᆞ니 崔生이 約日同召其錄中人ᄒᆞ니 凡五百餘家요 一千三百餘口라. 遂分與其穀, 曰: "汝等은 勿愁飢餒ᄒᆞ고 力作本業이 可也ㅣ니라." 於是에 逐月計口給粮ᄒᆞ야 使無捐瘠ᄒᆞ고 其賣犢, 而無牛者를 買與之ᄒᆞ며 又給其農饁及五穀之種ᄒᆞ니 五百餘家用力ᄒᆞ야 齊修勤業ᄒᆞ야 趣時任事를 自相激勸ᄒᆞ다. 崔生曰: "吾ㅣ去年에 困歉而廢稼러니 今年엔 吾將修之나 然이나 十結之田을 旣賣矣라 當廣取他人田ᄒᆞ야 作而收其半ᄒᆞ리라." 乃率奴婢, 而

躬自監課ᄒᆞ니 是歲에 果大登穫而分之ᄒᆞ니 爲百餘石矣라 五百餘家ㅣ亦各多收ᄒᆞ다. 役畢에 相與言曰: "吾輩此穀은 皆崔氏之力也ㅣ라. 五百餘家一千三百餘口ㅣ 今年春夏에 十室九空之時에 而獨能免苦餓全活ᄒᆞ고 父母兄弟妻子ㅣ 安樂於同室ᄒᆞ며 歌謠於南畝者ㅣ 伊誰之惠也오? 人有如此骨肉之恩, 而不思所以報德, 則狗彘라도 不食吾餘矣라." 衆口一談이 皆曰: "果然이라." 其中老成識字者ㅣ 相聚而議曰: "崔氏之穀은 乃崔氏祭田十結及京第所賣錢也ㅣ라. 以今春穀直으로 論之, 則四千餘石이 可受四萬兩錢, 而顧此之不賣, 而活吾屬ᄒᆞ니 此ᄂᆞᆫ 天下仁人義士也ㅣ라. 吾屬이 只以四萬兩之數로 還之, 則可謂太薄矣니 宜以六萬으로 償之니라." 僉曰: "可矣라." 乃列書戶口多寡繼粮及農餞穀種及買牛直錢之數를 以秋穀直錢計之ᄒᆞ니 兩直二十斗穀이 通爲六萬餘石이라. 於是에 五百餘家之民이 牛駄馬駄, 人負ㅣ 首尾相接ᄒᆞ야 簇立於崔家大門之外ᄒᆞ니 崔生이 怪問之ᄒᆞᆫ디 民等이 皆曰: "方有事ᄒᆞ니 惟當徐對耳니이다." 皆以其穀으로 露積於外ᄒᆞ고 其父老ㅣ 內入ᄒᆞ야 列拜於庭, 曰: "以穀計之, 則輕於鴻毛요 以言乎恩, 則泰山耳라. 小人等이 敢以鴻毛로 報泰山矣니이다." 崔生曰: "幾何오?" 曰: "六萬石이니이다." 崔生曰: "吾ㅣ固非墨翟之愛와 伯夷之廉이나 然이나 以吾之穀數로 較之ᄒᆞ면 六萬則什而加五ᄒᆞ니 是ᄂᆞᆫ 投方寸之餌ᄒᆞ야 釣任公之鰲也ㅣ라." 固辭不肯受ᄒᆞᆫ디 父老等曰: "不然ᄒᆞ다. 今年에 若賣四千石, 則當得四萬兩이오 以四萬兩으로 買京鄕所賣之百貨, 而秋至出賣ᄒᆞ면 當至十二萬이니 以十二萬으로 貿租, 則當得十二萬이라. 今六萬은 乃十二之半也ㅣ니 不取十二萬, 而取六萬은 是不廉乎아? 不計較利害ᄒᆞ고 散於垂死之衆民, 而一言不及於望報ᄒᆞ니 此非愛乎아? 以人民等利害言之ᄒᆞ면 五百餘戶・一千三百餘口ㅣ 窮

春大歉之에 雖欲得債錢이라도 旣無其路오 假使得錢이라도 其息이 必不下十五 ㅣ니 以錢買穀ᄒᆞ면 穀貴錢賤ᄒᆞ야 持錢者 ㅣ 爲市ᄒᆞ며 擔穀者 ㅣ 絶無, 而僅有ᄒᆞ리니 如此之際에 人其生乎 ㅣ며 又安得及時 爲農ᄒᆞ야 百室이 盈盈乎잇가? 此穀을 不受, 則小人等이 願爲奴婢 ᄒᆞ야 以報萬一ᄒᆞ나이다." 崔生曰: "汝言이 及此ᄒᆞ니 安得不受乎아?" 民人等이 皆拜曰: "穀自外輸요 感自內結ᄒᆞ니 未死之前에 何日忘之리요?" 崔生曰: "予少受多ᄒᆞ니 我實靦然이어날 何感之有리요?" 明年春에 賣穀ᄒᆞ니 一石에 錢五百이라 通爲九萬餘兩이오 秋而貿之ᄒᆞ니 得九萬餘石이라. 又明年春에 穀一石에 直二兩이라. 通爲十八萬餘兩이니 自此後로 錢多ᄒᆞ야 不得賣穀ᄒᆞ고 穀多ᄒᆞ야 亦難換錢ᄒᆞ니 乃分與五百餘戶之識利害者ᄒᆞ야 行商焉ᄒᆞ다. 十年之間에 貨財充溢ᄒᆞ니 如厥初誓奴婢之言ᄒᆞ야 乃賞其奴婢各百金ᄒᆞ니 五百餘戶之民이 亦賴其力ᄒᆞ야 凶年, 則常取貨於崔生焉ᄒᆞ니 此其章章尤異者也로다.

### 111. 扶安妓桂生이 工詩善謳彈

扶安妓桂生이 工詩善謳彈ᄒᆞ야 號를 梅窓이라. 以選上京ᄒᆞ니 貴遊子弟 ㅣ 莫不邀致ᄒᆞ야 爭先與之酬唱이러라. 一日, 柳斯文塗 ㅣ 往訪之ᄒᆞ니 金·崔兩姓이 以狂俠自負者로 已先在座라. 桂生이 設酌以待ᄒᆞ야 半醺에 三人이 皆注目挑之ᄒᆞ니 桂生이 笑而擧令曰: "諸君은 各誦風流場詩ᄒᆞ야 以助一歡ᄒᆞ소셔. 至如'玉臂ᄂᆞᆫ 千人枕이오 丹脣은 萬口香이라. 爾身이 非劍刃, 何遽斷剛腸고.' 且'足舞三更月이오 衾生一陣風을. 此時無限味ᄂᆞᆫ 惟有兩人同'을 等詩ᄂᆞᆫ 乃是賤隷之誦이라 不足傾耳니, 若有傳誦前所未聞이오 當於我心者로 當與一歡ᄒᆞ셔셔." 三人曰: "諾다." 金生이 誦金命元七言絶句, 曰: '窓外

三更細雨時에 兩人心事을 兩人知라. 新情이 未洽天將曉에 更把羅
衫問後期라.' 崔 l 繼唱沈喜壽七言絶句, 曰: '抱向紗窓에 弄未休ㅎ
니 半含嬌態요 半含羞를. 低聲暗問相思否아 手弄金釵乍點頭을.'
桂生曰: "前詩는 太拙이오 後詩는 差妙, 而手段이 俱低ㅎ야 皆未足
聽이라. 凡律詩詩之精者而七言이오 近體響韻이 意趣俱難이면 當
取其難者ㅎ리라." 金이 遂唱鄭子堂七言律, 曰: '年纔十五窈窕娘
이 名滿長安第一坊을. 蕩子恩情은 深海似요 丈夫威令은 嚴如霜
을. 蘭窓에 日晏朝粧急이요 松峴에 風高夕履忙을. 相別은 每多相
見少ㅎ니 陽臺雲雨惱襄王을.' 崔曰: "此詩雖佳나 又有佳於此詩者
라." 仍誦高霽峯'立馬沙頭故遲遲'詩ㅎ니 桂生曰: "此詩는 眞是魯
衛以下詩라 雖有淸光風韻이나 亦不足動人이로다." 因顧柳曰: "此
間에 子獨無吟乎아?" 柳曰: "我本無文ㅎ야 但嫪毒貫輪之才耳라."
桂生이 微笑ㅎ니 崔 l 怫然曰: "子 l 雖有長才나 今日之事는 當行詩
令이니라." 金이 頗有自矜之色ㅎ야 顧謂左右曰: "一律이 可謂壓倒
諸詩라."ㅎ며 卽朗吟鄭之升七言律, 曰: '秋宵已曙ㅎ니 莫言長ㅎ라
促向燈前ㅎ야 解繡裳을. 獨眼을 微開睛吐氣요 兩胸이 纔合汗生香
을. 脚如螻蟈翻波急이요 腰似蜻蜓點水忙을. 强健은 向來心自負ㅎ
야 愛娘深淺을 問娘娘을.' 桂生이 吟咏稱意ㅎ니 柳曰: "諸君所誦이
皆是已陳芻狗라 何足刮目이리오? 我當占新詩一律ㅎ야 立幟於今
日席上ㅎ리라." 遂令桂生으로 呼韻ㅎ고 應聲對曰: '探春豪士 l 氣
昻然ㅎ야 翡翠衾中에 結好緣을. 撑去玉莖雙脚屹이오 貫來丹穴兩
弦圓을. 初看嬌眼은 渾如霧요 更見長天이 小似錢을. 這裡에 若論
滋味別이면 一宵高價 l 直金千을.' 桂生啄歎曰: "不料尊公이 臨此
陋地也 l 라. 曾聞公이 狂心이 猶未已ㅎ야 白馬又黃昏之詩ㅎ니 仰
慕者 l 久矣러니 今幸遇之로다." 乃酌酒一杯進, 曰: "若似使眼如霧

ᄒ고 天似錢, 則其價豈獨千金而止哉리오? 向者, 諸公의 許多所吟은 不直一盂冷水라."ᄒ니 金崔憮然皆退去ᄒ다.

### 112. 華法雖妙라도 不知油商之注甁

韓石峯이 自幼로 習書ᄒ야 未嘗一日廢ᄒ고 中年에 自以爲筆已熟之盡이라. 一日에 路徑鍾閣할시 有一人이 至高樓之下ᄒ야 呼請買油어날 一人이 自樓上應之, 曰: "汝持器而立樓下ᄒ면 吾當從上注之호리라." 遂俯注於小甁口호ᄃ 無一點差漏ᄒ니 韓이 見之, 嘆曰: "吾筆이 雖熟이나 不至於是境矣라." 歸而習熟ᄒ야 卒成名筆ᄒ다.

### 113. 兩詩皆爲大貴像

李白沙ㅣ 五歲에 詠劍琴曰: '劍看丈夫氣요 琴藏太古音을.' 南藥泉九歲, 詠月詩曰: '衆星은 皆列陣이오 明月은 爲將軍을.' 二詩皆占他日之爲大貴矣라.

### 114. 金始振之先鑑

金參判始振이 有知人之鑑ᄒ야 嘗於路上에 見有一童子ㅣ 遇戴水桶女兒ᄒ야 與之戲言ᄒ니 見甚容貌ㅣ 秀美어날 使人問之ᄒ니 乃閔黯也ㅣ라. 知其必大貴ᄒ고 許以女妻之러니 及委禽之日에 金公이 見之ᄒ고 色不豫ᄒ니 客이 問其故ᄒᄃ 曰: "恨吾ㅣ 見之不明耳로다. 渠雖位極人臣이나 其如不令終에 何오? 幸吾女ㅣ 同享其樂이요 不見其敗而先死ᄒ리니 亦何恨也ㅣ리오!" 後에 果其言이러라.

### 115. 面交ㅣ不及心交

鄭監司孝成이 性寬溫ᄒ야 雖子弟라도 不輕爾汝ᄒ고 嘗交一閭

巷微賤人호야 引與之坐호고 待朋友禮호니 其子玄谷이 諫曰: "大人이 與此交호니 等級이 夷矣며 禮貌損矣라 正爲諸子羞矣니이다." 公이 笑曰: "禮豈論地閥哉아? 吾所交者는 以心也요 君之朋, 則皆面也며 非心也ㅣ니 其欲試之耶아?" 遂父子ㅣ 乘夜微服而出호야 問曰: "君之友에 誰最密也오?" 曰: "某士ㅣ니이다." 卽往其家호야 低聲而告曰: "某ㅣ 父子不幸殺人이러니 其人은 士族이요 且有數子호야 方持刃遍索各坊, 曰: '如有藏匿者ㅣ면 必先殺之라.'호니 以是로 無敢容接이라. 玆恃平日交誼호고 敢來投焉호노라." 某士曰: "非不欲受ㅣ나 家庭에 有故호야 不能留人이로라." 又往數處호니 皆貴⁴⁴⁾游也ㅣ라 皆如前言호야 不納이어날 公이 遂往其人之家호야 又告如前호니 其人이 卽延入內房호고 謂其妻曰: "此爺ㅣ 有難호니 如或知면 其不免이요 吾輩도 與之同死호리라. 須先煖酒壓驚호고 炊飯療飢호라." 洽洽歡歡호야 少無難色호니 公이 大笑호며 顧謂玄谷曰: "吾之友ㅣ 與君友로 交情이 何如오?" 玄谷이 大愧服호더라.

### 116. 薛生異趣

光海時에 有薛生者호야 居靑坡호니 富辭藻호고 尙氣節이라. 業科, 而數奇不利호며 嘗與楸灘吳公允謙으로 甚善이러라. 癸丑廢母變作에 生이 慨然謂楸灘曰: "倫氣滅矣라 焉用仕리오? 子能與我同隱乎아?" 楸灘이 辭以父母在호니 不可遠去로라. 閱月復過호니 生이 已去호야 不知所之라. 逮反正甲戌호야는 公이 按節關東호야 巡到杆城할시 泛舟永郞湖호야 忽於烟濤杳靄之間에 有撑舟而來者어날 及近視之호니 乃薛生也ㅣ라. 公이 大驚호야 延入舟中호니 喜極若

---

44) 貴: 저본에는 '費'로 나와 있으나 『기문총화』에 의거하여 바로잡음.

從霄下라. 問其所居地호디 曰:"我居襄陽治之東南六十里호니 名曰'回龍窟'이니 深僻호야 人跡이 罕到요 距此不遠호야 不半日에 可往還이니 請公은 同往이니이다." 公이 許之호고 薄晚에 抵山호야 屛導從호고 用僧牽輿入谷호니 崎嶇數里에 有蒼崖호야 陡立如削호니 奇壯駭目, 而中坼成門호고 左右淸流ㅣ 瀉出石門之傍호니 乃回龍也ㅣ라. 石路ㅣ 自崖折處로 右折而上호며 屈曲巉巖에 援葛攀木而進호니 窟焉이 低頭懸身호야 傴僂而入호니 旣入에 別洞天也ㅣ라. 地甚寬平호고 田土ㅣ 沃潤호야 膏腴人居요 亦多桑麻翳菀호며 梨棗成林호고 生之居는 當窟內之中心호야 極華邃라. 引公上堂호고 薦以山味호니 珍蔬奇果ㅣ 香甘甚異호며 人蔘正果ㅣ 肥大如臂러라. 相携出遊호니 林巒泉石이 奇怪壯麗호며 愈入愈絶호니 公이 慨然若入方丈호야 自覺軒冕之爲穢也ㅣ며 山水淸絶은 固隱者之所宜有로다. 家計不饒호니 山中에 何以辦此生고? 笑曰:"吾嘗遨遊往來之地ㅣ 不獨此也ㅣ라. 吾ㅣ 自辭世以來로 恣意遊觀호야 未嘗一日閒호며 西入俗離호고 北窮妙香호며 南搜伽倻·頭流之勝호야 凡東方山川之以弸特聞者는 足殆遍矣라가 遇適意處호면 輒剗蕪而築焉호고 闢荒而耘焉. 居或二年或三年호디 興盡輒移而之他호니 山之奇水之麗와 田廬之華曠이 十倍於此者ㅣ 亦多로디 但世人이 莫有知者라." 公이 見生之僮僕이 皆俊美호고 多習於管絃이어날 問之호니 皆生之率也ㅣ며 美姬歌舞者ㅣ 皆妙麗호니 公益奇之호며 見生得意에 自顧塵世에 爲之歔欷出涕호야 作詩贈之호고 留二日始啓行할시 約生曰: "後必訪我於京師호라!" 其後三年에 生이 果來過公이어날 公이 適柄銓曹라 欲薦爵之호니 生이 恥之호야 不辭而去호다. 後에 公이 乘暇踰嶺호야 訪生於回龍窟, 則已爲墟矣오 生則不知所去어날 公이 歎異惆悵而返云호니 蓋薛生事는 李

槎川이 紀之如此요 吳西坡集에 亦有「薛生傳」ᄒ니 豈非東國之異人哉아?

### 117. 古者에 衣食이 有約

衣服之制ㅣ 古有上下之別ᄒ야 不敢相襍ᄒ고 且尙質儉堅固ᄒ며 若有異制면 必駭而不服矣러니 近益奢靡ᄒ고 且無等別이라. 又復有短胡之制ᄒ며 博闊之樣ᄒ야 色色新出ᄒ며 上自宰相으로 不知爲至ᄒ며 於儒士에 亦皆謂之便身ᄒ야 爭先取服ᄒ며 且尙纖麗輕煖ᄒ야 以此로 牽馬輩ㅣ 亦着細紬白紵ᄒ며 夏畦之氓이 恥服農布ᄒ야 必取細布細木ᄒ며 私賤이 着道袍曳雲履ᄒ며 若於不識之處면 與士夫로 相揖ᄒ니 此ᄂᆫ 由於亂文章混貴賤之弊也ㅣ라. 古者에 常人이 無裌이러니 近時엔 非徒有之라 必具寒暑兩裌ᄒ니, 以此로 古之十人之衣를 一人이 衣之而猶有不足者ᄒ니 凡事를 推此而糜財甚多ᄒ고 人之家計日貧, 而貧寒이 到骨, 則不能保其操守ᄒ야 多行非義之事라. 初則自知其罪나 後漸習性ᄒ야 恬然爲常ᄒ며 子弟自初로 視其父兄之如此ᄒ야 亦以爲好事ᄒ고 仍復敎子敎孫ᄒ야 毋論京鄕上下ᄒ고 漸成此風ᄒ니 侈奢之害有如是矣. 國初紵布之設禁이 蓋如此而置於禁條中也ㅣ라. 飮食之制亦然ᄒ야 一器之費, 多至十金者ㅣ間多, 而其珍味驚口之外에 復有制樣ᄒ니 或像人形ᄒ며 且做[45]草木禽獸之形ᄒ야 有不忍正視者ᄒ고 以至或有用於祭祀ᄒ니 神豈可享이리오? 必駭而走矣라. 卿相家膏粱之味에 奴僕도 鷄犬을 亦復厭之ᄒ야 至埋庭畔者ㅣ 有之ᄒ니 暴殄天物에 飮食流連은 最爲亡本之兆라. 近時에 有骨肉之會ᄒ니 此乃胡人獵場之食也

---

[45] 做: 『이순록』에는 '倣'으로 되어 있음.

|라. 圍爐環坐ᄒᆞ야 同鼎手煮ᄒᆞ고 爭先取食ᄒᆞ야 以比肩故로 脫冠近火ᄒᆞ며 身熱唊熱ᄒᆞ며 眼醉爭食ᄒᆞ야 無廉如此團欒ᄒᆞ고 戲笑多發에 口沫自飛ᄒᆞ야 相雜鼎中ᄒᆞ되 亦不覺麤汚ᄒᆞ니 不省威儀요 有失擧措駭然이라. 若使古人當之면 將視爲狗彘同糟然이어날 以此로 爲之盛事ᄒᆞ야 甚至玉署에 有此會ᄒᆞ니 何不思不賜食餘之戒耶아?

### 118. 白馬江賦로 下第而復得嵬捷

閔立巖이 下第歸路에 登南城門樓ᄒᆞ니 行色이 甚憔悴라. 俄有, 一妓亦上來ᄒᆞ야 問曰: "行次方向何處ㅣ니잇고?" 答曰: "居在白馬江이요 今番登科之人이 皆不如吾作이나 然이나 吾獨下第ᄒᆞ야 方尋鄕路니라." 妓曰: "小妾이 粗解文字ᄒᆞ니 試道下第之文ᄒᆞ소셔." 立巖이 略誦之ᄒᆞ니 是白馬江賦, 而果絶調라. 妓ㅣ解裙請寫ᄒᆞ니 立巖曰: "汝ㅣ何爲請之오?" 對曰: "願小留洛中ᄒᆞ소셔 小妓ㅣ當了其事矣리이다." 立巖曰: "雖留라도 科榜이 已出ᄒᆞ니 更無可望요 且雖欲留나 糊口無資ᄒᆞ니 奈何오?" 妓以銀釵로 納之曰: "此物이 足可經過ᄒᆞ리니 必依我言而留ᄒᆞ소셔." 其言이 極爲訝怪나 然이나 落榜無聊요 無意還家ᄒᆞ야 寫賦於裙ᄒᆞ고 以其銀釵로 仍留京中ᄒᆞ니 其時宰相子得第家에 設宴ᄒᆞ고 滿朝ㅣ來會ᄒᆞ며 一代娼流皆集이요 厥妓도 亦在其中이라. 以其賦로 登於歌調而唱之ᄒᆞ야 由是新翻ᄒᆞ니 滿座ㅣ傾耳라. 歌畢에 諸人이 問: "歌是何調오?" 仍解裙展玩於座中ᄒᆞ니 乃科題而下第者也ㅣ라. 其時考官이 亦在座라가 知其遺珠之嘆ᄒᆞ고 請於朝ᄒᆞ야 更設後庭試ᄒᆞ고 復出此題에 果得嵬捷ᄒᆞ니 豈非一代盛事哉아? 立巖이 居在白馬江故로 熟知其古跡ᄒᆞ니 以此로 尤佳요 其中에 '江花ㅣ笑而出迎ᄒᆞ야 隱樓觀於層空'之句ᄂᆞᆫ 尤爲佳麗者니 此賦ㅣ流傳中國ᄒᆞ고 又入『東文選』ᄒᆞ야 妓輩ㅣ尙今歌之러라.

### 119. 衣輕裘乘駿馬ᄒ고 一見金剛

我國文章을 以明宣으로 爲盛際라. 蓀谷李達이 出於庶孽ᄒ야 以詩로 名於世ᄒ며 尤長於七絶ᄒ야 殆逼唐調ᄒ고 與孤竹崔慶昌과 叢桂子鄭之升으로 幷驅騷壇ᄒ니 時人이 以三唐으로 稱之라. 蓀谷이 每欲一見金剛이나 貧不能辦行具ᄒ야 常以爲恨이라가 適坐友人家ᄒ야 見輕裘ㅣ 掛壁ᄒ며 駿馬立廐ᄒ고 謂主人曰: "欲迎某人返魂, 而所着이 甚薄ᄒ고 且無所騎ᄒ니 專恃貴件ᄒ나이다." 主人이 快許之ᄒ니 蓀谷이 衣裘乘馬ᄒ고 直出東城ᄒ야 仍作金剛行할식 題一絶曰: '乘君之馬衣君衣ᄒ니 萬里湖山에 雪正飛라. 怊悵此行無送別ᄒ니 興仁門外에 故人稀를.' 以詩로 書於東城ᄒ고 謂城下人曰: "後日에 若有尋裘馬者어든 以此로 指示ᄒ라." 其主ㅣ 怪其不還ᄒ야 送人于其家, 則其家ㅣ 亦不知去處라가 數日後에 聞出東門ᄒ고 又尋之ᄒ니 只有此詩러라. 遍踏諸勝ᄒ고 累月而歸ᄒ니 裘已弊馬已瘦矣라. 嘗過大邱할식 有房妓라, 妓ㅣ 出外而愁色ᄒ니 蓀谷이 問其由ᄒ더 對曰: "京商이 方來ᄒ야 多有錦緞이로되 吾以詩翁之故로 不得買衣矣니이다." 蓀谷이 笑曰: "價有幾何, 則能可取之오?" 妓嘲笑對曰: "何作多事問고?" 蓀谷이 解妓裙書之, 曰: '商胡ㅣ 賣錦江南市ᄒ니 朝日照之生紫烟을. 佳人이 欲買作裙帶ᄒ야 手探粧奩無直錢을.' 給妓, 曰: "汝須着此裙ᄒ고 入視監司ᄒ라." 妓ㅣ 依其言ᄒ니 監司ㅣ 見知蓀谷之過ᄒ고 優給裙價어날 妓ㅣ 喜曰: "始知一字千金也ㅣ로소이다." 遂買錦衣之ᄒ다.


### 120. 會酒席ᄒ야 出酒命

昔年에 諸名官이 會酒席할식 出酒命曰: "以『詩經』一句로 繼以五絶一隻ᄒ며 終之以藥名, 而以『詩經』之韻으로 同於藥名之末字

然後에 可用이며, 又以遲速巧拙로 判勝負호디 負者는 不許酒호리라." 林滄溪曰: "羔羊之皮여 經歲又經年호니 陳皮로다." 趙副提持謙曰: "野有蔓草어날 先遣小姑嘗호니 甘草로다." 申平川琓曰: "習習谷風이여 日暮掩柴扉호니 防風이로다." 吳尙書道一曰: "之子于歸여 山中에 酒應熟호니 當歸로다." 韓執義泰東曰: "他山之石이여 江南에 雨初歇호니 滑石이로다." 朴參議泰遜曰: "山有口葛호야 白日來照之호니 乾葛이로다." 無一不及호니 若宿構者ㅣ라. 其後에 尹尙書憲柱ㅣ 莅北關호야 始聞此事호고 甚奇之호야 卽繼之曰: "何草不黃이리오 八月에 邊風高호니 大黃이로다." 一座ㅣ 服其神速호니 且時當八月이오 地又六鎭이라 卽景爲句호니 尤着題矣러라.

### 121. 松岳精이 分爲男女

松都妓眞伊姿色이 傾國이며 文藝ㅣ 尤奇라. 與徐花潭으로 幷時호니 世謂'松岳精이 分爲男女'라호다. 花潭則更無可言이오 眞伊는 惜乎其爲女오 又出於賤也ㅣ라. 眞伊嘗題品當世人物, 曰: "今世에 有三大人호니 乃栗谷·松江[46]·西厓, 而栗谷은 眞聖人이오 松江은 是君子요 西厓는 乃小人이라."호니 人이 問其故호디 對曰: "吾ㅣ 閱人萬數호디 絶無可意者요 惟此三大監은 聲望이 藹蔚호야 爲冠一世故로 平生所願者ㅣ 只此三人, 而其中栗谷大監, 則養德山林이니 尤無得侍之路라. 常以爲恨이러니 忽於天使之來에 大監이 以遠接使로 出彊호야 將過松都호니 雖草草操身之士라도 不接娼妓는 是循例工夫故로 初不生謁見之計러니 行次ㅣ 入館호야 意外招見호고 使之近坐호며 賜顔退茶啖賜之호고, 又當食時호야 賜祭飯호며

---

[46] 江: 저본에는 '岡'으로 나와 있으나 『이순록』에 의거하여 바로잡음. 이하의 경우도 동일함.

又當昏黑ᄒ야 欲爲出來, 則又命勿退ᄒ고 談話娓娓ᄒ니 事機若將宿ᄒ야 心中에 十分喜幸ᄒ며 且怪之, 曰: '以此大監之定力으로 如此ᄒ니 他尙何說가?'ᄒ야더니 及夜深에 命退出曰: '身當遠役ᄒ야 路憊滋甚이라. 如汝名物을 未免空送ᄒ니 可惜可悵이로다. 明早에 更卽入來ᄒ라!' 承此分付ᄒ니 愕然失心이나 然이나 無可奈何라 終夜耿耿ᄒ고 待曉入去, 則時未起寢ᄒ야 彷徨窓外矣러니 知己到ᄒ고 招命逼坐臥內ᄒ야 賜顔을 如昨日一般ᄒ고 及當行次, 則拜辭馬前ᄒ니 以來時更逢으로 慇懃爲敎라. 果於回路에 一如昨日이나 然이나 終不許薦枕ᄒ고 見謁屢日에 如是眷愛, 而終不犯者ᄂᆫ 獨於栗谷에 見之라. 蓋其招見은 非愛我也ㅣ요 乃愛我才也ㅣ니 此ᄂᆫ 眞聖人也ㅣ라. 其後에 松江이 亦以償相으로 過去일시 心謂, '此大監은 素稱怪剛ᄒ야 必不見余요.' 亦非意招見, 而別無愛恤之色ᄒ야 余ㅣ 還自謂, '幸蒙招見이라도 望斷侍宿矣'러니 夕命薦枕, 曰: '見汝名物ᄒ고 豈可空度耶아?' 其還歸에 亦如之ᄒ니 見吾者ㅣ 不使虛送은 是男兒之例事요 其處事를 極其光明은 乃君子也ㅣ라. 西厓又以使星으로 過去할시 亦招見之ᄒ고 其賜顔眷注ㅣ 一如栗谷大監ᄒ야 夕後에 亦命退去ᄒ고 其所分付ㅣ 又如栗谷ᄒ니 余ㅣ 私謂, '見吾而空送者ᄂᆫ 當世에 惟以栗谷大監一人으로 知之러니 此大監이 亦能如此ᄒ니 此亦聖人也ㅣ라.'ᄒ야더니 及夜深에 潛送知印ᄒ야 招致侍宿ᄒ고 早曉에 命退出ᄒ니 其處事ㅣ極不明ᄒ니 快以此로 知其眞小人也로라." 其評論은 可謂的當矣로다.

## 122. 弓師ㅣ獨食河豚羹

有老武ㅣ率弟子ᄒ고 敎射於山寺할시 儒士五六人이 亦讀書同寺ᄒ야 所業이 雖異나 自然相親이라. 一日은 士人이 得河豚數尾ᄒ야

作羹, 而羹少人多ᄒᆞ니 難爲分食이어날 士人曰: "作詩先成, 而每句에 用二魚名然後에 可以許食이니라." 弓師曰: "雖武夫라도 可乎아?" 士人曰: "何論文武ㅣ리오?" 其人이 卽提曰: '踈於【蘇魚】文字訥於辭【訥魚】ᄒᆞ고 粗記【石魚】姓名道未知【道味】라. 家在【鯽鰈】長安無樂地【絡蹄】ᄒᆞ야 半塘【蘇魚】傾仄不謀治【首魚子】라.' 士人이 閣筆ᄒᆞ니 弓師ㅣ 獨食之ᄒᆞ다.

### 123. 弓院科路에 逢神人吟詩
南中士子ㅣ 數十人이 作科할ᄉᆡ 行自孝浦酒幕으로 曉渡錦江ᄒᆞ야 向弓院ᄒᆞ니 一行이 盡是同接, 而獨去前二人은 不知是何處者라. 時未開東이요 月色이 滿野라 居先者ㅣ 顧謂曰: "時景이 正合聯句로다." 仍呼曰: "弓院에 月彎風似箭이로다." 後者ㅣ 卽應曰: "錦江에 烟織柳如絲를." 同來諸人이 相與誦歸ᄒᆞ야 質于三淵ᄒᆞ니 三淵이 以爲鬼詩云爾라.

### 124. 殺一淫女ᄒᆞ고 活一不辜
龍山車夫ㅣ 嘗解卜京城ᄒᆞ고 日暮還家할ᄉᆡ 適放溺於水閣橋路邊人家壁後러니 忽聞頭上에 有聲仰見, 則上有樓窓, 而一美娥ㅣ 半身隱樓ᄒᆞ고 招謂車夫曰: "暫從後門入ᄒᆞ소셔." 車夫ㅣ 心甚疑訝ᄒᆞ되 第以急請이라 果入去ᄒᆞ니 女ㅣ 年才二十이오 極有姿色이라 歡喜迎坐ᄒᆞ며 仍請宿이어날 問其本夫ᄒᆞ니 以別監으로 方入直云이라. 車夫ㅣ 以牛隻區處後, 更來云ᄒᆞ되 女ㅣ 申託踐約ᄒᆞ며 再三重複ᄒᆞ니 車夫ㅣ 付牛於京裡主人ᄒᆞ고 更從後門而來ᄒᆞ니 女ㅣ 待門苦待라. 盛饋夕飯ᄒᆞ고 仍卽請歡ᄒᆞ니 破笠鶉衣ᄂᆞᆫ 脫却一邊ᄒᆞ고 同臥錦裯ᄒᆞ야 其淫戱ᄂᆞᆫ 不可形言이라. 夜三更에 門外에 忽有呼人聲이어날

女ㅣ大驚曰: "家夫ㅣ出來로다!" 急藏車夫於[47]樓內而鎖之ᄒᆞ고 出去 開門ᄒᆞ니 本夫ㅣ入來라. 車夫ㅣ從樓覘視ᄒᆞ니 容貌美麗ᄒᆞ고 衣服 이 鮮明이라. 女ㅣ問: "入番之人이 緣何出來오?" 答曰: "俄夢家中 에 失火ᄒᆞ야 盡入回祿이어날 覺來心驚ᄒᆞ야 越宮墻而來矣로라." 女 ㅣ佯若驚動ᄒᆞ며 還復大責曰: "夢兆ㅣ雖不佳나 直在重地ᄒᆞ야 何敢 妄作如此擧오? 急速還直ᄒᆞ소셔." 本夫曰: "今旣出來ᄒᆞ니 何可空 還이리오." 仍欲戲謔ᄒᆞ디 女ㅣ百端周遲ᄒᆞ고 終不聽順ᄒᆞ니 本夫ㅣ 且怒且笑ᄒᆞ디 無可奈何요 亦慮直所之久曠ᄒᆞ야 卽復出去, 曰: "豈 無後日이리오? 出番이 當不遠矣라." 女ㅣ隨後, 堅閉外門ᄒᆞ고 卽復 迎下鎖車夫ᄒᆞ야 復事淫醜ᄒᆞ디 比前尤甚이라. 女ᄂᆞᆫ 仍困而先睡ᄒᆞ 고 車夫ᄂᆞᆫ 不能卽睡ᄒᆞ야 對燈輾轉이라가 忽心語曰: "本夫ㅣ百勝於 我ᄒᆞ고 且吾ᄂᆞᆫ 乃行人而無端招入ᄒᆞ야 作此大淫ᄒᆞ니 此ᄂᆞᆫ 專由於 淫慾, 而俄者本夫의 百計不聽者ᄂᆞᆫ 吾在樓上故也요, 且渠之父母 ㅣ定給夫婦, 而醜行이 若此ᄒᆞ니 人有血氣ᄒᆞ고 況復目擊ᄒᆞ니 寧可 置之리오?" 遂刃殺之ᄒᆞ고 待鷄而走ᄒᆞ다. 翌日, 廊底人이 入見ᄒᆞ니 流血이 滿房이오 釖痕이 狼藉ᄒᆞ야 斃已久矣라. 女之本家ㅣ起獄, 而無他端緖ᄒᆞ고 廊底人이 只告曰: "其夜에 男主ㅣ自直所로 潛來 入去房中이러니 未知何時還歸며 此外ᄂᆞᆫ 無知爲供이라." 遂敎問本 夫ᄒᆞ니 質弱年少ㅣ不勝栲掠[48]ᄒᆞ야 以惑於妖妾에 果手自刃刺로 誣 服ᄒᆞ니 論以償ᄒᆞ다. 凡罪囚之行刑也에 龍山車夫ㅣ 例爲持車載之 라 當夜에 其車夫ㅣ在待命中, 而罪人이 未及出來ᄒᆞ니 立於典獄街 前ᄒᆞ야 問于曹屬曰: "吾車死囚ᄂᆞᆫ 是何罪오?" 方酬酢之際에 囚出 獄門ᄒᆞ야 將登車어날 車夫ㅣ詳視ᄒᆞ니 乃在樓時燈下所見者也라.

---

47) 於: 저본에는 '어'로 나와 있으나 『이순록』을 따름.
48) 掠: 저본에는 '梗'으로 나와 있으나 『이순록』에 의거함.

大驚ᄒᆞ야 以爲, '豈自愛死而誤殺人이리오?' 遂自現告官曰: "此非 殺人者也ㅣ라."ᄒᆞ고 因詳其由ᄒᆞᄃᆡ 獄官이 判曰: "殺一淫女ᄒᆞ고 活 一不辜ᄒᆞ니 是ᄂᆞᆫ 義人也ㅣ라! 特免賤ᄒᆞ고 又重賞ᄒᆞ니 車夫ᄂᆞᆫ 姓柳 요 本私賤也ㅣ라." 本夫ㅣ 得生ᄒᆞ야 遂待以恩人ᄒᆞ며 家素富ᄒᆞ야 仍 割半給之ᄒᆞ니 車夫ㅣ 棄其業ᄒᆞ고 賴而好過ᄒᆞ야 子孫이 繁盛ᄒᆞ야 以 其業車而得福故로 人稱'車達'云耳라.

### 125. 命鍤開址라가 忽得大缸金

金副率載海ㅣ 以學問으로 知名이라. 嘗買得一宅ᄒᆞ니 價可五六 十兩이오 本主ᄂᆞᆫ 寡婦也ㅣ라. 金이 旣移入ᄒᆞ야 以墻垣頹圮로 將築 之할ᄉᆡ 命鍤開址라가 忽得一大缸ᄒᆞ니 有金可量百兩이라. 金이 以 寡婦로 是宅本主라ᄒᆞ며 令其妻로 作書於寡婦ᄒᆞ야 告以故而還之 ᄒᆞ니 寡婦ㅣ 且異之ᄒᆞ야 躬詣金室, 謂曰: "此雖出吾之舊宅이나 實 久遠埋藏之物이니 亦何可掩爲己物이리오? 請與貴宅으로 半分이 如何오?" 金內曰: "吾ㅣ 若有半分之心이면 可以直取니 何爲歸之本 主리오? 亦知非婦人之物, 而吾則外有君子ᄒᆞ야 足以理家ᄒᆞ니 雖 無此物이라도 足保家業이요 夫人은 無他持門者ᄒᆞ니 誰爲經紀家事 리오? 幸勿辭焉하소셔." 固辭不受ᄒᆞ니 寡婦ㅣ 不敢言ᄒᆞ고 雖持歸, 而感金公之德ᄒᆞ야 沒身不忘云矣러라.

### 126. 人之善惡에 天神이 莫不鑑臨

有民金姓ᄒᆞ야 居在永平ᄒᆞ니 以採蔘爲業이라. 一日은 與兩人으 로 入白雲山最深處ᄒᆞ야 登高俯臨, 則下有巖壁ᄒᆞ니 四面이 削立ᄒᆞ 야 如斗中ᄒᆞ고 其內에 人蔘이 編蕞甚茂ᄒᆞ니 三人이 不勝驚喜, 而 顧無逕路可延이라. 遂結草作樊ᄒᆞ고 繫以葛索ᄒᆞ야 推金姓坐其中

ㅎ고 懸樊而下ㅎ니 金이 恣意取採十餘束ㅎ야 置樊中ㅎ디 兩人이 從上汲引ㅎ야 兩人이 便將蔘分取ㅎ고 棄樊而歸ㅎ니 金은 不可復 上이라. 四顧絶壁이 削立百丈餘ㅎ니 非付翼이면 無以出이오, 又無 可食ㅎ야 只得採食餘蔘ㅎ니 或有大如臂者라. 不火食六七日에 氣 甚充盛ㅎ며 夜則宿於巖底ㅎ야 百計思量호디 超出無術이러니 一日 은 望見林木이 披靡ㅎ며 有聲如風雨러니 俄見一大蟒이 頭如巨缸 ㅎ며 兩目이 如炬라 蜿蟺下來ㅎ야 卽赴金之坐處ㅎ니 金이 自以爲 必死而已라. 大蟒이 橫過其前ㅎ야 直上樊索所下之壁ㅎ니 其長이 可十餘丈, 而置尾於金之前ㅎ고 掉之不已어놀 金이 自思曰: "此蟒 이 見人不噬, 而掉尾如此ㅎ니 豈有意於救我耶아?" 遂解其腰帶ㅎ 야 緊縛其尾ㅎ고 跨伏而牢持尾端ㅎ니 一揮에 不覺其身之已在壁 上, 而蟒則入林ㅎ야 不知去處라. 金이 怪其爲神物ㅎ고 遂尋舊路 下山, 則兩人이 皆蹲坐大樹下어놀 金이 遙謂曰: "爾輩ㅣ尙留此耶 아?" 皆不答이어놀 及前視之ㅎ니 皆死已久矣오 其蔘則無一遺失ㅎ 니 金이 莫知其故라. 下山ㅎ야 告于兩家曰: "吾ㅣ始與兩人으로 採 蔘同歸라가 忽於中路에 嘔泄皆死ㅎ니 豈有誤食毒物者耶아? 所採 蔘을 雖均分, 而吾何忍取리오?" 盡分給兩家ㅎ야 以充葬需ㅎ고 無 一所取ㅎ며 亦杜口不言其事ㅎ니 兩家ㅣ素[49]信此人ㅎ야 皆不疑ㅎ 고 反尸善葬之ㅎ다. 厥後에 金姓人이 年過九十에 强壯如少ㅎ고 生 子五人ㅎ야 皆積粟富厚ㅎ며 孫曾이 蕃衍ㅎ야 雄於閭里ㅎ니 本李 聃錫家僕으로 皆贖爲良人ㅎ야 金이 年近百歲에 無病而死ㅎ며 臨 死時에 始言于衆子曰: "凡人이 死生貧富에 天神이 莫不鑑臨ㅎ니 汝輩는 切勿生非念ㅎ야 以干神怒ㅎ라." 如兩人者는 愼之愼之ㄴ뎌.

---

49) 素: 저본에는 '所'로 나와 있으나 『학산한언』에 의거함.

## 127. 兩人이 捕一席ᄒᆞ니 一孝一義

仁廟朝時에 京師武弁李修己者ㅣ 風骨이 俊偉ᄒᆞ며 且饒力이라. 嘗有事於關東ᄒᆞ야 路出襄陽할시 會에 日晚迷失路ᄒᆞ야 由山谷間ᄒᆞ니 崎嶇數十里에 不得村落이러니 忽見遠燈이 出於林間이어날 策馬赴之, 則只有一家ᄒᆞ야 處巖嶺間ᄒᆞ니 板屋木瓦ㅣ 頗寬敞이라. 有老女子ㅣ 開戶延之ᄒᆞ니 入則只見一少婦ㅣ 年可二十餘오 極美麗, 而素服淡[50]粧으로 獨與此老婦居焉ᄒᆞ고 一屋上下間에 隔壁有戶, 而留客於下間ᄒᆞ고 精飯美饌과 侑以芳醪로 待之ᄒᆞ니 意極慇懃이라. 李生이 大異之ᄒᆞ야 問: "汝丈夫ㅣ 何去오?" 少婦曰: "適出他요 今當歸耳라." 夜向深에 果有一丈夫ㅣ 入來ᄒᆞ니 身長이 八尺이오 形貌ㅣ 魁健ᄒᆞ며 聲巨如雷라. 問婦曰: "如此深夜에 何人이 來於婦女獨處之室乎아? 極可駭也ㅣ로다. 此ᄂᆞᆫ 不可尋常置之耳니라." 李生이 大懼出座, 曰: "遠客이 深夜失路ᄒᆞ야 艱辛到此어날 主人은 何不矜念而反有責言耶아?" 丈夫ㅣ 乃輾然而坐, 曰: "客言이 是也ㅣ로다. 吾ㅣ 特戱之니 勿慮也ᄒᆞ라!" 庭中에 大明松炬ᄒᆞ고 羅列所獵之物ᄒᆞ니 獐鹿猪兎을 委積如阜라. 李生이 尤大怖然호ᄃᆡ 主人은 見生甚有喜色ᄒᆞ야 宰割猪鹿ᄒᆞ야 投釜爛烹ᄒᆞ니 夜向半이라 携燈入室ᄒᆞ야 請生起坐ᄒᆞ며 美酒盈盆이오 大胾堆盤이라. 連擧大椀ᄒᆞ야 屬生ᄒᆞ니 意甚勤懇이라. 生이 酒戶寬而意主人은 是俠流ᄒᆞ고 亦解帶開懷ᄒᆞ야 不復辭焉이라. 已而, 酒酣氣逸ᄒᆞ야 彼此談屑이 爛熳이러니 主人이 忽前把生手, 曰: "觀子氣骨이 非凡ᄒᆞ니 想必勇烈ᄒᆞ야 異於俗人矣라. 吾有至痛必殺之讐ᄒᆞ니 若非得義[51]氣勇敢可以同死者면 不足與計事니 子能垂矜許之乎아?" 生曰: "第言其實ᄒᆞ라." 主人

---

50) 淡: 저본에는 '啖'으로 나와 있으나 의미상 바로잡음.
51) 義: 저본에는 '儀'로 나와 있으나 『청구야담』에 의거함.

이 揮涕曰:"豈忍言哉리오? 吾家ㅣ 素居此洞ᄒᆞ야 以饒富로 稱이러니 十年前에 忽有一惡虎ㅣ 來據近地深山ᄒᆞ니 距此十餘里라. 日囕村民이 不知其數ᄒᆞ니 以此로 離散ᄒᆞ야 無一留者, 而吾之祖父母及父母兄弟三世ㅣ 皆爲所噬요 只餘吾一身ᄒᆞ니 獨生何爲오? 吾亦略有膂力ᄒᆞ니 必殺此獸然後에 可以去就故로 每踵此獸ᄒᆞ야 與之相戰者ㅣ 亦多年所나 然而我與獸로 力敵勢均ᄒᆞ야 勝負를 終未決者也라. 若得一猛士ᄒᆞ야 助以一臂之力, 則可以殺之, 而吾求之於世ㅣ 久矣로디 迄莫之得ᄒᆞ니 至痛在心에 日事號泣이러니 今遇吾子ᄒᆞ니 決非凡人이라 玆敢發口ᄒᆞ니 公能矜惻留意否아?" 生이 聞之ᄒᆞ고 大感動ᄒᆞ야 進抱主人之手, 曰:"嗟乎라 孝子也여! 吾ㅣ 豈惜一擧之勞不成主人之志리오? 願隨君去ᄒᆞ노라." 主人이 蹶然起拜, 而又拜曰:"致謝致謝로라!" 生이 問曰:"君이 何不持劍刺之오?" 主人曰:"此是年久老物也ㅣ라. 吾若持劍或砲, 則必隱避不現이오 若不持器械, 則必出而搏之ᄒᆞ니 以此로 難殺, 而吾亦疑ᄒᆞ야 不敢數犯矣로라." 生曰:"旣許之ᄒᆞ니 當養氣數日然後에 可進이니라." 仍留庄ᄒᆞ고 日以酒肉으로 相對恣喫ᄒᆞ야 可十餘日이라. 一日은 天朗氣淸ᄒᆞ니 主人曰:"可行矣라!" 授生一利劍ᄒᆞ고 與之東行十餘里ᄒᆞ야 入里谷中ᄒᆞ야 踰數峴ᄒᆞ니 漸覺山重水襲ᄒᆞ며 樹木이 深鬱이라. 忽見洞開ᄒᆞ고 淸溪ㅣ 彎回ᄒᆞ며 白沙ㅣ 浩然ᄒᆞ고 溪上一巖이 陟立黔黑巉絶ᄒᆞ니 望之陰森이라. 主人이 請李生ᄒᆞ야 隱於深林ᄒᆞ고 獨以空拳으로 行至溪邊ᄒᆞ야 長嘯久之ᄒᆞ니 其聲이 淸亮이라. 忽見塵沙ㅣ 自巖上으로 揚起數次에 漲滿一洞ᄒᆞ야 日光이 晦冥이러니 俄見巖有光ᄒᆞ야 如雙炬ᄒᆞ며 明滅閃爍이라. 生이 從林間睇視之ᄒᆞ니 有一物掛在巖間ᄒᆞ니 如一條黑帛, 而雙光이 屬在兩傍이라. 主人이 攘

臂大呼ᄒᆞ디 那物이 一躍飛來ᄒᆞ니 若迅鳥라 與主人으로 相抱ᄒᆞ니 乃一大黑虎也ㅣ니 頭目이 凶獰ᄒᆞ야 使人驚倒요 不可正視라. 虎如人立ᄒᆞ디 主人이 將頭撐胸ᄒᆞ고 緊抱虎腰ᄒᆞ니 虎頭ᄂᆞᆫ 直不能屈ᄒᆞ고 以前脚으로 爬人之背ᄒᆞ니 背有生皮甲ᄒᆞ야 堅硬如鐵矣요 利爪ㅣ 無所施라. 人則以脚으로 纏後脚ᄒᆞ야 只要蹈之ᄒᆞ며 虎則卓竪[52]兩脚ᄒᆞ야 只腰不躓ᄒᆞ고 一推一却에 互相進退, 而蚌鷸之勢요 無可奈何라. 李生이 始自林中으로 聳劍直趨ᄒᆞ니 虎ㅣ 見之ᄒᆞ고 大吼一聲에 巖石을 可裂이오 雖欲抽出, 而被人緊抱ᄒᆞ니 慌亂之極ᄒᆞ야 眼光이 電掣이라. 生이 不動心ᄒᆞ고 直前ᄒᆞ야 以劍으로 刺其腰ᄒᆞ야 出納數次ᄒᆞ니 虎始震吼ᄒᆞ고 俄而, 頹然委地ᄒᆞ며 流血泉湧이라. 主人이 卽取其劍ᄒᆞ야 割腹斫骨에 擊成肉醬ᄒᆞ고 取其心肝ᄒᆞ야 納口咀嚼旣盡에 擧聲大慟ᄒᆞ고 向夕에 携生歸家ᄒᆞ야 叩頭泣拜無限ᄒᆞ니 生亦感愴ᄒᆞ야 不勝抆淚라. 翌日에 主人이 出去러니 牽來大牛五隻及二駿馬ᄒᆞ며 皆具從者ᄒᆞ야 載之以皮物·人蔘等物各滿馱ᄒᆞ며 又携出樻中滿儲者, 金銀幾許ᄒᆞ며 又指其美女, 曰: "此女ᄂᆞᆫ 非吾所眄也라. 曾以厚價로 買得, 而乃良女也요 吾ㅣ 積年鳩聚此財ᄂᆞᆫ 只俟爲報仇者酬恩耳니 幸須取去ᄒᆞ고 愼勿辭焉ᄒᆞ라. 吾ᄂᆞᆫ 自有庄土ᄒᆞ야 在於他處ᄒᆞ니 亦足資活이라 今可去矣어다." 又泣拜ᄒᆞ니 生曰: "旣以義氣相濟에 豈有受貨之理리오?" 主人曰: "積年營心於此者ᄂᆞᆫ 只爲今日이니 公何出此言이리오?" 卽起拜辭ᄒᆞ며 顧謂美人曰: "汝將此物ᄒᆞ고 善事恩人이오 若事他人, 而有違吾言이면 吾雖千里之外라도 自當知之而來ᄒᆞ야 絶汝命矣리라." 言訖에 翩然而去ᄒᆞ니 李生이 呼之不顧오 亦無如之何라. 遂將女及貨同歸ᄒᆞ야 欲擇壻嫁

---

52) 竪: 저본에는 '堅'으로 나와 있으나 『학산한언』에 의거하여 바로잡음.

之ᄒ니 女ㅣ 矢死不願ᄒ야 遂爲生有ᄒ다.

### 128. 許魂이 夜哭

許草堂曄이 墓在西氷庫津南이라. 光海時에 其子筠이 被誅家覆이러니 墓所에 自是로 夜聞鬼哭ᄒ니 李蓀谷達이 爲題五絶於墓碑, 曰: '不肖ᄂᆫ 寧無子ㅣ라 空山에 白骨寒을. 精靈은 休夜哭ᄒ라 金盌도 亦人間을.' 哭遂止라. 碑를 踏在墓前ᄒ니 數十年前에 成上舍列이 見之, 則刻畫이 宛然, 而韓石峯이 書之云이라.

### 129. 槐山文章이 投降于京中才子

金栢谷이 與南壺谷으로 相逢一處ᄒ니 彼此慣聞其名이라 相與賦詩ᄒ야 決輪贏할ᄉᆡ 主人이 呼韻ᄒ니 南公이 卽應曰: '客散西原雨ᄒ고 雲屯上黨城을. 夕風에 吹落葉ᄒ니 歸馬ㅣ踏秋聲을.' 栢谷이 起拜曰: "槐山文章에 金得臣이 投降於京中才子南雲卿云이러라." 栢谷이 嘗題友人家畫帖詩, 曰: '古木은 寒烟裡오 秋山은 白雨邊을. 暮江에 風浪起ᄒ니 漁子ㅣ急回船을.' 金東溟世[53]濂이 見之頗愛ᄒ야 懇邀得臣ᄒ고 偶坐了溪上ᄒ야 金이 先賦曰: '霜落虛汀葉鬪風ᄒ니 水光山色이 夕陽中을. 酒杯를 相勸楓林下ᄒ니 人面秋容이 一樣紅을.' 栢谷이 泫然下淚, 曰: "吾以朝鮮에 到處에 逢敗ᄒ니 此乃楚伯王의 天亡我也라."ᄒ다.

### 130. 物之始也에 皆有定數

李相性源이 按原營也에 巡路入楓岳ᄒ야 到九龍淵ᄒ야 欲題名

---

[53] 世: 저본에는 '益'으로 나와 있으나 의미상 바로잡음.

이러니 刻僧이 皆出他矣라. 高城倅ㅣ以爲, "此下民村有一人來留者호니 頗有手才可刻云矣"어날 使之呼來而刻之ᄒᆞ니, 則其人이 着眼鏡, 而鏡是絶品이라. 李相이 素有此癖ᄒᆞ야 使之持來ᄒᆞ고 愛玩不爾라가 偶爾失手ᄒᆞ야 落于巖石之上破碎ᄒᆞᆫ 李相이 錯愕而使給本價ᄒᆞ니, 則其人이 辭之, 曰: "物之成敗는 亦有數焉이니 不必關念也ᄒᆞ소셔." 李相이 謂之曰: "汝以山峽貧民으로 失此鏡, 而又何可買得乎아? 此價는 不必辭也ㅣ니라." 强與之ᄒᆞ니 其人이 解示鏡匣, 曰: "覽此可知矣니이다." 李相이 受而視之ᄒᆞ니 書以, '某年月日에 遇巡使破于九龍淵이라.'ᄒᆞ야거날 李相이 大驚問曰: "此是汝之所書乎아?" 當初買之時에 有此書云, 而終不言誰某所書ᄒᆞ니 亦可異矣로다.

### 131. 交鬼得財요 梁黃却鬼

原州蔘商에 有崔哥者ᄒᆞ니 屢萬金巨富也ㅣ라. 聞原之人所傳言, 則崔之母ㅣ才過二十歲, 而生子喪其夫ᄒᆞ고 只與穉兒로 守節孤居러니 一日은 忽有一健丈夫ㅣ 衣服이 草草ᄒᆞ고 腰紅鞶金而來ᄒᆞ야 坐于廳ᄒᆞ니 崔之母ㅣ 驚訝ᄒᆞ야 言曰: "守寡之室에 何許男子ㅣ 唐突入來아?" 其人이 笑曰: "吾是家長也ㅣ니 何須驚怪也ㅣ리오?" 仍入房逼奸ᄒᆞ니 崔母ㅣ 無奈何而任之라. 但交合之時에 冷氣逼骨ᄒᆞ고 痛不可堪이라. 自此以後로 每夜必來, 而銀錢·布帛을 每輸來ᄒᆞ야 充溢庫中이라. 崔母ㅣ 知其爲鬼物, 而自爾情熟矣라. 一日은 問曰: "君도 亦有所畏惻者否아?" 其人曰: "別無所畏惻, 而但惡見黃色이며 若見黃色, 則不敢近焉이로라." 崔母ㅣ 乃於翌日에 多求漆黃之水ᄒᆞ야 塗於屋壁ᄒᆞ며 具漆其顔面身體ᄒᆞ며 又漆衣而衣之러니 其夜에 其人이 入來ᄒᆞ야 驚而退出, 曰: "此ㅣ何爲也오?" 咄歎不已ᄒᆞ고 仍曰: "此亦緣分이 盡矣然也ㅣ니 吾從此辭去호니 汝는 但好在ᄒᆞ

라. 吾之所給之物은 吾不還推去ᄒᆞ고 俾作汝之産業云." 而仍忽不見이라. 自此以後로 仍無蹤跡ᄒᆞ니 崔之家ㅣ 因此而致富ᄒᆞ야 甲於一道요, 崔之母ㅣ 年近八十, 而家産이 依前饒富云이라.

### 132. 活命은 不可無酬恩

趙判書雲逵ㅣ 爲完伯時에 一日夜에 廳妓適有故出外ᄒᆞ고 獨寢宣化堂矣러니 夜深後에 自夾室노 有錚然聲ᄒᆞ니 心甚訝之라. 忽有人問曰: "上房에 有人乎아?" 巡使ㅣ 驚曰: "汝是誰也오?" 對曰: "小人은 乃是殺獄罪人이로소이다." 巡使ㅣ 尤驚曰: "汝是殺獄重囚, 則何爲來此오?" 對曰: "明朝에 粥進支을 必勿喫, 而使及唱某로 喫之也ᄒᆞ소셔. 小人이 旣活使道ᄒᆞ오니 使道도 亦活小人也ᄒᆞ소셔." 云而卽出去라. 心甚驚訝ᄒᆞ야 未接一眠ᄒᆞ고 待曉靜坐러니 未幾에 朝粥이 自補饌庫로 備進矣라. 仍稱氣不平而退之ᄒᆞ고 招及唱某也ᄒᆞ야 給粥器ᄒᆞ야 使之喫之, 則厥漢이 奉器戰慄이어날 巡使ㅣ 乃大叱催喫, 則遂一吸而倒于地ᄒᆞ니 使之曳屍而去라. 其後審理時에 此囚를 置生道而啓聞ᄒᆞ다. 其委折, 則獄墻之後ᄂᆞᆫ 卽食母家也ㅣ라. 一日은 偶爾放溺於墻下러니 有人語聲이라 從墻隙穴窺見, 則及唱某也ㅣ 招食母到墻下ᄒᆞ야 給二十兩錢ᄒᆞ며 且給一塊藥, 曰: "以此로 和於朝粥而進之ᄒᆞ라. 事若成, 則更以此數賞之ᄒᆞ리라." 食母婢問: "何爲而如是也오?" 曰: "某妓ᄂᆞᆫ 吾之未忘也ㅣ라 汝亦當知之오 一自侍使道之後로 不得見面目ᄒᆞ니 思想之心이 一日如三秋라 不得不行此計ᄒᆞ노라." 食母曰: "諾云." 故로 暮夜潛出而告之云云이라.

### 133. 微物도 亦知其恩

朴綾州右源은 門外人也ㅣ라. 在南邑時에 其夫人이 見樹上鵲雛

之落下者ᄒᆞ고 朝夕飼之飯而馴之ᄒᆞ야 漸至羽毛之盛, 而在於房闥之間ᄒᆞ야 不去ᄒᆞ며 或飛向樹林, 而時時來翔于夫人之肩上矣라. 及移長城ᄒᆞ야 將發行之日에 忽不去處라. 內行이 到長城衙門, 則其鵲이 自樑上으로 噪而飛下ᄒᆞ야 翺翔于夫人之前ᄒᆞ니 夫人이 如前飼之ᄒᆞᆫ딕 巢于庭樹而育之ᄒᆞ니 去來如常이라. 其後에 又移綾州ᄒᆞ야 又復如前隨來ᄒᆞ고 及其遞歸京第에 亦又隨來ᄒᆞ다. 其後에 夫人之喪에 坐于柩上ᄒᆞ야 到山下ᄒᆞ야 又坐墓閣上, 而噪之不已ᄒᆞ고 及下棺時ᄒᆞ야ᄂᆞᆫ 飛柩上啼呼不已러니 仍飛去ᄒᆞ야 不知去處라. 雖是微物이나 蓋亦知恩矣라. 時人이 有作靈鵲詩ᄒᆞ다.

### 134. 妓中豫讓也

梅花者ᄂᆞᆫ 谷山妓也ㅣ니 有姿色이라. 一老宰爲海伯ᄒᆞ야 巡到時에 嬖之ᄒᆞ고 率置營下ᄒᆞ며 寵幸無比라. 時有名士之爲谷山府使ᄒᆞ야 延命時에 霎見其妍美ᄒᆞ고 心欲賜顔, 而招其母厚遺ᄒᆞ고 此後로 無間出入, 而米錢肉帛을 每每給之ᄒᆞ야 如是者ㅣ 幾月ᄒᆞ니 其母ㅣ 心切怪之라. 一日은 問曰: "如小人微賤之物로 如是眷愛ᄒᆞ니 惶悚無地오며 未知使道ㅣ 有何所見而若是也잇가?" 本倅曰: "汝雖老矣나 自是名妓故로 與破寂이오 自爾親熟[54]而然也ㅣ며 別無他事로라." 一日은 老妓又問曰: "使道ㅣ 必有用小人處, 而如是款曲ᄒᆞ며 何不明言敎之니잇고? 小人이 受恩罔極ᄒᆞ야 雖赴湯火라도 自當不辭矣니이다." 本倅乃言曰: "吾於營行時에 見汝女ᄒᆞ고 愛戀不能忘ᄒᆞ야 殆乎生病이라. 汝若率來ᄒᆞ야 更接一面, 則死無恨矣로다." 老妓ㅣ笑曰: "此ᄂᆞᆫ 至易之事라 何不早敎也잇가? 從當率來矣리이다."

---

54) 熟: 저본에는 '宿'으로 나와 있으나 『계서야담』에 의거함.

歸家作書于其女, 曰:"吾以無名之疾로 方在死境, 而以不見汝로 死將不瞑目矣니 速速得由下來ᄒᆞ야 以爲面訣云云이라."專人急報 ᄒᆞ니 梅花ㅣ見書ᄒᆞ고 泣告於巡使ᄒᆞ고 請得往省之暇ᄒᆞ니 巡使ㅣ許 之ᄒᆞ고 資送甚厚러라. 來見其母ᄒᆞᄃᆡ 其母ㅣ道其由ᄒᆞ고 與之偕入 衙內라. 時에 本倅ㅣ年才三十餘요 風儀動盪ᄒᆞ며 巡使則容儀老醜 ᄒᆞ야 殆若仙凡之別異라. 梅花一見, 而亦有戀慕之心ᄒᆞ야 自伊日薦 枕으로 兩情이 歡洽이라. 過一朔에 由限이 已滿ᄒᆞ니 梅花ㅣ將還向 營門할ᄉᆡ 本倅ㅣ戀戀不忍捨, 曰:"從此一別에 後會難期ᄒᆞ니 將若 之何오?"梅花ㅣ揮淚曰:"妾旣許矣라 今行脫歸之計ᄂᆞᆫ 非久에 更 當還侍矣리이다."仍發行到海州ᄒᆞ야 入見巡使ᄒᆞ니 巡使ㅣ問其母 病之如何ᄒᆞᄃᆡ 對曰:"病勢ㅣ危篤이라가 幸得良醫ᄒᆞ야 今則尙差矣 니이다." 依前在洞房이러라. 過十餘日後에 梅花ㅣ忽有病ᄒᆞ야 寢食 을 俱廢ᄒᆞ며 呻吟度日ᄒᆞ니 巡使ㅣ雜試藥物, 而無效ᄒᆞ고 委臥近一 旬에 忽爾突起ᄒᆞ야 蓬頭垢面으로 拍手頓足ᄒᆞ고 狂叫亂讓ᄒᆞ며 或 哭或笑ᄒᆞ야 跳浪於澄淸軒之上, 而斥呼巡使之名ᄒᆞ고 人或挽止, 則蹙之嚙之ᄒᆞ야 使不能前ᄒᆞ니 卽一狂病也ㅣ라. 巡使驚駭ᄒᆞ야 使 之出外, 而翌日에 縛致轎中ᄒᆞ고 送于渠家ᄒᆞ니 蓋是佯狂이라 安得 不差리오? 還家之日에 卽入衙中ᄒᆞ야 見本倅ᄒᆞ고 語其狀ᄒᆞ며 留在 夾室ᄒᆞ니 情愛愈篤이라. 如是之際에 所聞이 傳播ᄒᆞ니 巡使ㅣ亦聞 之라. 其後에 谷山倅ㅣ往營門, 則巡使ㅣ問曰:"府妓之爲廳妓者ㅣ 以病還家矣러니 近則病勢如何, 而時或招見否아?"對曰:"病則少 差云, 而巡營廳을 下官이 何以招見乎잇가?" 巡使ㅣ冷笑曰:"願公 은 爲吾善守直焉ᄒᆞ라."谷倅ㅣ知其狀ᄒᆞ고 請由而上京ᄒᆞ야 喉一臺 而駁巡使罷之ᄒᆞ고 仍率育梅花ᄒᆞ야 遞歸時에 與之偕來京第矣라. 及夫請丙申之獄前에 谷倅ㅣ辭連逮獄ᄒᆞ니 其妻ㅣ泣謂梅花曰:"主

公이 今至此境하니 吾則已有所決於心者라. 汝則年少之妓也ㅣ니 何必在此리오? 還歸汝家ㅣ可也ㅣ니라." 梅花ㅣ亦泣曰: "賤妾이 承令監之恩愛已久하야 繁華之時, 則與之安享, 而今當如此之時하야 安忍背而歸家리오? 有死而已라." 數日後에 罪人이 杖斃하니 其妻ㅣ自縊死어날 梅花ㅣ躬自殯殮入棺, 而及罪人屍之出給也에 又復治喪하야 夫婦之棺을 合祔于先塋之下하고 仍自裁於墓傍下하니 從其節槩烈烈矣라. 初於巡使, 則用計圖免하고 後於本倅, 則立節死義하니 其亦女中之豫讓也ㄴ져!

### 135. 自謂其貞하고 損人寃命

洪參議元燮이 少時에 借家於壯洞하야 與安山李生者로 做科工矣라. 洪公이 適出他하고 李生이 獨坐러니 見前面墻穴에 有一紙하야 漸次出來하니 李生이 怪而見之, 則諺書也ㅣ라. 以爲, "妾은 乃宦侍之妻也요 年近三十에 尙不知陰陽之理하니 是爲終身之恨이라. 今夜에 適從容하니 願踰墻而來訪也하소셔." 李生이 見而大怒曰: "寧有如許之女人也ㅣ리오?" 翌日에 乃往其家하야 訪見主人內侍하고 正色而責之러니 夕에 其家ㅣ哭聲出, 而其女ㅣ縊死云이라. 洪公이 其後에 聞其事하고 責之曰: "君이 旣欲不往則已矣어날 何乃往見而至於此境가? 君則必無幸矣리라." 其秋에 李生이 歸家하니 家爲晩潦所頹하야 仍爲壓死하니 是其偶然也哉리오!

### 136. 一卓盛饌으로 以代一

柳參判誼ㅣ以繡衣로 行嶺南할시 到晉州하니 聞首鄕이 連四等仍任, 而多行不法之事하니 期於出道打殺하리라. 方向邑底할시 未及十餘里에 日勢已晩이오 又有路憊라, 偶入一家하니 家頗精潔이어

날 升堂ᄒᆞ니 有十三四歲童子ㅣ 延之上座라. 其作人이 聰慧ᄒᆞ야 區處人馬ᄒᆞ야 使之喂之ᄒᆞ며 呼奴備夕飯ᄒᆞ니 接待凡節이 儼若成人이라. 問其年, 而且問是誰之家, 則答曰: "十三이오 卽是座首之家也ㅣ니이다." 又問: "汝是座首之兒乎아?" 曰: "然矣로소이다." "汝翁은 何處去了오?" 曰: "方在邑內任所矣니이다." 其應接이 詳而謹敬ᄒᆞ니 公이 奇愛之ᄒᆞ야 獨語于心曰: "奸鄕이 有英馨兒云矣러라." 至夜就寢ᄒᆞᆯ시 忽有攪之者어ᄂᆞᆯ 驚起, 則燈火熒然ᄒᆞ여 前有一大卓魚骨饌餌酒果之屬ᄒᆞ야 皆爲高排라. 起而訝之ᄒᆞ고 問: "此何飮食고?" 其兒曰: "今年家翁之身數ㅣ 不吉ᄒᆞ야 必有官灾云故로 招巫而攘之ᄒᆞ고 此其所設也ㅣ라. 玆庸接待ᄒᆞ노니 客子ᄂᆞᆫ 願少下箸ᄒᆞ소셔." 公이 忍笑而啗之ᄒᆞ니 久飢之餘에 腹氣快蘇라. 其翌日에 辭而入邑底出道ᄒᆞ야 拿入其座首ᄒᆞ고 數其前後之罪惡, 而仍言曰: "吾之此行은 欲打殺如汝者矣라. 昨宿汝家ᄒᆞ야 見汝子ᄒᆞ니 大勝於汝矣라. 旣宿汝家ᄒᆞ며 飽汝之酒食, 而殺之ᄂᆞᆫ 有非人情이라." 仍嚴刑遠配而歸ᄒᆞ야 語曰: "家中巫女禱神이 亦不虛矣로다. 殺座首之神은 卽我也." 而以酒肉禱之ᄒᆞ야 免其禍ᄒᆞ니 儘覺絶倒云爾라.

### 137. 梧雨聲滴에 鵲橋ㅣ忽斷

古人이 有喪配而悲念不已라. 一日之夜에 夢與相遇ᄒᆞ야 酬酢을 如平時, 而忽爲窓前梧葉上雨滴聲, 而驚覺ᄒᆞ야 因此賦詩, 曰: '玉貌ㅣ依俙看却無ᄒᆞ야 覺來燈影이 十分孤를. 早知秋雨ㅣ驚殘夢이면 不向東窓種碧梧을.' 余ㅣ常誦其詩ᄒᆞ고 悲其情矣라. 丙子夏에 偶會仲氏宅ᄒᆞ야 略設盃盤而談笑矣러니 忽有一乞客이 入來而言曰: "吾非求乞之客也ㅣ라 早業文筆이오 有事而自鄕上京이라가 路中에 逢賊ᄒᆞ야 行資를 盡失矣라. 今將還下, 而手無分錢ᄒᆞ야 欲優

得行資而來訪矣로라." 皆曰: "旣如是則可矜矣라." 其人이 又曰: "吾ㅣ 自善於詞律ᄒᆞ니 請誦傳一首矣리니 座上某는 果斥正否아." 余 ㅣ 倚枕而臥라가 起而對曰: "願一聞之ᄒᆞ노라." 其人曰: "吾ㅣ 喪妻後 에 悲懷를 難抑이러니 向者夢見, 而爲梧桐雨聲之所驚覺ᄒᆞ니 至今 恨之云." 而仍誦此詩首句어날 余ㅣ 笑而言曰: "吾亦曾喪妻ᄒᆞ야 懷 事ㅣ 略同ᄒᆞ니 此下句는 吾當續之否아." 其人曰: "第言之ᄒᆞ라." 余ㅣ 乃誦其下句ᄒᆞ니 其人이 起ᄒᆞ야 不告辭而逃去ᄒᆞ니 滿座ㅣ 絕倒러라.

### 138. 以春秋·風雨·楚漢·乾坤으로 題主

大金者는 吾家故老也ㅣ라. 自幼時로 侍王考守廳ᄒᆞ야 雖不學, 而粗解文字也ㅣ라. 癸未年間에 王考ㅣ 茌杆城時에 大金이 隨往衙 中ᄒᆞ야 留歲餘라가 有故上京할ᄉᆡ 山路小店舍에 行到某境一處ᄒᆞ야 借宿於民村閭家ᄒᆞ니 其家에 有喪故ᄒᆞ야 終夜喧擾ᄒᆞ며 主人이 頻 頻出門而望, 曰: "有約不來ᄒᆞ니 大事良貝矣라 此將奈何云?" 而擧 措ㅣ 忙急이라. 大金ㅣ 問其故ᄒᆞᆫᄃᆡ 答曰: "今曉에 將過其父之葬禮, 而題主官을 請于某洞某生員ᄒᆞ야 丁寧爲約矣러니 尙無皀白ᄒᆞ니 大事ㅣ 狼狽云." 而仍問: "客子는 京城人也ㅣ라 必知題主之法矣리 니 幸爲我書之如何오?" 大金이 隨後上山ᄒᆞ니 旣下棺[55]平土而請이 어날 大金이 業已許之라 無以辭之ᄒᆞ고 欲書而不知法例ᄒᆞ야 思之 半晌에 仍書以春秋·風雨·楚漢·乾坤ᄒᆞ니 蓋此則習見於博局之故 也러라. 書罷에 主人이 奉安於卓上ᄒᆞ고 如禮行祭라. 已而山下에 有一箇着道袍者ㅣ 帶十分酒氣而來어날 主人이 迎之曰: "生員은 何使人狼狽於大事乎아?" 其人曰: "吾ㅣ 爲知舊의 所挽ᄒᆞ야 醉酒而

---

55) 棺: 저본에는 '官'으로 나와 있으나 『계서야담』에 의거하여 바로잡음.

不得來요 今始驚覺急來矣나 題主난 何以書之오?" 主人曰: "幸有 京客之來者ᄒᆞ야 書之矣로라." 其人曰: "然則好矣니 願一見之ᄒᆞ노라." 大金이 聞此言ᄒᆞ고 大驚, 而獨語于心曰: "此書를 必露於此班之眼矣면 吾ㅣ將受無限之辱境矣로다." 仍托以如厠ᄒᆞ고 方欲逃走之際에 其人이 見題主而笑, 曰: "此則眞書也ㅣ라 勝於吾之諺書云云"ᄒᆞ니 大金始乃放心醉飽, 而及辭行할시 主人이 無數稱謝云矣라 하니 余於幼時에 聞此言ᄒᆞ고 不覺絶倒ᄒᆞ야 今玆錄之ᄒᆞ니 大金者는 義準之奴也ㅣ라.

### 139. 春木이 作鬼交女

橫城邑內에 有女子出嫁之後에 忽有一箇丈夫ᄒᆞ야 入來而劫奸ᄒᆞ니 其女ㅣ百般拒之호디 無奈何矣라. 每夜에 必來ᄒᆞ니 他人은 皆不知, 而渠獨見之요 雖其夫ㅣ在傍, 而無難矣며 每交合之時에 痛楚不可堪ᄒᆞ니 其女ㅣ知其爲鬼崇, 而無計却之라. 自此로 不計晝夜而來ᄒᆞ고 見人不避, 而只見其女五寸叔, 則必也出避어늘 其女ㅣ語其狀ᄒᆞ니 其叔曰: "明日彼物이 若來어든 暗以綿絲로 繫針而縫其衣襟, 則可知其物之去向矣리라." 其女ㅣ從其言ᄒᆞ다. 翌日에 依其計ᄒᆞ야 以針繫絲ᄒᆞ고 刺于衣裾下, 而其叔이 突入ᄒᆞ니 厥物이 驚起出門而避之라. 綿絲之塊ㅣ次次解而隨之호디 其人이 只見綿絲解而逐之ᄒᆞ니 前林叢樾之下에 乃止어늘 迫而見之, 則絲入地下라. 仍掘數寸餘ᄒᆞ니 有一朽破之春木端一箇, 而絲繫於木下ᄒᆞ고 木之上頭에 有紫色珠ᄒᆞ야 如彈子大一枚, 而光彩射人이라. 仍拔其珠ᄒᆞ야 置于囊中矣러니 其後에 遂絶跡이러라. 一日은 夜에 其人之家門外에 忽有一人來乞, 曰: "此珠을 願還下ᄒᆞ노니 若還則富貴功名를 從汝願爲之矣리라." 其人이 不許給ᄒᆞ니 終夜哀乞而去ᄒᆞ다. 每夜

如是者ㅣ 四五日矣라. 一日은 又來言曰: "此珠는 在我甚緊이요 在汝不緊이니 吾當以他珠로 換之可也ㅣ니 此珠則有益於汝者也ㅣ라." 其人이 答曰: "第示之ᄒᆞ라." 鬼物이 自外로 入送黑色珠ᄒᆞ니 大亦如其珠樣子어늘 其人이 並奪而不給ᄒᆞ니 鬼物이 痛哭而去ᄒᆞ야 頓無形影矣라. 其人이 每誇之於人, 而不知何物이오 亦不問用處ᄒᆞ니 眞可惜也로다. 其後에 出他泥醉, 而露宿於路上矣러니 兩珠ㅣ 不知去處ᄒᆞ나 必也鬼物之持去也라. 橫邑之人이 向余道之故로 玆錄之ᄒᆞ로라.

### 140. 妓有未忘二人

平壤에 有一妓ᄒᆞ니 姿質歌舞ㅣ 少時擅名ᄒᆞ야 自言, '閱人多矣로디 有未忘二人ᄒᆞ니 一則姸美而不能忘이오 一則麤惡而不能忘也라.' 或人이 問其故ᄒᆞᆫ디 對曰:

少年時에 侍巡使道ᄒᆞ고 宴于練光亭할ᄉᆡ 夕陽時에 依欄而望長林, 則有一少年佳郎ᄒᆞ야 騎驢飛也似馳到江邊ᄒᆞ야 呼船而渡ᄒᆞ야 入大同門ᄒᆞ니 風儀動盪ᄒᆞ야 望之如仙中人이라. 心神이 如醉ᄒᆞ야 托以如廁ᄒᆞ고 下樓而審其處, 則卽大同門內店舍也ㅣ라. 詳知而待宴罷ᄒᆞ야 改粧村婦服飾ᄒᆞ고 乘夕而往其家ᄒᆞ야 從窓隙窺見, 則如玉美少年이 看書于燭下라. 自念, '如此佳郎을 如不得薦枕, 則死不瞑目이라.' 仍咳嗽打窓外ᄒᆞ니 其少年이 問: "爲誰오?" 答曰: "主家婦也ㅣ니이다." 又問: "何爲昏夜到此오?" "弊舍에 商賈ㅣ 多入ᄒᆞ야 無寄宿處故로 欲借上堗一席而寢矣로소이다." 曰: "然則入來可也ㅣ라." 渠仍開門而入ᄒᆞ야 坐於燭下, 則少年이 目不斜視ᄒᆞ며 端坐看書라가 更深後에 仍滅燭臥어늘 渠仍作呻吟之聲ᄒᆞ니 少年이 問: "何爲有痛聲고?" 渠ㅣ 對曰: "曾有胸腹痛矣러니 今因房堗之冷ᄒᆞ야

宿疾이 復發矣니이다." 其人曰: "若然則來坐於吾之背後溫處ᄒᆞ라." 渠仍臥于背後食頃, 而又不顧ᄒᆞ거늘 渠ㅣ仍言曰: "行次ㅣ不知何許人, 而無乃宦侍乎잇가?" 其人曰: "何謂也오?" 渠曰: "妾非主人婦, 而乃是官妓也ㅣ라. 今日練光亭上에 瞻此行次之風儀ᄒᆞ고 心甚艶慕ᄒᆞ야 作此樣來此ᄒᆞ야 冀其一面矣오. 妾之姿質이 至不醜惡ᄒᆞ고 行次年紀不至衰老어늘 靜夜無人之時에 男女ㅣ混處, 而一不顧眄ᄒᆞ니 非宦而何오?" 其人이 答曰: "汝是官物乎아? 然則何不早言고? 吾則認以主人婦而然也ㅣ니 汝可解同寢이 可也라." 仍與之狎ᄒᆞ니 其風流興味, 卽一花柳場蕩男子也ㅣ라. 兩情이 歡洽이라가 及曉而起ᄒᆞ야 促裝將發할ᄉᆡ 對渠而言曰: "意外相逢ᄒᆞ야 幸結一宵之緣ᄒᆞ고 遽爾相分ᄒᆞ니 後會를 難期오 別懷를 何言이리오? 行中에 別無他情表之物이오 可留一詩호리라." 仍使渠로 擧裳幅而書之, 曰: '水如遠客流無住요 山似佳人送有情을. 銀燭五更에 罷幄洽ᄒᆞ니 滿林風雨ㅣ作秋聲을.' 書畢에 仍投筆而去라. 渠乃把袖, 泣問居住姓名, 則笑而不答曰: "吾ㅣ自放浪於山水樓臺之人이니 居住姓名을 不必問也ㅣ라."ᄒᆞ고 仍飄然而去어늘 渠仍歸家ᄒᆞ야 欲忘而不可忘이이오 抱裳詩而泣ᄒᆞ니 此ᄂᆞᆫ 姸慕而難忘者也ㅣ라. 嘗以巡使道守廳妓로 侍立矣러니 一日은 門卒이 來告, "某處舍音某同知來謁次로 在門外矣니이다." 巡使ㅣ使之入來러라. 卽見一胖大村漢이 布衣草鞋로 腰帶牛渝之紅帶ᄒᆞ며 顧懸金圈, 而純是銅色이오 眉目이 獰悍ᄒᆞ며 容貌麤惡ᄒᆞ니 卽一天蓬將軍이라. 來拜之前에 巡使ㅣ問: "汝ㅣ何爲而遠來也오?" 對曰: "小人이 食衣不苟ᄒᆞ니 別無所望於巡使道也요 平生所願은 欲得一箇佳妓ᄒᆞ야 暢情而爲是ᄒᆞ와 不遠千里而來也로소이다." 巡使ㅣ笑曰: "汝ㅣ若有此心, 則可於此에 擇可合之妓ᄒᆞ라!" 厥漢이 聞命卽入隨廳房ᄒᆞ니 諸妓ㅣ皆靡라. 厥

漢이 追後逐之ᄒᆞ야 捉一而貌不美오 又捉一而云: "身豊不合이오." 及到渠ᄒᆞ야 捉而見之, "足可用이라."ᄒᆞ고 仍抱至墻隅, 而强奸之ᄒᆞ니 渠於此時에 以力弱故로 不得適他ᄒᆞ고 求死不得ᄒᆞ야 任其所爲라가 少焉에 脫身而歸家ᄒᆞ야 以溫水로 浴身而脾胃를 莫定ᄒᆞ야 數日不能食ᄒᆞ니 此是醜惡而難忘者云耳라.

### 141. 自灸兩股ᄒᆞ고 託瘡守節ᄒᆞ다가 遇大男兒ᄒᆞ야 更許

巫雲者ᄂᆞᆫ 江界妓也ㅣ니 姿色才藝ㅣ 擅于一時라. 京城成進士者ㅣ 偶爾下來ᄒᆞ야 仍薦枕而情愛甚篤이라 及其歸也에 彼此戀戀不忍捨러라. 雲이 自送成生之後로 矢心靡他ᄒᆞ야 艾灸兩股ᄒᆞ고 肉作瘡痕ᄒᆞ야 托言有惡疾云ᄒᆞ니 以是로 前後官家를 一未嘗侍也ㅣ라. 李大將敬懋之來莅也에 招見而欲近之ᄒᆞᆫ듸 雲이 解示瘡處, 曰: "妾有惡疾ᄒᆞ니 何敢近前이리잇가?" 李倅曰: "若然則汝可在前使喚이 可也ㅣ라. 自此以後로 每日隨廳ᄒᆞ고 至夜必退ᄒᆞ라." 如是四五朔이라 一夜에 雲이 忽近前, 曰: "妾이 今夜에 願侍寢矣로소이다." 曰: "汝ㅣ 旣有惡疾, 則何可侍寢이리오?" 雲曰: "妾爲成進士守節之故로 以艾灸之ᄒᆞ야 以是로 避人侵困矣라. 侍使道積有月에 微察凡百ᄒᆞ니 卽是大丈夫也ㅣ라. 妾이 旣是妓物, 則如使道大男子를 豈無心近侍耶아?" 李倅ㅣ 笑曰: "若然則可就寢이라." 仍與之狎ᄒᆞ다. 及瓜熟將歸也에 雲이 願從之ᄒᆞ니 李倅曰: "吾三妾率育者에 汝又隨去ㅣ 甚不緊也ㅣ니라." 雲曰: "若然則妾當守節矣리이다." 李倅笑曰: "守節云者ᄂᆞᆫ 如爲成進士守節乎아?" 雲이 勃然作色ᄒᆞ고 仍以佩刀로 斫左手四指ᄒᆞ니 李倅ㅣ 大驚ᄒᆞ야 欲率去, 則又不聽ᄒᆞ고 仍以作別矣라. 後十年에 以訓將으로 補城津ᄒᆞ니 盖朝家ㅣ 新設城津, 而以宿將重望으로 鎭之故라. 李倅ㅣ 單騎赴任ᄒᆞ니 城津이 與江界

로 接界三百餘里地也ㅣ라. 一日은 雲이 來現이어날 李倅ㅣ欣然逢迎ᄒᆞ야 敍積阻之懷ᄒᆞ고 與之同處ᄒᆞ야 夜欲近之, 則抵死牢却ᄒᆞ니 李倅曰: "此何故오?" 對曰: "爲使道守節矣니이다." 李倅曰: "旣爲吾守節, 則何拒我耶아?" 雲이 曰: "旣以不近男子로 矢于心, 則雖使道라도 不可近이오 一近之, 則便毁節也로소이다." 仍堅辭ᄒᆞ고 同處一年餘, 而終不相近이라가 及歸에 又辭去渠家ᄒᆞ다. 其後에 李倅ㅣ喪妻ᄒᆞ니 雲이 奔走而來留京ᄒᆞ야 過襄禮後에 還下去ᄒᆞ고 李倅之喪에 亦然ᄒᆞ야 自號'雲大師'라ᄒᆞ고 仍終老焉ᄒᆞ다.

### 142. 南天門開에 以示平生休咎

金參判應淳이 少時에 得一夢ᄒᆞ니 夢中에 南天門이 開而叩聲呼名, 曰: "金아 受此ᄒᆞ라!" 金台ㅣ乃下堂, 而立於庭, 則自天으로 下一漆函이라. 受以見之, 則其上에 以金字로 大書以'無忝爾祖'라ᄒᆞ야거날 開而見之, 則中有錦褓之裹冊子[56]라 披以見之ᄒᆞ니 卽自家平生推數也ㅣ라. 一生休咎를 皆書日時ᄒᆞ며 末乃云: "某年月日時死, 而位至禮判云云이라." 金台覺而異之ᄒᆞ야 擧火而逐年, 錄之于冊子矣러니 無不符合이라. 至將死之日ᄒᆞ야 整衣冠, 辭家廟, 會子侄ᄒᆞ고 與知舊로 面面告訣而言曰: "今日某時에 吾將棄世, 而禮判을 尙不得爲ᄒᆞ니 亦可異也云이라." 蓋此時位尙判書矣러라. 迨其時ᄒᆞ야 仍臥而奄忽訃聞ᄒᆞ니 英廟ㅣ嗟歎曰: "吾ㅣ欲除禮判而未果者也ㅣ니 銘旌에 可以書禮判爲敎事라." 嘗以承旨로 入侍ᄒᆞ니 英廟ㅣ以御筆노 書以'仙源之孫無忝爾祖'十字, 賜之ᄒᆞ니 亦符合於夢中之事러라. 洪判書象漢이 年近八十에 其孫義謨ㅣ登癸未冬增廣司

---

[56] 子: 저본에는 '者'로 나와 있으나 『계서잡록』에 의거함.

馬ᄒᆞ야 洪判書ㅣ 每日張樂, 而滿庭觀光者를 每饋一器湯餠一串肉炙ᄒᆞ야 每每如是호되 殆近一朔ᄒᆞ니 其伯胤相公樂性이 時以亞卿在家, 而爲人이 謹拙이라 每以盛滿迭宕으로 爲憂而無計諫止라. 求一親戚中期望人ᄒᆞ야 欲諫之ᄒᆞᆯ시 金都正履信은 多才善辯, 而異姓六寸間也ㅣ라. 洪相이 請來而道其事ᄒᆞ고 要使諫止ᄒᆞ니 金公이 見洪判書ᄒᆞ고 先讚其福力, 而末乃盛滿爲戒ᄒᆞ니 洪判書ㅣ 聞之, 微笑曰: "汝ㅣ 來時에 見兒子乎아? 吾以無才無德之人으로 遭遇聖世ᄒᆞ야 位躋崇品ᄒᆞ고 年踰八旬矣라. 又見孫兒之登科ᄒᆞ야 如是行樂을 世人이 皆目之曰: '公洞某ᄂᆞᆫ 位一品이오 年八旬에 見孫兒科慶, 而發狂云爾.' 則庸何傷乎아? 汝ㅣ 第見之ᄒᆞ라. 吾死之後에 淸風堂上에 塵埃堆積ᄒᆞ고 參判이 塊坐於一處ᄒᆞ면 其象이 如何오? 汝之言을 不欲聞也ᄒᆞ노라." 仍呼進歌妓ᄒᆞ니 金公이 無聊而坐라. 洪判書ㅣ 又言曰: "近日年少輩呼新來, 而無一人有風度ᄒᆞ니 可謂衰世矣라 豈不慨惜也云云이라." 金公辭歸之路에 逢金判書應淳於路ᄒᆞ니 時에 以玉堂으로 兼軍門從事ᄒᆞ야 多率帶隷, 而見金公ᄒᆞ고 下馬路左ᄒᆞ니 問: "何往고?" 金台答曰: "欲往見公洞洪進士矣니이다." 金公이 乃言曰: "洪叔之言이 如此如此ᄒᆞ니 君須立馬於此ᄒᆞ고 呼新來ᄒᆞ며 又使出妓樂而前導也ᄒᆞ라." 金台曰: "好矣라." 仍立馬廣通橋ᄒᆞ고 送隷呼新來ᄒᆞ니 洪判書ㅣ 問: "誰也오?" 曰: "壯洞金應敎也ㅣ니이다." 問: "在何處오?" 曰: "方在某橋上矣니이다." 洪判書ㅣ 擊節, 曰: "此兒ㅣ 甚奇矣라." 已而, 一隷ㅣ 又來ᄒᆞ라 傳妓樂之出送ᄒᆞ니 洪判書ㅣ 起而言曰: "此兒ㅣ 又可奇矣라." 仍扶杖而隨出洞口ᄒᆞ야 立於街上ᄒᆞ니 金台ㅣ 使新恩으로 同騎一馬ᄒᆞ고 墨抹其面, 而導前以行이라가 見洪判書之立於路上ᄒᆞ고 下馬問候, 則把手撫背, 曰: "今世之人이 皆死矣어날 汝獨生矣로다." 聞者絶倒러라.

### 143. 往採頭流山蔘ᄒᆞ고 召見歷代名將

郭思漢은 玄風人, 而忘憂堂後孫也ㅣ라. 少時에 業科工ᄒᆞ고 嘗遇異人傳秘術ᄒᆞ야 通天文·地理·陰陽等諸書矣라. 其親山이 在於境內에 樵牧이 日侵ᄒᆞ야 無以禁養이라. 一日은 行山下ᄒᆞ야 揷木而標之, 曰: "人或有冒此入標之內, 則必有不測之禍云." 而戒飭洞人ᄒᆞ야 使勿近一步地ᄒᆞ니 人皆笑之라. 有一年少頑悍之漢이 故往其山下ᄒᆞ야 樵採를 入其木標之內, 則天旋地轉에 風雷ㅣ飛動ᄒᆞ며 劍戟이 森嚴ᄒᆞ야 無路可出이라. 其人이 昏迷ᄒᆞ야 仆于地ᄒᆞ니 其母ㅣ聞之, 而急來哀乞于郭生ᄒᆞ니 郭生이 怒曰: "吾ㅣ卽丁寧戒之而不遵ᄒᆞ고 何來惱我오? 我則不知로라." 其母ㅣ涕泣而哀乞ᄒᆞ니 食頃後에 躬自往視而攜出ᄒᆞ다. 自其後로 人莫近이러라. 其仲父ㅣ病重, 而醫言, "若得用山蔘, 則可療云."ᄒᆞ니 其從弟來懇曰: "親病이 極重, 而山蔘을 無可得之ᄒᆞ니 望兄之抱才는 弟所知之也ㅣ라 盍求得數根而致療乎아?" 郭生이 嚬眉而言曰: "此是重難之事, 而病患이 如此ᄒᆞ니 不可不極力周旋이라."ᄒᆞ고 仍與之上後麓, 至一處ᄒᆞ니 松陰之下에 有平原이오 卽一蔘田也ㅣ라. 擇其最大三根而採之ᄒᆞ야 使作藥餌, 而戒之曰: "此事를 勿出口ᄒᆞ고 且勿生更採之念ᄒᆞ라." 其從急歸煎用, 而果得效라. 來時에 識其程途及蔘所在處ᄒᆞ야 乘其從兄之不在ᄒᆞ야 潛往見之, 則非復向日所見處也ㅣ라. 心竊驚訝, 嗟歎而歸ᄒᆞ야 對其兄道此狀ᄒᆞ니 郭生이 笑曰: "向日에 與汝로 所往處는 卽頭流山也ㅣ라. 汝ㅣ豈可更躡此境耶아? 後에 勿如是云云이러라." 一日은 在家淨掃越房ᄒᆞ고 戒其妻曰: "吾ㅣ在此ᄒᆞ야 將有三四日所幹之事ᄒᆞ니 切勿開戶ᄒᆞ며 且勿窺見ᄒᆞ고 待限日吾自出來ᄒᆞ리라." 仍闔戶而坐ᄒᆞ니 家人이 依其言置之矣러라. 過數日後에 其妻ㅣ甚訝之ᄒᆞ야 從窓隙窺見, 則房中이 便成一大江이오 江上에

有丹靑一樓閣, 而其夫ㅣ 在其樓上ᄒᆞ야 援琴鼓之ᄒᆞ고 五六鶴氅衣羽者ㅣ 對坐, 而霞裳霧裾之仙女ㅣ 或吹彈ᄒᆞ며 或對舞어날 其妻ㅣ 驚異, 而不敢出聲이라. 至期日에 開戶而出ᄒᆞ야 責其妻之窺見, 曰: "後復如是, 則吾不可久留矣리라." 有切己親知之人이 願一見萬古名將之神ᄒᆞ디 生이 笑曰: "此ᄂᆞᆫ 不難, 而但恐君之氣魂이 不能抵當而爲害也ㅣ니라." 其人曰: "若一見, 則雖死ㅣ나 無恨이로라." 生이 笑曰: "君言이 如是ᄒᆞ면 第依我言爲之ᄒᆞ라." 其人曰: "諾다." 郭生이 使抱自家之腰, 而戒之曰: "但且以闔言ᄒᆞ고 待吾聲始開眼이 可也ㅣ니라." 其人이 依其言爲之, 而兩耳에 但聞風雷之聲矣라. 已而, 使開眼이어날 視之, 則坐於高峰絶頂之上矣러라. 其人이 惝悅ᄒᆞ야 問之, 則乃是伽倻山也ㅣ라. 少焉에 郭生이 整衣冠焚香而坐ᄒᆞ야 若有所指揮呼召者然이러니 未幾요 狂風이 大作ᄒᆞ며 無數神將이 從空而下ᄒᆞ니 俱列國秦漢唐宋之諸名將也ㅣ라. 威風이 凜凜ᄒᆞ며 狀貌ㅣ 堂堂ᄒᆞ야 或帶甲或杖劍ᄒᆞ고 左右羅列ᄒᆞ니 其人이 魂迷神昏ᄒᆞ야 俯伏於郭生之側이라. 已而, 郭生이 使各退去, 而其人이 魂窒矣라. 郭生이 待其稍醒, 而言曰: "吾ㅣ 豈不云乎아? 君之氣魂이 如此, 而妄自懇我, 而畢竟得病ᄒᆞ니 良可嘆也云." 而又使抱腰ᄒᆞ고 如來時樣而歸家矣러라. 其人이 得驚悸之症, 而不久身死云이라. 蓋多神異之術ᄒᆞ야 年過八十에 强健如少年이러라. 一日, 無病而坐化云ᄒᆞ니 嶺南之人이 多有親知者, 而其死ㅣ 不過數十年云爾러라.

### 144. 給香ᄒᆞ야 以結一生緣ᄒᆞ고 進饌ᄒᆞ야 以成兩子顯

楊承旨某ㅣ 有遊覽之癖ᄒᆞ야 一馬一僮으로 遠遊北關하야 登白頭山ᄒᆞ고 回路에 歷安邊ᄒᆞ야 將欲秣馬於店舍矣러니 家家盡鎖門이어

날 彷徨回顧ᄒᆞ니 十數步許에 溪巖이 窈窕ᄒᆞ고 中有一小庄ᄒᆞ며 鷄犬이 相聞이라. 遂至庄前ᄒᆞ니 一小娘이 年可十五六이오 應門而問: "客은 從何以來오?" 答曰: "遠行之人이 見店門이 盡鎖故로 將欲喂馬而去ᄒᆞ노니 汝家主人은 何處去乎아?" 娘曰: "與店主로 盡往後洞契會矣로소이다." 因下廚下ᄒᆞ야 馬粥一桶을 出飼之ᄒᆞ니 楊公이 因天氣向熱ᄒᆞ야 解衣樹下ᄒᆞ니 娘이 鋪簟席於樹下ᄒᆞ고 還入廚下러니 俄而, 備飯而來어ᄂᆞᆯ 山菜野蔬ㅣ 極其精潔이라. 楊公이 見其應對詳敏ᄒᆞ며 擧止溫淑ᄒᆞ고 心甚異之오 且猝辦接客이 皆有條理라. 問娘曰: "吾請喂馬, 而偲與人饋之ᄂᆞᆫ 何也오?" 娘曰: "馬旣鎞矣어ᄂᆞᆯ 人何不飢리오? 豈可賤人而貴畜乎잇가?" 仍問其年則十六이오 其父母則村人也ㅣ라. 臨發에 計給烟價, 則固辭不受, 曰: "接賓客은 人家應行之事ㅣ니 若受價, 則非但風俗之不美라 將未免父母之嚴責이로소이다." 末乃給扇頭香一枚ᄒᆞ니 娘이 跪而受之, 曰: "此則長者所賜ㅣ니 豈敢辭也리오?" 楊公이 尤爲嗟嘆曰: "遐土村家에 何物老嫗ㅣ 生此寧馨兒乎아?" 仍還家. 數年後에 有人來拜於階下, 曰: "小人은 安邊某村人也오 某年某時에 令監이 偶過陋室ᄒᆞ야 有贈香於小娘之事乎잇가?" 楊公이 沈思良久, 曰: "果有是事로라." 其人曰: "一自其後로 不欲適他故로 不遠千里而來로소이다." 楊公이 笑曰: "吾老頭白矣라 豈有意於小娘而然이리오? 特愛姸秀而給이며 且不受烟價故로 無物相贈ᄒᆞ야 解香而贈之라. 假使歸吾家라가 吾若朝暮逝, 則小娘之芳年이 不其惜乎아? 汝ㅣ 歸諭吾意ᄒᆞ고 擇壻而嫁之ᄒᆞ며 更勿起妄念於吾ᄒᆞ라." 其人이 辭歸라가 復來現, 曰: "百端解諭호ᄃᆡ 以死自誓ᄒᆞ니 不得不率來ㅣ리니 令監은 諒處之ᄒᆞ소셔." 楊公이 固辭不得ᄒᆞ야 笑而受之ᄒᆞ니 楊公은 君子也ㅣ라. 鰥居數十年에 不近女色ᄒᆞ며 琴書自娛ᄒᆞ야 遨遊山水ᄒᆞ고

小室入來後에 一見慰勞其遠來之意而已며 少無繾綣之色이라. 一日은 晨謁家廟ᄒᆞ니 見內室戶庭房闥를 灑掃精潔ᄒᆞ고 飮食器皿이 井井有條理어날 問其子婦曰: "前日吾家ㅣ 朝夕屢空ᄒᆞ며 凡百이 皆蕪穢不治러니 近日則頓改前規ᄒᆞ야 且吾甘旨之供을 尙不乏焉ᄒᆞ니 何以致此오?" 子婦ㅣ 答曰: "安邊小室入來後로 針線은 猶是餘事오 治家를 幹辦ᄒᆞ니 決非凡人이오 鷄鳴以起ᄒᆞ야 終日孜孜ᄒᆞ니 近日家樣之稍饒ㅣ 良由以也오, 且其性行이 淳備ᄒᆞ야 有女士之風이라." ᄒᆞ며 讚不容口어날 公이 感其意ᄒᆞ다. 當夕에 招小室酬酢, 則非但幽閑貞靜之態ㅣ 逈出常品이라 賢淑明敏之識이 無愧古人ᄒᆞ니 自此로 甚愛重之ᄒᆞ더라. 連生二子ᄒᆞ야 年至八九歲時에 小室이 忽請築室各居ᄒᆞ며 且願治第于紫霞洞溪山勝處路傍에 高大門閭ᄒᆞ다. 一日은 成廟ㅣ 幸紫霞洞賞花라가 歸路에 遇暴雨注下如盆ᄒᆞ야 避入一家ᄒᆞ니 庭宇ㅣ 蕭灑ᄒᆞ고 花卉馨香이라. 上이 問: "誰家오?" 從官이 以實對러니 俄而, 有兩小兒ㅣ 衣帽ㅣ 鮮明ᄒᆞ며 容貌ㅣ 姸秀ᄒᆞ야 進拜於前ᄒᆞ니 上이 問之, 則楊某小室子也ㅣ라. 上이 見稱仙風道骨ᄒᆞ시고 叩其學業, 則無愧於古之神童이오 筆翰이 如流ᄒᆞ야 皆有標格이라. 呼韻賦詩ᄒᆞ니 應口輒對어날 上이 大喜ᄒᆞ시더라. 已而從官이 皆避入簷下ᄒᆞ야 相顧囁嚅러라. 上이 問: "何爲而然也오?" 主家ㅣ 欲進饌, 而不敢云耳라ᄒᆞ고 遂進之ᄒᆞ니 珍羞妙饌이 極其精備ᄒᆞ고 偎與從官, 而接待之ᄒᆞ니 上이 甚訝其猝辦ᄒᆞ시며 賞賜ㅣ 頗優ᄒᆞ시고 仍率兩兒還宮ᄒᆞ사 喜謂東宮曰: "吾ㅣ 今行에 得二神童ᄒᆞ야 爲汝輔弼之臣也ㅣ라." ᄒᆞ시고 仍除春坊假啣ᄒᆞ사 使之長在闕中ᄒᆞ니 蓋與東宮으로 年相若也ㅣ요 寵遇無比러라. 其後小室이 撤家還入大家ᄒᆞ야 以終老焉ᄒᆞ니 其長兒는 楊士彦이니 號를 蓬萊요 官至安邊府使요 其次兒는 楊士俊也ㅣ라. 余見南壺谷所撰『箕

雅』詩集에 楊蓬萊兄弟之子ㅣ 與妾이 俱入選中ᄒᆞ니 心異之ᄒᆞ며 以
爲人才何聚於一家之內也ㅣ라. 及聞安邊奇遇ᄒᆞ니 乃知楊公純德
으로 小室之淑行이 有以鍾毓於此也ㅣ라.

### 145. 徽陵犯樵로 以成妹婚

安東權某ㅣ以經術로 行義登薦ᄒᆞ야 仕徽陵參奉ᄒᆞ니 時年이 六十
이오 家計富饒나 新喪配ᄒᆞ야 內無應門之童ᄒᆞ고 外無朞功之親이
라. 時에 金相宇杭이 爲本陵別檢ᄒᆞ야 適有陵役ᄒᆞ니 與之合直齋
室, 而一日은 陵軍이 捉犯樵人以納이어날 權公據理責之ᄒᆞ고 將笞
罰之ᄒᆞ디 樵人은 老總角也ㅣ라. 涕泣漣漣이오 無辭可答이라. 權公
이 察其氣色ᄒᆞ니 決非常漢이어날 問: "汝ㅣ何許人也오?" 總角曰:
"言之慼也로소이다. 小生이 簪纓後裔로 早孤ᄋᆞ며 老母ㅣ今年이 七
十有一이오 有一妹ᄒᆞ니 年이 三十五에 尙不嫁ᄒᆞ고 小生이 年今三
十에 未有室ᄒᆞ야 男妹樵汲以奉養이오며 家近火巢, 而今當極寒ᄒᆞ
야 不能遠樵以爲犯樵ᄒᆞ니 知罪知罪라."ᄒᆞ고 仍又涕泣ᄒᆞ니 權公이
見其涕泣ᄒᆞ고 忽生惻隱之心ᄒᆞ야 顧爲金公曰: "可矜哉라 其情이
여! 赦之如何오?" 金公이 笑曰: "無妨이라." 權公曰: "聞汝情理ᄒᆞ
니 可矜故로 放之ᄒᆞ니 更勿犯罪ᄒᆞ라!" 賜一斗米·一隻鷄, 曰: "以此
로 歸養老親ᄒᆞ라." 總角이 感謝而去러라. 數日後에 又犯捉於犯樵
ᄒᆞ니 權公이 大責之ᄒᆞᆫ디 總角이 失聲哭曰: "辜負盛意ᄒᆞ니 固知兩
罪之俱犯, 而不忍老母之呼寒이며 積雪之中에 且無採樵之路라 今
則擧顔無地로소이다." 權公이 又生惻隱之心ᄒᆞ야 縮眉良久에 不忍
笞治라. 金公이 在傍微笑曰: "隻鷄斗米로 不能感化ᄒᆞ니 第有好樣
道理로다. 依我言否아?" 權公曰: "願聞其說ᄒᆞ노라." 金公曰: "老人
이 喪配而無子ᄒᆞ니 總角之妹를 娶爲繼室이 如何오?" 權公이 將其

白鬚, 曰: "吾雖年老ㅣ나 筋力은 足可爲也로라." 金公이 揣其意ᄒᆞ야 遂招總角近前, 曰: "彼權參奉이 忠厚君子也ㅣ요 家計饒足ᄒᆞ며 喪配而無子ᄒᆞ고 汝之妹는 過年未嫁ᄒᆞ니 未知凡節之何如, 而與之作配, 則汝家依托이 有所ᄒᆞ리니 豈不好哉아?" 總角曰: "家有老母ᄒᆞ니 不敢擅便이오 當往議焉ᄒᆞ리이다." 去而復返, 曰: "往告老母, 則老母ㅣ曰: '吾家ㅣ世世閥閱로 今至衰替之境ᄒᆞ야 雖前世未行之事라도 不愈於廢倫乎아?' 泣而許之니이다." 金公이 喜之ᄒᆞ야 遂力勸之ᄒᆞ고 涓吉拜需는 助力兩家ᄒᆞ야 急急成禮ᄒᆞ니 果是名家裔요 女中賢婦也라. 一日은 權公이 來見金公曰: "賴君之力勸ᄒᆞ야 得此良配오 吾年이 已七十이라 何所求乎아? 永歸鄕里故로 來別矣니이다." 問: "夫人을 率歸, 則其家區處는 何如耶ㅣ아?" 答曰: "並率去矣니이다." 金公曰: "大善哉ㄴ져!" 酌酒相別後二十五年에 金公이 遂得緋玉ᄒᆞ야 出宰安東할ᄉᆡ 到任翌日에 有一民이 納刺請謁ᄒᆞ니 前參奉權公也ㅣ라. 金公이 良久에 始記得徽陵伴僚事, 而計其年紀, 則八十五歲也ㅣ라. 急爲邀見ᄒᆞ니 童顔白髮이 不扶不杖ᄒᆞ고 飄然入座ᄒᆞ니 望之若神仙中人이라. 握手敍阻懷ᄒᆞ고 設酒饌款待ᄒᆞ니 飮啖이 如常이라. 權公曰: "民之得拜城主於今日은 天也ㅣ요 民이 賴城主勸婚ᄒᆞ야 晩得良耦ᄒᆞ고 連生二子ᄒᆞ야 稍學詩文ᄒᆞ고 戰藝於京師ᄒᆞ야 擢聯璧進士ᄒᆞ고 明日은 卽到門日也ㅣ니 城主ㅣ適莅此府에 豈可無下臨之擧耶아? 故로 民이 急請謁者ㅣ良由以也니이다." 金公이 驚賀不已ᄒᆞ고 快許之ᄒᆞ다. 權公이 辭去ᄒᆞ니 明日에 金公이 携妓樂備酒饌早往ᄒᆞ니 見其居ㅣ溪山이 秀麗ᄒᆞ고 花竹이 翳如ᄒᆞ며 樓榭穩敞ᄒᆞ니 好家居也ㅣ라. 主人이 下階迎之ᄒᆞ니 遠近風動이오 賓客이 雲集이라. 俄而, 新恩이 來到ᄒᆞ니 幞頭鶯衫에 風采ㅣ動人ᄒᆞ고 馬前에 兩立白牌며 雙笛이 嘵哰ᄒᆞ니 觀者ㅣ如堵ᄒᆞ야 咸

嗟嘆이라 權公之福力이러라. 金公이 聯呼新恩ᄒ야 問其年, 則伯은 二十四요 季은 二十三이라. 權公續絃之翌年과 又翌年에 連得雙玉也ㅣ라. 與之酬酢ᄒ니 容貌則鸞鵠也ㅣ요 文章則琬琰也ㅣ니 可謂 難弟難兄이라. 金公이 欽歎不已ᄒ며 老主人喜色을 可知라. 座間에 權公이 指在傍一老人, 曰: "城主ㅣ知此人乎잇가? 此是昔年徽陵에 犯樵人也ㅣ니이다." 計其年, 則五十五矣라 遂設樂而娛之ᄒ다. 主人이 仍請留宿, 曰: "民之今日之慶은 皆城主ㅣ賜也ㅣ요 城主之適臨蓬蓽은 天與之요 非人力也로소이다." 遂止宿穩話ᄒ다. 翌朝에 權公이 進酒饌侍坐ᄒ야 口欲言, 而囁嚅不敢發端ᄒ니 金公曰: "有所欲言乎아?" 權公이 乃言曰: "老妻ㅣ平日에 爲城主有結草之願, 而幸臨陋地ᄒ니 一拜尊顔, 則至願을 遂矣라. 女子之不思體面ᄒ고 只有感恩之心은 容或無怪니 願城主ᄂ 暫入內室ᄒ야 受拜ㅣ 恐未知何如니잇고? 且城主之於老妻에 德如天地오 恩猶父母라 何嫌之有리오?" 金公이 不得已入內ᄒ니 軒上에 設席迎坐ᄒ며 老夫人이 出拜於前ᄒ야 感極而悲ᄒ니 涕淚ㅣ汎瀾이라. 又見兩少婦ㅣ 凝粧盛飾으로 隨後而出拜ᄒ니 其子婦也ㅣ라. 其三婦人이 默然侍坐ᄒ야 其愛戴之意, 溢於顔色이라. 遂進滿盤珍羞ᄒ고 權公이 又 請金公於夾房前ᄒ니 見年可六七歲稺兒ㅣ 短髮이 染黑鬐鬆ᄒ며 手執窓闑[57]而立ᄒ야 方瞳이 瑩然ᄒ며 黯黯視人ᄒ니 精神이 若存若無ㅣ라. 權公이 指之曰: "城主ㅣ知此人乎잇가? 此是犯樵人之慈親也ㅣ니 今年이 九十五歲也ㅣ요 其口中에 有聲ᄒ니 城主ᄂ 試細聽之ᄒ소셔. 聽之ᄒ니 非他聲也ㅣ라, '金宇杭이 拜政丞 金宇杭이 拜政丞이라.' 二十五年을 祝願ᄒ야 如一日이라도 尙今口不絶聲ᄒ니 至

---

57) 闑: 저본에는 '閩'로 나와 있으나 문맥상 바로잡음.

誠이 安得不感天乎잇가?" 金公이 聽之ᄒᆞ고 犁然而笑ᄒᆞ고 遂辭諸人還衙ᄒᆞ다. 其後에 金公이 果拜相이러라. 肅廟朝에 以藥房都提調로 往視延礽君患候ᄒᆞ고【英廟潛邸時封號也】說其平生官蹟이라가 語及權參奉ᄒᆞ야 敍其顚末ᄒᆞ니 英廟ㅣ 聞甚奇之러라. 及登極後式年放榜日에 偶見榜目中에 安東進士權某ᄂᆞᆫ 乃是權公之孫也ㅣ라. 自上特敎曰: "故相臣金宇杭이 說權某之事ᄒᆞ니 甚稀事也ㅣ라." 其孫이 又捷司馬은 事不偶然이니 特除齋郞ᄒᆞ야 卽使之繩武其祖ᄒᆞ니 嶺人이 榮之焉이러라.

### 146. 天使ㅣ無例討銀이라가 聞砲卽行

忠武李公이 初除宣沙浦僉使ᄒᆞ야 歷辭諸宰할시 一老宰慇懃致款, 曰: "吾ㅣ知君大器也ㅣ라 其進은 不可量이오 且知君이 尙無室家라. 吾側室에 有女ᄒᆞ니 與君爲小星ᄒᆞ야 使奉巾櫛이 何如오?" 李公이 感其意許之ᄒᆞ다. 老宰ㅣ曰: "不必煩耳目이오 發行之日에 待於弘濟橋頭ᄒᆞ라." 治行啓發ᄒᆞ야 至橋頭ᄒᆞ니 見一轎馬ㅣ行具鮮明ᄒᆞ고 翩翩而來ᄒᆞ야 問宣沙行次어날 李公이 迎見其婦人ᄒᆞ니 軀殼이 甚大ᄒᆞ며 言語ㅣ無味라. 李公이 以爲心中에 見欺於勒婚이나 然이나 亦難排却이라. 黽勉同行ᄒᆞ야 到鎭主饋而已오 頓無顧念之意러라. 一夕에 營門秘關이 來到어날 坼見之ᄒᆞᆫ디 有軍務相議事ᄒᆞ니 不留晷刻ᄒᆞ고 馳進云云矣라. 遂促飯而喫ᄒᆞ고 入別小室ᄒᆞ니 小室曰: "令監이 知今行에 有何事耶아?" 曰: "不知로라." 小室曰: "當此亂世ᄒᆞ야 去就之際에 不能預料事機면 何以濟乎아?" 李公이 奇其言ᄒᆞ야 探問之ᄒᆞ니 小室曰: "有如許事ᄒᆞ니 應變之節을 如是如是ᄒᆞ라." 仍出紅錦緞天翼着之ᄒᆞ니 品製ㅣ適中이라. 李公이 甚驚異之ᄒᆞ야 馳到營下, 則巡使ㅣ辟左右, 言曰: "今天使ㅣ回路에 逗遛此城

ᄒᆞ야 討白銀萬兩ᄒᆞ니 若不聽施, 則梟首道伯云이라. 事係罔措요 物亦難辨ᄒᆞ니 百爾思量에 非君則無以應變故로 請來로라." 聞其言, 則果是小室이 臨行指敎之事이라. 遂依其言ᄒᆞ야 自當措處之意로 大言之ᄒᆞ고 出坐練光亭ᄒᆞ고 招營校之伶俐者一人ᄒᆞ야 附耳語良久에 旋卽選營妓慧艶者四五人ᄒᆞ야 使之隨廳ᄒᆞ고 或歌或琴에 盃酒ㅣ狼藉ᄒᆞ며 又招營校ᄒᆞ야 附耳語曰: "今不出銀이면 巡使ㅣ 被死ᄒᆞ고 滿城이 魚肉이니 汝ㅣ 出往城內ᄒᆞ야 家家에 揷火藥ᄒᆞ고 練光亭上에 放砲三聲이어든 衝之ᄒᆞ라." 營校ㅣ 唯唯而退ᄒᆞ다. 而已, 入告曰: "盡揷矣니이다." 俄而, 放砲一聲에 諸妓在傍竊視之ᄒᆞ고 大恐惻ᄒᆞ야 佯托小避ᄒᆞ고 稍稍出去ᄒᆞ야 各傳其家ᄒᆞ니 須臾에 滿城이 皆呼爺喚孃ᄒᆞ며 挈妻携子ᄒᆞ야 爭出城外ᄒᆞ니 喧聲이 動天이라. 天使ㅣ 初聞砲聲에 甚訝之ᄒᆞ고 及聞喧聲에 驚動之ᄒᆞ야 急起探問之際에 營校一人이 對曰: "宣沙浦僉使ㅣ 若此若此니이다. 酬酢之間에 砲聲이 又起ᄒᆞ니 若又一砲, 則燒存性矣라." ᄒᆞ디 天使ㅣ 神魂이 荒錯ᄒᆞ야 忙不及履ᄒᆞ고 走到練光亭ᄒᆞ야 握李公手ᄒᆞ며 乞活殘命ᄒᆞ니 李公이 據理責之曰: "上國은 父母之國也ㅣ요 使臣은 來宣詔命也라. 沿路陪臣이 恪勤接待, 而責出無例之銀ᄒᆞ니 固是行不得之政이라. 一城之人이 死則死耳나 無寧共死於爐中也ㅣ리오?" 天使曰: "吾之命이 懸於大爺之手ᄒᆞ니 今當立馬階前ᄒᆞ고 上馬卽行ᄒᆞ야 罔夜疾馳ᄒᆞ야 三日內에 當渡鴨綠江ᄒᆞ리니 願停一砲ᄒᆞ소셔." 李公曰: "天使ㅣ 無禮ᄒᆞ니 吾ㅣ 不信焉ᄒᆞ노라." 呼砲手ᄒᆞ니 天使ㅣ 抱李公腰ᄒᆞ고 千乞萬哀ᄒᆞ며 號哭隨之어날 不得已遂許之ᄒᆞ고 使之促馬急發ᄒᆞ니 天使一行이 無限感謝ᄒᆞ고 一齊上馬ᄒᆞ야 風馳電邁에 果於三日內에 陪持來告ᄒᆞ디 天使ㅣ 渡江이라ᄒᆞ니 巡使ㅣ 大喜ᄒᆞ야 設宴以謝之ᄒᆞ다. 由是로 名振一世러라. 李公이 辭歸ᄒᆞ야 每事

를 問於小室ᄒᆞ니 眞異人哉ᆫ져! 故로 以貌取人이면 失之子羽也ㅣ라.

### 147. 中國閣老子ㅣ 亡歸朝鮮ᄒᆞ야 占一明穴於五鳳山下

金尙書某ㅣ 有知人之鑑이라. 一日은 見路傍에 有總角이 衣服이 襤褸ᄒᆞ고 形容이 憔悴ᄒᆞ거날 携歸其家ᄒᆞ야 問: "汝是何許人也오?" 對曰: "早失父母ᄒᆞ고 四顧無親ᄒᆞ야 行乞於市이오며 姓名은 亦不自知오 年則十五歲也ㅣ니이다." 尙書曰: "汝ㅣ 留住吾家ᄒᆞ면 衣食이 不乏也리라." 仍賜名曰 '金童'이라ᄒᆞ다. 總角이 感謝ᄒᆞ야 居數月에 願學書ᄒᆞ야 日就月將ᄒᆞ야 過目成誦ᄒᆞ며 運筆如神ᄒᆞ니 眞奇才也ㅣ라. 尙書ㅣ 愛之重之ᄒᆞ야 須臾不離러라. 尙書ㅣ 素無睡ᄒᆞ야 雖深夜之中이라도 一呼, 則金童이 應對ᄒᆞ고 諸傔은 皆未也ㅣ라. 金童이 在尙書家ᄒᆞ야 日入書樓ᄒᆞ고 閱書籍할시 尤耽看星曆之書어날 尙書ㅣ 叩之, 則略言其奧旨ᄒᆞ며 與之揚扢古今, 則如誦熟文ᄒᆞ고 如他人言엔 韜晦不答ᄒᆞ니 尙書愛之如子ᄒᆞ야 每有大事면 相議ᄒᆞ고 勸之娶妻, 則固辭不願ᄒᆞ야 如是過今十年이라. 一日은 夜에 呼之, 則金童不應이어날 擧燭視之ᄒᆞ니 杳無形迹이라. 尙書ㅣ 如失右左手ᄒᆞ야 寢食이 不甘이라. 第四日에 金童이 忽來現ᄒᆞ야 喜色이 滿面ᄒᆞ니 尙書ㅣ 驚喜曰: "汝ㅣ 不告而去ᄒᆞ야 去向何處런고? 豈吾待汝之心이 有未盡而然耶며 且汝有喜色은 何也오?" 金童이 笑曰: "非也오 當從容告之호리이다." 夜間에 又問之ᄒᆞᆫ대 金童曰: "吾非朝鮮人也오 中國閣老之子也러니 父親이 遭奸臣之讒ᄒᆞ야 遠配沙門島ᄒᆞ고 遠近諸族이 皆被散配라. 父親이 深知星曆之數ᄒᆞ야 臨行에 敎小子曰: '吾ㅣ 十年에 當赦還, 而汝在中國, 則必死於奸臣之手ᄒᆞ리니 東出朝鮮, 則後必生還云云.' ᄒᆞ기로 遂轉轉流乞ᄒᆞ야 至於此러니 幸蒙大監河海之澤ᄒᆞ야 養育之敎誨之ᄒᆞ니 此生此恩은 無以爲報오, 日

前에 不告而去者는 登果川五鳳山ᄒᆞ야 仰觀星象ᄒᆞ니 父親이 已赦
還矣라. 小子ㅣ 當告歸, 而報恩之心이 切於中ᄒᆞ야 遍求山地於五鳳
山下에 得一明穴, 而明日에 請共往觀之ᄒᆞ소셔." 尙書ㅣ 驚且異之
ᄒᆞ다. 翌日에 共往五鳳之下ᄒᆞ야 指一阜, 曰: "此是吉地니 急行大
監親山緬禮ᄒᆞ소셔." 擇日裁穴ᄒᆞ며 又曰: "子孫이 昌盛ᄒᆞ고 出五相
國ᄒᆞ리이다." 識之還家ᄒᆞ야 拜辭而別이러라. 尙書ㅣ 如其言ᄒᆞ야 將
行緬禮할ᄉᆡ 開壙七尺ᄒᆞ니 出盤石이오 上四面에 有罅, 而以手로 壓
之, 則微有搖動이라. 尙書ㅣ 旣聞盤石之說於金童故로 將待時而下
棺ᄒᆞ야 懸燈於墓閣而坐러니 尙書之愛傔一人이 獨往壙中ᄒᆞ야 異
其石之搖動ᄒᆞ고 欲知其中之有何物ᄒᆞ야 暗自以手로 揭而視之ᄒᆞ니
其石底四隅에 有玉童子ᄒᆞ야 捧石而立ᄒᆞ고 中有一玉童ᄒᆞ야 又捧
之ᄒᆞ니 稍長於四隅之玉童ᄒᆞ니 此所以石搖也ㅣ라. 傔人이 驚訝ᄒᆞ
야 急下盤之際에 琤然有折玉之聲이어날 傔人이 大驚之ᄒᆞ야 心語
曰: "吾ㅣ 受恩於大監家, 而誤了此吉地ᄒᆞ니 後必有災禍라. 吾雖無
心之致나 生不如死로다." 然이나 不忍實告ᄒᆞ고 時至下棺封墳而來
ᄒᆞ다. 尙書家에 或有些少憂患, 則傔人이 心焉如燬ᄒᆞ야 危而復安
者ㅣ 屢矣러라. 金童이 還入中國ᄒᆞ니 閣老ㅣ 果赦還ᄒᆞ고 登庸奸臣
이 被誅라. 父子ㅣ 相逢於萬死之餘ᄒᆞ니 其喜可知라. 金童이 登第而
爲翰林學士ᄒᆞ야 一日은 閣老ㅣ 問: "汝ㅣ 受恩於朝鮮金某ᄒᆞ야 何以
報之오?" 翰林曰: "占一吉地ᄒᆞ야 指示而來로소이다." 閣老ㅣ 曰:
"何許吉地乎아?" 翰林이 槩言之ᄒᆞ니 閣老ㅣ 驚曰: "遺慘禍於恩人
矣로다! 地中五箇玉童은 應山外五峯, 而中峰은 凶煞也ㅣ라. 猝貴
而亡ᄒᆞ리니 汝ㅣ 何不審詳也오?" 翰林이 悟悔無及이라. 閣老ㅣ 曰:
"凶黨을 已誅ᄒᆞ고 今大赦天下ᄒᆞ니 汝以頒圖로 往朝鮮ᄒᆞ야 使之急
急改葬호ᄃᆡ 更占吉地而來ᄒᆞ라." 翰林이 如其敎ᄒᆞ야 以副使出來ᄒᆞ

야 會金尙書於明雪樓ᄒᆞ고 敍舊愴ᄒᆞ며 新呼以恩爺ᄒᆞ고 遂言父親之意ᄒᆞᆫ디 尙書ㅣ 聞甚罔措之際에 其愛儁이 隨來竊聽之ᄒᆞ고 出言其時折玉所以然ᄒᆞ니 尙書ㅣ 悅然曰: "此乃轉禍爲吉이 偶合也로다." 開壙時搖動之盤石이 下棺時安接不搖ᄒᆞ기로 固已異之러니 下棺後에 忽暗雷乍起ᄒᆞ며 霹靂이 壞了山外中峯之大巖石ᄒᆞ니 此其驗也로다. 翰林이 大喜曰: "尙書家子孫이 大昌矣로소이다." 使還ᄒᆞ야 復其言於閣老ᄒᆞ다.

### 148. 醉臥他人門前이라가 更結一世佳緣

東岳李公이 新娶後上元夜에 聽鍾[58]於雲從街ᄒᆞ고 醉過履洞前路라가 倚門而臥러니, 俄而婢僕輩來, 喧曰: "新郞이 醉倒於此矣라!" ᄒᆞ고 仍扶入其家新房, 而公이 渾不省矣라. 洞房華燭에 與新婦로 同寢ᄒᆞ고 翌曉에 睡覺, 則別人之室也요 非聘家也ㅣ라. 公이 問新婦ᄒᆞ되, "此是誰家오?" 新婦ㅣ 疑之ᄒᆞ야 反詰之ᄒᆞ고 相與錯愕ᄒᆞ니 蓋其家ㅣ 新過婚禮之三日也ㅣ라. 新郎이 亦聽鍾이라가 沈於夜遊ᄒᆞ야 仍爲不來ᄒᆞ고 東岳이 誤入此室者也ㅣ라. 公이 問新婦曰: "何以處事則好也오?" 新婦曰: "吾有夢兆之符合이오 此亦緣分이니이다. 以婦女之道로 言之면 吾辦一死可也ㅣ나 然이나 吾亦屢世譯官家로 無男獨女也ㅣ라. 吾ㅣ 死면 父母ㅣ 老無依托之所ᄒᆞ니 不忍於此ᄒᆞ야 不獲已從權之計로 願爲小室ᄒᆞ야 且奉養老親以終年이 何如오?" 曰: "吾非故犯也요 君非亂奔也ㅣ니 從權無妨, 而但家有老親ᄒᆞ야 庭訓이 莫嚴이오 吾ㅣ 年未弱冠에 且未登第書生으로 育小室이 豈不難乎아?" 新婦曰: "無難ᄒᆞ니 君之姨姑之家에 或有置我

---

[58] 鍾: 저본에는 빠져 있으나 『계서야담』에 의거하여 보충함.

之所乎아?" 曰: "有之로라." 曰: "然則今急起ᄒᆞ야 與我偕行ᄒᆞ야 置我於其家ᄒᆞ고 使兩家로 莫知之라가 君必登第ᄒᆞ리니 未第前에ᄂᆞᆫ 誓不相面ᄒᆞ고 登第後에 實告于兩家老親ᄒᆞ야 以爲團聚之如何오?" 公이 如其言ᄒᆞ야 區處於其寡居姨母家ᄒᆞ야 助其針線하며 相依를 如母女以過ᄒᆞ다. 新婦家ㅣ 朝起視之ᄒᆞ니 新郞新婦不知去向이라. 大驚怪ᄒᆞ야 往探新郞家ᄒᆞ고 始知假郞之偕通이라 遂秘其事ᄒᆞ야 假稱以新婦ㅣ 暴疾不起로 假殮虛葬之ᄒᆞ다. 東岳이 更不接面於小室ᄒᆞ고 晝夜勤工ᄒᆞ니 文章이 大達이라. 不幾年에 登科ᄒᆞ야 始告老親ᄒᆞ고 率來小室ᄒᆞ며, 又欲通小室家, 則小室曰: "必不信也ㅣ니" 出給新婚時紅錦衾領, 曰: "以此爲信ᄒᆞ소서. 此錦이 在昔年遠祖入燕時에 皇帝所賜也ㅣ라 天下에 所無之異錦이오, 獨吾家에 有之라 以爲新婚時衾領ᄒᆞ니 見此면 必信호리이다." 遂如之ᄒᆞᆫ디 見其女에 悲喜交至오 且見李公ᄒᆞ니 宰相人也ㅣ라. 聞其始終ᄒᆞ고 曰: "天也로다! 吾老夫妻의 後事ㅣ 有托矣오." 無他子女ᄒᆞ고 以其家資·奴婢·田宅으로 悉付之ᄒᆞ니 長安甲富也러라. 其小室이 賢而有智ᄒᆞ며 治産業奉巾櫛이 皆有閨範ᄒᆞ야 李公家ㅣ 至今에 世富로 稱ᄒᆞ니 其履洞第宅은 乃醉人之第也ㅣ오 小室子孫이 且繁衍云爾라.

### 149. 李氏貞烈

李節婦ᄂᆞᆫ 忠武公後裔也ㅣ니 嫁爲閔兵使孫婦ᄒᆞ야 纔過醮禮ᄒᆞ고 新郞이 還家不淑ᄒᆞ니 時에 節婦ㅣ 年纔勝笄이라 依其祖母ᄒᆞ야 在溫陽, 而夫家ᄂᆞᆫ 淸州라. 訃來哭之ᄒᆞ고 水醬을 不入口ᄒᆞ니 父母ㅣ 憐而慰之ᄒᆞ야 左右防守之ᄒᆞᆫ디, 節婦ㅣ 一日은 請曰: "吾ㅣ 爲人婦, 而遭此崩城之痛ᄒᆞ니 生不如死오 更思之호니 媤家에 有祖父母舅姑, 而無奉養之人, 而余未新禮矣오, 且家君이 不幸早死, 而送終

祭奠을 亦無人主管云ᄒᆞ니 吾ㅣ徒死, 則非爲人婦之道也라. 吾將奔哭治喪後에 乞螟蛉於族人家ᄒᆞ야 使媤家로 無絶嗣之嘆이 吾之責盡矣ㅣ니 願速治行ᄒᆞ소셔!" 父母ㅣ聞其言ᄒᆞ니 年雖稺少나 辭正理順ᄒᆞ야 將從之나 猶慮其自經ᄒᆞ야 猶豫久之러니 節婦曰: "無疑也ᄒᆞ소셔 吾已一定於心矣로소이다." 以誠意로 動之然後에 遂治行往淸州ᄒᆞ다. 以年少藐然之婦人으로 入其家ᄒᆞ야 事舅姑以孝ᄒᆞ며 奉祭奠以禮ᄒᆞ고 治産業御婢僕이 綽有條理ᄒᆞ니 隣里親戚이 咸稱賢婦, 而憐其早寡也라 乞嗣於族人家할시 躬往席藁懇之ᄒᆞ야 始得來ᄒᆞ고 置師傅勤敎之ᄒᆞ며 取子婦入門ᄒᆞ다. 其後十餘年에 其祖父母舅姑ㅣ皆以天年으로 終ᄒᆞ니 以禮葬之ᄒᆞ고 哀毁踰節이라. 治三代墳山於家後園ᄒᆞ고 備置石物ᄒᆞ다. 一日은 製新服着之ᄒᆞ고 與其子及子婦로 同上墳山ᄒᆞ야 省拜ᄒᆞ고 回到家中ᄒᆞ야 謁家廟ᄒᆞ고 洒掃室宇ᄒᆞ며 回坐房中ᄒᆞ야 招其子內外ᄒᆞ고 區處家內事할시 傳之曰: "汝內外年旣長成ᄒᆞ니 足以奉祭祀接賓客이오 吾且衰矣니 汝其勿辭ᄒᆞ고 勉戒之ᄒᆞ라." 言頗多ᄒᆞ니 夜深各退去ᄒᆞ야 方欲睡할시 小婢忽來告急이어날 其子ㅣ入見, 則一小甁에 盛毒藥ᄒᆞ고 藥汁이 淋漓ᄒᆞ니 此是奔哭時에 已持來者也ㅣ라. 舖衾褥正衣服而臥ᄒᆞ니 已無及矣라. 其子內外號哭之際에 見一大紙軸이 在褥前이어날 展視ᄒᆞ니 仍遺言也ㅣ라. 先敍其早罹凶毒之痛ᄒᆞ고 次敍家法古蹟ᄒᆞ고 次敍治家之規ᄒᆞ고 次錄臧獲奴婢文書所在를 纖悉無漏ᄒᆞ고 末乃言, '吾ㅣ不死於聞訃之日은 不忍閔氏之絶嗣ᄒᆞ며 且念父母之無依러니 今則吾ㅣ責盡矣며 托付得人矣라 豈可苟延縷命耶아? 將歸見家君於地下ᄒᆞ고 告其終始吾之事也로라.' 其子ㅣ治喪ᄒᆞ야 附葬於先君之墓ᄒᆞ고 遵遺敎ᄒᆞ야 克終家道ᄒᆞ니 遠近士林이 發文相告ᄒᆞ야 上徹旌閭焉이라.

## 150. 雲娘妓家에 銷盡萬金ᄒ고 得烏金爐

許生者ᄂᆞᆫ 方外人也라. 家貧落魄ᄒ야 好讀書ᄒ며 不事家人生産業ᄒ고 床頭에 惟有『周易』一部ᄒ며 雖簞瓢屢空이라도 不以爲意ᄒ며 其妻ㅣ 紡績織紝ᄒ야 以奉之ᄒ다. 一日은 入內ᄒ니 妻ㅣ 斷髮裹頭而坐ᄒ야 以供朝夕之具어날 許生이 喟然歎曰: "吾ㅣ 十年讀『易』에 將以有爲러니 今忍見斷髮之妻乎!" 遂約妻曰: "吾ㅣ 出外一年而歸ᄒ리니 苟延縷命ᄒ야 且長其髮ᄒ라." 彈冠而出ᄒ야 往見松京甲富白姓人ᄒ고 請貸千金ᄒᄃᆡ 白君이 一見에 知其爲非常人ᄒ고 許之ᄒᆫᄃᆡ 許生이 齎千金ᄒ고 西遊箕城ᄒᆞᆯ시 訪名妓楚雲家ᄒ야 日辦酒肉ᄒ야 與豪客少年으로 專事遊蕩ᄒ야 金盡이면 復往見白生, 曰: "吾有大販ᄒ니 復貸三千金乎아?" 白君이 又許之어날 又往雲娘家ᄒ야 乃治第ᄒᆞᆯ시 綠窓朱樓와 珠簾錦床으로 日置酒笙歌自娛ᄒ야 金盡이면 又往見白君, 曰: "復貸三千金乎아?" 白君이 又許之ᄒᆫᄃᆡ, 又往雲娘家ᄒ야 盡買燕市名珠·寶貝와 奇錦·異緞ᄒ야 以媚雲娘ᄒ고 金盡이면 又往見白君, 曰: "今有三千金이라야 可以成事, 而恐君이 不信也ㅣ라." 白君曰: "惡是何言也ㅣ리오? 雖更貸萬金이라도 吾不惜也ᄒ노라." 又許之ᄒᆫᄃᆡ 又往雲娘家ᄒ야 買一名駒ᄒ야 置之櫪上ᄒ고 造纏帒掛之壁上ᄒ고 遂大會諸妹ᄒ야 佚宕遊衍ᄒ며 散金於纏頭之費ᄒ야 以適雲娘之意也ㅣ라. 金盡에 許生이 故生寂寞凄凉之心ᄒ야 以示娘ᄒᆫᄃᆡ 娘은 水性也ㅣ라 已生厭意ᄒ야 與少年으로 謀所以去許生者ᄒ니 許生이 照得其意ᄒ고, 一日은 謂娘曰: "吾所以來此者ᄂᆞᆫ 販商也ㅣ라. 今萬金이 已盡ᄒᄃᆡ 張拳而已니 吾將去矣리니 能無眷戀乎아?" 娘曰: "苽熟蔕落이오 花謝蝶稀ᄒ나니 何戀之有리오?" 許生曰: "吾之財盡이 入於銷金窟矣요 今將永別ᄒ니 汝以何物로 贈行乎아?" 娘曰: "惟君之所欲이로소이다." 生이 指座上烏

銅爐, 曰: "此는 吾所欲也로라." 娘曰: "何惜之有리오?" 遂於座上에 片片碎之ᄒᆞ야 納于纏帒ᄒᆞ고 騎名駒ᄒᆞ야 一日에 馳至松京ᄒᆞ야 見白君曰: "事成矣라."ᄒᆞ고 出示纏帒中物ᄒᆞ니 白君이 頷之ᄒᆞ다. 許生이 携纏帒騎名駒ᄒᆞ고 馳至會寧開市, 列肆而坐러니 有賈胡一人이 來見碎銅ᄒᆞ고 嘖嘖曰: "是也를 論價ᄂᆞ이다." 曰: "是無價寶也로다." 曰: "十萬金이 雖少나 願請交易이로라." 許生이 睨視良久에 許之ᄒᆞ고 遂交易ᄒᆞ야 歸見白君ᄒᆞ고 以十萬金還之ᄒᆞ니 白君이 問所以然ᄒᆞᆫ디 許生曰: "向者碎銅은 非銅이오 乃烏金也ㅣ라. 昔에 秦始皇이 使徐市로 採藥東海上할시 出內帑中烏金爐ᄒᆞ야 以贐之ᄒᆞ니 蓋煎藥於此爐, 則百病이 奏效라. 後에 徐市失於海中ᄒᆞ야 倭人이 得之에 以爲國寶러니 壬辰之亂에 倭酋平行長이 持來行中ᄒᆞ야 據平壤ᄒᆞ고 方其宵遁也에 失之亂兵이러니 此物이 遺在名妓楚雲家故로 吾ㅣ望氣而尋之ᄒᆞ야 以萬金으로 易之오 賈胡ᄂᆞᆫ 乃西域人也ㅣ니 亦望氣而來ᄒᆞ니 其無價之論은 乃是確論也ㅣ니라." 白君曰: "取一爐에 雖非萬金이라도 亦此容易어날 何其勤勞再三乎아?" 許生曰: "此ᄂᆞᆫ 天下至寶也ㅣ니 有神物助焉이라. 非重價, 則莫可取也ㅣ니라." 於是에 白君曰: "君은 神人也ㅣ로다." 盡以十萬金로 還付之ᄒᆞ니 許生이 大笑曰: "何其小覰我乎오? 吾ㅣ室如懸磬ᄒᆞ야 讀書樂志오 今此之行은 特一小試耳로라." 遂辭去ᄒᆞ니 白君이 驚異之ᄒᆞ야 使人尾其跡ᄒᆞ니 家乃紫閣峰下一草屋也ㅣ오 屋中에 琅琅有讀書聲而已라. 白君이 知其人ᄒᆞ고 每月早晨에 以米包錢緡으로 置之其門內ᄒᆞ야 僅繼一月之用ᄒᆞ니 許生이 笑而受ᄒᆞ다. 李相公浣이 時爲元戎ᄒᆞ야 受記宰之重ᄒᆞ고 圖伐燕之計홀시 訪人材라가 聞許生之賢ᄒᆞ고 一夕에 微服으로 往見之ᄒᆞ며 論天下事ᄒᆞ야 願安承敎ᄒᆞ니, 許生曰: "固知公之來也로다. 公이 欲擧大事ᄒᆞ니 依我三策否아?" 李公

曰: "敢聞其說ᄒᆞ노라." 許生曰: "今朝廷에 黨人이 用事ᄒᆞ야 萬事ㅣ 掣肘ᄒᆞ니 公能歸奏九重ᄒᆞ야 破黨論用人才乎아?" 李公曰: "此事ᄂᆞᆫ 誠難矣哉ᄂᆞ져!" 又曰: "金軍收布ㅣ 爲一國生民之愁苦ᄒᆞ니 公能行戶布法ᄒᆞ야 雖卿相子弟라도 不使謀避乎아?" 李公曰: "亦難矣로라." 又曰: "我東國이 濱于海ᄒᆞ야 雖有魚鹽之利나 畜積不敷ᄒᆞ야 粟不支一年이오 地不過三千里, 而拘於禮法ᄒᆞ야 專事外飾ᄒᆞ니 能使一國之人으로 盡爲胡服否아?" 李公曰: "亦難矣로라!" 許生曰: "汝ㅣ 不知時宜ᄒᆞ고 妄張大計ᄒᆞ니 何事可做리오? 速退去ᄒᆞ라!" 李公이 汗出沾背ᄒᆞ야 告而更來라ᄒᆞ고 無聊而退ᄒᆞ야 翌朝에 訪之ᄒᆞ니 蕭然一空宅而已러라.

### 151. 推奴錢數千으로 以償錦吏逋欠

江陵金氏에 一士人이 家貧親老ᄒᆞ야 乏菽水之供이라. 其老慈ㅣ 語子曰: "汝家先世ㅣ 本以富稱ᄒᆞ야 奴婢之散在湖南島中者ㅣ 不知其數ᄒᆞ니 汝往推刷也ᄒᆞ라." 仍出示篋中奴婢文券軸ᄒᆞ니 士人이 持往島中ᄒᆞᆫᄃᆡ 百餘戶村落이 自占居生ᄒᆞ니 皆奴婢子孫也ㅣ라. 見券羅拜어ᄂᆞᆯ 遂斂數千金贖之ᄒᆞ고 士人이 燒其券, 馱錢而還할ᄉᆡ 路過錦江邊ᄒᆞ니 時에 冬月甚寒이라. 見江邊에 一翁一媼一少婦ㅣ 入水而互相拯出ᄒᆞ야 扶而痛哭이어ᄂᆞᆯ 士人이 怪問之ᄒᆞᆫᄃᆡ 老翁曰: "吾有獨子ᄒᆞ야 吏役於錦營이라가 以逋欠으로 在囚에 屢違定限ᄒᆞ니 明日則死日, 而分錢粒米를 無可辦出이오 不忍見獨子之被刑ᄒᆞ야 吾欲投水而死오, 老妻少婦ㅣ 共欲於此, 而不忍見入水ᄒᆞ야 互相拯出ᄒᆞ고 仍與痛哭矣로소이다." 士人曰: "若有錢이면 幾何則可以償逋也ㅣ리오?" 曰: "數千金이면 可以句當也로소이다." 士人曰: "吾有推奴錢幾駄ᄒᆞ야 洽滿數千ᄒᆞ니 以此償之ᄒᆞ라." 卽與之ᄒᆞᆫᄃᆡ 其三人

이 又大聲哭曰: "吾輩四人之命이 因此而得生ᄒᆞ니 將何以報恩이리오? 願入吾家ᄒᆞ야 留宿而去ᄒᆞ소셔." 士人曰: "日暮道遠ᄒᆞ고 老親이 倚門久矣니 不可留延이라."ᄒᆞ고 卽馳去不顧ᄒᆞ다. 三人이 仍以此物로 盡償[59]宿逋ᄒᆞ니 當日에 其子ㅣ 放出獄門ᄒᆞ고 渾室이 感祝士人, 而其居住姓名을 亦莫知之러라. 士人이 歸家ᄒᆞ니 其老慈ㅣ 喜其無恙而還ᄒᆞ며 又問其推奴如意ᄒᆞ고 益喜之ᄒᆞ야 問: "其贖良之財를 何以輸還고?" 士人이 對以錦江事ᄒᆞ니 其老慈ㅣ 拊其背, 曰: "是吾子也로다!" 後에 老慈ㅣ 以天年으로 終於家ᄒᆞ니 家益剝落ᄒᆞ야 初終拮据ㅣ 萬不成樣이라. 金哀與地師로 步行尋山ᄒᆞ야 遍行諸山이라가 到一處ᄒᆞ니 地師ㅣ 大讚曰: "富貴福祿이 不可形言之地也로다." 山下에 有一大家舍어날 問於村人, 則金老家也라. 良田美畓이 遍於一野ᄒᆞ고 村落이 撲地ᄒᆞ니 皆其奴僕也라. 顧地師而言曰: "如許之地를 何以占得乎아? 然이나 日已暮ᄒᆞ니 留宿彼家而去ㅣ 可也ㅣ라." 入其室ᄒᆞ니 有一少年이 迎接客室ᄒᆞ고 待以夕飯이라. 金哀對燈而坐ᄒᆞ니 悲懷彌中이오 山地關心ᄒᆞ야 長吁而已러니 忽自內室로 一少婦開戶突入ᄒᆞ야 扶金哀大哭, 而氣窒不能言ᄒᆞ니 少年이 驚問其故ᄒᆞ되 少婦曰: "此是錦江所逢之恩人也라."ᄒᆞ니 少年이 又抱而哭之러니 老翁·老媼이 聞此言ᄒᆞ고 又突出ᄒᆞ야 抱而泣이라가 哭止에 明燭相對ᄒᆞ고 各問年條事實ᄒᆞ니 果不爽矣라. 蓋少婦一自其後로 夜則焚香祝天ᄒᆞ고 願逢恩人ᄒᆞ야 以報其德ᄒᆞ며 其夫ㅣ 亦退吏村居ᄒᆞ야 移徙于此러니 猝爲巨富, 而少婦ㅣ 每於外堂에 窺視客人ᄒᆞ야 審察其容貌ᄒᆞ니 年少眼明之人也라 見而記得ᄒᆞ니 蓋其至誠感天也러라. 仍問遭艱之由어날 金哀言及家後山地事ᄒᆞ되 其家ㅣ 猶

---

59) 償: 저본에는 '賞'으로 나와 있으나 문맥상 바로잡음.

恐不及ᄒ야 答曰: "窆葬之節은 吾家ㅣ自當之ᄒ리니 第往靷行而來也ᄒ라. 發靷諸具及擔軍은 皆以奴僕으로 治送ᄒ며 兼送轎馬ᄒ야 率其家眷竝來ᄒ소셔." 窆禮卒哭後에 金家ㅣ獻奴婢田宅文券ᄒ고 請辭去ᄒ니 金哀曰: "去將安之오?" 答曰: "後洞에 又有別業ᄒ야 足以資生矣오. 此物은 都是喪主之福力이며 非吾家之所有也ㅣ니 願勿辭焉ᄒ소셔." 其後에 金哀子孫이 赫昌ᄒ야 冠冕於世矣러라.

### 152. 官至秋議ᄒ야 爲鬼女雪寃

金相國某ㅣ少時에 與親友數人으로 讀書於白蓮峯下映月菴이라. 一日은 親友ㅣ皆有故還家ᄒ고 夜深獨坐ᄒ야 明燈看書러니 忽有女人哭聲ᄒ야 如怨如訴에 從月菴後ᄒ야 自遠而近에 至於窓外而止어날 公이 怪之ᄒ야 端坐不動ᄒ고 問曰: "鬼乎아 人乎아?" 女人이 長吁而答曰: "鬼女ㅣ니이다." 公曰: "然則幽明이 有殊어날 安糅陽界오?" 女人曰: "吾有前生解寃事, 而非公則莫可解ᄒ야 欲訴寃而來로라." 公이 開戶視之ᄒ니 不見其處라. 有嘯於空中曰: "現影則恐致公驚이로라." 公曰: "第現之ᄒ라." 言罷에 一少婦ㅣ披髮流血, 而立於前이라. 公曰: "訴何寃乎아?" 女人曰: "吾乃譯官之女也로 嫁于某驛官이러니 新婚未幾에 家夫ㅣ惑於淫婦ᄒ야 罵我毆我ᄒ며 末乃信其淫婦之讒ᄒ야 謂我有鶉奔之行ᄒ고 夜半에 以劍刺我ᄒ야 棄之於映月菴絶壑之間ᄒ니 人無知者라. 紿吾父母曰: '淫奔而去.' ᄒ니 吾ㅣ誤死於非命도 固寃也오 又蒙不潔之名ᄒ니 千古泉壤에 此寃를 難洗로라." 公曰: "寃鬼는 雖可矜惻이나 吾何以解之오?" 女人曰: "公이 某年에 必登科ᄒ야 歷某職ᄒ며 某年에 必爲秋曹參議ᄒ리니 秋曹는 刑獄之官也ㅣ니 解寃이 豈不易哉아?" 仍辭去ᄒ다. 翌朝에 潛視絶壑之間ᄒ니 果有一女屍ᄒ니 昨夜所見者也ㅣ라. 鮮

血이 淋漓ㅎ야 有若新死者然이어날 返而讀書ㅎ고 秘不發說ㅎ다. 後에 果如其言ㅎ야 登科歷某職ㅎ고 至秋議라. 公이 記得寃女之訴ㅎ야 卽赴衙設坐起ㅎ고 捉來某譯ㅎ야 訊問曰: "汝知映月菴寃死之人乎아?" 其人抵頭어날 遂與之共往映月菴ㅎ야 檢驗其屍ㅎ니 其人이 語塞卽服이라. 遂招寃女之父母ㅎ야 使之埋葬ㅎ고 其譯則置之辟ㅎ다. 當夜에 公이 又入映月菴ㅎ야 秉燭獨坐러니 其女ㅣ 泣謝於窓外ㅎ니 整其鬟髻ㅎ며 衣服이 楚楚ㅎ야 非復舊日容也ㅣ라. 公이 使之近前ㅎ고 更問前程ㅎ되 女人曰: "公이 某年某職이오 某時某事ㅎ야 位至大官, 而某年에 爲國辦死然後에 令名이 無窮ㅎ며 子孫이 大昌矣라."ㅎ고 仍辭去ㅎ다. 公이 默檢平生ㅎ니 若合符契ㅎ야 果於某年에 終死[60]於國事而永垂令名이러라.

### 153. 新婦ㅣ救出打殺之婢ㅎ고 山僧이 奔哭占新山

韓安東光近이 世居世郊라. 其祖父生時에 家産이 稍饒ㅎ야 婢僕之侈盛이 甲於一邑矣라. 有一悍僕이 侵辱其韓安東祖父, 則其爲上典者ㅣ 寧不憤切哉아? 當其打殺之際에 厥僕이 逃走어날 移其憤於厥僕之婦ㅎ야 囚之於內庫中ㅎ니 此時는 方其子婦聘禮之日也ㅣ라. 如是吉日에 不得用刑ㅎ고 姑俟之經禮後打殺厥婢爲計ㅎ다. 新婦ㅣ 初來ㅎ야 夜長更深에 自外聞之ㅎ니 有涕泣哽咽之聲ㅎ야 數夜不絶이라. 縱以三日新婦樣子로 心甚爲訝ㅎ야 追尋則自庫中出矣ㅣ요 牢鎖堅閉ㅎ야 不可闖入이라, 乃親拔鎖鑰ㅎ고 開門而入, 則厥婢急驚畏縮, 曰: "小人이 不知死而暫泣ㅎ니 知罪知罪로소이다." 新婦曰: "汝是何人고? 連夜爲此悲泣於庫中耶아?" 答曰: "小人之

---

[60] 死: 저본에는 '事'로 나와 있으나 의미상 바로잡음.

夫는 某也러니 日前에 大辱老生員主호고 卽地逃躱故로 老生員主
ㅣ以夫之罪로 反囚小人於庫中호야 以待阿只氏聘禮經過호야 卽爲
打殺爲敎호니 姑爲待命이오 此小人則已矣라. 不以爲痛, 而第所悲
者는 所抱孩子ㅣ今經二七日호니 若小人이 死則可憐此生이 亦從
而死故로 如此情景을 思之호면 不覺哽咽之泣이 自然出矣ㅣ니 如
斯之外에 更無他罪矣니이다." 新婦聞來에 藹然之端이 隨感而發이
라. 於是에 謂厥女曰: "吾는 昨日新來新婦也ㅣ라. 吾ㅣ今出送汝矣
리니 汝須遠逃호야 保生이 如何오?" 厥女曰: "小人則生出이 好矣
어니와 阿只氏罪責은 想不少矣리니 不敢云云."호디 新婦曰: "吾則
自有防塞之道호니 汝는 勿爲多語而出去也호라." 厥女ㅣ於是에 出
走호다. 及其數日에 聘禮를 已經, 而老生員이 宿憤이 尙存于中호
야 大坐高軒호고 捉出所囚之婢, 則仍無形迹이요 空鎖庫門耳라.
老生員이 大鬧一場에 渾室이 將至生死라. 新婦於是에 唐突自現호
야 具狀其出送之端호니 老生員이 聞雖憤矣나 事旣至此호니 亦無
奈何라. 伊後幾許年에 家計漸銷호야 老人이 已爲謝世라. 其後에
新婦ㅣ有子二人호니 俱有才華호고 家則甚貧이라. 昔之新婦, 今當
老死호야 方其擧哀發喪之日에 忽有一箇僧漢이 呼哭而入호 直伏
場內호고 哀哭甚切호니 一室이 以爲惝慌이라. 厥僧이 哭訖에 二棘
人이 問曰: "汝是何僧인디 敢入哭於士夫家喪事乎아?" 厥僧이 涕
泣而道之曰: "小人은 某也之子오 某婢之子也로소이다. 小人이 幸
蒙大夫人抹樓下德澤호야 至今生存, 則當此之時호야 敢不奔哭乎
잇가? 然則小人은 卽宅奴子也ㅣ니이다." 二棘이 聞之호니 自幼로
有某奴之誑辱逃走, 則伊時庫中小兒ㅣ乃是厥僧也ㅣ라 相顧嘿視
而已러라. 後數日에 尙留廊下러니 忽報曰: "喪制主ㅣ當此巨創호
야 成服을 已經호니 襄禮는 何以拮据잇가? 小人이 有所稟白者故

耳니이다." 二棘曰: "宅舊山에 已無餘麓之可占이오 家計且貧호니 難營新占호야 此是吾之兄弟晝宵深慮也로라." 厥僧曰: "小人自庫中出後로 小人之母ㅣ 每抱哺撫育호야 自解語時로 必以抹樓下主 恩澤은 汝當報焉이라호며 母死已久矣로되 小人이 一聞此遺言以後로 落髮[61]爲僧호고 幸得神師揣宅之形勢호야 求占於三十里地호니 勿聽他師之言호고 用之, 則宅之福力이 必如意矣오 小人之債를 庶可了矣로소이다." 二棘曰: "然則何處耶아?" 厥僧曰: "自此로 渡一江, 則卽仁川地也ㅣ니 願與喪制主로 親往見之, 則自可辦矣리이다." 其翌日에 二棘人이 與厥僧으로 往見, 則厥僧이 指一蓬科, 曰: "此ㅣ是也니이다." 喪制曰: "此是古塚也ㅣ라 豈可毁用耶아?" 厥僧曰: "此는 乃古人之置標요 非塚也ㅣ니 幸勿疑焉호소셔." 喪人이 顧念勢貧호니 從他求山이면 有所窘迫이라 仍從渠言葬之, 則果是麗朝埋標也ㅣ라. 伊時葬畢後에 厥僧이 仍爲告曰: "在小人之道에 今已盡酬矣오 抹樓下主得入福地호니 幸莫大焉이라. 若過三霜, 則小喪制主는 文德이 稍優호야 若至十年, 則又登文科호고 其後則無限大昌矣리이다." 小喪制는 乃是韓光近也ㅣ니 果闡호야 癸巳文科요 累經淸秩호며 子孫이 繁赫이라. 壬子年間에 以安東倅로 忽逢嶺外地師호야 見其親山, 則是非紛然호야 將營緬禮홀시 卜日破壙之時에 自山上으로 見之, 則有一老禿僧이 手持白衲호고 呼手上曰: "勿毁少俟호라!" 大段呼聲而來호니 韓安東이 止其役事호고 待其上來, 則乃是向日占山僧也ㅣ라. 先爲問安後에 曰: "此山所를 胡爲而緬禮乎잇가?" 安東曰: "有灾害云耳라." 厥僧曰: "地中이 若安穩, 則令監은 放心乎잇가?" 曰: "然矣라." 厥僧이 卽於左傍에 鑿穴호고

---

61) 髮: 저본에는 '以'로 나와 있으나 『기문총화』에 의거함.

令令監으로 入手曰: "如何오?" 安東曰: "果有吉氣오 似無灾害로라." 厥僧曰: "必速封ᄒᆞ고 永爲放心ᄒᆞ며 勿營緬禮ᄒᆞ소셔." 仍謝去曰: "今春夏間에 令監이 必有眼患이오 此後則更勿望리이다. 此山所ㅣ 若無毁破, 而穩過一紀면 其爲發陰이 有不可量이나 今至於此는 莫非宅之門運也ㅣ니이다." 其後, 厥僧之言이 果如左契러라. 安東이 以壬子秋運氣之後로 竟以眼疾蔽明이라가 不久而死焉이러라.

### 154. 移盡兩家財ᄒᆞ야 負擕入桃源

李東皐의 傔人에 有皮姓者ᄒᆞ니 東皐自少至老로 使爲侍令이라. 皮傔이 無他子, 而只有一介女ᄒᆞ니 稍長에 每曰: "小人이 只有一女ᄒᆞ니 將得贅婿ᄒᆞ야 以爲依托之計호ᄃᆡ 郎材는 專望大監分付矣로소이다." 皮女ㅣ 年方二八이로ᄃᆡ 東皐ㅣ 終無如許之說이러니 一日은 自闕歸來ᄒᆞ야 卽坐定後에 急呼皮傔, 曰: "今朝에 得汝婿材ᄒᆞ니 必速招來ᄒᆞ라." 卽呼下人, 曰: "汝ㅣ 今去六曹街上京兆府前에 有一總角ᄒᆞ야 掩空石而坐者를 必須呼來也ᄒᆞ라." 下人이 卽去, 則果有矣라 以李政丞大監分付로 招汝來니라. 厥童曰: "政丞大監이 不必招吾오 吾則吾自爲之호리라." 固辭不來ᄒᆞ니 下人이 無可奈何ᄒᆞ야 空來어날 童曰: "東皐ㅣ 必然如是也ㅣ라." 又遣旗手數人招來, 則始來矣라. 東皐ㅣ 分付曰: "汝欲娶妻乎아?" 厥童曰: "別無意娶妻矣로소이다." 東皐ㅣ 力勸得諾ᄒᆞ다. 皮傔이 在傍見之라가 不勝駭然이나 東皐ㅣ 旣爲分付ᄒᆞ니 不得已邀去ᄒᆞ야 置之廊底ᄒᆞ고 洗滌而以副衣로 着之ᄒᆞ다. 東皐ㅣ 又分付皮傔曰: "不卜日而明日過婚ᄒᆞ라. 若過數日이면 必失之ᄒᆞ리라." 皮傔이 果以翌日로 醮禮成婚ᄒᆞ니 渾室이 莫不掩鼻而笑之러라. 厥童이 少無愧色ᄒᆞ고 一自娶妻後로 不出越房ᄒᆞ야 奄作一箇懶漢爲三年이라. 一日은 皮婿ㅣ 忽起, 洗滌着巾

ᄒᆞ니 渾室이 爲訝曰: "今日에 胡爲而洗梳耶아?" 答曰: "今日則大監이 必來矣라." 俄而, 門外에 有辟除之聲이러니 大監이 果入門矣라. 問曰: "汝婿ㅣ 安在오?" 直入越房ᄒᆞ야 握皮婿手, 曰: "何以爲之오 何以爲之오? 專恃汝矣라." 皮婿ㅣ 答曰: "天運也ㅣ니 奈何오?" 東皐曰: "汝必救濟汝之妻眷ᄒᆞ고 伊時에 吾之家眷도 同爲救濟ᄒᆞ라." 皮婿曰: "且看來頭오 如何ᄂᆞᆫ 不可質言矣니이다." 如是數談에 東皐ㅣ 卽去ᄒᆞ다. 伊後一室이 以是爲怪ᄒᆞ야 其所接待ㅣ 稍優於前矣라. 一夕에 皮僚이 歸來ᄒᆞ야 方入門에 其婿急呼曰: "丈人은 勿脫衣ᄒᆞ고 卽去大監宅ᄒᆞ야 以終大監捐命ᄒᆞ소셔." 丈人曰: "吾ㅣ 俄者에 盡布衾褥而來오 大監이 吸烟草而坐ᄒᆞ야 與客으로 談話어날 是何說也오?" 婿曰: "急去急去ᄒᆞ소셔!" 丈人이 如其言ᄒᆞ야 卽入大監寢房ᄒᆞ니 已無及矣라. 少焉에 別世러라. 其來見時에 連聲何以爲之者ᄂᆞᆫ 身後에 有龍蛇之厄運故也ㅣ라. 東皐死後三年에 皮婿ㅣ 忽請其丈人, 曰: "吾之一入君門에 無所事爲ᄒᆞ니 政難消遣이라, 幸望丈人은 以數千金備給, 則將爲販賣也ㅣ니이다." 丈人曰: "君言이 似然矣ㅣ라." 得給數千金ᄒᆞ니 仍爲持去ᄒᆞ고 不過三四朔에 空手歸來, 曰: "今行良貝ᄒᆞ니 又備五六千數라야 當爲善販矣니이다." 丈人이 又備給其數, 則不過五六朔에 又爲空來, 曰: "又爲良貝ᄒᆞ니 丈人家與田庄·汁物을 盡賣而給之, 則當有好道理ᄒᆞ야 大興販이니이다." 丈人이 一從渠言而給之ᄒᆞ고 以至借人屋子而居焉ᄒᆞ다. 其婿ㅣ 盡持去ᄒᆞ니 這間皮家之人交誚이 當何如哉아? 其婿ㅣ 又空來, 曰: "丈人所給錢을 盡狼貝見失ᄒᆞ니 幸使我로 見大監宅書房主, 則欲爲得錢ᄒᆞ야 更爲興販이니이다." 與丈人으로 遂往東皐家ᄒᆞ다. 皮婿ㅣ 見而問候ᄒᆞ고 先發五六千金拮据之請ᄒᆞᄃᆡ 東皐子弟一聞卽諾ᄒᆞ니 皮婿ㅣ 持去ᄒᆞ야 又如前空來, 而見東皐子弟所存에 如干家庄

鄕庄을 盡數斥賣ᄒᆞ야 作錢請貸去云云ᄒᆞ니, 東皐子弟, 亦無一言苦色而諾之ᄒᆞ고 以某月備送으로 爲約ᄒᆞ야 乃盡持去ᄒᆞ다. 伊後四五朔而來ᄒᆞ니 自初運錢이 計其年數, 則五年矣라. 會其丈人與東皐子弟, 言曰: "吾ㅣ兩家財産을 盡爲良貝消融ᄒᆞ고 到今則無辭可答ᄒᆞ니 幸望兩家家眷은 與吾로 同去鄕中ᄒᆞ야 以爲資生이니이다." 兩家ㅣ一齊曰: "諾다."ᄒᆞ니 蓋其有東皐之遺訓故耳라. 卜日ᄒᆞ야 兩家家眷에 無老少兒穉之漏ᄒᆞ고 盡備牛馬ᄒᆞ야 騎之駄之ᄒᆞ고 向東門出去ᄒᆞ다. 行行屢日에 忽抵峽中ᄒᆞ니 路盡山窮이오 高峰反壁이 當前이라. 到此ᄒᆞ야 解送所騎駄牛馬ᄒᆞ고 兩家家眷이 下坐山下ᄒᆞ야 只爲相顧而涕矣러니 少焉에 石壁上에 掛正練數百條矣라. 盡把那正練ᄒᆞ고 一齊而上, 則其山之下ㅣ一望平夷ᄒᆞ고 有瓦屋數處요 雞犬聲이 相連ᄒᆞ야 奄成一小郡邑樣ᄒᆞ니 一瓦屋은 各爲分處ᄒᆞ고 有鹽醬與倉儲之粟ᄒᆞ니, 於是에 始知向日運錢之妙理也ㅣ라. 兩家ㅣ春耕秋穫ᄒᆞ야 鄕居滋味, 雖爲安穩이나 然이나 東皐子弟ᄂᆞᆫ 素是京華宰相子弟라 每有懷土之哀ᄒᆞ야 有時言之ᄒᆞ다. 一日은 皮婿携上高峯ᄒᆞ야 指示一處, 曰: "去年에 兵禍ㅣ大起ᄒᆞ야 朝鮮生民이 盡在塗炭ᄒᆞ고 犯入京城에 大殿이 今已播遷ᄒᆞ니 如斯之時에 宅在京城, 則其能保存乎아? 小人이 幸逢大監ᄒᆞ야 以至婚媒之境ᄒᆞ며 大監이 親枉ᄒᆞ야 勤托書房主兄弟ᄒᆞ니 以有此桃源之排置也로소이다." 於焉之間에 爲八九年於山中矣라. 皮婿曰: "書房主ㅣ欲永居此乎잇가?" 曰: "願居此中ᄒᆞ야 以送歲月也로라." 曰: "不然ᄒᆞ다. 若書房主ㅣ永居此中이면 必爲凡民이라. 大監이 立朝事業이 終歸泯滅이오 今則兵難이 旣定ᄒᆞ야 一國이 頗乾淨ᄒᆞ니 不如還出世上이오." 皮同知ᄂᆞᆫ 以爲, "吾無他子弟오 只有一婿ᄒᆞ야 吾今老矣라. 無意出世오 欲爲老死於此中이로라." 婿曰: "然矣라."ᄒᆞ고 遂率東皐子弟家眷ᄒᆞ

야 直出來, 到忠州邑內南山底, 曰:"此基地甚好라 後孫에 必有積累요 兼有科慶ᄒ야 簪纓이 連綿ᄒ리니 勿移他處ᄒ고 永爲奠居ᄒ소셔." 卽爲回去焉이러라.

### 155. 樵夫ㅣ開壁待酒肉ᄒ고 將軍이 入山學劍術

林將軍慶業이 微時에 居於達川ᄒ야 時時以馳獵으로 爲事라. 一日은 逐鹿ᄒ야 至太白山中ᄒ니 日將夕矣오 路且窮焉ᄒ며 叢薄菀密ᄒ고 巖壑이 傾仄이라. 遇一樵夫ᄒ야 問人家ᄒᆫ디 曰:"自此로 越一崗, 則其下에 有人家ㅣ니이다." 林公이 從其言ᄒ야 越崗而見, 則果有一大瓦家라. 於是에 林公이 直入大門, 則日已昏暝ᄒ야 東西를 莫辨이오 絶無人響ᄒ니 乃一空舍也ㅣ라. 林公이 終日山行에 氣力이 甚憊ᄒ야 仍得門內一間房ᄒ야 以爲寄宿할시 解衣獨臥러니 忽窓外에 有火光來照어날 心以爲疑ᄒ야 必是木怪之火라. 忽開門而問曰:"君이 止宿於此房乎아!"ᄒ니 此人은 卽俄者樵夫也ㅣ라, 曰:"得饒飢乎아?" 曰:"未也로라." 樵夫ㅣ入ᄒ야 開壁藏ᄒ고 以酒肉給之, 曰:"必盡喫也ᄒ라." 于時, 林公이 腹甚空矣라 仍盡喫ᄒ고 與樵夫로 數語未了에 樵夫ㅣ復開壁藏ᄒ고 出一長劍이어날 林公曰:"是何物也오? 欲試於吾耶아?" 樵夫曰:"否也ㅣ라. 今夜에 有所可觀ᄒ니 君能見之否아?" 曰:"如敎호리라!" 時에 夜未半이어날 樵夫ㅣ携劍ᄒ고 與林公으로 向一邊去ᄒ니 重重門戶요 沈沈樓閣이 逶迤去來ᄒ고 有燈影照池ᄒ고 池中에 有一高閣ᄒ며 其上에 笑語爛漫ᄒ니 映窓所照, 乃是二人對坐影也라. 樵夫ㅣ指池邊亭亭樹, 曰:"君必上此樹ᄒ야 須解帶與枝結身, 而愼勿聲也ᄒ라." 林公이 乃如約ᄒ다. 樵夫ㅣ超入閣中ᄒ야 三人이 同坐ᄒ야 或飮或語라. 樵夫謂何許男子曰:"今日에 旣有約ᄒ니 以爲決斷이 如何오?" 彼男

子曰: "然矣라." 同起推門, 而超騰池上, 則空中에 但聞閃爍刀環聲이라 如是者ㅣ久라. 林公이 於樹上에 寒氣逼骨ᄒᆞ며 身不能安住ᄒᆞ니 寒氣ᄂᆞᆫ 乃是劍氣也라. 忽有某物이 墜地響이어날 卽聞下來語ᄒᆞ니 乃是樵夫聲也ㅣ라. 伊時에 寒粟이 少解ᄒᆞ며 精神이 頓生이라. 林公이 下樹來ᄒᆞ니 樵夫仍挾, 而偕入閣中, 則中有嬋娟美人이라. 樵夫曰: "以汝么麽之女로 害此世上大用之材ᄒᆞ니 汝罪ᄂᆞᆫ 汝亦知矣라." 謂林公曰: "君以如干膽勇으로 不必出現於世오 吾今許君以如彼之色과 如此之屋ᄒᆞ니 山中閑靜之地에 以送餘年이 如何오?" 林公曰: "主人此夜之事ᄂᆞᆫ 都不可知니 願得詳聞而後에 惟君之命호리라." 樵夫曰: "吾非常人이오 乃是綠林豪客也ㅣ라. 累年에 排置如此屋을 全一壑ᄒᆞ야 道道有之ᄒᆞ고 必置一箇美娥, 而彼隨隙潛奸於俄者所死男子ᄒᆞ야 反欲害我ㅣ 非一非再故로 吾不得已有俄者光景也ㅣ라. 雖殺彼客이나 彼娥를 豈忍殺之아? 以此邱壑을 與彼娥許君者ㅣ 良有以也로라." 林公曰: "彼男子ㅣ姓甚住甚고?" 曰: "彼亦是兩國大將材也ㅣ니 南大門內折草匠也ㅣ라. 乘昏而來ᄒᆞ고 當晨而去를 吾已知之라. 男子之貪花와 女子之貪香은 不必盡責이오 吾謹避之러니 渠爲妖媚之所諭ᄒᆞ야 必殺吾乃已ᄒᆞ니 吾之此擧ㅣ 豈吾之本心哉아?" 仍爲一場大哭, 曰: "自吾手로 殺大男子로다." 又曰: "君且思之ᄒᆞ야 一從吾言ᄒᆞ고 勿爲世間半上落下之事也ᄒᆞ라. 自有天運之所關ᄒᆞ니 必不如意오 徒勞而已니라." 林公이 一向掉頭ᄒᆞ니 樵夫曰: "已矣已矣라!"ᄒᆞ고 卽旋劍ᄒᆞ야 斷彼娥之頭ᄒᆞ고 其翌日에 樵夫曰: "君이 頗有可用之材라 男兒出世에 劍術은 不可不知니라." 林公이 學劍術ᄒᆞ야 不過五六日, 而其神妙變幻之術을 未得盡透나 得其糟粕而來라. 樵夫ㅣ先知丙子事, 故如是耳라.

### 156. 救活都統ᄒᆞ고 願見一色

李提督東征時에 多月逗遛하야 金浦琴姓女人이 親近, 而回軍歸路에 與金姓譯人으로 爲龍陽之寵ᄒᆞ야 晝宵相昵, 則金譯이 年纔二十에 丰茸有美色이라. 言必從計必用ᄒᆞ니 其親愛을 可知라. 渡鴨江時에 軍粮幾許을 以某日輸運于山海關之意로 發文于遼東都統이러니 伊時提督이 渡江ᄒᆞ야 方向柵門ᄒᆞ니 運粮이 違令矣라. 提督이 大怒ᄒᆞ야 將行軍律於都統할시 都統이 有三子ᄒᆞ니 長則時任侍郎이오 次則爲庶吉士오 第三子ᄂᆞᆫ 以神異之僧으로 皇帝待之神師ᄒᆞ야 起別院於大內而置之ᄒᆞ니 若肅宗之居鄴侯於蓬萊也ㅣ라. 伊時, 三子ㅣ 聞其事ᄒᆞ고 俱爲來會於其父ᄒᆞ야 相議紓危之策홀시 神僧曰: "有妙計로다." 於是에 邀見金譯ᄒᆞ고 三人이 合席請曰: "父親이 此不幸ᄒᆞ야 萬無生路ᄒᆞ니 惟望君은 爲吾等ᄒᆞ야 善辯解紛也ᄒᆞ라." 金曰: "顧以外國幺麽之蹤으로 何敢干天將軍紀乎잇가? 所懇이 若是鄭重ᄒᆞ니 聽不聽은 在人이라 第當從容言之ᄒᆞ리이다." 卽入來ᄒᆞ니 提督曰: "彼之邀汝ㅣ 有何酬酢고?" 金이 言其顚末之如許ᄒᆞ니 提督이 良久에 曰: "吾ㅣ 橫行戰場에 未嘗從私人之一言이러니 今汝ㅣ 以幺麽之蹤으로 受如彼貴人之懇托, 則汝之爲吾緊切을 可知矣오, 且吾ㅣ 入來에 無以生色於汝ᄒᆞ니 吾必從汝言矣라." 金이 出見三人ᄒᆞ고 盡告提督所言ᄒᆞ니 三人이 竝稽首再拜, 曰: "君之德은 河海也라 何以報焉고?" 金則不以爲德이러라. 三人曰: "君以年少로 想有意於寶貝玩好ᄒᆞ리니 未知何如오?" 曰: "吾雖妙年이나 素以儉質存心ᄒᆞ고 家且不貧ᄒᆞ야 未嘗留心於玩好也ㅣ니이다." 三人曰: "君是朝鮮國一譯官이라 自上國으로 命君爲爾國之政丞이 如何오?" 曰: "我國이 專尙名分, 而吾則中人也ㅣ라 若爲政丞, 則必以中人政丞으로 指之ᄒᆞ리니 反不如不爲也ㅣ라." 三人曰: "以君으로

爲大國高官崇秩이면 乃爲中原高門大家之族이라 何如오?" 曰: "吾
父母俱存ᄒ니 離闈情迫이라 惟願速還이니 提督回軍之後에 卽令
還歸ᅵ 是爲大惠니이다." 三人曰: "吾輩ᅵ 酬恩은 不必更言이니 惟
君은 必言其所願也ᄒ라." 三人이 勤勤懇懇ᄒ니 金이 發口而言曰:
"吾平生所願이 願一見天下一色矣로다." 三人이 聞之ᄒ고 默然良
久에 神僧曰: "然矣然矣라." 二人이 從而許之, 曰: "然矣라." 如是
而散ᄒ다. 金이 入見提督ᄒ니 提督이 問曰: "汝ᅵ 以何所願而言乎
아?" 金曰: "願一見天下一色으로 爲言矣로소이다." 提督이 蹶起執
手, 曰: "汝非小國人物이라 何其言之大也오? 然則彼皆許之乎아?"
曰: "許矣로소이다." 提督曰: "彼ᅵ 從何而得來오? 此是雖皇帝之貴
라도 不可見矣니라." 金이 仍隨提督ᄒ야 入皇城ᄒ니 三人이 來邀어
날 金이 往則三人曰: "勿歸ᄒ고 以永今夕ᄒ라." 茶罷少焉에 渾室香
薰이 襲人이오 園門開處에 粉黛數十人이 或持香燭ᄒ며 或捧紅帕
床ᄒ고 兩兩而出ᄒ야 排立堂上ᄒ니 以金所見으로 無非傾國之色이
라. 旣已見之ᄒ고 欲起還歸호ᄃᆡ 三人曰: "胡起오?" 曰: "吾ᅵ 旣見
天下一色ᄒ니 不必留矣로라." 三人이 笑曰: "此是侍兒니 豈得爲天
下一色乎아? 今出來니라." 須臾에 園門이 大開ᄒ며 一朶蘭麝之薰
이 濃郁이러니 侍女十餘ᅵ 擁後而出ᄒ야 上堂ᄒ니 凝粧粉脂로 一塊
坐於交子上이라. 三人이 與金譯으로 亦排坐交子ᄒ야 問金曰: "此
ᄂᆞᆫ 眞君所願見天下一色也ᅵ니라." 金이 目無見ᄒ야 不知爲何狀也
ᅵ라. 三人曰: "今宵에 君必與此로 爲雲雨之會ᄒ라." 金曰: "吾ᅵ 願
一見, 而不願爲洞房之親也로라." 三人曰: "此何言也오? 吾輩ᅵ 受
恩於君이오 君이 旣願見一色이기로 吾輩ᅵ 雖磨骨割肉이라도 豈可
不聽乎아? 第二色第三色은 不難得來요 至於天下一色ᄒ야ᄂᆞᆫ 雖天
子之勢라도 實難得來라. 年前雲南王이 有仇於人, 而吾輩爲之報

仇러니 其王이 方酬恩이오 君旣願見一色, 而其王之女ㅣ 天下第一色也ㅣ라. 向者, 吾輩之良久曰'然'은 以是故耳러니 自君別來로 吾輩送媒於雲南王ᄒᆞ니 王亦許之라. 及君入京에 彼姬를 率來ᄒᆞ니 這間折千里馬者ㅣ 三이오 費銀子數萬이라 以其雲南이 距京三萬里之遠也ㅣ라. 今此相會ᄒᆞ니 君은 卽男子요 彼은 卽女子라 若爲一見而散, 則彼之深閨畏人之行이 果何如오? 勿復爲辭ᄒᆞ고 今夕에 爲合졸之禮ㅣ 亦不宜乎아?" 金이 仍留宿ᄒᆞ다. 其夜共牢에 蠟燭이 成堆ᄒᆞ고 麝熏이 襲裾라 眼花迷離에 見而不見ᄒᆞ야 少狂蝶探花之心이오 無鴛鴦弄波之聲이라. 三人이 自外窺見ᄒᆞ니 攄得其如此沒風致라 呼金而出, 曰: "合歡之樂이 何其寥寂也ㅣ리오?" 出樏子置前, 曰: "喫此ᄒᆞ라!" 此乃蜀山紅橘也ㅣ라 喫而入房ᄒᆞ니 眼明神爽ᄒᆞ야 彼姬之毛髮頂踵이 瞭然可視라. 經夜而後에 三人이 已來待矣라 問金曰: "彼姬를 何以區處오?" 曰: "顧以外國之蹤으로 今當猥恩ᄒᆞ니 來頭之事ᄂᆞᆫ 不預料로라." 三人曰: "君이 幸以奇耦로 得此天下之一色ᄒᆞ니 豈可一會而散乎아? 君以外國之人으로 兩親을 離闈ᄒᆞ야 仍爲居此偕老ㅣ 義亦不可오. 吾等三人이 旣蒙君之厚恩ᄒᆞ고 姬在上國, 則每年正使之行에 以譯任으로 必隨入來ᄒᆞ야 一年一逢에 若牛女七夕之會ㅣ 不亦爲美事耶아?" 金譯이 如其言ᄒᆞ야 自幼至老에 以譯任으로 每年一會行樂ᄒᆞ고 終有一箇男子ᄒᆞ야 金之後裔ㅣ 大昌于燕京焉이러라.

## 157. 押伏大虫ᄒᆞ야 分付渡海

李參判堨ㅣ 有膂力ᄒᆞ야 近於神勇이라. 大抵李公之勇은 可謂蓋世絶倫也ㅣ니 少時에 與儕로 同上白雲臺ᄒᆞ야 前下者ㅣ 躓足於巖上ᄒᆞ야 鑿路將落於萬仞之下어날 李公이 卽飛下挾, 而置之於巖上이

러라. 肅廟時에 湖南에 有神虎ᄒᆞ야 日傷數百ᄒᆞ니 所傷이 爲萬餘라. 一道ㅣ 慄慄ᄒᆞ야 自朝家로 以至送營門砲手로되 終不可捉矣라. 李公이 於是에 以廟薦으로 別擇ᄒᆞ야 特除道伯ᄒᆞ고 以捉虎次로 下來ᄒᆞ야 方抵陵隅店, 則公이 棄轎ᄒᆞ고 忽於去路上에 携一知印而下坐ᄒᆞ니 一行이 見之ᄒᆞ고 盡下馬問候ᄒᆞ고 莫知其所然이라. 公이 咄嗟曰: "幾失我知印也ㅣ로다! 吾ㅣ 坐轎中見之, 則厥虎捉知印而去故로 吾ㅣ 卽逐奪而來로라." 到營後三日에 分付于一營曰: "今夜無擧火ᄒᆞ고 各廳이 無相來往ᄒᆞ며 勿爲雜談喧譁也ᄒᆞ라." 初更時에 公이 背上衣宕巾ᄒᆞ고 出坐宣化堂交子上이러니 俄有倏忽之影이라 已而場中에 有墮物之聲ᄒᆞ고 有物黑窣地ᄒᆞ야 完如伏地也ㅣ라. 公이 坐而從容諭之, 曰: "汝之害傷於我國者, 莫非有運於其間也ㅣ라. 汝旣如此ᄒᆞ니 久留, 則我ㅣ 自有處置之道ㅣ리니 汝必斯速渡海去也ᄒᆞ라. 汝欲去, 則必須擧頭叩地也ᄒᆞ라." 於是에 大虫이 叩地搖尾러니 頃刻에 不知影響矣오 更無虎患於一道矣러라.

## 158. 有恩申童이러니 其祖ㅣ 變通于冥府ᄒᆞ야 以添其壽

南斯久允默의 長子某爲御營軍官ᄒᆞ야 積年勤仕로 出監鳳山郡屯, 則打稻場에 有一總角ᄒᆞ니 雖執農業이나 容貌ᄂᆞᆫ 乃是班脈也ㅣ라. 心甚憐之ᄒᆞ야 叩其來歷, 則曰: "姓申이니 本是班家子孫으로 居于延安이라가 年前에 以歉荒으로 渾家ㅣ 散之四方ᄒᆞ야 至於此境云矣라." 南이 聞其言ᄒᆞ고 矜惻之ᄒᆞ야 三年往監에 別加斗護ᄒᆞ고 助婚而成娶ᄒᆞ며 又給好庄ᄒᆞ야 以至成家ᄒᆞ니, 由是로 申童이 成樣ᄒᆞ야 饒居矣라. 每秋에 申童이 細木一疋·綿絲二朶을 持來ᄒᆞ고 南亦厚報以送之러라. 一者에 南이 忽得運氣ᄒᆞ야 方其出汗之際에 症頗危重ᄒᆞ야 莫可回甦라. 昏絶半晌에 南이 忽長獻而翻身, 曰: "異哉

라!"ᄒ니 一室이 以爲神奇ᄒ야 在傍問曰: "胡爲而謂異也오?" 南曰: "米飮을 速進也ᄒ라!" 飮後에 坐敍冥府事, 曰: "吾ㅣ爲二鬼卒所驅去ᄒ야 忽至一官府, 則樓臺宏壯ᄒ고 使令이 雜畓ᄒ야 有非人間所覩者라. 二鬼卒이 使立於門外而入去러니 俄有一人이 自內出, 問曰: '子非京居之南某乎아?' 曰: '然矣라.' 其人曰: '我則鳳山某村申童某之祖父也라. 冥冥之中에 感君이 施惠於孫兒ᄒ야 以成家稍饒, 則幽明이 路殊에 末由酬恩이러니 今君이 年限算滿ᄒ야 冥官이 送差捉來ᄒ니 卽吾含珠結草之時也ㅣ라. 俄者府中에 有變通ᄒ야 今此還送人間ᄒ니 君須愼重出去也ᄒ라.' 卽招閽者ᄒ야 分付按送ᄒ니 似是冥府一官員也ㅣ라. 今吾ㅣ還生ᄒ니 莫非某也祖父之德也ㅣ라." 仍爲出汗, 而無事出場也이러라.

### 159. 徹婦ㅣ知機ᄒ야 入山避禍

嶺南某郡에 有一士人ᄒ니 年至四十餘에 有獨子遭慽ᄒ니 心魂이 不定에 如癡如狂이라. 一日은 坐於堂上이러니 有過客入來ᄒ야 見主人氣色之慘然ᄒ고 問曰: "何以色不平也오?" 主人이 以見慽으로 對ᄒᆫ디 答曰: "然則君之先山이 在於何處오?" 曰: "在家後也로라." 客曰: "願一見ᄒ노라." 主人이 遂與之往見ᄒ니 客曰: "此山이 不吉ᄒ야 當此變喪也ㅣ로라." 主人曰: "如何得吉地乎아? 且吾夫妻ㅣ俱爲斷産之境ᄒ니 有福地, 則可得續嗣乎아?" 客曰: "入洞口ᄒ야 見一處ᄒ니 可合意라 惟君은 掃萬行緬禮焉ᄒ라." 客이 再三力勸ᄒᆫ디 主人이 果行緬禮ᄒ다. 數月後에 士人之妻ㅣ死焉ᄒ니 士人이 又喪配ᄒ야 悲悼凄楚에 不幸中家計稍饒라. 卽爲再醮聘歸ᄒ니 向者過客이 又來先問曰: "其間喪配再醮乎아?" 主人曰: "聽君之言이라 以至喪配어날 有何顔色而問之乎아?" 客이 笑曰: "有今日之慶

故로 有向日之禍矣라." 仍爲留連數日에 語主人曰: "某夜犯房이면 必爲生男ᄒ리라." 臨發에 留期曰: "某月에 生男ᄒ리니 伊時에 吾復 來見矣라." 其後에 果如其言ᄒ야 生男ᄒ니 客이 又來ᄒ야 大喜升 堂, 曰: "主人은 生男乎아?" 曰: "然矣로라." 坐定에 先見新生兒四 柱, 曰: "此兒ㅣ 必長壽善養也ㅣ라 其婚處ᄂ 吾ㅣ自居媒矣리라." 其 兒ㅣ 稍長ᄒ야 年至十四五에 客이 積年不來러니 忽自來到, 曰: "子 弟善長否아?" 卽呼來見之ᄒ니 客曰: "主人이 能記此兒新生時媒婚 之說乎아?" 主人曰: "年久之言을 果依俙耳라." 臨發에 請柱單ᄒ니 主人이 以其言之自初至終에 如合符契로 第書給矣라. 不久에 客이 又傳涓單이라, 主人이 不問門閥之如何와 閨養之如何ᄒ고 少無疑 慮, 而與客으로 治婚行ᄒ야 發之一宿後에 漸入深谷中이어날 主人 이 顧謂客曰: "君何欺人之甚也오?" 客曰: "與君으로 有何含嫌而欺 之乎아?" 竟至一處ᄒ니 盤廻路轉ᄒ고 高峯上數間茅屋而已라. 其 日은 卽婚, 而場中에 略有舖ᄒ고 有一箇老人出接ᄒ니 乃是査頓也 ㅣ라 仍爲納幣ᄒ다. 醮禮後에 見新婦貌樣, 則萬不成樣ᄒ니 士人憂 色이 形外라. 査頓이 與客으로 言於主人曰: "大事를 幸而順過ᄒ야 女息을 旣爲結笄, 則不必久在於親家라."ᄒᄃᆡ 士人이 不得已ᄒ야 以客所騎馬로 載其新婦而來ᄒ니 渾家見之에 無不駭嘆ᄒᄃᆡ 新婦 ᄂ 少無變色ᄒ고 只居一房ᄒ야 不干家産이나 然而其親家信息은 坐而知之라. 舅姑ㅣ以是爲怪, 而居媒之客은 經婚後一不來焉이 라. 一日, 舅姑相議曰: "吾輩ㅣ 今則老矣라. 升斗之出入과 田畓之 耕作이 正爲苦惱ᄒ니 專付兒子內外ᄒ고 吾之內外ᄂ 坐而食之ᄒ 야 以終餘年이 可也ㅣ라." 於是에 治家凡節을 付之兒子內外, 則新 婦ㅣ 少無謙言ᄒ고 不下堂ᄒ며 奴耕婢織을 指揮使役호ᄃᆡ 一無失規 ᄒ고 各得其度, 曰: '某日에 雨焉云.' 則雨ᄒ고, '某日에 晴焉云.'

則晴ᄒ야 農不失時ᄒ니 數三年間에 家産이 漸興이라. 於是에 一室
與隣里로 始知爲賢婦라. 新婦ㅣ 忽語其舅曰: "今則春秋ㅣ 已爲七
旬矣라 不必塊處無聊요, 日與洞中親知로 相會宴樂ᄒ소셔. 杯盤之
俱는 吾自當之ᄒ오리니다. 如是而好送歲月이 何如ᄒ니잇고?" 舅ㅣ
曰: "吾之願이 久矣로라." 一自其後로 堂中履舄이 交錯ᄒ되 濟勝若
流ᄒ고 進排如令이라. 於焉爲四年, 而家無片土ᄒ고 産業이 盡蕩
이라. 新婦ㅣ 語其舅姑曰: "今則家産이 蕩敗ᄒ야 已無餘地ᄒ니 此
處則不可久居ㅣ니 幸望搬移于吾之親家洞內면 自有生理之安矣리
이다." 其舅ㅣ 專信新婦ᄒ야 事無大小히 不得携貳, 曰: "若有好道
理, 則汝自爲之ᄒ라." 新婦ㅣ 於是에 盡賣家産與如干薄庄ᄒ고 率
其眷屬奴僕ᄒ야 陸續入來於其親家, 則向者居媒之客이 已待矣라.
其舅ㅣ 久居山中ᄒ니 不勝紆鬱之色이어날 新婦ㅣ 請與登山ᄒ니 山
外에 有彭鞈之聲이라. 其舅ㅣ 驚問曰: "此何聲也오?" 新婦曰: "倭
賊今戰于某邑故로 有此聲이니이다." 其舅曰: "吾洞은 何如오?"
曰: "吾之所居家ㅣ 已爲火燼ᄒ고 一洞이 或逃或死ᄒ야 近境이 盡
爲魚肉矣로소이다." 其舅曰: "然則汝ㅣ 先知有亂ᄒ고 見機而入山
耶아?" 新婦曰: "雖微物이라도 皆知天機ᄒ야 避風避雨어든 可以人
而不知哉아?" 八九年後에 又爲率眷出山ᄒ야 治産業農ᄒ니 後爲
成家러라.

### 160. 數千金으로 使免官通ᄒ야 以圖寢郞一窠於其父

安東姜錄事ㅣ 有二女子ᄒ니 爲甲乙而長矣러라. 姜之家業이 稍
饒ᄒ야 其女弟兄이 自齠齡으로 至出嫁에 每事를 相爲互勝ᄒ야 未
嘗有相負者矣요 以至生男生女에 必以供將이라. 長則嫁金姓ᄒ고
次則嫁安姓, 而金則門閥이 稍可ᄒ야 以爲司馬에 終至寢郞ᄒ고,

安則地閥이 少下於金호야 雖得爲司馬나 至於寢郞, 則無可爲之勢라. 安婦ㅣ以一事之不及於乃兄으로 終至絶食호야 無生意, 曰: "吾ㅣ自兒時로 至成嫁호야 未曾一事之有負於阿兄이러니 今以家長門閥之不逮로 有此不及於阿兄호니 吾復何面目生於世乎아?" 仍爲不食호니 其子ㅣ曰: "不必如是오 若與我數千金, 則自有父親初仕之道矣리이다." 其母ㅣ遂許之호다. 其子ㅣ翌日促裝而出호다. 伊時에 白休菴이 自湖南宰로 方爲銓曹亞堂호야 乘召上來라 將入店舍홀시 安生은 先入店次호고 休菴은 追後而入이라. 安生이 同坐一房호야 不以爲避러니 時至初昏에 門外에 有哀痛呼哭之聲호니 安이 問曰: "是何哭也오?" 僕曰: "某郡由吏ㅣ有待京耗於此러니 俄聞京耗之良貝호고 有此哀哭矣니이다." 安生이 招問其由, 吏則曰: "小人이 以某郡由吏之任으로 積年에 爲萬餘金之逋를 方收納홀시 將至盡納호야 今未備三千兩을 自京有所切緊許得諾故로 小人이 送子而來待此店矣러니 俄聞京報之狼狽호니 今若空還, 則闔門이 將至死境故로 不勝哀痛而哭也로라." 安生이 一聞默然良久, 曰: "三千兩錢이 不少也ㅣ라 數千金을 若備給, 則其餘는 汝可充備乎아?" 由吏曰: "若得數千金, 則其餘는 有某條充納之道矣니이다." 安生이 無一言牛辭호고 天然呼僕, 曰: "行中駄來錢二千兩은 盡爲出給某吏也호라." 休菴이 在傍이라가 見其措處之如許호니 不得不動心호야 問其所從來與其地閥, 則曰: "某州某姓人이로라." 問其行中錢所自出, 則曰: "以家計之不瞻으로 方爲推奴而來로라." 更問其先代之科宦, 則生이 以其父司馬로 言之라. 休菴이 詳問其父姓名호고 中心에 愛其少年之處事호야 入京後에 有當窠어늘 竟爲寢郞호디 其妻ㅣ竟使之不仕호니 然則高於金參奉一等也ㅣ라. 一日은 安生이 言於其母曰: "聞休菴白先生이 方在被謫호니 顧以平日受恩

은 不可不救之오 若費千餘金이면 庶可爲休菴地也ㅣ니이다." 其母ㅣ從其言ᄒᆞ니 安生이 上京行貨ᄒᆞ야 結曾經兩司一員호디 以爲切緊之間ᄒᆞ야 給其困窮ᄒᆞ니 臺官이 問曰: "我與君으로 素非親切之人인디 吾ㅣ賴君之濟急不少ᄒᆞ니 未知君有所關於我乎아?" 安生曰: "無所關也로라. 白某ㅣ與我로 有宿嫌ᄒᆞ야 方欲搆殺於士禍나 無便可乘이러니 幸逢君ᄒᆞ니 正是合意也라 吾ㅣ不惜千金ᄒᆞ고 托結者ㅣ此也로라." 臺官曰: "白某ㅣ有士林重望ᄒᆞ야 吾所宿慕어날 子之言이 得無誤耶?" 安生曰: "白某之陰譎은 君尙不知耶아? 方與外國人相通ᄒᆞ야 誘而入寇於朝鮮ᄒᆞ고 年年自海上으로 運送米穀ᄒᆞ니 此一事은 可謂大罪라 按君이 何爲靳之오?" 臺官이 信疑間에 旣聞此說ᄒᆞ니 不可不乃劾一奏疏호디 朝家ㅣ洶洶ᄒᆞ야 竟劾白某之情迹, 則乃是孟浪說也ㅣ라. 自上으로 判敎호디 以'白某之淸儉貧寒은 一世之所共知오 且忠義節行이 亦可蘊抱어날 其爲諦結外國, 而運送米穀者ᄂᆞᆫ 莫非搆捏造語라.' 爲先罪其言官ᄒᆞ며 以此推之, 則白某之符同趙某者ㅣ亦是糢糊不分明事ㅣ니 勿復擧論ᄒᆞ라. 己卯士禍ㅣ大起ᄒᆞ야 一時淸流ㅣ盡爲混入호디 休菴은 竟以安生으로 得免ᄒᆞ다.

### 161. 載寶贖父라가 以寶害命

仁祖朝時에 琉球國이 有亂ᄒᆞ야 虜其王而去ᄒᆞ니 其世子ㅣ載國中寶ᄒᆞ고 欲贖其父라가 漂到濟州ᄒᆞ니 牧使某ㅣ出見ᄒᆞ고 問舟中寶ᄒᆞ디 答以酒泉石·漫山帳이라ᄒᆞ니 石者ᄂᆞᆫ 方石一塊오 中央은 凹라 以淸水로 貯之ᄒᆞ면 卽變爲酒ᄒᆞ고, 帳者ᄂᆞᆫ 以蜘蛛絲로 染藥織成ᄒᆞ니 小張이면 不覆一間이오 大張이면 雖泰[62]山이라도 可覆, 而雨亦不

---

[62] 泰: 저본에는 '太'로 나와 있으나 의미상 바로잡음.

漏ᄒ니 眞絶寶也ㅣ라. 牧使ㅣ請之ᄒ되 世子ㅣ不許ᄒ니 牧使ㅣ圍捕 其世子ᄒ되 彼卽以石으로 投海라. 牧使ㅣ盡籍舟中餘寶ᄒ고 仍殺 之ᄒ니 臨死에 請筆硯ᄒ야 書一律, 曰: '堯語難明傑服身이라 臨刑 에 何暇訴蒼旻가. 三良入穴에 人誰贖ᄒ랴 二子乘舟에 賊不仁을. 骨暴沙場纏有草요 魂歸故國弔無親을. 竹西樓下滔滔水ᄂ 遺恨이 分明咽萬春을.' 旣殺ᄒ고 誣以犯境賊으로 啓于朝러니 後事露ᄒ야 幾死僅免ᄒ다.

### 162. 女稱富平金生이오 男貪花田芳香

世傳, '若通內侍之妻, 則登科云이라.' 趙相顯命이 少時에 聞其 言, 而欲一試之ᄒ야 使人居間, 而致意於壯洞一宦侍妻ᄒ니 其女ㅣ 許之라 約以某日에 內侍入番後에 潛來矣라ᄒ다. 及期委往ᄒ니 果 無人矣라, 仍與其女로 交歡而臥矣러니 夜將闌에 有開門聲, 而內 侍入來어ᄂ 趙相이 驚惶ᄒ야 莫知所爲러니 其女指之, 曰: "但坐此 ᄒ야 隨問酬答也ᄒ라." 已而, 宦者ㅣ着公服而入來라 其女ㅣ問曰: "大監은 何爲而夜出也오?" "適承命往毓祥宮이라가 歸路에 爲暫見 君而來矣로라." 仍顧見趙相, 而問曰: "此ㅣ何人也오?" 其女ㅣ笑 曰: "富平居吾之娚兄也로소이다." 宦者ㅣ致疑曰: "君是富平金生 乎아? 何不趁卽來訪, 而今始來며 何時入來乎아?" 曰: "今夕始來 矣로라." 伊時에 適有科期어ᄂ 宦者曰: "欲見科而來乎아?" 曰: "然 矣로라." 宦者ㅣ忽忽起, 曰: "吾今入去矣ㅣ니 須與君妹로 敍阻懷也 ᄒ라." 臨起에 托曰: "君於入場後에 必坐於薑田上, 則吾ㅣ當以水 刺茶啖退物로 給矣리라." 曰: "諾다." 宦者ㅣ出門後에 笑而與其女 로 同寢ᄒ고 至曉에 乃去ᄒ다. 數日後에 入場, 而慮其來訪ᄒ야 坐 於壯元峰下러니 見一內侍與紅衣者로 遍訪於場內, 曰: "富平金生

이 坐於何處云云."호디 諸人이 皆不知, 而趙相은 心獨知之라. 其人이 漸近호디 趙相이 掩面而臥호니 知舊在傍者ㅣ 嘲之, 曰: "汝是金生乎아? 何爲聞其聲而避臥也ㅣ리오?" 趙相이 不答而臥矣라. 其宦侍來訪而問之호니 傍人이 以弄談으로 指示曰: "此矣라." 宦者ㅣ 擧扇而見之, 曰: "君旣在此, 而雖是喧擾之中이나 何不應聲也오?" 自紅衣袖中으로 出果肴之屬而饋之, 曰: "以此로 作饒飢之資云云."호니 一接이 笑而趙相은 無一言矣, 果登是科호니 以此로 每每見嘲於親知中云云이러라.

### 163. 大失體禮와 不通下情으로 司啓遞伯

金鉉者는 英廟朝臺臣也ㅣ니 鯁直敢言호야 人이 號鐵令公이라호다. 宋淳明이 除箕伯호야 辭朝而出南門外호니 時有餞之者호야 盃盤이 豊厚호며 金鉉이 適在座同盃矣라. 掇床未幾, 而宋이 對坐客而言曰: "吾之姑母家在近호니 暫拜而來矣리니 可少坐焉호라." 仍出門而去라가 未幾還來호야 將欲發行호니 座客이 皆作別, 而金이 正色而言曰: "令監은 不可發行이오 頃遲焉호라." 宋曰: "何故也오?" 金曰: "令監이 以主人으로 不顧座上之客而出門호니 此則大失賓主之體禮也요 飮食을 出給下隷, 而旋卽出門호니 下隷ㅣ 何可得喫餘瀝乎아? 此則不通下情也라. 大失體禮호며 不通下情, 而何可受方伯之責而道率列邑守宰乎아? 吾將治疏라."하고 仍起去어날 宋이 疑其戲言而發程矣라. 金이 卽歸家治疏駁之, 曰: "臣於新箕伯私席에 有一二事目見者호니 大失體禮호며 不通下情호니 不可置之方伯之任이니 請改差호야지이다." 上이 以依施로 下批호니 宋이 纔到高陽而見遞라. 古之官箴이 乃如是矣러라.

### 164. 遇賊不屈

麟佐之起兵也에 初粧喪車, 而兵器를 束作棺樣ᄒ고 擔軍이 皆賊徒ㅣ라. 以數十喪車로 擔入淸州城內ᄒ니 營將南忠壯延年及幕客洪霖이 言于兵使李鳳祥曰: "喪車ㅣ多入城內ᄒ니 事甚怪訝라 請搜見而譏察焉ᄒ소셔." 兵使ㅣ醉而答曰: "過喪車를 何必疑訝리오? 君等은 退去ㅣ可也ㅣ니라." 時夜將半에 有一雙鵲이 上下於樓上之樑, 而逐之不去ᄒ고 噪之不已러니 已而亂作ᄒ니 城中이 大亂ᄒ고 賊兵이 擁入營門ᄒ니 兵使ㅣ昏夢之中에 走避于後庭竹林之中이라. 忠壯이 坐于樓上而號令ᄒ디 賊이 問兵使去處ᄒ니 忠壯曰: "我也라!"ᄒ고 罵賊不屈, 而遂遇害ᄒ니 賊中에 有知面者ᄒ야 見之, 曰: "非也라." 遂至竹林, 而又刺殺之ᄒ디 洪霖이 以身覆之라가 並被害ᄒ다. 兵使·營將及裨將은 自朝家로 竝施旌閭贈職之典ᄒ니 其後에 有人題詩于淸州城外南石橋石上, 曰: '三更鳴鵲이 繞樑喧인디 燭滅華堂醉夢昏을. 裨將은 能全蓮幕節이오 元戎은 反作竹林魂을. 雲惟死耳傳唐史ᄒ고 陵獨何心負漢恩가. 堪笑漁人功坐受라 一時榮寵耀鄕村을.' 此詩傳播, 而不知誰作也라. 其後, 南忠壯緬禮時에 請挽於知舊之間ᄒ니 有俞生彦吉은 卽俞知樞行間也ㅣ라. 詩曰: '吾頭를 可斷膝難摧라 千載森森萬仞崔를. 是夜人能貞節辦이오 暮春에 天以雪風哀라. 名符漢塞張拳死요 姓憶睢陽齧指回라. 堪笑五營巡撫使는 忍能無恙戴頭來아.' 李氏子孫이 見此詩ᄒ고 指以淸州詩ᄒ니 亦此人所作也라. 至於鳴寃之境ᄒ야 俞生이 竟被謫ᄒ니 便是詩案也ㅣ라.

### 165. 下帽下牛ᄒ야 執手相問

尹判書汲이 美風儀善文翰, 志又亢ᄒ야 未嘗與人交라. 其在漢

城判尹時, 府隸皆以爲, '當今之世에 地處也風儀也言論也文華也ㅣ 無出於此大監之右云矣라.' 一日은 罷衙歸路에 路逢一騎牛客ᄒᆞ니 衣蔽縕而過라가 彼此見, 而俱下軺下牛ᄒᆞ야 執手而問上來之由ᄒᆞᆫ디 騎牛客曰: "聞美仲이 闕食이 已三日云, 而昨日吾家ㅣ 適受還米故로 載米而來ᄒᆞ야 將饋之云云."ᄒᆞ니 府隸ㅣ 莫不驚而探知ᄒᆞ니 騎牛客은 卽尹副學心衡也ㅣ요 美仲은 李正言彦世之字也ㅣ라.

### 166. 飮盡十牛血ᄒᆞ고 椎殺五臺僧

李兵使源은 提督如松之後也라. 朝家ㅣ以提督之有勞於壬辰之役으로 收用其孫ᄒᆞ야 位至兵使라. 有勇力ᄒᆞ야 能超數仞之墻ᄒᆞ며 彎一石弓이라. 其堂叔某ㅣ居于春川地, 而躬耕資生ᄒᆞ니 亦有膂力神勇, 而人皆不知라. 春畊時에 家貧無牛ᄒᆞ니 乃自把耒耟而耕田, 則反勝於牛耕이라 以是로 人或怪之ᄒᆞ다. 其知舊에 有爲豊川倅어늘 一日은 委往見之ᄒᆞᆫ디 仍言曰: "吾有大禍ᄒᆞ야 欲圖免而力不足ᄒᆞ니 君은 以故人之情으로 能活我乎아?" 倅曰: "何謂也오?" 曰: "吾之氣力이 健實然後에 可免此禍, 而窮不能如意ᄒᆞ니 自今日로 君은 可饋大牛乎아! 喫十牛, 則可免矣로라." 倅ㅣ許之ᄒᆞ니 李生이 每日使牽牛而來ᄒᆞ야 屠于前ᄒᆞ고 飮其血ᄒᆞ며, 又擧肉而吮之ᄒᆞ야 色白後棄之ᄒᆞ고 連日如是ᄒᆞ다. 一日은 託于本倅曰: "日間에 有一僧이 來問吾之下來與否矣리니 以姑不來로 爲言, 而彼若不信이어든 以期日之書로 置之矣리니 以此而示之ᄒᆞ라." 倅ㅣ許之矣라. 數日後, 門者ㅣ入告曰: "有江原道五臺山僧이 請謁矣로소이다." 使之入來, 則卽一狀貌ㅣ獰悍之健僧也ㅣ라. 入來施禮, 而問曰: "春川李生이 來此乎잇가?" 答曰: "有約而姑不來矣로라." 僧曰: "與小僧으로 丁寧約會于此, 而過期不來ᄒᆞ니 甚可訝也ㅣ라." 倅ㅣ出其書

示, 曰: "有書在此ᄒ니 汝試見之ᄒ라. 某日에 當來云矣라." 其僧이 見書畢에 辭曰: "伊日에 謹當出來云." 而出門ᄒ니 倅ㅣ 怪之ᄒ야 問于李生, 則曰: "此僧은 卽殺我之人也, 而吾氣力이 未充實ᄒ야 不得敵彼故로 欲調補十餘日, 而始欲與之較力矣라." 到伊日ᄒ야 其僧이 又來請見이어날 時에 李生이 在座라. 其僧이 入來ᄒ야 又問李生之來否라, 李生이 開戶而言曰: "余果來矣로라!" 厥僧이 冷笑曰: "汝旣來矣어든 可出來ᄒ라." 李生이 自腰間으로 出一鐵椎而下堂ᄒ야 與僧으로 對立ᄒ니 其僧이 又出一椎ᄒ야 相與之擊이라가 未幾요 並化爲一帶白虹ᄒ야 亘于天際, 而空中에 只有椎擊之聲而已라. 李生이 自空中으로 挾椎而落來ᄒ야 仰面而臥ᄒ야 如尸ᄒ니 傍人이 皆驚駭라. 李生이 乃瞬目而使勿近이라. 少焉에 其僧이 自雲中으로 又挾椎而飛下ᄒ니 如胡鷹之搏雉라. 將近李生之前에 李生이 忽起擧椎, 而其僧이 頭碎而斃於地ᄒ니 李生이 喘息而起, 曰: "吾與此僧으로 每較椎法에 力弱而不得勝ᄒ고 今日에 又幾爲渠所輸라가 不得已用臥椎法이러니 渠ㅣ 不知而直下矣라. 渠若知此法而橫下, 則吾不得免矣러니 亦是數也云." 而更留數日ᄒ고 告歸ᄒ던 豊川倅ㅣ 問僧之來歷, 則不答而去ᄒ고 隱於春川山下云耳.

### 167. 不堪繼母之惡ᄒ야 娚妹分袂向京

北關人이 喪配後에 後娶, 而其妻悍惡ᄒ야 疾其前妻子女를 如仇讐而侵虐之ᄒ니 其子與女ㅣ 不堪其苦ᄒ야 娚妹ㅣ 相携而出門ᄒ니 女是十二歲오 子是十三歲矣라. 其娚이 托其妹於外家ᄒ고 將向京城ᄒ야 訪其親戚之在洛者而托身할시 臨行에 作詩別其妹, 曰: '烝烝大舜이 不怨號ᄒ고 王子悲歌ㅣ 亦暮途라. 去住殊常無奈爾오 死生有命可憐吾를. 遠天에 獨下離群雁이오 古木에 雙啼反哺鳥을.

日下長安何處是오 稀迷前路問征夫를.' 語甚凄然이라. 余在箕城
時에 聞日前過去云爾라.

### 168. 占時貿麥ᄒᆞ고 公堂投印

李益著ㅣ 以義城宰로 一日은 宴飮ᄒᆞᆯ시 時當⁶³⁾夏節也ㅣ라. 忽有一
陣風過去어날 益著ㅣ 急撤樂而作營行ᄒᆞ야 見巡使ᄒᆞ고 請貸南倉錢
五千兩ᄒᆞ야 以貿牟麥ᄒᆞ니 時價至賤이라. 貿麥而封置各洞ᄒᆞ고 使
洞으로 守直矣라. 七月初夜에 忽覺睡, 而呼官僮ᄒᆞ야 摘後園一葉
草而視之, 曰: "然矣云." 而翌朝에 見之, 則嚴霜이 大降ᄒᆞ야 草木
이 盡凋라. 是秋에 嶺南一道에 野無靑草ᄒᆞ야 仍爲地赤而設賑ᄒᆞ니
穀價ㅣ 登踊ᄒᆞ야 麥一石에 價ㅣ 初夏에 不過三四十錢矣러니 其後에
價至三百餘錢이라. 益著ㅣ 以其麥으로 資賑, 而又發賣ᄒᆞ야 報南倉
錢如數러라. 益著ㅣ 有占風之術也라. 後에 移隣邑, 而趙顯命이 時
爲巡使라. 益著ㅣ 往見ᄒᆞᆯ시 鬢髮을 未整ᄒᆞ야 亂髮이 露於網巾이라.
旣退에 巡使ㅣ 拿入隨陪吏ᄒᆞ야 以容儀怠慢으로 數之ᄒᆞ니 益著ㅣ 復
請謁, 而入謝曰: "下官이 年老氣衰ᄒᆞ야 鬢髮을 未及整ᄒᆞ고 見過於
上官ᄒᆞ니 知罪知罪라. 如是而何可供職乎아? 惟願啓罷ᄒᆞ소셔." 巡
使曰: "尊丈이 以俄者事로 有此敎乎잇가? 此는 不可不體禮問事也
ㅣ니 何必乃爾리오?" 益著曰: "以下官, 而不知事上官之體禮, 則何
可一日供職乎아? 斯速啓罷ㅣ可矣니이다." 巡使ㅣ 曰: "不可如是
라."ᄒᆞᆫ디 益著ㅣ 正色曰: "使道ㅣ 終不許乎아?" 曰: "不可許矣로라."
益著曰: "使道ㅣ 必欲使下官으로 作駭擧ᄒᆞ니 良可慨然이로다." 仍
呼下隷而言曰: "持吾冠袍而來ᄒᆞ라!" 仍脫帽帶而解符ᄒᆞ야 置之于

---

63) 當: 저본에는 '嘗'으로 나와 있으나 문맥상 바로잡음.

巡使之前, 而大責曰: "吾以佩符之故로 折腰於汝矣러니 今則解符矣라 汝非我故人之穉子乎아? 吾ㅣ 與爾翁으로 竹馬之交也ㅣ라. 同枕而臥ᄒᆞ야 約以先娶婦者ㅣ 知新婦之名字而相傳矣러니 汝翁이 先吾娶汝, 而以汝母之名으로 來傳于我ᄒᆞ야 言猶在耳어ᄂᆞᆯ 汝以汝翁先沒之已久, 而待我至此ᄒᆞ니 是ᄂᆞᆫ 忘父之不肖子也ㅣ라. 鬢髮不整이 何關於上下官體禮乎아? 吾ㅣ 老不死ᄒᆞ야 以口腹之故로 果爲汝之下官ᄒᆞ니 汝ㅣ 若念爾亡父, 則固不敢如是也ㅣ니 汝乃狗彘之不若也ㅣ라." 言罷에 冷笑而出ᄒᆞ니 巡使ㅣ 半晌無語라가 隨至下處ᄒᆞ야 懇乞曰: "尊丈은 此何擧耶아? 侍生이 果有大得罪矣니 知罪知罪라! 幸勿强辭焉ᄒᆞ소셔." 益著曰: "以下官으로 叱辱上官於公堂ᄒᆞ고 以何顔而復對吏民乎아?" 仍拂衣而起ᄒᆞ니 不得已啓罷ᄒᆞ다.

### 169. 擲鏡大哭이라가 更逢良人

有一宰相之女, 出嫁未期而喪夫ᄒᆞ고 孀居于父母之側矣러니 一日은 宰相이 自外而入內ᄒᆞ니 見其女在於下房ᄒᆞ야 凝粧盛飾으로 對鏡自照러니 已而, 擲鏡而掩面大哭이라. 宰相이 見其狀ᄒᆞ고 心甚惻然ᄒᆞ야 出外而坐, 數食頃無語라가 適有親知武弁之出入門下者ᄒᆞ니 無家無妻요 年少壯健者也ㅣ라. 來拜問候어ᄂᆞᆯ 宰相이 屛人, 言曰: "子之身世如此ᄒᆞ니 甚困窮이라. 君이 爲吾之女婿否아?" 其人이 惶蹙曰: "是何敎也오? 小人이 不知敎意之如何, 而不敢奉命矣로소이다." 宰相曰: "吾非戱言이라." 仍出橫中銀子一封給之, 曰: "持此而往ᄒᆞ야 貰健馬及轎子而待, 今夜罷漏後ᄒᆞ야 來待于後門之外ᄒᆞ고 切不可失期니라." 其人이 半信半疑ᄒᆞ야 第受之, 而依其言ᄒᆞ야 備轎馬待之于後門矣러니 自暗中으로 宰相이 携一女子, 而使入轎中ᄒᆞ고 誡之曰: "直往北關而居生也ᄒᆞ라." 其人이 不知何

委折ᄒᆞ야 而共隨轎出城矣라. 宰相이 入內房而哭, 曰: "吾女ㅣ 自決矣라!" 家人이 驚惶而皆擧哀ᄒᆞ다. 宰相이 仍言曰: "吾女平生에 不欲見人ᄒᆞ니 吾可襲斂이오 雖渠之娚兄이라도 不必入見이라." 仍獨自斂衾而裹之ᄒᆞ야 作尸體樣, 而覆以衾ᄒᆞ고 始通于其舅家ᄒᆞ고 入棺後에 送葬于舅家先山之下矣라. 過幾年後에 宰相子某ㅣ 以繡衣로 按廉北關ᄒᆞᆯ새 行到一處ᄒᆞ야 入一人之家, 則主人이 起迎, 而有兩兒ᄒᆞ야 在傍讀書ᄒᆞ니 狀貌ㅣ 淸秀ᄒᆞ고 頗有自家之面貌라. 心切怪之오 日勢ㅣ 已晩ᄒᆞ고 又困憊라 仍留宿矣러니 至夜深ᄒᆞ야 自內로 忽有一女子出來ᄒᆞ야 把手而泣이어날 驚而熟視, 則卽已死之妹라. 不勝驚訝ᄒᆞ야 問之ᄒᆞ니 卽以爲因親敎ᄒᆞ야 居于此ᄒᆞ고 已生二子ᄒᆞ니 此ㅣ 其兒矣라. 繡衣口噤半晌無語라가 略言阻懷ᄒᆞ고 待曉辭去ᄒᆞ다. 復命還家ᄒᆞ야 侍其大人ᄒᆞ고 時適從容ᄒᆞ야 低聲而言曰: "今番之行에 有可怪訝之事矣라."ᄒᆞᆫ디 宰相이 張目熟視而不言ᄒᆞ니 其子ㅣ 不敢發說而退ᄒᆞ다. 此宰相之姓名은 不記之러라.

## 170. 辛未西亂

西賊之亂魁, 則洪景來요 謀主則禹君則이라. 君則이 勸景來曰: "急引兵向安州, 則安州ㅣ 必不能守矣오 箕城·黃岡等地, 亦皆如是矣리니 兩西를 已得, 而鼓向而上, 則京城을 可得ᄒᆞ리라." 景來曰: "不然ᄒᆞ다. 吾輩ㅣ 初起兵에 無根本之地ᄒᆞ고 若孤軍深入이라가 義州·寧邊之兵이 議其後, 則腹背受敵ᄒᆞ리니 取敗之道也ㅣ라. 不如先擊寧邊ᄒᆞ야 爲根本이 如漢高祖之關中과 光武之河內요 次下義州ᄒᆞ야 以絶後患, 而直犯京城, 則萬全之計也ㅣ라."ᄒᆞ니 西賊之此言이 俱有兵法之可據라. 若從君則之計, 則都下ㅣ 未受敵之前에 自成魚肉矣어날 其計之不行也ㅣ라. 若使寧邊으로 有失ᄒᆞ야 爲賊

所據, 而官軍이 如來, 則閉城而守之ᄒᆞ고 官軍이 如去, 則又出兵掠之ᄒᆞ야 如彭越之遊兵, 則此亂이 不知何時에 可底定, 而國家轉輸之費와 軍卒干戈之役이 又不知何時可休矣라. 寧邊不失者ㅣ 豈非生民之福耶아? 尹郁烈이 以咸從府使로 出戰ᄒᆞ야 松林之捷과 博川津頭之勝이 皆其功也ㅣ라. 如金見臣者는 不過敵退後에 入據白馬之空城ᄒᆞ야 別無斬將搴旗之功, 而特以遐土卑微之蹤으로 能不赴敵, 而起義兵者는 亦可謂忠矣라. 論功之時에 尹郁烈은 別無異賞, 而金見臣은 節次推遷至兵使ᄒᆞ니 其亦有數之幸不幸而然歟아? 李堯憲은 以巡撫使로 留京, 而送中軍朴基豐ᄒᆞ야 圍定州城ᄒᆞ고 相守幾月而無功ᄒᆞ니 仍拿來, 而代送柳孝源ᄒᆞ니 朴基豐은 性이 寬厚ᄒᆞ야 與士卒同甘苦ᄒᆞ니 大得軍中之心ᄒᆞ고, 柳孝源은 性이 嚴峻ᄒᆞ야 不恤士卒ᄒᆞ야 大失軍心이라가 幸以江界銀店穿壙之徒로 穿城下地道ᄒᆞ야 埋火藥而燒之ᄒᆞ니 城이 以是而頹圮라. 大軍이 驅入而成功矣ㅣ요 不然而又持久, 則軍中에 又將有他變矣라. 景來在定州城ᄒᆞ야 立紅陽傘ᄒᆞ고 乘轎而鼓樂前導ᄒᆞ며 周行城上, 而撫士卒ᄒᆞ고 設文武科ᄒᆞ니 城中之賊徒ㅣ 以渠之曾登科紅牌를 自城上으로 投之於外, 曰: "還汝國之紅牌云云."ᄒᆞ니 令人聞此에 不覺髮竪而齒切이라. 大軍入城之日에 一城之人얼 不分玉石ᄒᆞ고 幷屠之可也, 而旣破에 獲醜而令曰: "投兵降者은 當勿問云."ᄒᆞ니 脅從之徒ㅣ 皆降而一時斬之ᄒᆞ니, 此則大非不殺降之意ㅣ니 是可歎也로다! 金見臣이 至武宰, 而不知守分ᄒᆞ니 大失鄕里之人心云耳라.

### 171. 行不義에 必有惡報

尹某는 卽有地閥之武弁也ㅣ라. 性甚悍毒, 而又妄率ᄒᆞ며 博有文藝ᄒᆞ야 出入於時宰相之門ᄒᆞ니 宰相이 多許可者러라. 其在湖中也

에 適居憂ᄒ야 窮不自存일시 隣里에 適有親知之人ᄒ야 與松商으로 頗有錢貨去來者ㅣ어날 尹弁이 請於其人ᄒ야 欲貸用錢, 而其人이 以八十兩으로 書標以給ᄒ며 使之推用於松人處矣라. 尹弁이 乃潛改十字ᄒ야 以百字, 而全州上納錢換用矣러니 換錢이 失期ᄒ야 自完營으로 査實ᄒ니 知其爲尹弁之所爲라. 朴崙壽之爲完伯也에 發送鎭營校卒ᄒ야 以結縛尹弁某以來之意로 嚴飭, 而校卒이 來矣라. 尹弁이 方在罔措之中ᄒ니 其人이 來言曰: "君之當初行事ㅣ 雖甚不美나 事已至此ᄒ니 君則已前啣ᄒ야 一入鎭營, 則豈非敗亡身命이며 吾則布衣니 當代行ᄒ야 定限以來ᄒ리니 趁卽備送이 好矣니라." 及往鎭營, 則備納後放送이라ᄒ거날 其人이 無可奈何ᄒ야 盡賣自家之田土家産而充報ᄒ고 閱幾月에 得放還家ㅣ나 又以杖毒으로 幾至死, 僅生出ᄒ고 家仍蕩敗, 而目見尹弁이 無出ᄒ니 姑竢後日, 而一不開口矣라. 其後尹弁이 爲端川府使ᄒ니 其人이 始爲貰馬ᄒ야 騎而訪於千里之外ᄒ야 意謂執手致款矣러니 阻閽而不得入이라. 留月餘에 行貲已罄ᄒ며 負債於店主者ㅣ亦多ᄒ니 其人이 計無所出이오 進退維谷이라. 一日은 聞本倅ㅣ出他之報ᄒ고 要於路ᄒ야 直前而呼曰: "吾來久矣로라." 尹倅ㅣ顧, 而言于下隷曰: "可率入衙中云." 而去라. 未幾還來ᄒ야 敍寒喧後, 別無他言ᄒ니 其人이 仍語曰: "吾之貧窮은 君所知也ㅣ라 以舊日之誼로 千里委來矣러니 阻閽而留月餘ᄒ야 食債又多ᄒ니 君幸憐而濟之요 吾ㅣ不言向來債矣로다." 尹倅ㅣ聞而嚬蹙, 曰: "公債如山ᄒ야 無暇救君이로다." 仍定下處於外ᄒ고 接待ㅣ極其冷落이라. 留數日에 給病馬一匹, 曰: "此馬ㅣ價過數百金이니 君可牽去賣用云." 而又以五十兩으로 贐之ᄒ니 其人이 懇請曰: "馬是病脚이오 錢又如此其少ᄒ니 食債及回粮에 亦云不足이라 此將奈何오? 君其更思ᄒ라." 尹倅ㅣ

作色曰: "君之故債之中에 有此贈也ㅣ요 如非君, 則可空手而見逐 하리니 勿多言하라!" 仍使之出去하니 其人이 大怒하야 散錢於庭 中, 而叱辱曰: "汝乃偸喫公貨하고 將入於鎭營, 而吾ㅣ以義氣로 代 汝而行하야 幾死獄中하고 蕩敗家産而報其債矣라. 汝乃今爲守宰, 而吾ㅣ自千里而來, 則汝旣不邀以見, 而見又疎待하며 末乃以五十 兩贈我하야 此猶不足於往來之需하니 古今天下에 寧有如許非人 情之賊漢乎아?" 仍放聲大哭, 而出門呼冤하야 通街之上에 對往來 之人, 而皆言其狀한디 尹倅ㅣ 聞而憾之하며, 又忿其揚渠之惡하야 使將校로 搜驗其行裝, 則有宗簿郞廳帖二張矣라. 尹倅ㅣ囚其人하 고 卽發營行하야 對監司言曰: "下官之邑에 捉得御寶僞造罪人하니 將何以治之오?" 監司曰: "自本邑으로 治罪可也ㅣ니라." 尹倅曰: "若然則下官이 可處置乎잇가?" 曰: "諾다." 仍還官而打殺之하니 世 豈有如許殘忍非人情之人, 而不滿瓜限에 多行不義하고 怨結一境 이러니 終至罷出하야 治行歸路에 乘昏過崖라가 轎夫躓足하야 竟至 落崖折頂而死하니 豈有天理無心哉리오? 可嘆可誡者ㄴ져!

### 172. 臨時處變하야 以報其父讐

金化縣村人父子ㅣ 往來兎山興販하니 金之距兎ㅣ 卽峽路無人之 境也ㅣ라. 一日은 買牛於兎山場市하고 駄數十兩錢而歸할시 父在 前而子在後하니 其子는 年纔十四五歲兒也ㅣ라. 行到一處하니 忽 有一健夫하야 突出凹處하며 刺其父殺之하고 又將殺其子한디 其子 ㅣ哀乞曰: "吾는 卽兎山某店에 乞食兒也요 無父母兄弟하며 四顧 無親하야 行乞於店幕이라가 此人이 給錢, 而要使驅牛同行故로 隨 而來者也ㅣ니 殺我何爲요? 若活我, 則吾當隨君爲卒徒矣리니 未 知如何오?" 盜乃許之하고 使驅牛到兎山邑底하야 將賣牛於肉直하

고 方論價之際에 其兒ㅣ 忽爾高聲曰: "此是殺吾父賊이라 吾將發告于官矣리니 諸人은 捉留此漢ᄒᆞ소셔!" 諸人이 大驚ᄒᆞ야 仍縛其盜, 而其兒ㅣ 入官庭ᄒᆞ야 泣訴其狀ᄒᆞ니 置之于法ᄒᆞ다. 余在洪邑時에 金化倅ㅣ 來傳此言ᄒᆞ니 余ㅣ 聞而嘆曰: "渠以十餘歲兒로 猝當蒼黃之際ᄒᆞ야 有此處變者ᄒᆞ니 可謂膽略矣라 恨不解其姓名矣로다."

### 173. 怨積閣內에 竟致惡漢之伏法

李文靖公秉泰, 按于東峽할시 行過一邑, 而邑內距路十餘里나 旣非抽挐之邑故로 不入, 而自外過去ᄒᆞ야 將向他邑할시 到一村前ᄒᆞ니 餒甚ᄒᆞ야 求飯於門前ᄒᆞ니 一女子ㅣ 出門而應, 曰: "無男丁之家요 貧窮이 極矣라. 家有媤母, 而朝夕을 尙闕ᄒᆞ니 何暇에 有饋行人之飯乎아?" 公曰: "家長은 往何處乎아?" 其女曰: "問之何爲리오? 吾之家長은 卽此邑之吏房, 而惑妖妓ᄒᆞ야 薄母黜妻에 至於姑婦之在此耳라." 叱責不已ᄒᆞ니 房內에 有老嫗聲曰: "阿婦는 何爲作不緊之言ᄒᆞ야 彰夫之惡乎아? 不必如是云云."ᄒᆞ니 公이 聞而痛之ᄒᆞ고 仍復路而還ᄒᆞ야 問其邑底, 而尋首吏之家ᄒᆞ니 時當午時라. 入其家, 則首吏ㅣ 坐於廳上, 而喫午飯ᄒᆞ고 傍有一妓ᄒᆞ야 亦對飯이라. 公이 坐於廳邊, 而言曰: "吾是京中過客으로 偶到此處, 而失時ᄒᆞ니 願得一盂飯而饒飢焉ᄒᆞ노라." 時當歉歲ᄒᆞ야 設賑時也ㅣ라. 其吏擧眼而熟視上下, 而呼雇奴而謂曰: "俄者에 爲狗産而煮粥者有餘乎아?" 曰: "有之로소이다." 吏曰: "以一器로 給此乞人ᄒᆞ라." 已而, 雇奴ㅣ 以一器糟糠之作粥者로 來置于前이어날 公曰: "君雖饒居나 君則吏輩也요 吾雖行乞이나 吾則士族也ㅣ라. 失時而覓飯, 則君以他飯으로 饋之好矣며 若不然, 則雖除飯以給이라도 亦無不可, 而何乃以狗虨口吻餘物로 饋人이 此何道理오?" 其吏圓眸怪

眼, 而辱之曰: "汝是兩班, 則何不坐於汝矣舍廊ᄒᆞ고 作此等行也
오? 今當歉歲ᄒᆞ야 雖此物이라도 人不得得喫矣어날 汝是何人而乃
敢如是云耶아?" 擧粥椀打之ᄒᆞ니 傷額ᄒᆞ야 血流粥汁이 遍於身上
이라. 公이 忍痛而出ᄒᆞ야 卽爲出頭ᄒᆞ니 此時本倅ㅣ 適以賑餘之穀
으로 作錢, 而送京第라가 文書를 見捉ᄒᆞ야 仍封庫罷黜, 而首吏竝
妓는 以杖殺之ᄒᆞ니 以一女之怨言으로 事至於此ᄒᆞ니 古所謂 '五月
飛霜'者ㅣ 政謂此也ㅣ라.

### 174. 橫書左書로 竟參會試

竹泉이 每每主試ᄒᆞ며 試鑑이 如神이라. 適作湖中楸行, 而回時
는 當監試會期라. 有一士子ㅣ 騎馬而在前ᄒᆞ고 馬上에 常手持一冊
子ᄒᆞ야 終日看之ᄒᆞ며 中火宿所之時에 必同店矣라. 竹泉이 心甚怪
之ᄒᆞ다. 及到宿所店ᄒᆞ야 使人邀來而問之, 則卽赴會試人也ㅣ라.
自言, "兩老親侍下오 今行이 爲六七次에 每屈於會圍ᄒᆞ니 情理切
迫云云이라." 又問: "所看冊子는 何書, 而須臾을 不暫離手也아?"
對曰: "年前所作私草, 而今則精神이 昏耗ᄒᆞ야 掩卷輒忘故로 常目
在之意故也로라." 竹泉이 請其冊子見之, 則箇箇善作이리 仍嗟嘆
曰: "課工이 勤實ᄒᆞ고 句作이 又如是淸新ᄒᆞ고 何爲而屢屈也오? 此
是有司之責也로다." 其人曰: "今則年老多恸ᄒᆞ야 自作自書之字畫
을 每每橫書ᄒᆞ니 如是而安得不屈乎아? 今行에 又當如此ᄒᆞ리니 初
不欲赴, 而爲老親所勸ᄒᆞ야 不得已作此不緊之行也로." 竹泉이 憐
而悶之ᄒᆞ야 慰誘曰: "今番에 須勞力而觀之ᄒᆞ라." 仍爲入城, 而當
會試ᄒᆞ야 主試考券之時에 有一券字畫[64]이 或左書橫書어날 竹泉이

---

[64] 畫: 저본에는 '畵'로 나와 있으나 의미상 바로잡음.

見而笑曰: "此는 必是厥者之券也ㅣ라." 仍向諸試而言曰: "此是老儒實才之卷也ㅣ라 今番에 吾輩可積善矣라."하고 仍不問而擺置矣라. 及其榜出也에 見其封內, 則年紀不至衰老어날 心切訝之矣라. 放榜後, 新恩之來見恩門也에 此人이 亦來見이라. 竹泉이 賀曰: "積屈之餘에 得此一捿者幸矣로다." 其人이 對曰: "慶莫大焉이로소이다." 又曰: "老親侍下에 可以供歡이로다." 又對曰: "永感下矣로소이다." 竹泉이 怪而問曰: "向於路上에 何爲飾詐欺我也오?" 其人이 避席俯伏, 而對曰: "小生이 知大監之主試故로 以此欺之오 不如是면 大監이 豈或擢拔乎아? 自知死罪云云."하니 竹泉이 熟視而笑而已러라.

### 175. 具壽永轉禍爲福 三大將達宵露坐

判中樞具壽永이 以奇技淫巧로 慾諛阿附하야 無所不至하니 朝野側目이라. 三大將軍擧事日에 聞結陣於光化門外하고 渾家痛哭하야 罔知所爲러니 有一健奴曰: "人之死生이 各有其數하느니 何可坐而待死리잇고? 急具肉食하시면 我當導令公而去하야 求幸免之地호리이다." 乃盛備佳肴美醞하고 鞍馬僕從을 略如前日하고 前後呵擁而出하야 到軍前하야는 奴ㅣ自持帩床하고 引坐三大將越邊하니 衆人이 雜坐於三大將前하야 未及見具之來就坐也리라. 時九月初三日이라 三大將이 達宵露坐하야 飢乏中發하고 寒栗이 外逼하야 思食而不敢言이러니 具奴ㅣ持饌盒하야 以次投進하고 又以大酌遞進호디 諸公이 不問其出處하고 到手輒盡이라가 至四五遍하야 始問: "此爲誰家物也오?"하야늘 具奴ㅣ指具而對曰: "乃具公之所賫來也ㅣ니이다." 三大將이 相顧錯愕之際에 奴曰: "今日之會는 此爲大功이라 非此則諸公ㅣ應餒하리니 何以了大事리오?" 傍有人曰:

"此言이 甚是라!"ᄒᆞ니 自此로 得參, 而漸有投機投策之事ᄒᆞ야 遂策勳爲君ᄒᆞ니라. 著者曰: "具之已惡은 浮於任士洪, 而非但免死라 乃能轉禍爲福ᄒᆞ니 當時三大將處事之疎ᄂᆞᆫ 由此而可想見矣로다."

### 176. 洪忍齋語侵安老 許大憲獨啓省獄

洪忍齋遑以吏曹佐郎으로 往見吏曹參判許洽言間에 頗侵安老라가 且曰: "「秦檜傳」을 不可不使見季令公大憲也ㅣ라."ᄒᆞ디 洽이 愕然曰: "老夫ㅣ忝公堂上인딘 醉而來見이라도 猶之可也어니와 而吾弟旣無分ᄒᆞ고 且是法官之長이라. 少或失禮, 則所關이 非輕ᄒᆞ리니 切勿往也ᄒᆞ라." 仍呼洪下人ᄒᆞ야 戒令宜還本家요 無得他往이러니 洪遂辭出ᄒᆞ야 直向沆家ᄒᆞ디 下人이 不得止之라. 洽이 使人探之ᄒᆞ니 果已到矣여늘 洽曰: "吾ㅣ過矣로다! 使吾下人으로 勒還本家, 則必無此事어늘 大禍ㅣ今起矣라."ᄒᆞ고 急馳馬而去, 則洪已還矣라. 洽이 曰: "洪正郎이 大醉ᄒᆞ야, 不省人事라."ᄒᆞ디 沆曰: "顔色이 如白玉者ㅣ有何醉色이리오ᄒᆞ고 但無所言耳라."ᄒᆞ야늘 洽曰: "外雖如此ㅣ나 其實은 大醉니 雖有所言인들 何足與較리오?"ᄒᆞ디 沆이 不答이어늘 洽이 無可奈何而還이러니 沆이 夜抵安老家ㅣ라가 翌朝에 獨啓而鞠之ᄒᆞᆯᄉᆡ 省獄一日에 受一百二十杖ᄒᆞ고 氣息이 將絶이라. 乃流之海島ᄒᆞᆯᄉᆡ 方未出獄에 骨節이 盡碎ᄒᆞ고 呼吸이 不出이어늘 謂之已死ㅣ라ᄒᆞ야 置之墻下ᄒᆞ고 覆以草席이러니 公亦忽忽似睡라가 忽聞呼委官聲者ㅣ三이오 判府事以下ㅣ奔走下迎이어늘 公이 開眼視之ᄒᆞ니 乃大偏也라. 公이 暗謂, "寧有是乎아?" 其後三十年에 公이 旣入相ᄒᆞ야 以委官으로 坐禁府ᄒᆞ니 其時執杖者, 尙在云이러라. 著者ㅣ曰: "人之死生이 本在於天ᄒᆞ니 雖有百許沆이나 其能殺一忍齋乎아? 洽與沆은 其可以魯衛로 視之哉ᄂᆞ겨!"

### 177. 惶恐待罪承政院 上敎允當備邊司

宣廟ㅣ聖智出天ᄒᆞ사 凡邊事規畫을 皆自睿斷ᄒᆞ시니 備局諸臣이 有或下問, 則聖敎ㅣ允當覆啓, 而政院이 奉行不及ᄒᆞ야 往往惶恐 待罪故로 其時에 語曰: '惶恐待罪ᄂᆞᆫ 承政院이오 上敎允當은 備邊 司라.'ᄒᆞ더라. 宣廟朝內官李鳳迁이 嘗昵侍龍光ᄒᆞ야 供筆硯間에 頗 得宸翰模法이러니 東臯李浚慶이 時爲首相이라, 牌招鳳迁, 責之 曰: "汝以內官으로 模習御筆ᄒᆞ야 將欲何爲오? 不改면 當有重刑ᄒᆞ 리라." 鳳迁이 大懼ᄒᆞ야 效松[65]雪體以被之ᄒᆞ니 宣廟ㅣ 聞而喜焉이 러시다. 貞淑翁主ᄂᆞᆫ 宣廟女而東陽尉內也라. 嫌其庭狹隘ᄒᆞ야 告之 於上曰: "隣家ㅣ 逼側ᄒᆞ야 語聲이 相聞ᄒᆞ고 簷宇ㅣ 淺露호ᄃᆡ 無有碍 隔일ᄉᆡ 願得價而買此地ᄒᆞ노이다." 上曰: "聲低則不聞이오 簷隔則 不見ᄒᆞ리니 庭何必廣乎아? 人之居處ᄂᆞᆫ 容膝足矣라."ᄒᆞ시고 仍下 斑簾二部, 曰: "以此而蔽之, 可也라."ᄒᆞ신ᄃᆡ 翁主ㅣ 不敢加點ᄒᆞ니라.

### 178. 大虎咆哮欲噉人 川上巨巖忽地崩

穆祖兒時에 與樵童六七人으로 同至南門外川邊大石下嬉戱러니 有大虎咆哮欲噉人이어ᄂᆞᆯ 樵軍曰: "吾輩必無盡死之理오 此中에 有 當死食者ᄒᆞ리니 推與之可也라."ᄒᆞ고 仍各以所着小服으로 投之ᄒᆞ 야 以驗其應食ᄒᆞ니 自上至下에 無一衣見攫者ㅣ라가 至於穆祖投衣 ᄒᆞ야 虎立而攫之어ᄂᆞᆯ 衆樵以穆祖로 推與之ᄒᆞᆫᄃᆡ 穆祖ㅣ 不得已直往 虎前ᄒᆞ니 川上大巖이 忽地崩落ᄒᆞ야 六七樵兒가 無一免者오 穆祖 獨免, 而虎亦因忽不見이라. 至今有大虎隕岩이 在川中ᄒᆞ니 亦可異 矣라ᄒᆞ더라.

---

65) 松: 저본에는 '公'으로 나와 있으나 의미상 바로잡음.

### 179. 中宮藏伏魚水堂　大將厚饋前王妃

癸亥反正日에　光海從北門逃出ᄒᆞ니　中殿柳氏與數十宮人으로 乘夜往後苑ᄒᆞ야　藏伏魚水堂中ᄒᆞ되　軍兵이　圍之數匝者ㅣ兩日이라. 柳氏曰: "吾ㅣ豈隱匿圖生者耶아?" 使宮人으로　宣言中殿이　在此, 則宮人輩가 惶懼不敢出이어늘　有韓僕香ㅣ自請宣言ᄒᆞ고　乃出立階上, 曰: "中殿이　在此矣라!"ᄒᆞ되 大將이　方據胡床이라가　卽起立, 而令軍卒로　稍退其陣이어늘　韓이　又以柳氏意로　問曰: "主上이 旣已失國인던　新主者ㅣ誰歟아?" 大將曰: "宣祖大王之孫, 而不敢言誰某矣로라." 韓이　又以己意로　問曰: "今日此計爲宗社耶아? 爲富貴耶아?" 大將曰: "宗社ㅣ幾亡故로　吾輩不得不奉新主反正이니 豈自爲富貴也리오?" 韓曰: "旣以義爲名, 則豈可餓殺前王之妃오?" 大將이　聞此言ᄒᆞ고　卽報于仁祖ᄒᆞ야　飯供을　頗厚云이러라.

### 180. 張翰林每宴必目　金天使一遊索眞

妓女紫洞仙이　才貌冠絶ᄒᆞ야　宗室永川君定이　嬖之러라. 君이　嘗寵靑郊月이러니　旣而오　移愛紫洞仙ᄒᆞᆯ새　適往松都ᄒᆞ니　松都에　有靑郊驛・紫洞仙이라, 徐達城居正이　以詩贈曰: '靑郊楊柳ᄂᆞᆫ　傷心碧이오　紫洞烟霞滿意濃을.' 君이　大喜於衆中ᄒᆞ야　誦此詩誇之러라. 張翰林寧이　奉使我國ᄒᆞ야　每宴에　必目洞仙曰: "眞傾國色이라."ᄒᆞ더니, 後예　金天使湜이　遊濟川亭ᄒᆞᆯ새　紅妓滿前이라　問曰: "張翰林이　常稱貴國紫洞仙ᄒᆞ니　誰也오?" 禮官이　誣指他妓ᄒᆞ되　金曰: "非也로다. 果此人이면　張公이　必不稱也리라." 禮官이　不敢隱ᄒᆞ야　以駔騎로　索洞仙於永川第而來ᄒᆞ니　金이　笑曰: "此眞其人이라!"ᄒᆞ더라.

## 181. 老兵使驛亭別妓 少娼妓大泣送使

有一老兵使, 得少妓酷愛之호야 罄庫而需妓라가 瓜滿遞還에 與妓로 別于驛亭홀식 把手以泣호야 衫袖盡濕, 而妓目은 不淚여늘, 妓之父母ㅣ 從兵使背後호야 自掩其面호고 爲涕泣之狀호야 以敎妓호디 妓年尙幼者라 不解嬌情, 而泣且無情호고 雖欲泣而目不淚라. 父母ㅣ 攝衣招出之호야 戒且責之曰: "使道ㅣ 罄營庫호야 爲爾起家에늘 爾爲木石人也라 何無一點淚相送고?"호고 因捽毆之호니 妓大泣이라. 使之入호디 兵使見妓泣而益泣, 曰: "爾勿泣호라! 見爾泣에 我益慽이로니 爾勿泣호라 爾勿泣호라."

## 182. 馬解路誤入娼家 女作辭曲傳東都

金庾信은 鷄林人也ㅣ니 事業이 赫赫호야 布在國史호니라. 爲兒時에 母夫人이 日加嚴訓호야 不妄交遊라가 一日에 寓宿女隷家러니 其母面數之, 曰: "我已老에 日夜望汝成長호야 立功名爲親榮이어늘 今爾는 與屠沽兒로 遊戲淫房耶아?"호고 號泣不已호디 公이 卽於母前에 自誓不復過其門이러니 一日被酒還家홀식 馬解舊路호야 誤至娼家호니 兒ㅣ 且忻且怨호고 垂淚出迎이라. 公旣醒에 斬馬棄鞍而返호니 女作怨辭一曲호야 傳之호니라. 東都에 有天官寺호니 卽其塚也라. 李相國公升이 嘗赴東都라가 作詩曰: '寺號天官昔有緣호니 忽聞經始一凄然를. 多情公子遊花下요 含怨佳人泣馬前을. 紅鬣有情還識路오 蒼頭何事謾加鞭가[66]. 惟餘一曲歌辭妙호니 蟾兎同眠萬古傳을.' 天官은 卽女號也ㅣ러라.

---

[66] 가: 저본에는 '可'로 나와 있으나 의미상 반영함.

### 183. 風流男子爲人所縛 豪俠宗室置酒相賀

酒隱金忠翼公命元에 字는 應順은 慶州人이니 千齡之孫이오 萬鈞之子也라. 少時에 落魄於花柳間ᄒ야 嘗眄一娼이러니 娼爲宗室某妾이라. 每夜踰墻相從이라가 一日夜에 爲宗室所縛ᄒ야 事甚急이어늘 公에 兄慶元이 爲掌令이라 聞知公遭禍ᄒ고 卽馳往, 則門閉不得入이어늘 掌令이 排門大呼曰: "我乃金慶元이라 吾弟氣豪無檢ᄒ야 得罪於左右ᄒ니 罪故當死라 死無足惜이어니와, 但方占式年初試ᄒ고 實學이 甚精ᄒ니 必捷文科오 左右ㅣ 以義氣로 聞於一國이어늘 何忍以一女子로 殺才子乎아?" 宗室이 素豪俠好氣節이라 下階迎之, 曰: "吾ㅣ 不料佳秀才有是事라!"ᄒ고 卽令解縛ᄒ야 置酒酒酣에 謂曰: "君若登今科ㅣ면 我當以是妾으로 奉君ᄒ리라." 公이 果擢甲科ᄒ야 三日遊街之時에 詣宗室家ᄒ야 謝其意ᄒ니 宗室이 遂以其妾으로 歸之러라. 其女ㅣ 後爲靈川尉에 所眄이라가 以罪로 流義州어늘 公이 方鎭直弘文館이라. 遽出餞于郊ᄒ야 爲臺諫에 所彈ᄒ니 公에 任放이 如此러라.

### 184. 東隣女乘醉行兇 金海倅迎屍親按

朴松[67]堂英에 字는 子實이니 密陽人이라. 以金海府使로 在衙軒이러니 有東隣女哭聲이어늘 急呼刑吏ᄒ야 往捕其女而來ᄒ야 問曰: "汝ㅣ 何哭고?" 對曰: "吾夫ㅣ 無病暴死로이다." 公이 再問之ᄒ니 女ㅣ 呼擗曰: "吾夫婦ㅣ 同居無間은 隣里所共知니이다." 在庭下人이 齊聲曰: "然!"ᄒ니 萬無他疑라. 公使擡其夫屍而來ᄒ야 內外上下, 視之無痕이어늘 公이 令軍校有力者로 迎臥其屍ᄒ고 自胸至

---

[67] 松: 저본에는 '久'로 나와 있으나 의미상 바로잡음.

腹을 親手按之ᄒᆞ니 果有竹刺長大如中指者ㅣ迸出이라. 公이 卽縛 其女, 曰: "吾ㅣ固疑爾有私ᄒᆞ노니 速言之ᄒᆞ라!" 遂伏曰: "某里某人 이 約與同居ᄒᆞᆯᄉᆡ 乘其醉寢ᄒᆞ야 行凶이로소이다." 發軍急捕之, 則 其言이 符合이라. 乃置之於法ᄒᆞ니 人이 問曰: "何以知之오?" 公이 曰: "初聞其哭聲不悲故로 逮來, 而檢屍之際에 雖號哭이나 實有恐 懼之色, 故知之耳로라." 公의 學問이 精微ᄒᆞ야 邃於易理ᄒᆞ고 又博 觀醫書ᄒᆞ야 著『經驗』·『活人新方』等, 行于世ᄒᆞ니라.

### 185. 李白沙五歲詠劍琴ᄒᆞ고 鄭陽坡嘗時贊妻腹ᄒᆞ다

李白沙ㅣ五歲에 詠劍琴曰: '劍有丈夫心이오 琴藏太古音이라.' 南藥泉이 九歲에 詠月曰: '衆星이 皆列陣ᄒᆞ니 明月이 爲將軍이라.' 二詩可占他日之大貴矣러라. 鄭陽坡太和ㅣ嘗指夫人之腹, 曰: "彼 腹이 生壽·富·貴之子ᄒᆞ리니 豈不異哉리오?" 其後에 載岳은 年八十 餘에 卒ᄒᆞ니 稀壽也오 載崙은 以駙馬로 積貨累鉅萬ᄒᆞ니 巨富也오 載嵩은 官至議政ᄒᆞ니 極貴也라. 其先知何其神也오ᄒᆞ더라.

### 186. 臨津江에 燒廬覓舟ᄒᆞ고 白川邑에 進帿奉供ᄒᆞ다

李海皐奴子名愛男者ㅣ壬辰兵亂이 猝至ᄒᆞ여 大駕ㅣ西幸ᄒᆞᆯᄉᆡ 時에 公이 以說書로 直闕中이라가 徒步扈從ᄒᆞ니 愛男이 聞變ᄒᆞ고 急具鞍馬ᄒᆞ야 遭公於弘濟院以乘ᄒᆞ다. 公이 星夜跋涉ᄒᆞ야 行到臨 津ᄒᆞ디 大雨下注ᄒᆞ야 夜黑如漆ᄒᆞ니 咫尺不辨이오 村民이 盡逃ᄒᆞ야 不知船泊何處ᄒᆞ고 擧朝ㅣ焦惶ᄒᆞ야 計無所出이러니 愛男이 乃以火 蓺江邊村舍ᄒᆞ니 通明如晝ㅣ라. 於是에 見船數隻이 係在江邊이어 늘 得以利涉ᄒᆞ다. 宣廟ㅣ聞'燒廬覓舟'之言ᄒᆞ시고 問曰: "是乃誰之 計也오?" 侍臣이 對以愛男ᄒᆞᆫ디 上이 甚奇之ᄒᆞ샤 自是로 御饍을 必

賜ᄒᆞ신디 愛男이 每以乾物노 盛諸布帒러니 至白川而御饍이 闕供이여늘 愛男이 以帒中所儲로 進呈이라. 上尤奇奇之ᄒᆞ사 亂定還[68]都에 召見差備門ᄒᆞ시고 親賜金圈ᄒᆞ시니 愛男이 納諸囊中ᄒᆞ고 終身不着云이러라.

### 187. 旅軒子上京赴役ᄒᆞ고 道伯子下庭請罪ᄒᆞ다

張旅軒顯光이 居仁同에 嘗打麥于庭이라가 大雨暴至ᄒᆞ야 收置軒上ᄒᆞ니 公이 年老貌瞽ᄒᆞ고 衣冠이 甚麤ᄒᆞ야 頗似村老라. 時에 本道方伯之子ㅣ 爲避雨ᄒᆞ야 入坐軒上而不禮焉이러니 卒然問曰: "打麥을 不少ᄒᆞ니 君似食粟矣로다." 答曰: "能力穡ᄒᆞ야 僅免飢餒矣로라." 見鬢着金圈ᄒᆞ고 更問曰: "無乃納粟乎아?" 答曰: "近來加資가 甚多故로 鄕人이 亦得之矣로라." 又問: "君有子乎아?" 答曰: "有繼子로라." 問: "在家否아?" 曰: "有役ᄒᆞ야 方上京耳로라." 問: "何役고?" 答曰: "方爲副學役矣로라." 時에 公之子ㅣ 爲副學, 而名應一也러라. 又問曰: "旅軒張先生이 在此邑이라ᄒᆞ니 或知之否아?" 曰: "近處少年無知가 稱我旅軒也라." ᄒᆞ디 道伯之子ㅣ 聞之ᄒᆞ고 不勝驚悟ᄒᆞ야 下庭而立, 曰: "小子ㅣ 愚迷ᄒᆞ야 獲罪於先生이로소니 請受其罰ᄒᆞ야지이다." 公이 勸使升軒, 而責之曰: "士子言語를 不可不愼이니 是後에 須勿復然ᄒᆞ라!" 其後에 道伯이 率子而來ᄒᆞ야 謝其不能敎子之罪ᄒᆞ고 欲笞其子ᄒᆞ디 公이 力止之ᄒᆞ야 乃已러라.

### 188. 號泣禱天亂斫衆指ᄒᆞ고 誠感冥府ᄒᆞ야 許續父命ᄒᆞ다

李璲에 小字는 宗禧니 家在湖西全義縣也라. 九歲에 置闈室遘病

---

[68] 還: 저본에는 '定'으로 나와 있으나 의미상 바로잡음.

ᄒᆞ야 其父母婢僕이 一時病臥ᄒᆞ고 獨宗禧未痛이라. 其父光國이 痛已久矣, 而未退熱ᄒᆞ고 氣窒者ㅣ 二日에 全身이 厥冷而無省視者에늘 宗禧獨自惶惶ᄒᆞ야 蹶起病婢ᄒᆞ야 急煮米飮訖에 將刀斫破四指ᄒᆞ야 血注椀中ᄒᆞ니 滿椀殷赤이라. 周箸啓父之齒ᄒᆞ야 攪和連灌ᄒᆞ야 用半椀ᄒᆞ니 已有氣息ᄒᆞ야 微微出鼻口라. 兒ㅣ 驚喜ᄒᆞ야 遂盡用一椀ᄒᆞᆫ디 父乃甦發語聲ᄒᆞ고 幸得生이러니 翌日向晡에 氣又窒如前이어늘 兒ㅣ 號泣禱天ᄒᆞ고 又亂斫衆指於几上ᄒᆞ니 血이 大出이라. 一病婢見之ᄒᆞ고 驚呼扶擁ᄒᆞᆫ디 兒亟揮之使去ᄒᆞ야 俾無驚動家衆ᄒᆞ고 和血於粥ᄒᆞ야 又進一椀ᄒᆞᆯᄉᆡ 方進粥時에 室中이 忽聞有呼云: "宗禧야! 汝誠이 感天일ᄉᆡ 冥府ㅣ 已許汝父之生이로니 汝其放心ᄒᆞ고 勿悲痛ᄒᆞ라!" 家中內外臥者ㅣ 莫不聞之ᄒᆞ고 皆曰: "長湍尹生員主聲也라."ᄒᆞ니 長湍尹生員은 卽宗禧之外祖尹謙이니 其死亡이 已久矣러라. 其父ㅣ 得生ᄒᆞ야 旣退熱氣ᄒᆞ고 日向蘇完, 而其母ㅣ 亦繼瘳라. 宗禧事無不稱ᄒᆞ야 道郡藉藉ᄒᆞ니 里入이 遂報於邑倅ᄒᆞᆫ디 倅ㅣ 大奇之ᄒᆞ야 轉報監營ᄒᆞ니 道伯李聖龍이 給復, 而聞于朝ᄒᆞ야 旌其閭ᄒᆞ니라. 著者ㅣ 曰: "夫親病斷指者多, 而今以九歲小兒로 行之, 而不計身命ᄒᆞ고 不求聲聞ᄒᆞ며 不知痛苦ᄒᆞ니 實出天之誠孝라. 宜其感動神明ᄒᆞ야 以續父命也ㅣ니 若無誠心이면 雖斷十指血而和進이나 豈有死者復生之理也ㅣ리오? 推此見之컨디 金公之孝ᄂᆞᆫ 盡出於天者也ㅣ로다."

## 189. 四娶得配ᄒᆞ야 祀奉三聖ᄒᆞ고 五子登科ᄒᆞ니 位加一資로다

海豊君鄭孝俊이 年四十三에 貧窮無依ᄒᆞ야 喪妻者ㅣ 三, 而只有三女ᄒᆞ고 無一子ㅣ라. 以寧陽尉之曾孫으로 本家奉先之外에 又奉魯陵及顯德王后權氏·魯陵王后宋氏三位神主, 而無以備香火ᄒᆞᆯᄉᆡ

在家愁亂ᄒᆞ야 每日從遊於隣居李兵使進慶家ᄒᆞ야 以賭博으로 爲消遣ᄒᆞ니 李ᄂᆞᆫ 卽判書俊民之孫也ㅣ니 時以堂下武弁으로 日與海豊賭博矣러니, 一日에 海豊이 猝然而言曰: "吾有衷曲之言ᄒᆞ니 君其信聽否?" 李曰: "吾與君으로 如是親熟, 則何有難從之請乎아? 第言之ᄒᆞ라." 海豊이 囁嚅良久에 乃曰: "吾家ㅣ非但屢世奉祀ㅣ라 且奉至尊神位, 而吾今鰥居無子ᄒᆞ니 絶嗣必矣라 豈不矜悶乎아? 如非君, 則吾何開口ㅣ리오? 君其矜悶我情勢ᄒᆞ야 能以我爲女婿乎아?" 李乃勃然作色, 曰: "君言이 眞乎아 假乎아? 吾女年今十五라 何可與近五十之人으로 作配乎아? 絶勿更沒知覺, 必不成之言이 可也이니라." 海豊이 滿面羞愧ᄒᆞ야 無聊而退러니 自此以後로 更不往其家矣러라. 其後十餘日之夜에 李兵使ㅣ就寢矣러니 昏夢中門庭이 喧擾ᄒᆞ고 遠遠有警蹕之聲이라. 一位官服者, 入來曰: "大駕ㅣ幸于君家ᄒᆞ시니 須卽出迎ᄒᆞ라!" 李慌忙而下階ᄒᆞ야 俯伏于庭ᄒᆞ니 已而오 少年王이 端冕珠旒로 來臨大廳之上ᄒᆞ사 命李近前, 而敎曰: "鄭某欲與汝로 結親ᄒᆞ니 汝意如何오?" 起伏而對曰: "聖敎之下에 焉敢違咈, 而但臣之女ㅣ年未及笄, 而鄭是三十年長이오니 何可以作配乎잇가?" 敎曰: "年齒多少ᄂᆞᆫ 不須較計요 必須成婚이 可也ㅣ니라." 仍還宮ᄒᆞ시니 李乃怳然覺, 而卽起入內, 則其妻ㅣ亦明燭而坐ㅣ라가 問曰: "夜未曉어늘 何爲入來잇고?" 李以夢中事로 言之ᄒᆞᆫ대 其妻曰: "吾夢이 亦然ᄒᆞ니 大是怪事니이다!" 李曰: "此非偶然之事라 將何以爲之오?" 其妻ㅣ曰: "夢是虛境이니 何可信之云矣." 러니 過十餘日에 李又夢大駕又臨, 而玉色이 不豫, 曰: "前有所下敎者을 汝ㅣ何尙不奉行乎아?" 李惶蹙而謝曰: "謹當商量爲之矣리이다." 覺而言于其妻曰: "此夢이 又如是ᄒᆞ니 此必是天意也라 若逆天, 則恐有大禍矣로니 將若之何오?" 其妻曰: "夢雖如是나 事則不

可成矣라. 吾ㅣ何忍以愛女로 作寒乞人에 四室乎아? 此則無論天定與人定ᄒᆞ고 死不可從矣로이다." 李自此之後로 心甚憂惶ᄒᆞ야 寢食이 不安이러니 過十餘日後에 大駕又臨于夢, 曰: "向者下敎者ㅣ非但天定之緣이라 此乃多福之人也ㅣ오 於汝에 無害而有益者也ㅣ어늘 屢次下敎, 而終始拒逆ᄒᆞ니 此何道理오? 將降大禍矣리라!" 李乃惶恐起伏, 而對曰: "謹奉聖敎矣리이다." 又敎曰: "此非汝之所爲라 專由於汝妻之頑不奉命이니 當治其罪라."ᄒᆞ시고 仍下敎拿入ᄒᆞ신디 霎時에 大張刑具ᄒᆞ고 拿入其妻而數之, 曰: "汝之家長이 欲從吾命이어늘 汝獨持難而不奉命ᄒᆞ니 此何道理오?" 仍命加刑ᄒᆞ야 至四五杖而止ᄒᆞᆫ디 李妻ㅣ惶恐而哀乞, 曰: "何敢違越이리잇고? 謹當奉敎ᄒᆞ리이다." 仍停刑而還宮ᄒᆞ시다. 李乃驚覺而入內, 則其妻以夢中事로 言之ᄒᆞ고 捫膝而坐ᄒᆞ니 膝有刑杖之痕이라. 李之夫妻ㅣ大驚ᄒᆞ야 相與議定, 而翌日에 請海豊曰: "近日何久不來云?" 則海豊이 卽來矣라. 李迎謂曰: "君이 以向日事로 自外而不來乎아? 吾ㅣ於近日에 千思萬量에 非吾則此世에 無濟君之困일ᄉᆡ 吾雖誤却吾女之平生이나 斷當送歸于君家矣리니 君爲吾家之東床ᄒᆞ라. 吾意已決ᄒᆞ니 寧有他議리오? 柱單을 不必相請이라 此席書之可也ㅣ라."ᄒᆞ고 仍以一幅簡으로 給而書之ᄒᆞ고, 仍於座上에 披曆而涓吉ᄒᆞ야 丁寧相約而送之러니 翌日朝에 其女ㅣ起寢, 而言于其母曰: "夜夢이 甚奇러이다. 嚴君之博友鄭生이 忽化爲龍, 而向余曰: '汝受吾子라.'ᄒᆞ야늘 吾乃開裳幅, 而受小龍五箇ᄒᆞ니 蜿蜿蜒蜒於裳幅之上ᄒᆞ고 授受之際에 一小龍이 落于地而折項ᄒᆞ니 豈不可怪乎아?" 父母ㅣ聞其言而異之러니 及入鄭門에 逐年生産ᄒᆞ야 生純男子五人이라. 皆長成ᄒᆞ야 次第登科ᄒᆞ야 二男은 位至判書ᄒᆞ고 三男은 位至大司諫ᄒᆞ고 四男·五男은 俱是玉堂이오, 長孫이 又登第於海豊生前ᄒᆞ

고 其婿 | 又登第ᄒᆞ며 海豊은 以五子登科로 加一資ᄒᆞ야 位至亞卿ᄒᆞ고 享年九十餘ᄒᆞ니 孫曾이 滿前ᄒᆞ고 其福祿之盛이 世所罕比러라. 其第五男이 以書狀으로 赴燕回路에 未出柵而作故ᄒᆞ니 以其柩還時에 海豊尙在라. 果符夢中之事, 而其夫人이 先海豊三年而歿ᄒᆞ다. 海豊窮時에 適於知舊之家ᄒᆞ야 逢一術士ᄒᆞ야 諸人이 皆問前程호ᄃᆡ 海豊이 獨不言이러니 主人曰: "此人相法이 神異어늘 何不一問고?" 海豊曰: "貧窮之人이 相之何益고?" 術士熟視, 曰: "這位是誰오? 今雖如此困窮이나 其福祿이 無限ᄒᆞ야 先窮後通ᄒᆞ고 五福俱全之狀이라 座上人이 皆不及云矣."러니 其後에 果符其言이러라. 海豊初娶時에 醮禮之夕에 夢入一人之家, 則堂上排設을 一如婚姻之儀로ᄃᆡ 但無新婦 | 라. 覺而訝之러니 喪妻再娶之夜에 夢又入其家, 則又如前夢, 而所謂新婦가 未免襁褓ᄒᆞ고, 又喪妻三娶之夕에 夢又入其家, 則一如前夢, 而稱以新婦襁褓之兒가 年近十餘歲, 而稍長矣러니 又喪妻ᄒᆞ고 娶李氏門에 見新婦, 則卽向來夢見之兒也라. 凡事皆有前定而然也요 李兵使夢中下敎之君上은 乃是端廟云爾러라.

### 190. 蕩客이 箕營에 近名妓ᄒᆞ고 妬婦가 長林에 歎國色

趙泰億之妻沈氏, 性本猜妬어늘 泰億이 畏之如虎ᄒᆞ야 未嘗有房外之犯이러니 泰耇之箕伯也에 泰億이 以承旨로 奉命ᄒᆞ고 適行於關西ᄒᆞᆯ시 留營中數日에 始有所眄之妓라. 沈氏聞其由ᄒᆞ고 乃卽地治行ᄒᆞᆯ시 使其甥으로 陪行, 而直向箕營ᄒᆞ야 將欲打殺其妓어늘 泰億은 聞其言失色ᄒᆞ고 泰耇亦大驚曰: "此將奈何오?" 欲使其妓로 避之호ᄃᆡ 其妓對曰: "小人이 不必避身이라 自有可生之道, 而貧不能辦矣로소이다." 泰耇 | 問其由호ᄃᆡ 對曰: "小人이 欲飾珠翠於身,

而無錢恨歎이로이다." 泰耆曰: "汝若有可生之道딘 雖千金이라도 吾自當之ᄒᆞ리니 惟汝所欲이 可也라."ᄒᆞ고 使幕客으로 隨所入得給云, 而中和·黃州에 出送裨將而問候ᄒᆞ고, 且備送廚傳而支供矣러니 沈氏之一行이 到黃州, 則云: "有裨將之來待ᄒᆞ고 且有支供之待者."어늘 沈氏乃冷笑曰: "吾ㅣ 豈大臣別星行次而有問安裨將乎아? 且吾之路需ㅣ 優足ᄒᆞ니 不必支供이니 並使退出ᄒᆞ라." 到中和ᄒᆞ야 又如是斥退ᄒᆞ고 發行ᄒᆞ야 過栽⁽⁶⁹⁾松院ᄒᆞ고 將入長林之中ᄒᆞᆯ시, 時當暮春이라 十里長堤에 春意가 方濃ᄒᆞ고 曲曲淸江에 景物이 頗佳어늘 沈氏褰轎簾而玩賞, 過長林이라가 林盡而望見, 則白沙ᄂᆞᆫ 如練ᄒᆞ고 澄江은 如鏡이라. 粉堞은 周繞於江岸ᄒᆞ고 商舶은 紛集於水上이로다. 練光亭·大同門·乙密臺之樓閣은 丹靑이 照耀ᄒᆞ고 屋宇가 縹緲ᄒᆞ야 奪人眼目일시 沈氏嗟歎曰: "勝區ㅣ라 名不虛得矣로다!" 且行且玩之際에 遠遠沙場之上에 忽有一點花ㅣ 渺渺而來러니 漸近, 則一个名姝ㅣ 綠衣紅裳이 騎一匹繡鞍駿驄ᄒᆞ고 橫馳而來어늘 心甚訝之ᄒᆞ야 駐馬而見之러니 及近에 其女子ㅣ 下馬ᄒᆞ야 以鸚舌로 唱諾曰: "某妓請謁ᄒᆞᄂᆞ이다." 沈氏聞其名, 而無名業火가 衝起三千丈矣라. 仍大聲叱責曰: "某妓某妓! 渠何爲而來謁고?" 第使立之于馬前ᄒᆞᄃᆡ 其妓斂容而敬立馬前이어늘 沈氏見之, 則顔如含露之桃花ᄒᆞ며 腰如依風之細柳ᄒᆞ고 羅綺珠翠로 飾其上下ᄒᆞ니 眞是傾國之色이라. 沈氏熟視, 曰: "汝ㅣ 年幾何오?" 對曰: "十八歲로소이다." 沈氏曰: "汝果名物矣로다. 丈夫見此等名妓而不近, 則可謂拙夫ㅣ라. 吾之此行에 初欲殺汝而來矣러니 旣見汝容, 則名物也ㅣ라 吾何必下手리오? 汝可往侍吾家令監, 而令監은 炭客也라 若

---

⁽⁶⁹⁾ 栽: 저본에는 '裁'로 나와 있으나 의미상 바로잡음.

使之沈惑而生病, 則汝罪當死ㅎ리니 愼之愼之ㅎ라!" 言罷에 仍回馬而向京路어늘 泰耉聞之ㅎ고 急走伻傳喝호디, "嫂氏行次가 旣來到城外, 而仍不入城은 何也잇고? 願暫到城內ㅎ야 留營中數日而還鄕이 可矣니이다." 沈氏冷笑曰: "吾非乞駄客也라 入城何爲오?" 不顧而馳還京第ㅎ니라. 其後에 泰耉ㅣ 招致其妓, 而問曰: "汝何以大膽으로 直向虎口而反獲免焉고?" 對曰: "夫人之性이 雖悍妬, 而作此行於千里之地者ㅣ 豈區區兒女輩에 所可辨也리오? 馬之蹞躓者는 必有其步ㅎ느니 人亦如是라. 小人이 死則死矣리니 雖避之달 其可免乎잇가? 故로 玆凝粧而往拜라가 若被打殺, 則無可奈何也어니와 不然, 則或冀有憐憫之心故也云爾러라."

### 191. 朴道令이 結婚座首女ㅎ고 列邑倅가 立證分産書ㅎ다

耆隱朴文秀ㅣ 以繡衣로 行他邑홀시 日晚不得食ㅎ고 頗有飢色ㅎ야 仍向一人家, 則只有一童子, 而年近十五六矣라. 乃向前, 乞一盂飯, 則對曰: "吾則偏親侍下, 而家計貧窮ㅎ야 絶火已數日일시 無飯與客이니이다." 文秀ㅣ 困憊少坐러니 童子ㅣ 屢望屋漏之紙囊ㅎ고 微有慘色, 而卽解囊入內ㅎ니 數間斗屋에 戶外가 卽其內堂也라. 在外聞之, 則童子ㅣ 呼母曰: "外有過客ㅎ야 失期請飯호니 人飢을 豈不顧耶아? 粮米乏絶ㅎ야 無以供飯이니 以此炊飯이 可也ㅣ니이다." 其母ㅣ 曰: "如此而汝之親忌를 將闕乎아?" 童子曰: "情理雖切迫이나 目見人飢, 而何可不救乎잇가?" 其母ㅣ 受而炊之어늘 文秀ㅣ 旣聞其言이라 心甚惻然이러니 童子ㅣ 出來ㅎ디 問其由, 則答曰: "客子ㅣ 旣聞之호니 不敢欺矣로소이다. 吾之親忌가 不遠, 而無以可祀故로 適有一升米ㅎ야 作紙囊懸之ㅎ고 雖闕食而不喫이러니 今客子ㅣ 飢餓에 家無供饋之資글시 不得已以此炊飯矣라가 不幸爲

客所聞知ᄒᆞ니 不勝慚愧云云."而方與酬酌之際에 有一奴子ㅣ來言曰: "朴道令아 斯速出來어다!" 其童子ㅣ哀乞曰: "今日則吾ㅣ不得去矣로라." 文秀ㅣ問姓名, 則乃是同姓也ㅣ라. 又問: "彼來者ㅣ爲誰오?" 曰: "此邑座首奴也라. 吾之年紀已長에 聞座首有女ᄒᆞ고 通婚矣러니 座首ㅣ以爲見辱云, 而每送奴子ᄒᆞ야 捉我而去에 捽曳侮辱이 無所不至요 今又推捉矣니이다." 文秀對奴曰: "吾乃此童之叔也ㅣ라 吾可代往ᄒᆞ리라." 飯後에 仍隨奴而往, 則座首者ㅣ高坐, 而使之捉入云이어늘 文秀ㅣ直上廳坐, 而言曰: "吾姪之班70)閥이 猶勝於君, 而特以家貧之故로 通婚於君矣라. 君如無意, 則置之可也어늘 何每每捉來示辱乎아? 以邑中首鄕으로 有權力而然乎아?" 座首ㅣ大怒ᄒᆞ야 捉入其奴, 而叱曰: "吾ㅣ使汝로 捉來朴童, 而汝何爲捉此狂客而來ᄒᆞ야 使汝上典으로 見辱乎아? 汝罪當笞라!"ᄒᆞ야늘 文秀ㅣ自袖中으로 露示馬牌, 曰: "汝焉敢若是오?" 座首ㅣ一見, 而面如土色ᄒᆞ야 降于階下ᄒᆞ야 俯伏曰: "死罪死罪로소이다!" 文秀曰: "汝可結婚乎아?" 對曰: "焉敢不婚이리잇고?" 又曰: "吾見曆에 三明이 卽吉日이라. 伊日에 吾當與新郎으로 偕來矣리니 汝可婚具而待어다." 座首ㅣ敬諾이라. 文秀ㅣ仍出門ᄒᆞ야 直入邑內而出道ᄒᆞ고 謂其本官曰: "吾ㅣ有族姪, 而在於某洞이라. 與此邑首鄕으로 定昏ᄒᆞ야 期在某日ᄒᆞ니 伊時外具及宴需를 自官備給이 爲好로라." 本官曰: "此是好事라 何不優助리오? 須當如命호리이다." 又請隣邑守令ᄒᆞ다. 當日에 請新郎下處ᄒᆞ야 具官服, 而文秀ㅣ備威儀隨後ᄒᆞ니 座首之家에 雲幕이 連天ᄒᆞ고 盂盤이 狼藉ㅣ라. 座上에 御史ㅣ主壁ᄒᆞ고 諸守令이 皆列坐ᄒᆞ니 座首之家ㅣ千層光輝矣러라. 行禮後에

---

70) 班: 저본에는 '斑'으로 나와 있으나 의미상 바로잡음.

新郎이 出來ᄒᆞ니 御史ㅣ 命拿入座首ᄒᆞᆫ디 座首ㅣ 曰: "小人이 依分付 行婚禮矣니이다." 御史曰: "汝ㅣ 田與畓이 幾何오?" 曰: "幾石數矣 니이다." 曰: "分半給女婿乎아?" 座首告曰: "焉敢不然이리잇고?" 御史ㅣ 曰: "奴婢·牛馬及器皿·什物이 亦幾何오?" 答曰: "幾口幾件 幾匹幾個矣니이다." 曰: "又爲分半給女婿乎아?" 答曰: "焉敢不然 乎잇가?" 御史ㅣ 卽命書文記, 而證人은 首書御史朴文秀ᄒᆞ고 次書 本官某某邑倅, 列書而踏馬牌ᄒᆞ고 仍以轉向他處云矣러라.

### 192. 探花窺牕ᄒᆞ다가 射和尙頭ᄒᆞ고 托尸雪寃에 做恩人科ᄒᆞ다

一儒生이 投筆而業武藝ᄒᆞᆯ시 習射於慕華館이라가 夕陽罷歸에 有一內行이 駕轎而來ᄒᆞ니 後無陪行ᄒᆞ고 只有童婢ᄒᆞ야 隨後而頗 姸美라. 儒生이 見而欲之ᄒᆞ야 腰矢肩弓而隨ᄒᆞᆯ시 或前或後러니 忽 風吹簾捲이어늘 瞥見轎內女人이 素服而坐ᄒᆞ니 眞國色也ㅣ라. 儒 生이 精神이 怳惚ᄒᆞ야 心內暗忖호ᄃᆡ, '此是誰家女子오? 第往探知 其第矣라.'ᄒᆞ고 隨後而行ᄒᆞ니 入新門ᄒᆞ야 轉向南村某洞一大第而 入이라. 儒生이 彷徨門外ᄒᆞ니 日勢已暮어늘 向店買食, 而帶弓矢 ᄒᆞ고 周察其家前後에 無可闖入處요 後場이 依一小阜而不高ㅣ라. 踰墻而下, 則其家後面東西兩房에 燈光이 熒然ᄒᆞ야 照後雙窓이라. 往其窓下ᄒᆞ야 潛窺東房, 則有一老嫗ㅣ 倚於枕上, 而俄者所見之女 子ㅣ 讀諺冊於燈下에 聲音琅琅이러니 而已오 老嫗ㅣ 曰: "今日에 似必困憊ᄒᆞ리니 可歸汝房休息ᄒᆞ라." 其女子ㅣ 退歸西房이어늘 儒 生이 自外로 又往西房窓外ᄒᆞ야 窺見, 則女子ㅣ 喚童婢, 謂曰: "行 役之餘여 汝亦困憊ᄒᆞ리니 可出宿于汝母房ᄒᆞ고 明早入來ᄒᆞ라." 童 婢出門ᄒᆞ니 女子ㅣ 起而閉上窓戶ㅣ어늘 儒生이 暗喜曰: "此女子ㅣ 獨宿ᄒᆞ니 吾當乘間突入이 可也云." 而屛氣窺見, 則女子ㅣ 開籠, 而

出舖錦衾ᄒᆞ고 吸烟茶而坐燈下ᄒᆞ야 若有所思想者然이라. 儒生이 心竊訝之러니 少焉에 後園竹林에 有人跡이어늘 儒生이 驚怵ᄒᆞ야 隱身而見之ᄒᆞ니 一禿頭和尙이 披竹林而來ᄒᆞ야 叩後窓, 而自內로 開窓迎之어늘 儒生이 隨後窺見, 則其和尙이 摟抱其女ᄒᆞ고 淫戲狎昵이 無所不至러니, 而已오 其女起向卓上ᄒᆞ야 拿下酒壺饌盒ᄒᆞ야 滿酌而勸之ᄒᆞᆫ디 和尙이 一吸而問曰: "今日墓行에 果有悲懷否아?" 其女ㅣ 含笑曰: "惟汝ㅣ 在커니 吾何悲懷며 且是虛葬之地에 亦有何 悲懷可言乎아?" 又與僧으로 一場淫戲而裸體ᄒᆞ고 同入衾中ᄒᆞ야 相 抱而臥어늘 此時儒生이 初來欲奸之心은 雲散霧消, 而憤慨之心이 倍激矣라. 仍彎弓注矢ᄒᆞ야 從窓戶滿的射去ᄒᆞ니 正中和尙之禿頭 頂門上揷去라. 其女ㅣ 驚起戰慄ᄒᆞ야 急以衾으로 裹僧之尸ᄒᆞ야 置 之樓上이러라. 儒生이 細察其動靜ᄒᆞ고 踰後墻而出ᄒᆞ니 時已罷漏 라. 仍爲還家러니 其夜에 似夢非夢間, 有一靑袍少年이 年可十七 八矣라. 來拜於前, 曰: "感君之報讐ᄒᆞ야 是以來拜로다." 儒生이 驚 問曰: "君是何人이며 所仇何人고? 吾無報仇之事어늘 君何以來謝 오?" 其人이 掩抑而對曰: "某乃某洞宰相之子也라. 讀書于山寺ᄒᆞᆯ 시 使主僧으로 持粮饌來往于家中이러니 淫婦ㅣ 見而通奸矣라. 某 於歸覲之時에 此僧이 同行到無人之地ᄒᆞ야 蹴吾殺之ᄒᆞ야 以尸로 置於山後巖穴中이 于今三年矣라. 冤死而報讐로니 昨夜에 君之所 射殺者ㅣ 卽其僧이오 其女는 卽吾之內也라. 此仇을 已雪ᄒᆞ니 感謝 無地요 又有一事奉託者ᄒᆞ니 君須往見吾父親ᄒᆞ고 告吾之尸在處 ᄒᆞ야 使之移窆, 則恩又大也로리라." 言訖에 不知去處어늘 儒生이 驚覺, 而心甚異之ᄒᆞ야 更往其家ᄒᆞ야 通刺而入, 則一宰起迎이어늘 坐定後, 儒生이 問曰: "子弟有幾人고?" 主人이 揮淚而言曰: "老夫 ㅣ命道ㅣ 奇窮ᄒᆞ야 無他子女ᄒᆞ고 五十後에 得一兒ᄒᆞ야 愛如掌珠라

가 纔成婚禮에 往山寺課工이러니 爲虎의 所噉去ᄒᆞ야 終祥이 未過
矣로라." 曰: "小生이 有一疑訝事ᄒᆞ니 第隨我而訪尸, 可乎잇가?"
主人이 驚曰: "君이 何由로 知之오?" 曰: "第往見之ᄒᆞ쇼셔." 主人이
具鞍馬與之同行ᄒᆞ야 至某寺ᄒᆞ야는 下馬登山ᄒᆞ야 行未幾步에 有巖
石而有穴ᄒᆞ고 以土石으로 塞其口어늘 使下隷로 去土石ᄒᆞ고 以手
探之, 則有一尸出, 而見之ᄒᆞ니 果其子요 顔色이 依舊ㅣ라. 老宰ㅣ
抱尸哭, 幾絶而甦ᄒᆞ이 向其儒生曰: "汝何由知之오? 必是汝之所
爲也ㅣ로다." 儒生이 冷笑曰: "吾若行之, 則何可見公而道之乎아?
第爲治喪而歸ᄒᆞ야 問其由於令子婦ㅣ면 其房樓上에 有一物可證者
ᄒᆞ리니 公須速行之ᄒᆞ라!" 老宰一邊運尸ᄒᆞ야 安于僧舍, 而歸家ᄒᆞ
야 直入子婦房, 問曰: "吾有朝服之置於汝樓上矣라 吾可出而見之
ᄒᆞ리니 須開樓門ᄒᆞ라!" 其女ㅣ慌忙而對曰: "此則兒當出來어늘 何
須尊舅之親搜也云?"而氣色이 頗殊常이라. 老宰仍向樓開鎖而入,
則有穢惡之臭어늘 搜至籠後에 有以錦衾裹者ㅣ라. 出而置於房內,
則一少年胖大和尙之屍, 而揷箭於頂門之上矣어늘 老宰問曰: "此
何爲者也오?" 其子婦面如土色ᄒᆞ고 戰慄不敢對라. 仍出ᄒᆞ야 請其
父與兄ᄒᆞ야 道其事而黜之ᄒᆞᆫ디 其父ㅣ以刃으로 剚而殺之云矣러라.
仍改葬其子之尸於先山下ᄒᆞ니라. 一夜에 其儒生이 又於似夢非夢
間에 其少年이 又來ᄒᆞ야 百拜致謝曰: "君之深恩을 無以酬之ᄅᆞᆯ시
今科擧ㅣ不遠, 而場中所出之題ᄂᆞᆫ 卽吾平日所做之文이라. 吾可誦
傳之ᄒᆞ리니 君須書之라가 入場後呈券, 則可做第矣리라."ᄒᆞ고 誦傳
一首賦ᄒᆞ니 題是'秋風悔心萌'也라. 其儒生이 受而書之러니 其後科
日에 入場, 則果出此題라. 仍書其賦而呈券ᄒᆞᆯ시 至'秋風颯兮夕起
ᄒᆞ니 玉宇廓而崢嶸'之句ᄒᆞ야는 '秋'字를 誤書以'金'字矣러니 時에
竹泉金公鎭圭ㅣ主試라 見此券, 曰: "此賦ᄂᆞᆫ 果是善作, 而似是鬼

神之作이라 無乃欲試吾輩試鑑之故云矣."러니 至'金風颯兮夕起'之 句ᄒᆞ야는 笑曰: "此非鬼作이라!"ᄒᆞ고 乃擢第一이어늘 人이 問其故 ᄒᆞᆫ디 竹泉이 答曰: "鬼神은 忌金이라 若鬼作, 則必不書金字故로 知其非鬼作云矣."더니 榜出에 其儒生이 登第라. 其姓名을 考之科 榜, 則可知爲誰某, 而試券則未及考見云爾.

### 193. 弔友出城타가 誤入賊窟ᄒᆞ고 縱徒燒宇ᄒᆞ야 歸臥故山

金進士彦良은 素有智略, 而家貧落拓ᄒᆞ야 常菀菀不得志러라. 有 親知宰相之子ᄒᆞ야 約與明日에 同往東郊ᄒᆞ야 弔親友之返虞러니 其日未明에 有人이 來言曰: "某家某送騎云: '聞某友反虞이 未明 入來라.'ᄒᆞ니 吾輩當未明出城일ᄉᆡ 人馬을 送之ᄒᆞ니 急急騎來ᄒᆞ라." 金生이 信之不疑ᄒᆞ고 騎馬出城ᄒᆞ니 其行이 如飛라. 到鍾岩ᄒᆞ야 金 生이 問曰: "汝家上典이 在於何處오?" 牽夫曰: "在前面이라."ᄒᆞ고 仍加鞭到樓院ᄒᆞ되 日尙未出이라. 遵大路ᄒᆞ야 行行到一處, 則又有 一健夫ㅣ 具鞍馬而待傍, 而有一人이 具酒飯進之라. 金生이 疑盆 甚ᄒᆞ야 問曰: "汝輩是何人, 而此何爲也오?" 其人이 答曰: "第可飮 喫ᄒᆞ고 換騎而行, 則自可知矣리라." 金生이 不得已依其言ᄒᆞ야 行 行到五六十里ᄒᆞ니 又有如前鞍馬酒食이라. 晝夜不止ᄒᆞ고 幾日에 至一處, 則四山環圍之中에 有一洞府ᄒᆞ니 人家ㅣ 櫛比ᄒᆞ고 有一大 舍ᄒᆞ니 如公廨樣ᄒᆞ야 朱門이 有三이라. 下馬歷重門而入, 則一丈 夫ㅣ 擁衾而臥ㅣ라가 左右侍娥ㅣ 扶起而坐라. 氣息이 奄奄ᄒᆞ야 向 金生而言曰: "吾亦洛下人으로 誤入於此ㅣ 積有年矣러니 今則病且 死에 無人可代ᄅᆞᆯᄉᆡ 聞君智略ᄒᆞ고 特邀來此ㅣ로라. 若欲圖免이면 則必有大禍니 愼之愼之ᄒᆞ라! 吾雖賊魁나 未嘗行不忍之事오 如貪 官汚吏之物과 富民에 吝而不給人之財를 量其可取而取之ᄒᆞ야 以

充軍需之用이라니 君其代吾而善處ㅣ 可也니라. 人生斯世에 功名은 在天이 非人力之可爲니 曷若坐此而號令軍中ᄒᆞ야 歌姬舞女와 山珍海錯을 不患不得, 則可謂公卿不換者也ㅣ니 勉之哉여다!" 言訖에 更無所言而臥ㅣ러라. 金生이 始知其爲賊將ᄒᆞ고 而滿心驚訝ᄒᆞ되 無計脫身일시 第坐於廳上, 則如軍校者十餘人이 來拜於庭下ᄒᆞ고 軍卒이 一時來謁이러니 以絲笠藍袍로 加之於身ᄒᆞ고 其供饋等節이 極其豊潔이러라. 是夜에 賊將이 死ᄒᆞ니 軍中이 擧哀掛孝ᄒᆞ고 治喪이 極其侈麗ᄒᆞ며 成服後에 瘞於山後麓이러라. 金生이 留七八日에 軍中이 有偶語曰: "舊帥已沒ᄒᆞ고 新帥ㅣ代坐, 而于今近十日, 而無出謀發慮之事ᄒᆞ니 似是一箇飯囊이라 將焉用之오? 更俟幾日ᄒᆞ야 若一樣, 則不可不殺, 而更求他人이 爲好云云." 이어늘 金生이 微聞此言ᄒᆞ고 大生怵ᄒᆞ야 翌朝에 坐於廳上ᄒᆞ고 招首校分付曰: "間緣舊帥之喪禮未畢ᄒᆞ야 無暇問之로니 見今軍中需用이 能無匱乏者乎아?" 對曰: "如干所儲ᄂᆞᆫ 幾盡於喪需ᄒᆞ고 見今餘存無多ᄒᆞ야 方以此爲憫矣로이다." 金生曰: "再明日에 當分送軍卒ᄒᆞ리니 軍令板을 入來ᄒᆞ라!" 其校ㅣ承命而退러니 未幾에 入軍令板ᄒᆞ야 背後에 列書可偸之人家여늘 金生이 乃以永興朱進士家로 劃出, 則首校ㅣ俯伏請曰: "此家ᄂᆞᆫ 果是巨富, 而實無可偸之望이라. 其洞中四五百戶ㅣ 俱是奴屬, 而每戶門楣에 懸一大鈴ᄒᆞ고 以其索頭로 都聚于一索ᄒᆞ야 掛於主家ᄒᆞ고 如有驚, 則主搖其索이면 許多之鈴이 一時應之ᄒᆞ니 一入之後에 萬無出路ㅣ니 此將奈何오?" 金生이 乃叱曰: "將旣出令이면 雖水火中이나 固不可辭어든 焉敢亂言而搖軍心乎아?" 卽爲拿入ᄒᆞ야 嚴棍六七度後에 分付曰: "此則吾當親往ᄒᆞ리라." 明日에 金生이 粧出營裨樣ᄒᆞ야 以靑天翼으로 佩將牌ᄒᆞ고 如大箱子大籠等屬數十駄ᄒᆞ야 載之於馬ᄒᆞ고 隨後人은 皆以驛卒樣으로

粧出, 而日暮時에 馳入朱進士家ᄒᆞ야 以爲咸營進上領去裨將云, 而入門ᄒᆞ니 朱進士ㅣ 慌忙延接, 寒暄後에 向主人言曰: "此是營門別進上物種也ㅣ라. 有所重ᄒᆞ니 可置之于大廳上이어다." 主人이 依其言置之ᄒᆞ고 備夕飯供饋라. 到夜에 與主人으로 聯枕矣러니 主人 睡夢之中에 胸膈이 塞菀ᄒᆞ야 驚覺, 則俄者營裨가 據胸而坐ᄒᆞ야 手執長劍, 而言曰: "吾非營裨오 乃是賊魁라. 汝若出聲, 則當以劍斬之ᄒᆞ리니 指示錢帛所在處, 則汝可活이오 否則汝命이 止於今夜ㅣ니 命爲重乎아? 錢帛이 爲重乎아?" 主人이 面如土色ᄒᆞ야 惶汗이 洽背而哀乞曰: "謹當一一奉行ᄒᆞ리니 幸勿傷吾ᄒᆞ라!" 賊將이 許諾ᄒᆞ고 招卒徒之隨來者ᄒᆞ야 開庫而一一搜出ᄒᆞ니 如斯之時에 渾家ㅣ 驚動ᄒᆞ야 或有近之者, 則朱者ㅣ 連聲曰: "須勿近我, 而庫中之物을 任其收去!"ᄒᆞ니 於是에 賊徒亂入庫中ᄒᆞ야 布木之屬과 銀帛之物 를 幷其主人家牛馬而駄之ᄒᆞ야 使之運出洞口後에 乃左手로 執主人手ᄒᆞ며 右手로 執長劍ᄒᆞ고 同行出門ᄒᆞ야 至洞口外ᄒᆞ야ᄂᆞᆫ 抛却主人ᄒᆞ고 乃上馬而去ᄒᆞ니 如風雨之驟러라. 一行所得이 殆過數萬餘金이라 軍中이 莫不稱神이러니 過四五日後에 又使人入來軍令板ᄒᆞ야 割出釋王寺ᄒᆞ되 首校ㅣ 又稟曰: "此寺洞府가 只有一路ᄒᆞ니 若深入, 而官軍이 塞洞口, 則無以出來ᄒᆞ리니 此將奈何잇고?" 金이 叱退曰: "今番도 吾又作行ᄒᆞ리라." 仍粧咸興中軍服色, 而多率校卒ᄒᆞ고 賊徒數人을 以紅絲結縛隨後而入寺中ᄒᆞ야 坐于樓上, 而捉入賊漢鉤問ᄒᆞᆯ시 惡刑을 備至ᄒᆞ되 賊이 招出僧徒라 隨出隨縛ᄒᆞ니 四五百僧徒ㅣ 無不縛之어늘, 仍使搜出佛器·錢布等屬ᄒᆞ야 一幷駄之馬, 而鱗次出送ᄒᆞᆯ시 時有數僧이 採樵於山이라가 見其狀ᄒᆞ고 急告于安邊官ᄒᆞ되 本倅大驚ᄒᆞ야 急發奴令及軍校ᄒᆞ야 掩入洞口ᄒᆞ니 賊徒聞此報ᄒᆞ고 急報金生ᄒᆞ되, 金生이 乃以賊徒中四五人으로 削

髮爲僧徒樣ᄒ야 面帶血痕ᄒ며 口作痛聲ᄒ고 出向官軍曰: "賊徒ㅣ
踰後山而去ᄒ니 官軍은 速踰後山之路ᄒ고 不必入此洞이니이다."
官軍이 聞之ᄒ고 一幷踰後山而去여늘 金生이 乃從洞口ᄒ야 脫身
而走ᄒ니 又得錢布百餘駄라. 軍需ㅣ 裕足ᄒ고 如此設計, 而收納者
ㅣ不止於此ᄒ니라. 數三年後에 金生이 集卒徒而言曰: "汝輩는 皆
平民也, 而迫於飢寒ᄒ야 雖有此擧나 然이나 非長久計也라. 汝輩
若各分金帛, 則衣食이 豊足矣리니 何必如是也ㅣ리오? 吾亦非久
居此之人也ㅣ니 庫中所在之物을 各自均分ᄒ고 還歸故里ᄒ야 以作
平民이 好也로니 未知汝輩之心은 何如오?" 諸人이 皆曰: "惟從將
軍之命ᄒ리이다!" 金生이 乃出所積之物ᄒ야 均分以給ᄒ야 各歸鄕
里ᄒ고 火燒其宇, 而騎馬出山ᄒ야 還歸本第ᄒ니라.

### 194. 閔氣短李動盪 爾有眼果無珠

金文谷에 諱는 壽恒이오 夫人에 姓은 羅氏니 明村羅良佐之娣也
라. 有識鑑ᄒ야 爲女擇婿ᄒ실시 使第三子三淵으로 往見閔氏諸少而
定婚ᄒ더 三淵이 往見而告曰: "閔家兒ㅣ 皆氣短貌不揚ᄒ야 無可合
者러이다." 夫人曰: "此是名家也라 後進이 必不然ᄒ리라." 其後에
三淵이 擇李氏兒而言曰: "今果得佳郎矣니이다!" 夫人曰: "爲誰
오?" 曰: "風儀動盪ᄒ고 才華ㅣ發越ᄒ니 眞大器之人이러이다." 曰:
"若然則好矣라."ᄒ더니 及迎婿合巹之日에 夫人ㅣ歎曰: "三兒有目
無珠로다!" 三淵이 怪問之ᄒ더 夫人曰: "新郎이 佳則佳矣, 壽限이
大不足ᄒ야 不過三旬ᄒ리니 汝何所取而定婚고?" 已而오 又嘆曰:
"吾女ㅣ先死ᄒ리니 亦復奈何云云."ᄒ고 責三淵不已ᄒ더 三淵이 終
不以爲然이러니 一日에 閔氏趾齋鎭厚及丹巖鎭遠諸從兄弟, 俱以
弱冠으로 適有事而來矣라. 三淵이 入告曰: "母氏每以閔家之不得

連婚으로 爲恨이러시니 今閔家少年이 來矣라. 母氏는 可從窓隙窺
見ㅎ시면 必下諒小子言之不誣ㅎ리이다." 夫人이 從而窺見ㅎ고 又
責曰: "汝眼이 果無珠로다. 此少年이 俱是貴人이라 名垂後世之大
器어늘 惜乎其不得連婚이로다!" 其後에 果符其言ㅎ야 閔公은 俱大
達, 而李氏는 年纔過三十에 以參奉으로 夭, 而夫人之女는 先一年
而歿ㅎ니라. 夫人이 嘗織錦布三端, 而一端은 造文谷之官服ㅎ고
二端은 深藏, 而第二胤農巖이 登第, 而不許造朝服이러니 後에 夢
窩以蔭官으로 登第에 仍使造朝服ㅎ고 一端은 藏之라가 孫婿趙文
命이 登第에 又使造朝衣ㅎ니 三人이 俱位至三公이라. 夫人之意以
爲, 未至三公之人은 不可許故也로다. 農巖이 登第而入謁ㅎ니 夫
人이 嚬眉曰: "何爲而如山林處士樣也오?"ㅎ더니 其後에 夢窩ㅣ 登
第而入謁, 則夫人이 笑曰: "大臣이 出矣라!"ㅎ더라.

## 195. 山寺曉鍾에 訪妓到浿ㅎ고 御塔新恩이 陪親還家ㅎ다

古有一宰爲關西伯ㅎ야 有獨子而率去러니 時有童妓ㅎ야 與其子
同庚, 而容貌ㅣ佳麗어늘 與之相狎ㅎ야 恩情之篤이 如山如海라. 箕
伯이 遞歸에 其父母ㅣ 憂其不能斷情而別妓ㅎ야 問曰: "汝與某妓로
有情ㅎ니 今日에 倘能割情而決然歸去否아?" 其子ㅣ 對曰: "此ㅣ不
過風流好事어늘 有何係戀之可言乎잇가?" 其父母ㅣ 幸而喜之ㅎ고
發行之日에 其子ㅣ別無惜別之意러라. 及歸에 使其子로 負笈山寺
俾勤三餘之工이러니 生이 讀書山房, 而一日之夜에 大雪이 初霽ㅎ
고 皓月이 滿庭이라. 獨倚欄檻ㅎ야 怊然四顧ㅎ니 萬籟收聲ㅎ고 千
林이 閴寂이어늘 若雲間獨鶴이 失群而悲鳴ㅎ고 巖穴孤猿이 喚侶
而哀號라. 于斯時也에 心懷愀然ㅎ야 關西某妓가 忽然入想ㅎ니
其[71]妍美之態와 端麗之容이 森然如在目前ㅎ고 相思之懷는 如泉湧

出ᄒᆞ야 欲忘未忘, 而終不可抑이라. 因坐而苦候晨鍾ᄒᆞ야 不使傍人知之ᄒᆞ고 獨自草履로 佩如干盤費ᄒᆞ고 步出山門ᄒᆞ야 直向關西大路而行ᄒᆞ니라. 翌日에 諸僧及同窓之人이 大驚搜索호ᄃᆡ 終無影形이어늘 乃告于其家ᄒᆞᆫᄃᆡ 擧家ㅣ 驚惶ᄒᆞ야 遍尋山谷而不得ᄒᆞ니 意謂, '虎豹所噉이라.'ᄒᆞ야 其冤痛之狀은 無以形言矣러라. 生이 間關作行ᄒᆞ야 行未幾日에 乃到浿城ᄒᆞ야 卽訪其妓之家, 則妓不在焉ᄒᆞ고 只有老母ᄒᆞ야 見生之行色이 草草ᄒᆞ고 冷眼相對에 全無欣款之心이라. 生이 問曰: "君之女ㅣ 何在오?" 對曰: "方入於新使子弟隨廳, 而一入之後에 尙不得出來라. 然而書房主ㅣ 何爲千里徒步而來也오?" 生曰: "吾以君女思想之故로 柔腸이 欲斷일ᄉᆡ 不遠千里而來者ᄂᆞᆫ 全爲一面之地로라." 老妓冷笑曰: "千里他鄕에 空然作虛行矣로다. 吾女ㅣ 在此, 而吾亦不得相面이온 何況書房主乎아? 不如早歸라."ᄒᆞ고 言罷에 還入房中ᄒᆞ야 少無迎接之意어늘 生이 慨歎出門, 而無可向處라. 仍念營吏房이 曾親熟ᄒᆞ고 且多受恩於其父者ㅣ라. 仍問其家而往見, 則其吏大驚起, 而迎之座, 曰: "書房主此何擧也ㅣ잇고? 以貴价公子로 千里長程에 徒步此行이 誠是夢外로소니 敢問此來何爲니잇고?" 生이 告之其故ᄒᆞᆫᄃᆡ 其吏掉頭, 曰: "大難大難이로이다! 是今巡使子弟寵愛此妓ᄒᆞ야 跬步을 不暫離ᄒᆞ니 實無相面之道ㅣ라. 姑暫留小[72]人家幾日이면 庶圖可見之機라."ᄒᆞ고 仍接待款洽이라. 生이 留數日에 天忽大雪이어늘 吏曰: "今則有一面之會, 而未知書房主ㅣ 能行之否아?" 生曰: "若使吾로 一見其妓之面, 則死且不避어든 何況其外事乎아!" 吏曰: "明朝에 調發邑底人丁ᄒᆞ야 將掃雪營庭ᄒᆞ리니 小人이 以書房主로 充於冊房掃雪之

---

71) 其: 저본에는 '기'로 나와 있으나 의미상 반영함.
72) 小: 저본에는 '少'로 나와 있으나 의미상 바로잡음.

役, 則或可瞥眼相面矣리이다." 生이 欣然從之ᄒᆞ야 換着常賤衣冠ᄒᆞ고 混入於掃雪役丁之叢ᄒᆞ야 擁篲而掃冊室之庭ᄒᆞᆯ새 時以遠眼으로 頻頻偸視廳上호ᄃᆡ 終不得相面이러니 過食頃之後에 房門開處에 厥妓凝粧而出ᄒᆞ야 立於曲欄, 而翫雪景이어늘, 生이 停掃而注目視之혼디 厥女忽然色變ᄒᆞ야 轉而入房ᄒᆞ고 更不出來라. 生이 心甚恨之ᄒᆞ야 無聊而出ᄒᆞ니 其吏問曰: "得見厥妓否아?" 生曰: "霎時見面이로라."ᄒᆞ고 仍道入房不出之狀ᄒᆞᆫ디 吏曰: "妓兒情態ᄂᆞᆫ 本皆如此ᄒᆞᄂᆞ니 較其冷暖, 而送舊迎新을 何足道責乎잇가?" 生이 自念行色컨디 進退不得이라 心甚悶矣러니, 厥妓一見生之面目에 心知其下來ᄒᆞ고 欲出一面, 而其奈冊室이 暫不得使離에 何哉오? 仍心思脫身之計라가 忽爾揮淚作悲苦之狀이어늘 冊室이 驚問曰: "汝ㅣ 何作此樣也오?" 妓掩抑而對曰: "小人이 家無他兄弟, 故小人在家之日에 親自掃雪於亡父之墳墓矣러니 今日大雪에 無人掃雪일새 是以悲矣로소이다." 冊室曰: "然則吾ㅣ 使一隸로 掃之矣리라." 妓止之, 曰: "此ㅣ 非官事라 當此寒冱ᄒᆞ야 使渠로 掃雪於不當之小人先山, 則小人之亡父ㅣ 必得無限辱說ᄒᆞ리니 此則大不可라. 小人이 暫往而掃之ᄒᆞ고 旋卽入來無妨矣요, 且父墳이 在於城外未十里之地ᄒᆞ니 去來之間이 不過數食頃矣니이다." 冊室이 憐其情私而許之어늘 厥妓卽往其家ᄒᆞ야 問母曰: "某處書房主ㅣ 豈不來此乎아?" 母曰: "數日前에 暫來見而去矣라."ᄒᆞᆫ디 妓呑聲而責其母, 曰: "人情이 豈如是乎아? 彼以卿相家貴公子로 千里此行이 專爲見我而來, 則母親이 何不挽留而通我乎아? 母以冷落之事로 相接ᄒᆞ니 彼肯留此乎아?" 仍揮涕不已ᄒᆞ고 欲訪其所在處, 而無處可問이라가 忽念前等吏房이 每親近於冊室ᄒᆞ더니 無或寄宿其家耶아? 乃忙步往尋, 則果在矣라. 相與執手ᄒᆞ고 悲喜交切이러니 妓曰: "妾旣一見書房

主,則斷無相捨之意로니 不如從此而相携逃避矣라."ᄒᆞ고 因還至 其家, 則母適不在어늘 搜其箱篋中所儲五六兩銀子ᄒᆞ고, 且以渠之 資粧貝物로 作一負卜ᄒᆞ야 貰人背負ᄒᆞ고 往其吏家ᄒᆞ야 使吏로 貰 得二匹馬ᄒᆞ니 吏曰: "貰馬往來之際에 踪跡이 易露ㅣ라. 吾有數匹 ᄒᆞ니 健可以贐之라."ᄒᆞ고 又出四五十兩ᄒᆞ야 俾作路需, 而與厥妓 로 卽地發行ᄒᆞ야 向陽德·孟山之境ᄒᆞ야 買舍於靜僻處而居焉ᄒᆞ다. 伊日에 營冊이 怪其妓到晩不來ᄒᆞ야 使人四索호ᄃᆡ 終無形影矣러 라. 厥妓謂生曰: "郞旣背親而作此行, 則可謂父母之罪人也라. 贖 罪之道ᄂᆞᆫ 惟在於登科요 決科之道ᄂᆞᆫ 亶在乎勤業이니 衣食之憂ᄂᆞᆫ 付之於妾ᄒᆞ고 自今日로 讀之做之ᄒᆞ야 用工他倍然後에 可以有爲 라."ᄒᆞ고 使之遍求書冊之賣者ᄒᆞ야 不計價而買之ᄒᆞ니 自此로 勤業 에 科工이 日就라. 如是而過四五年之後에 國有大慶ᄒᆞ야 方設科取 士어늘 女ㅣ 勸生作觀光ᄒᆞ고 行資를 準備而送之ᄒᆞᆫᄃᆡ 生이 上京ᄒᆞ야 不得入其家ᄒᆞ고 寓於旅舍라가 及期ᄒᆞ야 赴場懸題後에 一筆揮灑 ᄒᆞ고 呈卷而待榜이러니 榜出에 生이 嵬忝第一人矣라. 自上으로 招 吏判ᄒᆞ야 近榻前而敎曰: "曾聞卿之獨子讀書山寺라가 爲虎嚙去云 矣러니 今見新榜壯元, 秘封則的是卿之子, 而職啣은 何爲而書大 司憲也오? 是可訝, 而父子之同名도 亦是異事오 且朝班[73]宰列에 寧有卿名之二人乎? 誠莫曉其故也라."ᄒᆞ시고 上使呼新恩來ᄒᆞ신ᄃᆡ 吏判俯伏榻下而俟之러니 及新恩이 入侍, 則果是其子라. 父子相 持ᄒᆞ고 暗暗揮淚ᄒᆞ야 不忍相舍어늘 上이 異之ᄒᆞ사 使之近前ᄒᆞ시고 詳聞其委折ᄒᆞ신ᄃᆡ 新恩이 俯伏而起ᄒᆞ야 以其背親逃走之事로 及 掃雪營庭之擧와 以至與妓로 逃避ᄒᆞ야 做工登科之由를 一一詳細

---

73) 班: 저본에는 '斑'으로 나와 있으나 의미상 바로잡음.

奏達ᄒᆞ니, 上拍案稱奇, 而教曰:"汝非悖子라 乃是孝子也로다! 汝妻之節槩志慮ㅣ 卓越於他ᄒᆞ니 不知賤娼流, 乃有如此人物이라. 此則不可以賤娼으로 待之니 可陞副室이라."ᄒᆞ시고 卽日下諭關西道臣ᄒᆞ샤 使之治送其妓ᄒᆞ시니 新恩이 謝恩이 退ᄒᆞ야 隨其父還家ᄒᆞ니 家中慶喜之狀이 溢於內外라. 封內職喞之書大司憲者ᄂᆞᆫ 蓋是上山時所帶職故也러라. 妓名紫鸞이오 字玉簫仙云爾러라.

### 196. 掃墳歸路에 逢一奇男子 因山禮畢에 告訣都元帥

李貞翼公浣이 荷孝廟眷注ᄒᆞ고 將謀北伐ᄒᆞ야 廣求人材ᄒᆞᆯ시 雖於行路上이나 如見人之容貌魁偉, 則必延致其門ᄒᆞ야 隨其村而薦于朝ㅣ러니, 曾以訓將으로 得暇掃墳ᄒᆞᆯ시 行到龍仁店幕ᄒᆞ니 有一總角이 年近三十許之人ᄒᆞ야 身長은 幾十尺이오 面長一尺, 而骨瘦層稜ᄒᆞ고 短髮이 鬖鬆ᄒᆞ며 布褐掩身ᄒᆞ고 踞坐於土廳之上ᄒᆞ이 以瓦盆濁醪로 飮如長鯨ᄒᆞ니, 公이 於馬上에 瞥見而異之ᄒᆞ고 仍下馬ᄒᆞ야 坐于岸上ᄒᆞ고 使人으로 招其童以來ᄒᆞ되 厥童이 不爲禮ᄒᆞ고 又箕坐于石上이어늘 公이 問其姓名ᄒᆞ니 答曰:"姓朴名鐸이라."ᄒᆞ야늘 又問: "汝之地閥이 何如오?" 答曰:"自是班[74]族而早孤ᄒᆞ고 家有偏母而家貧ᄒᆞ야 負薪而養之ᄒᆞ로라." 又問: "汝ㅣ飮酒ᄒᆞ니 能復飮乎아?" 對曰:"巵酒를 安足辭ㅣ리오?" 公이 命下隷ᄒᆞ야 以百錢으로 沽酒而來ᄒᆞ라. 已而오 沽濁醪二大盆以來라. 公이 自飮一椀ᄒᆞ고 以其器로 擧而給之ᄒᆞ니 厥童이 少無辭讓羞澁之意ᄒᆞ고 連倒二盆이라. 公曰:"汝雖埋沒ᄒᆞ야 困於飢寒이나 骨格이 非凡ᄒᆞ니 大有可用之人也라 汝或聞我名乎아? 我是訓將李某也라. 方今朝廷이

---

74) 班: 저본에는 '斑'으로 나와 있으나 의미상 바로잡음. 이하의 경우도 동일함.

營大事ᄒᆞ야 遍求將帥之材ᄒᆞ노니 汝若隨我而去, 則富貴를 何足道
哉아?" 厥童曰: "老母ㅣ 在堂ᄒᆞ시니 此身을 未可以許人也로이다."
公曰: "若然則吾當升堂ᄒᆞ야 拜君母ᄒᆞ리니 而家ㅣ 安在오? 汝須導
前ᄒᆞ라." 行十餘里에 抵其門前ᄒᆞ니 數間斗屋이 不蔽風雨라. 厥童
이 先入門이러니 而已오 出一弊席ᄒᆞ야 鋪之柴門外ᄒᆞ고 出而迎之
ᄒᆞ니 蓬頭布裙이 年過六十餘라. 相與讓席이라가 坐定後에 公曰:
"某是訓將李某也러니 掃墳之行에 路逢此兒ᄒᆞ니 一面에 可知其人
傑이라. 尊嫂ㅣ 有此奇男ᄒᆞ시니 大賀大賀로이다!" 老婦ㅣ 斂衽而對
曰: "草野之間無父之兒ㅣ 早失學業ᄒᆞ니 無異於山禽野獸어늘 大監
이 過加詡獎ᄒᆞ시니 不勝慙愧로소이다." 公曰: "尊嫂雖在草野나 時
事를 必有及聞者矣리이다. 見今朝廷이 方營大事ᄒᆞ야 招迎人材ᄒᆞᆯ
ᄉᆡ 某見此兒ᄒᆞ니 不忍遽別이라 欲與之同行ᄒᆞ야 以圖功名, 則此兒
ㅣ 以無親命으로 爲辭故로 不得已躬來敢請ᄒᆞ노니 尊嫂는 能許之否
아?" 老婦曰: "鄕曲愚蠢之兒ㅣ 有何知識而敢當大事乎잇가? 且此
是老身之獨子라 母子相依焉ᄒᆞ니 有難遠離ᄅᆞᆯᄉᆡ 不敢奉命矣로이
다." 公이 再三懇請ᄒᆞ되 老婦曰: "男子는 生而志四方ᄒᆞᄂᆞ니 旣許身
於國家, 則區區私情은 有不可顧矣오, 且大監之誠意如是ᄒᆞ니 何
敢不許乎잇가?" 公이 大喜ᄒᆞ야 卽辭其老婦ᄒᆞ고 與其兒로 偕行ᄒᆞ야
還歸洛下ᄒᆞ야 詣闕請對ᄒᆞ되 上曰: "卿이 旣作掃墳之行이러니 何爲
輕還也오?" 公이 奏曰: "小臣이 下鄕之路에 逢一奇男子ᄒᆞ야 與之
偕來矣니이다." 上曰: "使之入侍." 則蓬頭突鬢이 旣一寒乞之兒라.
直入榻前ᄒᆞ야 不爲禮而踞坐어늘 上笑而敎曰: "汝何瘦瘠之甚也
오?" 對曰: "大丈夫ㅣ 不得志於世ᄒᆞ니 安得不然乎잇가?" 上曰: "此
一言이 奇且壯矣라."ᄒᆞ시고 顧李公曰: "當除何職乎아?" 公曰: "此
兒ㅣ 姑未免山禽野獸之態로소니 臣이 謹當率育家中ᄒᆞ야 磨以歲月

학고 訓誡人事然後에 可以責一職矣니이다." 上이 許之학시니 公이 常置之左右학고 豊其衣食, 而教以兵法及行世之要호디 聞一知十학며 日就月將학야 非復舊日癡蠢子ㅣ라. 上每對李公학샤 問朴鐸之成就학신디 公이 每以將進으로 奏達학야 如是度周年矣라. 公이 每與朴鐸으로 論北伐之事, 則其出謀發慮ㅣ 大有勝於自家학니 公이 大奇之학야 將奏達而大用之러니 未幾에 孝廟賓天에 朴鐸이 隨人參哭班홀시 痛哭不已학야 至於目腫而淚血이라. 每日朝夕에 必參哭班이러니 及因山禮畢에 告公以永訣호디 公曰: "此何言也오? 吾ㅣ 與汝로 情同父子여늘 汝何忍捨我而去耶아?" 對曰: "吾ㅣ 豈不知大監之眷愛恩哉리잇고? 某之來此는 非爲哺啜之計也라. 英雄之聖主ㅣ 在上에 可以有爲於世矣러니 皇天이 不弔학사 奄遭大喪학니 今則天下事ㅣ 無可爲哉,ㄴ저! 此誠千古不禁英雄之淚者也라. 吾雖留在大監門下ㅣ나 無可爲之機오, 且拘於顏私학야 浪費衣食, 而逗遛不去면 亦甚無義니 不如從此逝矣라."학고 仍揮淚拜辭而歸학야 與其母로 離家而入深峽학야 不知所終이라. 尤齋先生이 常對人학야 道此事而嗟歎이러라.

**197. 貪財縛侄亂石搗背학고 破棺行檢伸雪積寃학다**

趙豊原君顯命이 英廟甲寅年間에 按嶺藩, 而鄭彥海爲通判矣라. 一日에 與之終夜酬酌이라가 鷄鳴而罷학야 通判이 還衙, 而解衣將就寢이러니 營隷以巡使傳喝로 以爲, '適有緊急面議事학니 以平服으로 斯速入來학라.'학야놀 通判莫知其故학야 忙整巾服학고 從後門入見, 則巡使曰: "通判은 須於天明時에 馳往漆谷地학야 有老除吏裵以發과 其弟時仕吏裵之發학리니 捉入着枷後에 先問以發之子女有無, 則彼必以'有一女학야 死已久矣'로 爲言학리니 使渠導前

호야 馳往其葬所, 而掘檢이 可也라. 其屍體는 卽女子, 而年十七歲오 面貌頭髮은 如斯如斯호며 所着衣裳은 上衣玉紬赤古里호고 下衣藍木裳호니 須詳審以來호라." 通判이 驚異호야 仍曰: "事已如此, 則何待天明이리잇고? 下官이 卽爲擧火發行호리이다." 仍辭出호야 卽治行而發向호디 漆谷人이 皆驚曰: "此邑에 初無殺獄之發告어늘 檢官이 何爲而來오?"호야 莫不驚訝러라. 通判直入座衙軒호고 命捉入二裵吏호야 問以發曰: "汝有子女乎아?" 對曰: "小人이 無子호고 只有一女러니 年纔及笄에 病死호 葬已近十年矣니이다." 又問曰: "葬於何處乎아?" 對曰: "距官府十里許地矣니이다." 通判이 使之着枷, 而使兩吏로 立於馬頭호고 直往其女之葬處호야 掘塚破棺而出尸, 則面色이 如生호고 其容貌衣裳이 一如巡使之言이라. 仍使解絞脫衣而檢尸, 則無傷處之可執이어늘 更使合面檢之, 則背上에 有石打處호야 皮肉이 破傷호고 血猶淋漓라. 乃以是定實호야 因忙修檢狀호고 以發兄弟及夫妻는 出付刑吏호야 使之上送營獄호고 疾馳而歸호야 見巡使道其事호디 巡使曰: "然矣리라."호고 仍捉入裵吏兄弟夫妻호야 自營庭으로 施威嚴問, 則以發은 對如前호고 之發則曰: "使道明鑑이 如神호시니 小人이 何敢隱情乎잇가? 小人之兄이 家饒而無子호고 只有一女글시 以小人之子로 立後, 則小人兄이 每曰: '吾儕小人이 有何養子之可言乎아? 祖先奉祀는 弟可代行이 吾則得女婿而率育이 爲可云.' 而小人에 兄嫂는 卽女之繼母也라 常憎其女故로 小人이 與兄嫂로 同謀호야 以姪女失行으로 倡言, 而使兄으로 欲殺之호니, 兄이 不忍着手어늘 小人이 乃乘兄之出外日호야 與兄嫂로 縛姪女, 而以亂石으로 搗其背而殺之호야 仍爲入棺호고 數日後에 兄이 入來에 告以渠與某處總角으로 潛奸이라가 見捉之後에 不勝羞愧호야 至於自決故로 已入棺云云, 則無

奈何, 而葬于此處者幾十年, 而兄則至于今認以爲然矣니 此是小人이 欲使小人之子로 爲子, 而全貪兄家財産之故也오 此外에 無他可達之辭矣니이다." 又問以發之妻, 則所供이 亦然이라. 仍成獄事ᄒᆞᆫ디 通判이 問曰: "使道ㅣ 何由로 知此獄之如斯와 屍體衣服과 及獄情虛實를 如是其詳也잇고?" 巡使ㅣ 笑曰: "昨夜通判退出之後에 欲就寢矣러니 燭影이 明滅ᄒᆞ고 寒風이 逼骨이라. 燭影之背에 一女子ㅣ 百拜, 而稱有冤訴之事어늘 吾ㅣ 問曰: '汝ㅣ 人乎아 鬼乎아? 有何冤抑而如是來訴也오? ㅡㅡ詳陳ᄒᆞ라.' 女子ㅣ 泣而拜曰: '吾是某邑吏之女也러니 橫被惡名, 而爲人謀陷ᄒᆞ야 卽被打殺이라. 一生一死ᄂᆞᆫ 人之常事어니와 妾之一死ᄂᆞᆫ 不必尤人, 而但以閨中處子之身으로 蒙被累名而死ᄒᆞ니 此是千古至冤之事也ㅣ라. 每欲伸雪於巡使道, 而人皆精魄이 不足ᄒᆞ야 難以訴冤이러니 今使道ᄂᆞᆫ 精魄이 有異於他也라. 故로 不避猥越ᄒᆞ고 敢來訴冤ᄒᆞ오니 萬望伸雪焉ᄒᆞ소셔.'ᄒᆞ여늘 吾ㅣ 快諾, 則其女ㅣ 出門而滅故로 心竊訝之ᄒᆞ야 請通判而行檢者ㅣ 此也云耳라."ᄒᆞ더라.

### 198. 安東倅三載名得神異ᄒᆞ고 都書員一窠足過平生이라

古有一宰相이 有同研之人ᄒᆞ니 文華贍敏, 而屢屈科場ᄒᆞ고 家勢寒貧ᄒᆞ야 窮不能自存이라. 宰相이 適出補安東倅할시 其友ㅣ 來見ᄒᆞ고 乘間而言曰: "令監이 今爲安東倅ᄒᆞ니 今則吾ㅣ 可以得聊賴之資오 非但聊賴라 可以足過平生矣로라." 宰相曰: "吾之作宰에 助君衣食之資ᄂᆞᆫ 可也어니와 何以足過平生也오? 此則妄想也로다." 其人曰: "非爲令監之多給錢財也라. 安東都書員은 所食이 夥多ᄒᆞ니 以此給我, 則好矣로라." 宰相曰: "安東은 鄕吏之邑也오 都書員은 吏役之優窠어늘 豈有許給於京中儒生耶아? 此則雖官威라도 恐無

以得成矣리라." 其人이 曰: "非爲令監之奪而給之我也라. 吾先下去ᄒᆞ야 當付吏案ᄒᆞ리니 旣付吏案之後에 有何不可之理乎아?" 宰相曰: "君雖下去나 吏案을 其可容易付之耶아?" 其人이 曰: "令監到任後에 民訴題辭를 順口呼之ᄒᆞ야 刑吏가 如不得書之, 則罪之駄之ᄒᆞ고 又以此等刑吏之守廳으로 治首吏를 每每如此, 則自有可爲之道오, 凡干文字上을 如出於吾手, 則必稱善이라가 如是過幾日에 出令以刑吏試取ᄒᆞ야 無論時任與閑散吏ᄒᆞ고 文筆可堪者를 幷許赴而試之, 則吾可自然居首, 而得爲刑吏矣리니 爲刑吏之後에 都書員一窠는 分付則好矣오 若然則外間事는 吾當隨聞隨錄以進矣리니 然則令監이 可得神異之名矣리라." 宰相曰: "若然則第爲之也ᄒᆞ리라." 其人이 期下去ᄒᆞ야 稱隣邑之逋吏라ᄒᆞ야 寄食旅舍ᄒᆞ고 往來吏廳ᄒᆞ야 或代書役ᄒᆞ고 或代看檢文書홀ᄉᆡ 人旣詳明ᄒᆞ고 文筆[75)이 又優ᄒᆞ니 吏皆待之ᄒᆞ야 使之寄食於吏廳庫直, 而宿於吏廳ᄒᆞ야 諸般文字를 與之相議러니 新官到任之後에 盈庭民訴題辭를 連呼, 而刑吏가 未及受書, 則必捉下猛棍ᄒᆞ니 一日之間受罪者ㅣ 不知其數오 至於報狀及傳令ᄒᆞ야는 必執頉而治嚴ᄒᆞ고 又拿入首吏ᄒᆞ야 以刑吏之不擇으로 每日治之ᄒᆞ니, 以是之故로 吏廳이 逢亂ᄒᆞ야 刑吏가 無敢近前者ㅣ오 文狀去來에 如入此人之筆蹟, 則必也無事ᄒᆞ니, 以是之故로 一廳諸吏가 惟恐此人之去也ㅣ러라. 一日에 分付首吏曰: "吾於在洛時에 聞本邑이 素稱文鄕이러니 以今所見으로는 可謂寒心이라 刑吏가 無一人可合者ᄒᆞ니 自汝廳으로 會時任及邑底退吏之有文筆者ᄒᆞ야 試才以入ᄒᆞ여라." 首吏가 承命而出題試之ᄒᆞ야 以諸吏文筆로 入覽, 則此人이 居然爲魁矣라. 仍問曰: "此是何許

---

75) 筆: 저본에는 '箄'으로 나와 있으나 의미상 바로잡음.

吏오?" 對曰: "此非本邑之吏라 卽隣邑退吏가 來寓于小人之廳者 也ㅣ니이다." 乃曰: "此人文筆이 最勝ᄒᆞ니 聞是隣邑吏役之人也, 則 無妨於吏役이니 其付吏案而差刑吏也ᄒᆞ라." 首吏依其言爲之ᄒᆞᆫ디 自是日로 此吏獨自擧行ᄒᆞ다. 自其吏之爲刑房으로 一未有致責治 罪之擧ᄒᆞ니 自首吏以下로 始乃放心ᄒᆞ고 廳中이 無事러니, 及到差 任之時ᄒᆞ야 特兼都書員而擧行호ᄃᆡ 無一人敢有是非者러라. 其吏 畜一妓而爲妾ᄒᆞ야 買家而居ᄒᆞ고 每於文牒擧行之際에 必錄外間 所聞ᄒᆞ야 置之方席而出ᄒᆞ면 本倅ㅣ暗持見之ᄒᆞ니, 以是之故로 民 隱吏奸를 燭之如神ᄒᆞ야 吏民이 皆慴伏이라. 明年에 又使兼帶都書 員ᄒᆞ니 兩年所得이 殆至萬餘金이어늘 暗暗換送京第ᄒᆞ고 本倅瓜遞 前一日夜에 仍棄家逃走ㅣ라. 吏廳이 擧皆惶惶ᄒᆞ야 首吏入告ᄒᆞᆫ디 倅曰: "與其妾으로 偕逃走乎아?" 對曰: "棄家棄妾ᄒᆞ고 單身逃走矣 니이다." 曰: "或有所遘乎아?" 曰: "無矣니이다." 曰: "然則亦是怪事 니 自是浮雲踪跡으로 任之可也云矣러라." 其人이 還家ᄒᆞ야 廣置田 宅ᄒᆞ고 家甚饒足이러니 後에 登科ᄒᆞ야 累典郡邑云矣러라.

### 199. 求山喪人이 强逼成婚ᄒᆞ고 奔哭新婦가 忍恥受標ᄒᆞ다

古有一士人이 居于外邑ᄒᆞ야 治送其子婚于隣境, 而急患關格而 死라. 新郞이 纔罷醮禮에 訃書ㅣ乃至어늘 仍卽奔喪而歸ᄒᆞ야 治喪 而將營窆ᄒᆞᆯᄉᆡ 山地를 未定이라. 率地師ᄒᆞ고 轉至其求山, 而輒到 其妻家後山ᄒᆞ야 地師占曰: "此地極佳, 而山下에 有班[76]戶ᄒᆞ니 恐 不許矣로라." 喪人이 左右審視, 則其下班戶ᄂᆞᆫ 卽其妻家也, 而其妻 家에 只有寡居聘母ᄒᆞ고 又是無男獨女也라. 喪人이 仍下去, 而拜

---

76) 班: 저본에는 '斑'으로 나와 있으나 의미상 바로잡음. 이하의 경우도 동일함.

其妻母, 則妻母ㅣ悲喜交至ᄒᆞ야 精備午飯而待之ᄒᆞ고 問其來由, 則 以其占山爲對ᄒᆞ니 妻母曰: "他人은 固不許矣어니와 君欲占山, 則 豈不許乎아?" 喪人이 乃大喜而告歸ᄒᆞᆫᄃᆡ 其妻母ㅣ曰: "君旣來此矣나 暫入越房ᄒᆞ야 見女兒而去ᄒᆞ라." 喪人이 初則强辭러니 其妻母ㅣ携 手而入ᄒᆞ야 與其妻로 對坐而出이어늘 喪人이 始也羞赧이라가 忽焉 春心이 萌動ᄒᆞ야 仍强逼而成婚ᄒᆞ고 纔罷雲雨而去ᄒᆞ다. 歸家治喪 需ᄒᆞ야 行到山下, 而將欲下棺之際에 其妻家婢子ㅣ來告曰: "吾家 內小上典이 方欲奔哭而來矣니 役丁은 須蹔避ᄒᆞ라." 而已오 其妻ㅣ 徒步上山ᄒᆞ야 哭於柩前而盡哀, 仍向喪人而言曰: "某日君子之來 也에 與我同寢而去ᄒᆞ니 不可無標迹이라 須成手記以給我ᄒᆞ라!" 喪 人이 面發騂而責之, 曰: "婦女ㅣ胡得亂言고? 斯速下去ᄒᆞ라!" 其女 子ㅣ終不去, 曰: "不得手標之前엔 死不下去云云."이어늘 時에 喪 人之叔與諸宗이 會于下山者ㅣ甚多ㅣ라. 莫不驚駭ᄒᆞ고 其叔叱責 曰: "世豈有如許事乎아? 吾家ㅣ亡矣로다. 若有此等駭惡之擧어든 須成給手標也ᄒᆞ라. 日勢已晩ᄒᆞ고 役軍이 四散ᄒᆞ니 豈不狼狽於大 事乎아?" 勸使書給ᄒᆞᆫᄃᆡ 喪人이 不得已書給手記ᄒᆞ니 其女子ㅣ始乃 下去ᄒᆞ고 諸人이 莫不唾罵러라. 及封墳還虞數日後에 喪人이 偶然 得病ᄒᆞ야 仍而不起라. 數朔之後에 其寡妻之腹이 漸高ᄒᆞ야 滿十 朔, 而生男子ᄒᆞ니 宗黨隣里皆驚訝, 曰: "其家喪人이 纔行醮禮而 奔喪, 則此兒何出乎云?" 而疑訝未定이어늘 其女子ㅣ乃出其夫之 手記ᄒᆞ야 示之然後에 是非大定이라. 人問其故, 則對曰: "纔罷醮 禮, 而奔哭之喪人이 葬前來見其妻가 已時非禮오, 及其相見之時 에 又以非禮逼之者ㅣ又非常情之人이니 人無常情, 則其能久乎 아? 吾ㅣ非不知以禮拒之, 而或冀其落種ᄒᆞ야 强以從之러니 旣而 思之, 則此時夫婦之會合은 雖家內라도 無有知者ᄅᆞᆯᄉᆡ 夫死之後에

生子則必得醜談, 而發明無路라. 以是之故로 冒死忍恥ᄒᆞ고 受此手記於衆會之中者ㅣ此也云云."ᄒᆞ니 人皆嘆服이러니 其後에 其遺腹子ㅣ登科顯達云矣러라.

### 200. 春塘臺前에 出大言ᄒᆞ고 梔子餠으로 換正牛黃ᄒᆞ다

古有武弁ᄒᆞ야 以宣傳官으로 侍衛於春塘臺試射러니 濟牧之罷狀이 適入來矣라. 武弁이 因語同僚曰: "吾若得除濟牧, 則豈不爲萬古第一治天下大貪乎아?" 同僚ㅣ笑其愚癡어늘 上이 聞之ᄒᆞ시고 下詢曰: "誰發此言고?"ᄒᆞ신디 武弁이 不敢欺ᄒᆞ야 仍伏地奏호디, "此是小臣之言也ㅣ로소이다." 上曰: "萬古第一治가 豈有天下大貪之理乎ㅣ며 天下大貪이 何可爲萬古第一治耶아?" 武弁이 俯伏對曰: "自有其術矣니이다." 上이 笑而許之ᄒᆞ시고 仍下特敎ᄒᆞ사 超拜濟州牧使, 而敎曰: "汝ㅣ第往爲萬古第一治天下大貪ᄒᆞ라. 若不然, 則汝伏妄言之誅矣리라." 武弁이 承命而退歸家ᄒᆞ야 多貿眞麥末, 而染以梔子水ᄒᆞ야 盛于大籠中作三馱, 而餘外ᄂᆞᆫ 其衣服而已라. 辭朝而赴任ᄒᆞᆯ시 只與傔從一人으로 隨行ᄒᆞ야 聽訟公平ᄒᆞ고 朝夕供饋之外에 不進一杯酒ᄒᆞ며 廩有餘財면 并付之於革弊ᄒᆞ고 土産을 無一所取ᄒᆞ니 如是過了一年에 吏民이 皆愛戴ᄒᆞ야 每稱, '設邑後에 初有之淸白吏라.'ᄒᆞ야 令行禁止에 一境이 晏如러니 一日에 忽有身病ᄒᆞ야 閉戶呻吟, 而過後日에 病勢ㅣ大深ᄒᆞ야 食飮을 全廢ᄒᆞ고 坐暗室中ᄒᆞ야 痛聲이 不絶ᄒᆞ니 鄕所及吏校輩, 三時問候, 而不得見面矣라. 首鄕·中軍이 懇請曰: "病患症勢가 未知何祟, 而此邑에 亦有醫藥이어늘 何不諭治니잇고?" 太守ㅣ喘促, 而作喉間聲曰: "吾之病源은 吾自知之라 有死而已니 君輩ᄂᆞᆫ 勿須問也ᄒᆞ라." 諸人이 皆曰: "願聞症勢之如何ᄒᆞ노이다." 太守ㅣ良久에 强作聲而言曰: "吾

於少時에 得此病ᄒᆞ야 吾之世業家産이 盡入於此病之藥治, 而近二十年更不發故로 意謂快差矣러니 今則無可治之道ᄒᆞ니 只俟死期而已로라." 諸人이 强問: "何症而藥是何料잇고? 使道病患이 如此ᄒᆞ시니 無論邑村ᄒᆞ고 雖割肉剜心이라도 無有辭焉이오, 且升天入海라도 必求藥餌矣리니 只願指示藥方ᄒᆞ소셔." 太守曰: "此病은 卽丹毒也오 藥則牛黃也ㅣ니 只以牛黃幾十斤으로 作餠付之ᄒᆞ야 遍裹一身ᄒᆞ고 每日三四次改付新藥ᄒᆞ야 必如是四五日則可瘳, 而吾之家計稍饒矣러니 以是之故로 一敗塗地矣라. 今於何處에 更得牛黃而付之乎아?" 諸人曰: "此ᄂᆞᆫ 邑之所産이라 求之易矣라."ᄒᆞ고 首鄕이 因出而傳令各面ᄒᆞ야 以爲, '如此官司之病患은 苟有可瘳之方, 則吾輩固當竭力求之어든 況此藥은 乃是邑産而不貴者也ㅣ니 無論大小民ᄒᆞ고 不計多少而隨存隨納ᄒᆞ라.' 民人輩가 聞令而爭先來納ᄒᆞ니 一日之間에 牛黃之納이 不知幾百斤이라. 傔從이 受而藏之于籠ᄒᆞ고 以所䭾來梔子餠으로 換之ᄒᆞ야 每日에 以其餠으로 盛于器ᄒᆞ야 埋之于地, 曰: "人或近之면 毒氣所薰에 面目이 皆傷이라."ᄒᆞ고 如是者ㅣ五六日에 病勢漸差ᄒᆞ야 起而視事ᄒᆞᆯ시 公廉之治가 又復如前이라가 滿瓜而歸來ᄒᆞ니 濟民이 立碑思之러라. 上京後에 販此物ᄒᆞ야 得累千萬金ᄒᆞ니, 蓋濟州之牛ᄂᆞᆫ 十則牛黃之入이 爲八九라. 以是之故로 牛黃이 至賤일시 此人이 已知此狀ᄒᆞ고 預備梔子餠, 而行此術ᄒᆞ되 官隷不敢近, 而自遠見其埋黃ᄒᆞ고 認以爲牛黃也.

## 201. 得良配ᄒᆞ야 藏踪柳匠家ᄒᆞ고 革亂政ᄒᆞ니 出仕太平朝ᄒᆞ다

燕山朝에 士禍大起ᄒᆞ니 有一李姓人이 以校理로 亡命ᄒᆞᆯ시 行到寶城地ᄒᆞ야ᄂᆞᆫ 渴甚이라. 見一童女ㅣ汲於川邊ᄒᆞ고 趁而求飮ᄒᆞ되 其女ㅣ以瓢盛水, 而摘川邊柳葉ᄒᆞ야 浮之中而給之여늘 心竊怪之

호야 問曰: "過客이 渴甚일시 急欲求飮이어늘 何乃以柳葉으로 浮之中而給之오?" 其女ㅣ對曰: "渴飮易滯라 故로 欲使之緩緩飮之之也ㅣ니이다." 其人이 大驚異之호야 問曰: "君是誰家女오?" 對曰: "越邊柳器匠家女云이라." 其人이 隨其後호야 往柳器匠家, 而求爲其婿호고 仍托身焉호니 自以京華貴家로 安知柳器之織造乎아? 日無所事호고 以午睡로 爲常호니 柳匠之夫妻ㅣ怒罵曰: "吾之迎婿에 期欲造柳器之役也ㅣ러니 今焉新壻는 只喫朝夕飯호고 晝夜昏睡호니 卽一飯囊也云?" 而自伊日로 朝夕飯을 減半而饋之어늘 其妻ㅣ憐而悶之호야 每以鍋底黃飯으로 加數而饋之호니 夫婦之恩情이 甚篤이라. 如是度了數年之後에 中廟ㅣ改玉에 革亂政復舊章호고 昏朝沈廢之流를 一倂大赦而付職홀시 生亦還付官職호고 行關八路호야 使之尋訪호니 傳說이 藉藉어늘 李生이 聞於風便, 而時適朔日이라. 主家ㅣ將納柳器於官府矣러니 李生이 乃謂其主翁曰: "今番則官家朔納柳器를 吾當輸納矣리라." 其婦翁이 責曰: "如君渴睡漢이 不知東西어늘 何可納器於官門乎아? 吾雖親納이라도 每每見退호느니 如君者ㅣ其何以無事納之乎아?"호고 不肯許之어늘 其妻ㅣ曰: "試可요 乃已니 盍使往諸오?" 柳匠ㅣ始乃肯之라. 李乃背負, 而到官門前호야 直入庭中호야 近前高聲曰: "某處柳匠이 納器次로 來待矣니이다." 本官은 乃是親切之武弁也라. 察其貌, 聽其言호고 乃大驚호고 起而下堂호야 執手而延之上座, 曰: "公乎公乎여! 晦迹於何處, 而乃以此樣來此乎아? 朝廷之搜記已久호고 營關이 遍行호니 斯速上京이 可也ㅣ라."호고 仍命進酒饌, 而又出衣冠改服이얼늘 李曰: "負罪之人이 偸生於柳器匠家호야 至于今延命而[77]度러니

---

77) 而: 저본에는 '이'로 나와 있으나 문맥상 반영함.

豈意天日之復見也ㅣ리오?" 本官이 仍以李校理之在邑으로 馳報于 巡營ᄒᆞ고 催發駟騎ᄒᆞ야 使之上洛ᄒᆞ니 李曰: "三年主客之誼를 不可不顧오 且有糟糠之情ᄒᆞ니 吾當告別主翁이라. 今將出去ᄒᆞ리니 君은 須於明朝에 來訪吾之所住處ᄒᆞ라." 本官曰: "諾다." 李乃還着來時衣ᄒᆞ고 出門而向柳匠家ᄒᆞ야 言曰: "今番柳器ᄂᆞᆫ 無事上納矣니이다." 主翁曰: "異哉ㅣ로다! 古語에 曰: '鴟老千年에 能搏一隻이라' ᄒᆞ더니 果不虛言矣로다. 吾婿도 亦有隨入爲之乎여 奇哉奇哉로다! 今夕則當加給數匙飯矣리라." 翌日平明에 李早起ᄒᆞ야 灑掃門庭ᄒᆞ디 主翁曰: "吾婿ㅣ善納柳器러니 今則又能掃庭ᄒᆞ니 今日은 日可出於西矣리라." 李乃鋪藁席于庭ᄒᆞ[78]디 主翁曰: "鋪席何爲오?" 李曰: "本府官司ㅣ當爲行次故로 如是耳로라." 主翁[79]冷笑曰: "君이 何作夢中語也오? 官司主ㅣ何可行次於吾家乎아? 此ᄂᆞᆫ 千不近萬不近之荒說也라. 到今思컨디 昨日柳器之善納云者ㅣ 必是委棄【以下缺落】"

---

[78] ᄒᆞᆫ: 저본에는 판독이 불가하나 문맥상 보충함.
[79] 主翁: 저본에는 '主翁曰'로 나와 있으나 의미상 바로잡음.

동패
東稗

**저본 및 이본 현황**
저본: 정명기본
가본: 연세대본
나본: 고려대본(동패집편)
다본: 동양문고본(화산파수록)
라본: 연세대본(화헌파수록)

1.

我太祖微時, 居北關之慶興, 遊於[1]山中, 遇一樵童, 年八歲, 乃女眞人也. 姓佟, 名豆蘭, 顔貌魁偉, 言辭警敏, 自言岳武穆七代孫也. 太祖怪問曰: "汝爲武穆之孫, 則何爲淪落[2]於此也?" 兒曰: "吾之七代祖母, 卽女眞人也. 年十六, 代父從軍, 隸在金將兀朮麾下, 與宋相戰兵敗, 爲宋人所執矣. 偶値月夜, 擊刁斗而歌之, 武穆聞其歌聲, 知爲女子, 招納同處. 數月之後, 祖母懷孕逃還, 因生子, 世居女眞." 太祖聞而奇之, 携與同歸. 及長, 英武[3]韜畧, 與太祖無異. 太祖相[4]與較藝, 有村女戴水盆過前, 太祖以[5]丸子射盆穿穴, 水未及出, 豆蘭繼以丸子着蠟射之, 塞其盆穴, 其才類蓋[6]如此. 一日, 自[7]東萊報警倭寇大至, 其大將所謂[8]阿只拔都者也. 年十四爲將, 欲犯我國, 其妹謂拔都曰: "汝年至[9]十五, 可以成功名[10], 姑俟一年, 可也." 拔都怒其阻軍, 卽斬其妹, 率兵渡海. 其人驍勇威猛, 身着[11]重鎧, 頭戴鐵鍪, 兩眼垂如掌片鐵, 隨睫開閉[12], 無隙可射. 我軍遇於雲峯之八嶺, 太祖顧謂豆蘭曰: "吾以鐵古道里, 射彼鍪頭, 鍪將岸側, 則彼必開口, 汝射其中." 太祖因[13]射中倭將, 豆蘭果

---

1) 於: 라본에는 '獵'으로 되어 있음.
2) 淪落: 라본에는 '離落'으로 되어 있음.
3) 英武: 이본에는 '英勇'으로 되어 있음.
4) 相: 나본에는 '嘗'으로 되어 있음.
5) 以: 라본에는 '先'으로 되어 있음.
6) 蓋: 나, 라본에는 '皆'로 되어 있음.
7) 自: 저본에는 빠져 있으나 라본에 의거하여 보충함.
8) 所謂: 라본에는 '卽'으로 되어 있음.
9) 至: 저본에는 빠져 있으나 가본에 의거하여 보충함.
10) 名: 저본에는 빠져 있으나 가본에 의거하여 보충함.
11) 着: 저본에는 '蓋'로 나와 있으나 나, 다본을 따름.
12) 開閉: 나, 다본에는 '開闔'으로 되어 있음.
13) 因: 라본에는 '乃'로 되어 있음.

繼射[14]而斃之, 大軍奄至, 倭軍盡潰, 我軍[15]因以大捷, 樹勝戰碑於八嶺之上而還. 其後, 太祖屢樹大勳, 豆蘭之力多居[16], 而事有關於義理處, 豆蘭必避而不與焉, 其志可見. 太祖受麗禪卽位後, 賜豆蘭姓李氏, 改名芝蘭, 封靑海伯. 居無何, 靑海伯忽削髮被僧緇, 逃歸北關, 不知所終云.

2.

靑海伯前後事蹟, 可[17]傳者甚多, 而文獻無[18]徵, 聞其子孫家有家乘云, 而亦未詳悉, 至於不知其字矣. 近有金永川百鍊者, 其所學頗涉弔詭, 自謂, '出神逍遙上下, 與千古英魂毅魄, 同遊於仙府云.' 一日, 謂靑海孫某人曰: "子知靑海伯之字乎?" 某人曰: "未知也." 百鍊曰: "乃式馨也." 某人曰: "子何以知之?" 答曰: "吾曩者, 偶到一處, 大明太祖高[19]皇帝, 與高麗太祖及我太祖同遊, 從臣誠意伯劉基[20]·文肅公尹瓘及靑海伯也. 相與呼字, 而呼靑海伯, 曰'式馨', 故知之." 某人笑而不信. 其後, 偶往咸興, 披閱古蹟, 其中有書靑海伯事蹟者, 果然名芝蘭, 字式馨也. 自是之後, 始信百鍊之言不妄云, 誠亦異哉!

3.

我太祖誕降于永興龍興江上, 及長[21], 承桓祖, 官爲北道萬戶矣.

---

14) 射: 저본에는 빠져 있으나 다, 라본에 의거하여 보충함.
15) 我軍: 저본에는 빠져 있으나 라본에 의거하여 보충함.
16) 多居: 나, 다본에는 '居多'로, 라본에는 '甚多'로 되어 있음.
17) 可: 라본에는 '所'로 되어 있음.
18) 無: 라본에는 '不足'으로 되어 있음.
19) 高: 저본에는 빠져 있으나 나, 라본에 의거하여 보충함.
20) 基: 저본에는 '琦'로 나와 있으나 나, 라본에 의거하여 바로잡음.

一夕夢, 千家鷄一時鳴, 萬家杵一時鳴[22], 破屋中負三椽, 心竊異之. 聞同郡有一老媼善解夢, 齋精往問, 媼默思[23]良久, 曰:"此大夢也, 非吾之所敢解. 聞安邊雪峯山下, 有僧無學者,[24] 土窟面壁而坐[25], 今至九年矣. 君可致誠往問也." 太祖如其言, 往尋雪峯土窟, 拜於窟門[26]之外, 拱手而立. 至日暮, 無學低聲問曰:"客何爲來者也?" 太祖以其事告之, 無學回坐開眼, 曰:"此果大夢也! 千家鷄一時鳴者, 居高位之像也; 萬家杵一時鳴者, 爲得擧動之像[27]也. 人君之行, 謂之擧動, 是乃人君之像也. 破屋中負三椽者, 終負王氏之像也. 將軍旣爲休命, 將爲百神之主, 當建大刹于此地, 以饗[28]天地神祇." 太祖於是, 建寺化主, 鳩聚財力, 大造梵宇, 遂設水陸大齋矣. 伊時, 有一人行道北關, 日暮不遇人家, 依宿於[29]路傍衆塚之側, 夜半, 諸鬼呼之, 曰:"何不同往李某之齋也?" 塚中應之, 曰:"適有客來宿, 故在主人之道, 不得捨去, 君輩先去, 可也." 至曉, 諸鬼還歸, 塚中問曰:"今番所饗何如, 而尊神處分亦如何?" 諸鬼答曰:"饗儀甚盛, 而百神大悅[30], 尊神命李某爲王云."

4.

太祖以無學爲師, 每事咨焉. 所謂無學者, 本以三嘉縣文氏[31]奴

---

21) 長: 저본에는 빠져 있으나 라본에 의거하여 보충함.
22) 鳴: 라본에는 '聲'으로 되어 있음. 이하의 경우도 동일함.
23) 默思: 다, 라본에는 '默然'으로 되어 있음.
24) 有僧無學者: 라본에는 '有一箇胡僧道, 名無學者'로 되어 있음.
25) 而坐: 저본에는 빠져 있으나 라본에 의거하여 보충함.
26) 窟門: 저본에는 '土窟'로 나와 있으나 라본을 따름.
27) 之像: 저본에는 빠져 있으나 라본에 의거하여 보충함.
28) 饗: 다본에는 '享'으로 되어 있음. 이하의 경우도 동일함.
29) 於: 저본에는 빠져 있으나 가본에 의거하여 보충함.
30) 大悅: 다, 라본에는 '悅懌'으로 되어 있음.

子也, 生有異質, 自³²⁾兒時, 多有靈詭³³⁾之事. 文氏放良任其所之, 無學發願爲僧學數學, 而有黃衫老人者, 本是³⁴⁾白頭山人也. 以禍數之歌, 敎之於虛室之中, 無學言下領會, 終爲太祖國師, 主占漢陽王城³⁵⁾也. 無學初尋山脈, 至枉尋里, 以占國基³⁶⁾開鑿基址之際, 秘記出焉. 乃道詵所著也, 其書曰: "無學枉尋到此." 無學始覺其語, 再占於南山下,³⁷⁾ 以白額³⁸⁾爲案, 曰: "此乃回龍顧祖之形也." 鄭道傳駁之, 曰: "王者正南面而立, 北向非王者可居之地, 而白額山形自在此, 視之則如佛像. 前朝以妖僧亡國, 而今若定鼎于此, 則妖厄長不離於宮宇, 此則堪輿大忌也." 無學曰: "然則公自定都." 於是, 道傳乃占景福宮, 無學曰: "以主客之勢言之, 此地似可, 而淸溪·冠岳二山, 以賊旗火星, 見於南方, 不出二百年, 宮城盡入回祿之禍. 且水口頗虛, 城內市井之民, 以貧窮不勝³⁹⁾展居, 奈何?" 道傳曰: "回祿之事, 乃一時災也, 不必深慮. 而水口之虛, 誠如師言, 此有可救之道, 東郊·西郊⁴⁰⁾諸山, 皆片片金也. 城外三十里內, 不許士大夫入葬, 使市民葬之, 則可以山蔭, 而莫非饒足矣." 於是, 無學語塞, 于落定都焉.

---

31) 文氏: 나본에는 '文氏家'로, 다, 라본에는 '文哥'로 되어 있음. 이하의 경우도 동일함.
32) 自: 저본에는 빠져 있으나 이본에 의거하여 보충함.
33) 靈詭: 나본에는 '靈異'로 되어 있음.
34) 是: 저본에는 빠져 있으나 이본에 의거하여 보충함.
35) 王城: 라본에는 '國基'로 되어 있음.
36) 國基: 라본에는 '王城'으로 되어 있음.
37) 再占於南山下: 라본에는 "再占於梁川郊, 尋山脈上北岳, 則有白碑曰: '妖僧無學, 談尋到此.' 無學放杖大哭, 曰: '先師胡爲謂我妖僧也?' 回定鼎于南山之下."로 되어 있음.
38) 白額: 다본에는 '白岳'으로 되어 있음. 이하의 경우도 동일함.
39) 不勝: 이본에는 '不能'으로 되어 있음.
40) 東郊西郊: 다본에는 '東西二郊'로, 라본에는 '東西郊'로 되어 있음.

## 5.

我太祖有伯氏, 其英勇可謂難兄難弟也. 一日, 兄弟射獵山中, 至一處, 則百餘里間無一介禽獸, 蹤跡亦無,[41] 心竊疑怪, 深入不已, 望見山腰有一[42]物, 臥睡於磐石之上. 稍近視之, 則非虎非熊, 非虺非蛇, 其長不滿一尺[43], 腰大如魚甲如掌, 黑白相錯, 光怪可愕. 伯氏欲射之, 太祖止之, 曰: "此山百里內, 無一禽獸, 則此物必盡食之也. 彼乃天下毒物, 不可輕射也." 伯氏不聽, 以強弓射之, 厥物驚[44]起飛空, 直向伯氏, 兄弟不及措手, 伯氏爲厥物所咬, 而因忽不見, 太祖痛哭而返之云. 果是何物也? 或曰: "蝮蛇之過萬年者也." 此說近之矣.

## 6.

麗末[45], 長湍縣有士人, 失其姓名,[46] 自幼, 明於數學, 殆近生知. 年十七, 娶于隣郡士女[47], 行禮之夜, 推數前頭, 則連生二子, 早登名途, 而年未三十, 有一日幷命之厄. 不勝憂懼, 思所以脫禍之道, 達夜不眠, 無心於宴爾之樂. 翌朝, 日高不起, 婦翁聞之, 疑其有疾, 入而問之, 其人閉口[48]不答. 婢子告進飯, 則擁衾起坐, 飯訖還臥, 如是者數朔[49], 家人視爲病癈之人, 新婦與婢子之外, 無人入

---

41) 蹤跡亦無: 저본에는 빠져 있으나 가본에 의거하여 보충함.
42) 一: 저본에는 빠져 있으나 나, 라본에 의거하여 보충함.
43) 尺: 라본에는 '丈'으로 되어 있음.
44) 驚: 나본에는 '忽'로 되어 있음.
45) 麗末: 저본에는 '麗末有'로 나와 있으나 이본에 의거함.
46) 失其姓名: 다본에는 '金景祉'로 되어 있음.
47) 士女: 저본에는 빠져 있으나 라본에 의거하여 보충함.
48) 口: 나, 다본에는 '目'으로 되어 있음.
49) 數朔: 나본에는 '數日'로 되어 있음.

見. 一日朝, 忽然起寢, 衣服而坐, 呼婢子, 命進盥水, 梳洗振衣, 謂新婦曰:"吾有友人遠行, 今日過此, 吾欲出餞, 君須入告尊堂, 具酒一大壺·肴饌[50]一大盤及文房之具, 使婢僕負戴而隨我後." 擧家聞而驚喜, 咸謂新郞病愈, 依其言, 辦酒肴, 而告其人. 其人[51]卽出門, 向西而去, 行至數里, 路傍有一大樹, 止而候之矣. 至午後, 有少年, 年可十六七, 儀表俊偉, 騎白馬, 縱轡而來, 下馬於樹邊[52], 開襟搖扇, 顧問曰:"日熱喉渴, 此間有泉[53]水可飮者否?" 其人答曰:"無有." 因謂少年曰:"吾有友人遠行者, 聞今日過此云, 故[54]持酒來候, 尙今不至, 必行期差遲也. 請與君同飮, 可乎?" 少年喜曰:"求水不得, 況飮酒乎!" 其人使婢僕進酒肴, 少年痛飮大嚼, 壺乾而止, 兩少年邂逅共醉, 興味滔滔, 談說娓娓, 所謂傾蓋如舊, 正謂今日準備語也. 其人進執少年之手, 曰:"吾等相遇於此, 天也! 吾嘗粗解數學矣, 今春娶室于此地近處, 推步前程, 則將有二子同[55]命之厄. 其時君[56]必當局, 操縱殺活, 在君掌握, 君能活我二子乎[57]?" 少年笑曰:"果[58]如君言, 何難之有?" 其人卽奉紙筆, 請書約誓, 以爲他日左契. 少年依其言, 書[59]而贈之, 末題曰:"某年某月某日, 李某書." 此少年, 卽我太祖也. 起而相別, 歸擇新人[60], 于歸之日, 率

---

50) 饌: 저본에는 빠져 있으나 이본에 의거하여 보충함.
51) 其人: 라본에는 '新郞'으로 되어 있음. 이하의 경우도 동일함.
52) 樹邊: 라본에는 '樹下'로 되어 있음.
53) 泉: 저본에는 빠져 있으나 다, 라본에 의거하여 보충함.
54) 故: 저본에는 빠져 있으나 이본에 의거하여 보충함.
55) 同: 라본에는 '竝'으로 되어 있음.
56) 君: 저본에는 빠져 있으나 이본에 의거하여 보충함.
57) 乎: 나본에는 '否'로 되어 있음.
58) 果: 다본에는 '誠'으로 되어 있음.
59) 書: 저본에는 빠져 있으나 이본에 의거하여 보충함.
60) 新人: 라본에는 '新婦'로 되어 있음.

與同歸, 果生二子. 未及長成有病, 臨終, 謂其妻[61]曰: "此後某年某月某日, 兒輩必遭大禍, 君以此封書, 上于主司,[62] 庶幾可免." 言訖, 奄然[63]而逝. 其後, 二子次第登科, 竝爲諫官. 至恭讓王朝, 我太祖威德日盛, 大臣鄭夢周甚忌之, 與數十名士, 謀害太祖. 太祖使趙英珪, 椎殺夢周, 其黨二十餘人[64], 將騈首就戮, 二子與焉. 其母以其封書, 上于太祖, 太祖見而嗟嘆, 特貸其死云耳.

## 7.

耘谷元天錫, 前朝進士, 隱於原州雉岳山, 躬耕讀書. 太宗大王幼時, 往學有年矣, 卽位之後[65], 親臨天錫之家[66], 天錫踰墻而避[67]. 太宗坐於石臺之上, 卽舊時讀書處, 招前日炊[68]飯婢, 賜酒饌, 悵然謂曰: "先生雖非我家臣也, 先生之子, 卽我之臣也.[69]" 以御筆書守令官, 敎[70]給老婢, 徘徊久之, 憮然回鑾矣. 天錫還聞之, 怒笞老婢[71], 曰: "汝以吾之婢子, 豈可食其不潔之饌乎?" 裂其敎旨, 其高亢有過於吉冶隱之從容矣. 嘗著野史, 堅封之, 題其面曰: "吾之子孫, 有不如我者, 不敢開此." 藏於祠堂矣. 其後, 孫行[72]時祭飮福之

---

61) 臨終, 謂其妻: 저본에는 '臨其妻'로 나와 있으나 이본에 의거함.
62) 上于主司: 라본에는 '獻于主上'으로 되어 있음.
63) 奄然: 라본에는 '奄忽'로 되어 있음.
64) 二十餘人: 다본에는 '數十人'으로 되어 있음.
65) 後: 다본에는 '初'로 되어 있음.
66) 天錫之家: 나, 다본에는 '其家'로 되어 있음.
67) 而避: 저본에는 '不恭'으로 나와 있으나 라본을 따름. 다본에는 '不見'으로 되어 있음.
68) 炊: 저본에는 '灼'으로 나와 있으나 가, 다, 라본에 의거함.
69) 先生之子, 卽我之臣也: 저본에는 빠져 있으나 나, 다, 라본에 의거하여 보충함.
70) 敎: 나본에는 '敎旨'로, 라본에는 '敎紙'로 되어 있음.
71) 老婢: 나본에는 '其婢'로 되어 있음.
72) 其後, 孫行: 저본에는 '其行'으로 나와 있으나 다, 라본에 의거함.

餘<sup>73)</sup>, 一人發論曰: "子孫雖有賢者, 何敢自謂如先祖而發此封乎? 如此則雖千萬<sup>74)</sup>歲, 未有發見之日, 不如同議開見." 蓋不知爲野史之故也. 及見, 則所言者, 多觸時諱, 諸人大驚, 相謂曰: "此吾家滅族之祟也!" 焚之於廟庭, 回飄忽起, 飄散爛餘, 寸紙落於街上, 其一紙曰: "以吾君之子, 爲辛旽之子." 又一紙有詩, 曰: '白首<sup>75)</sup>陽村談義理, 世間何處不生賢.' 第三句焦爛莫辨, 第四句, 曰'贊莽楊雄草太玄<sup>76)</sup>'云耳.

8.

世宗每夜, 微行至館<sup>77)</sup>, 與成三問·朴彭年·申叔舟等, 講論不怠, 夜深而罷. 一日夕讀書, 至五更, 上不至, 諸公解衣而臥, 魂夢初<sup>78)</sup>交, 忽聞窓外有呼謹甫之聲. 諸公驚起出視, 則上抱端宗, 徘徊庭中, 指諸<sup>79)</sup>學士, 曰: "予以此兒付卿等, 他日卿輩, 無忘此夜酬酌之言." 諸公頓首受命矣. 其後, 六臣禍作, 申叔舟爲委官, 成三問臨刑, 而呼叔舟曰: "汝忘集賢殿月夜之事乎?" 世祖聞而不豫<sup>80)</sup>, 使叔舟避之, 不聞其說矣.

9.

世祖大王, 崇信妖邪敎, 創砥平龍門寺法堂, 安置諸佛<sup>81)</sup>. 其中一

---

73) 餘: 다, 라본에는 '際'로 되어 있음.
74) 千萬: 다, 라본에는 '千百'으로 되어 있음.
75) 白首: 가, 다본에는 '白日'로 되어 있음.
76) 玄: 저본에는 빠져 있으나 나, 다본에 의거하여 보충함.
77) 至館: 나본에는 '集賢殿'으로 되어 있음.
78) 初: 저본에는 '所'로 나와 있으나 이본을 따름.
79) 諸: 저본에는 '語'로 나와 있으나 라본을 따름.
80) 豫: 나본에는 '悅'로 되어 있음.

佛[82], 常居空中. 世祖幸其寺, 指示從臣, 曰:"佛之靈異如此, 諸君猶以爲不信乎?"班中一人, 奏曰:"臣當卽地打破其姦." 世祖怒曰: "愚妄之人, 不知君父之嚴畏, 唐突至此, 汝不能發姦, 則罪當死矣." 其人掇去佛座下紋席, 則房堗之上, 布以指南石, 使之掘去其[83]佛, 上接於屋上板子, 世祖曰:"是非尤靈者乎? 見汝無禮, 怒上屋上.[84]" 其人卽上板子. 掇而[85]視之, 則指南石之多積其中, 與堗上無異, 又盡掇之, 佛乃落地. 蓋諸僧以鐵造佛, 以指南石, 布於上下, 鐵佛爲上下磁石所引, 居在半空. 其人可謂格物君子, 史失其名, 良可惜[86]也!

10.

世祖得修道僧火葬所出舍利. 舍利者, 狀如大豆, 入於水中, 水面[87]生孔, 又多光怪. 指示諸臣, 曰:"此乃神物也." 一人出班, 奏曰:"此乃邪物也, 非神物也. 臣當卽地消之." 世祖怒曰:"君父之前, 不可妄言! 汝不能消, 則罪當死矣." 其人出犀柄佩刀, 以其舍利置於犀柄上, 不移時, 舍利盡消無餘矣. 世祖大驚, 曰:"是何理也?" 其人對曰:"舍利者, 乃陰精之所聚, 犀者, 南方至陽之物也, 陰爲陽所掩故也." 世祖憮然有慚色.

---

81) 諸佛: 나본에는 '佛像'으로 되어 있음.
82) 佛: 나본에는 '鐵佛'로 되어 있음.
83) 其: 저본에는 빠져 있으나 나본에 의거하여 보충함.
84) 怒上屋上: 나본에는 '甚矣'로 되어 있음.
85) 而: 다본에는 '去'로 되어 있음.
86) 惜: 가본에는 '恨'으로 되어 있음.
87) 面: 저본에는 '中'으로 나와 있으나 가, 다본을 따름.

## 11.

　成廟朝, 嶺南士有三人[88], 年齒相若. 自幼同學, 情愛之篤, 不啻膠漆, 相與約誓, 以告神明曰: "願吾輩三人, 同榜進士及第, 而不然, 則不願獨登榮途." 有時發解, 三人不得聯名, 則不觀會試矣. 年至三十, 幸得同榜進士, 居館十五[89]年, 客苦轉甚, 衣服襤縷. 一夕月夜,[90] 三人同會一堂, 倚欄翫月, 鄕思正苦, 蟣虱生褐, 相與捫虱, 而語曰: "君王[91]身邊, 亦有虱乎[92]?" 一人曰: "虱者, 人身之所常有, 雖君王之身邊, 豈無之乎?" 一人曰: "虱者, 多生於弊衣之中, 君王常衣錦帛, 又頻頻改服, 虱必無矣." 兩人[93]爭辨不已, 聲氣漸高, 作一大閧. 時成廟微行, 過泮墻橋之外, 聞其爭辨[94]之聲, 大笑而還宮矣. 三人夜深入室, 將欲就寢之際, 房門忽開, 自外投納一封紅錦袱. 三人驚疑[95], 明燭開袱而視之, 則其中以白錦片, 十襲裹之, 次第開視之, 則題曰'御虱三介'. 三人大驚異矣. 翌日, 聞泮試定於來日云, 三人入場, 仰看御題, 則曰'嶺南儒生等, 謝賜御虱箋.' 滿場儒生, 未曉題義, 擧皆曳白之中, 三人則以自家相誓之事, 前夜相爭之語, 排布製進, 同參一榜. 誠意所到[96], 有如是矣.

---

88) 士有三人: 라본에는 '儒生三人'으로 되어 있음.
89) 十五: 라본에는 '十餘'로 되어 있음.
90) 一夕月夜: 나본에는 '一日夕'으로 되어 있음.
91) 君王: 이본에는 '君上'으로 되어 있음. 이하의 경우도 동일함.
92) 乎: 나본에는 '否'로 되어 있음.
93) 兩人: 나본에는 '三人'으로 되어 있음.
94) 爭辨: 나본에는 '相辨'으로 되어 있음.
95) 疑: 라본에는 '起'로 되어 있음.
96) 到: 라본에는 '格'으로 되어 있음.

12.

嶺南有士人, 與隣居盲人, 同庚情好[97], 而盲人善於推數, 無不奇中. 嘗謂士人曰: "同甲必爲壯元及第, 位至兵判." 士人恃[98]而自負, 篤於科業, 文名大振, 發解十[99]餘次, 而年七十, 不得小成, 家業蕩敗. 一日, 老人占檢平生, 竊憤盲人之賣己, 意欲毆打之, 携杖而往盲人之家, 大聲叱之曰: "吾爲卜術所欺, 狼狽如此[100], 汝安敢逃罪乎?" 盲人曰: "聞今秋有庭[101]試云, 若失今科, 則吾當服罪, 第俟之." 老人曰: "汝又欺我, 然吾姑見欺於汝, 以重汝之罪, 可也." 盲人以酒爲[102]解, 盡醉而歸. 及至黃槐, 老人假貸治行, 間關上京, 又爲見屈. 老人不勝悵歎, 適有銀臺一員[103], 卽[104]老人之戚弟也. 老人謂其人曰: "吾以老悖, 惑信盲者之言, 作此妄行, 而此後則[105]永與京洛辭矣. 曾聞外人之言[106], 或因緣入後苑[107], 暫時遊賞而出云. 君能爲我周旋, 使我無遺憾於地下, 可乎?" 其人聞甚悲憐, 使銀臺下人一名, 引道入空闕[108]後苑. 時値八月, 風景[109]可賞, 老人周覽徘徊之際, 有一少年, 戴草笠, 携琉璃甁, 相遇於紅蔘花間. 少年謂老人曰: "此乃禁苑, 丈人[110]何爲而來此[111]?" 老人以嶺外鄕語, 敍

---

97) 情好: 나본에는 '情誼甚厚'로 되어 있음.
98) 恃: 라본에는 '喜'로 되어 있음.
99) 十: 다, 라본에는 '數十'으로 되어 있음.
100) 如此: 라본에는 '至此'로 되어 있음.
101) 庭: 저본에는 '廷'으로 나와 있으나 이본에 의거함. 이하의 경우도 동일함.
102) 爲: 이본에는 '慰'로 되어 있음.
103) 員: 저본에는 '人'으로 나와 있으나 이본을 따름.
104) 卽: 이본에는 '乃'로 되어 있음.
105) 此後則: 저본에는 빠져 있으나 라본에 의거하여 보충함.
106) 之言: 저본에는 빠져 있으나 나본에 의거하여 보충함.
107) 後苑: 나본에는 '禁苑'으로 되어 있음.
108) 空闕: 라본에는 '闕內'로 되어 있음.
109) 風景: 이본에는 '風物'로 되어 있음.

其平生顚末, 以至入來之意, 少年曰: "然則丈人情事, 誠可悲也. 請暫坐飮酒, 可乎?" 以琥珀鍾, 酌香醪而勸之, 老人連倒[112]數觥, 紅潮滿[113]面. 少年曰: "今邂逅丈人於此, 風景正好[114], 賦詩可乎?" 老人醉, 曰: "君若呼韻, 則何惜一吟?" 少年字字呼之[115], 老人應口輒對, 其詩不能盡記, 而卒句曰: '御苑紅蓼爛熳紅.' 吟誦再三, 稱歎不已, 且[116]曰: "似聞後庭試設於再明云, 聖上蓋以今榜, 鄕儒不得參故也. 丈人必此後[117]難更作此行, 姑留數日, 觀後庭試, 如何?" 老人嘆曰: "君言誠有理, 而行資已渴, 奈何?" 少年曰: "吾當詳探後庭試, 若的實, 則當助送行資試具, 且須留觀." 老人曰: "君意深感,[118] 豈其易乎?" 因相別而歸矣. 至暮, 下人來傳曰: "洞口內李書房之言, 俄者, 禁苑邂逅慰幸[119], 多矣. 後庭試之設, 果的實矣, 故以如干試具奉送." 老人受而開視, 則[120]所送之物, 旣豊且富. 老人喜感於心, 曰: "孰謂京風多薄? 吾嶺人也, 必不如此也." 乃答曰: "厚眷如此, 感荷銘心, 當待敎觀光以待之矣." 翌日, 聞自朝家果設後庭試, 老人入場見題, 則乃 '御苑紅蓼爛熳紅'也. 老人於是, 大覺昨日所逢少年郞, 卽聖上之微行也. 乃作純屑六百餘句,[121] 而

---

110) 丈人: 라본에는 '老人'으로 되어 있음. 이하의 경우도 동일함.
111) 此: 저본에는 빠져 있으나 나본에 의거하여 보충함.
112) 倒: 저본에는 '到'로 나와 있으나 가, 다본을 따름.
113) 滿: 저본에는 '上'으로 나와 있으나 나본을 따름.
114) 正好: 저본에는 빠져 있으나 이본에 의거하여 보충함.
115) 之: 라본에는 '韻'으로 되어 있음.
116) 且: 저본에는 '少年'으로 나와 있으나 나본을 따름.
117) 此後: 저본에는 빠져 있으나 나, 다, 라본에 의거하여 보충함.
118) 君意深感: 나본에는 '勤意爲感'으로, 라본에는 '君言甚厚'로 되어 있음.
119) 幸: 저본에는 '滿'으로 나와 있으나 라본을 따름.
120) 老人受而開視則: 저본에는 빠져 있으나 나본에 의거하여 보충함.
121) 乃作純屑六百餘句: 나본에는 '乃製呈六十餘句'로, 다본에는 '乃作屑聯六百餘句'로, 라본에는 '因作百餘句'로 되어 있음.

一場諸儒, 未曉其意, 擧皆曳白之中, 一人見老人之無難大作, 心竊疑之, 窺覸老人命意作賦四十餘句, 而進呈矣. 兩人同榜及第, 唱榜之後, 成廟引見老人, 六日之內, 位至兵判, 因致仕奉朝賀, 賜白金三千[122]兩. 老人衣錦而歸, 白金半與盲人, 壽至八十四終云.

13.

成廟喜微行, 月夜出遊, 街上爲巡邏軍所逐, 隱身於柳樹之下, 其傍冶匠家也. 冶匠之子, 出戶溺溲於庭, 仰見乾象, 呼其父而告之, 曰: "靑邱星走入柳星之中, 大是異事, 恐國家有變否?" 其父呵叱而止之, 曰: "兒子何知, 乃敢妄言乎?" 成廟聞而異之. 翌日, 使大殿別監訪之, 則室已空矣. 自古, 有道士隱於賤執事者, 往往有之, 冶匠必是大隱, 而世莫知事, 可歎也.

14.

燕山淫虐日甚, 命朝士之妻, 次第入來侍寢. 一日, 下備忘記于政院, 曰: "朴元宗妻善淫, 本能甘唱, 而且願留宮中, 該房知悉." 又有朝士之妻, 迫於嚴命, 將入闕內, 以白綿紬裹身十結百纏[123]矣. 燕山令宮人, 執其四肢, 以刀割其紬而淫之. 及其出也, 對其夫, 指其下體, 曰: "此物非吾身體也, 方其入也, 心如鐵石, 及其淫也, 不覺有喜心, 穢莫甚矣." 因以刀割其淫戶而死云. 成希顔·朴元宗等, 將謀反正[124], 領相[125]愼守勤[126] 中宗之婦翁, 燕山之妻男也. 希顔

---

122) 三千: 라본에는 '三十'으로 되어 있음.
123) 十結百纏: 라본에는 '百結千纏'으로 되어 있음.
124) 正: 저본에는 '政'으로 나와 있으나 나본에 의거함.
125) 領相: 다본에는 '右議政'으로 되어 있음.
126) 勤: 저본에는 '謹'으로 나와 있으나 나, 다본에 의거하여 바로잡음.

等以意挑之, 曰[127]: "妹夫[128]與女婿, 孰親?" 守勤怒[129]而答曰: "世子英明, 只恃此耳." 希顔等知其不應, 反正之後, 屢啓守勤請誅之[130], 中宗不得已而允之. 君子曰: "人臣之義, 當以守勤爲正也."

## 15.

靜菴趙先生有師, 不知其名[131], 以皮匠爲業. 靜菴將應召命, 辭於皮匠, 皮匠曰: "惜乎! 子之君, 以名用子, 其實不知子也. 若有間之者, 子必不免." 因與相絶. 其後, 仁宗大漸, 古玉[132]以儒醫, 入診而脉, 至雀啄之境, 不覺淚落御手, 驚惶退伏, 上曰: "予見汝之氣色, 不須可問. 予將以徐敬德爲領議政, 以皮匠爲右議政, 以李之菡爲吏曹判書, 以汝兄礌爲兵判, 以做一代之治已矣夫[133]!" 上所謂皮匠者[134], 無乃靜菴之師耶? 抑至是生存耶?

## 16.

成廟得一鹿兒, 養之甚愛, 號曰'鹿童', 呼之鹿童, 則必應聲而出矣. 一日, 燕山自東宮, 將[135]入侍大殿, 鹿童在欄干上, 燕山以足蹴之落於階下[136], 成廟怒而叱之. 其後, 燕山每見鹿童, 則必睨而視之, 成廟昇遐之翌日, 射殺鹿童, 掛鼎于庭下, 烹而食之. 朴松堂

---

127) 曰: 저본에는 빠져 있으나 나, 다본에 의거하여 보충함.
128) 妹夫: 다본에는 '妻男'으로 되어 있음.
129) 怒: 저본에는 '逃'로 나와 있으나 다본에 의거함.
130) 之: 저본에는 빠져 있으나 가본에 의거하여 보충함.
131) 名: 나본에는 '姓名'으로 되어 있음.
132) 古玉: 나본에는 '鄭古玉【磌】'으로 되어 있음.
133) 已矣夫: 저본에는 '矣'로 나와 있으나 나본을 따름.
134) 者: 저본에는 빠져 있으나 가, 나, 다본에 의거하여 보충함.
135) 將: 저본에는 빠져 있으나 가본에 의거하여 보충함.
136) 落於階下: 저본에는 빠져 있으나 다, 라본에 의거하여 보충함.

英, 時爲宣傳官入侍, 見其狀, 退謂人[137]曰: "先王之愛物, 尙如此, 其於臣子有何愛乎?" 卽日退, 歸嶺南之善山, 閉戶讀書, 爲世名儒. 戊午史禍之作也, 高霽峰[138]獨戲之, 曰: "君武夫, 何不拳殺子光輩, 以雪士流之憤乎?" 松堂笑曰: "吾若殺彼輩, 何異蚊蚋? 但恐後世[139]一盜字, 故不能也." 相與大笑云[140].

17.

退溪李先生, 與河西金先生, 同爲仁宗東宮時宮官矣. 及[141]仁宗昇遐, 諸賢相謂曰: "天之所廢, 吾輩不可復出於世矣." 仁宗國忌, 七月七日也, 河西每至[142]此日, 則入於家前卯山中, 終日痛哭, 歲歲[143]爲常, 終身如一日云. 宣廟初年, 退溪應召命, 嘗嘆曰: "吾之出脚, 慚愧良友!" 奇高峯, 學於河西者也, 河西不以經學自處, 而高峯·退溪, 四七往復辨說, 皆河西所敎也. 河西每見退溪四七言[144], 則歎曰: "景浩人品甚好, 見解非其所長云矣[145]."

18.

曹南冥[146]少時, 氣豪不羈, 思得天下寶劍·駿馬·名姬而後已, 寶劍·駿馬, 數年求得[147], 而名姬則未及見. 一日, 寄身馬背, 掛劍鞍

---

137) 人: 나본에는 '友人'으로 되어 있음.
138) 高霽峰: 나본에는 '趙廣輔'로 되어 있음.
139) 後世: 라본에는 '後世史冊'으로 되어 있음.
140) 云: 라본에는 '而罷'로 되어 있음.
141) 及: 저본에는 빠져 있으나 나본에 의거하여 보충함.
142) 至: 나, 라본에는 '値'로 되어 있음.
143) 歲: 라본에는 '以'로 되어 있음.
144) 言: 나본에는 '論'으로, 라본에는 '書'로 되어 있음.
145) 矣: 저본에는 빠져 있으나 가본에 의거하여 보충함.
146) 冥: 저본과 이본 모두 '溟'으로 나와 있으나 의미상 바로잡음. 이하의 경우도 동일함.

上, 周行遠邇, 路過關東, 至[148]峽中, 有[149]一村庄. 背山臨流, 第宅壯麗, 槐柳掩映, 風景可賞. 有一素服美妹, 自村中戴水盆而出, 至溪邊石上, 浣濯衣服. 其女眉目淸秀, 膚色如雪, 南冥係馬柳枝, 杖劒而進, 熟視良久, 不覺日暮. 其女怪問曰[150]: "書房主, 何故停行日暮不去也?" 南冥以實言之, 曰: "吾平生思得三箇長物, 一則寶劒, 二則駿馬, 三則國色也. 駿馬·寶劒, 已得之, 而國色難見矣, 今幸遇汝, 庶副宿願, 故吾不忍捨去." 其女笑曰: "書房主所見差矣, 若欲見國色, 則隨小婢而來." 因掇漂而還向村中, 南冥隨後而往[151], 卽無他人, 而女獨居焉. 女入廚, 少頃, 奉進夕飯, 飯器饌品, 精潔可口. 至初更之末, 山月未吐,[152] 女引南冥, 入重門, 至後苑, 回[153]墻下, 謂南冥曰: "書房主坐此而待, 則彼小樓上[154]有美人出坐, 試觀之." 女還出去.[155] 時露月初上, 園樹風淸, 夜色如畵, 樓影參差, 俄有一美人, 濃粧[156]盛飾, 態色天然, 自曲房徐步而出, 憑欄而坐, 如有待人之狀. 南冥始知女言之不誣妄, 縱目觀之[157], 卽珠翠眩目, 異香觸鼻, 怳忽[158]若荷吐金塘, 月出瑤宮[159]. 南冥眼纈神驚, 不能定情, 自語曰: "天下國色, 果如是也!" 癢搔之際,[160] 忽聞

---

147) 求得: 가, 다본에는 '求之而纔得'으로 되어 있음.
148) 至: 저본에는 '西'로 나와 있으나 다, 라본에 의거함.
149) 有: 저본에는 빠져 있으나 다본에 의거하여 보충함.
150) 怪問曰: 라본에는 '回徐言'으로 되어 있음.
151) 隨後而往: 라본에는 '隨女之後, 至于女家'로 되어 있음.
152) 山月未吐: 저본에는 빠져 있으나 라본에 의거하여 보충함.
153) 回: 가, 다, 라본에는 '曲'으로 되어 있음.
154) 上: 저본에는 빠져 있으나 가, 다, 라본에 의거하여 보충함.
155) 女還出去: 라본에는 '厥妹翻然還去'로 되어 있음.
156) 濃粧: 라본에는 '凝粧'으로 되어 있음.
157) 觀之: 다, 라본에는 '注觀'으로 되어 있음.
158) 怳忽: 가, 다, 라본에는 '怳然'으로 되어 있음.
159) 瑤宮: 가, 다, 라본에는 '瑤臺'로 되어 있음.

北墻下有轉石之聲, 南冥驚起[161]狙看, 則有一大漢, 頭戴僧弁, 身着衲衣, 顔貌[162]雄獰, 眼光爗爗, 飛越高墻, 大踏而來. 美人嫣然一笑, 起立欄頭, 僧超上樓軒, 相與抱腰, 接唇襯頰, 而轉入房中. 南冥見此, 不覺髮竪眦裂, 杖劍而[163]進, 立於窓外, 窺觀終始, 則美人擧大卓, 進[164]於僧前, 以大椀, 酌酒而勸僧, 僧醉飽啜食, 淫戲浪藉. 至夜半, 男女熟睡, 南冥不勝駭憤, 突入房中, 以劍擊之, 男女之頭, 一時俱斷. 小婢發哭而入, 以鑰盤盛男女之頭, 進奠於靈几之前, 移時哀哭, 收淚而出, 謂南冥曰: "書房主出來!" 引至渠家, 百拜泣謝, 曰: "書房主至此, 天也![165] 婢之上典, 本以京華士大夫, 五六年前, 厭世煩囂, 卜居于此, 營搆第宅. 彼僧, 乃其時都木手也; 彼女, 乃婢之小上典也. 屢月工役之餘, 僧與女, 偶然目交, 敢生淫慾, 謀害上典. 數年之間, 上典父子及廊下婢僕, 與渠不相謀者, 爲彼僧所殺, 自餘婢僕, 小婢一人之外, 皆兩賊之所殺而脅從者也. 小婢常嘿禱于天, 思報上典讐矣, 幸賴書房主强毅大恩,[166] 乃有今日幸酬血怨, 死無餘憾." 因哀哭不已. 南冥毛骨俱悚, 如神如墜, 大覺其非, 怳醒大寐, 自責曰: "吾爲外物所誘, 幾誤平生." 坐而待曉, 脫羈放馬, 折劍投地, 步歸嶺鄕,[167] 折節讀書, 行則佩鈴, 坐則支劍, 步履差錯,[168] 鈴聲亂鳴. 身體少便, 劍尖傷膚, 其刻

---

160) 癢搔之際: 저본에는 빠져 있으나 라본에 의거하여 보충함.
161) 起: 라본에는 '顧'로 되어 있음.
162) 顔貌: 가, 다, 라본에는 '形貌'로 되어 있음.
163) 而: 저본에는 빠져 있으나 가본에 의거하여 보충함.
164) 進: 저본에는 빠져 있으나 가, 다본에 의거하여 보충함.
165) 天也: 라본에는 '天以唯助也'로 되어 있음.
166) 幸賴書房主强毅大恩: 저본에는 빠져 있으나 라본에 의거하여 보충함.
167) 嶺鄕: 라본에는 '嶺南鄕廬'로 되어 있음.
168) 錯: 저본에는 '着'으로 나와 있으나 나본에 의거함.

厲工夫, 類皆如是, 卒成大儒, 世皆爲尊. 性好繁華, 常着錦袍, 以文緞爲衾, 几案佩飾, 玲瓏華麗. 門人金東岡宇顒, 乘間仰質曰: "先生道德雖高, 服飾太美, 小子不無感焉." 南冥笑曰: "我自有富貴像, 不似汝輩枯淡矣." 一日, 李土亭與徐孤青遊行, 至智異山, 訪南冥. 此時, 南冥適出外不遇, 見其諸具之華美, 土亭與孤青, 放屎房中, 糞[169]塗諸几案及衾枕, 因以還去. 至暮, 南冥還入房中, 則惡臭觸鼻, 見而大笑, 曰: "此必李·徐二人過此也!" 蓋南冥末年[170], 雖道成德立, 年少豪氣, 猶有未消磨者歟!

## 19.

曺南冥, 少年有事[171], 往于妻家, 路過山谷深林中, 有以人聲[172], 曰: "曺某來乎?" 南冥下馬, 入林中視之, 則有如山大虎, 能作人語曰: "爾有妻弟, 絶美閨秀, 與我有天緣, 汝今往彼家通婚, 可也." 南冥曰: "吾雖言之不難, 彼豈有信聽之理乎?" 虎曰: "言不言, 責在爾; 聽不聽, 責在彼, 汝則第言之而已. 不然, 吾必啗汝, 彼若不聽, 則我當滅其家族[173]." 南冥不得已, 曰: "諾." 因往妻家, 欲言其事, 則極涉惶愧; 欲不言, 則禍將及已. 姑留數月[174], 百計無策, 自言于心曰: "與其不言而[175]被禍, 寧言取謗." 謂其婦翁曰: "外甥之至今留連, 實有事故, 而不敢輕發, 請岳丈聚會宗族, 則外甥卽有所言之事." 自來其家之人, 視南冥如神明, 敬服無異[176]嚴師也. 其

---

169) 糞: 저본에는 빠져 있으나 나, 다, 라본에 의거하여 보충함.
170) 末年: 가본에는 '晩年'으로 되어 있음.
171) 有事: 저본에는 빠져 있으나 다, 라본에 의거하여 보충함.
172) 以人聲: 다본에는 '巨聲'으로, 라본에는 '巨人聲'으로 되어 있음.
173) 家族: 라본에는 '九族'으로 되어 있음.
174) 數月: 라본에는 '月餘'로 되어 있음.
175) 不言而: 저본에는 빠져 있으나 라본에 의거하여 보충함.

婦翁聞而[177]驚心, 卽會宗族[178]. 南冥乃言曰: "某之來時, 有如此如
此之變怪事矣." 滿座失色無語, 惶惶懍懍, 不知所爲. 處女聞之,
略無懼色而出, 告宗中曰: "此乃天地間大變, 若不聽彼獸之言, 則
闔族被禍, 一女子之生死, 與九族之受[179]禍, 其輕重何如? 敢請父
母與宗中, 無難許之[180]." 其父母臆塞不言, 諸宗一辭稱之, 曰: "孝
哉此女! 烈哉此女! 此女之言宜當, 是女中堯舜, 不可不許!" 南冥
始還過林中, 則虎又大聲曰: "曺某來乎?" 南冥曰: "余果來矣." 虎
曰: "爾果[181]通婚否?" 南冥曰: "通矣." 虎曰: "彼所答何如?" 南冥
曰: "其父母無所可否, 而其處女自斷許之." 虎乃大喜, 曰: "彼必然
矣!" 因謂南冥曰: "汝還往彼家, 傳吾之言, 曰: '某日極好[182], 婚具
盛備, 依禮待之, 若有一半分不足之事, 責必不細矣.'" 南冥曰:
"諾." 因[183]往彼家, 以虎之所言傳之, 其父母則但悲痛[184]而已. 處女
曰: "此乃變禮, 吾不可以常禮自處." 分付婢輩, 大備宴具[185], 自製
衣衾, 以待婚日矣. 婚之夕, 虎率彪豹, 左右各五十數[186], 咆哮而
來, 一洞之人見者, 莫不驚仆而昏窒. 虎入廳事, 行禮奠雁·交拜,
一如禮儀, 入于寢房. 至夜, 新婦盛粧而入, 至曉出來, 其母驚問
曰: "汝何以得生?" 新婦不答而但微笑, 其母再三問之, 新婦低聲

---

176) 無異: 저본에는 '如'로 나와 있으나 라본을 따름.
177) 聞而: 저본에는 빠져 있으나 다, 라본에 의거하여 보충함.
178) 宗族: 가, 다본에는 '宗黨'으로 되어 있음.
179) 受: 라본에는 '被'로 되어 있음.
180) 許之: 라본에는 '許婚'으로 되어 있음.
181) 果: 저본에는 빠져 있으나 다본에 의거하여 보충함. 라본에는 '可'로 되어 있음.
182) 好: 라본에는 '吉'로 되어 있음.
183) 因: 다, 라본에는 '回'로 되어 있음.
184) 悲痛: 가, 다본에는 '悲哭'으로, 라본에는 '悲泣'으로 되어 있음.
185) 宴具: 라본에는 '婚具'로 되어 있음.
186) 數: 가본에는 '首'로 되어 있음.

曰:"母親無恐, 第往窓外, 窺見之." 其母如其言, 從窓間[187]窺視之, 則如玉佳郎, 端坐看書. 其母且驚且喜, 請婦翁於外[188], 以其事告之, 翁甚驚疑[189], 開戶入見, 則新郎乃隣家少年郎也. 蓋此少年生而有異質, 深於象[190]數學, 奇[191]遁變化之術, 無不通知. 而南冥之妻弟, 亦異品女子也, 可謂天生佳偶, 而信息相通. 然新郎之地閥稍卑, 不可與議婚, 故少年作此變怪[192]之術, 而處女自嘿指[193]識, 故初無懼色而自斷許婚也. 及成伉儷, 其相得之樂, 不啻宮商鍾鼓之謂也.

## 20.

靜庵趙先生, 未冠時[194], 刻苦讀書, 達夜不掇, 讀書聲清亮, 如出金石. 隣家處女, 聞其聲音, 貼墻潛聽, 不勝艷慕, 踰墻而來, 開窓閃入, 擬[195]坐床邊. 先生讀罷, 謂處女曰:"出外, 拾木枝而來!"[196] 處女如其言, 拾得木枝而入, 則先生數之, 曰:"吾乃兩班秀才也, 君亦士夫家處女, 踰墻相從, 萬一敗露, 則兩家門戶, 汚辱莫甚, 是

---

187) 間: 라본에는 '隙'으로 되어 있음.
188) 婦翁於外: 라본에는 '家翁視之'로 되어 있음.
189) 驚疑: 라본에는 '驚喜'로 되어 있음.
190) 象: 저본에는 '宗'으로 나와 있으나 가, 다, 라본에 의거하여 바로잡음.
191) 奇: 저본에는 '眞'으로 나와 있으나 다, 라본에 의거함.
192) 變怪: 라본에는 '變幻'으로 되어 있음.
193) 指: 가, 다본에는 '暗'으로 되어 있음.
194) 時: 저본에는 빠져 있으나 다, 라본에 의거하여 보충함.
195) 擬: 가, 다본에는 '癡'로, 나본에는 '凝'으로 되어 있음.
196) 出外, 拾木枝而來: 라본에는 "'汝是何許處子, 冒夜至此?' 處子曰: '吾乃隣家處子也.' 更詰眞的, 曰: '許判書緝之女也. 聞君金聲玉振, 尋聲到此, 不覺自然來至.' 先生大驚正色, 遽曰: '汝乃士族之處女, 失行若此, 吾將殺汝, 使汝家不亡也.' 抽刀賜汝, 曰: '汝以刀自刎而死.' 處子不辭其刀, 將欲引刃自刎之際, 先生曰: '汝是如此, 則必悔過遷善, 斯誠尙少, 斯速出外, 取梅枝折來.'"로 되어 있음.

可忍乎? 若不警君, 君必不回心矣. 起受楚撻, 可也." 處女感泣起立, 曰: "惟命是聽[197]!" 先生撻處女而送之矣. 其後, 己卯之禍,[198] 處女之夫, 爲袞·貞之黨, 謀陷靜菴,[199] 其妻聞之, 泣謂其夫曰: "趙某天生君子也, 妾有平日死罪, 今不敢諱[200]之於君子之前." 以其事告之, 因謂其夫曰: "欲害靜菴者, 難免千古罪人[201]之名.[202] 妾不敢以彰, 妾之累[203]目, 見君子陷於小人之域, 故敢暴腹心, 願君子思之.[204]" 其人歎服, 其妻之不諱己過, 而深感先生高義, 卽與南袞·沈貞輩, 相絶不與謀云.

## 21.

退溪李先生長子寀, 早卒無後, 孀婦某氏, 卽九代獨子之獨女也. 先生非但哭子之痛, 尤悲孀婦之身世無依矣. 一日, 先生偶入孀婦之房[205], 枕上有數朶花枝, 先生卽日治行, 送孀婦于本家, 戒之曰: "觀汝秉心, 有欠[206]貞固, 且汝以九代獨子之獨女, 見絶于汝,

---

197) 聽: 라본에는 '從'으로 되어 있음.
198) 其後, 己卯之禍: 라본에는 "處子不勝其羞, 遂欲自處. 其後, 適登他門, 聯生三男, 及長, 連璧登科, 官至大諫. 其時, 己卯士禍之秋也."로 되어 있음.
199) 謀陷靜菴: 라본에는 "其三男皆在諫官之職, 將欲謀陷先生, 與先生有器肓之事, 上疏欲煞."로 되어 있음.
200) 諱: 라본에는 '隱諱'로 되어 있음.
201) 罪人: 다. 라본에는 '小人'으로 되어 있음.
202) 欲害靜菴者, 難免千古罪人之名: 라본에는 "汝等以何事何嫌, 欲殺害大賢耶? 靜菴乃萬古忠賢節義君子也. 若欲謀害忠良, 天必有殃, 將不善終, 難免千古小人之名."으로 되어 있음.
203) 累: 라본에는 '縈'으로 되어 있음.
204) 願君子思之: 라본에는 이어서 "三子怪問曰: '母主何出此言?' 其母曰: '吾有不出口外之說, 不得已發舌, 以避三子之婦.' 褰袴以雙脛撻痕, 示其三子, 曰: '若非趙公之賢, 吾何爲汝母乎? 此事眞箇大義君子也.'"라는 내용이 첨부되어 있음.
205) 房: 다. 라본에는 '寢房'으로 되어 있음.
206) 有欠: 나본에는 '未係'로 되어 있음.

吾不忍見也. 汝不可²⁰⁷⁾更來吾門, 惟聽父母之命, 可也." 其後, 絶不相通矣. 數十年後, 先生適過丹城地, 日暮, 不遇店舍, 入路傍兩班家, 則主人待之甚厚, 夕飯饌品, 極其豊潔, 而其中盛淸醬於大甫兒盈滿. 先生心竊驚疑²⁰⁸⁾, 以爲, '吾之食性, 家人之外, 雖親知²⁰⁹⁾無人知者, 是可怪也.' 蓋先生善喫淸醬, 在家如此故也. 夜間與主人語, 及姻親, 主人之子婦, 乃某人之女云. 先生始覺, 孀婦之再入於其家, 深悔其至²¹⁰⁾, 而已無可及矣.

## 22.

李土亭少時,²¹¹⁾ 好行吊詭之事. 以小銅爐口²¹²⁾, 着於頭, 其²¹³⁾上着蔽陽子, 晝夜兼行, 飢則脫爐口, 掛於溪邊, 炊飯而食之, 復以爐口, 浸水待冷, 洗乾復着之. 睡至, 必於路傍, 倚杖立睡, 爲往來牛馬所觸, 推轉東西, 而至於四五日之後, 始覺矣. 一日, 行到一處, 化而²¹⁴⁾爲石, 臥於路傍, 行²¹⁵⁾人皆視之, 以爲石矣. 有一老翁, 駄鹽²¹⁶⁾牛背, 叱牛過前, 顧而叱之²¹⁷⁾, 曰: "甚矣, 李某之作怪也! 爾必不做此等吊詭之事, 吾當許汝以君子, 惜其學習之不正也." 土亭聞其言, 驚起追之, 則牛行如飛, 過一山隅, 不知去處云耳.

---

207) 可: 나본에는 '必'로 되어 있음.
208) 驚疑: 나본에는 '異之'로, 다본에는 '疑之'로 되어 있음.
209) 親知: 다본에는 '至親'으로 되어 있음.
210) 其至: 나본에는 '投宿'으로 되어 있음.
211) 少時: 저본에는 빠져 있으나 나본에 의거하여 보충함.
212) 口: 나본에는 '器'로 되어 있음. 이하의 경우도 동일함.
213) 其: 저본에는 빠져 있으나 나, 다, 라본에 의거하여 보충함.
214) 化而: 라본에는 '變化'로 되어 있음.
215) 行: 저본에는 빠져 있으나 나본에 의거하여 보충함.
216) 鹽: 나본에는 '樵'로 되어 있음.
217) 叱之: 나본에는 '責'으로 되어 있음.

23.

土亭爲牙山守, 舊例, 營門貿鹽百餘石, 牙山當之. 該吏依例請貿[218], 土亭不許, 營鹽運納期限將迫, 該吏憂懼, 不敢更請矣. 一日夜[219], 土亭命率官隸數十名, 多持畚鍤之屬[220], 乘船放海, 向南而去. 手執鴟尾, 運船如法, 舟行如飛, 至於一處, 卽白山[221]當天[222]. 土亭艤船山下, 使官隸, 掘去山底, 則全山盡鹽. 鍤掘畚運, 須臾萬船而歸, 計納營貿, 餘不勝用云.

24.

土亭少時, 往學於徐花潭之門, 寄食於廊下奴家矣. 奴之妻, 欽慕[223]土亭之顔色瀅澈美艶[224], 時時目交, 而土亭無心焉. 一日, 奴將出遠市, 其妻半夜而起, 炊飯促其夫, 曰: "鷄旣鳴矣, 君可喫飯, 而早往回來[225]!" 奴心疑之, 佯若出去, 而自家後穴籬而入, 窺見窓外, 則其妻直入土亭寢房, 欲與相狎, 土亭叱之曰: "吾與汝夫, 有主客之誼, 豈可相狎乎? 汝須出去矣!" 其妻不聽, 漸近之, 土亭怒以杖打之, 其女泣而稍遠. 土亭捨杖, 則又近之, 土亭又欲打之, 則其女退而避杖, 如是者, 至於數食頃而不已. 其奴不勝欽歎[226], 走告於花潭, 花潭喜[227]曰: "是誠然乎? 吾當往視之." 起而隨奴之後,

---

218) 依例請貿: 라본에는 '請貿告喩'로 되어 있음.
219) 夜: 저본에는 빠져 있으나 나, 다본에 의거하여 보충함. 라본에는 '一夕'으로 되어 있음.
220) 屬: 나본에는 '具'로 되어 있음.
221) 白山: 다본에는 '玉山'으로 되어 있음.
222) 當天: 라본에는 '接天'으로 되어 있음.
223) 欽慕: 나본에는 '艶慕'로 되어 있음.
224) 顔色瀅澈美艶: 저본에는 '顔'으로 나와 있으나 라본에 의거함.
225) 回來: 저본에는 빠져 있으나 라본에 의거하여 보충함.
226) 不勝欽歎: 나본에는 '感歎不已'로 되어 있음.

窺見窓間, 則果如奴言. 翌日[228], 花潭謂土亭曰: "君之學力已成, 吾不敢爲師, 君須還歸, 任君所如[229], 他日不失爲君子之人[230]云."

25.

土亭一日, 往[231]栗谷宅, 頭戴陶笠, 腰帶大索, 栗谷笑問曰: "丈人何爲着此詭服?" 土亭曰: "吾平生欲識[232]人間吉凶・善惡, 多小苦樂之事, 百病之中, 癎疾最惡云. 故穴[233]壁隙臥, 必以百會穴受風, 至三月, 癎疾果作, 以藥治之[234], 終無見效, 念心未凝定, 故病不得隨意卽愈矣. 故着此陶笠索帶, 往某山寺, 面壁三月, 病始愈云矣[235]."

26.

土亭好行[236]鹽商, 販鹽於市, 暮歸, 江上風景正好, 幽興猝發, 於馬上以鞭揮成樂音, 以中律呂. 忽有[237]一人隨後, 擊節稱賞, 土亭疑其異人, 故誤一揮而試之, 其人嗟[238]嘆曰: "惜乎不熟也!" 土亭大驚下馬, 欲與之言, 其人不候[239]疾去, 追去不能及矣.

---

227) 喜: 저본에는 빠져 있으나 나, 다, 라본에 의거하여 보충함.
228) 翌日: 나본에는 '其後'로 되어 있음.
229) 如: 이본에는 '爲'로 되어 있음.
230) 人: 다본에는 '名'으로 되어 있음.
231) 往: 나본에는 '訪'으로 되어 있음.
232) 識: 라본에는 '試'로 되어 있음.
233) 穴: 나본에는 '面'으로 되어 있음.
234) 之: 라본에는 '療'로 되어 있음.
235) 矣: 저본에는 빠져 있으나 가본에 의거하여 보충함.
236) 好行: 나본에는 '或爲'로 되어 있음.
237) 忽有: 저본에는 빠져 있으나 라본에 의거하여 보충함.
238) 嗟: 저본에는 빠져 있으나 가본에 의거하여 보충함.
239) 候: 라본에는 '答'으로 되어 있음.

## 27.

土亭留[240]京師, 偶出街上, 有蔣道令者, 素稱狂夫, 亦[241]仙類也. 橫臥鍾樓街上, 忽作僵尸, 須臾, 惡臭觸鼻, 不可近, 人皆避之, 街中一空. 土亭獨迫視之, 以手擧其足, 指俯而齒之, 蔣道令痛楚而起, 因忽不見云矣.

## 28.

田進士禹治, 其少也[242], 上山寺讀書, 其中一房空虛, 居者必死. 禹治聞之, 灑掃[243]其房, 堗而處焉. 明燭讀書, 夜半[244], 聞有女子開戶而入, 禹治若不見也, 讀書不掇, 女人漸近, 狎坐床側, 獻媚百態. 禹治終不顧見, 則女以手掩冊, 而戲其讀. 禹治預以綿紬絲繩, 染朱砂水, 置諸箱中, 以左手把其手, 右手出絲[245], 縛其四肢, 倒懸樑上, 因復讀書如故. 其女萬端哀乞, 願以各色寶貨, 贖其死罪[246]. 禹治不聽. 星回月落, 曉鷄將鳴, 急聲哀告曰: "命在頃刻, 願獻天地間至寶!" 禹治曰: "何寶?" 女曰: "此寺後園, 有十丈絶壁, 壁門方開, 若入則草堂一間, 案上有一卷子, 君其取來視[247]之." 禹治如其言, 至絶壁下, 則有石門, 入其中, 取書看之, 乃方術[248]書也. 禹治還置案上, 以筆濡朱砂水, 字字批点, 其女隨点輒驚, 乞命不已.

---

240) 留: 나본에는 '遊'로 되어 있음.
241) 亦: 라본에는 '其實'로 되어 있음.
242) 也: 다, 라본에는 '時'로 되어 있음.
243) 掃: 저본에는 빠져 있으나 나, 다본에 의거하여 보충함.
244) 夜半: 저본에는 빠져 있으나 나, 다본에 의거하여 보충함.
245) 出絲: 라본에는 '持絲繩'으로 되어 있음.
246) 死罪: 나본에는 '身'으로 되어 있음.
247) 視: 가, 다본에는 '觀'으로, 나본에는 '看'으로 되어 있음.
248) 術: 저본에는 '僻'으로 나와 있으나 나본에 의거함.

禹治不聽[249], 逐章批点, 餘者不過四五張[250], 而女若有絶命之狀, 始解放之, 女卽出戶. 不移時, 門外有人聲, 禹治出見, 則渠家奴子, 持渠父[251]告訃書而來, 禹治蒼黃還歸[252], 則乃虛事也. 禹治始覺爲厥物所賣, 復還山寺見之, 則厥冊中批点[253]者, 盡棄之, 但取其餘存者, 四五張而去矣. 禹治自得其書後, 善於妖術, 多行不法之事. 有時京中宰相家設宴, 請賓滿朝卿宰, 內外咸集, 鋪陳饌品, 窮極華美, 諸客醉倒忘歸, 倏然[254]覺之, 則臥在草莽亂石之間矣. 所謂饌品, 皆爲馬糞猪矢也. 禹治一日, 來拜花潭, 坐語移時, 坐地忽陷, 翻成大海, 魚龍出沒, 百怪層出, 而花潭顔色不變, 少頃, 還復如初. 禹治退辭出門, 則萬山接天, 荊棘鬱密, 猛虎毒蛇, 磨牙吮血. 禹治多試神術, 而終不得出, 還入花潭之前, 免冠頓首謝罪, 花潭廣聲責之[255], 曰: "汝以么麽[256]妖術, 敢試[257]長者之前乎? 罪死無赦." 禹治叩頭流血[258], 花潭始開路歸送之矣.

## 29.

花潭徐先生, 年甫[259]十二, 從神僧, 學於山寺矣. 一日, 僧謂花潭曰: "汝當還家, 明日, 必有異人訪汝, 汝須善遇之[260]以送, 因卽還

---

249) 不聽: 저본에는 빠져 있으나 다본에 의거하여 보충함.
250) 張: 저본에는 '丈'으로 나와 있으나 라본에 의거함. 이하의 경우도 동일함..
251) 父: 저본에는 빠져 있으나 나, 다, 라본에 의거하여 보충함.
252) 還歸: 나본에는 '歸家'로 되어 있음.
253) 批点: 나본에는 '朱點'으로 되어 있음.
254) 倏然: 라본에는 '忽然'으로 되어 있음.
255) 責之: 나본에는 '大叱'로 되어 있음.
256) 么麽: 저본에는 빠져 있으나 라본에 의거하여 보충함.
257) 試: 나본에는 '戱'로 되어 있음.
258) 流血: 라본에는 '死罪'로 되어 있음.
259) 甫: 저본에는 빠져 있으나 나본에 의거하여 보충함.

來." 花潭聞之, 卽歸²⁶¹⁾而待之. 翌日, 果有客, 戴華陽巾, 被鶴氅衣, 騎小驢, 率青衣童子二人, 飄然而來. 花潭出門迎候, 揖讓而入, 客曰: "我本太白山人也, 聞秀才有異質²⁶²⁾, 特來相訪." 花潭起而謝, 因問六經奧義, 及以至於天文·地理·象緯·醫卜, 飛仙²⁶³⁾變化之術, 客應答如流, 無所凝滯. 花潭傾心問服, 以爲, '此客道術, 雖吾師不能過.' 而折節聽敎, 客歎賞²⁶⁴⁾花潭穎悟夙成, 經宿而歸. 花潭因復上寺, 與客問答之說, 一一告之師僧, 師僧聽罷, 謂花潭與諸僧曰: "吾做別般工夫, 汝輩勿問!" 因面壁而坐, 合掌不語不食, 如是三日而後, 始開眼回坐, 進飯訖, 謂花潭曰: "汝附我腋下, 閉目勿開!" 因挾花潭, 騰空西向而去, 但聞耳邊有風聲. 不知過幾箇日夜, 止於一處, 僧呼花潭開目, 花潭收拾精神, 擡眼視之, 則不知落在何處山也. 僧出鉢囊中瓢子, 以藥末和水, 先飮一瓢, 次飮花潭, 精神爽朗²⁶⁵⁾, 不知飢寒. 山上有老樹園, 大數十里, 葉蔭數百里²⁶⁶⁾, 僧以佩刀, 斫木枝五片, 藏於鉢囊內. 又出藥末, 和水飮之, 如初復挾花潭, 騰空而還至寺中, 計其日子, 則乃六日也. 僧淨掃房中, 設屛幛, 使花潭伏於渠之背後, 他人不與焉. 置床卓於前, 出囊中木枝, 刻五介童子, 塗以五色, 列置於卓上, 青者居東, 白者居西, 赤者居南, 黑者居北, 中央黃者也. 僧執如意杖, 設法而待之. 至初更, 洞口外喊聲大起, 山岳振動, 青童先出, 與戰良久²⁶⁷⁾, 大敗

---

260) 遇之: 라본에는 '待'로 되어 있음.
261) 歸: 저본에는 '還'으로 나와 있으나 나본을 따름.
262) 異質: 다본에는 '異品'으로 되어 있음.
263) 飛仙: 저본에는 빠져 있으나 나, 다, 라본에 의거하여 보충함.
264) 花潭傾心問服 … 客歎賞: 저본에는 빠져 있으나 라본에 의거하여 보충함.
265) 爽朗: 나본에는 '爽明'으로, 다, 라본에는 '爽然'으로 되어 있음.
266) 山上有老樹園, 大數十里, 葉蔭數百里: 저본에는 빠져 있으나 다, 라본에 의거하여 보충함.

而還, 白童繼出又敗, 赤黑二童, 次第而敗. 最後[268]黃童出戰, 至曉告捷, 僧乃携花潭, 出門觀之, 有九尾大狐, 斃於洞口. 僧還謂花潭曰: "向者, 訪汝之客, 卽此狐也. 此狐, 生於有巢氏之世, 能偸竊天地之造化, 縱橫宇宙, 百神不能敵, 其所食者, 乃天下萬國中奇[269]男子之精血五臟也. 聞汝之有異品, 欲以汝爲一日之粮, 故先來相探, 而汝之一身, 亦神明之所護, 不得輕犯, 俟汝命運値厄之時, 必欲殺汝.[270] 救汝之策, 必得有巢氏以前之物, 可以制之, 故向日[271]吾面壁出神, 周覽上下, 則前日所斫之木, 乃生於三八生成之初. 故吾斫來, 作五方神將, 使之相戰, 艱辛得捷. 自此以後, 則汝無他災, 努力學問, 無忝所生." 因使就寢, 花潭疲困熟睡, 日出而覺, 卽僧無所在處. 花潭驚惶四求, 永[272]無形影, 花潭痛哭而歸[273]. 蓋花潭[274]之所學, 多出於此僧矣.

## 30.

花潭講道松京, 一日, 驟雨暴至. 有一童子, 年可十四五, 而衣服頗潔, 眉眼如畫, 英氣射人, 擧止有法, 爲雨所逐, 立[275]於大門之中. 花翁[276]望見, 疑其狀貌之有異, 使人召之, 其[277]童入謁花翁, 問

---

267) 良久: 저본에는 빠져 있으나 다, 라본에 의거하여 보충함.
268) 最後: 저본에는 빠져 있으나 나, 다, 라본에 의거하여 보충함.
269) 奇: 저본에는 '異'로 나와 있으나 다본을 따름.
270) 必欲殺汝: 나본에는 '厭物敢來'로 되어 있음.
271) 日: 저본에는 빠져 있으나 나, 다, 라본에 의거하여 보충함.
272) 永: 다본에는 '終'으로 되어 있음.
273) 歸: 저본에는 빠져 있으나 나본에 의거하여 보충함. 가본에는 '云'으로 되어 있음.
274) 花潭: 가본에는 '花翁'으로 되어 있음.
275) 立: 라본에는 '至'로 되어 있음.
276) 花翁: 다, 라본에는 '花潭'으로 되어 있음.
277) 其: 저본에는 빠져 있으나 다본에 의거함.

曰: "秀才自何過此?" 童子對曰: "某本嶺南人也, 家禍孔酷, 闔族
殆盡, 一身逃禍, 流離至此也." 花翁深加悲傷, 賜之食飮而留之
宿[278]. 童子才識出倫, 悟解穎異, 講學數月, 無微[279]不通大, 而天地
鬼神之理, 帝王伯圖之術,[280] 掛[281]畫投之所向, 勢若迎辦. 花翁大
奇之, 問其家閥, 則士夫也. 翁有一女, 貞淑可愛, 年齒與童子相
若, 花[282]翁決意以童子爲婿, 入言于夫人, 夫人難之, 曰: "跟脚不
明, 禍家餘生, 豈可結親?" 花翁曰: "不然! 此兒雖出[283]微賤, 豪傑
之士, 不可係類, 猶不可拘也. 況兒本嶺南士流家子孫, 而非但才
學出倫[284], 視其狀貌, 鳳眼龍準, 重頤豊頰, 必是功名富貴之像也.
他不可問, 乃我[285]家事任長, 君勿復言!" 夫人心雖不協, 而嚴不敢
復請矣. 遂擇日行禮之期, 迫於一旬之間[286], 翁與童子, 早起對案,
講論經旨. 時秋雨初霽, 晴旭上窓, 天氣崢嶸, 氛翳廓淸. 花翁直視
童子, 急呼奴輩, 曳出童子於庭下, 以索縛之, 厲聲問曰: "汝敢終
始瞞我乎? 以實直告!" 童子顔色不變, 斂容徐對曰: "小子受先生
罔極之恩, 歲將周矣, 義[287]重師生, 情踰骨肉.[288] 小子有罪, 則責之
可也, 撻之可也, 若終始不悛, 則雖逐之可也. 而至於扶曳結縛脅

---

278) 宿: 저본에는 빠져 있으나 라본에 의거하여 보충함.
279) 微: 라본에는 '所'로 되어 있음.
280) 天地鬼神之理, 帝王伯圖之術: 저본에는 '天地之理, 鬼神之妙, 皇王帝伯圖書'로
나와 있으나 라본을 따름.
281) 掛: 저본에는 '卦'로 나와 있으나 가본을 따름.
282) 花: 저본에는 빠져 있으나 라본에 의거하여 보충함.
283) 雖出: 저본에는 빠져 있으나 다본에 의거하여 보충함.
284) 出倫: 라본에는 '超凡'으로 되어 있음.
285) 乃我: 다본에는 '我乃'로 되어 있음.
286) 間: 가본에는 '內'로 되어 있음.
287) 義: 다본에는 '誼'로 되어 있음.
288) 義重師生, 情踰骨肉: 라본에는 '義雖師生, 情同骨肉'으로 되어 있음.

迫, 實非所望於先生者也, 敢請聞[289]其罪." 花翁命奴子, 曰: "斫取祠堂北墻下側栢木一枝而來!" 奴子承命斫來, 翁使之剖破, 作炬明火而燭之, 乃一老狐也. 花翁曰: "汝旣至此, 猶可隱情乎?" 狐泣曰: "微物本以[290]太白山心月之[291]精, 母年千歲, 兒年九百歲, 天地造化之妙, 無不偸得. 謂母曰: '吾聞松京有花潭先生者, 粗解象數云, 吾可以瞞之矣.' 母曰: '吾嘗屢經松京, 則花翁不足畏, 其祠堂後側栢木, 眞可畏, 故不敢入也.' 吾不以爲然, 唐突而來, 終見顯發, 罪死有餘." 花翁使人往太白山, 捉其母狐, 而竝殺之云矣.

## 31.

鄭順朋有三子, 長北窓磏, 次古玉碏, 季監司礥也, 礥卽後妻所生. 北窓生質[292]旣美, 深於數學. 順朋之使燕也, 北窓爲子弟軍官而從之, 到燕京, 天下諸國使臣齊會. 北窓各以其國方言, 酬酢如響,[293] 而諸國之名山大川, 人物寶貨, 莫不備知, 諸國之使, 擧皆驚異誠服云. 兄弟俱爲名賢, 獨礥妖惡莫甚, 導其父於乙[294]巳凶黨者, 皆礥之所爲也[295]. 北窓密告其父曰: "亡吾家者, 必礥也. 礥是狐精, 大人若不信兒言, 則請目前驗之." 卽召之坐前, 北窓從其後數寸許地, 以手按之, 使之起[296], 礥不能起. 順朋怪問曰: "是何故耶?" 北窓曰: "兒執其尾端, 故彼不能起, 敢請大人信之." 順朋猶以爲不

---

289) 聞: 저본에는 빠져 있으나 라본에 의거하여 보충함.
290) 以: 저본에는 빠져 있으나 가, 라본에 의거하여 보충함.
291) 之: 저본에는 빠져 있으나 다본에 의거함.
292) 生質: 저본에는 빠져 있으나 다, 라본에 의거하여 보충함.
293) 酬酢如響: 나본에는 '問答如流'로 되어 있음.
294) 乙: 저본에는 '己'로 나와 있으나 다, 라본에 의거하여 바로잡음.
295) 也: 저본에는 빠져 있으나 가, 라본을 따름.
296) 使之起: 라본에는 '使礥起立'으로 되어 있음.

然, 一從礥言, 而疑北窓兄弟. 北窓心雖痛恨, 不能力救其親於陷溺之中, 退居果川, 專意丹學, 屍解去云. 礥亦能文章, 爲黃海監司, 見芙蓉堂懸板古今題咏, 盡掇其板,[297] 破爲厠[298]木, 渠獨以一絶[299]揭之, 詩曰: '荷香月色可淸宵, 更有何人弄[300]玉簫. 十二空欄無夢寐, 碧城秋思正迢迢'云.

## 32.

李東皋浚慶, 少[301]貧, 年至四十而不第, 深明[302]數學, 不以窮達爲意矣. 某年春, 謁聖之科, 東皋之季友婿[303]年最少者登第, 而東皋之婦翁某, 時爲平安監司. 東皋往其友婿家, 問曰: "君那間往箕營乎?" 其人答曰: "將於某日發行計耳." 東皋曰: "吾亦欲往箕營, 而苦無騎率, 欲與君同行, 騎君卜馬何如?" 其人心笑, 而强許之, 曰: "諾." 然意謂, '彼有廉恥, 則豈有偕我新恩之行, 而且騎我之卜馬乎? 言雖如此, 不以爲然矣.' 東皋果趁行期, 徒步而來, 遂騎卜馬, 將往[304]箕營. 至數十里之外, 使之先通, 因告李書房主之同來, 則箕伯之夫人, 聞之咄咄, 曰: "李書房可謂罔廉沒恥者也. 雖甚困窮, 不能辦六足, 而隨來友婿新恩之行, 令人大慙[305]." 及其至也, 箕伯不暇迎歡少婿之登科, 而先執東皋之手, 曰: "余方苦思君來,

---

297) 盡掇其板: 다본에는 '命盡掇其題板'으로 되어 있음.
298) 厠: 저본에는 '側'으로 나와 있으나 가본에 의거함.
299) 一絶: 다, 라본에는 '一律'로 되어 있음.
300) 弄: 다, 라본에는 '吹'로 되어 있음.
301) 少: 다본에는 '家'로 되어 있음.
302) 深明: 저본에는 '明深'으로 나와 있으나 다, 라본을 따름.
303) 婿: 다본에는 '同壻'로 되어 있음.
304) 往: 다본에는 '行'으로 되어 있음.
305) 大慙: 가본에는 '代慙'으로, 다본에는 '代羞'로 되어 있음.

而慮君未圖所騎也, 君能辦此而來, 寧不欣倒?"夫人聞之, 且怒且羞, 曰:"大監惑於李郞, 大是奇事, 亟請內入!"箕伯聞而笑之, 起而入內, 夫人慍語曰:"大監逢此大慶, 而不爲款接新恩, 而與李郞有何密語乎?"箕伯笑而答曰:"夫人愛少[306]郞, 我愛老郞, 不亦可乎?"因呼[307]新郞, 進數次, 而顧謂夫人曰:"當與諸兒輩同樂, 可也, 余則欲與李郞穩話." 卽起而出. 至暮, 呼諸子而語曰:"汝輩當爲新恩, 設樂別堂, 宴遊可也."一營賓客及帳下諸褊裨, 盡從新恩, 達夜遊宴, 而箕伯與李郞, 屛人共宿. 箕伯之孫年十三者, 不往別堂宴會之所, 欲宿於乃祖之側, 其祖厭之, 曰:"汝何不往別堂而欲宿於此?"厥兒對曰:"適有感氣, 不能往彼, 而欲宿於此."其祖曰:"然則汝先早宿, 可也."厥兒佯睡潛聽, 則翁壻待其人定時, 起坐問答, 其說甚長,[308] 有時噓唏發嘆, 大抵憂國之言也. 東皐曰:"當此之時, 長者能擔當乎?"箕伯曰:"否[309]. 吾必某年某月[310]死, 而君何不思之深[311]也?"東皐嘿思良久, 曰:"長者之言[312], 是也."箕伯曰:"君必今秋登科, 如此之時若當, 則君必爲大臣, 而吾可以無憂. 然有一端難處之事, 沈通源君何以處之乎?"東皐曰:"此則慮之熟矣. 吾當鎖之[313]於別房, 使不得行計耳."箕伯擊節大[314]嘆, 曰:"君之計慮, 至此之深, 國家庶幾無憂, 吾死何憾?"厥兒所聞如此, 而不知

---

306) 少: 저본에는 '小'로 나와 있으나 다본을 따름.
307) 呼: 다본에는 '呼唱'으로 되어 있음.
308) 起坐問答, 其說甚長: 나본에는 '起坐談話, 久之'로 되어 있음.
309) 否: 다본에는 '否否'로 되어 있음.
310) 某月: 라본에는 '某日'로 되어 있음.
311) 深: 저본에는 '甚'으로 나와 있으나 라본에 의거함.
312) 言: 다, 라본에는 '敎'로 되어 있음.
313) 之: 저본에는 빠져 있으나 나, 라본에 의거하여 보충함.
314) 大: 저본에는 빠져 있으나 다본에 의거하여 보충함.

爲何事也. 留歡十餘日後, 先送新郞, 數日後[315], 繼送東皐, 而齎白金千兩[316]而與之, 曰: "後必有用處, 惟君所爲." 其年秋, 東皐果登第. 至明宗末年, 東皐爲領議政, 沈通源以戚里爲左議政矣. 明廟疾[317]大漸, 未有繼嗣, 而沈相有所注意焉. 東皐與沈相, 同在藥院, 謂沈相曰: "某丸藥當袖而入診, 大監搜出焉." 沈相曰: "諾." 使吏出某藥來, 東皐正色曰: "當此危疑之時, 御供之藥, 豈可使他人襯手乎? 大監當親自覓來, 可也." 沈相驚懼, 曰: "大監之言, 是也." 因起上藥院樓房, 東皐卽起, 以袖中鎖子牢鎖樓門, 急入請對, 高聲奏曰: "國本未定, 伏願殿下時下[318]聖敎焉." 明廟口中[319], 但言'德興', 而不能成言. 東皐又大聲奏曰: "臣耳聾, 不能明聽玉音, 願高聲下敎!" 因顧謂注書黃大受曰: "德興君第三子!" 大受以大筆書六字, 而至下[320]三字, 則以吏讀具書書之, 背負而出. 其後, 東皐每稱注書之警敏[321]云. 而箕營翁壻酬酢之言, 乃此事也. 於此, 可見古人之立身, 不爲身謀, 必專爲國家. 東皐婦翁未得其名, 後當考李氏世譜, 則可知而其識深先見有如是云.

## 33.

東皐少時, 偶過驪州淸心樓, 見庭上[322]葡萄爛熟, 一官隷守之矣[323]. 東皐謂官隷曰: "吾適渴甚, 摘來葡萄數朶來[324]." 官隷牢拒,

---

315) 後: 저본에는 빠져 있으나 가. 다본에 의거하여 보충함.
316) 千兩: 나본에는 '幾千兩'으로 되어 있음.
317) 疾: 저본에는 빠져 있으나 나본에 의거하여 보충함.
318) 殿下時下: 나. 라본에는 '特下'로 되어 있음.
319) 口中: 나본에는 '昏迷中'으로 되어 있음.
320) 下: 저본에는 빠져 있으나 나본에 의거하여 보충함. 가본에는 '於'로 되어 있음.
321) 警敏: 다본에는 '伶俐'로 되어 있음.
322) 庭上: 다본에는 '庭畔'으로 되어 있음.

曰: "小人受官家嚴令, 守此數日[325], 豈可私摘與人乎?" 言頗不恭,
仍暫出外便旋. 東皐怒甚, 以佩刀斫葡萄之根. 官隷回見, 無一言,
走入官前[326]. 少頃, 太守步出樓上, 笑謂東皐曰: "先生欲食[327]葡萄,
則與我同入衙軒, 決[328]意大嚼, 何如?" 東皐曰: "敬奉敎!" 太守仍
與還入東軒, 大設酒饌, 命摘葡萄, 盛大盤而進之. 留飮數日, 因謂
東皐[329]曰: "吾平生粗解象數, 偶占得某日貴人過樓之象, 故使官隷
守之而候矣. 今達逢[330]君, 君他日必爲國家柱石之臣, 願以二子奉
托云."

## 34.

徐孤靑名起, 公州人, 宗室[331]家奴也. 其母年十六, 使喚於上典
家, 而一日摘木綿花於道傍[332], 猝逢大雨[333], 避於路傍岩竇中矣.
有一男子, 背[334]負商擔, 爲雨所逐, 亦入岩竇中, 見少艾, 强奸之,
女不能拒, 仍以有娠, 生孤靑, 守節而居矣. 孤靑年至八歲, 問於其
母曰: "人皆有父母, 我獨無父, 何也?" 其母以其事, 告之, 孤靑自
翌日, 挾冊入岩竇中, 終日讀書, 至暮乃[335]還. 如是者, 殆近數月,

---

323) 矣: 저본에는 빠져 있으나 다본에 의거하여 보충함.
324) 來: 저본에는 빠져 있으나 나, 다본에 의거하여 보충함.
325) 數日: 가본에는 '有日'로 되어 있음.
326) 官前: 라본에는 '官門'으로 되어 있음.
327) 食: 라본에는 '喫'으로 되어 있음.
328) 決: 저본에는 '處'로 나와 있으나 라본을 따름.
329) 東皐: 저본에는 빠져 있으나 라본에 의거하여 보충함.
330) 逢: 저본에는 '於'로 나와 있으나 나, 라본을 따름.
331) 宗室: 저본에는 빠져 있으나 나본에 의거하여 보충함.
332) 道傍: 나본에는 '田'으로, 라본에는 '路上'으로 되어 있음.
333) 大雨: 다, 라본에는 '驟雨'로 되어 있음.
334) 背: 저본에는 빠져 있으나 가, 다본에 의거하여 보충함.
335) 乃: 라본에는 '始'로 되어 있음.

一日, 驟雨忽至, 有一人避雨而入, 周覽岩竇, 呵呵發笑. 孤靑就而問曰: "尊客何爲笑也?" 其人笑而答[336]曰: "吾有可笑之事, 非汝兒輩所聞知也." 孤靑變色, 又[337]問曰: "小子在此, 實有所懷也. 伏願尊客, 勿以孩兒忽之, 說及其發笑之事." 其人答曰: "吾[338]於八年前, 偶過此路, 避雨入此中, 有如此如此之事. 故今適來此, 舊迹[339]依然, 而其人不可復見, 故不覺失笑也[340]." 孤靑哭拜於前, 曰: "兒是大人之遺體也. 吾母尙守節, 以待大人, 願父親臨視焉." 其人不勝驚喜, 而往其家, 則孤靑母熟視良久, 曰: "是果吾夫也!" 遂與同居焉.

## 35.

徐孤靑幼時, 服事其主甚勤. 一日, 採樵入山, 日暮空擔而來, 如是者三日, 其主怪而[341]問之, 孤靑曰: "有[342]一鳥, 從地上飛數尺[343]許而止, 翌日又止四五[344]尺, 第三日至於十餘尺許. 未得其所以然之故, 三日窮理, 始得[345]其實. 乃從地出鳥也, 方今春陽發生, 地氣浮生, 此鳥從地氣所生, 故逐日漸高也." 其主大驚, 因以放良, 曰: "汝終不爲人家奴子, 特許贖汝身, 從汝所好." 孤靑折節讀書, 爲世名儒[346].

---

336) 而答: 저본에는 빠져 있으나 다본에 의거하여 보충함.
337) 又: 라본에는 '拜'로 되어 있음.
338) 吾: 저본에는 빠져 있으나 나본에 의거하여 보충함.
339) 舊迹: 나본에는 '舊事'로 되어 있음.
340) 不覺失笑也: 라본에는 '偶爾失笑耳'로 되어 있음.
341) 而: 저본에는 빠져 있으나 나본에 의거하여 보충함.
342) 有: 라본에는 '適見'으로 되어 있음.
343) 尺: 저본에는 '步'로 나와 있으나 라본에 의거함.
344) 四五: 이본에는 '三四'로 되어 있음.
345) 始得: 저본에는 '而'로 나와 있으나 나본을 따름.

36.

成東洲[347]·李土亭, 與徐孤靑入濟州, 登漢拏山, 望見南極老人星. 蓋南極入[348]地下三十六度, 在地上者, 無可見之理, 而惟漢拏山在東極[349]地盡處, 故每年春秋二分, 極末數星, 暫見而還隱. 此說見於「朞三百」小註, 而成·李·徐三公, 能親見矣. 成·李二公, 則[350]因還, 孤靑則航海, 達中州, 而得孔子·朱子[351]畵像而東還, 奉安於公州地孔岩書院. 孤靑爲山長, 遠近多士雲集請學矣. 一日晨, 多士起視, 則孤靑無去處, 至四五日而[352]還來, 其中有尹進士者, 告歸, 孤靑曰: "何故也?" 尹曰: "弟子來學之意, 非但學習文章[353], 竊觀先生動靜言語, 以爲取法焉[354]. 今觀[355]先生, 不告傍人, 乘夜出外, 迹涉不式[356], 弟子之惑甚矣. 以此欲去." 孤靑笑曰: "君言是也. 然[357]吾豈無緣而作行詭異乎? 日昨之夜, 出外便旋, 仰觀乾象, 則處士星忽然南流, 意者宋龜峯亡命到報恩. 故事甚隱秘, 不可語及諸生, 而徑往報恩, 則雲長果在[358]也, 相與數日穩話而來云." 此時, 報恩倅, 乃趙重峯先生也. 孤靑自報恩還後數日, 有不豫之色, 尹進士問其故, 孤靑曰: "雲長之來報恩也, 報恩倅以賓禮

---

346) 名儒: 라본에는 '大儒'로 되어 있음.
347) 東洲: 저본에는 '靑州'로 나와 있으나 라본에 의거하여 바로잡음.
348) 入: 저본에는 빠져 있으나 이본에 의거하여 보충함.
349) 東極: 나본에는 '南極'으로 되어 있음.
350) 則: 저본에는 빠져 있으나 가, 다, 라본에 의거하여 보충함.
351) 孔子朱子: 저본에는 '朱子公子'로 나와 있으나 나, 라본에 의거함.
352) 而: 나본에는 '後'로 되어 있음.
353) 學習文章: 나본에는 '講習經義'로, 다본에는 '學文'으로 되어 있음.
354) 焉: 저본에는 빠져 있으나 라본에 의거하여 보충함.
355) 觀: 저본에는 빠져 있으나 라본에 의거하여 보충함.
356) 式: 나, 라본에는 '經'으로 되어 있음.
357) 然: 저본에는 빠져 있으나 라본에 의거하여 보충함.
358) 在: 라본에는 '至'로 되어 있음.

待之, 食前方丈, 主人待客之禮, 至矣盡矣, 而雲長身爲亡命罪人, 受此官供之過盛, 揆諸道理, 未得其說, 吾心因此不平." 孤青[359]嘗謂諸生曰: "君輩欲見孔明乎? 人謂龜峰似孔明, 余亦曰: '龜峯似孔明耳.'"

## 37.

宋龜峰父祀連也, 祀連之母, 卽甘丁也, 乃安氏之婢妾也. 甘丁之母, 以咀呪事, 安氏家出之矣. 祀連及長, 頗解數學, 爲人警敏, 安氏復納之, 愛之[360]無異至親. 己卯禍作, 安相國瑭被謫, 而相國之子某[361], 登賢良科者也. 爲人奇傑多氣[362], 憤袞·貞之輩[363]殘殺[364]善類, 欲效趙鞅興晉之甲, 以淸君側之惡, 而與祀連亦謀之矣. 相國聞之, 欲執其子, 以聞于朝, 左右諫之, 遂潛其說. 至相國[365]之喪也, 祀連自推命, 乃韜乘之殺也. 於是, 以弔客錄, 指[366]爲謀逆都目, 上變, 安氏闔族受禍矣. 其後, 己卯翻案, 諸賢皆伸雪, 至宣廟朝, 祀連已死, 有子三人, 曰'富弼'·'翰弼'·'翼弼', 皆有文學, 而翼弼卽龜峯也. 與栗谷李先生·崔簡易岦·李鵝溪山海, 多時同學, 而龜峰嘗爲接長云矣[367]. 龜峰天姿之英特, 學問之高明, 推此可知也. 至東西黨起, 龜峰右西而[368]非東, 而又斥李山海·白惟讓之奸, 山

---

359) 孤青: 저본에는 빠져 있으나 나본에 의거하여 보충함.
360) 愛之: 저본에는 빠져 있으나 가, 나, 다본에 의거하여 보충함.
361) 某: 나본에는 '處謙'으로 되어 있음.
362) 奇傑多氣: 저본에는 '氣傑多奇'로 나와 있으나 가, 나, 다본을 따름.
363) 輩: 저본에는 빠져 있으나 다본에 의거하여 보충함.
364) 殘殺: 다본에는 '戕殺'로, 나본에는 '戕害'로 되어 있음.
365) 相國: 나본에는 '相公夫人'으로 되어 있음.
366) 指: 저본에는 빠져 있으나 나본에 의거하여 보충함.
367) 云矣: 저본에는 빠져 있으나 나본에 의거하여 보충함.
368) 而: 저본에는 빠져 있으나 나본에 의거하여 보충함.

海則初與龜峰友善, 而至是嫌怨益深[369]. 安氏子孫, 嘗怨祀連之誣告, 而至是, 與李·白合謀以爲, '龜峰祖母甘丁之母, 乃安氏之婢子, 而雖陞而爲妾, 畢竟出之, 絶於籍屬者也. 其子孫當推爲奴婢, 以雪其憤,' 於是, 破祀連之墳, 斲棺[370]鞭尸, 而捕龜峰一門甚急, 龜峯兄弟子侄, 皆奔竄而匿逃, 避其禍矣. 龜峰將逃, 有詩曰: '平生身學[371]古人禮, 三日頭無君子冠. 燒盡落花巖下宅, 曉天歸夢水雲間'云矣. 行自報恩, 轉過連山沙溪宅, 入于唐津, 依於趙僉知, 終其身云矣.

# 附 東稗追錄

### 1. 簮桂重逢一朶紅

一松沈相公喜壽, 顔貌玉雪, 標格淸秀, 八歲能屬文, 藻思雋異, 自在童孺[372], 人皆目之以仙童. 妙年登科, 歷履淸顯, 遂入臺[373]閣拜相, 年至耆耄, 世稱名相. 年七十餘, 在相位, 一日, 赴備局坐衙, 將罷, 謂諸宰曰: "吾之赴衙, 止於今日, 願諸公各自珍重." 諸宰咸曰: "相公康寧無疾, 何以有此言也?" 公笑曰: "死生有命, 吾豈不自知大限定數不可違也? 亦復何恨? 但願諸公努力, 輔佐以報聖恩而已." 相與勉勵而去[374], 衆咸訝焉. 公歸家, 翌日卽感微恙. 有

---

369) 深: 가본에는 '甚'으로 되어 있음.
370) 斲棺: 저본에는 빠져 있으나 라본에 의거하여 보충함.
371) 學: 가, 다본에는 '如'로, 라본에는 '服'으로 되어 있음.
372) 孺: 저본에는 '儒'로 나와 있으나 『천예록』을 따름.
373) 臺: 저본에는 빠져 있으나 나본에 의거하여 보충함.
374) 去: 저본에는 빠져 있으나 가, 나본에 의거하여 보충함.

兵曹佐郎一人, 卽公之廊屬, 而素所親愛者, 往候之, 公迎見[375]臥內, 從容謂兵郎曰:"我今死矣, 與君當遠別, 善自保重." 兵郎見公微有淚痕, 仍曰:"相公氣力甚康和, 雖有微恙, 不足爲慮, 今猝以歸化爲敎, 且有淚痕, 竊所未曉, 兹以敢問." 公笑曰:"吾於他人, 不曾言之, 今君適問, 何必隱之? 老夫少時, 有可笑之事, 當詳言之也."

　　吾年十五時, 貌正美丰. 京城某坊, 有大家適設喜宴者, 盛備倡優妓樂而遊, 故吾與十數儕兒, 往觀焉, 則綺羅叢中, 有一娥[376], 年可二八, 容貌姿質, 出類拔萃, 鸞鳳群於烏雀. 故問于傍人, 則曰:"此名一朶紅云." 樂止宴罷[377], 心切慕戀, 不能忘矣[378]. 後十餘日, 自師傅家, 挾冊而步歸, 於大路上, 忽遇一美娥, 明粧麗服, 騎雕鞍駿馬而來. 到余前, 卽下馬, 握余手, 曰:"君非沈喜壽氏乎?" 余驚視之, 乃一朶紅也. 余答曰:"吾果是也, 余何以知吾乎?" 余方年幼未冠, 街路多觀者, 故[379]心甚羞愧, 而紅則得吾, 喜動顏色, 顧謂執鞍者曰:"吾適有事, 明當赴會, 持馬還去, 以吾言善爲報主, 可也." 卽携吾入, 坐於路傍人家, 謂吾曰:"君於某日往觀某家慶宴乎?" 曰:"然." 曰:"吾是日, 望見君顏色, 殆如天仙然. 問於傍人中有識君者, 曰:'此乃沈家兒郎, 其名喜壽, 才名蓋世云.' 吾自是之後, 願一見之, 而無其路, 思念日深, 今適逢君, 實是天幸也[380]." 余笑答曰:"我

---

375) 見: 나본에는 '入'으로 되어 있음.
376) 一娥: 저본에는 빠져 있으나 가본에 의거하여 보충함. 나본에는 '一美娥'로 되어 있음.
377) 宴罷: 가, 나본에는 '罷歸'로 되어 있음.
378) 矣: 저본에는 빠져 있으나 나본에 의거하여 보충함.
379) 故: 저본에는 빠져 있으나 가본에 의거하여 보충함.
380) 也: 저본에는 빠져 있으나 가본에 의거하여 보충함.

心亦如之." 紅曰:"此非可語之地, 吾有姨母之家在某坊, 到此可得從容." 仍卽與余, 步至其家, 則甚僻精灑, 況其姨母愛紅, 極至無異己女焉. 自是, 兩相耽惑, 晝夜掩門不出. 蓋紅[381]未曾經人, 而與余初逢也. 如是十餘日, 紅忽語曰:"此非長久之計, 當與君姑相分離, 以圖後會." 余問之, 則曰:"妾終身之計事君, 意固決矣, 但君上有父母, 而未娶正室, 卽今豈許君之先畜一妾乎? 妾觀君氣度才品, 必當早登科第, 位躋卿相. 妾從今日, 辭君而去, 當爲君潔身全節, 以待君之登科, 遊街三日之內, 復與君相會, 以此爲金石之約. 君於擢第之前, 勿復念妾, 亦勿慮妾之失身從他, 妾自有藏身之道矣. 君之登第之日, 卽妾重逢之日也." 言訖, 握手相分, 飄然而去, 少無悽黯之色, 問其去處, 則終不言. 余憫然如結, 若有所失, 悵缺[382]而歸, 父母失余, 擧家憂遑者累日. 及余還家, 父母驚喜, 問曰:"那[383]間何往?" 余諱不直告, 糢糊他對, 而爲紅思念之情, 初不能忘, 至於寢食俱廢, 久而後, 稍能自定. 遂乃專精致力於科擧之業, 晝夜孜孜, 蓋爲紅計也. 數年後, 父母命委禽聘妻, 雖[384]不敢辭, 而終無琴瑟之樂. 余本文才早成, 而又復勤業十倍於他人, 果於別紅五年登第. 少年科甲, 誰不自喜, 而余則別有喜於人者, 得[385]遂紅重逢之約也. 遊街初日, 意其得[385]相逢, 而不得遇, 第二日亦不得遇, 至第三日, 遊街已盡, 終絶影響. 余心缺然, 沒不可量, 安有科業之興乎[386]? 況日之將夕, 不覺失心, 大人命余曰:"吾

---

381) 紅: 저본에는 빠져 있으나 가, 나본에 의거하여 보충함.
382) 缺: 저본에는 '結'로 나와 있으나 나본에 의거함.
383) 日那: 저본에는 빠져 있으나 나본에 의거하여 보충함.
384) 雖: 가, 나본에는 '孰'으로 되어 있음.
385) 得: 저본에는 빠져 있으나 가, 나본에 의거하여 보충함.

少時舊友某, 在彰義洞, 汝於三日內, 不可不往拜." 余不得已往焉, 于其歸[387]也, 日已含山矣. 路傍經一高門, 則自其內有呼新來之聲, 乃老宰相某之第也. 雖素昧平生, 而此是長老之人, 故卽爲下馬趍進, 則數次進退後, 因命上座, 與之敍話, 頗有慇懃之意[388]. 乃出酒饌以待之, 某公執盃而[389]言曰: "君欲見故人乎?" 余莫意雖入於紅, 亦莫知其所爲, 逡巡而[390]對曰: "有何故人耶?" 某公笑曰: "君之故人, 來在吾家矣." 仍命侍婢, 使之出來, 果是紅也. 余見之, 且驚且喜, 問曰: "汝何以在此乎[391]?" 紅笑曰: "此是遊街三日內, 則妾豈不踐別時之約乎?" 某公曰: "此姬乃是天下名姝, 其志操可嘉, 事迹亦奇, 吾將爲君盡言之. 吾年壽[392]八十矣, 夫妻偕老, 而[393]素無子女矣. 一日, 此女忽然來, 告曰: '願寄身門下, 執役左右, 以備婢僕之末.' 余怪問其由, 則曰: '奴[394]非避主逃命者, 願勿疑惑.' 余辭而拒之, 渠抵死固請, 仍留不去. 故姑從之, 以觀其所爲, 則以侍婢自處, 晝進茶飯, 夜鋪枕席, 灑掃應對, 盡其誠勤. 余夫妻俱是老病之人, 而不離左右, 扶救調護, 搔背叩膝, 極能叶意, 使之安便. 又善女工, 手自裁縫, 以及寒暖之節. 余夫妻尤加憐愛, 而夫人酷愛之, 若親生女焉, 晝居於內, 夜宿於側. 余從容問其行止根委,

---

386) 乎: 저본에는 빠져 있으나 나본에 의거하여 보충함.
387) 歸: 나본에는 '歸家'로 되어 있음.
388) 之意: 저본에는 빠져 있으나 나본에 의거하여 보충함.
389) 而: 저본에는 빠져 있으나 나본에 의거하여 보충함.
390) 而: 저본에는 빠져 있으나 나본에 의거하여 보충함.
391) 乎: 저본에는 빠져 있으나 나본에 의거하여 보충함.
392) 壽: 저본에는 빠져 있으나 가, 나본에 의거하여 보충함.
393) 而: 저본에는 빠져 있으나 나본에 의거하여 보충함.
394) 奴: 나본에는 '妾'으로 되어 있음.

則曰[395]: '本以良家女子, 早失怙恃, 幼稚無依, 爲一里媼所養, 以爲年少之致, 未及爲人所眄矣. 幸遇一郎君, 以[396]成百年之盟, 第此郎年幼未娶, 期以登科後重相會合. 而若在養媼之家, 則此身不得自由, 恐無以全節, 故玆敢[397]來托高門, 以爲數年藏踪之計, 待郎君擢第, 卽當辭去云.' 故問其郎君爲誰, 則以君姓名爲對. 余衰老垂死, 念絶近色, 故渠自稱吾侍妾, 能自完保, 今已四五年矣. 每當科榜, 雖未見君名姓, 渠則輒曰: '郞君[398]不數年, 自當高捷, 今雖見屈, 不足爲恨.' 亦未嘗見其傷懷怨離之色. 及君登第, 余見榜眼, 卽卽爲賀, 則姬亦無驚喜之色, 曰: '吾知之久矣, 豈是異事而爲賀乎?' 且曰: '吾與郎相別時[399], 約以遊街三日內重逢, 今[400]不可違也.' 卽登樓臨望, 而洞巷深僻, 二日不見來過. 今日又復登眺, 曰: '今日必爲過此矣.' 君果行過吾門, 姬卽奔告余曰: '郎果來矣, 速速請入云.' 余於古今奇傳多見矣, 名姝情感, 遇合異事, 而未有若此之奇絶者. 天感至誠, 以成宿緣, 今日之會, 不可孤負. 老父當爲姬與君, 成就一段好事, 君可勿歸, 留宿一宵, 如何?" 余遇見紅, 驚喜何極? 況聞此言, 心切感歎, 而故暫托辭, 曰: "此雖吾前日所眄, 然而旣爲大監侍側之姬, 則今何敢更相近耶?" 某公笑曰: "吾老不得近色已久, 故渠稱以侍寢云者, 欲絶侄兒輩覘覦之路矣. 渠爲守節, 凜如秋霜, 誰能奪之其志乎? 君勿疑也." 卽命

---

395) 曰: 저본에는 빠져 있으나 가, 나본에 의거하여 보충함.
396) 以: 가본에는 '已'로 되어 있음.
397) 玆敢: 저본에는 빠져 있으나 가, 나본에 의거하여 보충함.
398) 君: 저본에는 '於'로 나와 있으나 나본을 따름.
399) 時: 저본에는 빠져 있으나 가, 나본에 의거하여 보충함.
400) 今: 저본에는 빠져 있으나 가, 나본에 의거하여 보충함.

還吾騎馬·倡優·趨從, 仍自憑人, 傳語於家大人, 報以挽留之意. 分付侍婢, 爲掃一房, 張設彩屛·花席·錦褥等物, 極其華美, 焚香明燭, 殆若新婚房排設矣[401], 余與紅會宿焉. 翌朝, 余辭某公而歸, 始以遇紅顚末, 告于父母, 父母卽命率來, 仍畜于家中. 其行檢才藝, 俱出等倫, 事上接下, 孝敬慈惠, 盡誠盡禮, 莫不感悅[402]愛慕. 至於女工, 尤盡精妙, 而琴棊等技, 亦皆超絶, 人不可及. 余寵之專房, 渠每以正室無子爲憂, 數爲勸吾入宿, 不致疎絶焉. 余出宰錦山, 紅亦從行焉, 在衙數歲, 紅平日每辭當夕, 曰: "頻近姬妾, 乃男子必傷之道也." 勸吾獨宿者, 數矣. 忽於一日, 自請侍寢, 余怪問其故, 則曰: "妾死期將迫, 在人間無多日, 願盡餘歡, 俾無餘憾耳." 余責其怪妄, 曰: "何預知死期耶?" 紅笑曰: "妾則果自知之[403]矣." 居五六日, 果感微疾, 不至苦痛, 數日而歿. 臨絶, 謂余曰: "死生有命, 壽夭一也. 且妾生得托身於君子, 恩寵極矣, 死復何恨? 但望埋骨於大監後日塋壟之側, 俾將歸侍於地下, 至願畢矣." 言訖, 奄忽而逝[404], 面貌如生. 余大加傷悼, 手自斂殯, 法無亡妾歸葬之例, 托他事, 受由於監司, 躬領喪車, 歸葬於高陽先壟之內, 蓋從其臨絶之言也. 余行到錦江, 有詩曰: '一朵名花載柳車, 香魂何處去躊躇. 錦江秋雨銘釘濕, 知是佳人泣別餘.' 情見于詞. 自其死後, 家有大小吉凶, 必先夢見豫告, 無所[405]差謬者. 今已累十年矣. 數日前, 又夢見告曰: "大監大限已盡, 棄世不遠, 妾迎

---

401) 設矣: 저본에는 '然懇'으로 나와 있으나 나본에 의거함.
402) 感悅: 나본에는 '感嘆'으로 되어 있음.
403) 之: 저본에는 빠져 있으나 가본에 의거하여 보충함.
404) 而逝: 저본에는 빠져 있으나 나본에 의거하여 보충함.
405) 所: 나본에는 '少'로 되어 있음.

拜有日, 今方灑掃以待云." 故余於是日, 赴備局之座, 告別於 諸宰者, 此也. 去夜夢又來見, 謂[406]余曰: "將以明日歸化云[407]." 其間[408]問答之語, 頗有悽感者, 夢中相泣, 覺有餘痕尚在耳, 吾 豈嘗怛化而泣耶? 以君情同一家, 而適此相問, 故爲君悉陳之, 幸勿煩及他人也.

相公果然翌日捐館焉.

## 2. 臨場屋枯骸冥報

俗傳, 麗朝昔, 設謁聖慶科. 有擧子某者, 從遠方赴擧, 日暮次山 野間, 忽聞蔓草葛藟之下有嚔聲者, 無人焉. 某怪訝之, 下馬搜尋, 則葛根之底, 聲自[409]出矣. 使僕掘視之[410], 有死人腦骸埋沒[411], 而 塵土填其竅孔, 葛根從其鼻孔而生. 所聞嚔者, 蓋由其魂魄不寧故 也. 某爲之憫惻, 出其腦骨而淨洗之, 厚裹以紙, 埋於高燥之地, 設 奠一盂飯, 作文弔之而去. 其夜夢, 一白髮儒, 拜於某謝之, 曰: "我 由前世有罪, 死於非命, 子孫零替, 骸骨分離, 化爲塵土. 惟腦骨獨 存, 委棄於荒野, 而葛根穿鼻, 精魄未泯, 昏明不堪. 幸遇君子, 仁 出於天, 憐其無告, 垂憫不報, 埋我精地, 且享芯芬, 恩重邱山, 惠 隆生成. 雖幽靈昧昧, 無以報大德, 一性猶存, 豈不思所以自竭誠 意乎? 今者之科, 當出五言律詩, 題曰'夏雲多奇峰', 而押峰韻. 吾 爲君子, 預有所製, 君如寫此以進, 則可得魁捷." 其詩曰: '白日到

---

406) 謂: 저본에는 빠져 있으나 가, 나본에 의거하여 보충함.
407) 云: 저본에는 빠져 있으나 나본에 의거하여 보충함.
408) 間: 저본에는 빠져 있으나 나본에 의거하여 보충함.
409) 自: 저본에는 빠져 있으나 나본에 의거하여 보충함.
410) 之: 저본에는 빠져 있으나 가, 나본에 의거하여 보충함.
411) 埋沒: 저본에는 빠져 있으나 나본에 의거하여 보충함.

天中. 浮雲自作峰. 僧看疑有刹[412], 鶴見恨無松. 電影樵童斧, 雷聲道[413]士鍾. 誰云山不動, 飛去夕陽風.' 贈訖, 叩頭謝去. 某覺而異之, 因上京較藝, 則所出題韻, 果與夢兆符合, 因用鬼作, 果得[414]魁捷云.

## 3. 腋[415]挾腐肉得完節

燕山末年, 荒亂日[416]甚, 怪悖之擧, 前古所無[417]. 使宦侍及[418]禁隷, 訪[419]問朝士之妻, 有美色者, 勿論宰相顯官之家, 皆令招延, 見若入眼, 則因爲之交接. 雖或拒逆, 則威力強劫, 必汚乃已, 無能得脫. 至有下敎曰: "抱腰甘唱, 願留宮中者, 老宰相朴純義之妻也." 政院知悉, 聽聞駭然. 由是, 人心尤復離散, 乃有中宗反正之擧焉. 伊時, 有一少年名士之妻, 姿容絶代, 一日, 亦被召命, 諸家女婦, 若有被召, 則無不驚惶涕泣, 如就死地. 而獨此名士妻, 聞召泰然自安, 少無驚動之色, 依他例粧服, 詣闕入謁. 燕山呼使近前, 則穢惡之臭爛熳, 擁鼻慘不忍聞. 燕山以扇掩鼻, 嘔迕唾涎, 曰: "陋哉! 此女不可近不可近也." 卽命退出, 無使小留, 遂得完節而歸. 蓋此女已慮有召, 預思應變之策, 以牛肉數片, 極加腐爛而留儲, 以待當詣闕之時, 兩腋各挾一片, 使惡臭播聞, 人不忍聞故也. 其親戚及一世之人[420], 莫不歎服其設計之妙奇焉.[421]

---

412) 刹: 나본에는 '寺'로 되어 있음.
413) 道: 가본에는 '丘'로 되어 있음.
414) 得: 저본에는 빠져 있으나 나본에 의거하여 보충함.
415) 腋: 저본에는 빠져 있으나 『천예록』에 의거하여 보충함.
416) 日: 가, 나본에는 '盆'으로 되어 있음.
417) 所無: 나본에는 '無比'로 되어 있음.
418) 及: 저본에는 빠져 있으나 나본에 의거하여 보충함.
419) 訪: 저본에는 빠져 있으나 가, 나본에 의거하여 보충함.

### 4. 尹世平遙哭妹喪

尹世平者, 武宰相也. 世傳[422], 嘗入天朝, 道遇異人, 傳其道, 韜晦不示於人. 常獨處一室, 雖妻子嚴不敢見, 莫測其所爲, 而只見冬夜, 常挾冷鐵片於兩腋. 良久, 更換其鐵, 妻子見所挾之鐵, 熱如火鍛. 時方士田禹治, 以妖術作拏於京中, 潛入人家, 見美婦[423]人, 則化作本夫像以亂之, 人不勝其憤. 世平聞甚痛憎, 禹治知之, 每隱避不見, 常謂人曰: "吾不過幻術, 彼則眞仙云." 一日, 禹治謂其妻曰: "今日有當來殺我者, 我變化而避之, 若有來問我者, 輒云出去, 切勿違誤也!" 卽覆[424]一空甕於庭際, 搖身一變, 便作小蟲, 入伏於[425]甕底. 日晚, 何許女子到門, 姿容絶色, 問: "田進士在否?" 家人答以適出未還, 則女人笑曰: "田進士與我有情矣. 吾赴約而來[426], 幸卽傳告也." 田妻自內窺之, 聞此大怒, 曰: "此漢果有外妾, 而不使我知之, 日間之言, 亦詒我!" 卽以杵擊甕破散之, 甕底小蟲見焉. 女人卽化爲大蜂, 亂螫之, 其小蟲, 便出禹治本象而死, 蜂卽飛空而去. 世平又嘗在家, 一日, 忽然痛哭, 渾舍驚問其故, 答云: "吾妹在於湖南某邑, 今卽棄捐, 是以, 痛[427]哭之." 仍命家人, 速辨初終諸具, 曰: "鄕家窮喪, 吾不備送, 則無以襲斂也." 旣辦具修書, 謂曰: "大門外有着弊陽子者, 卽令招入." 入則果一崑崙奴也. 拜伏於庭, 尹公[428]分付曰: "吾妹某家喪出湖南某邑, 吾欲寄書, 汝卽傳

---

420) 一世之人: 나본에는 '他人'으로 되어 있음.
421) 莫不歎服其設計之妙奇焉: 나본에는 '聞之者, 皆稱其設奇焉'으로 되어 있음.
422) 傳: 저본에는 '平'으로 나와 있으나 가, 나본을 따름.
423) 婦: 저본에는 빠져 있으나 가, 나본에 의거하여 보충함.
424) 覆: 저본에는 '伏'으로 나와 있으나 가, 나본을 따름.
425) 於: 저본에는 빠져 있으나 나본에 의거하여 보충함.
426) 而來: 저본에는 빠져 있으나 나본에 의거하여 보충함.
427) 痛: 저본에는 빠져 있으나 가본에 의거하여 보충함.

致, 今日夕, 必受答書[429]回報. 事甚緊急, 若過時, 則當重罪矣." 厥漢答曰: "何敢少緩? 當如所命!" 乃受書抱封, 纔出門外, 因忽不見. 日未暮, 其漢果復到門, 呈答書, 云[430]: "喪果出於是日某時, 需用俱乏, 無以治喪, 書及此時, 俱送斂具, 有若目睹, 可謂如神云." 其漢旣呈答書, 謝[431]出門外, 又忽不見. 蓋其喪家去京師[432], 十餘日程, 而亭午修書, 未暮而回, 其間不過數時云.

### 5. 妄入內苑陞顯官【此乃丘學士從直之事, 而以禹爲錄, 必是傳者之誤】

成宗朝, 嶺南人[433]禹, 忘其名, 以明經登第, 分館僅參成均館學諭. 例陞典籍出六, 而鄕曲寒蹤, 世無知者, 雖累年居洛, 終不得遷轉, 旅寓多艱, 將辭世永歸鄕. 而獨有承旨一人, 素所相知者, 乃往見告別, 且言, "吾從宦多年, 猶未見政院, 當令公入直之日, 可得一見乎?" 承旨曰: "晝則同僚齊會, 諸官紛集, 不可無端入來, 吾當於明日直宿, 君若乘夕而入, 則可從容周覽. 無省記而留宿禁省, 雖曰犯法, 一宿何害?" 仍命一使令, 以明日[434]夕, 引率入院. 禹依其言入院, 則承旨有故, 適不入直, 而闕門已閉, 不得還出, 彷徨罔措. 承旨所帶該房書吏, 見而憫然, 爲[435]之周旋, 止宿於院中一隅空處. 入夜月明, 官吏皆睡, 禹不得着睡,[436] 起而徘徊, 周覽庭宇.

---

428) 公: 저본에는 빠져 있으나 가, 나본에 의거하여 보충함.
429) 答書: 저본에는 빠져 있으나 가, 나본에 의거하여 보충함.
430) 云: 저본에는 빠져 있으나 『천예록』에 의거하여 보충함.
431) 謝: 저본에는 빠져 있으나 나본에 의거하여 보충함. 가본에는 '辭'로 되어 있음.
432) 師: 저본에는 빠져 있으나 가, 나본에 의거하여 보충함.
433) 人: 저본에는 빠져 있으나 가, 나본에 의거하여 보충함.
434) 日: 저본에는 빠져 있으나 나본에 의거하여 보충함.
435) 爲: 저본에는 '使'로 나와 있으나 가, 나본에 의거함.
436) 禹不得着睡: 저본에는 빠져 있으나 『천예록』에 의거하여 보충함.

時經霖雨, 有宮墻頹圮處, 未及修築, 此乃景福宮也. 禹不知墻內是禁中, 步踰壞垣, 轉向[437]深處, 苑林茂盛, 景致絶勝. 禹乃心語曰: "此是誰家之後院[438], 若此則可知其樓觀之宏壯華麗也." 俄見, 一人戴紗巾, 曳杖藜, 一少年陪後, 閑步而來. 蓋上偶然乘月, 獨率一宦侍, 逍遙於後苑, 與禹相値, 而禹全然不知上之下臨也. 上見禹, 問曰: "君是何人, 來入于此?" 禹對曰: "吾乃某官某也." 仍陳與承旨某相約入來之事, 値某不入直, 又門已閉, 進退無路, 寄宿其隅. 月明無寐, 出步院外, 見有壞墻, 偶然踰來此, 果誰家耶? 上曰: "吾乃此家主人也." 卽相與對坐于一盤石之上, 從容談話, 上問[439]知其明經及第, 仍問: "官位何卑也?" 禹對曰: "遠鄕窮儒, 家世衰替, 入洛從宦, 不曾趨謁權門, 宰相名士, 無一知者, 人誰薦拔? 所以坎坷者, 此也. 今將謝世歸鄕, 以爲終老之計耳." 上又問曰: "旣以明經爲業, 則能解『周易』否?" 禹對曰: "雖不能[440]明其深奧, 大義則粗知之耳." 上命侍者, 取『周易』以來, 蓋上時好讀經也. 於月下開卷, 拈出下問曾所疑晦處, 則逐段辨釋, 洞然甚明. 上大悅而奇之, 相與講論, 夜深始罷. 上曰: "君有如此才識, 而棄不收用, 豈非可惜[441]?" 爲之嗟歎不已, 禹曰: "自此家出去還寓, 則亦可幸也." 上曰: "夜已[442]過半, 巡禁且畏, 可還政院, 待曙出去, 宜當矣." 禹從上敎告辭, 復從壞垣而歸院, 趂門開而出寓所[443]矣. 其翌日, 以特旨除禹弘文修館修撰, 臺啓峻[444]發論其猥越, 不合淸顯,

---

437) 向: 나본에는 '入'으로 되어 있음.
438) 後院: 가본에는 '後園'으로 되어 있음.
439) 問: 저본에는 빠져 있으나 가, 나본에 의거하여 보충함.
440) 能: 저본에는 빠져 있으나 가, 나본에 의거하여 보충함.
441) 可惜: 나본에는 '執事者之過歟'로 되어 있음.
442) 已: 저본에는 빠져 있으나 가, 나본에 의거하여 보충함.
443) 所: 저본에는 빠져 있으나 나본에 의거하여 보충함.

請遞改, 卽賜允從. 翌日, 復特旨[445]除校理, 臺啓又駁之, 亦卽允, 翌日, 復特旨[446]除應敎, 又啓發, 卽允如前. 又其翌日, 特旨[447]除副提學, 臺諫相議言, "果[448]未知上意之所在, 若此不已, 將至於大提學大冢宰, 而亦不足, 姑且勿論而待之." 遂停啓. 後日筵席, 大臣諸宰, 玉堂兩司同爲入侍時, 臺臣奏言, "禹某之門地人品, 不合淸顯, 而特除玉堂, 累加超擢, 物議皆駭, 臺啓大發有請, 輒允, 而又每陞除, 竊未知聖明有何所取於斯人, 而至於是耶?" 上不答, 顧命左右, 取『周易』以來, 御手親自開卷, 拈出疑晦處, 使諸臣開釋以告, 自大臣至臺侍, 無一人能解者, 逐段下問四五處, 皆然. 上曰: "余方喜讀之, 此乃聖經中第一難解處也[449], 能明其義者, 非等閒才識也. 卿等諸人, 全昧朦然, 而禹能知之, 豈不可嘉? 此人經術, 正合玉堂, 有何不可? 予將益加擢用, 勿復彈論, 可也." 諸臣皆悚聽, 不敢抗言而退. 禹遂長在玉堂, 入侍經筵, 常講『周易』. 其後, 累加恩澤, 如銀臺長・國子長・兩司長官・兩亞銓淸顯之職, 無不踐歷, 至陞八座之列焉[450].

## 6. 見夢士人除妖賊

有一士人, 渡漢江, 於船頭[451]忽然假寐, 夢見一人, 蠶眉鳳眼, 面如重棗, 身長八尺, 綠袍長袖, 威風凜凜. 橫大劍, 騎赤兔馬來, 謂

---

444) 峻: 저본에는 '俊'으로 나와 있으나 나본을 따름.
445) 旨: 저본에는 빠져 있으나 나본에 의거하여 보충함.
446) 旨: 저본에는 빠져 있으나 나본에 의거하여 보충함.
447) 旨: 저본에는 빠져 있으나 나본에 의거하여 보충함.
448) 果: 저본에는 빠져 있으나 나본에 의거하여 보충함.
449) 難解處也: 저본에는 빠져 있으나 나본에 의거하여 보충함.
450) 焉: 저본에는 빠져 있으나 가, 나본에 의거하여 보충함.
451) 船頭: 가, 나본에는 '船上'으로 되어 있음.

士人曰:"我卽漢壽亭侯關雲長也, 有緊急事, 來見汝也[452]." 仍使士人平開手掌, 以墨筆着花押, 謂曰:"汝渡江, 勿入京, 少留津頭, 則當有細繩三丁裹籠七駄, 渡江向京者, 汝招集其人, 示以手掌之押. 其人當有所自處然後, 汝留積其籠, 愼勿開見, 卽告于朝家, 趨速焚之. 此乃大事, 無少[453]違誤也." 士人蘧然夢覺, 驚汗沾背, 視其手掌, 則[454]花押完然, 墨痕淋漓未乾. 故一依夢中所敎, 佇待津頭. 少頃, 果有三丁裹籠七駄, 自南北渡, 而一衣冠客, 隨其後, 旣渡, 士人呼謂驅馬人曰:"有所可言, 請暫聚一處." 其人等亦相驚訝而來聚, 士人卽展手掌視之, 曰:"此是何物? 請共視之." 花押纔觸目, 其衣冠客, 先以左手脫其冠, 急走投江, 其從者八九人, 亦相繼急急投江, 一瞬並死. 士人呼謂津丁曰:"此籠中之物, 乃禍祟也. 吾將入告朝廷處之, 汝等固守以待, 切勿開見." 卽馳入城, 告于兵曹, 卽送一郎監, 載而至, 從士人言, 積柴焚之. 火熾籠析, 皆是木偶兵馬寸許者, 撑滿十四籠矣. 士人兵郎及見者, 莫不心寒而舌吐. 良久, 盡爲灰燼, 始知妖術之士, 將以妙術, 欲爲作挐于都城, 載木偶兵馬. 時朝廷初建東西關王廟, 而虔誠享祀, 故關王神靈, 爲邦家[455]陰祐也.

### 7. 送使宰臣定廟基

宣廟壬辰倭亂, 天朝大發兵東來, 討平[456]之. 天將告于宣廟, 以爲討賊勝捷, 多賴關王神助之力, 竟成大功, 東國不可無追報之

---

452) 也: 저본에는 빠져 있으나 가, 나본에 의거하여 보충함.
453) 少: 저본에는 '所'로 나와 있으나 가, 나본을 따름.
454) 則: 저본에는 빠져 있으나 나, 나본에 의거하여 보충함.
455) 家: 저본에는 빠져 있으나 가, 나본에 의거하여 보충함.
456) 平: 저본에는 빠져 있으나 나본에 의거하여 보충함.

典, 請立廟祀之. 宣廟感應之, 漢陽城外, 遂建東南二廟, 以祀焉. 當其建廟也, 南廟未能定基, 或遠或近, 群議不一, 莫能定基. 時李相公恒福, 方主廟議, 一日在家, 有一武士, 到門請見, 邀入, 則儀形壯偉, 有異常人, 請屛左右, 對語從容而辭[457]去. 相公之[458]一親客, 適在座, 屛避於外, 武士去後復入, 則相公頗有嗟異之色. 客訝問之, 相公良久不語, 乃曰: "誠有一異事! 俄者來見武士, 卽關王使者也. 以城南廟基未定, 親送幕下一壯士于我, 指敎一處, 使之牢定, 故余答以'敬奉盛敎, 不勝悚感, 謹當奉行, 何敢有改?' 使者曰: '此非一時暫祀, 乃歷代奉祀之廟, 安靈失地, 則神意不安, 故親敎如是.' 再三申囑而去, 豈不異哉?" 客聞之, 亦驚[459], 仍復戒客, 切勿傳說. 相公遂力主之一依神敎之地, 建立廟宇, 卽今南[460]關王廟, 是也.

### 8. 士人湖南逢死師

京城有一士人, 往來受學於湖南人矣. 別纔數月, 復負笈而往, 行到逆旅, 其師忽來, 士人[461]迎拜, 上坐其師, 歡若平生. 書贈一詩, 曰: '無人洞裡無人跡, 板屋堅封擁厚衾. 咫尺家鄕千里遠, 滿山明月送淸陰.' 仍[462]飄然而去. 時當白晝, 士人訝其詩意異常, 促駕而行, 至其家, 則師死已瘞矣.

---

457) 辭: 저본에는 빠져 있으나 가, 나본에 의거하여 보충함.
458) 之: 저본에는 빠져 있으나 나본에 의거하여 보충함.
459) 亦驚: 나본에는 '亦甚驚悚'으로 되어 있음.
460) 南: 저본에는 빠져 있으나 나본에 의거하여 보충함.
461) 士人: 저본에는 빠져 있으나 『천예록』에 의거하여 보충함.
462) 仍: 저본에는 빠져 있으나 가, 나본에 의거하여 보충함.

# 양은천미
## 揚隱闡微

**저본 및 이본 현황**

저본: 단국대본

# 第一回

【以前缺落】在內房, 姑在越房. 婦往姑房, 琅琅讀古談冊, 夜將半, 姑曰: "往宿, 可也." 婦還內房, 良久俟姑睡熟, 潛呼其婢, 燃燭出門, 見有人馬, 驚問曰: "此何人也?" 婢曰: "鄉外舉子, 日暮投宿, 天明卽去云矣." 婦曰: "雖非寒節, 虛廳何以經夜; 雖非店舍, 夕飯何不供饋乎?" 言畢, 出門而去. 生自思曰: "若失此時, 則不可入內." 遂乃潛跡入內房, 房中有一器藥水, 色惡臭毒, 生卽向外棄擲, 隱身帳中. 俄而婦還, 及入中門, 命其婢往宿渠房, 執燭關門, 及其開戶, 細察房中動靜, 欲入不入. 生急出執手, 那婦正容而入, 曰: "君是何人, 敢入吾房? 吾言一發, 君罪萬死, 所置藥器, 棄之何處?" 生曰: "非薄倖男子, 我是文學儒士, 竊玉偷香, 非我本情; 折桂探花, 是我素志. 屢擧不中, 問諸卜者, 卜者指示如此." 因道其顚末, 曰: "卜者所謂死日, 卽今日也. 士之於科第, 猶當水火不避; 人之於死生, 豈非木石可感乎? 所寘藥器, 疑非吉物, 故棄之, 惟君死生之." 婦默思良久, 曰: "我之本家夫家, 俱是知名之家, 我年十五, 郞年十三, 婚便卽歿, 郞是舅姑最愛之第三子也. 爲念靑孀情景, 析産于此, 更憫獨居, 姑則舍長就幼, 舅則晝來夜往, 如是五年, 着心治産. 昨夜夢中, 靑龍纏身, 自顧孀居, 無處應驗, 恐有意外之變, 欲以自盡, 往見親母而歸, 果有此事. 命與數, 儘不可逃也, 君旣活我, 我豈違君? 但君一去, 不我再顧, 則惟我一身, 由君再誤, 奈何?" 生曰: "今我之死, 賴君而生, 此情此恩, 俾也可忘? 海枯石爛, 此心不渝." 遂與之共寢. 及曉攪生, 與以白金數斤, 曰: "今科, 必得嵬捷. 放榜後, 率二馬一轎, 來見我舅, 稱以與我爲切戚, 要以見我, 我有以處之." 生急起出外, 牽馬而往. 及其赴試, 果登魁第. 放榜三日, 得率轎馬, 往見其舅, 曰: "君之第三子婦親家,非某家乎?" 舅曰: "然矣." 生曰: "吾與君之子婦, 有四寸戚誼, 吾今登第, 欲與一面." 舅入語其子婦, 婦曰: "少俟當見, 第出接待." 俄而, 使其婢請其舅, 以凝粧盛飾, 拜辭其舅姑, 因道昔夜之事, 曰: "身旣玷汚, 辱及家門, 今當辭去. 而夫家一物, 不敢妄取, 本家物及轎前婢, 留亦無用, 是以持去." 舅姑自念, 亦無奈何, 只是垂淚送別. 婦因卽治裝, 與李生發往鄕第, 曉行夜宿, 李生有憂愁色, 婦曰: "書生登第, 男子畜妾, 俱是喜事, 見有憂色, 何也?" 生曰: "家有賢妻, 學資科費, 妻皆辦出, 日望吾登第. 及其登第, 率妾而往, 妻雖賢淑, 不知吾輩情事, 或有不滿底意, 則豈不可悶?" 婦曰: "榮到日子稍遠, 妾當先行, 自有解決之道." 翌曉, 遂率婢先發, 晝夜兼程, 不日得達. 召一老僕, 借一藁席, 入內立庭, 曰: "妾是進賜【男子初仕, 稱呼曰進賜】新得之妾也. 進賜非遊蜂戱蝶, 賤妾非路柳墻花, 死生之際, 至有此境. 人皆有一天, 妾則有二天, 夫人天也, 夫人不見容, 則妾何以生爲? 惟夫人所命, 死生以之." 時榮到在邇, 宗族婦女, 滿堂觀光, 見其顏色娟姸, 擧止端詳, 語言的當, 無不嘖嘖稱歎. 一邊勸諭夫人, 一邊迎入新娘, 相見禮畢, 辦治榮到宴需, 俱非耳目所逮. 自後, 夫婦妻妾, 相得甚歡. 淳昌紅醬, 古稱絶品, 那婦學得其方, 比本方尤佳. 遂謂其夫李注書曰【登第放榜, 初付注書】: "本圖科第, 爲其仕宦, 居在遐鄕, 何以求仕? 請賣家産, 挈家僑京." 注書依言, 盡斥家庄, 入京, 購屋于紅峴洪相國家門前. 婦使注書, 不爲出入, 晝夜讀書, 隣比號曰'讀書家'. 頃之, 洪相國夫人之侍婢適來, 婦乃饋之飯, 而與之紅醬, 婢嘗而不食, 曰: "將以獻于吾家夫人矣." 婦勸以盡喫, 別以小許與之, 婢歸獻夫人, 曰: "此是讀書家紅醬, 而非但醬味絶佳, 其少室, 似是蘂珠宮仙女也." 那夫人不以爲異, 及嘗醬味, 大驚不食, 曰: "此是希有之物, 留以供大監・令監."【大監,相國也;令監,其子承旨也】大監・令監,嘗而甘之,非是則不能進飯,每遇告乏,輒以小許與之,如是數月,通信不絶.一日,婦忽辦治飲食,務極精潔,注書曰:"何故辦此?"答曰:"今夜,洪承旨必來矣."注書未知信然.洪於夜深人靜,步月自思曰:"李注書之杜門讀書,必非等閑人物,此人不可屈致,吾當往見."只率一僮,乘月訪之,李乃撤書對話.洪見其儀表軒昂,文學贍富,一見如舊,委之以文字之役.李未嘗入其門,而孟嘗之親,無出其右.洪旣位高勢重,李亦滾到宰列,時完伯【全羅監司】適闕,婦勸使圖之,李如言往懇,洪戲曰:"他官可做,完伯不可."李正色曰:"朝廷用人,豈以門地爲哉?"洪自知失言,力圖爲之,李乃撤家赴任,置庄故里.在任三年,婦只使饋遺于洪,不使修書于洪,値洪之生日,賓客滿堂之際,使投絶交書,非但洪怒,滿座失驚.及洪之敗,李獨超然免禍.有詩爲証,'古來賢婦亦無幾,今日李家有兩稀.淑妻慧妾誇才智,致令丈夫興業歸.'

### 第二回 金英娘用智嫁貴門

朝鮮成宗時,有一宰相,爲平安監司,率眷赴任.其子年方十五六,姑未成娶,生得丰姿,性本好學,錦繡江山,未嘗出門;粉黛世界,未嘗動心.一日,春和景明,風光可愛,率一知印,步出外城,沿江遊覽.忽見浣紗處女,年可十七八,美態佳容,果非塵胎凡骨.一見鍾情,半日注目,處女則視若不見,俟其浣畢,躡後而往,處女一入,遂不復出.遂使知印叩門,小傾,有一漢,蓬頭突鬢,自內而出,曰:"道令【總角未娶者,曰道令】誰也?"知印曰:"使道子弟也【稱監司,曰使道】."那漢伏地拜跪,曰:"使道子弟,何以行次乎?小人卽坦漢金某也,惶悚無地."道令曰:"適纔浣紗入內之處女,誰也?"

坦漢曰: "此是小人女息, 賤名英娘也. 此女稟性異常, 年已及笄, 而初不欲出嫁, 生雖至賤, 而亦不欲出門. 今日, 浣紗爲托, 堅執出去, 至煩尊眼, 有何觸犯乎?" 道令曰: "吾見汝女, 不勝愛戀, 欲娶爲妾, 汝意何如?" 坦漢曰: "何出如此處分乎? 但此女執性太固, 當入議出稟." 乃走入于內, 父女相議之言, 歷歷可聽, 父曰: "使道子弟, 納汝爲妾, 豈不榮感乎?" 女曰: "生則雖賤, 志則不賤, 嘗聞'奔則爲妾', 未嘗淫奔, 何以妾爲?" 坦漢出, 曰: "雖是女息, 性頗乖常, 無可如何, 罪該萬死, 伏願息怒." 道令始雖生怒, 終難捨懷, 沉思良久, 曰: "第與一見何如?" 坦漢遂同道令入內, 與之相見. 及見, 尤不可定情, 道令曰: "汝爲吾妾, 不亦榮乎?" 女曰: "大凡人生門地, 有如風花溷茵, 一番風動, 溷者爲茵, 茵者爲溷. 人之貴賤, 何嘗之有? 夫婦人倫之始, 才德爲先, 門地爲後, 才德門地, 不可兩全, 則宜以才德爲論, 不宜以門地爲較. 請熟思之." 道令曰: "不告而娶, 何以備禮?" 女曰: "一張婚書, 足矣." 其夜, 遂以潛婚, 婚旣成, 郎甚憂, 曰: "此將奈何?" 女曰: "不必爲憂, 不必再來, 第往俟之, 必有道矣." 其翌夜, 夜闌人靜, 監司大夫人及夫人, 正在內衙, 姑未就睡. 有一嬋妍美人, 自外而入, 曰: "本在近鄉, 偶到親戚家, 爲觀營門威儀, 敢來拜謁." 兩夫人一見其姿色擧止, 便有不捨之心, 曰: "旣是客地, 則不必出去, 幾日留連, 如何?" 女初不固辭, 從容就坐, 語言有識, 動作合度. 其翌朝, 監司父子入內, 亦不避身, 天然行動, 監司驚問曰: "此是何人乎?" 夫人曰: "不知何人, 偶然入來, 吾甚愛之, 使之留宿, 而非但容貌極佳, 抑又凡節出衆, 必是禮法家婦女." 監司曰: "兒欲結父女之義, 若何?" 大夫人大喜, 以禮相見. 自是, 飮食衣服之節, 一以委之, 凡百事爲, 無不稱意. 一日, 監司衙退入內, 有思慮色, 大夫人曰: "有何所思?" 對曰: "今日公事甚怪! 鄕族兩家, 結婚已久, 處女賴婚, 至有呈狀, 捉囚處女之父. 今日, 處女來納雄雞而去, 決處甚難, 是以爲憂." 女乃斂容而前, 曰: "邀來新郞, 使知印輩, 驗其下體, 則自有決處之道矣." 監司出如其言, 郞果無腎, 放出處女之父, 入問義女曰: "汝何以知之?" 對曰: "甞聞雞者無腎, 此處女異人也, 知郞如是, 而不敢明言, 故如此. 聞本官【本官, 平壤庶尹】有子云, 何不勸使成婚乎?" 本官聞之, 不拘門地, 遂以成婚, 那處女果是絶奇. 監司後悔, 曰: "何不令吾子成娶?" 對曰: "子弟良配, 豈無其人乎?" 頃之, 監司有故舊宋生者, 江界【郡名】推奴之行【奴僕逃居, 故曰推奴】, 歷入監營, 饋以內饌, 多日留連而去, 約曰: "回路更入!" 及到江界, 奴皆富饒多族, 其中狡黠者, 相與謀曰: "殊方藏跡, 奴名綻露, 一則羞恥; 每年推贖, 夌[1]求無已, 二則難繼, 不如早圖滅口之爲愈." 遂乃幽之暗室, 使之自盡, 宋生曰: "吾與監司有舊, 來時入見, 約以去路更見. 汝若殺吾, 必有後患." 黠奴又謀曰: "然則今不可便殺, 第以推贖直去之意, 脅使修書, 一以探其親疎, 一以除其後慮然後, 害之可也." 遂使能文者數人, 來坐面前, 以特受厚待, 又捧重贖, 方欲領率直行, 不得歷拜, 卽速賜答之意, 脅之修書. 宋生無可奈何, 只是依言書之. 書成, 奴以急足發送, 監司得書, 始則甚喜, 終則滋疑, 入內而言曰: "宋生之推贖甚厚, 可喜, 回路直行, 可疑." 女曰: "宋生之書, 願得一見." 監司以原書與之, 女接書一見, 幷無破綻, 飜來覆去, 轉生疑訝. 及見年月日下, 書曰'宋欽拜', 女曰: "宋生之名欽字乎?" 曰: "非也." 女曰: "答書修送否?" 曰: "姑未修送." 女曰: "答書若去, 則宋生必死." 監司驚問曰: "何謂也?" 女曰: "昔宋欽宗, 被囚

---
[1] 夌: 저본에는 '秦'으로 나와 있으나 의미상 바로잡음.

于金, 今宋生亦被囚, 而修書之際, 不得顯言, 只以隱語, 冀其相救." 監司如醉方醒, 似夢初覺, 急發營校, 押來首謀者幾人, 按法照律, 宋生則無恙率還. 監司尤加歎服, 曰: "彼何人斯生女如此乎?" 監司之子, 則縱然與其女同居一室, 不得顯然成就, 遂以隱憂成病, 食飮全廢, 形容憔悴. 大夫人晝夜救護, 勸以藥餌, 則却而不服, 曰: "此病非藥可治, 有死而已." 大夫人不勝憂懼, 百方誘之曰: "汝之病根, 汝必知之, 汝第言之, 吾爲汝解之." 對曰: "彼美之人, 卽孫之婦, 不告而娶, 罪合萬死, 是以成病." 大夫人曰: "門地何如?" 曰: "至賤." 曰: "鄕族乎?" 曰: "非也." 曰: "常賤乎?" 曰: "非也." 曰: "官屬乎, 妓族乎, 巫家乎?" 曰: "俱非也." 曰: "然則何人也?" 對曰: "坦漢也." 大夫人曰: "雖甚難處, 爲人凡節, 逈出尋常, 汝父亦愛重之, 必不以門地爲拘, 雖欲爲拘, 惟我在, 曷敢違志? 勿以爲憂, 惟病是療." 大夫人及夫人, 知其爲孫婦子婦, 而親愛之, 倍於平日. 一日, 監司入內, 憂形于色, 密問義女曰: "密符見失, 爲之奈何?" 女曰: "聞與中軍甚不相得云, 果否?" 曰: "然. 吾亦疑中軍所爲, 而將以何術覓出乎?" 女曰: "今夜月色正好, 請邀本官及中軍, 設宴于練[2]光亭. 解帶暢飮之際, 必有客舍火警, 急以密兵符所佩之帶, 任與中軍然後, 出次客舍, 則火必撲滅. 還營後, 徐以軍禮命納, 則自覓矣." 監司大喜, 依其言, 行之軍禮來納之席, 監司曰: "任時, 則事出倉卒, 無暇考驗; 受時, 則事係愼重, 不得不察." 乃察之, 密兵符宛然自在, 喜之不勝, 入內而言曰: "若得如此子婦, 則志願足矣." 大夫人乘時而笑, 曰: "已爲汝子婦, 汝復何歎?" 監司驚問, 大夫人具道其事, 監司大喜, 曰: "有婦如此, 何論門地?" 擇

---

[2] 練: 저본에는 '鍊'으로 나와 있으나 의미상 바로잡음.

日設宴, 始以新婦禮見之, 治疏具奏, 批以坦漢免賤授爵. 此後, 奇計妙算, 不可盡述. 有詩爲証, '奇質異才豈獨男, 天生女子一般參. 試看英娘妙歲事, 身貴家隆成美談.'

### 第三回 高希世因婦獲報

朝鮮肅宗時, 有一鄕弁, 姓高, 名希世. 嘗在京求仕, 不得志, 忽一日, 接得家信有妻病, 不得已還鄕. 於路猝遇暴雨, 去店尚遠, 人馬僕從, 無處躱避. 忽見路傍, 有數家村落, 中有稍大農家, 冒雨而入, 暫欲避雨, 雨越注下, 日又昏黑, 不得已寄宿外舍. 外舍與內舍, 不甚相遠, 內舍動靜, 無不悉知. 外無男丁, 而只有十許歲童子, 內有姑婦, 而婦少貌美. 問于童子曰: "汝之父母兄弟俱存乎?" 對曰: "只有母親孀嫂矣." 夕飯夜靜後, 覘察內間, 則姑在內房, 而與其子就睡, 婦在他房, 而燈影射窓, 色膽天大, 按住不得. 遂乃潛踪闖入, 婦方針刺, 不慌不忙, 低聲問曰: "何爲而入來?" 答曰: "不勝愛戀, 冒死入來." 婦曰: "姑今尙未睡熟, 何敢在此苟且乎? 第出俟之, 吾當出去." 高弁大喜, 依言出外, 黑洞洞臥房, 靜悄悄待人. 少頃, 有人自內潛出, 苦待之餘, 不要多言, 與之同寢, 魚水之樂, 可知也. 及曉視之, 不是主婦, 乃是處女, 年過二十, 貌又醜陋. 大驚問曰: "汝是誰也?" 對曰: "妾早失父母, 寄身親戚家, 家與主家比隣, 吾與主婦, 結爲兄弟也. 以吾貌醜, 無人願娶, 凡常之人, 吾亦不願爲嫁, 是以過年. 昨夜, 主婦勸諭出送, 遂成此事. 事既到此, 君雖棄我, 我必從君, 君熟思之." 高弁聞言, 愧恨良久, 曰: "吾以鄕曲武弁, 旅遊在京, 汝雖從我, 我難庇汝." 傾出行橐, 以錢幾十兩出給, 曰: "以爲粧奩之具, 更擇出嫁, 可也. 今夜之事, 有誰知之乎?" 處女曰: "君言如是, 不敢拒命, 而第君姓甚名誰, 居在何處?"答曰: "今日相別, 後會未易, 姓名居住, 又何必問乎?" 處女但笑而已, 不復再問. 朝食後, 天晴發行, 在路追思見欺, 恨恨不已. 高弁本來富饒, 求仕在京數十年, 蕩盡家産, 衣如懸鶉, 形似病鶴, 欲爲還鄉, 無面江東; 欲爲留京, 有跡墦間. 身世則失棲之禽, 事勢則觸藩之羊, 政在憂歎, 無所投止. 忽聞南門外有一寡婦, 設一旅邸, 凡係鄉弁求仕在京者, 雖曰無資, 必以善供云. 思不獲已, 忍恥投托, 數日留宿. 忽一日, 少婢出, 曰: "宅上媽媽, 暫爲請邀矣." 高弁不勝訝惑, 躡後入內, 則見一婦人出迎, 年可四十, 雖無姿態, 頗有德容. 延之上座, 斂衽而前, 曰: "君不知妾乎? 某年某月某日某村舍, 避雨寄宿之際, 與君有一夜之緣, 君或記得否?" 高弁恍然大悟, 曰: "如何不記? 但君何以致此?" 對曰: "君以妾貌陋棄去, 已知有今日相逢, 不必以口舌爭, 以君所遺之物, 數十年取殖, 家頗饒足, 而欲爲逢君, 設此旅邸. 今幸逢君, 君以妾醜, 或不爲嫌乎?" 高弁曰: "當初之以貌棄人, 我實薄德, 到今君富我貧, 君寧棄我, 我豈敢棄君?" 對曰: "本設旅邸, 爲其逢君, 今旣逢君, 旅邸何爲?" 遂乃撤邸謝客, 以美衣服好飮食, 供之. 居數日, 與以百錢, 曰: "鄉紳旅京, 不可無涉世; 丈夫出門, 不可無錢貨, 今日出遊, 用盡此錢而歸, 可矣." 高弁佩銅出門, 熟思良久, 曰: "昔我有錢時, 饋遺勢家, 則勢家善待; 交結朋輩, 則朋輩契密. 及我無錢, 勢家恝待, 朋輩疎遠, 人情冷暖, 推此可知. 一種物, 不必遺勢家; 一盃酒, 不必勸朋輩." 終日遍遊, 不用一文, 竟以百錢帶還, 妾曰: "錢何以不用?" 高弁曰: "一富一貧, 交情乃見, 昔我有錢, 空然花銷, 賴君致此, 豈復浪費?" 妾曰: "丈夫手中不可無錢, 或是結交, 或是賙窮, 豈無用錢處乎? 今日, 百錢盡用而還, 可也." 高弁又腰錢出門, 無甚緊用, 忽思, '北里某宰相, 待我甚厚, 而家勢淸貧, 何不以盃酒往勸乎?' 乃到其家, 則那宰相氷埃雪窓, 擁被而臥, 强起欣接, 曰:"久不見君, 深以爲怪." 高弁曰:"有何患候否?" 宰相曰:"不病之病也. 吾已三日不食, 內眷生死, 今未可知矣." 高弁急呼丫鬟, 與以百錢, 促使供飯. 飯罷, 宰相起謝, 曰:"君有何錢, 活我幾死之一門人口乎?" 相與笑談而還, 妾曰:"用錢乎?" 曰:"用之." 明日, 又以百錢與之, 日以爲常. 其妾則不問其用處, 而日復日出給; 高弁則更無他用處, 而日復日往遺. 如是歲餘, 宰相家內外上下, 皆以高弁爲大恩人焉. 一日, 高弁偶嬰寒疾, 日甚一日, 漸至危重, 病中譫語, 常曰: "某宰相家, 必皆餓死矣." 數朔後, 始得回棹, 不待蘇完, 急索百錢, 扶杖出門, 其妾笑而與錢, 曰:"今日百錢, 必無用處." 高弁一路直往那家, 則門前熱鬧, 大異平日. 入謁宰相, 則驚喜起, 問曰:"何久不來? 不知住所, 故不得往探, 甚愧也." 高弁曰:"數朔重病, 今始起頭, 仍持百錢而來矣, 不審其間何以經過乎?" 宰相曰:"家有季女, 今爲王妃, 以君之惠, 得有今日, 此生此恩, 何以盡報乎?" 府院君及府夫人【王妃親父曰府院君, 母曰府夫人】之賜賚, 自不必說, 王妃之賞賜, 不時甚厚. 于以筮仕, 于以不次擢用, 于以循資授爵, 十餘年間, 驟到閫任, 皆因其妾之前知贊助, 世以其妾爲異人. 有詩爲証. '男兒窮達自有時, 遇妾成家亦難期. 莫謂女流無識見, 勸夫貽惠總前知.'

## 第四回 李府使計全皇甫孤

關東江陵府, 有一宦, 覆姓皇甫, 名仁俊, 官至郡守. 年老家居, 積貨累萬金, 山水自娛[3]. 膝下有一子, 名曰繼善, 雖粗有才識, 至

---

3) 娛: 저본에는 '懊'로 나와 있으나 의미상 바로잡음.

於施與, 拔一毛不爲也. 郡守晚畜一妾, 年過七十, 復生一子, 名曰
繼述, 愛如寶玉, 須臾不離, 繼善惡其弟, 常有不滿之心矣. 修短有
命, 郡守偶嬰無何之疾, 漸至瀕死, 繼述之母, 抱子泣訴曰: "公若
不諱, 妾之母子, 何處將依乎?" 郡守愀然曰: "汝母子之情境, 吾籌
之熟矣." 因自篋中出示一軸, 曰: "此乃汝救命之寶也, 愼藏之, 待
繼述年至十五, 必有明官莅郡, 持此呈訴, 則可以得生矣." 母子泣
而受之. 未幾, 郡守歸天, 所謂繼善, 初不痛父之亡, 內外家産, 任
自主掌. 過葬之後, 視繼述母子, 如不緊之物, 衣之食之, 初不周
給, 甚至於迫逐外廊, 使不得居內. 繼述母子, 含憤茹痛, 勢無奈
何, 僅保殘喘. 歲月荏苒, 繼述之年, 已十五矣. 其母抱狀往府, 探
問吏, 則新任府使李氏, 屢典州郡, 政治明白, 仍呈冤訴, 兼納小
軸. 府使展視良久, 使之退待, 熟覽小軸, 則其中畫一老人, 鬚眉皓
白, 衣服整齊, 傍有一少婦, 抱穉子, 似有泣告之狀. 反覆思想, 莫
曉其意, 沉吟思渴, 命童進茶. 茶童失手沸茶濺軸, 大驚急起, 手自
向陽曝曬, 以手按摩之際, 更詳視之, 軸中隱隱有字樣. 心甚怪之,
掛于壁上, 照燭而觀之, 蠅頭細楷, 密密書之. 書曰: "皇甫仁俊, 再
拜告于明府之下. 僕有子二人, 長男雖年過三十, 不知友于之情,
視弟如路上人. 僕竊寒心者, 爲念孤兒寡婦, 有此煩聒, 幸望細垂
察焉. 家之後園, 有一小閣, 四壁專用塗壁, 只有小小門窓, 南北之
壁, 藏片銀幾百兩; 東西之壁, 藏碎金幾十兩矣. 銀則出給穉兒母
子, 以爲生活之契, 金則願爲明府獻誠焉." 府使覽畢, 默而思之,
用何方便, 解此一門之紛紜. 心生一計, 卽招皇甫繼善, 溫辭問之
曰: "汝爲人之兄, 不能愛育穉弟, 有此呈冤之境, 誠甚慨然. 然而
聽訟之法, 必審兩隻之形勢, 和冲安貼, 於理當然. 明朝, 吾當躬往
汝家, 兩造對卞." 繼善聽令而去. 翌朝, 府使一馬一僕, 卽往皇甫

之門,門前細柳,左右成列,清溪潺湲.駐馬移時,忽然作主人出迎之狀,急下馬傍立,舉袖揖讓,曰:"事體不然如是."再三黽勉徐行,若與人幷行之狀.及到門首,又復謙讓而入,至於大廳,繼善預設府使之座於中堂,拱手請陞.府使又作謙讓之狀,及陞堂,不坐正中,側坐一傍,如侍尊者之像.互相問答,惟命是聽,至於末句,極口防塞而已.乃招繼善,問之曰:"吾到汝家門前,有一老人,相貌如許,衣冠如許,笑面相迎,吾想以爲汝之父親顯聖敎我也.汝爲長子,家事當主,至於繼述,敢有相爭之理乎?然而彼之饑寒,亦不可不念.汝家後小閣,於汝無關,於彼得此,則可以生活.割給汝弟,其中所有物,雖一草一木,汝不干涉之意納侤,可也."繼善心思,曰:"雖半給家産,不可拒逆,至於小小屋子,豈敢抵賴乎?"卽地書納侤音記,府使率兩人,卽往後園小屋,巡視形便後,命繼述,使之撤毀南北壁.忽有如雪銀片,紛紛落來,收入篋中,可爲幾百兩.又毀東西壁,塗墍之中,裹入散碎黃金,洽爲幾十兩.繼善觀此,心膽摧裂,勢亦無奈,默默如泥塑人.繼述則百拜叩頭,收金銀而隨府使出來,以待處分.府使命之曰:"汝先親之只給小閣爲敎者,有此銀金故也.然而俄者命敎,金則雖曰送我,我豈受此?汝持此金銀,母子相依,經營産業,勿負汝親黃泉之托也."於是,府使歸衙.繼善亦感悟前非,兄弟相愛,謹守家業,至今其子孫綿仍云.有詩爲証,'兄弟如何無友情,致令老父訴心誠.若非明府周全計,皇甫子孫必顚傾.'

## 第五回 兪總管殺賊救冤女

兪總管應孚,六臣之一也.少時,携强弓勁弩,將赴武擧,行過山徑,忽有一獐,割徑而走.公怒欲逐捕,只在前面,幾捕未捕,愈怒不捨, 不知引入幾十里, 獐忽不見, 路又不知, 日已暮矣. 彷徨四望, 忽見山下有一瓦屋, 前往叩門, 則少婢應門, 曰: "宅上初無男丁, 無人接客." 公曰: "武擧科行, 偶然失路, 日暮到此, 不可回還. 忍飢而耐寒, 吾能之, 飯也不要, 炊也不要, 只要外舍暫借一宿." 少婢入內, 良久出, 開外舍, 汎掃床卓, 齊整茵褥, 延入坐定, 又以精飯美酒, 供之. 俄而, 忽見窓外, 燈影閃閃, 有一素服處女, 開門而入, 有閉月羞花之容, 沉魚落鴈之態, 年可十七八. 公急起避身, 曰: "男女有別, 此何閨節?" 處女曰: "父母之讐未報, 女子之禮難守, 是以來耳. 吾父性好閒寂, 又愛山水, 搆屋于此, 與世隔絶. 家本富饒, 又多奴僕, 奴僕中生出一箇力大凶漢, 父母兄弟, 俱被暗殺, 只有吾一身, 欲與渠成婚. 吾以服未闋推諉者, 三年之內, 冀或有報讐之人, 所以不死, 渠亦不敢强逼者, 畏吾之死, 拖到今日. 今服関在邇, 天幸逢君, 君其爲我圖之, 讐報而死, 死亦無恨." 因鳴咽流涕, 公曰: "凶漢幾時當來?" 處女曰: "每夜夜深, 輒從後門來, 覘動靜, 時交三更, 未久當來." 公曰: "凶漢若來, 必明炬火, 吾從暗裏射殺, 可矣." 遂乃張弓注矢, 等候于後門內曲墻邊. 俄而, 凶漢適來叩門, 處女與少婢, 明張火具, 有如白日. 公自思曰: '如此凶漢, 不宜暗殺.' 因大呼數罪, 曰: "吾乃義氣男子兪應孚也! 汝罪通于天, 天理不容. 吾今射汝, 汝若能禦我三箭, 三箭不中, 吾當死汝." 凶漢呵呵大笑, 曰: "三箭姑舍, 三百箭, 其如我何? 任汝射之." 公覰得親切射去一箭, 凶漢屹立不動, 接箭在手, 折爲兩段. 公又取一箭, 盡平生氣力, 瞥射之, 凶漢又接在手. 公曰: "吾汝生死, 在此一箭, 汝能更受否?" 凶漢曰: "任汝盡技, 吾何畏汝?" 公遂生急智, 拔鍬還揷, 使之易脫, 颼的射去. 凶漢如前接箭, 箭則在手, 鍬則穿胸, 往後倒頹, 頹如山崩. 凶漢已死, 處女剖腹出肝, 哭奠于其父母靈前, 邀公入來, 公牢却不入, 曰: "男女之禮, 不可亂也." 處女曰: "父母之讐, 由君得報, 女子之節, 由君得保, 願爲君箕箒妾, 長侍巾櫛, 畢生報恩." 公嚴辭却之, 曰: "逐獐到此, 爲人報讐, 莫非孝感所致, 我有何勞? 設有微勞, 若生此心, 天地難容, 不待天明, 從此辭去." 處女曰: "逆奴雖誅, 餘黨尙在, 君若一去, 吾仍一死. 讐已得報, 死復何恨? 但大恩未報, 薄命遽捐, 豈不可恨?" 因哽咽飮泣, 公曰: "人之相愛, 何必夫婦? 結爲兄妹, 兩全恩義, 何如?" 處女自知難强, 不得已許之. 公遂率義妹而還, 擇配出嫁. 及公之立節, 那義妹亦從以號泣自決, 卓哉! 有詩爲証, '一聞不義目雙張, 射殺人讐似殺羊. 報德兼全兄妹誼, 忠魂烈魄萬年香.'

### 第六回 一枝紅激夫立功名

朝鮮顯宗時代, 朝廷有箇宰相, 姓沈, 名喜壽, 一松其號也. 那人早孤氣豪, 不喜讀書, 只喜游蕩. 年纔成童, 初未有室, 晝夜營逐, 只是花柳場粉黛叢. 嘗有詩贈妓, 曰: '窓外瀟瀟細雨時, 兩人心事兩人知. 新情未洽天將曉, 更把羅衫問後期.' 其遊蕩如是. 一日, 國家有慶, 設進宴都監, 各道妓生, 聚集于京師, 習樂于掌樂院. 公聞而喜之, 顚倒往觀, 花簇錦裙隊隊叢中, 最是平壤妓一枝紅, 有傾國傾城之色, 如月如花之態, 歌姹嬌鶯, 舞賽戲蝶. 驀然見來, 神飄魂蕩, 眉舞肉飛, 半日注目, 只是望將穿而涎空嚥, 紅亦往往以秋波送情. 俄而, 紅托以如廁, 送目于公, 公會意, 隨往僻處, 紅曰: "道令似是士族子孫, 姓甚名誰, 家在何處? 妾當夜往, 往而待之." 公一聞此言, 喜不自勝, 如獲寶貝, 指示其家, 還家而待. 其夜, 紅來謁于其大夫人, 曰: "妾乃平壤妓一枝紅也. 今日習樂, 得遇令郞, 令郎非長貧賤而久遊蕩者, 妾欲爲終身之托, 是以來也." 因語公曰:"妾之才貌, 何如?"曰:"絶大無雙."紅曰:"以妾爲無雙, 則更無外道之心乎?"曰:"然矣."紅曰:"士族箕裘, 只在仕宦; 仕宦進就, 只在學問, 從今以後, 果能讀書否?"曰:"諾."紅曰:"未娶畜妾, 有違家道, 有乖操行, 成娶後相會, 可也."於是, 盡賣首飾佩物, 使之擇配成娶, 媳姑·嫡妾, 一心和樂, 勤儉治家, 家道漸興. 但公讀書始勤終怠, 三年之間, 前習不悛. 紅瞰公不在, 來辭大夫人及夫人曰:"妾本妓生, 自顧才貌, 不在人下. 班馬之文, 王謝之貴, 潘安之貌, 石崇之富, 惟意所擇, 何處無之? 而矢心靡他, 一見托身者, 從以有將來之望矣. 君子之行未改, 賤妾之心已灰, 今日出門, 不復嫁人, 不復還家, 或修道學仙, 或削髮爲尼, 俱未敢知. 若聞君子改行之說, 必有賤妾再會之日."因悽然泣下, 飄然拜辭, 兩夫人大驚, 挽之不留, 出門而去. 公還家, 聞紅去之說, 如狂如醉, 憫然自失, 卽日理裝, 往問平壤本家, 初不下來. 因以竹杖芒鞋, 遍踏江山, 僧舍道家, 無不搜探, 而並無踪跡. 一日, 暮春天氣好生困人, 行到沙洲, 藉草而坐, 節物風光觸目. 生感飜然改悔, 曰:"堂堂丈夫, 爲一女子所棄, 豈不愧恨? 紅之所望, 望吾讀書, 書則不讀, 只欲尋紅, 紅雖覓來, 來豈不去? 不如還家勤讀, 立身成名, 則或有再逢之日, 如紅之說乎!"決然捨歸, 改行勤讀, 遂成大儒矣. 且說, 紅於當日, 獨自出門, 無所投止, 行道通衢, 四顧踟躕. 適有一宰相, 委蛇退公, 紅隨燭而來, 立在內門. 宰相入內, 見其美人, 告其夫人, 夫人招入問之, 紅對曰:"自鄕初來, 欲訪親戚, 中路燭滅, 隨行老婆, 燃燭而去, 久而不來, 故隨燭而來矣." 那宰相年老, 初無子女, 見其儀容擧止, 非等閒人, 紅又不願去, 乃結爲父女, 視之如親女, 事之如親父. 衣服飮食, 惟意順適, 以至仕宦科擧等事, 隨問隨答. 一日, 宰相出自試所, 紅曰:"今日登第者, 誰也?"宰相曰:"沈喜壽也.此是故人之子,而兒時號以色鬼,慮或爲世所棄,聞爲平壤妓一枝紅所激,刻苦勤讀,今爲壯元,甚可幸也."紅斂袵起拜,曰:"兒是一枝紅也.欺罔大監【稱呼正二品以上,曰大監】,罪不可赦."因道其顚末,宰相甚奇之,撫其背,曰:"吾有以處之,汝其俟之."居數日,沈新恩【新榜擢第者,曰新恩】來謁宰相,宰相曰:"君是故人之子,有數世通家之誼.吾之老室人,欲見君儀容,君必勿辭."公乃具公服,入內見堂上,張燭肆筵,如醮禮席,公不勝駭惑.俄而,數三丫鬟,擁出一新婦,交拜成禮後,推入房中,公左忖右度,莫知所以.夜深人靜,紅始入房中,遽執公手,曰:"郎君不知一枝紅乎?"公歡然相逢,載輿俱歸,家人相慶.遂歡樂平生,公終爲一時名相.有詩爲証,'妾婦一生屬丈夫,丈夫未達漫嗟吁.妓家拋却風流事,苦勸丈夫功業圖.'

### 第七回 鳳凰臺會金剛春月

高麗恭讓王時,有一位官人,姓鄭,名達衆.官居副提學,年僅强仕,見朝象日非,辭職避居于金剛山下,臨海鑿沼,臨沼搆亭,名之曰'聚有亭'.有子二人,長曰德顯,次曰畢顯.副學杜門謝客,範家訓子,暇日以詩酒自娛.嘗送德顯,讀書于金剛山寺,德顯時年十五,丰姿超塵,文藝出類,不舍晝夜,孜孜勤讀.一日,夜靜空門,春月滿山,忽聞寺後笛聲飛來,心竊異之,信步上山,有一老人,松形鶴骨,芝眉羽衣.欣然而迎,曰:"固知汝之來也!人生在世,音律亦不可不知,汝試學此."德顯見其玉笛,鏤以'金剛春月'四字,那老人敎之數曲,曰:"明日此時,又來學習."如是數月,學已成矣.老人仍以玉笛與之,曰:"汝以此笛,不可斯須去身."言罷,飄然而去,遂不復會.不勝悵然,携笛而還,告于副學,副學亦異之.德顯外祖李尙書, 亦被譴, 退居于京畿江華府, 而年至回甲矣. 德顯陪其母往省, 及其生朝, 其子若孫, 欲爲設宴飾喜, 尙書不許, 曰: "吾方待罪省愆, 而汝若肆然設席, 則增吾之罪, 非汝之孝也." 子孫遵命, 只得畧設盃酌而供之. 諸孫與德顯, 要以志慶, 泛舟于海而樂之, 尙書聞之, 使人急招諸孫, 則不敢違越, 聞命卽還. 德顯則餘興未了, 開吹玉笛, 獨自泛舟, 聽其所之, 忽遇大風, 漂到一處, 卽是人跡不到之絶島也. 更有一舟, 同時來泊, 舟中一處女·一丫鬟出, 曰: "君是何人, 緣何到此?" 德顯告之故, 因問曰: "君是閨中處子, 又何到此?" 處女曰: "我本蘇刺史之女, 家在中國金陵城外, 門臨湖水, 與彼丫鬟, 乘舟遊戲, 忽被風吹, 與君相逢于此. 此亦天緣, 事已如此, 豈無生還之理耶?" 第與同舟, 任其所之, 又遇風利, 還泊江華. 其母與其外祖, 又驚又喜, 致書于副學, 副學甚奇, 不時率還, 涓日成禮. 蘇氏才德兼全, 孝順貞一, 副學爲念其遠父母兄弟, 使德顯夫妻, 同處于聚有亭. 下有大沼, 沼中有大鯉, 時時出遊, 蘇氏以可餌之物, 種種投之. 如是三年, 夜夢一美人來, 謂曰: "我卽南海龍女, 獲罪謫居于此, 今當解還. 明日午時, 必有雷雨, 愼勿驚恐, 感君恩愛之惠, 異日南海, 必當相報." 驚覺訝異. 翌日午時, 忽有雷雨, 果見一龍, 向南而去. 德顯以門蔭, 屢官爲南海守, 副學曰: "吾屢違朝旨, 心切惶恐, 汝不當更辭, 與汝妻同往, 苽熟而還, 可也." 德顯不得已赴任, 居官數年, 門淸如水. 秋來見月, 歸思倍切, 投紱賃船, 泛海而還, 吏民惜去, 攀轅臥轍. 及其登舟, 日已暮矣, 乘月放船, 漸到僻港. 忽有海賊, 挺刃登船, 德顯·蘇氏及丫鬟, 禍色燃眉, 懼不知所爲, 相與赴水. 蘇氏自分必死, 忽有物負戴出陸, 有一美人來前, 曰: "我是龍女, 感君之恩, 是以相救. 從此往數里, 便是望雲菴, 托跡于此, 十餘年, 必有好消息. 勿以暫時之厄,切莫捐生."因忽不見. 蘇氏自念,'夫死婢沒,獨生何爲?深夜海曲,無所投止,無寧一死.'將欲投水,忽聞有哭聲,自遠而近,及當前視之,乃丫鬟也.相與泣,告曰:"及其投海,有物負出,又一美人來言,'夫人只在前面,急往相會云.'故得生至此."相對涕泣,莫適所向.忽有一老尼來接,曰:"夢一美人來言,'蘇氏夫人方遭厄于海,急往相救,遲則有誤.'驚覺思之,此是觀音顯聖者也.今幸果遇夫人,此亦前定,夫人不須悲泣,偕往敝庵以待後日,甚好矣."蘇氏無奈,只得與老尼同去,留住菴中.過了幾日後,老尼曰:"托跡佛門,命婦服飾,礙人耳目,惟夫人裁之."蘇氏自念,'不知夫之存沒,有家難投,自知身之有娠,欲死難處.'思不獲已,與其丫鬟,削髮爲尼.居無何,娩期漸近,老尼曰:"空淨界,不可生產,山下有張大福者,雖是農家,家頗饒足,只有夫妻,又無子息.往彼生產,使彼養育,可也."蘇氏許之.及其解娩,乃生男子,蘇氏悲喜交切,愛如珍寶,取其父母之姓字,命名曰蘇鄭.蘇鄭一歲二歲,漸至解語,張大福夫妻,相與謀曰:"今若逃走,則蘇鄭必爲我子."遂暮夜逃走,不知去處.蘇氏日夜號泣,幾欲捐生,老尼與丫鬟,慰解度日,居然十餘年矣.蘇鄭天生穎悟,詩詞音律,無不通曉.大福夫妻,力稽勸課,年甫十五,奄成大儒.隣有李宗楚者,有一女貌美,及笄,見蘇鄭之才貌出衆,欲與結婚,携一玉笛而來,曰:"此是南海魚網中獲出者,而無人解吹,汝甚聰明,或能吹否?"蘇鄭試弄一曲,音韻清越,不學而能.遂以百金購之,愛之如姓名,暫不釋手.時有科令,蘇鄭俶裝赴試,試期差退.蘇鄭留京無聊,欲周覽勝地,自京師直入金剛,尋訪名勝,轉到聚有亭,拜鄭副學.副學見蘇鄭,儀形言辭,一如德顯,看看疑訝,不勝悲泣.蘇鄭亦倫氣所感,自然動心,對月憑欄,吹笛撥悶.纔弄數聲,副學放聲大哭,急出取笛,乘月諦視, 則'金剛春月'四字, 分明鐫在, 因垂泣而言曰: "此是金剛山靈之與吾子者, 十餘年前, 吾子爲南海守, 携此笛, 與其妻同赴任所. 及其解官歸來, 只聞乘船之報, 未聞出陸之信. 于今十五年, 生死存歿, 漠未聞知, 今見此笛, 不勝悲苦. 不知此笛何處得來也?" 蘇鄭對曰: "隣里居李宗楚者, 得於南海魚網中云, 而吾以百金換之矣." 副學與蘇鄭, 相對嗟異. 仍與就寢, 蘇鄭飜來覆去, 不能成寐, 似夢非夢, 有一老人來言曰: "吾乃金剛山仙靈也. 以此笛教汝父, 遺汝父者笛, 今歸汝. 汝今歸而不識天倫, 甚可歎也. 終以此笛, 必定天倫, 愼勿暫捨." 忽然驚覺, 言猶在耳. 蘇鄭心甚異之, 然亦不敢明言夢事於副學. 及曉, 秣馬告辭, 副學曰: "汝今此行, 必登科第, 期圖再來, 以副老夫之望." 蘇鄭聞命辭退, 直至京師, 及入場屋, 文若吐鳳, 筆如騰蛟, 遂擢魁第, 放榜賜對, 龍顔大悅, 卽抄爲嶺南御史. 蘇鄭卽日辭朝, 還到聚有亭, 拜謁副學, 副學曰: "君爲御史, 職按廉察, 吾子與子婦, 生死踪跡, 尋底査覈, 是所望也." 蘇鄭拜退, 初到嶺南界, 敝衣破笠, 周行閭里, 潛踪秘探, 及到南海郡, 村村櫛查. 一日, 到一僻巷, 似是賊窩, 躡跡潛聽, 則有十數人相對飮酒, 酒後高談, 無非打家・劫舍・殺人・放火等事. 忽有一人, 出班大言曰: "十餘年前, 南海守解還時, 意其有歸裝, 吾與某某等若爾人, 邀海劫船, 人皆赴水, 並無一物. 只有一枝玉笛, 無人解吹, 獨有張蘇鄭能吹, 仍換以百金而與之." 說猶未了, 蘇鄭仔細看之, 乃是李宗楚也. 抽身急出, 發卒捕縛, 並送縣獄, 卽夜露踵, 按獄審問, 南海附近, 一時驚動. 數日後, 有兩尼, 以血書一狀來呈, 卽是覓子原情. 本以南海守鄭德顯之妻, 逢賊于海, 與彼丫鬟如何得生, 望雲庵如何爲尼, 生子蘇鄭如何命名, 張大福之如何率子逃走, 無不畢載. 蘇鄭知其親母, 急命官婢, 陪入內堂, 母子抱頭大哭. 李宗楚等,按法處決,張大福卽與之報酬千金.先使官隷,治行其母還家,家門同慶,惟以不知德顯生死爲恨.御史準事後復命,天褒隆重,爲探外家消息,求爲奉使南京.在舘之暇,轉到金陵,探問蘇刺史,則嘗移百里之外,暮投旅舘.是夜無聊,步上鳳凰臺,聞吹玉笛,聊以遣興,忽有一人,顚倒登臺,攬笛涕泣,曰:"此是金剛山仙翁敎吾遺吾者,南海海中,遺失此笛,今歸于君,君是何人?"彼此相訴,始知父子相逢,德顯曰:"一自投海,有物負出,適遇越南商船,同歸于越,爲人塾師,居然爲十餘年矣.欲訪妻家,昨到金陵,妻家又移.夜來月色,緩步登臺,忽聞笛聲,父子相逢,無非前定."其翌,同往蘇刺史家,各訴衷情,悲喜交切.使畢還朝,陳情辭職,父子同歸,一時相聚.副學大喜,更其亭,名曰'聚樂亭',日夜相聚爲樂.其後,一家昇仙,不知所終.有詩爲証,'男女前途定在天,分明一笛見奇緣.仙家預識鄭蘇事,後日金剛春月圓.'

### 第八回 孫兵使殺虎得高官

嶺南慶州府,有一姓孫的武夫,爲人多力好勇,且善騎射,而家貧無資,無以赴擧.嘗爲人雇,擔負科具,賴以赴京.一日日暮,同伴先去,獨憩于路傍曠野叢薄間,群魅游戲,一魅出視,曰:"慶州孫兵使在此,吾輩當避."孫乃心獨喜自負,其行果中武科.其後,稍得家計,每出行,必乘駿馬,必携利鎗.後因求仕,京行甚急,暮到草谷店【在聞慶郡鳥嶺下】,秣馬暫憩.乘着月色,欲踰鳥嶺,僕夫及店主,皆以夜行難之,孫曰:"丈夫夜行,何畏之有?"遂乃發行,將到嶺上,忽聞虎吼人笑之聲,僕夫股栗,馬亦不前.孫乃令僕上樹,縶馬其傍,奮臂提鎗,躡跡往視,人在崖上,虎在崖下,虎來人笑,虎去人仆.孫瞰虎之去,屛人於後,屹立其處,虎來驚吼,卽欲攫孫, 孫奮勇鎗刺, 虎則已斃. 人亦如死, 而似是新婦貴家女也. 於是, 手鎗背人, 呼僕牽馬, 還到草谷店舍, 穩置煖堗, 乃令店婆, 悉心救護. 半晌方甦, 乃開眼, 曰: "此何處而今何日乎?" 店婆曰: "此處卽聞慶郡草谷店, 今日卽某日也. 不審小姐家在何處?" 小姐曰: "我乃某判書之女, 而方在龍仁鄕第, 與京居某判書之子結婚, 昨日卽是婚日, 新房入去之際, 不知何物來攫. 自後事, 都不復知, 今何在此?" 店婆以孫先達【武科及第, 未初仕者, 曰先達】捕虎救來之事, 一一告之, 小姐曰: "孫先達何在? 爲我請來." 孫乃與小姐相見, 小姐起拜, 曰: "生我者父母, 活我者亦父母, 今日活我, 恩同父母, 雖粉骨碎身, 無以爲報也." 遂結以父女之義. 幾日調理後, 孫率小姐, 送還龍仁本家, 一門驚喜, 卽通于京居郞家. 郞之父子, 顚倒來會, 兩家之同慶致謝, 自不必說. 兩家宰相, 迭長兩銓【東銓·西銓, 曰兩銓, 東銓吏曹, 西銓兵曹】, 擡擧孫氏, 屢典州郡, 至于兵使, 以報其德云. 有詩爲証, '群魅不能現達人, 大虫焉敢戲良姻. 時來運到自然事, 定是天成命福新.'

### 第九回 柳監司厚義救儒生

朝鮮明宗時代, 有儒生李弘道者, 生於名族, 性本不羈, 好讀書, 至老不綴. 家業剝落, 貧窮難支, 然生則嗜書如蒭豢, 不問炊飯湯粥, 惟杜門咿唔爲事, 實有高鳳之操買臣之風焉. 其夫人吳氏, 不勝貧苦, 嘗怨訕曰: "丈夫讀書, 志在立揚, 而君則平生固窮, 使妻孥溝壑, 豈不可羞?" 朝夕之間, 呶呶不已. 生厭聽之, 乃給曰: "吾有切戚柳穡者, 今居宰輔之列, 早晩必除方伯. 伊時, 吾必得其資益, 生活不難, 君須待之, 可也." 吳氏信其言, 卽設壇於後庭, 夜半, 虔誠禱告于天, 使柳某速爲道伯也, 生暗笑之. 不幾月, 柳穡果

爲平安監司,吳氏聞柳爲監司,勸生偕往,生推諉不應,數月之間,
尤陷於瀕死,漸至離散之境.吳氏辦得盤纏數兩,使生卽發關西,
促如星火.生不得已發往平壤,投宿於旅店,無計可施,達宵不眠.
至曉,乃思得一計,暗寫原情一幅,備說前後事實,堅封,投遞於吏
廳,轉納于監司.監司得書坼見,則乃一原情也,辭極悽慘,文又贍
邑.暗思,'此人必非俗儒,吾當禮待,以觀其爲人也.'乃卽發令曰:
"京居李生員,吾之切戚也.今見來訪,理宜款接."卽使裨將迎接.
小頃,一寒雋,弊袍破笠,昂然入謁,監司起居禮待,宛若眞戚者
然.俄而,自內衙盛備酒饌而饋之,一般衙屬,皆知其眞而不知其
假,甚聳動焉.夕後,監司招生秘問曰:"願聞君言."生乃告以給妻
之事,及妻設壇禱天之由,監司曰:"吾得除方伯,只知吾之福分,
今日聞君之言,始知賢閤精誠所致也.君莫露穎,獨處一室,則自
有妙理矣."果然不一月,凡有訴訟者,不計大小曲直,皆囑生以紹
介伸理.生每夜與監司議決,得訟者之獻誠于生者,已至巨額.一
日,監司對生曰:"君今所得之物,足可過活平生,今可上去,吾亦
以數百金表情."生不勝感泣,百拜而別,歸家饒居,至今稱柳監司
之盛德云.有詩爲証,'寒雋讀書家計空,老妻何罪塡溝中.若非宰
相能施德,吳氏何時免固窮.'

### 第十回 金少年大膽果獲報

高麗之末,京畿長湍地,有少年三人,一姓金也,一姓張也,一姓
崔也.隣比相居,相與友善,讀書治學業,因嚻俗煩聒,不便專工,
遂結搆數椽茅亭於村後山頂上,三人同槧治經.一日,張・崔兩生,
俱因家事,下山未歸,到夕刻,忽然猛風驟雨,久而未霽.金生閉門
獨坐,挑燈讀書,至夜半,忽聞窓外,有如雷震之聲,窓門自開,一

大黑棺挺立. 走到案頭, 驀地顛仆, 棺鎖自開, 屍忽起坐, 逼金生而語曰: "好好善讀書!" 因以手撫肩, 金生大駭, 擡頭而見其屍, 面貌凶惡, 臭不可當. 生凝然自定, 畧不動念, 朗讀『周易』·「繫辭」. 小頃, 其屍復入于棺, 冉冉而去. 生抖擞精神, 復閉門而讀. 移時, 又聞窓外有珮玉之響, 一位貴人, 開門而入, 坐于案頭. 生擧眼一見, 則蒼顔白髮, 金冠玉珮, 飄飄然有神仙之槩. 生乃掩卷, 斂膝而坐, 恭問曰: "貴人必非人是仙, 夤夜至此, 有何見諭?" 其人曰: "吾有寄托於君者, 俄以醜惡之貌來, 試君, 果有膽勇, 必不負吾言矣. 吾乃高麗功臣金富軾也. 吾死後, 葬於此地, 因子孫零替, 永爲失傳, 便作一古塚矣. 君等作亭于此, 削平我塚爲竈堗, 朝夕燃火, 骸骨盡焦, 誠亦難堪. 君於明日, 掘竈而見, 則可驗也. 君必移亭于他, 收我朽骨, 復葬於此, 則九泉亦感德, 必有冥佑. 君勿負言!" 生乃快許之, 其人辭出, 因忽不見. 其翌日, 張·崔兩生上山, 生俱道其事, 卽時毁亭掘竈, 果有一骸骨焦黑, 生具衣衾, 斂葬之, 操文祭之. 其後, 金生果成巨儒, 赴擧之夜夢, 其人來謂曰: "蒙君之德, 體魄妥安, 感恩不淺, 吾當冥佑, 使君登第, 福祿綿綿也." 生覺來, 心知其異, 赴擧果嵬捷, 官至平章事. 張·崔兩生, 亦入仕, 終至顯官云. 有詩爲証, '大膽少年夜誦經, 不畏黑夜遇難星. 名人原有九泉感, 報應昭昭理丁寧.'


### 第十一回 崔晚玉知恩報德

距今百年前, 京城茶洞, 有一富翁, 姓崔, 名粹暎. 爲人溫厚, 樂善好施, 窮交貧族, 無不救濟, 閭巷之間, 頌聲載路. 但此翁到老無嗣, 憂歎度日, 忽一日夜, 夫妻俱得異夢, 妻仍有娠, 滿月生下一男, 容貌秀朗, 美如冠玉. 崔翁不勝之喜, 命名曰晚玉. 晚玉年至十五, 崔翁夫婦, 忽然得病, 藥石無效, 竟至携手同歸于黃泉, 嗚呼哀哉! 晚玉葬其父母, 剗理家事, 青年浮浪者類, 欺其年淺沒覺, 看作奇貨可居, 日夕來遊, 誘以酒色, 勸以賭博. 晚玉遂不免沉惑於酒色, 浪擲金錢如糞土, 數年之間, 家計蕩殘, 竟無穀絲之方. 曩日, 慕悅徵逐之輩, 岸視擠擠, 惟凡然一身, 冷淡悽涼, 悲不自勝, 思欲自殞. 遂鬻弊裘破釜, 得若干金錢, 罢備酒肴, 便邀所與遊者幾人, 開懷暢飲. 飲至醉甚, 乃遽然起立, 曰: "吾承父母之餘業, 不守規矩, 貪酒迷色, 蕩盡家產, 一身如飄蓬, 無所投止. 昔我有錢之時, 諸君之愛我顧我者多, 今日無錢, 反有嘲我笑我者多, 與其生而不齒於人, 不若死而無知之為愈. 吾今以自裁心定, 然撫念交誼, 殊甚悵缺, 故兹邀飲, 君等須自愛焉." 言畢, 即出門而走. 滿座大驚, 急追踪不見, 各自歎息而散. 晚玉帶着夕陽, 即登南山蠶頭, 坐于層岩絶壁上, 欲墜崖而死, 俯臨垂足, 不忍蹴然顛倒. 如是者數回, 終不能墜, 已至夜深矣. 長歎一聲, 回步而下山, 莫知所向, 彷徨街路, 忽逢巡邏兵, 恐其被捉, 急走夾路. 適見路傍一屋, 中門洞開, 乃隱身於其門內窺視, 則內房燈光射窓, 寂無人聲. 遂潛步而入, 見房內, 盛設衾帳, 晚玉走入房中, 脫却衣服, 赤身被衾, 蒙頭而臥, 以待動靜. 小頃, 有人開戶而入, 細語琅琅曰: "丈夫已來乎?" 輒解衣滅燭, 入于衾裏, 聯枕而臥, 晚玉以手摸之, 乃年少美女也. 不勝蕩情, 急設雲雨之樂, 其女默揣良久, 曰: "君與吾夫不同, 君是何人乎?" 晚玉曰: "事畢, 當知之." 仍快暢所欲. 事畢, 俱起坐, 張燭對顏, 備說前事. 忽有敲門聲, 女驚曰: "吾夫來矣, 如之奈何?" 輒携晚玉, 藏匿於衣櫃中, 仍延接其夫, 其人微帶醉氣, 斜依衾床, 便唱一曲清歌, 其調頗佳. 晚玉在衣櫃之中聽來, 不覺狂興聳動, 不顧危險, 便和一闋. 其人初焉驚愕, 末乃連聲喝采. 及曲終, 便使其女開櫃引出, 被之以衣服, 問其來歷, 嗟歎不已. 其人曰: "吾卽大殿別監【大殿, 王上之稱, 別監, 宿衛掖屬也】金某是也." 仍使其女酌酒唱酬, 至東方發白, 拂衣而起, 曰: "此女乃吾之第三妾也. 吾財産饒足, 雖無此女, 亦可好居, 見君之情勢, 甚矜悶, 吾以此女及此家産, 一切讓與於君, 君其同樂也." 言訖, 決然出門而去. 其女對晩玉曰: "事已至此, 此亦天緣, 今無奈何." 因與之同居焉. 一日, 女曰: "家産雖饒, 若無興販, 亦難長久. 及今移居東門外, 設旅館, 業興利, 資活爲好也." 晩玉大喜, 依計行之, 不數年, 果致巨富. 晩玉對其妻曰: "吾得與君, 共享安樂, 罔非金氏之恩德. 屢年以來, 不聞其聲息, 寧不愧枘? 吾今往訪金氏, 相探而歸, 可矣." 遂入城, 往別監廳, 査探, 則其間轉任鑄錢所雇直, 因欠逋八千金, 被囚典獄, 將至死刑云矣. 晩玉歸家, 與其妻泣說其事, 曰: "知恩報德, 定在此日也." 仍辦八千金, 往謁戶曹判書, 替納其逋, 放出金氏, 帶同歸家, 相對而泣. 晩玉使金別監, 更娶一婦, 隣比相居, 共享富貴, 以終餘年. 此莫非好善樂施之報應也. 有詩爲証,⁴⁾ '奇人多在風流郞, 讓妾酬金共擧觴. 今日施恩不報地, 那知後日免身殃.'

### 第十二回 張夫人義救李相國

朝鮮孝宗時, 貞翼公相國李浣, 被聖朝知遇, 協贊帷幄, 多有建立, 勳業冠當時, 至今士大夫, 嘖嘖稱其賢. 公武夫也, 其少時之事, 多有可傳之說, 雖不免閭巷俚談, 然亦槩見其氣量者存, 今據一說而錄之. 公少時, 有與一閭婦相好者, 每夜潛往瞰, 其夫不在, 輒與之歡樂而歸. 一日夜, 與其女, 解衣就寢之際, 其夫自外猝然

---

4) 有詩爲証: 저본에는 빠져 있으나 이 책의 편제상 보충함.

而至,公惶遽無暇被衣,只以赤身逃出,飛也似走,入曲巷.其夫追之甚緊,忽見路傍一蝸屋,燈光射窓,公急無躱避處,又時值嚴冬,氣短身凍,若將死焉.只得開窓,突然而入,有一青年新婦,獨坐刺繡,擡頭見公良久,曰:"觀公氣色,必有禍急,請公匿臥於我衾中,以避追鋒,可也."公被衾蒙頭而臥,凍體始煖,衾褥盡濕.小頃,自窓外有咳唾聲,有若覓人之狀,彷徨久而乃去.其婦人攬公而起,曰:"追踪者已去矣,公勿疑懼,可卽歸家."仍開衣箱,揀其郞君新製衣服,以被之.公深深銘謝,復出窓外,暗思曰:"此婦人,實非俗態,吾必竊視其動靜,以圖後日之報."乃隱身於門後而窺之,須臾,有一少年,開戶而入,其婦人迎坐,曰:"歸何晚也?"少年曰:"讀書差晚也."仍解衣入臥衾裏,忽失驚,曰:"衾褥渾濕,何故也?"那婦人不慌不忙,將所經之事,一一說道,少年曰:"其人何在?"婦人曰:"已去矣."少年曰:"然則又赤身而去乎?"婦人曰:"已與之君衣,使之穿着矣."少年曰:"迨此嚴冬,裸體逃身,急無走路,拚死命冒入者,雖曰衣之,腹餒必甚,何不備酒湯饋之,以禦其寒乎?"婦人曰:"未之思也."少年嗟歎不已,已而就宿.公乃歎息而歸,念念不忘.其後,公武擧爲大將,時幕下有一從事官,姓張,名鵬翼.一日,公與張,閒坐談論古事及自家經歷,說至其事顚末,張乃愕然曰:"公其人乎? 吾乃其時少年夫婦也."公大驚,執手感歎,相與結忘年之交.張因李公之薦,至於登壇,天理報應昭昭,不可誣也.有詩爲証,'半夜閨娘獨對人,急難高義救危身.知恩報德丈夫事,感舊論情交契新.'

## 第十三回 讀書生抱兒獻叔母

朝鮮太祖創業後,聖子神孫,繼繼承承,眞箇是文修武偃,朝野淸平. 至成·中·仁·明之世, 尤是主明臣良, 號曰文治. 無隱不察, 無寃不伸, 所以士大夫, 尙其德義, 崇其廉恥, 讀書飭躬, 以期乎拔茅彙征到得. 明宗御極後, 尤明於訪士登庸, 興利除害, 常夜巡都城, 親察民間疾苦. 一日夜, 以微服, 駕幸南山下南山洞, 挨戶巡覽, 忽見山下一茅屋, 殘燈微明, 有讀書之聲. 上往聽之, 有士子三人, 聯槧讀書, 一人忽掩卷太息, 曰: "讀書而不得第, 讀之何爲?" 一人曰: "古云: '積善必有慶.' 吾已積善, 而固窮若是, 書亦未可信也." 一人曰: "君何積善? 願聞其說." 其人曰: "吾於婚禮之夜, 洞房花燭, 與新婦對坐, 將有魚水之樂, 忽然新婦有腹疼, 瞥然産下一兒. 吾急無所措, 乃以衾綿裹兒, 潛出門外, 藏兒於屋後竹林中, 復入房中, 産時汚穢之物, 收拾乾淨後, 自稱腹痛, 聲高聽外. 岳母在睡夢中, 驚起忙來, 窓外問情, 吾誑曰: '吾有蛔積, 非藿湯, 莫可止痛.' 岳母急備藿湯白飯以來, 吾密使新婦飽啜, 新婦慚愧不肯之. 吾萬端慰諭, 新婦始啜羹免死. 其翌曉, 吾詐稱急有家幹, 仍發歸家, 路歷竹林, 聞兒啼聲. 使蒼頭察之, 蒼頭抱兒而來, 曰: '何許人産兒棄之.' 吾卽抱歸家, 有叔母寡居無子, 吾獻其兒, 曰: '路傍所得, 母必鞠養之.' 叔母喜而受之, 養而敎之, 今爲十許年, 而無人知之矣. 其後, 吾夫妻, 亦生産男女, 歡樂無比, 妻忽病死, 吾獨踽凉, 窮益甚焉. 豈是積善之有效耶?" 三人一切嗟歎不已. 上細悉其言, 還宮. 翌日, 卽發科令, 春塘臺應製試取. 至科日, 上親臨出題, 曰: '抱兒竹林, 獻于叔母.' 滿場儒生, 不解其意, 惟獨那讀書生三人, 知其意, 俱各訴懷呈卷. 上親覽坼榜, 並取三人擢第, 終使顯達. 蓋上之篤勵士氣, 厚施報善, 靡不用極矣. 有詩爲証, '讀書志在擢金榜, 積善原來必有祥. 抱兒獻母伊何事, 聖德如天我淚滂.'

### 第十四回 丁香巧計侍大君

朝鮮國初, 讓寧大君諱禔, 卽太宗之長子也. 初封世子, 見第三弟忠寧大君有聖德, 與其仲氏孝寧大君, 將有讓位之心. 讓寧則稱有狂病, 日事游獵, 孝寧則遊心於外道, 崇信佛法, 兄弟俱以悖德自稱, 竟讓位於忠寧. 忠寧卽世宗, 世稱東方堯舜也, 而兩大君, 亦可謂有泰伯・虞仲之德矣. 世宗登位後, 聖德流行, 敎化隆洽, 八路民人, 俱有熙皥之風焉. 一日, 讓寧大君, 請於世宗曰: "關西素是名勝之地也. 臣借得數朔之由, 一往于平壤, 觀箕子之遺跡, 因往成川, 望巫山十二峰仙景而還, 則可遂生平之願矣." 上曰: "關西素稱花柳之鄕, 或恐傷於酒色, 故未敢許也." 大君曰: "聖敎如此, 臣願愼酒色而返矣." 上知其意難抑, 且勉許之, 曰: "若愼酒色, 無恙而還, 則予必躬迎於崇禮門, 設三日之宴, 以謝不負予之至意也." 大君不勝惶感, 曰: "聖意若是, 臣雖愚劣, 豈敢不奉敎?" 因拜辭退闕, 卽行嚴關【卽今訓令】沿路各邑及平安監司, 曰: "無論老少以女爲名者, 不得觀光於大君行次眼前, 且進膳之間, 不得進一盃酒. 如或犯禁, 則當該守令, 削去仕版, 三公兄【郡吏名稱】一倂杖殺, 各[5]別嚴飭, 毋至生梗, 爲宜事." 關文一下, 各邑守令皆云: "此大君, 素有狂病, 誠可畏也." 下吏輩莫不戰慄, 卽分付於沿路人民, 雖嬴老之女, 勿使觀光矣. 上自送大君之後, 內念於心, 曰: "關西佳麗之鄕, 雖有山川風物, 以若年少風度, 意氣豪俠, 若不折一花而還, 則終必有一生之遺恨矣." 遂下密勅於平安監司, 曰: "若使一妓, 薦於大君, 又以盃酒, 解客懷之寂寞, 則當施重賞矣." 監司旣見大君嚴關, 又奉聖勅, 莫知所爲, 百計無策. 乃會諸妓於密室, 謂

---

5) 各:「丁香傳」(천리대본)에는 '恪'으로 되어 있음.

曰: "汝輩之中, 誰能出妙計, 一侍大君之寢席乎?" 皆曰: "飢虎之口可近, 大君嚴威, 不可犯也!" 其中有一妓, 名丁香, 年踰二八, 色冠關西, 又多奇謀. 出班, 告曰: "妾雖萬死, 庶可一當, 使名區不至於無色矣." 遂獻計如此如此, 監司大奇之, 如計而行. 翌日, 客舍正南, 毀破一墻, 有若風雨之所傷, 又修墻外一小屋, 爲丁香所處之室. 又擇小通引【知印別名】一等美姿者, 鮮明其衣服, 暗敎應對之言, 以待大君之到矣. 一日, 大君到平壤, 先登大同門樓而見, 溪沙十里, 綠楊成行, 錦水淸波, 白鷗閒遊, 漁歌牧笛, 處處互起. 大君依欄而歎, 曰: "美哉! 眞錦繡江山也." 及入客舍, 則十字長燈, 左右羅列, 高樓傑閣, 緝緝相連, 而無一人之窺者, 可知其戒飭之嚴矣. 俄而, 監司入來, 拜謁於前, 擧進大卓, 珍羞奇饌, 無非別味也. 監司拱手而告曰: "甘紅露桂糖酒, 雖是此土美味, 嚴飭之下, 不敢進呈, 惟以香醴, 何妨爲接風?" 遂進數盃而止. 頃之, 監司辭退歸營, 日將夕矣. 滿城華屋, 炊烟漸起, 前墻決<sup>6)</sup>處, 夕烟亦起. 大君獨坐軒上, 數三通引, 左右侍立, 箇箇俊秀, 別無差等. 然其中一兒, 衣服鮮明, 容貌特出, 大君自思曰: "京城素多人物, 吾未見如此之美兒也. 男子之美如此, 況女子之色乎! 信乎, 平壤之物色也!" 方自言自語, 徘徊四顧之際, 忽自墻決處, 有一猫, 口含鷄脚而走, 直入于大君所坐之軒下. 後有一女子, 荷杖忙步, 含憤逐猫, 幾至半庭, 左右羅卒, 大驚呵嗔. 大君大怒, 使羅卒拿下其女, 其女年方十七八, 姿容絶妙, 素服齊整, 跪伏于庭. 大君分付曰: "汝以女子之身, 冒犯官旨, 奔走官庭, 唐突無嚴, 決難赦罪." 丁香伏地泣訴, 曰: "小女之年, 今才十八, 而命道崎嶇, 喪夫寡居. 家甚貧窮, 亡夫

---

6) 決: 「정향전」에는 '缺'로 되어 있음. 이하의 경우도 동일함.

上食饌物,艱辛辦得,僅僅繼用.不意賊猫潛入藏中,盜含雞脚,曳尾踰墻之際,小女在外適見,憤心所發,不覺嚴威之在上,觸冒至此,萬死無惜.伏乞特施寬政,以貸可憐之殘命焉."鶯舌巧敏,鷰語悽惋,言言可愛,聲聲可哀,雲鬟乍墜,珠淚交腮,妍姿艷態,可鎔鐵肝,嫩語嬌聲,能消石腸.大君潛心聽訴,其情可哀,俯見其容,精神迷昏,怒氣永泮,不忍下杖.默視良久,微笑分付曰:"聞汝之言,察汝之情,實爲可憐,特爲赦之,斯速退去!"丁香百拜謝罪,回身轉出,纖腰裊娜,正如風外柳枝;蓮步輕移,宛如錦上添花.大君看罷,微吟'方信人間有西子'之句,遂召通引美姿容者近前,曰:"俄者,厥女審問之時,汝獨有恐懼悲愴之色,何也?"通引跪告曰:"厥女卽小人之長妹也."大君聞此男妹之說,大異之,又曰:"汝之官家,不勤申飭,使村女衝犯尊嚴,嚴飭之意,果安在?必依關文施行矣."通引俯伏,泣告曰:"小人之妹,居在官底,豈不聞官飭之嚴?只緣狂猫偸去其亡夫上食之饌,故至情所在,憤心大起,不覺冒犯死罪.幸賴神明俯察,特蒙赦宥之典,雖保殘命,而今承本營勘罷之教,小妹之一縷,必絶於巡營矣."遂掩面流涙.大君旣見其男之美,又思其妹之容,意欲活之,乃曰:"若必嚴飭,則豈有此等之事乎?"通引對曰:"平壤城內,皆汲江水而飮,故彩服之女,洴澼之婦,十里相望,雖吳姬越女之丰茸,無以加此也.大君行次時,無一人現形者,實是本營之嚴飭,而小人之薄命小妹,全然忘却,至犯死罪,天何怨哉,人何尤哉?伏乞小人願死庭下,以贖小妹之殘命焉."大君亦感其情,曰:"正如汝言,原非官家不勤之咎,乃是汝妹忘却之罪,汝勿慮也."此時,正當三春佳節,滿城花柳,綠肥紅濃,宛若錦繡屛帳,長歌短唱,管絃絲竹,家家蜂鬧,可知其歌妓琴娥之繁華也.日已暮矣,大君盡退羅卒,只率數三通引,與一枝殘燭, 塊處客館, 所思者, 惟逐猫少娥而已. 諸通引倒睡於屛外, 只與少通引, 狎坐而問曰: "汝家富乎?" 對曰: "父母俱歿, 家亦甚貧." 大君曰: "然則汝之衣服, 如何鮮明?" 對曰: "小妹自幼, 慣於針繡, 獨步一城, 故傭作他人之衣, 以爲連命, 所着衣服, 亦小妹手段也." 又問: "汝家大乎?" 對曰: "墻外蝸屋, 卽小人之家也." 問答之際, 墻外歌聲琴音漸息, 人語馬嘶亦止, 可知其夜深矣. 小通引亦垂頭而睡, 大君自恨寂寥, 獨自徘徊於軒上, 因降階, 散步於庭中. 此時, 月色如畫, 星斗照爛, 素顔嬌容, 長在於眼, 泣訴怨態, 不離於耳, 欲忘難忘, 不思自思. 乃潛語於心曰: "吾欲必一見其家矣, 如此深夜, 誰能知之?" 遂決意欲進, 旋又趑趄, 顧眄左右, 或恐人窺. 是夜正午, 萬籟俱寂, 大君不制豪興, 乃進一步再顧, 再步十顧, 輕足走步, 猶有履聲. 遂脫其履, 至於墻決處, 果有蝸屋, 一如通引之言. 燈影射窓, 寂無人聲, 大君潛窺之, 其女獨坐燈下, 潛心刺繡, 灼灼花容, 飄然若魏仙君之態, 眞可謂沉魚落鴈之色, 閉月羞花之容也. 於是, 大君春心斗起, 排窓直入, 厥女回身一見, 容儀嚴莊, 有萬丈之喬嶽; 氣像淸越, 如千仞之虹霓. 大驚戰慄, 屛身房隅, 聲若細縷而言曰: "鬼耶人耶? 何故深夜入寡女之房乎?" 大君曰: "不是鬼也, 不是別人也. 我卽夕之大君也, 勿爲放聲!" 其女惶悚曰: "大君何等尊重而來此陋舍? 吾不信也." 大君曰: "大君亦人也, 豈欺汝乎?" 女曰: "若大君, 則嚴關禁色之言, 果虛語也." 大君曰: "汝非官妓也, 乃村女也. 天使狂猫, 結吾月下之緣, 豈敢拒乎? 若必驚動, 恐傷弱質." 女曰: "死無足惜, 傷何爲慮?" 遂乞曰: "妾則良家女子也. 夫死之日, 卽欲隨死, 妾死之日, 年幼之小弟, 無人可托, 故忍而不死, 姑待幼弟長成有室, 忍痛守節矣. 豈意大君至此迫脅乎? 雖死必不從命也." 大君執其手而慰之, 曰: "卓哉節也! 惜哉容也! 今何以作此可憐之人乎? 汝今青春, 我亦少年, 以汝青春, 豈忍虛老百年; 以我少年, 何能虛送良夜乎?"女泣曰:"偸節之日, 即背夫之日也, 將安用此背夫之女乎? 寧甘一死, 以隨吾夫."遂抽壁上粧刀, 欲自刎, 大君驚奪其刀, 以袖拭其淚, 而慰其志, 心內着急, 更探其志, 曰:"然則我其病矣, 爲之奈何? 汝果不欲饒我性命乎?"女長吁一聲, 斂袵而對曰:"惟此賤身, 昆蟲不如也. 大君旣同天仙之下降, 尊莫尊焉, 貴莫貴焉, 而有此饒命之敎, 敢以賤妾之身, 不饒尊貴之性命乎? 今承此敎, 死何辭焉? 惟大君命焉."大君大喜, 以手撫其背, 曰:"智哉此人也! 古所罕有."遂携手入帳, 魚水之樂, 不言可知, 巫山洛浦之遇, 不是過也. 繾綣之情未已, 或恐通引之覺睡, 卽還客舍, 心神散亂, 如醉似夢, 蓋其惜別之難也. 是夜, 監司使左右密探, 已知大君動靜, 丁香隨卽入謁監司, 細告顚末, 監司大笑曰:"奇哉奇哉! 眞可謂女中才子也! 然幽暗之中, 形跡無證, 汝必得其手跡然後, 可以奏問矣."丁香曰:"挽止大君之行, 姑留數日, 則有底道理矣."監司曰:"諾."翌日, 監司從容言於大君曰:"平壤名勝, 不可一日盡覽, 姑留數日, 周覽勝地, 未知若何?"大君心思夜來之事, 中心幸之, 乃曰:"我之此行, 專由周覽景物之意也. 道伯之言, 正合吾意."遂留連, 晝則周遊, 夜則往女家, 嬌情密誼, 如膠似漆, 如醴似酥. 枕席之際, 尤以百態, 媚大君之心, 日益浸溺, 不覺已至十餘日之久矣. 時當春夏交節, 明日將往成川. 夜至女家, 女於枕上, 言於大君, 請隨往京師, 願爲炊汲之婢, 以終一生, 大君曰:"不然. 夫我辭朝下來時, 親承愼色之敎, 故前日嚴飭, 實由此也. 今與汝, 遂成此好, 有負聖敎, 有損體貌, 私心愧恧, 亦可深矣, 豈有率去之道乎?"丁香失聲泣, 曰:"然則妾之一身, 自此誤矣. 時也命也, 此生何爲? 雖歸地下, 無顔見亡夫之面, 殆同墻花一枝, 生無所依, 死無所歸, 空作無主之孤魂, 豈不寃哉?" 因以玉頰, 觸於大君之胸, 嗚嗚咽咽, 氣不出口, 聲如細縷, 若將絶矣. 大君慰之曰: "勿爲浪悲, 以傷花容, 生前豈無更逢之期乎?" 丁香曰: "妾旣無隨往之道, 大君亦無更來之期, 生前只是相思之日矣. 春風秋月, 爲斷腸之色; 細雨浮雲, 作消魂之姿[7], 長年月日, 何以堪過乎?" 言罷, 垂淚不止. 大君曰: "如何爲此哀憐之狀, 撓我心情乎? 事已至此, 恨之奈何?" 丁香曰: "願爲妾以賜表情之物, 俾作他日慰懷之資." 大君曰: "此則不難, 歌以贈之乎? 詩以贈之乎?" 丁香曰: "歌則妓類之事也, 妾所不願. 但以一首詩, 替作大君顔色, 則幸也." 大君許諾, 卽索紙筆, 丁香曰: "紙易磨破, 願題於嫁時彩裳之內幅, 則不磨不破, 俾作死後同穴之資焉." 大君曰: "旨哉言也! 憐哉情也!" 遂寫四韻一首, 其詩曰: '一別音容兩莫追, 楚臺何處覓佳期. 粉粧斗屋人誰見, 眉斂深愁鏡獨知. 夜月不須窺繡枕, 曉風何事捲羅帷.' 至於末句, 停筆而問曰: "汝名云何?" 對曰: "妾名丁香." 遂寫曰: '庭前幸有丁香樹, 盍把深情更折枝.' 又寫五言一絶, 曰: '別路雲初散, 離亭月半鉤. 可憐轉輾夜, 誰復慰香愁.' 寫畢, 付與丁香, 丁香拜受藏之. 是夜, 別意忽忽, 離愁黯黯, 一枕一歎, 鷄已三唱, 不得已歸客舍. 其日, 遂向成川, 丁香卽以其裳, 入呈監司, 監司大喜, 重賞丁香, 諸妓莫不嗟歎. 監司卽封彩函, 以奏聞, 上親開羅裳而見詩, 大奇之, 曰: "此果大君手跡也! 吾兄之愛物, 豈可置於妓籍中乎?" 卽密勅監司, 率來丁香, 丁香卽日發行入京, 上急召入謁, 見其韶顔佳態, 曰: "眞國色也!" 問與大君結緣之由, 丁香伏地, 細陳其詳, 上露齒大笑, 曰: "可謂奇女也!"

---

[7] 姿:「정향전」에는 '資'로 되어 있음

特命丁香, 姑處闕內, 以待[8]大君之還來. 此時, 大君往于成川, 周覽山川, 復還平壤, 冀得與丁香更見, 入坐客舍, 則前者決墻, 已爲完築, 無復可通, 入侍通引, 換番交遞, 一無知面者矣. 心內自歎曰: "墻已高矣, 軒下賊猫, 不復偸饌, 軒上狂客, 不復偸香. 嗟呼! 數仞短墻, 便作三千之弱水, 此所謂好事多魔. 丁香若知我來, 亦必爲斷腸矣." 長吁短歎, 達宵不寐, 翌日, 遂向京師. 大君返, 旋先文先到奏聞, 上連遣承旨問候, 冠蓋相望. 上大悅, 命掌樂院, 預習妓樂, 又修設宴之資, 以待大君之還. 未幾, 大君已抵慕華館, 上遂幸崇禮門樓, 望見其入來. 俄而, 大君至見百官軍容之盛, 可知聖上之親臨, 遂下馬, 鞠躬入謁, 上迎笑曰: "風月遠路, 平安往返, 幸何如之?" 大君奏曰: "猥蒙聖德, 無事往還." 上與大君, 握手相坐, 以敍久別之懷. 義雖君臣, 實爲骨肉, 仁兄愛弟之間, 和樂之情, 不可以盡述也. 上細問關西風物, 且曰: "往于花柳之鄕, 不折一花而歸, 得無悔恨之心乎?" 大君奏曰: "聖敎隆重, 豈敢辜負? 且不如不見, 故嚴禁妓類之近前, 色美之有無, 初不知之也." 先是, 上以大君所製之詩, 下於樂府, 被於管絃, 諸妓歌而習之. 此時, 丁香在於宮中, 錦繡膏梁, 自奉其身, 玉貌花容, 百倍於前, 非復前日之阿香也. 是日, 上使丁香, 雜坐於諸妓中, 以觀大君之記否. 然大君於天威咫尺之下, 不敢縱目偸視, 況與丁香, 夜會晝散, 顔猶未慣. 且丁香之上京, 千萬意外, 所以全然忘却矣. 上命進酒饌, 使樂工奏樂, 諸妓唱歌, 而其中有歌大君之詩者. 大君一聞其歌, 疑之曰: "古有何人, 先獲我心者耶?" 俄而, 有一妓, 舞於前, 舞袖翩翩, 左右回旋之時, 忽見裳幅之詩, 卽自己筆也. 大君慌忙, 離席叩頭, 奏曰: "臣

---

8) 待: 저본에는 '來'로 나와 있으나「정향전」에 의거하여 바로잡음.

往于平壤, 果與彼妓, 有數宵之樂矣. 欺負聖敎之罪, 何辭可達, 何面目對天顏?"因俯伏不起, 上忙進執手, 曰: "此非吾兄之過, 乃予之罪."因述密勅薦色之事, 扶起更坐, 使丁香, 進拜於前. 丁香乍嬌乍羞, 半依雲鬟, 侍坐於側, 灼灼之態, 娟娟之容, 感動舊情, 更惹新愛. 上曰: "香娥之才, 助我兄弟之樂, 可謂奇巧, 而今日晝見, 比前日夜見, 何如?"大君餘羞, 猶未盡消, 微笑奏曰: "前戒後恩, 俱出於聖意之至愛, 惶感聖恩, 無以爲報也."是日, 群[9]臣盡歡而罷. 大君拜謝後, 與丁香還宮, 執手喜[10]之, 曰: "汝何若是欺人乎? 可謂一慧一暗之甚矣. 汝之欺我神謀, 雖陳平之六出奇計, 無以過此也."丁香含羞, 對曰: "妾謹奉密旨, 出於不得已, 然實多逋慢之罪, 願大君恕之."大君曰: "此莫非聖恩所曁, 竊恐此身福過灾生也."遂與丁香同居, 情誼日深, 多産子女, 同享富貴, 百年偕老. 家道昌盛, 其子孫燦燦爲士大夫, 至今, 冠冕不絶云. 有詩爲証, '花言巧語易心傾, 艷態姸姿亦可驚. 酒色元來伐性物, 銕肝無奈鍾深情.'

### 第十五回 秋香愛死沈密陽

朝鮮英祖時, 吏曹參判沈鏽, 以罪賜死, 其兄沈鋿, 在密陽府使. 時鋿老矣, 使妓秋香, 侍巾櫛, 鍾愛甚篤, 未嘗暫離左右. 時朝廷以鏽之故, 將執鋿問情, 在京一友人, 先通於鋿, 鋿不待王人之來拿, 將先俶裝上京, 擧家驚惶, 罔知所措. 臨發, 秋香畧無悲色, 不餞送一程, 只在衙內, 告別曰: "妾侍使道, 今已踰年, 而無一文錢一粒穀之私我者矣. 今使道解歸, 妾無所靠, 請官況錢數百金, 則可以營生矣."鋿許之. 然思其愛情, 怪其討賂, 心甚不樂, 一般衙屬, 亦

---

[9] 群: 「정향전」에는 '君'으로 되어 있음.
[10] 喜: 「정향전」에는 '戱'로 되어 있음.

皆唾罵焉. 鋿上京, 仍蒙竄配關北, 謫居數年. 時鐁獄未平, 將有不測之禍, 鋿朝夕待變. 一日, 忽聞門外人喊馬嘶, 鋿意謂王人來拿, 心膽碎裂. 忽一少年, 入席拜謁, 曰: "公不知某乎?" 鋿曰: "君誰也?" 少年曰: "某乃密陽妓秋香也, 公不記昔年之事乎?" 鋿大驚, 遽執手流涕, 曰: "吾竄謫北荒, 死在朝夕, 君不遠千里而來, 實出望外也." 秋香曰: "妾侍公時, 特受寵愛, 及公以罪罷歸, 無悲色, 不遠餞, 只要錢財, 公必謂我薄忒, 道我鄙陋也. 然妾豈不知情禮義理? 但特爲今日之地, 故作無義無恥之擧矣. 妾自公去後, 守義獨居, 將曩年所賜之金, 存本取利, 今獲屢千矣. 今公白首殘年, 竄居荒漠. 妾聞道路之言, 將來朝廷處分, 未知如何. 以公之勢論之, 及今早死於此地, 順受天命, 自靖一身, 免遭慘禍, 不亦可乎? 妾有藥在此, 使公早殀, 公可聽之乎?" 鋿欣然曰: "爾言是也, 藥在何處?" 秋香解裝, 一箱儲美酒數斗, 一箱盛魚肉胙脯, 一箱藏壽衣一襲, 一箱封金銀數塊, 開列于前. 鋿曰: "此何藥也?" 秋香曰: "公今老衰, 而尙能愛酒好色, 飮此旨酒, 與妾同處, 以衰朽之質, 入酒色之鄕, 不出數月, 必將自殞. 此所謂催命之良藥也. 公可勿惜." 鋿愀然應諾. 自是以後, 每日飮酒沉色, 不一月, 果卒於謫所. 秋香乃手自斂襲, 備棺槨, 將向京城, 手辦祭奠, 哭拜柩前, 哀號不止. 其夜, 遂自刎於柩側, 嗚呼悲夫! 蓋秋香使鋿得免刑戮, 保全子孫, 又能從以殉節, 豈不卓哉? 關北人士, 莫不盛稱其知鑑烈行, 至今嘖嘖焉. 有詩爲証, '皓首朝紳守密陽, 經年魚水愛秋香. 忍見老翁遭慘禍, 願隨公魄柩前亡.'

## 第十六回 元相國智計葬親

朝鮮中葉, 廢主光海政亂, 不堪主宗社, 仁祖撥亂反正. 時則有若原平府院君相國元公斗杓, 以布衣, 參贊大計, 竟爲元勳之一. 公自少時, 器量宏偉, 智計殊絶, 今據其絶倒者而言之. 公年纔弱冠, 家甚貧窶, 遭其父喪, 不能營葬. 聞近邑有一地師, 術業高明, 凡爲人占地, 必要厚幣. 元公欲懇得一地, 而無力辦幣, 乃思得一計, 與其弟斗樞, 約曰: "君於某日某時, 可備酒饌, 過某嶺, 如此如此, 可得葬地." 斗樞領計. 於是, 公往地師家, 拜道未葬之事, 更以虛言粧撰, 曰: "占地後, 當有厚幣." 地師不肯之, 公曰: "吾有薄田數頃, 若占得一地, 則當以田券奉納, 君勿慮也." 地師貪其田, 乃許之. 遂與公登山, 從某指某, 走上一嶺, 地師忽稱脚痛, 要元公背負過嶺. 公卽背負地師, 稍稍上嶺, 氣喘力疲, 公忽然張目大喝, 曰: "汝抱奇術, 不施於貧窮者, 而妄自誇矜, 只索厚幣, 令人氣短. 此等害民賊, 留之無用, 吾必縛殺, 以除生民之患." 乃折取葛蔓, 綑縛地師, 四馬攢蹄, 懸于高樹, 不顧而走. 地師已到死境, 忽見遠遠地有一喪人, 背着一隻簞笥, 穿嶺而過. 地師乃高聲救命, 那喪人慌忙走來, 解縛扶下, 席地而坐. 地師不勝感謝, 問曰: "君是何人, 將向何處?" 喪人答曰: "吾乃未葬親之喪人, 聞某處有地師, 欲乞一地, 俱此酒饌而往." 地師曰: "然則不必遠求, 吾亦署解地術, 請爲君卜之, 以報君德." 喪人曰: "公抱奇才, 人皆欽仰, 緣何懸樹在此?" 地師誑曰: "偶遇一喪人, 同行過嶺, 要我占地, 吾見其心術不正, 不肯早許, 那喪人力大, 縛我懸樹而走, 所以至此. 非君則吾已早到閻王府聽命矣." 喪人大喜乃開笥, 取酒饌饋進, 地師飽啜伸氣, 卽指點一處, 果得牛眠吉地, 卽使擇日葬之. 及葬日, 那地師亦來會, 開井穿壙, 喪人問曰: "葬此後發蔭, 何如?" 地師曰: "君之兄弟, 還有幾人?" 喪人曰: "只吾獨身, 無他兄弟也." 地師詑異, 曰: "此是兄弟貴顯之地, 而君曰獨身, 或者非君之地乎?" 言未畢, 元公自松林中突出,曰:"有吾在此,豈非吾地乎?"地師大驚曰:"吾見欺矣!"仍欲誑惑移穴,公冷笑曰:"爾安敢欺吾?"地師無奈,歎息而去,公竟安葬其地. 其喪人卽公之弟斗樞也. 兄弟相議,得以葬親於吉地,豈不奇哉? 其後,元公兄弟,果顯貴,兄爲相國,弟爲尙書,爲元氏之烈祖焉. 有詩爲証,'禍福原非付朽骨,吉凶等是共荒臺. 如何漫詑堪輿術,不及此公詭譎才.'

## 第十七回 趙夫人感義解奇冤

朝鮮明宗時代,有一位相國,姓尙,名震. 公自幼時,好讀書,不煩敎授而能解文理,及長,文思大進,長者不及焉. 年至弱冠,尙未娶室,嘗築精舍數棟於後園,獨處其間,不綴晝夜,惟以誦詩讀書爲事. 公之聲音淸朗,每讀書發吟,其聲如碎玉,朗然可聽,婦人孺子,盛讚道焉. 公之比隣,有一姓趙的宰相家,那宰相有一女,貌美而年至及笄,亦築草堂數間於其後園,與公之書齋,只隔一墻也. 那女子靜處其室,專習針工,不出戶外一步,人莫得以窺其顔色. 忽一日,時値仲秋望夜,皎皎明月,如同白晝,銀河耿耿,玉露零零,商颷徐起,令人爽懷. 忽聽有讀書之聲,乘風而至,其聲淸而有節,雅以有操,爽爽朗朗,眞個撼出無數情懷也. 那女子不覺狂興蕩漾,初焉,散步中庭而聽之;再焉,側身墻下而聽之,末乃不勝情緒,輒踰墻潛步,而入尙公之房,立于門首,尙公擡頭一見,便是未嫁閨女也. 畧不動念,誦讀不綴,良久掩卷,而問曰:"汝是人乎鬼乎? 黃夜至此,必有事故,以實告之,可也." 那女子含羞含態,從容告曰:"妾是隣家趙公之女也,日處後園草堂,專習針工,而家法甚嚴,不得窺戶外一步. 今忽聽公之讀書聲,情懷萌動,神魂飄蕩,不覺踰墻而入,願公愛之焉." 公乃勃然變色,厲聲而言曰:"爾是宰相家未嫁女子, 承奉父母之訓, 着心修行, 勤習女紅, 不墜家訓, 可也. 奈何乘夜越墻, 潛窺男子, 是何道理? 此汚家門之亂行也, 寧不可羞? 吾今替爾父母, 出力敎爾, 革心改愆." 卽以書籤, 施撻楚於女, 腿上血流斑斑. 於是, 痛罵一回, 復溫諭一回, 使之退去. 那女子滿面羞慚, 掩淚謝過, 而歸于草堂, 乃發憤修行, 不復萌私心矣. 其後, 尙公娶室于他門, 那女子亦出嫁于洪氏家, 莫相問聞焉. 尙公早登科, 歷敭淸顯, 位躋三公, 那女子亦産男育女, 極其貴顯, 其二子俱登科, 在臺諫之官. 忽一日, 其二子退朝歸家, 逕入密室, 相與議事, 或口呼起稿, 或援筆精書, 有若修正疏章者, 而極其秘密, 外人莫知焉. 其母趙氏大疑, 逕至密室, 謂二子曰: "今日, 朝中有何事, 汝等如是慌忙而聚謀耶? 願聞之." 二子不敢隱瞞, 乃告曰: "尙相國震, 年至七十, 忽犯淫行, 聽聞駭怪, 有辱朝廷, 故兩司玉堂, 方合啓而聲討矣. 不肖輩, 今在臺諫之列, 不敢含糊不言, 方治疏請誅矣." 趙氏大驚失色, 曰: "以尙公之淸德雅操, 豈有此事耶? 吾願捨此老命, 擔保其必無此事矣." 二子曰: "母親何由知尙公之無犯乎?" 趙氏乃以未嫁之時受撻楚之事, 細細言之, 曰: "汝若不信, 又看一物可證." 遂開篋笥, 出一裹裌緊封者而示之, 此則受撻楚時血流點汚之裌袴也. 二子大驚, 卽扯破已成之疏章, 袖其血衣, 詣闕伏地, 奏曰: "尙震之必無是事! 臣之老母, 願捨一命而擔保, 願聖明察之." 遂以血衣獻上, 細奏其事, 上覽之, 歎曰: "如非爾母之言, 予必誤了一位賢相也." 乃下嚴敎而解之, 尙公遂得無事矣. 大抵, 尙公緣何遭此罔測之辱? 原來尙公晩生一子, 甚愛之, 年至弱冠娶室, 婦其美慧, 不幸其子夭逝, 其婦獨處一室, 守寡保節. 尙公年老無子, 常自悲惶, 每夜深, 必躬行家內, 點檢關鎖門戶. 一日夜, 到其子婦之室, 則不關房門, 裸衣露體, 仰臥于門扃之上而就睡. 公不忍正視, 遠遠立住, 咳嗽一聲, 曰:"被衾而宿, 可也." 其婦忽驚起, 曰:"原來老舅行此亂倫之事, 吾今不可以偸生." 遂入戶, 自縊而死. 其翌朝, 始知其婦之歿, 憐而厚葬之. 此說一播外邊, 拂拂揚揚, 空然以舅奸媳, 致令自死之說, 喧藉世間. 滿朝文武, 不敢諱秘, 乃治疏糾彈, 尙公之禍, 固不可測, 而只因洪母趙氏之卞, 乃得解釋, 豈不異哉! 爾道那尙公之子婦, 緣何貽惡名于其老舅, 而遽自捐生乎? 此必有曲折. 原來那女自守寡以來, 常獨處一室, 時當夏節之夜, 單葛露體, 獨睡於涼軒, 有盜潛入, 見物生心, 遂潛奸而逃. 其女在昏夢中被辱, 驚覺而不見其人, 憤莫甚焉. 思欲得其人, 仍復如前夜之狀, 裸衣赤體, 假寐而臥, 適乎尙公遠立咳嗽, 那女不暇致詳, 輕發惡言而自殞, 致使尙公受累名. 那女之輕薄言之可汚, 而洪母之老, 而不忘撻楚之恩, 以救老相國之危命, 不亦壯哉! 有詩爲証, '夫人感義勝男兒, 受撻當時已覺私. 相國無辜誰敢解, 而今回憶少年時.'

### 第十八回 李長業據証一門慶會

全羅道咸平地, 有一李姓人, 頗有知鑑. 所善有人金姓者, 居在隣里, 天文·地理·陰陽·術數, 無不精通, 深自韜晦, 世無知者, 而李獨知之, 結爲死生之交, 每事必諮而行. 李生晩來無子, 屢懇于金生, 金生曰:"君欲有子, 則君之親山, 必爲緬襄, 而但君有子, 則必君減壽, 奈何?" 李生曰:"若生一子, 死復何恨?" 金生不得已指示一地, 曰:"葬此則必生貴子, 子生十歲, 君必仙居." 李生乃移葬其親後, 果生一子, 名之曰'長業', 長業年甫十歲, 儼若老成人. 李生病且死, 遺言于其子曰:"吾死後, 葬地必聽金丈所敎." 及李之死, 金不來唁, 成服後, 往乞山地, 則曰:"明日更來." 明日去, 則又明日來, 如是月餘, 始曰: "可矣!" 仍與同往指點一處, 曰: "葬于此." 長業曰: "葬于此, 則何如乎?" 金生曰: "葬于此, 則汝年十五, 必爲成婚, 成婚之夜, 必爲虎噉." 長業曰: "虎噉則何如乎?" 金生曰: "似有生道." 長業曰: "然則可葬, 但不令其母知之." 遂葬之. 金生移家于李洞, 訓孤理産, 無不實心看護. 長業年至十五, 果爲成婚, 婚行之發, 金生戒之曰: "此去, 雖不至死, 愼勿卽還, 必待十五年後, 某月某日還家, 必無後患." 及至婚日, 日纔初昏, 便促新房, 與新婦同寢之際, 新婦臍下, 忽生栗子大之一瘤, 深以爲怪. 俄而, 起整衣冠, 謂新婦曰: "吾爲虎噉而去, 君必善事母親." 言訖, 拂衣出戶. 新婦大驚, 挽之不得, 虎來攫去, 一夜之內, 不知往幾百里, 虎亦力疲, 置之山谷. 忽有一老人, 杖藜而至, 揮杖逐虎, 虎乃去, 天且明矣. 老人曰: "自此下山, 必有救護人." 因忽不見. 李乃抖擻精神, 顚倒下山, 見一村婆, 在田收穫, 一見大驚, 曰: "不知誰家新郞, 而必被獸驚." 因細叩居住姓名, 長業一一告之, 婆復失驚, 曰: "然則外宅非某宅乎?" 李曰: "然." 婆忽痛哭曰: "吾本大[11]夫人轎前婢也. 誤聽人言, 逃躱在此, 悔之莫及, 今見小主人, 如見大夫人." 遂携還家, 家頗饒足, 仍曰: "十五年間, 不必他往, 在此讀書, 可也." 自是, 衣服飮食, 竭力供奉, 不知客苦, 居然爲十五年矣. 李欲發還鄕里, 婆曰: "時其至矣, 公可亟還!" 遂整理行具, 設宴相待, 婆乃流淚送別, 李亦感其誠意, 深深銘謝, 期以後會. 遂赴擧爲進士, 發程還鄕, 不及家一里許, 有一酒店, 李生對店翁作禮, 問曰: "某洞某家, 近作何狀?" 店翁嗟歎曰: "某宅主人, 成婚之夜, 爲虎噉去, 而聞設新房一胎雙男, 俱得無恙長成. 今年十五, 聯璧登科, 又

---

11) 大: 저본에는 '太'로 나와 있으나 의미상 바로잡음. 이하의 경우도 동일함.

皆成婚, 今日卽是榮到, 亦是于禮. 此等慶事, 古所罕有, 小倅當見其儀也." 李生聞甚喜悅. 俄而, 雙新恩兩新婦, 銀鞍繡轂, 鳴珂擁蓋, 兩兩成對而過. 李乃躡後而往, 入其門, 金老人在座, 遽起, 曰: "吾固知君之今日來矣." 仍使人急告于內, 曰: "今日之慶, 慶莫大焉, 而尤有大於此者, 死者生還, 豈不知乎?" 老夫人則一聞此說, 倒屣而出, 夫人則曰: "老丈所教, 豈可不信? 但不言憑信, 則不敢遽認也." 金老人謂李生曰: "或有憑信之可言者乎?" 李生曰: "新房之夜, 新婦臍下, 忽生一瘤, 不審尚在否?" 於是, 母子・夫婦・父子, 相抱痛哭. 大開宴席, 一門慶喜, 自不必說. 李生乃使人率來村婆, 厚賞金帛, 以報十五年優恤之德. 其後, 生亦以蔭仕顯達, 子孫燀燀. 蓋金生之術業, 亦可謂神異, 而李金之交道, 終始不渝, 今古無比云矣. 有詩爲証, '獨識奇才托刎頸, 李金友義若同胞. 一門慶會伊誰德, 不愧昔時管鮑交.'

### 第十九回 申忠壯棄德被陰報

申忠壯公砬, 朝鮮宣祖時人, 武家大族也. 公自少時, 膽膂過人, 武藝出衆, 爲武臣家翹楚, 時人莫不目之以大器. 中武科, 登仕籍, 不屑居任. 嘗好出獵, 日與從者數人, 持弓佩釰, 擊兎伐狐, 或三五日, 或十數日歸家, 父兄憂之, 然亦不能禁也. 一日, 與同志數人, 約往嶺南, 騎一匹靑獅馬, 佩一張黑角弓, 繫三尺大環刀, 發行. 至嶺界, 偶爾迷路, 轉入山谷中, 日暮不能出, 信馬步而往, 忽見一大庄院, 在山岩之畔, 甚宏傑也. 公下馬入庄, 使從者叩門, 寂寂重門, 堅閉無應. 公乃大聲而呼, 始聞自內堂有細微之聲, 殆似婦女語音也. 公連呼之, 有一未笄小女, 自門內應, 曰: "未知尊客自何而來? 此家則外無男子, 只有一個女子, 未敢迎客, 請尊客少罪."

公曰:"雖然, 如是日暮途窮, 無處投宿, 暫借外舍, 經一宵, 待天明卽去. 請小[12])姐, 暫許方便." 那女子曰:"尊客來臨, 何妨一宵經宿, 而但此家有事故, 尊客必不安歇, 是以, 不敢留也." 公大疑, 曰: "貴家庄院, 如是廣大, 而無主人, 只有一女子, 却是何故? 且有何事故而不能安歇云耶? 願聞其詳焉." 那小姐乃含淚, 而對曰:"吾家自來, 富居于此, 門闌繁盛, 人皆讚羨. 不幸自月前, 惡鬼作亂, 每夜來鬧, 壓死一人, 所以父母兄弟男女奴僕, 相繼而亡, 單單只有妾身一個. 然今夜那鬼必來, 妾身亦必死矣, 所以不敢留尊客也." 公聽罷大怒, 曰:"何物妖鬼, 敢如是作祟喪亡人家耶? 今夜那鬼若來, 吾必擊殺之, 小姐勿憂焉." 那女子斂容而對曰:"若得如此, 則生死不敢忘恩." 乃手具晚餐而款待, 公飮膳畢, 使從者, 留宿於外舍, 躬入于內舍, 挑燈獨坐, 藏小姐于脚底, 拔釖而待聲氣. 至夜半, 忽然一聲響亮, 如天崩地塌, 房門自開, 有一白棺, 挺然而入, 立于公前. 公佯若不見, 危坐而誦孫吳兵書, 那物立之良久, 復挺然而出. 公尾追之, 那物入于後院頹墻之中, 公驗其處, 而還入于房. 小頃, 又有一聲大起, 屋宇震動, 見一物, 如死屍狀, 走入于公前, 公如前端坐不動. 那物復走出, 公又尾隨之, 見那物入于屋脊曲樑之上, 公復驗其處, 而還入于房, 依然坐待. 自後, 寂然無聲, 萬籟俱靜. 未幾, 東方發白, 公乃攪起小姐, 只見小姐神絶氣陷, 如垂死之狀. 公乃喚從者, 具湯飮救護, 須臾更甦, 起身拜謝, 曰:"荷蒙厚恩, 死而復生, 此生此恩, 何以爲報?" 公曰:"偶效微勞, 何足掛齒?" 仍卽命從者, 大備炭火于場中然後, 各持鍬鋤・鉤鎌等物, 圍繞後院頹墻, 掘鑿瓦磚, 忽見白鷄一隻, 潛伏於瓦磚之

---

12) 小: 저본에는 '少'로 나와 있으나 의미상 바로잡음.

中. 公乃拔釰斫之, 即投于炭火之中, 頃刻燒化. 復使從者, 毁撤屋脊曲樑, 忽見蜈蚣一隻, 長數尺, 蟠臥於曲樑之間. 從者大驚倒退, 公擧釰擊之, 斫爲兩段然後, 即投火, 亦燒燼無餘. 蓋前夜先來之白棺, 即白鷄精也; 後來之死屍狀, 即蜈蚣精也. 此兩物, 年久成精, 能變化害人者, 而其家人不知其實, 半夜來侵, 不免驚死, 以至靡有孑遺, 寧不悲哉! 公乃深透其理, 遽除其害, 全小姐之命. 小姐自念, '一身危而復安, 且報父母兄弟之讐, 苟論公德, 靡身莫報也.' 乃向公曰: "公之恩德, 河海猶淺, 無以爲報. 願以一身隨公, 奉箕箒, 少酬萬一, 願公勿以醜陋而棄之焉." 公曰: "不然. 以小姐之才德, 豈無百年之君子? 以吾赳赳武夫, 不堪爲小姐之匹. 若得不棄微賤, 以表不忘之義, 則請結爲男妹之誼, 可也." 遂呼小姐爲妹子, 小姐默然無語. 及公辭別發程, 小姐泫然流涕, 曰: "公之恩義, 雖曰深重, 吾之一身, 無處依托, 願公更思焉." 公拂袖而起, 曰: "賢妹善保, 相見有日." 遂出門而去. 小姐不勝抑鬱, 內念於心曰: "未笄處女, 欲依托於彼, 彼乃邁邁然不顧, 吾將疇依? 且以處女之身, 欲依於人, 而忽見拒絶, 寧不可羞? 不如早死也." 乃上屋角, 高聲呼公, 曰: "公今恩我而棄我, 是反積寃於我, 我必死以追公." 公聞言, 急回頭視之, 小姐自屋角上, 倒身墜下, 頸折而死. 嗚呼哀哉! 公復回馬, 使從者殯殮而藁葬之, 悵然不樂而歸家. 數日後, 往謁其外祖, 外祖熟視良久, 曰: "汝往嶺南, 有積寃之事乎?" 公不敢隱諱, 乃以其事告之, 外祖曰: "汝後日必死於此女之手, 而死必無身, 只以衣帶葬之矣." 公心不謂然, 默默而退. 公其後, 屢歷高官, 至大將, 榮耀一世. 至壬辰之亂, 公爲巡邊使, 率兵往守鳥嶺【在聞慶郡】, 忽夜半, 自半空有呼公名, 曰: "公勿留陣於此! 若守此地則必敗, 必退守忠州彈琴臺, 背江而陣, 則必勝矣." 公急起出帳仰視,乃一女子隱隱立於雲頭, 公曰: "君是何人, 敎我如是乎?" 那女子曰: "公不記某年某月某日某地某家之事乎? 吾乃伊時自斃之女子也. 吾感公之厚恩, 無以爲報, 今於大軍相當之際, 願效微衷, 敢此言之, 願公勿疑速行焉." 言罷, 忽然不見. 公遂移兵於彈琴臺, 背江而陣. 未幾, 倭兵大至, 公戰敗, 赴水而死. 此乃那嶺南女子, 欲報冤於公而詆言以誘惑者也, 可不懼哉! 公死後, 公之屍身, 無以撈得, 竟以衣帶葬之. 公之外祖之藻鑑, 亦可謂神明焉. 後朝廷贈諡忠壯, 其子孫, 世世爲武將大家. 有詩爲証, '小屋山中掩夕扉, 如花閨女獨獻歆. 樹恩棄德緣何事, 一道孤魂嶺上飛.'

### 第二十回 喪歌僧舞老人哭

朝鮮仁宗御極後, 敎化大行, 文治郅隆, 士民各懋其業, 父詔其子, 兄勖其弟, 莫不以忠孝爲立身之本, 誠東方之晟世也. 仁宗甞夜巡都城, 躬察風俗, 時或下訪賢士, 勉諭忠孝道德, 士大夫莫不感泣聖恩, 尤不敢懈怠也. 一日夜, 上以微服出巡, 至北山下, 有一矮屋, 燈光射窓. 上潛往窺之, 見有一老人上坐, 座前列酒肴之屬, 老人不喫, 掩面而哭. 又有一少年喪人, 一靑春僧女, 左右侍坐, 喪人則鼓掌而歌頌壽之詩, 僧女則擧袖, 而舞獻觴之曲. 上大訝, 曰: "此必有曲折也." 乃叩門而入, 喪人及僧女, 俱蒼皇而迎之. 上問曰: "君家有何事, 老人哭而喪歌僧舞也?" 老人對曰: "吾家世守淸貧, 只以忠孝敎子, 不幸一年之前, 老妻病歿, 只有一子一婦, 守喪在家, 子讀婦織, 僅僅保活. 今日卽老漢之回甲也, 以家貧所致, 無以設酌稱壽, 子與婦, 心如焚灼, 子曰: '割吾頭髮, 鬻賣得金, 可以供旨矣.' 婦曰: '不然, 君以男子之身, 落髮爲僧, 何以行世? 如吾婦女之髮, 不足惜也.' 遂引刀自割其鬢, 鬻市得金數兩, 設此盃盤而供之. 老漢自念, 老而不死, 貧而不給, 致令兒婦毁形, 忍見於今日, 不覺涕淚自流也. 兒婦旣設盃盤, 獻於老漢, 稱壽而供歡, 故一歌一舞也." 上聽罷, 心甚矜惻, 又嘉尙其子與婦之孝誠, 乃徐徐而敎曰: "勿得傷心, 孝感所致, 必獲天祿. 少年闋制後, 必赴擧, 以圖進身之策, 可也." 言畢, 遂還駕, 老人父子, 尙不知其爲聖上之來臨也. 光陰如駛, 那少年闋服, 忽聞有科令, 少年赴擧入場. 聖上親臨取士, 出試題, 曰'喪歌僧舞老人哭'. 少年大驚自揣, 曰: "曩者, 來臨吾家, 必是聖躬也." 遂繕寫所懷而呈券, 上親覽其試券, 明知其爲少年無疑, 乃坼榜呼名, 果其人也. 遂擢第, 卽授官, 使之祿養其父. 那少年不勝惶感, 泣謝天恩, 盡心報國, 遂爲名流. 其人謂誰? 姓李, 名孝達, 京兆人也. 有詩爲証, '吉慶人家最壽筵, 家貧猶有兒娘賢. 鬻鬢供旨歌兼舞, 誠孝千秋堪可傳.'

### 第二十一回 金福孫智滅群盜

朝鮮宣祖時, 京城有一奇偉之人, 姓金, 名福孫. 生於市井之中, 家門卑賤, 且早失父母, 自髫齓, 不能從學, 只是放浪無賴. 及長, 膽畧過人, 眼明手快, 機警隱微, 發奸摘伏, 無所不能, 人稱神才. 福孫年至三十, 無所爲業, 乃投托於捕盜大將門下, 捕將有事差役, 福孫伶俐趨奉, 極稱捕將之意. 捕將深知其不凡, 乃差捕校, 捕校者, 巡警坊曲詗拿盜賊者也. 福孫自受任捕校以後, 有心戢盜, 不分晝夜, 巡回各坊, 以詗盜爲事. 每日捉盜, 不止數十人, 捕將登廳審問, 果非誣罔, 乃是眞盜也. 捕將尤重用之, 專任以戢盜之責. 一日, 冬天下雪, 至夜半, 雪未霽. 三更時分, 福孫腰佩鐵椎, 手執短杖, 出巡街巷, 至南村, 有一足跡在雪地上. 福孫追其跡, 而轉入曲巷, 其足跡, 至一大家後墻而止, 是家, 卽現時捕將之家也. 察其

墻, 則其跡在墻上, 分明是踰墻而入矣. 福孫亦踰墻而入, 從其跡
而追之, 及見其跡, 止於捕將之廟宇門庭. 福孫挺立窺察, 忽聞廟
宇裏簌簌有聲, 又見廟門半開. 福孫潛步闖入廟中, 細察則果有盜,
結束祭器. 蓋大夫家皆有家廟, 廟中置祭器, 古例也. 福孫乃潛出
廟門, 拒住門口, 忽大聲疾呼曰: "有賊!" 時捕將尙不就宿, 聞大呼
之聲, 急喚守衛捕卒, 張燈往見, 則福孫手執短椎, 拒守廟門. 指揮
捕卒, 使入廟中捉盜, 捕卒一齊擁入, 執出一盜. 福孫與捕卒, 俱出
外廳, 參謁捕將, 捕將又驚又喜, 盜則付刑, 厚賞福孫. 福孫之戢盜
機敏, 類皆如是, 雖古之郤雍, 無以過此也. 於是, 京城內盜賊, 無
以接踪, 相與議曰: "吾等以盜爲業, 而被捉於金福孫者, 指不勝摟,
來頭禍機, 又不可測, 則不如共逃于鄕, 以覓生路, 可也." 遂乃挈
群共逃于江原道, 臨逃時, 揭付榜文於東大門, 曰: "今此吾輩, 因
金福孫一人, 不能爲業於京城, 相率逃去于關東, 而若遇福孫, 則
必報讐矣." 捕卒見榜, 不敢藏匿, 乃扯榜, 呈上于捕將, 捕將深憂
之. 歷幾日, 江原監司狀啓, 曰: "關東盜賊大熾, 民不料生云." 朝
廷大驚, 飭下捕廳, 使之派卒詗捕. 福孫乃挺身出班, 告于捕將曰:
"關東之盜, 卽京城之盜也. 因小人之故, 而潛聚于關東, 使居民不
能安堵, 小人之心, 何安? 群盜必有棲息之窩窟, 則直擣其巢穴然
後, 可絶其根也. 小人敢請獨往關東, 詗探其巢穴, 別作計較, 以圖
剿絶之方, 願使道許之." 捕將聽罷, 大喜曰: "汝敢獨往得無危乎?"
福孫曰: "小人雖是一渺小身材, 安如泰山, 使道勿慮焉." 捕將乃許
之. 福孫受命, 卽率捕卒一人, 粧做行客之狀, 竹杖芒鞋, 出發關
東, 山山水水, 方方谷谷, 無不櫛刷而行. 或投店而借宿, 或望門而
乞食, 至江陵五臺山, 深入山谷, 忽見山凹裏, 有一石門. 福孫開門
而入, 有一洞府, 山勢險惡, 四圍如屛, 中間洞區平鋪, 人家相連.

福孫心異之, 乃訪洞中最大家敲門, 日已暮矣. 主人開門迎接, 入于外堂, 分賓主而坐. 福孫見主人, 年近六旬, 鬚髮斑白, 風儀俊秀, 有若富家翁. 主人問曰: "客自何方來, 且貴幹何事?" 福孫曰: "某居京城, 欲探關東勝景, 偶爾入此. 日暮途窮, 欲借一宿而歸, 敢問主公肯許之否?" 主人曰: "何難之有?" 卽命僕者, 備夕餐而饋, 福孫使捕卒, 侍坐于傍. 於焉日落西山, 月出東嶺, 僕者點上燈燭, 主客對坐閒話. 主人曰: "山深夜長, 無可消遣, 客必有多聞博見, 以古今奇談, 以供一笑, 未知何如?" 福孫曰: "如此甚好, 亦道之以自己親當之事, 無不可矣." 主人曰: "但說不妨也." 福孫遂開言曰: "吾則京城捕校金福孫也. 因善爲詗盜, 頗著名, 京城群盜, 不能生活, 乃挈群潛逃于關東, 恣意竊發. 監司守令, 以其狀報聞, 朝廷特派吾, 下來戢盜. 吾入關東, 巡行列邑, 探其巢穴, 而尙未覺得, 轉轉入此. 或者主公亦有所聞者否? 若指示其綠林之藪, 則朝廷必有重賞矣." 主人聽說, 良久默無一言, 忽喚僕者, 曰: "有客自京城來, 有可聞之說, 爾其卽呼東隣某某西舍某某以來, 共聽其說, 可也." 僕者應命, 東喚西招, 須臾, 有老衰者强壯者幷集, 不下數十人, 圍坐于房中. 咸曰: "願聽京客之說." 主人指福孫而言曰: "此人是自京下來者, 而吾輩之仇讐金福孫, 是也! 天可憐見吾輩之冤, 使此人偶入于此, 吾輩可以復讐矣." 那老少諸人, 皆俯首祝賀, 曰: "天若不祚我輩, 此人如何自來? 不須遲延時刻, 卽當刳腹, 以慰死者之靈, 可也." 遂欲執縛福孫, 福孫無計脫身, 尋思一策, 乃佯應曰: "吾不知此洞之爲賊窟, 偶然入此, 豈望生全? 死吾本分也, 不必大呼小喝, 請從容就死. 但吾平生所嗜者, 酒也, 若饋我以斗酒, 則死亦無恨." 主人曰: "旣殺之地, 何惜盃酒?" 遂命僕者, 煖一盆美酒而來, 列於福孫之前. 福孫畧無愁色, 談笑自若, 酌大觥而飲之, 捕卒

在傍, 戰慄不能言. 福孫連飮數觥, 忽然擲觥於酒盆, 張目大喝曰:
"還不拿下!" 觥破盆鳴, 聲震屋宇, 捕卒又應聲而起. 那時, 群盜猛
聽福孫之喝, 不暇致詳, 不免驚惶, 各自逃散. 福孫也, 亦抽身急
跑, 與捕卒走出洞門, 乃免其禍. 原來群盜, 縱然放膽圍坐, 到底是
盜賊身分, 福孫是巡捕身分, 却不無十分害怕. 忽聞福孫發喊擲
觥, 如聞霹靂聲, 疑有埋伏於左右山側, 單身入來, 擲盃爲號. 且見
福孫飮酒談笑, 傍若無人, 少無幾微恐懼之態, 如何不疑? 及聞發
喊, 不覺心驚膽落, 乃各自謀生, 以至奔走不迭, 此理勢然也. 此是
福孫之急智脫身者也. 福孫於群盜亂跑之時, 乘機逃出, 與捕卒夜
走數十里, 至江陵府, 急叩官門. 府使在睡夢中驚起, 使人問之, 福
孫遂入見府使, 俱告其由, 請發官軍剿捕, 府使大喜, 急升堂, 喚軍
校數百人, 令福孫領率往捕. 福孫乃率軍校, 立卽馳往該洞, 圍得
鐵桶, 相似水泄不漏然後, 盡數捉得, 將群盜家私抄沒, 輸入官府.
府使具由, 狀聞于朝, 群盜幷付刑. 於是, 關東一路, 盜棍永絶, 人
民安堵. 福孫上京復命, 捕將大悅, 厚賞之, 福孫固辭不受. 忽一
日, 挈妻子, 潛逃入山, 竟不出世, 不知所終. 此亦福孫明哲自保之
計也. 至今數百年, 尙傳福孫之名, 膾炙人口, 豈非異人哉? 有詩
爲証, '往往美珠混埋塵, 世人不識有奇人. 若使福孫得地位, 何難
風俗遽歸淳.'


### 第二十二回 申靖夏三生觀名山

昔中國唐朝, 李衛公靖, 位至將相, 名垂竹帛, 雖外國之人, 莫不
盛稱其名. 公位勳旣隆, 人間快樂之事, 無不畢擧, 而高山大川, 勝
地名區, 未嘗一一周覽, 此爲人生之遺恨. 故公於南征北伐之時,
奉命出疆之間, 每留心而寓目, 中國山川, 足跡殆遍, 此亦公之一

福分也. 公嘗聞東國朝鮮, 有金剛山一萬二千峰, 削立芙蓉, 清景絶勝, 爲三神山之一, 思欲一見, 而國異路遠, 無緣往觀, 心常恨之. 到老, 自知其必不能見, 乃有詩, 曰: '願生高麗國, 一見金剛山.' 此詩傳布於世, 中國人亦知金剛之爲勝景也. 朝鮮與中國, 書同文, 車同軌, 故此詩亦流出於東方, 稔知李衛公之有所願矣. 李衛公之卒後千年, 朝鮮顯宗時, 宰相申琓[13], 生下一子, 見其背上有紋刻, 成一句詩, 曰: '願生高麗國, 一見金剛山.' 宛然成字, 無異筆書. 申公甚異之, 知其爲李衛公之後生, 遂名之曰靖夏, 蓋取靖字, 以表李衛公三生之義, 夏字, 卽申之門行也. 靖夏旣長, 縱治公車之業, 無意於世事, 惟思周覽山川. 弱冠時, 遵親命, 赴擧登第, 榮耀無比, 而心常鬱鬱不樂, 有超塵絶俗之想. 一日, 靖夏告其父曰: "生於朝鮮, 不早觀金剛, 則無以壯其志, 兒願一見以遂素志." 申公知其有夙世之願, 乃許之. 靖夏策一短驢, 携一小童, 飄然入金剛, 周覽內外山一萬二千峰, 多有題詩而留跡. 自春至秋, 歷半年而始返, 玆後, 益厭煩愛閒, 常靜居一室, 不窺戶外. 玉堂兩司屢除, 而俱以病辭, 申公患之, 而亦無如之何矣. 其翌年, 靖夏忽然無疾而卒, 臨死, 告其父曰: "兒之素願, 只在一見金剛, 今金剛已見, 素願已畢, 餘無所爲, 空然生在世間, 亦違天命. 今將還歸本土, 兒已生下一男, 足可傳兒之姓名. 父親其勿悲傷, 撫養孫兒, 以嗣兒后焉." 言訖而卒, 申公已知其仙化而去, 嗟歎不已. 時人莫不異之, 以爲李衛公之後身, 見金剛而還于中國也. 靖夏後承詵詵, 至今昌大, 此是萬古希有之奇事也. 有詩爲証, '三生一說我難信, 遍閱外書認是欺. 今見申氏金剛跡, 冥府元來隨願爲.'

---

13) 琓: 저본에는 '琬'으로 나와 있으나 의미상 바로잡음.

## 第二十三回 李土亭拒色免厄

李土亭之菡, 韓山世族也. 生於朝鮮宣祖時代, 家門煊爀, 父叔弟侄, 俱在宰輔之列, 爲當世名流. 公生而秀朗, 稟氣異常, 能耐寒暑飢渴, 或冬日赤身坐烈風之中, 或十日絶飮食, 不病. 自少寡慾, 於物無吝滯. 天性孝友, 與兄弟不私其有, 輕財好施, 能救人之急, 不屑於功名, 常抱膝長吟, 有出塵之態. 公妙歲, 受學于徐花潭敬德之門, 花潭一見其丰神飄洒, 知其非凡流, 乃授以理氣玄奧之書. 公探求玩索, 莫不盡其妙蘊, 花潭大喜, 遂使館之於隣舍, 昕夕提誨, 誦讀不掇矣. 其隣舍主婦, 年可二十, 頗有姿色, 見公之容貌端雅, 風彩出衆, 心切艷慕, 思欲一通其私. 每油頭粉面, 粧飾整齊, 極意周旋于公之左右, 公畧不動念. 那婦疑以其夫在家, 不便下手, 乃促其夫, 曰: "凡人家生活, 非農則商, 君旣不農, 何不行商以助家計?" 其夫唯唯, 却無出門之意. 那婦悶甚, 朝夕叱喝, 長言短語, 或衝撞, 或怨訕, 無所不至. 其夫不勝其苦, 且怪其無端勸商, 乃佯應曰: "諾." 遂收拾行具若干貨物, 告別出門而去, 那婦喜洋洋, 笑吟吟, 牽袂而言曰: "於路小心保重, 必得大大生利而歸." 千聲萬語, 珍重而別. 其夫尤怪之, 內念於心曰: "此婦必有私於在家讀書之少年, 以吾在家, 不便戲謔, 所以迫我行商. 吾不必遠去, 吾將窺其動靜, 果與少年有私, 則吾必兩殺之, 以雪吾憤." 遂逗遛於其近, 捱至夜半, 還到渠家, 踰墻而入, 瞰其動靜, 則李公明燈讀書, 其婦坐於其傍, 以淫褻之言, 戲謔之, 公終不顧眄. 其婦戲之不已, 公乃據理呵責, 曰: "禮男女不同席, 今吾定館, 讀書于爾家, 爾縱非士夫家女子, 理宜避嫌遠處, 勿得相近, 可也. 且爾夫行商離家, 則爾其正心潔身, 暗祝神明, 以獲保佑, 乃家人之所當然. 今不此之爲, 妄生淫念, 戲謔外人, 是何道理乎? 此等潑婦, 不可安徐,當有以戒之." 遂擧書籤, 撻其婦數三鞭, 其婦不勝羞愧, 乃垂頭而泣. 其夫見此光景, 不覺暗暗驚歎, 卽回身踰墙, 走告于花潭曰: "來此學士, 眞聖人也!" 花潭曰: "何謂也?" 其夫具陳其由, 花潭不信, 與之偕往其家, 竊聽之, 果如其言, 不覺髮豎. 其明日, 花潭對之菌曰: "君之造詣, 如是夙成, 非長者之所可能也. 此乃敬德之師也, 非敬德之友也." 其後, 公專心向學, 遂成大儒. 仕至牙山縣監, 多有奇蹟, 預知洪州漢津之爲海, 使近津居民避之, 以免渰沒, 湖民至今誦之. 又有『土亭秘訣』, 占曆推算, 能知人之當年吉凶禍福, 至今盛行于世, 人人信之. 凡遇新年之初, 人莫不開卷而占之, 遂爲風俗. 公之明鑑異蹟, 垂三百年不泯, 眞異人也. 有詩爲証, '花潭學問本來奇, 受業門人又復奇. 不是天生賢慧質, 安知書外更無奇.'

### 第二十四回 金秀天吟詩占妓

京城有一少年, 姓金, 名秀天. 早失怙恃, 家資富饒, 頗有風騷, 爲遊冶郞挪揄, 日夕過從於紅粉絲竹之間, 迷惑不醒, 人稱酒色隊裏打囉鼓的. 幾年之間, 家資漸散, 秀天自念, '吾以富家之子, 從耳目之所好, 窮心志之所樂, 今焉蕩敗, 而素聞平壤乃物色之鄕, 不得一覽而死, 則死亦有恨, 吾今盍往觀之?' 遂沒鬻家産, 得數千金, 卽下平壤, 館於妓家, 昕夕娛樂, 凡平壤名妓, 無不親密. 不數月, 行資又匱乏, 妓輩覘其無資, 便冷忽不已. 秀天只剩赤條條, 一身無處寄托, 乃欲還京, 又是無面渡江;仍欲羈旅, 又是囊乏一文. 悽惋含淚, 丐乞度日, 不得已托身富家, 作雇過活. 一日, 時値秋凉, 弊衣充滿蟣虱, 搔痒難耐, 獨坐於南墻向陽邊, 捕除蟣虱. 忽見一年少妙妓, 騎短驢而過, 秀天自念舊日風流, 不覺長吁短歎, 乃口吟一句, 詩曰: '魂逐靑娘去, 靑驢載去否.' 那吟聲卽入那妓耳畔, 那妓停驢, 和吟曰: '驢蹇疑我重, 添載一人魂.' 吟罷, 下驢相揖, 曰: "妾是本鄕妓小梅也. 今聞君詩, 頗覺有趣, 君無乃以風流誤平生者乎? 雖然, 自古道'惺惺惜惺惺', 妓不惜風流郞, 則伊誰惜之? 君今隨我而去, 與我同樂平生, 豈不好哉?" 仍與之同歸于家, 衣服飮食, 綽綽有裕, 秀天不勝之喜, 因同居, 至老歡樂. 有詩爲証, '豪人名妓兩相知, 天定奇緣在一詩. 娛樂平生亦快事, 小梅花下醉眠遲.'

### 第二十五回 金判書市井覓親屬

金判書權, 朝鮮仁宗時人, 早登科, 官至禮曹判書. 文學德望, 爲世推重, 立朝數十年, 富貴雙全, 當時無比倫焉. 公之外叔某氏, 亦名宦家, 世居京城. 中宗時, 厲疫大熾, 死亡相續, 某氏家亦罹禍, 全家俱歿, 靡有孑遺, 此公少時事也. 某氏常畜一妾, 罹禍時幸免, 流離他鄕, 丐乞糊口, 公亦不能尋其跡也. 其後數十餘年, 公登科, 位躋八座, 常歎其外氏無家, 時或慷慨揮淚. 一日, 乘輻軒, 具公服, 赴朝, 日晏乃罷, 退出歸家之路, 忽見其外叔某氏之妾, 衣裳襤褸, 乞飯於路邊酒店門外. 公大驚且喜, 卽命停車, 忙跳下來, 納頭便拜. 那老婆驚惶走避, 公牽衣而問曰: "君非某公之別室乎?" 老婆曰: "然矣, 相公何人也?" 公曰: "吾是某也, 與君非舅甥之親乎?" 老婆聽罷, 嗚咽不能成語, 執手戱欷, 公遂輻舁其婆而還家, 使之豊衣厚食. 當時大路上來往之人, 莫不瞠慌而怪之, 及聞其酬酢之言, 又莫不點頭嗟歎, 稱誦公之德義, 一世喧傳. 南北村士大夫之間, 或有稱譽者, 或有誹謗者. 稱譽者, 知公之喜見外家人, 雖是妾流, 亦係尊行, 則不惜地位之高, 如逢外叔而拜迎者也. 誹謗者, 老婆雖曰尊行, 旣係賤妾之流, 則名分所在, 不可屈膝, 此攪亂風敎云也. 公聞之, 笑曰: "苟爲德乎吾屬, 吾何愛焉?" 益優待老婆, 與外叔母無間, 老婆感泣, 含恩於地下. 公之後, 遂乃昌大, 豈非積善樹德之理乎? 至今其子孫煒爀云. 有詩爲証, '富貴頓忘貧賤時, 外家無屬令人悲.【一作'最難市井覓親知'】此公德義眞堪頌, 俗士如何漫罵癡.'

### 第二十六回 金淸城觀相成少婢

朝鮮肅宗時, 淸城府院君金公錫胄, 文章勳業, 冠當世, 時人仰之若山斗焉. 公素善相人, 凡門族宗黨, 知舊子弟, 莫不觀相而擧薦于朝, 被薦者, 咸得科第仕宦, 因此而盛稱公之識鑑矣. 一日朝, 公寢起, 一未笄婢子, 年可十八九者, 持盥手器, 獻于公前. 公擧眼見那婢子顔色, 滿面和麗, 骨格淸秀, 有極貴之相. 公尋思, '如此貴相, 屈在奴婢之列, 此吾過也. 不如放逐, 任他所之, 以成其相, 可也.' 乃忽然大叱曰: "賤婢無狀敢犯吾座, 罪不可恕!" 急命健奴, 曳出門外, 不許仰役, 任其所去. 那婢子慌忙, 哀乞容恕, 留身奉役, 公終不聽, 竟使逐出. 家人亦莫知其由, 勸公一恕, 公不許, 遂嚴飭奴隸, 不得私自收留. 奴隸輩畏公之威, 竟乃拖出于道路. 那婢子無可奈何, 只得含淚出門, 莫知所向, 終日閒遊街坊上. 至黃昏時分, 偶爾路由西門, 出京口橋上, 欲覓一夜安身之所, 彷徨道路, 其情甚慽焉. 那時, 西門外有一老措大, 姓李名昌後者, 本以兩班氏族, 家甚淸貧, 年至五旬, 喪妻無子, 一身鰥居, 織席資生, 人稱席子商李生員.【士子未仕, 稱曰生員】李生員是日持所織之席, 販賣於鍾路, 得數緡錢, 沽飮數碗酒, 忙忙歸家, 欲備夕飱, 路出京橋. 時已昏暮, 忽見一女子, 彷徨不進, 心甚怪之, 放着大膽, 乘着酒興, 乃佯問曰: "爾是何人, 乃於昏暮逡巡街路乎?" 那女子俯首,對曰: "小女自遠鄕, 初入京城, 迷踪失路, 欲尋一夜安身之所, 而無人指導, 至此棲屑也." 李生員曰: "然則吾家距此不遠, 爾其偕我而往, 則可以穩處一宿矣." 那女子幸曰: "大人垂此大惠, 不勝感謝." 李生員大喜, 與之携手歸家, 張燈而見之, 則未笄女子也. 儀容雖不美妙, 却也有淸秀之態. 乃問曰: "爾是誰家女子, 何事入京, 何事出門失路?" 那女子對曰: "小女非班家閨女, 卽常賤之女, 而父母雙亡, 且無强近至親, 實無依托之處, 所以轉轉流離. 得到于此, 幸逢大人, 乃得一夜之安身, 感恩不淺也." 李生員聞其無依托之言, 粲然一笑曰: "爾是未嫁之女子也, 必不空老閨中, 定然出嫁於人, 以圖夫婦之樂矣. 吾雖衰老, 未有室家, 且無子女, 吾亦無依托, 家勢雖貧, 饔飧可繼. 爾若不嫌我老, 結爲夫婦, 産男育女, 百年同樂, 則豈不美哉?" 那女子跪告曰: "大人不以小女卑鄙, 欲爲妻室, 某何敢當? 然大人旣有其意, 則小女亦終身依托宇下, 以奉箕箒, 實小女之幸福也, 他何敢求? 惟大人任意焉." 李生員大喜, 卽與那女, 備夕飯, 相對而喫. 喫罷, 設草席衾褥, 與之成親, 雲雨之樂, 不言可知也. 自後, 李生員則勤於捆屨織席, 每日所得之錢, 甚多, 其妻則治産有條, 或紡績爲業, 或爲人家針繡, 所得賃金, 亦不少. 節食節用, 其剩金, 又放債取息, 如此數三年, 家勢遂至饒實. 又連生下二子, 眉淸目秀, 容貌皆絶等. 李生員大喜, 遂廢却織席之業, 撫養二子, 二子漸長, 俱敎以詩書, 數十年之間, 二子皆婚娶成家. 李生員年至七十, 高枕無憂, 安享泰平, 時人盛稱其晩福, 忽然老病不起, 妻子哀痛, 治喪如禮. 三年之後, 二子精通文學, 習公車, 遂赴擧, 俱登科第, 榮養其母. 其母每以其夫之不及覩爲恨, 常戒二子, 事君盡忠, 奉職以誠. 二子亦遵守母訓, 兢懼自愼勤供, 乃職所以臺諫之官, 常不離於身矣. 其母每於二子退朝後, 問今日朝中有何事, 二子亦於有事無事無隱, 說話之際, 或出金清城三字, 則其母輒詳叩之, 然其子則不疑焉. 一日, 二子退朝歸家, 逕入密室, 兄弟對坐, 附耳密議良久, 兄則口呼文字, 弟則執筆書之. 其母甚疑, 乃入密室, 對二子曰: "今日朝廷有何事, 汝兄弟如是遑遽製文? 吾願聞之." 二子對曰: "別無他事, 只因金清城跋扈弄權, 朝議紛然, 吾兄弟職在臺諫, 不可含默恬視, 故方治疏糾彈耳." 其母乃正色流涕, 曰: "汝等不知汝母之事也. 吾歸于汝父以後, 尙不言吾之本跡, 汝等何由知之? 今日吾老, 而汝等又出身事君議事之地, 若或昧, 犯不義, 則反失爲母之道. 今吾將言之, 汝等勿得大驚小怪也. 吾身本是金清城宅婢子也." 因俱道如何見逐, 如何逢夫君, 如何成親, 如何治業, 如何致富, 細細言之. 且曰: "今日, 汝等之顯達, 莫非金清城之德, 清城若不黜吾, 則吾何以逢汝父? 此清城善相人也, 故知我貴格, 吾無所犯之罪, 而强令放逐, 使我自意嫁人以應貴相者也. 吾入此門, 早生汝等, 遂成大家, 豈非清城之德乎? 今日, 清城權尊勢重, 被人嫉忌, 雖致彈劾, 然他人則可, 汝等則不可. 汝等若與衆人, 同列於彈章, 則是無母矣. 汝等若念其德, 則還須治疏伸救, 可也. 吾言已畢, 汝等其愼之, 無得罪於巨室也." 二子聽命, 恍然大悟, 乃改上伸救一疏, 遂爲老論之一黨【時朝廷有老論·少論·南人·北人之稱, 各成黨羽, 互相搏擊】, 俱得顯官. 蓋其母之賢哲, 世所罕有, 而其子又遵母命而改圖, 遂至業成身安, 豈不美哉? 且論清城之善相, 當時所稱, 而又能放婢積善, 至爲後日之羽翼, 亦豈不異哉? 清城之善相, 一絶也; 李母之不忘其本, 二[14]絶也. 李之兄弟, 不以母族之賤爲嫌, 而恪遵母命, 改救清城, 三絶

---

14) 二: 저본에는 '一'로 나와 있으나 의미상 바로잡음.

也. 世人之稱歎, 遺傳固宜矣. 有詩爲証, '宰相相人大異常, 能令少婢鳳求凰. 少婢反酬故主德, 世稱三絶非虛張.'

### 第二十七回 全關不投水保班脈

朝鮮孝宗初, 武人全台鉉者, 得除平安道滿浦僉使. 距京師千餘里, 自前除僉使者, 不能挈家小而往, 只單身赴任, 及苽遞歸而已. 台鉉亦單身赴任, 恤軍愛民, 浦民安業, 無不稱頌其德焉. 台鉉居此浦數載, 深得人心, 處官如家, 而常獨居政堂, 不無羈旅之苦. 吏民悶其旅宦, 每勸進一妓, 台鉉不聽. 一日, 偶因仲秋月夕, 與吏民設宴觀月, 吏民互相勸酬, 台鉉不辭而飮, 要以忘客懷, 不覺酩酊, 大醉倒于席上. 吏民暗使一妓侍寢, 台鉉醉中, 成就其事, 翌朝醒來, 懊悔無及, 然已無如之何矣. 遂使那妓, 權奉巾櫛, 踰年生一女, 容貌絶等, 愛之如珍寶, 名之曰關不. 蓋關不者, 雖是吾之所生, 無關於吾之意也. 朝鮮舊俗, 武人出守邊地者, 若與賤妓, 私生子女, 則不敢露出於世, 惟任其母而育之, 生長嫁娶, 却不關於其父也. 台鉉雖愛其女, 而不敢聲張, 故名之曰關不也. 關不生甫數歲, 台鉉遞歸, 任其女於其母, 單身歸京. 自後, 生死存沒, 都不相問. 台鉉年老病死. 光陰迅駛, 關不年至十六, 丰姿嬌容, 無與爲比. 其母遂使投名妓籍, 此是遐土習俗也. 關不自入妓籍以後, 雖黽勉習歌舞之事, 而一未嘗昵近外人, 年少之豪吏, 多錢之蕩子, 每欲侵近, 而關不峻拒之, 人莫敢犯焉. 其時, 僉使聞關不之名, 愛關不之容, 欲使守廳, 守廳者, 朝夕侍奉巾櫛, 寢同衾, 食同卓, 無異滕妾者也. 關不矢死不從, 僉使大怒, 威迫之, 關不知其不免, 乃慨然自歎曰: "吾父雖是武人, 亦仕宦家也. 吾雖賤生, 骨血則非兩班乎! 吾不可以吾父之女, 行無恥之事, 與其點污吾父之骨血, 不若自靖." 乃咬破指頭, 血書官衙後石上, 曰: '全關不投水死.' 遂溺于衙後江中而死. 僉使聞之大驚, 投印而歸. 事聞朝廷, 命檢獄官按覈, 而不能得其溺死之情, 凡交遞七人, 而始得其情, 具由報聞. 那僉使施以限己身充軍之律, 全關不命旌閭褒烈, 關不之冤始伸. 至今數百餘年, 其石上血書, 斑斑[15]可見云, 大是奇事也. 有詩爲証, '班女如何投妓籍, 原來古法多疎虞. 寧爲投水全身潔, 不忍惡名一世汚.'

### 第二十八回 尹稷山糊塗愛吟詩

京城有一老儒, 其姓名曰尹暎, 簪纓世族也. 性不羈, 好讀書, 不事產業, 家甚貧窮, 不問炊飯湯粥, 只是看經念賦, 其妻苦之, 亦無如之何矣. 朋友族黨, 咸高其志, 莫不送子弟受敎, 暎日與後生少年, 開講敎授, 怡然自樂, 不知老之將至. 如此四十年, 鬢髮已蒼白矣. 一日, 其戚叔金判書, 長銓曹, 憫暎之固窮, 除稷山縣監. 暎與其妻赴任, 暎在縣衙, 亦只好吟哦, 不察政事. 其妻賢而有慧, 每有一訟, 則輒參坐於簾內而聽決, 吏民無不竊笑. 一日, 首吏入告曰: "忠淸監司新除, 已爲赴任, 則官司主卽可馳進延命矣."【馳進延命, 謂往謁監司也】暎依其言, 乃率一吏, 策一驢, 發往忠淸監營, 呈延命狀. 其新任監司, 卽暎之平日敎授之門弟也. 監司念其師弟之情, 特除上下官之體例, 使之以便服入府堂. 暎乃欣然入府, 監司起立而迎之, 暎見監司, 則乃前日之徒弟也. 只想前日作徒弟, 不想今日爲監司, 不覺愕爾, 遽言曰: "君何在此? 監司何在?" 監司大笑曰: "某是監司, 豈有他人乎?" 監營知印在傍, 大喝曰: "何不拜

---

15) 斑斑: 저본에는 '班班'으로 나와 있으나 의미상 바로잡음.

而胡言如此?" 監司揮之, 曰: "此公吾師也, 不必循禮." 暎於是始知
徒弟之爲監司也. 監司對暎曰: "先生固窮, 讀書四十年, 始得一縣
監, 其情亦慼矣. 而先生只好吟哦, 不問政事, 則稷山之民, 亦何罪
也? 不若早圖歸隱, 某必資助, 以備暮年薪水之費, 請先生卽還."
暎乃唯唯而退. 監司卽招暎之陪吏, 劃給二千貫錢, 曰: "此必輸納
于稷山內衙, 以作治行之費, 可也." 陪吏領出, 同縣監還程, 渡錦
江, 暎見江上風光絶佳, 不覺詩興蕩漾, 乃高吟一絶, 曰: '錦江日
暖水無波, 一曲棹歌晚興多. 五斗折腰非素志, 堪將文酒老如何.'
吟罷, 渡江還官, 入縣衙, 其妻幸其無事往還, 迓出衙堂而問候. 暎
見其妻, 遽曰: "君何故來此? 莫非有訟乎?" 其妻泣曰: "夫君生平
好書, 竟失精神, 以至天性糊塗, 在此何爲也?" 陪吏乃告縣監與監
司相見之事, 及監司資助治還之敎, 其夫人曰: "可以歸矣." 卽命治
裝, 不日解歸, 以終餘年. 其詩文亦多傳於世, 而其事蹟爲世人之
笑柄矣. 有詩爲証, '尹公非是愛吟詩, 尹公是時愛吟詩. 若不吟詩
成痼癖, 錦江春舟也不詩.'

### 第二十九回 李源祚應夢登科

慶尙道星州郡, 有一族, 姓李, 名源祚. 家門零替不振, 僅保士子
之名, 自幼才氣異常, 覽書輒記, 遂成巨儒. 素家貧, 年過成童, 猶
是總角, 十七歲, 正月初一日夜, 身登天門, 參看科榜, 榜中嵬參.
及參謁帝座, 有一仙官, 奏曰: "今此榜中, 李源祚雖當登科, 科行
時, 某月某日夜, 忠州丹月驛店舍, 必被虎噉, 改榜何如?" 上帝曰:
"旣有科數, 又有虎厄, 事甚巧矣, 情亦慼矣. 或無可生之道乎?" 仙
官對曰: "欲生此人, 必捕其虎, 而捕此虎者, 惟有原州砲手金順三
一人而已, 餘無可捕者." 自後事言細, 不得詳聞. 推出天門, 忽然

驚覺, 乃是南柯一夢. 疑懼不定, 含默不言. 及聞科令, 反而自思曰: "數厄難逃, 在家何益?" 乃隨長者先輩數十人, 決意發行, 果以夢中指定日, 暮抵丹月店, 夕飯後, 請于同行長者, 曰: "緊閉房門, 置我于房中, 環圍其外." 詣人莫知其故, 依言防護. 夜半, 果有虎來吼, 勢甚危怖, 忽聞放砲一聲, 虎乃大吼而斃. 房中人失魂喪魄, 罔知所措. 俄而, 有一砲手, 擔銃而入, 曰: "此房或有星州李道令源祚乎? 吾乃原州砲手金順三, 是也. 今年正月初一日夜夢, 承玉皇召命, 諭之曰: '星州李源祚, 必爲登科, 而且有虎厄, 非汝難免. 汝於某月某日夜前, 往忠州丹月驛店, 救出此人, 否則必受天殃.' 覺來甚異, 猶未深信, 數日以來, 連夢數次, 丁寧無疑, 故今晚到此, 果有此事. 李道令今科必捷, 日後貴顯, 有不可量. 那時必厚報我, 切勿忘今日之事." 源祚乃出, 與順三相見, 深深致謝, 順三因剝虎皮, 納爲記異而去. 源祚於其行, 果登魁科, 屢歷清顯, 至刑曹判書, 遂爲嶺南大族. 其虎皮至今尚存, 豈不異哉? 有詩爲証, '科是何物天示夢, 世人登科夢必多. 登科箇箇應天夢, 天亦爲惱夢人科.'

### 第三十回 李應虛夢甘黃粱

京城南村, 有一李生, 名應虛, 簪纓世族也. 文學言行, 俱爲出衆, 家契甚貧, 簞瓢屢空, 處之晏如也. 其妻亦名門後裔, 性行具備, 相待如賓. 一日, 當臘月之終, 粒米束薪, 不得辦備, 夫妻相對憂愁之際, 親友送米, 姻戚遺金, 有此則可以卒歲. 夫人告于生曰: "南隣打餠, 北社宰牛, 吾家旣有米, 則可以作餠." 幾升米, 親自春杵, 對灶爇火. 李生獨坐房中, 以手摩埃, 則溫煖可愛, 小臥假寐. 忽聞人喊馬嘶之聲, 如山崩地坼, 驚起出門視之, 則平生所不見之異形兵士, 滿街疾馳. 心甚怊悅, 不知所爲, 如癡而呆立, 爲兵士所捕, 就囚營中. 其妻不知散往何處, 甚爲悽悵. 翌朝, 兵士捉致一處, 乃其大將所也. 拘留幾日, 因爲俘虜, 渡江入去, 獻俘于京師. 淸帝招入諸人, 次第審問, 見李生擧止端雅, 容貌淸秀, 近前問之曰: "汝旣至此, 將欲仕乎?" 對曰: "旣到此地, 不仕何爲?" 又問曰: "旣欲仕, 則汝能文乎?" 對曰: "粗解魚魯." 帝仍問古今治亂, 對答如流, 心甚嘉之, 乃拜郞中. 幾年歷職, 至卿大夫, 功名足矣, 富貴極矣. 身處廣廈, 使令足於前. 公退之暇, 燕居晝寢, 忽有人在傍提醒, 覺而視之, 乃其妻持一椀餠, 進前勸嘗. 有詩爲証, '醒時不爲夢時爲, 夢爲猶勝醒不爲. 若使此夢永不醒, 此身長在富貴爲.'

## 第三十一回 雲英遺恨寄柳生

安平大君, 諱瑢, 朝鮮世宗第三子也. 其舊宮曰'壽城', 在漢陽城西仁王山下, 泉石之美, 林園之勝, 聞于一國. 每於春風秋月之時, 一時騷人墨客, 酒徒射伴, 無日不遊玩. 南門外靑坡士人柳詠[16]者, 飽聞此園勝槩, 思欲一遊而未果. 至宣祖辛丑年春三月旣望, 沽得一壺濁醪, 獨自入宮, 轉入後園. 登高四望, 則新經兵燹之餘, 壞垣破瓦, 廢井頹砌, 草樹茂密, 唯後廊數間, 巋然獨存. 生步入西園, 泉石幽邃處, 則落花滿地, 無人足跡, 微風一起, 香氣馥郁. 生獨坐岩上, 輒解佩酒, 盡飮醉臥, 以石爲枕. 俄而酒醒, 擡頭視之, 遊人盡歸, 山月已吐, 烟籠柳眉, 風動花腮. 忽有一條軟語, 隨風而至, 生異之, 起而視焉, 則有一少年, 與絶色佳娥, 班荊而坐, 見生至, 欣然迎接. 生與之相揖, 因問曰: "秀才何人也, 未卜其晝, 只卜其夜?" 少年微笑曰: "古人云: '傾蓋如故.' 正謂此也." 相與鼎足而坐,

---

16) 詠:「운영전」에는 '泳'으로 되어 있음.

女低聲呼兒,二丫鬟自林中至,女謂丫鬟曰:"今夕邂逅舊遊之處,又逢不期之佳客,今夜不可虛度,汝可備酒饌,持筆硯而來."二丫鬟承命而去,霎時而返,飄然若飛鳥之往來.琉璃樽盛紫霞酒,珍果奇饌,列於案前,酒味肴品,皆非人間所有.酒三行,女口呼新詞,以侑其酒,詞曰:'重重深處別故人,天緣未絶見無因.消盡往事成塵夢,長使後人淚滿巾.'歌竟,歔欷數聲,珠淚滿面.生異之,問曰:"今聞,詞格淸越,意思凄凉,甚可怪也.一盃相屬,情意已孚,而姓名不言,懷抱未展,亦可疑也."少年歎息而答曰:"不言姓名,其意有在,君欲知之,則吾必告之."愀然不樂者久之,乃曰:"僕姓金,年十三,能詩文,有名于學堂,十四登進士,一時之人,皆以金進士稱之.僕年少氣俠,志慮浩蕩,不能自抑.又以此女之故,父母之遺體,竟作不孝之子,罪不容於天地,罪人之名,何容言之?此女名雲英,卽安平大君宮人也."生曰:"言出而未盡,則不若不知之爲愈也.安平盛時之事,及進士傷懷之由,可得聞歟?"進士顧雲英曰:"星霜屢移,日月已久,其時之事,汝能記憶乎?"雲英曰:"中心宿怨,何日忘之?妾試言之,君須補其闕漏."乃曰:

　世宗大王八大君之中,安平最爲英睿,上甚愛之,賞賜無算.年十三,出居私宮,私宮卽壽城宮也.以儒業自任,夜則讀書,晝則或詩賦,或書隷,未嘗一刻之放過,一時文士,咸集其門,較其長短,或至月落參橫而罷.一日,大君語宮人曰:"天下百家之才,必就安靜處做工然後,可成.北門外,山川秀麗,閭巷稍遠,於此做業,可以專一."築精舍數十間于其上,扁曰'匪懈堂',又築一壇,名曰'盟詩堂',皆顧名思義之意也.文章名筆,咸集其壇,文則成三問爲首,筆則崔興孝爲首,然皆不及大君之才也.大君一日乘醉,呼侍女十人,曰:"天之降才,豈獨稟於男而嗇於女乎?汝等皆勉之!"先授

『小學』, 其次『庸』・『學』・『論』・『孟』・『詩』・『書』・『通史』, 盡教之, 又抄唐律數百篇, 教之, 五年果成才. 大君入則使妾等, 不離左右, 作詩斥[17]正, 定其高下, 明用賞罰, 以爲勸獎. 侍女十人之名, 卽小玉・飛瓊・翡翠・玉禮[18]・金蓮・銀蟾・紫鸞・玉蓮・芙蓉・雲英, 雲英卽妾也. 大君皆甚撫恤, 鎖畜宮中, 使不得與人對話, 常謂侍女曰: "一出宮門, 其罪當死, 外人知宮女之名, 則其罪亦死." 一日, 大君自外而入, 呼妾等曰: "今日, 文士諸人飮酒, 有一抹靑烟, 起自宮樹, 或籠城堞, 或飛山麓. 我先占五言一首, 使座客次之, 皆不稱意, 汝等各次以進." 芙蓉先呈曰: '飛空遙臺所, 落地復爲雲. 近夕山光暗, 幽思向楚君.' 小玉曰: '緣樹細如織, 隨風半入門. 依微深復淺, 不覺近黃昏.' 翡翠曰: '覆花蜂失勢, 籠竹鳥迷巢. 黃昏成小雨, 窓外聽蕭蕭.' 飛瓊曰: '小杏成難根, 孤篁獨保靑. 輕陰重見日, 日暮又黃冥.' 玉禮曰: '敝日輕飛[19]細, 橫山翠帶長. 微風吹暫散, 猶濕小池塘.' 金蓮曰: '山下寒烟積, 橫飛宮樹邊. 風吹不自定, 斜日滿蒼天.' 銀蟾曰: '山谷繁陰起, 池臺綠影流. 飛歸無不見, 荷葉露珠留.' 紫鸞曰: '早向洞門暗, 橫連高樹低. 須臾忽飛去, 西岳與前溪.' 玉蓮曰: 短壑春陰起, 長安水氣平. 能令人世上, 忽作翠珠宮.' 雲英曰: '遠望靑烟細, 佳人罷織紈. 臨風獨怊悵, 飛去落巫山.' 大君看罷, 大驚曰: "雖比於晩唐之詩, 亦可伯仲, 謹甫【成三問字也】以下, 不可執鞭也." 再三詠玩良久, 曰: "芙蓉・翡翠・小玉・紫鸞之詩, 當爲居魁, 而獨雲英之詩, 顯有思人之意. 未知所思者何人, 事當問訊, 而其才可惜, 故姑恕之." 妾卽下庭, 泣而對曰: "遣辭之際, 偶

---

17) 斥: 저본에는 '斤'으로 나와 있으나 의미상 바로잡음.
18) 玉禮:「운영전」에는 '玉女'로 되어 있음. 이하의 경우도 동일함.
19) 飛:「운영전」에는 '紈'으로 되어 있음.

然而發, 豈有他意乎? 今見疑於主君, 妾當萬死." 大君命之坐, 曰:
"詩出性情, 不可隱匿, 汝勿復言!" 卽出彩帛十端, 分賜十人. 大君
未嘗有私於妾, 而宮人皆知大君之意在妾也. 翌日, 門外有騈闐[20]
之聲, 閽者入告曰: "衆賓至矣." 大君掃東閣迎入, 皆一時文士詩客
也. 坐定, 大君以妾等賦烟之詩, 示之, 滿坐大驚, 曰: "不意今者,
復見盛唐之口氣, 非我等所能及也. 如此至寶, 何從得之?" 大君微
笑曰: "何爲其然也? 童僕偶得於街上而來, 未知何人之所作, 而想
必出於閭巷之手也." 俄而, 成三問至, 見其詩, 曰: "此詩, 風格淸
眞, 意思超越, 少無塵世之態, 此必深宮人, 不與俗人相接, 只得古
人詩, 晝夜吟誦, 自得於心者也. 調格雖有高下, 而薰陶氣像, 則大
畧皆同. 大君宮中, 必養十仙人, 願無惜一見." 大君心內自服, 外
不頷可, 曰: "誰謂謹甫有詩之鑑乎? 我宮中, 豈有此等人哉? 可謂
惑之甚也." 于時, 妾等十人, 從窓隙暗聞, 莫不歎服. 其夜, 紫鸞以
至誠, 問於妾曰: "女子生而有願嫁之心, 理之常也. 汝之所懷之人,
未知何人耶? 悶汝之形容, 日漸減舊, 幸須無隱." 妾曰: "宮人甚
多, 恐爲屬垣, 不敢開口, 今日悃問, 何敢隱乎? 上年, 菊綻葉凋之
時, 大君獨坐書堂, 使侍女磨墨, 繕寫四韻十首. 小童自外而入,
曰: '有年少儒士, 自稱金進士, 請見.' 大君喜曰: '金進士來矣!' 使
之迎入, 則布衣韋帶, 趨進上堂, 如鳥舒翼. 當席拜坐, 容儀神秀,
正若天上郎也. 大君一見, 傾心吐膽, 進士避席而謝曰: '猥荷盛眷,
屢屈辱命, 今承謦咳, 無任悚仄.' 大君曰: '久仰聲華, 坐屈冠蓋, 光
動一室, 勝錫百朋.' 進士初入, 已與侍女相面, 而大君以進士年少,
中心易之, 不令妾等避之. 大君謂進士曰: '秋景如此, 願賜一詩,

---

20) 闐: 저본에는 '闃'으로 나와 있으나 「운영전」에 의거하여 바로잡음.

使此堂生彩.'進士對曰:'虛名蔑實, 何敢當之乎?'大君使金蓮唱歌, 芙蓉彈琴, 玉蓮吹簫, 飛瓊行盃, 以妾奉硯. 于時, 妾年少怨女, 一見豪男, 魂迷意闌, 進士亦顧妾而含笑, 頻頻送目. 大君謂進士曰:'我之待君, 款至矣, 何不吐瓊琚, 使此堂無顏色乎?'進士卽握管, 書四韻一首, 詩曰:'烟散金塘露氣凉, 碧如秋水夜何長. 微風有意吹垂箔, 莫怪甕間醉後狂. 庭畔陰開松反影, 盃中波好菊有香. 阮公雖少頗能飮, 白日多情入小堂.'大君吟詠而驚, 曰:'眞天下奇才也! 何相見之晚也? 且非徒能詩, 筆法又益神妙, 是天生君於東方, 非偶然也.'侍女一時回顧, 莫不動容, 曰:'此必王子晉, 駕鶴而來塵寰耳, 豈有如此人哉?'大君又使進士, 揮毫之際, 墨筆一點, 誤落於妾手, 娟如蠅翼. 妾以此爲榮, 不爲拭除, 侍女等微笑, 比之登龍門. '只因一點誤落墨, 惹起千秋無窮恨.'夜已將半, 大君欠伸思睡, 進士告退. 妾自是以後, 寢不安席, 食不甘味, 不覺衣帶之緩, 其時事, 汝未能記憶乎?" 紫鸞曰:"我忘之矣, 今聞汝言, 豈不感心哉!" 其後, 大君頻接進士, 而未嘗以妾等相近, 故每從門隙而窺之. 一日, 妾以雪濤牋, 寫五言一首, 詩曰:'布衣韋帶士, 玉貌如神仙. 每向簾間望, 何無月下緣. 洗顔淚作水, 彈琴恨鳴絃. 莫恨胸中怨, 擡眼獨訴天.'以詩及金鈿一隻, 重封十襲, 欲寄進士, 而無便可得. 其夜月明, 大君置酒, 大會賓客, 以進士之詩, 示之左右, 俱各傳視, 稱歎不已. 皆願一見其人, 大君卽送人馬邀來, 俄而, 進士至而就坐, 顏色憔悴, 形容枯槁, 非昔時氣像. 大君曰:"進士有憂楚之心, 而豈先有澤畔之苦耶?" 進士謝曰:"僕以寒賤儒生, 猥蒙寵眷, 福過灾生, 疾病纏身, 食飮全廢, 今承辱命, 扶曳來謁矣." 進士少年書生也, 坐於末席, 與內外只隔一壁. 夜已將闌, 衆賓皆醉, 妾以穴壁而窺之, 進士亦知其意, 向壁而坐. 妾以封書, 從穴投之. 進士拾得歸家, 開封視之, 悲不自勝, 卽欲修答, 而靑鳥無信, 獨坐愁歎. 聞有一巫女在東門外, 以靈異得名, 出入大君宮中, 甚見寵愛. 進士訪至其家, 巫女年未三旬, 姿色殊美, 早寡獨居, 見生至, 盛備酒饌而待之. 進士却盃不飮, 曰: "今我有忙迫之事矣." 明日又往, 則如前而待, 又明日又往, 則巫女先以意挑之, 留以繼夜, 要以同枕. 進士曰: "巫若靈異, 則豈不知我之心事乎?" 巫卽就靈座前, 拜手搖鈴, 輒遍身寒戰, 頃之, 動身而言曰: "郎誠可憐也! 以齟齬之策, 欲遂難成之計, 不及一二旬, 必爲泉下之人矣." 進士泣謝曰: "巫雖不言, 我亦知之. 因神巫幸傳尺書, 則死亦無恨矣." 巫曰: "如我賤巫, 豈敢輕易出入宮中? 然爲郎君, 誠一往焉." 進士自懷中出一封書, 以寄之, 巫持書入宮, 暫得方便, 引妾于後庭, 以封書授之. 妾還房, 坼而視之, 其書曰: "一自成目後, 心飛魂越, 每向城西, 幾斷寸腸. 曾因壁間之傳書, 敬承不忘之玉音, 展未盡而咽[21]塞胸中, 讀未半而淚滴濕字, 不能盡看, 亦將奈何? 自是以後, 病入骨髓, 百藥無效, 九泉可見矣. 蒼天俯憐, 鬼神默佑, 倘使生前, 一洩此恨, 則當粉身麋骨, 以祭天地鬼神之靈矣. 臨楮哽咽, 夫復何言?" 書下復有一詩, 曰: '樓閣重重掩夕扉, 樹陰雲影總依微. 落花流水隨溝出, 彩鷰含泥畫欄歸. 依枕未成蝴蝶夢, 穿眼懸望鴻鴈飛. 玉貌在眼何無語, 緣草鶯啼淚濕衣.' 妾覽竟, 聲斷氣塞, 口不能言, 淚盡繼血, 如痴如狂. 紫鸞亦怨女也, 見此狀態, 含淚以慰. 一日, 大君呼翡翠, 而言曰: "汝等同處一室, 工業不專." 分其半, 置之西宮, 翡翠·玉禮·紫鸞·銀蟾, 與妾移住西宮焉. 其後, 妾欲修一書, 以謝其意, 而無便可得, 紫鸞密謂妾曰: "宮中之人, 每

---

21) 咽: 저본에는 '烟'으로 나와 있으나 「운영전」에 의거함.

歲仲秋, 浣紗於蕩春臺. 今年則設於昭格署, 往來之際, 尋見巫女, 則可以傳書矣." 妾然之, 苦待仲秋, 度日如年. 荏苒數月, 節屆淸秋, 涼風夕起, 皓月流光, 淸溪浣紗, 正當此時. 欲與諸女牢約日期, 而議論甲乙, 未定浣濯之所. 南宮人曰: "溪淸石白, 無逾於蕩春臺." 西宮人曰: "昭格署, 亦不下於門外, 何必捨近而取遠乎?" 紫鸞曰: "吾聞昭格署, 乃祭天星之處也, 洞名曰三淸. 吾儕十人, 必是三淸仙人, 誤讀『黃庭經』, 而謫下人間. 旣在塵寰, 則山家野庄, 農村漁店, 何處不可, 而牢鎖深宮, 有若籠中之鳥, 聞黃鸝而歎息, 見綠楊而歔欷. 乳鷰雙飛而棲樑, 草有合歡, 木有連理, 無知草木禽獸, 亦稟陰陽, 莫不交歡. 吾儕十人, 獨有何罪, 而寂寞深宮, 長鎖一身, 秋月春花, 伴燈消魂, 虛抛靑春之年, 空遺黃壤之懷, 賦命之薄, 何至此耶? 人生一老, 不可復少, 能不悲哉! 今可沐浴於淸川, 以潔其身, 共入太乙寺, 叩頭百拜, 合掌祈祝, 冀資冥佑, 欲免來世如此之苦也, 豈有他意乎?" 小玉曰: "我見理未透, 不及於君, 遠矣. 吾所不許者, 城內多有無賴俠客之徒, 慮有意外不測之辱, 故疑之也. 今汝使余不遠而復, 自今以後, 雖白日昇天, 吾可從之; 雖因河入海, 吾必從之矣." 芙蓉·玉蓮不肯之, 曰: "紫鸞之言, 隱而不發; 小玉之言, 勉强從之, 皆不合吾意. 今此浣紗之行, 妾不與焉." 金蓮曰: "議論終未歸一, 我當占之." 遂筮得一卦, 解之曰: "明日, 雲英必有丈夫矣! 曩日, 主君之威雖嚴, 而恐喪雲英之身, 故不敢迫之矣. 今舍以寂寞之處, 而欲往繁華之地, 遊俠少年, 見其姿色, 則必有傷心者, 雖不能相近, 指點送目, 則斯亦辱矣. 主君曾已下令曰: '宮女出宮門, 外人知名, 其罪皆死.' 今此之行, 妾不與焉." 紫鸞知事不濟, 慘然不樂, 玉蓮曰: "我與雲英, 交道甚密, 生死榮辱, 有若同氣. 前日, 主君前問候時, 見雲娘, 纖腰瘦盡, 聲音如縷,起拜之間, 無力仆地. 妾扶而起之, 以言慰諭, 則雲娘答曰: '不幸有病, 命在朝夕, 妾之微命, 死不足惜. 但願娘等九人, 綺語雲章, 日就月將, 他日佳篇麗什, 聳動一世, 而妾必不見, 是以悲耳.' 妾聞其言, 爲之下淚, 到今思之, 其病祟在所思也. 嗟呼! 書曰: '作善降之百祥, 作不善降之百殃.' 今日之論, 善乎? 不善乎? 設或事泄, 雲英當被其罪, 他人有何咎焉." 小玉曰: "不須多言, 妾當爲雲英而死矣." 紫鸞曰: "吾輩皆作善[22], 而能使雲英復續垂死之命, 豈不感謝? 今日之事, 上有天下有地, 燈燭照之, 神祇臨之, 明日, 豈有他乎?" 雲英拜謝曰: "生我者, 父母也; 活我者, 紫娘也." 其翌朝, 相會于中堂, 小玉曰: "天朗氣淸, 正當浣紗之時, 明日[23]設帳於昭格署乎!" 八人皆無異辭. 妾退, 以白羅書滿腔哀怨, 而懷之, 與紫鸞落後, 謂鞭馬童僕曰: "東門外巫女, 最靈云, 我將往其家, 問吾病祟而來." 童僕如其言, 妾至巫家, 巽辭哀乞曰: "今日之來本欲爲一見金進士也. 急走伻通言, 則終身報恩." 巫女如言送人, 則進士顚倒而至, 兩人相見, 不得出一言, 相對流涕而已. 妾以一封書與之, 曰: "乘夕而來此留待, 可也." 遂卽上馬而去. 進士歸家, 坼而視之, 其書曰: "向者, 巫山仙女, 傳致一札, 琅琅玉音, 滿紙丁寧. 奉讀再三, 悲慟何言? 且欲修謝, 旣無信褫, 又恐漏泄, 只是斷腸消魂, 以待死日. 未死之前, 憑此尺書, 吐盡生平之懷, 伏願郞君留神焉. 妾鄕南方也, 父母敎以三綱五倫之行, 又敎以詩書禮樂之文, 主君招之, 別父母, 遠兄弟, 來入宮中. 主君不以尋常待之, 一自從事學問之後, 頗知義理, 能解音律, 故宮人之親愛, 非他可比. 恨不得爲男子, 揚名於當世, 空爲紅顔薄命之軀, 一鎖深宮, 終成枯骨, 豈不哀

---

22) 善:「운영전」에는 '書'로 되어 있음.
23) 明日:「운영전」에는 '今日'로 되어 있음.

哉? 上年仲秋月夜, 一見郎君容儀, 意謂天上人謫下人間. 妾之容貌, 在於九人之下, 而筆墨一點, 遽作胸中怨結, 雖無魚水之諧, 玉貌丰容, 耿耿在眼. 梨花杜鵑之啼, 梧桐夜雨之聲, 慘不忍聞, 庭前細草之生, 天涯孤雲之飛, 慘不忍見. 憑欄默立, 獨訴蒼天而已, 不識郎君亦念否? 只恨此身, 未見郎君之前, 先自溘然, 則天荒地老, 此情不泯. 伏願郎君俯燭焉." 是晚, 紫鸞與妾, 自昭格署先出, 向東門, 小玉微哂, 賦一絶而贈之, 其詩曰: '太乙寺前水一回, 天壇雲盡九門開. 不勝細雨狂風急, 暫避林中日暮來.' 飛瓊·金蓮, 相和其韻, 無非譏妾之詞也. 妾中心羞赧, 騎馬而出, 至巫女家, 則進士先來, 待于此, 握書飮泣, 遺魂失性, 尙不知妾之來. 妾解雲南玉色金環, 贈之, 曰: "妾雖不敏, 亦非木石, 敢不許死郎君乎! 妾若食言, 有如金環." 言罷拜別, 淚如雨下, 妾附耳語曰: "乘夜, 由西墻而入, 則三生之緣, 庶可結矣." 遂飄然而歸, 先入宮門, 則八人繼至. 日已昏黑, 小玉·飛瓊而曰: "俄者之詩, 出於無心, 而語涉譏戱, 不勝憋愧. 是以謝爲." 紫鸞曰: "女子之情一也. 吾儕久銷深宮, 長弔隻影, 所對者燈燭也, 所樂者絃誦也. 百花吐香而笑, 雙鸎交翼而戱, 覽物興懷, 能無依依情事乎?" 小玉·飛瓊, 皆不能禁淚而去. 妾謂紫鸞曰: "與進士有金石之約, 今宵不來, 明日必至矣, 何以待之?" 紫鸞曰: "繡帳重重, 錦衾瓊席, 燦爛耀室, 美酒佳肴, 不恨不足, 待之何難? 但恐不來耳." 其夜, 進士密窺宮墻, 墻垣高峻, 非具羽翼, 莫能入也. 還家脉脉不語, 憂形於色. 有一奴, 名曰特, 素稱多智, 見進士之憂色, 跪進曰: "進士何故有憂色?" 進士泣述其情, 特曰: "何不早言? 吾當圖之." 卽造槎梯, 甚爲輕捷, 能捲能舒, 捲則如數疊屛風, 舒則五六丈許, 而可運於掌上矣. 持此梯, 上宮墻而還捲, 自墻而復舒下垂, 無不便矣. 進士使特試之於庭畔,果如其言, 進士喜曰: "事將諧矣." 其夕將往, 特自懷中出狗皮襪, 獻之, 曰: "非此難進." 進士用其計, 踰墻而入, 伏於竹林中, 月光如晝, 宮中寂然. 俄而, 紫鸞自內而出, 散步微吟, 歔欷數聲, 進士披竹出頭, 曰: "有人來矣!" 紫鸞笑曰: "進士來乎?" 進士曰: "年少之人, 不勝秋懷, 冒萬死而至此, 願君憐我悶我愛我恤我." 紫鸞曰: "苦待進士之至矣." 卽引而入. 于時, 妾開紗窓, 對玉燈而坐, 獸形金爐, 燒鬱金香, 琉璃書案, 展『太平廣記』, 見進士至, 起而迎拜, 以賓主之禮, 分東西而坐. 使紫鸞酌紫霞酒勸酬, 酒三行, 進士佯醉, 曰: "夜如何幾[24]?" 紫鸞會意, 起身而出, 妾携進士就枕, 雲雨之樂, 可知也. 曉鷄爭唱, 東方將白, 妾執進士手, 曰: "今夜極短, 千金之情, 尙未足也." 自是以後, 昏聚曉散, 無日不然. 由是, 苔庭竹砌, 頗有跫[25]痕, 宮人莫不疑之. 一日, 進士中心自然疑懼, 忽忽不樂, 特自外而進, 曰: "吾功甚大, 及今不賞, 可乎?" 進士曰: "早晚當有重賞." 特曰: "今見顔色, 似有隱憂, 何故也?" 進士曰: "事未成, 則病入骨髓; 事旣成, 則禍又不測, 安得不憂乎?" 特曰: "何不竊負而逃?" 進士然之. 其夜, 以特之計, 問於妾, 妾曰: "妾之父母, 所贈之寶貨, 及主君之所賜, 甚多, 此物不可棄去, 將若之何哉?" 進士歸語於特, 特曰: "何難之有? 吾有力士數十人, 日事強劫, 若使此輩運之, 則泰山亦可移也." 進士以其計, 言于妾, 妾然之, 夜夜密輸, 七日乃畢. 特曰: "如此盛寶, 不可置之家內, 恐惹隣人之疑, 掘坑於山中, 深埋而守之, 可也." 進士曰: "諾." 特遂將寶物, 盡埋於山中. 蓋特之意, 得此重寶以後, 誑誘進士, 與妾入山, 屠滅進士, 而妾與寶物, 自占之計也. 進士儒生也, 不知其術而從之焉.

---

24) 幾: 저본에는 '其'로 나와 있으나 「운영전」에 의거함.
25) 跫: 저본에는 '楚'로 나와 있으나 「운영전」에 의거함.

一日, 大君以匪懈堂, 欲得佳製懸板, 要進士之詩, 進士一揮而就, 文不加點, 而一句有隨墻暗竊風流曲之意, 大君詠而疑之, 進士佯醉辭退. 翌日之夜, 進士入語妾曰: "可以去矣. 昨日之詩, 見疑於主君, 今若不去, 恐不免禍." 妾曰: "郎君之言如此, 妾何敢辭乎? 但紫鸞情若兄弟, 不可不告." 卽呼紫鸞, 告以其計, 紫鸞大驚, 曰: "相歡日久, 亦可足矣, 大君傾心已久, 不可去, 一也. 禍必及於君之兩親, 不可去, 二也. 罪共貽於宮女, 不可去, 三也. 且天地一網罟, 君非升天入地, 逃之焉往? 倘或被捉, 則禍豈止於君之一身乎? 到今, 莫若屈心抑志, 守靜安處, 觀其事勢, 稱病久臥, 則主君必許還鄕矣. 伊時, 與郎君携手同歸, 與之偕老, 樂莫大焉." 進士知事不成, 含淚而出. 一日, 大君坐西宮繡軒之上, 見蜀葵花盛開, 命侍女各賦一韻, 侍女依命製進, 大君大喜稱賞, 曰: "汝等文法, 日漸增長, 余甚嘉之, 而獨雲英之詩, 顯有思人之意. 前日賦烟之詩, 微見其意, 今又如此, 汝之所欲從者, 何人耶? 金生賦匪懈堂詩, 語涉疑異, 汝無乃與金生有私乎?" 妾卽下庭, 叩頭而泣, 曰: "主君之見疑, 非止一再, 何惜一死? 天地鬼神, 森羅昭[26]布, 淫穢之名, 獨歸於妾, 妾生不如死, 今得死所矣." 卽以羅巾, 自縊於欄干, 大君雖盛怒, 實不欲其死, 故使紫鸞救之, 不得死. 出素錦, 分賜侍女, 曰: "製作最佳, 是以賞之." 是後, 進士復不出入, 杜門臥病. 特自外而入, 曰: "大丈夫死則死矣, 何乃自苦如此? 今當以計, 取之不難也, 如其半夜萬籟寂然之時, 踰墻而入, 竊負逃出, 則誰敢追之?" 進士曰: "其計亦危矣, 不如至誠叩之." 其夜入來, 妾病不能起, 使紫鸞迎入. 酒到三行後, 以封書寄之, 曰: "自此以後, 不復

---

26) 昭: 저본에는 '照'로 나와 있으나 「운영전」에 의거함.

見矣. 三生未盡之緣, 百年偕老之約, 到此盡矣. 如或天緣未盡, 則或可相尋於九泉之下乎!"進士抱書而立, 脉脉相看, 叩胸涕泣而出. 紫鸞亦慘不忍見, 倚柱揮淚而已. 進士還家, 折書而視之, 其書曰: "薄命妾雲英, 再拜白金郎足下. 妾以菲薄之質, 不幸爲郎君之留念, 幸成一夜之交歡, 而猶未盡如海之深情. 人間好事, 造物多猜, 宮人知之, 主君疑之, 禍迫朝夕, 有死而已. 伏願郎君, 幸勿置妾於懷, 以傷心志, 益加勉學, 發軔亨衢, 揚名於當世焉. 妾之寶貨, 盡賣供佛, 至誠薦度, 使此生未盡之緣, 再續於後生, 可矣. 書不盡衷, 統希見諒." 進士看罷, 悲不能語, 特進曰: "進士何故如是乎?" 進士更無他語, 只曰: "汝愼守財寶耶? 我將盡賣, 供佛以踐宿約矣." 特唯唯而出, 自思曰: "那財寶是天與我者也!" 向壁竊笑, '人孰知之? 吾當以計取之.' 一日, 特自裂其衣, 以狗血塗面, 披髮跣足, 奔入伏庭而泣, 曰: "孤子一身, 獨守重寶, 衆賊突入, 勢將扑殺, 故捨命而走, 僅保殘縷. 如非此寶, 安有此厄乎?" 進士以溫語慰諭, 而送之. 乃久之, 進士覺得其詐, 率奴僕, 圍其家搜探, 果有寶貨之藏置, 欲訴法司懲治, 恐其事洩, 隱忍含憤, 姑置不語. 特自知其罪, 遂向宮門外所居人, 語其事, 稍稍傳說, 入聞於大君. 大君疑之, 使南宮人搜探妾房, 衣服寶貨, 盡皆無有. 大君大怒, 招西宮侍女五人于庭下, 嚴其刑杖, 曰: "殺此五人, 以警他人." 五人齊聲曰: "願一言而死." 大君曰: "所言何事?" 銀蟾曰: "男女情慾, 稟於陰陽, 無賤無貴, 人皆有之. 一閉深宮, 形單影隻, 看花斷腸, 對月消魂, 可不哀哉? 然妾等惟思主君之威, 固守此心, 矢死不變. 今無所犯之罪, 必欲置之死地, 妾等九泉之下, 死不瞑目矣." 翡翠曰: "主君撫恤之恩, 如山如海, 獨處宮闈, 秋月春花, 不變其志, 惟思[27] 文墨絃歌而已. 不意惡名, 偏及於妾等, 千載之下, 不能洗雪, 生不如死, 惟願速死矣." 玉禮曰: "西宮之榮, 妾旣與焉; 西宮之厄, 妾 豈獨免乎? 今日之死, 死得其所, 死無餘憾矣." 紫鸞曰: "閭巷賤 女, 父非大舜, 母非二妃, 則翡翠之慾, 鴛鴦之情, 豈獨無於妾等 哉? 夫以項羽之英雄, 不禁垓營之淚; 玄宗之明睿, 每思馬嵬之恨 矣. 主君何使雲英獨無雲雨之情乎? 金生乃當世之端士, 引入內 堂, 主君之事也, 使雲英奉硯, 亦主君之事也. 雲英久鎖深宮, 秋月 春花之節, 梧桐夜雨之時, 寸腸幾斷. 一見豪男, 喪心失性, 一夕若 朝露溘然, 則主君雖有惻然之心, 顧何益哉? 主君今使金生·雲英, 得遂月姥佳約, 以解兩人之怨結, 則主君之德, 莫大於此. 妾之此 言, 上不欺主君, 下不負同儕, 今日之死, 亦榮矣. 惟主君裁之." 妾 曰: "主君之恩德, 淪膚浹髓, 而不能報答其萬一, 罪一也. 前後所 製之詩, 見疑於主君, 而終不直告, 罪二也. 西宮無罪之人, 以妾之 故, 同被死罪, 罪三也. 負此三罪, 以何面目侍主君之側乎? 死有 餘罪, 妾當自決矣." 大君聽畢, 以紫鸞之供辭, 反覆深究, 怒氣稍 解, 因妾於別堂, 其餘皆放之. 是夜, 妾遂以羅巾自縊, 霎時間, 三 魄縹緲, 七魄幽沉, 剛年二十歲, 嗚呼哀哉!

進士把筆而記, 雲娘之言, 兩人相對, 悲不自抑. 雲英謂進士曰: "自此以後事, 妾不知也, 郞君其記之." 進士曰: "雲娘自決之日, 一 宮之人, 莫不呼泣, 如喪同氣, 我亦聞之, 絶而復蘇, 自念事已去 矣. 毋負供佛之約, 庶慰九泉之魂, 盡鬻其寶貨, 得米四十餘石, 欲 往淸寧寺設齋, 而無可信任者, 乃呼特而言曰: '吾今盡宥汝罪, 汝 今爲我盡忠乎?' 特曰: '奴雖冥頑, 亦非木石, 敢不爲進士致死?' 進 士[28]曰: '我爲雲娘, 設醮于佛, 汝可往乎?' 特曰: '謹奉敎矣.' 遂卽

---

27) 思: 「운영전」에는 '事'로 되어 있음.
28) 進士: 「운영전」에는 '我'로 되어 있음. 이하의 경우도 동일함.

輪米上寺, 閑臥謂寺僧曰:'設醮供佛, 何用多米?'乃多備酒食, 廣招俗客村女而樂之. 過十餘日, 入跪佛前, 祝曰:'進士今日速死, 雲英明日復生, 爲特之配.'三晝夜發願之說, 惟此而已. 特歸告進士曰:'雲娘必得生道矣. 建醮之夜, 見於奴夢曰:至誠薦度, 不勝感激云.'寺僧之夢, 亦如是矣.'進士失聲痛哭, 隨卽往清寧寺, 留數日, 細聞特之事, 不勝憤恨. 沐浴潔身, 卽就佛前, 薦香而告曰:'雲娘臨終之言, 慘不忍負, 使奴設齋, 冀資冥佑, 今聞其祝言, 極其悖惡, 雲娘之遺願, 盡歸虛地, 寧不痛歟? 伏願世尊, 特拔雲英之怨魂, 使余得以相會於上界, 以續未盡之緣焉.'祝訖, 叩頭百拜而出. 後七日, 特壓於陷井而死. 自是以後, 進士無意於世事, 遂沐浴潔身, 長臥不起. 吁可惜哉!"雲英曰:"若論疇昔之事, 徒增傷感." 進士擲筆於地, 相對悲泣. 柳生細悉其來歷, 乃慰之曰:"君之兩人重逢于此, 必是千載之恨成矣, 仇奴之惡已除矣, 何其悲之甚哉? 以不得再出人間爲恨乎?"進士垂泣, 曰:"吾兩人皆含冤而死, 冥司憐之, 又欲使再生人間, 而地下之樂, 不減人間, 況天上之樂乎! 是以, 不願出世矣. 大君自丙丁一敗之後【大君, 世祖登位後, 謫死喬桐】, 至今百餘年, 故宮無主, 人跡不到, 已極悲矣. 況經兵火之後, 華屋成灰, 玉階粉墻, 皆非昔時, 而階花吐香, 庭草敷榮, 泉園依舊, 一片春光, 不改昔時之景, 而人事變易, 滄桑飜覆, 今來懷舊, 寧不悲哉?"因執柳詠之手, 曰:"海枯石爛, 此情不泯; 天荒地老, 此恨難消. 今夕與君相遇, 擴此悃愊, 非有宿緣, 何至此哉? 願君收拾此稿, 傳之不朽, 而切勿浪傳於浮薄之輩, 以爲戲玩之資, 則幸甚也!"進士醉把雲英之手, 朗吟一絕, 曰:'落花宮中鶑雀飛, 春光依舊主人非. 中宵月色凉如許, 細露輕沾翡翠衣.'雲英繼吟曰:'故宮花柳帶新春, 千載豪華入夢頻. 今夕來遊尋舊跡, 不禁珠淚自沾巾.' 柳詠亦沉醉暫睡, 烏鵲一聲, 覺而視之, 雲烟鎖峰, 曙色蒼茫, 四顧無人, 只有金進士所記書一部. 柳生悵然無聊, 心知其異, 袖冊而歸, 傳之于文人才子矣. 有詩爲証, '娘夫情事有誰知, 千古芳魂兩不離. 佳約百年未遂恨, 故宮花鳥至今悲.'

### 第三十二回 李輔國題棺解女寃

　李參判泰永, 韓山世族也, 早通桂籍, 歷敭淸顯, 官至吏曹參判. 世居京城西門外平洞, 門闌極其煒赫, 人稱平洞李氏焉. 公有子七人, 各授其藝而敎之, 公素嚴正, 門族子侄, 咸畏憚[29]之, 不敢有其身於其前. 其長子名義甲, 容貌賽子都, 神采凌杜牧, 年纔舞象, 委禽于名宦家. 讀書之暇, 時或乘馬入城, 尋訪聘家, 交遊朋輩, 周行大道, 薄暮歸家, 日以爲常焉. 那時, 京城茶洞, 有一富翁, 姓白, 名仁俊, 水原人氏. 家業殷實, 足過平生, 膝下只有一女, 年方及笄, 落得秋水爲神, 芙蓉如面, 有傾城傾國之色, 白翁夫婦, 愛之如珍寶. 一日, 時値春和, 百花爭發, 那女子在後園裏賞春, 或折取一葩而嗅香, 或握水灌漑而栽培, 人弄春色, 春色弄人. 適聞墻外呼喝之聲, 擡頭見之, 有一少年男子, 乘駿馬, 擁呵而過, 只見那少年, 靑袍綠帶, 面如冠玉, 端坐馬上, 宛若天仙, 知其爲朱門貴介也. 女一望之, 精神迷惑, 自念, '生爲婦女, 得郞君如那少年, 則死固無恨. 但生地微賤, 安敢望之?' 且父母之前, 自然羞愧, 不敢啓齒, 獨自思念, 遂成抑菀之疾, 朝熱暮涼, 精神怳惚, 半坐半眠, 食飮全廢, 正是'啞子漫嘗黃栢味, 自家有苦自家知'也. 白翁夫婦憂甚, 盡試刀圭, 全然無效, 晝宵悲泣, 問其情緖, 只不肯說, 病體看

---

29) 憚: 저본에는 '殫'으로 나와 있으나 의미상 바로잡음.

看沉重, 竟至屬纊. 女乃喟然長歎, 告知其由. 白翁聞其言, 卽出門, 向墻外市家人, 問曰: "某月某日, 過此乘馬郞是誰家之子也?" 一人曰: "其時平洞李參判之子, 乘馬過此, 其餘無見矣." 白翁卽走訪李家, 見李義甲, 屛人從容而告曰: "公於某月日, 乘馬而過某洞乎?" 曰: "然." 翁乃告以其女之情, "今已垂死, 公若救之, 恩同山海矣." 李郞聞說, 不告其父, 卽帶白翁, 而走到其家, 入見其女, 則命已絶矣. 李郞揮屛外人, 獨自抱屍而臥, 口以津液之, 手以撫摩之, 半晌不甦. 嗚呼哀哉! 女竟歿矣. 李郞出坐廳堂, 手辦斂具, 躬自斂襲, 題其棺上, 曰'韓山李義甲妾水原白氏之柩'. 仍引柩, 暗葬於先塋之下. 備經四五日, 始得歸家, 拜謁其父. 當初李公聞其子之無故出家, 不勝駭惑, 使人廣索, 竟沒影響, 心甚憂之. 忽見其子歸謁, 乃盛怒而問曰: "汝私走何處, 今何歸來?" 李郞乃告以其事, 曰: "不告而出門, 罪一也, 不待庭訓, 葬其女於先塋下, 罪二也. 有此二罪, 敢請庭罰." 李公聞其題棺葬女之事, 不覺掀髥大笑, 曰: "有子如此, 可昌吾家, 吾無憂矣." 竟置之不問. 後義甲果登科, 官至輔國, 克昌厥後, 至今其子孫, 多在宰輔之列. 此蓋厚施其女以雪其冤之報也. 有詩爲証, '獨登花院賞春光, 何處佳郞過我墻. 妾死君來情已慽, 聊將題柩解吾狂.'

### 第三十三回 李上舍薄倖致坎坷

京城南村, 有一儒家, 姓李, 名容默. 爲人耿介淸直, 倜儻不群, 好飮酒, 善文章, 早年登進士, 聲譽藹蔚, 將有發軔桂籍·展步天衢之望. 所善之諸名士, 多居于北村, 生每日過從, 朝往暮歸. 一日, 時値盛夏, 自北歸路, 忽逢驟雨, 急入路邊小屋, 靠門避雨, 雨越注下. 忽見一丫鬟, 自內舍出, 問曰: "未知尊客家在何處, 而雨尙未霽, 不可久立門首, 暫請入坐空廳, 歇脚待晴, 若何?" 生曰: "無妨." 卽隨丫鬟而入. 有一空房蕭灑, 生就坐, 少頃, 丫鬟饋進酒肴, 曰: "吾家娘子, 悶念尊客無聊, 具此饗應, 必勿辭一酌焉." 生訝曰: "爾家娘子, 自來與我無一面之舊, 今許以借房避雨, 已屬過情, 況又饋之以酒肴, 未知是何過禮? 吾決不敢受也." 丫鬟對曰: "此是吾家娘子一段敬客之心, 公不必辭." 乃强之再三, 生辭不獲强飮數盃. 俄而, 一美貌少婦, 素服齊整, 開戶而入, 就坐于傍. 生驚駭, 遽向壁背坐, 曰: "娘子是何人, 敢與外客相對乎?" 少婦曰: "妾有原情, 爲公一陳之, 請公勿咎唐突, 細垂察焉. 妾是良家女子也, 家勢富饒, 十三歲出嫁於人, 十四歲遭所天喪, 今踰三年矣. 父母矜悶妾之身勢, 率置膝下, 每欲擇壻再嫁. 妾自念, '年未及笄而作孀婦, 不知男女陰陽之理, 有負上天好生之德, 終不若再嫁於人, 産男育女, 一生歡樂, 允合天理人情.' 故請于父母曰: '親命不可違也, 旣欲改節, 則吾必躬觀其爲人, 自擇而嫁矣. 必買一屋於路邊, 使我居之, 以便閱人也.' 父母然之, 柝産于此, 今已屢月. 朝朝暮暮, 隱身門內, 窺視來往之人, 公自數月前, 朝往暮歸, 必由此路, 妾見公魁偉之姿, 端雅之容, 心切慕之. 今適天以驟雨, 引公入我家, 此豈非宿世奇緣乎?" 生曰: "娘子之說, 容或無怪, 而但我是不第秀才也. 家貧親老, 無畜妾之道, 奈何?" 少婦曰: "不第則必將得第, 家貧則吾有屢萬財産, 足可饒活, 平生不必爲憂, 請公再思焉." 生自念, '吾今士望藹然, 未達之前, 先着鞭於改節之女, 終必爲咎, 不若辭却之.' 乃厲聲大責曰: "身爲婦女, 褻近外客, 無難請嫁, 是何禮法? 更勿萌此心, 矢死守節, 以完禮法, 可也." 言訖, 卽出門, 冒雨而歸. 其翌朝, 又往北村, 歷抵其家門前, 忽見其丫鬟, 走出把生之衣袖而痛哭, 曰: "吾家娘子, 自公歸後, 不勝寃恨, 昨夜三更, 自縊而死矣.有遺書在此,請公入見,收屍葬之,少伸其寃焉."生羞變成怒,大罵曰:"爾家娘子之死,吾有何關?汝以賤婢,把士夫之衣袖於路上,是何道理?"遂拂袖而去.丫鬟大哭而入,曰:"薄倖哉,是人也!吾必眼見爾之不成業也."自後,生之士望,空然墮落,當局宰相,雖欲選擧,每於科場,或墨渝試卷,或猝生疾病,不能應擧而出,竟不得第.晚來淪胥,落魄江湖.生自知其積寃於少婦,致此坎坷,心切憂憤,成疾而卒,豈不爲薄倖者之戒哉?有詩爲証.'待君朝暮倚門望.泣訴衷情我淚滂.妾心未遂身便死.不泯寃魂在爾傍.'

### 第三十四回 朴靈城假粧天神

朴靈城君文秀,高靈巨閥也.自少膽量過人,敏慧機警,且博通群書,鍊達事理,早登科第,歷敭淸顯.至英祖戊申,湖西賊鄭希亮·李麟佐等,擧兵作亂,陷淸州,兵使李鳳祥,虞侯南廷年等死之.朝廷接報甚駭,卽命兵曹判書吳命恒,率兵往討之.吳公以朴公爲從事官,往安城·竹山等地,結陣剿捕,朴公隨機應變,協贊帷幄,竟乃討減還朝.吳公盛稱朴公之才,上深喜其才而嘉其功,遂封靈城君.自安城凱旋,未幾,尋又湖南饑荒,盜賊竊發,人民流離,貪官汚吏,誅求剝奪.民益困苦,不能安堵,怨讟日騰,莫保朝夕.報聞朝廷,上深憂之,特命朴文秀,除湖南暗行御史,授以馬牌繡衣,以示王上親往之意,此蓋古制也.自州牧縣官及士民土豪,武斷姿行不法者,幷黜斥之,戕殺之然後,具由登聞,自是,御史之職權也.公受命,卽日束裝,南下至湖南界,換着弊衣破笠,作過客之狀,巡行各邑,此亦暗行之意也.按風察俗,隨弊補給,陟罰臧否,嚴行威信,貪吏望風而解紱,黎民聞政而安堵,湖南一境,肅然淸淨.公按察列邑,至智異山下,村村訪問,詢求民瘼.一日,偶入

山中, 遵樵路而行十餘里, 路不斷而谷轉深, 公知其山中有人家,
遂尋路而深入, 忽見山凹裏有一石門. 公開門而入去, 見有一村落
櫛比, 數十戶連墻而居之. 乃訪村中最大家叩門, 見一少年, 頭戴
程子冠, 身被小敞衣, 開門迎接, 上堂分賓主而坐. 那少年問曰:
"尊客從何處而來, 且尋山村何幹?" 公曰: "某性好山水, 周遊四方,
今探智異勝景, 偶入山路, 轉轉到此, 日暮途窮, 欲借貴庄一宿, 明
朝可卽還也. 未審肯許之否?" 少年見公之行色, 雖曰麤陋, 儀表却
是不俗, 乃對曰: "弊處僻在山中, 粟飯草蔬, 不堪供奉. 然客旣俯
臨, 敢不如命?" 卽呼婢子, 備夕饌. 俄而, 自內舍捧出兩床夕飯, 一
供於少年, 一供於公. 少年曰: "山家薄味, 公勿過誚而盡享焉." 公
連稱不敢, 乃擧匙而吃盡, 却見少年, 對床不擧匙, 滿面愁色, 遙對
案山, 有所思慮之狀. 忽聞北窓下, 有一老婦人, 呼曰: "事已至此,
兒不必焦慮, 喫飯自安, 可也." 連呼數三遍而促之, 少年對曰: "尊
客偶臨, 不必喧嚷, 請阿孃入內安息." 老婦人唯唯而入. 公甚異之,
乃問曰: "適玆勉諭之老婦人, 誰也?" 少年曰[30]: "此吾慈母也." 公
曰: "然則尊萱勉諭之說, 實非常敎, 或者君家有何事故乎?" 少年
曰: "吾家縱有事故, 非暫時過客之所聞知者也." 公曰: "暫時過客,
雖不關人家事, 然借宿一宵, 其情亦厚. 古諺云: '一夜之緣, 能築
萬里之城'者, 此也. 今借宿君家, 安得無厚義之相報? 吾是讀書之
士也, 決不泄漏, 君第言之." 少年聽罷, 斂袵從容, 而言曰: "尊客
之言, 旣如是, 則吾不可不告也. 吾家世居京城, 父與祖俱爲名宦,
吾父在世時, 値戊申李麟佐之亂, 爲其避亂, 挈眷落鄕, 遂入于此.
家契亦不貧, 村民皆依賴矣. 不幸年前, 吾父棄世, 只奉母率妻, 務

---

[30] 曰: 저본에는 빠져 있으나 문맥상 보충함.

農資生. 雖欲復還京城, 其於安土重遷, 無力搬動, 尙今不能遂計也. 近來此洞, 有一凶漢, 年踰二十, 多力善射, 視村人如無物, 不論老少, 呼喝聽命, 其跋扈强梁, 無人制之. 若違其命, 不死則傷, 眞乃豺狼也. 凶漢尙未娶妻, 若見人家少婦, 則輒劫辱之, 亦敢怒而不敢言也. 日昨, 凶漢謂余曰: '汝則京城士子, 衣食有饒, 娶室容易, 吾則山谷蠢夫, 無以娶妻, 汝必讓渡汝妻於吾, 吾可納幣成禮, 汝則再娶, 可也. 如不從吾言, 則汝之全家老少, 必死於吾手, 汝其卽答也.' 吾尋思, '此漢凶悖, 莫之能禦, 若或峻拒, 則必遭其毒手, 不若緩辭而延期.' 故答以與母及妻, 議定回報云, 則彼乃信之而歸. 今夕卽其回報之期, 少後, 彼凶漢必來也. 與老母及妻, 相議此事, 不覺胸裂臆塞, 擧家哀泣度日. 見今禍色迫頭, 而無策圖免, 是以憂之也." 公聽罷, 乃曰: "吾雖一時過客, 聞君之言, 亦不堪痛駭. 然凡遇大變者, 心閒氣定, 徐徐運謀然後, 乃有所造也. 若或驚惶罔措, 手忙脚亂, 則必不免其辱, 而竟爲所敗矣. 愚有一策, 可以免君之辱, 君可聽之否?" 少年曰: "公若肯惠以良謀, 使我免難, 則恩重邱山, 沒身不忘矣." 公曰: "那凶漢若來, 則君可紿之, 曰: '爾言有理, 吾可以聽之, 與渾家議定, 當許君娶. 但婚姻者百年大計也, 不可率爾成之, 必須卜得吉日然後, 爾我兩家, 釀酒宰牛, 設宴慶賀, 與村人同樂, 爾可具禮納幣, 順成昏禮, 則自有無窮之福矣.' 那凶漢必聽君言, 君可考曆占日, 不問吉凶, 只限一個月, 曰: '是日是黃道吉日, 其前各其準備婚具云云.' 而務要得其許諾, 則一個月之前, 天若祚君, 豈無免難之道乎?" 少年拜謝曰: "尊客之敎, 固當奉行, 而未審一個月之前, 以何策而免此難? 乞公更思善後之策焉." 公曰: "福善禍淫, 天之道也. 君善彼惡, 豈不有天理之昭彰者乎? 君勿過慮, 一依吾言, 以圖延期, 可也." 遂起身, 避處于夾室, 以察凶漢之動靜. 小頃, 果有一大漢, 身長九尺, 面貌凶獰, 大聲叱咤而入, 曰: "汝言今夕是答此事, 如何發落? 汝其卽答, 毋或動我之手!" 少年慌忙起迎, 曰: "君第座定, 吾當言之." 凶漢便就座於上席, 曰: "爾其言之." 少年果依朴公之言, 而細述之, 凶漢撫髥大笑, 曰: "爾言果有理, 吾當聽之. 爾旣知擇日之法, 則須卽選日以言也." 少年不慌不忙, 將曆書『天機大要』, 佯推假筭良久, 曰: "異哉吉日也! 此月無吉日, 來月某日, 最是陰陽不將, 吉日則距今日, 洽滿一個月, 未知君肯待之否?" 凶漢笑曰: "吾性急如火, 安能待久? 爾其更擇!" 少年曰: "雖擇之又擇, 無出此右也. 莫重吉禮, 不可逕庭行之, 君必待其日, 兩家歡洽成禮, 可也." 凶漢曰: "爾是甕中之鼠, 籠中之鳥, 雖揷翅也, 飛不去. 吾將待其日, 爾其更勿推諉也." 言訖, 起身出去. 公卽出見少年, 曰: "彼旣聽許, 君必免難, 君其自愛, 勿得過傷焉." 少年曰: "幸賴尊客之策, 得延一月之期, 然未知將何以圖免? 惟公敎之." 公唯唯而就宿. 天明早饍, 遂謝別而發行, 少年依依不捨送, 至洞門而別. 公乃卽日, 逕往于全羅監營, 發令于湖南五十三郡, 曰: "湖南, 素稱才人之淵藪也【才人者, 卽俳優也. 或繩渡戲, 或距躍・曲踢, 盡其才藝者, 謂之才人】. 今欲觀其才藝之妙, 各郡以才人爲名者, 勿論老少, 卽日盡數, 起送于完營【全羅監營, 曰完營】. 宜當." 事令到列邑, 御史之嚴令, 誰敢漫泄? 各邑守宰, 莫不嚴飭起送, 趁期來集于完營, 不下數三百人. 公乃試閱才藝, 百就選十, 十就選五, 拔其最尤者, 其餘遂散歸本鄕, 聽候施賞. 那選拔之五人, 驍勇異常, 能超數三丈, 又自半空, 輕輕飛下, 如鳥有翼, 其才藝之妙, 不可形言也. 公又使五才人操鍊, 敎以超升飛下之法, 五人鍊習數日, 莫不精通其妙, 其試才也, 擬與天神一般. 公大喜, 乃各製青黃赤白黑五色衣巾, 又取長釼五柄,使五人分之,各取一件而藏之,公亦製異衣異冠,而藏之.俱各包裹,停當剋日,發往趁那少年家,婚日潛入于那洞,隱身于家後深林中,竊見洞中,人民聚集于少年家外庭,喧嚷雜遝,內庭哭聲淒凉.那凶漢大聲咆哮,責出新婦,那少年抵死抗拒,哭訴村人.村人一者,懼凶漢之威,不敢禁止;一者,憐少年之情,不能勸從,人人袖手傍觀,個個傷心長歎,捱至初更時分,依然喧聒不已.公乃與五才人,出林中,到其家後園,使五人,分被五色衣,戴五色巾,各持長劍,黑夜裏飛身上其屋角,聽候號令.公則着異衣異冠,忽然露踪于內舍大廳上,大聲喝曰:"今日此家有事變,吾奉上帝之命,下勘此亂,吾卽太上老君是也.萬古凶漢,決難容貸,五方神將,各聽玉旨,勿容違誤!"遂大呼東方青帝將軍,一聲未畢,忽聞呼呼風聲,有一青巾青衣神將,手執長劍,飛下于庭.又呼南方赤帝將軍,又一赤巾赤衣神將,乘風而下.又呼西方白帝將軍,又一白巾白衣神將,亦如是而至.連呼北方黑帝將軍,中央黃帝將軍,並以黑色黃色衣巾,應呼而降,並集于庭中,稽首曰:"願聽君命!"公曰:"吾奉玉帝勅旨來,靖此家之亂,汝等卽刻擒拿凶漢而來."五方神將聽令,一齊走出外庭,拿獲凶漢.原來凶漢,方在外庭,亂叫亂嚷,與少年幷個死活之際,忽聞太上老君降臨,五方神將齊集,已爲心戰而膽驚.及見五個神將,各持長劍,走出外庭,不免手軟而脚麻,眞所謂'有家難投,有路難奔',俯首就縛,擡至內庭.老君一聲喝下,五神將一齊動手,砍爲五段.嗚呼!那凶漢欲充一時凶慾,徒取殺身之禍,豈不愚哉?此時,村人自早至夜,聚集于少年家,或有爲凶漢助虐者,或有爲少年悲歎者.正在亂叫亂嚷之際,忽見太上老君降臨,五方神將齊集,捕凶漢,剁爲肉醬,莫不驚慌而喪氣,或有抱頭鼠竄者,或有俯伏引罪者,或有仰天哀訴者,亦一可觀也. 老公遂呼神將, 曰:"村民之愚昧無知者, 不順天理, 只畏凶悖, 助桀爲虐者, 不可無罰. 然吾今體天好生之德, 一概豁免其罪. 爾村民, 各其歸家, 安心樂業, 且保護此家, 永爲洞主, 一聽其命, 可也." 神將將此言, 一一傳諭, 號令一下, 村民皆叩頭拜謝而散然後, 公先使五才人, 乘風超墻而出. 公復徐徐步出後園, 家人畏懼, 不敢躡後而窺其踪跡焉. 於是, 其家亂始平, 擧家莫不歡喜踴躍, 尙不知其時過客之假裝天神, 只道是眞老君·眞神將來臨, 誅殺凶漢也. 所以合家老少, 築天壇於後園, 日夕謝天之恩, 祝天之德焉. 其時, 朴公率五才人, 出洞口, 入附近郡, 厚賞五才人, 散歸後, 公更以弊衣破笠, 飾前日貌樣, 復入那洞, 尋問少年. 少年見公之來, 倒屣迎之, 納頭下拜, 曰:"微先生, 不能活吾家一門之命也. 用先生妙計, 延期一月, 得蒙皇天之德, 誅殺凶漢, 以救吾家之難, 且除全洞之害, 此莫非先生敎我延期之德也." 公笑曰:"天理自然昭彰, 豈客人謀爲哉?" 遂不復言假裝天神之事, 歡敍數日, 珍重而別. 自後, 少年朝耕夜讀, 安居該洞, 爲洞人所敬重, 遂太平無事, 以終餘年云. 有詩爲証, '御史妙機不可當, 天神飛下救人殃. 恃力强梁何所益, 空作一朝劒頭亡.'

### 第三十五回 鄭御史詐賭懲欺騙

鄭相國晩錫, 延日[31]人氏, 朝鮮純祖時人, 爲人耿介慧敏, 學問贍富. 早登科第, 在臺諫之官, 盡心啓沃, 上亦虛懷納諫, 倚以爲重, 以其才幹明敏, 機謀鍊達也. 故凡於觀風察俗, 詢瘼斷訟之職, 常委任之. 公亦感泣知遇之恩, 巨細事務, 罔不殫意竭誠, 所以茂績

---

31) 延日: '溫陽'이 되어야 함.

顯著, 聲譽藹蔚矣. 公嘗帶慶尚道暗行御史之任, 受命下去, 以弊衣破笠, 竹杖芒鞋, 巡行列邑, 採訪邑弊民瘼, 無不搞拔, 吏民咸頌. 一日, 巡至大邱府, 過西門外曲巷邊, 見一總角【年壯未冠者, 曰總角】在街邊, 垂泣而坐. 公甚異之, 乃問曰: "汝有何事, 在路悲泣也?"總角對曰: "吾家勢甚貧, 父母俱老, 無以資活. 吾作人家雇傭, 數年辛苦, 聚得數百之金, 欲爲婚娶之資. 此府校卒之輩, 瞰吾之積金, 欲以賭博而奪去, 乃誘吾曰: '今日某家設賭博, 富人子弟多來共賭, 吾輩數人, 密約參賭, 以奇技贏一局, 則可獲千金矣. 爾亦與吾輩偕往, 約以贏局後, 共分其利, 則不啻爲婚娶之資, 亦可賴以資活. 爾必持所積之金, 以作基本, 與我同往, 何如? 今見爾之窮困, 心甚矜憐, 欲以力助之, 爾其勿疑也.' 吾聞其說, 認以好意, 遂乃持金隨往, 則果有富吏豪校之子五六人, 匝坐設局, 金錢甚豊, 吾眼見許多財貨, 如何不動心? 即參局行賭, 不過數局, 連輸不贏, 所持金錢盡失, 不剩一文, 終不免赤手而坐, 那輩見吾無錢, 遂不許參局, 竟被所黜. 於是, 始覺那輩之誘吾欺騙也. 到今手無分文, 單單只餘一身, 數年積苦, 竟歸泡花, 寧不憤恨? 所以悲泣者也."公聽罷, 尋思一計, 又問曰: "那輩博局, 設在何處而尚不散乎?"總角曰: "局在城隅某家, 而晝而繼夜, 尚不散矣."公曰: "然則吾爲汝更取之, 以雪汝憤, 汝勿悲泣, 而明早可來客舍前, 領錢而去也."言訖, 便去不復顧. 總角自語曰: "此狂客也, 豈可信之?"遂歸家, 終宵憂歎. 此時, 公與總角相別, 訪知博局, 即以暗號, 密飭驛卒, 使之圍守賭家之門. 公單身開門而入, 見博徒, 匝坐賭博. 公亦參坐其傍, 請與之共賭, 腰邊搜出數貫錢, 博徒許以共賭, 經數局, 博徒是官衙所屬也. 自然眼明手快, 初則不疑而許賭, 漸漸察其舉措, 不似雜技之人, 且已聞嶺南御史之暗行, 自覺其殊常.

一博徒便起身, 謝賭而出, 復一博徒, 又出至門首, 則驛卒把門, 不許放出, 勸要還入設賭. 見幾散出之博徒, 俱皆不得出, 不免還入賭房, 與公爲賭, 而此乃强爲之事也. 已知御史在座, 如何不心慌, 豈有用心於賭錢之理? 心自心, 賭自賭, 各不照管, 所以連連輸賭, 所持之錢, 盡數見奪於公. 公卽收合賭錢然後, 便分付驛卒, 盡拘之, 率往客舍門內, 藏置而守之. 其翌朝, 公往客舍, 則昨日悲泣之總角, 來待彷徨. 公卽呼總角, 曰: "吾已覓汝之所失之錢, 而加剩幾倍矣, 使之運去, 以資婚娶." 總角感極, 百拜致謝而去然後, 公使驛卒, 盡拘博徒而來, 嚴懲其欺騙之習. 自是, 大邱府內, 賭博之弊頓絶, 人人頌其德, 至今爲美談云. 有詩爲証, '賭博元來欺騙術, 無知總角空悲啼. 若非御史奇謀取, 總角平生應靡妻.'

### 第三十六回 金演光洞房再會其妻

京城南村, 有一士人, 姓金, 名演光也. 家勢不貧, 年至三十, 升進士. 因父母雙亡, 當家治産, 性甚混濁, 每事必賴其妻而做過. 忽一日, 在家看書, 聞砲響四起, 喊聲如雷, 金生大驚, 走出街路, 則路上之人, 擧皆狂奔疾走, 曰: "亂離出也!" 見人家老少, 莫不男負女戴, 爭出城外, 此是朝鮮李太王壬午軍亂也. 生見此光景, 驚慌罔措, 走歸其家, 謂其妻曰: "亂離大起, 隣家皆避亂, 而逃出城外, 吾家亦可去矣." 妻曰: "將向何處?" 生曰: "君之親家, 在廣州之地, 則可向廣州矣." 妻曰: "如此搶攘之中, 豈可步行? 可買一馬而駄去, 君必往買一馬而來也." 生依其言, 出往南門外馬房, 給高價, 買得一馬而歸, 收拾輕寶細軟, 負擔於馬背, 使其妻, 駄坐其上, 生隨馬後而行. 逶出南大門, 渡銅雀津, 上果川南陀嶺, 生忽腹痛欲泄, 急揀林間放屎. 馬則自由下嶺, 任其所之, 生放屎畢, 出林間見

之, 則馬已下嶺矣. 急走躡後, 而不見馬, 仍遵大路, 追往八十里,
杳無踪影, 永失其妻與馬矣. 生彷徨道路, 問于來人去客, 則俱曰:
"不見." 生茫茫然不知攸爲, 日又昏暮, 不得已投宿旅店. 其翌朝,
遄往其妻家, 則妻男兄弟歡迎, 曰: "聞京城軍亂大作, 士民波盪,
晝宵憂慮者, 君家也. 今君來于此, 未審妹子置於何處, 而君獨來
耶?" 生聞言, 轉慌良久, 乃誑曰: "渾家不幸得病, 已於日前喪亡,
葬于先塋下, 忽逢亂離, 乃避身至此. 渾家病亡之時, 理宜傳[32]訃,
但吾孑孑一身, 經營葬事, 實無片隙, 且值騷亂, 無人傳信. 今吾自
來告情, 君其勿咎焉." 其妻男兄弟, 聞其言大哭, 認以妹子眞個死
去. 哭之良久, 乃收淚, 仍留生款待矣. 此時, 那金生婦人, 馱在馬
上, 至南陀嶺, 那馬自由下嶺, 忽捨大路, 取山中夾路而走. 婦人只
知金生在後, 加鞭不知鄕曲路逕, 任其所之, 走得十許里, 不聞馬
後其夫聲音, 急回顧視之, 不見其夫. 乃大驚, 欲下馬, 馬走不能跳
下, 且當初馱馬時, 慮其落馬, 緊緊縛住於馬背也. 故運轉不得, 只
在馬上, 含淚看馬首而行. 已而, 夕陽在山, 馬行于崎嶇山路, 忽見
一洞, 在山厓之畔, 馬入于洞中一家門首而止. 那洞, 卽果川冠岳
山下洞也; 那家, 卽那洞最饒居之金同知家也. 其時, 金同知偶出
門前, 忽見一美貌女子, 馱在馬上而入來, 又無隨後之人, 乃先問
曰: "婦人何處人, 緣何到此也?" 婦人便請下馬, 那金同知慌忙解
縛扶下, 婦人乃曰: "吾是京城士夫家女子, 今逢亂離, 欲往廣州親
家, 吾則馱馬, 使丈夫隨後矣. 不意到一嶺之上, 彼馬自由下嶺, 入
于此路, 丈夫不知下落. 請主公暫借一宿, 明朝便尋路, 歸親家也."
金同知大喜, 便邀入內室, 告其母曰: "此婦人, 失路到此, 不可恝

---

32) 傳: 저본에는 '專'으로 나와 있으나 의미상 바로잡음.

待, 請母親須善覷方便, 使之安留." 其母許諾. 金同知復出外, 牽馬入廐喂養, 其衣籠卜物, 搬入于內室, 喜喜歡歡, 滿面和色. 爾道那金同知, 緣何一見其婦人, 如是歡喜? 原來金同知, 素殷富, 常有畜妾之心, 而未逢美色, 且因其妻嫉妬, 不敢萌心. 適其妻病死, 已踰月, 方廣求年少美女, 以圖行樂之際, 金生婦人, 迷路而自來, 見其丰姿韶顏, 如何不喜? 所以如是款待者也. 此時, 婦人歇宿於金同知家, 半夜山谷, 月色依微, 半坐半臥, 憂愁不成寐, 轉輾經夜. 東方旣明, 婦人早起, 梳洗罷, 請入金同知, 謝曰: "昨日貴庄, 得以安歇, 不勝感幸. 但我丈夫相失, 不可暫時虛留, 今吾發往吾之親家, 而待丈夫之歸. 請主公借一指路伜, 則萬幸也." 金同知微笑曰: "此不難也. 然貴丈夫, 必不空留於道路, 亦必搜尋婦人, 遍歷方方谷谷. 或者轉轉尋問, 訪來于此, 亦未可知, 則婦人少留一兩日, 以待之. 如或不來, 伊時發往親家, 亦未遲也." 婦人不欲淹留, 而無奈彼金同知者, 不給鞍馬, 此頣彼頣, 推諉不應, 可謂'孤掌難鳴', 不得已滯留矣. 是日, 婦人在內室北窓下, 乘涼而坐, 忽聞金同知與其母, 密語于夾室, 曰: "兒旣喪妻, 家道難成, 今見那女子, 貌美而年少, 堪可爲配. 兒欲娶此同居, 請母親以好言說諭, 使之聽從, 若何?" 母曰: "吾觀那女子, 雖是亂離中失踪之人, 其行止擧動, 殊非凡品, 必是兩班家女子, 似不聽從也." 金同知曰: "然則又有良策, 今夜母親, 以慰勞客懷之意, 備酒饌饋之, 中間母親, 則以醇酒略飮, 以毒酒强勸那女, 女必飮而醉倒矣. 醉倒後, 母必出來, 兒卽入去同寢, 那女子雖是鐵肝石腸, 必鎔化於兒之手中矣." 母曰: "此計甚妙, 今夜可行之也." 言訖, 金同知便出去. 婦人聞此陰謀, 不覺毛骨竦然, 自思曰: "事已至此, 不可慌張, 可以臨時應變, 以圖脫身也." 遂晏然心定, 略無辭色. 至夜半, 月明星稀,風涼熱退, 其母請婦人, 曰: "娘子於亂離中, 紛失丈夫, 心懷何安? 家有美酒, 可與娘子, 對月暢飮, 以解憂悶, 可也." 遂携二壺酒一盤肴, 坐于北窓下, 傾壺酌之, 强勸婦人. 婦人預知其謀也, 故不慌不忙, 接盃到口, 却不呑下流, 灌于衣襟之中. 此是月夜, 不燭之故, 老嫗不覺也. 婦人回酌, 勸[33)]飮于老嫗, 老嫗欣然接飮, 婦人却將毒酒, 滿斟而勸, 老嫗手到輒飮, 老嫗亦酬勸婦人. 良久, 老嫗輒大醉, 倒于席上, 鼾鼾睡去. 婦人乃起身, 雙手擡擧老嫗, 入臥于房中然後, 輒飛身出後門, 爬山越嶺而逃. 半夜山逕, 十顚九倒, 走得數里, 忽見山厓之下有茅屋數間, 燈光透窓. 婦人急叩門, 曰: "救人救人!" 有一老嫗, 自房內走出, 曰: "半夜, 何人來鬧?" 婦人曰: "避亂之人, 偶爾失路, 莫知所適, 願老娘垂救焉." 那老嫗開門延入, 坐于草幕之中, 叩其來歷. 婦人隱諱其事, 只說避亂出門, 失路到此, 山僻夜深, 無處歇宿, 幸逢老娘, 此身可安矣. 老嫗許以安心留宿, 纔經片時, 忽聞有人叩門, 曰: "母親開門!" 那老嫗慌忙起身, 曰: "吾兒歸矣." 便走出開門, 曰: "兒何晚歸?" 其人曰: "薄暮下山, 忽見一獐躍過, 故逐獐射殺, 至此夜深也." 老嫗曰: "獲獐, 便是喜信, 吾家今有喜事, 汝勿入房中也." 其人曰: "吾家有何喜事, 房中何故勿入?" 老嫗便低聲細語曰: "吾夜深待汝, 挑燈而坐, 忽見一美貌女子, 叩門請宿. 吾邀入房中而觀之, 則其花容月態, 眞是仙女下降, 因問其來歷, 則今日自京城, 避亂出來, 迷路到此. 獨自一身, 無人救護, 暫借一宿而歸云, 此必是背夫逃走之女也. 汝年今三十, 無娶室之道, 老母常憂悶度日, 皇天眷顧吾家, 使此女偶爾到此, 使汝免鰥. 吾亦終身無憂, 豈非喜事乎? 汝必吃飯後, 入房

---

33) 勸: 저본에는 '歡'으로 나와 있으나 의미상 바로잡음.

結婚, 吾可於廚下經夜矣." 其人大喜, 曰: "此是甕中之鼠, 釜中之魚, 挿翅也, 飛不去, 何難取之?" 便索飯而喫. 老嫗輒入房, 對婦人曰: "吾只有一子, 一生好獵, 結草爲幕, 母子同居于此. 日以出獵爲事, 爲人俊俏一表, 人物不俗, 年今三十, 未有家室. 俄出獲獐而今歸矣." 婦人初聞其母子相議之說, 心膽碎裂, 無計可施, 無處逃身, 自分必死, 可謂避獐逢虎也. 只是流淚而坐, 以待天命. 及聞老嫗之言, 方欲措辯置對. 忽見那人喫飯罷, 便入坐于房中, 熟視婦人, 婦人低頭無語. 那人熟視良久, 忽然退出于窓外, 便鞠躬問安, 曰: "小人死罪." 婦人大驚, 擧頭視之, 那人告曰: "婦人莫【以下缺落】"

# 집필진 소개

- 연구책임자

  정환국　성균관대학교에서 박사학위를 받았으며, 현재 동국대학교 국어국문문예창작학부 교수로 있다. 한문학과 고전서사를 연구하고 있으며, 저역서로 『초기소설사의 형성 과정과 그 저변』, 『주생전·운영전·최척전·상사동기』, 『조선의 단편 1·2』, 『역주 신단공안』 등이 있다.

- 공동연구원

  이강옥　서울대학교에서 박사학위를 받았으며, 현재 영남대학교 명예교수로 있다. 고전산문을 연구하고 있으며, 저역서로 『죽음서사와 죽음명상』, 『한국야담의 서사세계』, 『구운몽과 꿈 활용 우울증 수행치료』, 『일화의 형성원리와 서술미학』, 『청구야담』 등이 있다.

  오수창　서울대학교에서 박사학위를 받았으며, 현재 서울대학교 명예교수로 있다. 문학작품을 포함한 넓은 시야에서 조선시대 정치사를 연구하고 있으며, 저역서로 『조선후기 평안도 사회발전 연구』, 『춘향전, 역사학자의 토론과 해석』, 『서수일기-200년 전 암행어사가 밟은 5천리 평안도 길』 등이 있다.

  이채경　성균관대학교에서 박사학위를 받았으며, 현재 성균관대학교 한문학과 초빙교수로 있다. 조선후기 야담을 주로 연구하고 있으며, 저역서로 『철로 위에 선 근대지식인(공역)』과 논문으로 「『어우야담』에 담긴 지적경험과 서사장치」, 「『금계필담』에 기록된 신라 이야기 연구」 등이 있다.

  심혜경　동국대학교에서 박사학위를 받았으며, 현재 동국대학교 국어국문문예창작학부 강사를 맡고 있다. 고전소설을 연구하고 있으며, 논문 「조선후기 소설에 나타나는 여성과 불교 공간」, 「윤회에 나타나는 정체성 바꾸기의 의미」, 「〈삼생록〉에 나타나는 애정문제와 남녀교환 환생의 의미」가 있다.

  하성란　동국대학교에서 박사학위를 받았으며, 현재 동국대학교 국어국문문예창작학부 강사를 맡고 있다. 고전소설을 연구하고 있으며, 저역서로 『포의교집(역서)』, 『절화기담(역서)』, 『한국문화와 콘텐츠(공저)』 등이 있다.

  김일환　동국대학교에서 박사학위를 받았으며, 현재 동국대학교 국어국문문예창작학부 교수로 있다. 조선후기 실기문학을 연구하고 있으며, 저역서로 『연행의 사회사(공저)』, 『조선의 지식인들과 함께 문명의 연행길을 가다(공저)』, 『삼검루수필(공역)』 등이 있다.

**교감표점 정본 한국야담전집 10**
**청야담수**靑野談藪·**동패**東稗·**양은천미**揚隱闡微

2025년 06월 10일 초판1쇄 펴냄

**책임교열**  정환국
**펴낸이**  김흥국
**펴낸곳**  보고사
**등록**  1990년 12월 13일 제6-0429호
**주소**  경기도 파주시 회동길 337-15
**전화**  031-955-9797(대표)
**전송**  02-922-6990
**메일**  bogosabooks@naver.com
http://www.bogosabooks.co.kr

ISBN  979-11-6587-830-6  94810
         979-11-6587-820-7  (set)
ⓒ 정환국, 2025

정가 30,000원
사전 동의 없는 무단 전재 및 복제를 금합니다.
잘못 만들어진 책은 바꾸어 드립니다.